आर. गुप्ता® कृत

पॉपुलर मास्टर गाइड

हरियाणा पुलिस

कांस्टेबल

पुरुष / महिला भर्ती परीक्षा

हरियाणा कर्मचारी चयन आयोग (HSSC)
द्वारा आयोजित

RPH संपादक मंडल
द्वारा संपादित

2027
EDITION

रमेश पब्लिशिंग हाउस, नई दिल्ली

प्रकाशक

ओ.पी. गुप्ता, **रमेश पब्लिशिंग हाउस**

प्रशासनिक कार्यालय

12-H, न्यू दरियागंज रोड, ऑफिसर्स मेस के सामने,

नई दिल्ली-110002 ✆ 23275224, 23245124

E-mail: info@rameshpublishinghouse.com

For Online Shopping: www.rameshpublishinghouse.com

विक्रय केन्द्र

- बालाजी मार्किट, नई सड़क, दिल्ली-110006 ✆ 23282525 📱 9354373464
- 4457, नई सड़क, दिल्ली-110006

Book Code: R-1784

ISBN: 978-93-5012-710-0

मूल्यः ₹ 380

मुद्रकः दीपक ऑफसैट, दिल्ली

अनुक्रमणिका

हरियाणा सामान्य ज्ञान (Haryana General Knowledge) 1-48

हरियाणा : एक दृष्टि में; हरियाणा के जिले : संक्षिप्त परिचय; जनसंख्या (2011 के अनुसार); पुरस्कार व सम्मान; वस्तुनिष्ठ प्रश्नोत्तर।

सामान्य अध्ययन (General Studies) 1-56

हमारा भारत, राष्ट्रीय प्रतीक, हमारी पृथ्वी, विश्व बोध, संयुक्त राष्ट्र संघ, भारत का भूगोल, रक्षा, कला एवं साहित्य, महत्वपूर्ण दिवस, खेल जगत, पुरस्कार एवं सम्मान, सामान्य विज्ञान, वस्तुनिष्ठ प्रश्नोत्तर।

❑❑❑

SELECTION PROCESS

Syllabus for Knowledge Test (97 Marks)

- The test paper shall include questions on **General Studies, General Science, Current Affairs, General Reasoning, Mental Aptitude, Numerical Ability, Agriculture, Animal Husbandry,** other relevant fields/trade etc.
- There shall be at least 10% questions relating to basic knowledge of computer and atleast 20% questions relating to basic knowledge about Haryana. The standard of questions shall be as expected of an educated person having passed 10 + 2 examination for the post of Constable.

PATTERN OF EXAMINATION

- All questions shall be compulsory.
- Questions paper shall be Bilingual (English & Hindi).
- There shall be no negative marking for a wrong option having been filled.

Note: 1. All candidates shall have to undergo a knowledge test of ninety-seven percent (97%) weightage comprising of objective type, multiple choice questions. Each question will carry equal marks.

2. Additional Weightage (maximum 03 marks):

- **NCC Certificate:** Candidates having NCC certificate of A, B or C level, issued by Director General, NCC shall get 01, 02 and 03 marks respectively (for Constables).

हरियाणा पुलिस—एक दृष्टि में

सन् 1860 में श्री एच.एम. कोर्ट की अध्यक्षता में ब्रिटिश-भारतीय सरकार ने पुलिस आयोग की स्थापना की। स्थापना का उद्देश्य स्पष्ट करते हुए यह बात प्रमुखता के साथ की गई कि पुलिस को नागरिक के तुल्य होना चाहिए न कि सेना के समान। यद्यपि पुलिस का संगठन और अनुशासन सेना की तरह ही होना चाहिए। हमारे देश में वर्तमान पुलिस व्यवस्था इसी अवधारणा पर आधारित है। पंजाब पुलिस के नियम वर्ष 1934 में तैयार किए गए थे जो आज भी उत्तरी भारत के राज्यों जैसे—पंजाब, हिमाचल प्रदेश, दिल्ली, चंडीगढ़ और हरियाणा के पुलिस संगठनों पर लागू हैं।

नवम्बर 1, 1966 में हरियाणा राज्य पंजाब से पृथक होकर एक अलग राज्य के रूप में अस्तित्व में आया। उस समय एक पुलिस रेंज और छः जिले थे जबकि 12165 पुलिस कार्मिक अपने कर्त्तव्यों को अंजाम दे रहे थे। आज राज्य में पाँच रेन्ज हैं, 5 पुलिस आयुक्त कार्यालय—गुरुग्राम, फरीदाबाद, पंचकुला, सोनीपत और झज्जर तथा रेलवे पुलिस जिला को छोड़कर 19 जिले हैं।

अब (02-01-2025 तक) हरियाणा पुलिस की कुल शक्ति 77004 हैं जिसमें राजपत्रित पदाधिकारियों की संख्या-500, इंस्पेक्टर-1292, सब इंस्पेक्टर-4012, सहायक सब इंस्पेक्टर-6745, हेड कांस्टेबल-13522 और 50863 कांस्टेबल हैं।

पुलिस मुख्यालय

राज्य का पुलिस मुख्यालय जो पहले सिविल सचिवालय, चंडीगढ़ में स्थित था अब सेक्टर-6, पंचकुला में स्थानांतरित कर दिया गया है। इस भवन में सेंट्रल पुलिस ऑफिस (C.P.O.), क्रिमिनल इन्वेस्टिगेशन डिपार्टमेंट ऑफिस (अपराध जाँच शाखा के कार्यालय) अवस्थित हैं। साथ ही राज्य पुलिस नियंत्रण कक्ष भी इसी भवन में स्थित है।

सीआईडी

क्रिमिनल इन्वेस्टिगेशन डिपार्टमेंट (अपराध जाँच शाखा) उतना ही पुराना है जितना कि संगठित पुलिस विभाग है। इसका कारण यह है कि कानून व्यवस्था को बनाए रखने के लिए सूचना संग्रह एक अनिवार्य उपकरण है। राज्य अपराध शाखा राज्य की राजधानी में स्थित है। पंचकुला में सीआईडी प्रशिक्षण विद्यालय और कमान्डो प्रशिक्षण केन्द्र अवस्थित हैं।

राज्य अपराध शाखा

वर्ष 2006 में राज्य अपराध शाखा की स्थापना की गई। यह इकाई मोगीनन्द, पंचकुला में स्थित है।

हरियाणा सशस्त्र पुलिस

हरियाणा सशस्त्र पुलिस में छह बटालियन हैं जिनमें से तीन करनाल के निकट मधुबन में पदस्थापित हैं। दो बटालियन क्रमशः अम्बाला और हिसार में और एक बटालियन (दुर्गा शक्ति प्रथम बटालियन) रोहतक के सुनारिया में पदस्थापित है। 1 नवम्बर 1966 को हरियाणा राज्य के गठन के समय, पंजाब पुलिस की छह बटालियनों को इस राज्य में स्थानांतरित कर दिया गया था। इनमें भारत सरकार की चार आरक्षित बटालियनें शामिल थीं, जिन्हें बाद में सीमा सुरक्षा बल/केंद्रीय आरक्षित पुलिस बल आदि में विलय कर दिया गया। इसके बाद, केवल दो बटालियनें शेष रह गईं और उन्हें अस्थायी रूप से अंबाला शहर और नीलोखड़ी में तैनात किया गया। प्रथम बटालियन अभी भी अंबाला शहर में कार्यरत है। हरियाणा सशस्त्र पुलिस का मुख्यालय 1968 में मधुबन में स्थानांतरित कर दिया गया था। राज्य में कानून व्यवस्था की आवश्यकताओं को ध्यान में रखते हुए, वर्ष 1969 में हिसार में मुख्यालय के साथ तीसरी बटालियन हरियाणा सशस्त्र पुलिस (एचएपी) का गठन किया गया था। इसके बाद, 14 सितम्बर, 1973 को चौथी बटालियन एचएपी का गठन एक तकनीकी बटालियन के रूप में किया गया, ताकि कर्मचारियों की हड़ताल के दौरान बिजली आपूर्ति और सड़क परिवहन जैसी आवश्यक सेवाएं सुचारू रूप से चलती रहें। लेकिन 1979 से एचएपी कर्मियों के जिला पुलिस में तबादले की नीति के कारण, यह बटालियन अब अन्य बटालियनों की तरह ही है। राज्य पुलिस बैंड, मधुबन स्थित बटालियन एचएपी के अंतर्गत एचएपी का हिस्सा है। 90 घोड़ों वाली घुड़सवार सशस्त्र पुलिस, मधुबन स्थित चौथी बटालियन एचएपी का हिस्सा है। हरियाणा सशस्त्र पुलिस ने खेलों, विशेष रूप से कुश्ती, वॉलीबॉल, कबड्डी और फुटबॉल में उत्कृष्ट प्रदर्शन किया है।

- **हरियाणा पुलिस पब्लिक स्कूल:** पुलिस कार्मिक के बच्चों को स्तरीय शिक्षा प्रदान करने के लिए मधुबन कम्पलेक्स में एक अंग्रेजी माध्यम का स्कूल खोला गया जिसका नाम हरियाणा पुलिस पब्लिक स्कूल रखा गया। यह स्कूल मधुबन में पदस्थापित वरीय अधिकारियों के समूह

द्वारा संचालित होता है। विद्यालय में कुल 900 छात्र-छात्राएँ हैं। यह पूर्णतया एक गैरसरकारी विद्यालय है। वर्तमान में, हरियाणा पुलिस पब्लिक स्कूल को डीएवी (पुलिस पब्लिक स्कूल) के नाम से जाना जाता है और यह निदेशक, हरियाणा पुलिस अकादमी, मधुबन के अधीन संचालित होता है।

- **अस्पताल:** पुलिस कम्पलेक्स, मधुबन में 16 बिस्तरों का एक अस्पताल है। इसमें पैथोलॉजिकल प्रयोगशाला और X-रे की भी सुविधाएँ हैं। दन्त इकाई भी इस अस्पताल में कार्यरत है। वर्तमान में दो चिकित्सा अधिकारी और एक दन्त शल्य चिकित्सक इस अस्पताल में कार्यरत हैं।

पुलिस टेलीकॉम विंग

1.11.1966 को इस विंग की स्थापना पंजाब राज्य से अलग होने के समय हुई। तब इसे वायरलेस विंग के रूप में जाना जाता था। उस समय राज्य में सात जिलों में 13 एचएफ स्टेशन कार्य कर रहे थे। वायरलेस विंग की स्थापना एक भाड़े के मकान (कोठी न.-32, सेक्टर 2A, चंडीगढ़) में हुई। इस विंग को चलाने के लिए स्वीकृत पद बहुत कम थे। इंस्पेक्टर-2, सब इंस्पेक्टर-20, सहायक सब इंस्पेक्टर-85, हेड कॉन्स्टेबल-5, कॉन्स्टेबल-21।

समय के साथ-साथ राज्य में पुलिस जिलों की संख्या बढ़ कर 24 हो गई है। अब प्रत्येक जिले के नियंत्रण कक्ष में 7 कम्युनिकेशन चैनल की स्थापना की गई है जो अपराध, कानून-व्यवस्था इत्यादि संबंधी सूचनाएँ प्रदान करने का कार्य करते हैं। आज के दिनों में टेलीकॉम विंग में स्वीकृत पद हैं—आईजीपी-1, एसपी-1, डीएसपी-10, इंस्पेक्टर-42, एसआई-121, सहायक सब इंस्पेक्टर-274, हेड कांस्टेबल-558, कांस्टेबल-902। वर्तमान में इस विंग का मुख्यालय मोगीनन्द, पंचकुला है। राज्य स्तरीय पुलिस टेलिकम्युनिकेशन प्रशिक्षण केन्द्र (कार्यशाला सहित) मोगीनन्द, पंचकुला में अवस्थित है।

रेलवे पुलिस

अम्बाला कैन्ट में रेलवे पुलिस मुख्यालय है। इसके तीन उपमंडल—अम्बाला, फरीदाबाद और हिसार में अवस्थित हैं। राज्य में रेलवे पुलिस स्टेशनों की कुल संख्या 16 और पुलिस चौकियों की संख्या 24 है। जीआरपी में एसपी-1, डिप्टी एसपी-3, इंस्पेक्टर-20, सब इंस्पेक्टर-47, सहायक सब इंस्पेक्टर-133, हेड कांस्टेबल-198 और कांस्टेबल-1060 हैं। प्रत्येक दिन हरियाणा होकर लगभग 693 ट्रेनें गुजरती हैं। रेलवे पुलिस रेलयात्रियों की सुरक्षा प्रदान करने में व्यस्त रहती है। जीआरपी, हरियाणा के अधिकांश क्षेत्र उत्तर रेलवे के अधीन आते हैं।

हरियाणा पुलिस अकादमी

हरियाणा पुलिस अकादमी, मधुबन की स्थापना वर्ष 1975 में हरियाणा राज्य में नव-भर्ती पुलिस कर्मियों को प्रशिक्षण प्रदान करने के लिए की गई थी। अकादमी का परिसर हरियाणा के करनाल जिले के मधुबन में 695 एकड़ में फैला हुआ है। इस पुलिस अकादमी ने अपनी स्थापना से लेकर 31 जनवरी, 2025 तक, 3,10,243 प्रशिक्षुओं को प्रशिक्षित किया है, जिनमें नागालैंड, मणिपुर, हिमाचल प्रदेश, जम्मू और कश्मीर, बिहार, अंडमान और निकोबार जैसे अन्य राज्यों के प्रशिक्षु और CISF और CBI जैसे पुलिस बल आदि के प्रशिक्षु शामिल हैं। हरियाणा न्यायिक सेवा, हरियाणा सिविल सेवा (कार्यपालिका शाखा), अभियोजन, हरियाणा कारागार विभाग, भारतीय राजस्व सेवा (सीमा शुल्क और उत्पाद शुल्क), सीमा शुल्क और अप्रत्यक्ष कर विभाग और होम गार्ड के अधिकारियों को भी यहाँ प्रशिक्षण दिया जाता है।

अपराधों की जटिलता और बढ़ते साइबर अपराधों को देखते हुए, प्रशिक्षण कार्यक्रमों को नियमित रूप से अद्यतन किया जाता है और विशेष रूप से जांच अधिकारियों के जांच कौशल को बढ़ाने के लिए डिजाइन किया जाता है। प्रशिक्षुओं को मानवाधिकार, यातायात प्रबंधन, भीड़ नियंत्रण, मल्टीमीडिया, तनाव प्रबंधन, सॉफ्ट स्किल, साइबर अपराध, सीसीटीएनएस, सामुदायिक पुलिसिंग और पुलिस-जनसंपर्क जैसे प्रासंगिक विषयों में प्रशिक्षण प्रदान करने के लिए विशेष व्यवस्था की गई है। इस अकादमी में प्रशिक्षण प्रदान करने के लिए उत्कृष्ट मानकों की सभी आवश्यक सुविधाएं उपलब्ध हैं।

फोरेंसिक साइन्स प्रयोगशाला

इसकी स्थापना वर्ष 1973 में रोहतक में हुई और बाद में इसे मधुबन (करनाल) में सन् 1976 में स्थानांतरित कर दिया गया। वैज्ञानिक क्रिया-कलापों के क्षेत्र में यह प्रयोगशाला सतत क्रियाशील है। आज के दिनों में यह भारत की सबसे अच्छे प्रयोगशालाओं में से एक है। इसमें आठ वर्ग—रसायन शास्त्र, भौतिकी विज्ञान, जीवविज्ञान, सेरोलॉजी, बैलिस्टिक्स, डॉक्यूमेंट्स, इंस्ट्रुमेंटेशन और लाई-डिटेक्शन और तीन खंड—फोटो, सामान्य और सूचना समाविष्ट हैं।

फोरेंसिक साइन्स प्रयोगशाला, हरियाणा की सेवाओं का उपयोग समय-समय पर सेंट्रल एजेन्सियों जैसे—सी.बी.आई., इंटेलिजेन्स ब्यूरो, ब्यूरो ऑफ पुलिस रिसर्च एंड डेवलपमेंट, विशेष रक्षा दस्ता और पंजाब, हिमाचल प्रदेश तथा दिल्ली पुलिस द्वारा किया जाता रहा है।

राज्य अपराध अभिलेख ब्यूरो

हरियाणा राज्य अपराध अभिलेख ब्यूरो (एससीआरबी) की स्थापना 1 अप्रैल, 1987 को हुई थी। इसकी स्थापना हरियाणा सीआईडी से चार शाखाओं–फिंगर प्रिंट ब्यूरो, कम्प्यूटर विंग, कार्यप्रणाली ब्यूरो और अनुसंधान शाखा–को विभाजित करके की गई थी। इन सभी शाखाओं के बुनियादी ढांचे, कर्मचारी, जिम्मेदारियां और दायित्व सीआडी से राज्य अपराध अभिलेख ब्यूरो को हस्तांतरित कर दिए गए थे। एससीआरबी, हरियाणा पहले करनाल शहर से 10 किलोमीटर दूर मधुबन पुलिस परिसर में स्थित था। अब इसे रामगढ़ रोड पर स्थित पंचकुला के मोगिनंद पुलिस परिसर में स्थानांतरित कर दिया गया है और यह राज्य अपराध अभिलेख ब्यूरो, हरियाणा के प्रशासनिक ब्लॉक के भूतल पर पुलिस महानिरीक्षक रैंक के आईपीएस अधिकारी, राज्य अपराध अभिलेख ब्यूरो के निदेशक के पर्यवेक्षण में कार्यरत है।

हरियाणा राज्य के डीजीपी पंचकुला कार्यालय संख्या 8038-65/पी-2 दिनांक 22.07.2022 के माध्यम से सीसीटीएनएस एवं आईसीजेएस का परिचालन एवं प्रशासनिक नियंत्रण राज्य अपराध अभिलेख ब्यूरो, हरियाणा को हस्तांतरित कर दिया गया है। वर्तमान में, राज्य अपराध अभिलेख ब्यूरो, हरियाणा में निम्नलिखित शाखाएँ कार्यरत हैं–1. सीसीटीएनएस एवं सीसीटीएनएस तकनीकी शाखा, 2. कार्यप्रणाली शाखा, 3. अपराध अभिलेख कार्यालय, 4. फिंगरप्रिंट/एनएएफआईएस शाखा।

राज्य अपराध अभिलेख ब्यूरो के मुख्य उद्देश्य : • हरियाणा में CCTNS, ICJS और NAFIS के कार्यान्वयन और सुचारू संचालन की निगरानी करना • सीसीटीएनएस-आईसीजेएस और एनएएफआईएस मोर्चे पर नए विकास/अनुकूलन के उपयोग में फील्ड इकाइयों की सहायता करना • अपराधियों के तौर-तरीकों में समानता का अध्ययन करना और उसके आधार पर जांच अधिकारियों को मार्गदर्शन प्रदान करना • जांच अधिकारियों को उन संदिग्धों के नाम सुझाने के लिए, जिन्हें पहले से ही उसी तरीके से किए गए अपराधों में गिरफ्तार किया जा चुका है • बरामद संपत्ति को चोरी हुई संपत्ति से मिलान करने में समन्वय स्थापित करें।

कमान्डो

राज्य में कमान्डो विंग की स्थापना वर्ष 1988-89 में गैर आतंकवादियों पर कार्यवाई करने के लिए की गई। कमान्डो की नियुक्ति के लिए उच्च स्तरीय शारीरिक मापदंडों की अनुशंसा की गई। कान्स्टेबलों के रूप में मूल प्रशिक्षण प्राप्त कर लेने के बाद कमान्डो ट्रेनिंग स्कूल, पंचकुला में उन्हें विशेष गहन प्रशिक्षण दी जाती है। आत्मरक्षा की कला, अर्द्ध स्वचालित हथियारों और विस्फोटकों का सामना करने तथा भूमिगत लड़ाइयों में कमान्डो प्रशिक्षित होते हैं। इस बल को युवा रखने के लिए जो कमान्डो 30 वर्ष के हो जाते हैं, उन्हें जिला पुलिस में स्थानांतरित कर दिया जाता है। वर्तमान में सिर्फ एक कमान्डो बटालियन है।

हरियाणा पुलिस हाउसिंग कॉर्पोरेशन

वर्ष 1989 में स्टेट पुलिस हाउसिंग कार्पोरेशन की स्थापना की गई। राज्य में कार्यरत् पुलिस के लिए स्तरीय आवास और कार्यालय की व्यवस्था करने के लिए पुलिस हाउसिंग कॉर्पोरेशन कार्यशील है। अभी तक इसने 12726 आवासीय इकाइयां और 161 पुलिस स्टेशन का निर्माण किया है। हरियाणा पुलिस हाउसिंग कार्पोरेशन का निर्माण खर्च अन्य एजेन्सियों जैसे–पी डब्ल्यू डी (बी एंड आर), हाउसिंग बोर्ड, मार्केटिंग बोर्ड इत्यादि से काफी कम है।

वस्तुनिष्ठ-प्रश्न

1. हरियाणा राज्य पंजाब से पृथक होकर एक अलग राज्य के रूप में अस्तित्व में कब आया?

A. 1 नवम्बर, 1966 B. 11 नवम्बर, 1966
C. 4 दिसम्बर, 1963 D. 23 दिसम्बर, 1949

2. ब्रिटिश-भारतीय सरकार ने पुलिस आयोग की स्थापना की। आयोग के अध्यक्ष कौन थे?

A. एच.एम. विलसन B. हेनरी विलियम
C. लॉर्ड कर्जन D. एच.एम. कोर्ट

3. राज्य का प्रथम पुलिस मुख्यालय कहाँ था?

A. अम्बाला B. गुरुग्राम
C. फरीदाबाद D. चंडीगढ़

4. राज्य अपराध शाखा की स्थापना कब की गई?

A. वर्ष 2006 B. वर्ष 2004
C. वर्ष 1998 D. वर्ष 2012

5. हरियाणा सशस्त्र पुलिस का मुख्यालय कहाँ है?

A. चंडीगढ़ B. मधुबन
C. फरीदाबाद D. गुरुग्राम

6. मधुबन में स्थापित हरियाणा पुलिस पब्लिक स्कूल एक–
A. अर्द्ध-सरकारी संस्था है। B. सरकारी संस्था है।
C. गैर-सरकारी संस्था है। D. इनमें से कोई नहीं।

7. पुलिस कम्पलेक्स, मधुबन में कितने बिस्तरों वाला अस्पताल है?
A. 21 बिस्तरों वाला B. 18 बिस्तरों वाला
C. 16 बिस्तरों वाला D. इनमें से कोई नहीं

8. फोरेंसिक साइन्स प्रयोगशाला की स्थापना कब और कहाँ हुई?
A. 1973, रोहतक B. 1974, करनाल
C. 2011, बहादुरगढ़ D. 1984, फरीदाबाद

9. रेलवे पुलिस का मुख्यालय कहाँ है?
A. नरेला B. बहादुरगढ़
C. फरीदाबाद D. अम्बाला कैन्ट

10. राज्य में पुलिस टेलीकॉम विंग की स्थापना कब हुई?
A. 1964 में B. 1966 में
C. 1968 में D. 1972 में

11. हरियाणा पुलिस अकादमी की मुख्य उपलब्धि क्या है?
A. पुलिस व्यवस्था को अनुशासित रखना
B. पुलिस कार्मिकों की सुविधाओं का ख्याल रखना
C. पुलिस कार्मिकों को कानून व्यवस्था बनाए रखने के लिए नियमावली तैयार करना
D. पुलिस तथा गैर पुलिस इकाइयों को प्रशिक्षण प्रदान करना

12. सजायाफ्ता लोगों की अंगुलियों के निशान कौन सुरक्षित रखता था?
A. भारतीय पुलिस सेवा के अधिकारी
B. राज्य का पुलिस मुख्यालय
C. फिंगर प्रिन्ट ब्यूरो, फिलौर (पंजाब)
D. फिंगर प्रिन्ट ब्यूरो, नई दिल्ली

13. हरियाणा पुलिस की पहली कम्प्यूटर शाखा कब अस्तित्व में आई?
A. 1974 B. 1979
C. 1981 D. 2001

14. राज्य में कमान्डो विंग की स्थापना कब की गई?
A. 1977-78 B. 1988-89
C. 2001-02 D. इनमें से कोई नहीं

15. कोई भी कार्मिक कमान्डो के पद पर कब तक रह सकता है?
A. 30 वर्ष तक B. 25 वर्ष तक
C. 40 वर्ष तक D. 55 वर्ष तक

16. हरियाणा पुलिस हाउसिंग कॉर्पोरेशन की स्थापना कब की गई?
A. 1987 B. 1986
C. 1989 D. 2002

17. किस शाखा के अधीन आग्नेयास्त्रों, कारतूसों और विस्फोटकों का अध्ययन किया जाता है?
A. बैलिस्टिक्स शाखा B. आयुध भंडार शाखा
C. निरीक्षण शाखा D. इनमें से कोई नहीं

18. आज की तिथि में राज्य का पुलिस मुख्यालय कहाँ है?
A. पंचकुला B. करनाल
C. अम्बाला कैन्ट D. इनमें से कोई नहीं

19. राज्य का सशस्त्र पुलिस का मुख्यालय किस वर्ष मधुबन में स्थानांतरित किया गया?
A. 1953 B. 1968
C. 1971 D. 1974

20. जाँच एजेन्सियों को प्रभावकारी, सटीक और शीघ्र सहायता के लिए किस संगठन की स्थापना की गई?
A. स्टेट क्राइम रिकॉर्ड ब्यूरो
B. फिंगर प्रिंट ब्यूरो
C. एम.ओ.बी.
D. इनमें से कोई नहीं

उत्तरमाला

1	2	3	4	5	6	7	8	9	10
A	D	D	A	B	C	C	A	D	B
11	**12**	**13**	**14**	**15**	**16**	**17**	**18**	**19**	**20**
D	C	B	B	A	C	A	A	B	A

हरियाणा पुलिस कांस्टेबल

भर्ती परीक्षा-2024

(Exam held on 25 August, 2024)

1. सर्वथा भिन्न चुनिए।

A. साँप　　B. लिजर्ड
C. मगरमच्छ　　D. व्हेल
E. अप्रयासित

2. हरियाणा में 26वीं अखिल भारतीय वन खेल प्रतियोगिता कहाँ आयोजित की गई?

A. रेवाड़ी　　B. पंचकुला
C. सिरसा　　D. पलवल
E. अप्रयासित

3. नौसेना स्टाफ के प्रमुख का रैंक क्या है?

A. वाइस एडमिरल　　B. एडमिरल
C. जनरल　　D. उपर्युक्त में से कोई नहीं
E. अप्रयासित

4. मेरिनो भेड़ की उत्पत्ति कहाँ से हुई है?

A. स्पेन　　B. भारत
C. पाकिस्तान　　D. बांग्लादेश
E. अप्रयासित

5. $9^{\circ} + (9)^{9^{\circ}}$ का मान है:

A. 9　　B. 99
C. 11　　D. 10
E. अप्रयासित

6. हरियाणा में उत्तर भारत का पहला परमाणु ऊर्जा संयंत्र कहाँ स्थापित किया गया है?

A. पलवल　　B. कैथल
C. गोरखपुर　　D. पिंजौर
E. अप्रयासित

7. बत्तख के अंडों का ऊष्मायन काल कितने दिनों का होता है?

A. 21　　B. 28　　C. 30　　D. 18
E. अप्रयासित

8. 5 लड़कों के समूह में वसंत, मनोहर से लंबा है परंतु राजू जितना लंबा नहीं है। जयंत, दत्ता से लंबा है परंतु मनोहर से छोटा है। समूह में सबसे छोटा कौन है?

A. राजू　　B. दत्ता
C. वसंत　　D. जयंत
E. अप्रयासित

9. यदि $\frac{x}{y} = \frac{16}{24}$, तो $24y =$

A. $16x$　　B. $24x$
C. $36x$　　D. $30x$
E. अप्रयासित

10. प्रोग्रामिंग में फंक्शन्स का उपयोग करने का मुख्य लाभ क्या है?

A. पठनीयता कम कर देता है
B. कोड की लंबाई बढ़ाता है
C. कोड की पुनःप्रयोज्यता बढ़ाता है
D. डिबगिंग की आवश्यकता कम कर देता है
E. अप्रयासित

11. एक परियोजना को 15 महिलाएँ या 10 पुरुष 55 दिनों में पूरा कर सकते हैं। उसी परियोजना को पूरा करने के लिए 5 महिलाओं और 4 पुरुषों को कितने दिन लगेंगे?

A. 70　　B. 100　　C. 78　　D. 75
E. अप्रयासित

1. D	2. B	3. B	4. A	5. D	6. C	7. B	8. B	9. C	10. C	11. D

12. मैकमोहन रेखा भारत और किसके बीच एक सीमा रेखा है?
A. चीन B. बांग्लादेश
C. पाकिस्तान D. उपर्युक्त में से कोई नहीं
E. अप्रयासित

13. हरियाणा की सबसे पुरानी नहर कौन-सी है?
A. गुडगाँव नहर B. भिवानी नहर
C. भाखड़ा नहर D. पश्चिमी यमुना नहर
E. अप्रयासित

14. किसी मिट्टी का पीएच (pH) 7.0 से कम होता है?
A. अम्लीय मिट्टी B. क्षारीय मिट्टी
C. कैल्केरियस मिट्टी D. उपर्युक्त में से कोई नहीं
E. अप्रयासित

15. महाद्वीपीय पठार के किस दक्षिणी बिन्दु पर पश्चिमी घाट और पूर्वी घाट मिलते हैं?
A. कार्डामम की पहाड़ियाँ B. नीलगिरि की पहाड़ियाँ
C. मुदुमलाई की पहाड़ियाँ D. उपर्युक्त में से कोई नहीं
E. अप्रयासित

16. IoT का मतलब क्या है?
A. इंटरनेट ऑफ टेक्नॉलाजी
B. इंटरनेट ऑफ थिंग्स
C. इंटरनेट ऑफ टूल्स
D. इंटरनेट ऑफ ट्रान्सफर्स
E. अप्रयासित

17. नेस्टेड लूप क्या है?
A. दूसरे लूप के अंदर एक लूप
B. एक लूप जो हमेशा चलता रहता है
C. बिना बॉडी वाला एक लूप
D. एकल कथन वाला एक लूप
E. अप्रयासित

18. सर्वथा भिन्न चुनिए।
A. बुध B. बृहस्पति
C. शुक्र D. चंद्रमा
E. अप्रयासित

19. हरियाणा में मोतीलाल नेहरू स्पोर्ट्स स्कूल कहाँ स्थित है?
A. राई (सोनीपत) B. पटौदी (गुरुग्राम)
C. थानेश्वर (कुरुक्षेत्र) D. मोरनी (अंबाला)
E. अप्रयासित

20. निम्नलिखित में से किस शहर ने कृत्रिम बुद्धिमत्ता पर वैश्विक साझेदारी (GPAI) शिखर सम्मेलन 2024 की मेजबानी की?
A. नई दिल्ली B. सूरत
C. हैदराबाद D. उपर्युक्त में से कोई नहीं
E. अप्रयासित

21. रेड डाटा बुक में किसका रिकॉर्ड होता है?
A. विलुप्त प्रजातियाँ B. लुप्तप्राय प्रजातियाँ
C. सामान्य प्रजातियाँ D. आक्रामक प्रजातियाँ
E. अप्रयासित

22. भारत में कितने राष्ट्रीय उद्यान हैं?
A. 1014 B. 106
C. 108 D. उपर्युक्त में से कोई नहीं
E. अप्रयासित

23. एक विद्युत बल्ब को एक 220 V के जनित्र से जोड़ा गया है। विद्युत धारा 0.50 A है। बल्ब की शक्ति क्या है?
A. 440 W B. 110 W
C. 11 W D. 44 W
E. अप्रयासित

24. भारत के निम्नलिखित में से किस शहर को विश्व शिल्प परिषद् (WCC) द्वारा आधिकारिक रूप से "विश्व शिल्प शहर" के रूप में मान्यता दी गई थी?
A. जयपुर B. पुणे
C. श्रीनगर D. मुंबई
E. अप्रयासित

25. यदि किसी निश्चित धनराशि पर 2 वर्षों का साधारण ब्याज उस धनराशि का पाँचवाँ भाग है, तो साधारण ब्याज की वार्षिक दर क्या होगी?
A. 10% B. 12% C. 7.2% D. 9%
E. अप्रयासित

12. A	13. D	14. A	15. B	16. B	17. A	18. D
19. A	20. A	21. B	22. B	23. B	24. C	25. A

26. वैश्विक मानव विकास सूचकांक 2022 में भारत का स्थान क्या है?

A. 134 B. 130
C. 132 D. 133
E. अप्रयासित

27. संग्रहीत प्रोग्राम कंप्यूटर की अवधारणा का आविष्कार किसने किया?

A. एलन टयूरिंग B. चार्ल्स बैबेज
C. जॉन वॉन न्यूमन D. ब्लेज पास्कल
E. अप्रयासित

28. भारत में प्रति वर्ष राष्ट्रीय खेल दिवस कब मनाया जाता है?

A. 17 अगस्त B. 29 अगस्त
C. 22 मार्च D. उपर्युक्त में से कोई नहीं
E. अप्रयासित

29. 1966 में हरियाणा राज्य के गठन के समय कितने जिले थे?

A. 6 B. 9
C. 8 D. 7
E. अप्रयासित

30. लंबाई 5 सेमी., चौड़ाई 3 सेमी. और ऊँचाई 4 सेमी. वाले घनाभ का आयतन क्या है?

A. 60 सेमी.^{3} B. 12 सेमी.^{3}
C. 45 सेमी.^{3} D. 100 सेमी.^{3}
E. अप्रयासित

31. 11 दिसम्बर को मनाए गए अंतर्राष्ट्रीय पर्वत दिवस 2023 का विषय क्या था?

A. पर्वतीय पारिस्थितिकी तंत्र की पुनर्बहाली
B. पर्वतीय जैवविविधता की पुनर्बहाली
C. पर्वतों और ग्लेशियरों की पुनर्बहाली
D. उपर्युक्त में से कोई नहीं
E. अप्रयासित

32. यदि 1 * 2 = 22, 2 * 3 = 36, 3 * 4 = 412, तो 4 * 5 =

A. 420 B. 45
C. 520 D. 54
E. अप्रयासित

33. पाचन में पेप्सिन का प्राथमिक कार्य क्या है?

A. कार्बोहाइड्रेट को परिवर्तित करना
B. वसा का पायसीकरण करना
C. लिपिड को फैटी एसिड में परिवर्तित करना
D. प्रोटीन का पाचन करना
E. अप्रयासित

34. हरियाणा के किस जिले में बड़खल झील स्थित है?

A. हिसार B. जींद
C. सिरसा D. फरीदाबाद
E. अप्रयासित

35. रिजुपेव तकनीक किससे संबंधित है?

A. बांध निर्माण B. सड़क निर्माण
C. शहरी वन निर्माण D. उपर्युक्त में से कोई नहीं
E. अप्रयासित

36. पायथन में 'ब्रेक' स्टेटमेंट का उद्देश्य क्या है?

A. एक लूप शुरू करना
B. एक लूप को रोकना
C. एक लूप को समाप्त करना
D. एक लूप को जारी करना
E. अप्रयासित

37. अंकों का सही संयोजन चुनिए ताकि तदनुसार अक्षरों से एक सार्थक शब्द बन सके।

T E L S C A
1 2 3 4 5 6

A. 1, 2, 3, 4, 5, 6 B. 4, 6, 5, 1, 2, 3
C. 5, 6, 4, 1, 3, 2 D. 6, 5, 3, 2, 4, 1
E. अप्रयासित

38. शंघाई सहयोग संगठन शिखर सम्मेलन 2024 को कहाँ आयोजित किया गया था?

A. पाकिस्तान B. जापान
C. सिंगापुर D. कजाकिस्तान
E. अप्रयासित

26. A	**27.** C	**28.** B	**29.** D	**30.** A	**31.** A	**32.** C
33. D	**34.** D	**35.** B	**36.** C	**37.** C	**38.** D	

39. वनस्पति पदार्थ का खाद में अपघटन .... अभिक्रिया का एक उदाहरण है।

A. कैल्सीनेशन B. ऊष्माक्षेपी
C. ऊष्माशोषी D. जलन
E. अप्रयासित

40. यूनेस्को रचनात्मक शहर नेटवर्क (UCCN) की स्थापना निम्नलिखित में से किस वर्ष की गई थी?

A. 1998 B. 2015
C. 2010 D. 2004
E. अप्रयासित

41. किसी एट्रिब्यूट/बेरिएबल की दी गई डाटा में सबसे अधिक बार प्रदर्शित होने वाले मान को क्या कहा जाता है?

A. मोड B. माध्यिका
C. माध्य D. उपर्युक्त में से कोई नहीं
E. अप्रयासित

42. यमुना नदी हरियाणा में किस जिले से प्रवेश करती है?

A. अंबाला B. सिरसा
C. यमुनानगर D. भिवानी
E. अप्रयासित

43. पायथन में कमेंट करने के लिए किस प्रतीक का उपयोग किया जाता है?

A. // B. \
C. # D. –
E. अप्रयासित

44. शृंखला में लुप्त संख्या (?) के लिए सही विकल्प ज्ञात कीजिए।

11, 9, 18, 15, 45, 41, ?

A. 164 B. 162
C. 158 D. इनमें से कोई नहीं
E. अप्रयासित

45. किस प्रकार का आउटपुट डिवाइस डिजिटल जानकारी को फिजिकल (हार्ड कॉपी) के रूप में परिवर्तित करता है?

A. मॉनिटर B. प्रिंटर
C. स्कैनर D. कीबोर्ड
E. अप्रयासित

46. क्षेत्रफल की दृष्टि से हरियाणा का सबसे छोटा जिला कौन-सा है?

A. हिसार B. भिवानी
C. पंचकुला D. अंबाला
E. अप्रयासित

47. भारत के संघीय न्यायालय ने कब से कार्य करना शुरू किया?

A. 01 अक्टूबर, 1937 B. 01 अक्टूबर, 1945
C. 02 अक्टूबर, 1930 D. उपर्युक्त में से कोई नहीं
E. अप्रयासित

48. वर्तमान में हरियाणा राज्य का कुल क्षेत्रफल कितना है?

A. 42232 वर्ग किलोमीटर
B. 46217 वर्ग किलोमीटर
C. 44212 वर्ग किलोमीटर
D. 48219 वर्ग किलोमीटर
E. अप्रयासित

49. निम्नलिखित में से किस फसल को आमतौर पर वर्षा ऋतु में बोया जाता है?

A. सर्दियों की फसलें B. खरीफ फसलें
C. वसंत की फसलें D. उपर्युक्त में से कोई नहीं
E. अप्रयासित

50. चिड़ियाघर में कुछ शेर और कुछ तोते थे 1 रक्षक ने 15 सिर और 50 पैर गिने, तो शेरों की संख्या कितनी है?

A. 9 B. 12 C. 11 D. 10
E. अप्रयासित

51. हरियाणा के किस शहर में अर्जुन स्टेडियम स्थित है?

A. करनाल B. सोनीपत
C. जिंद D. हिसार
E. अप्रयासित

52. भारत में प्रति वर्ष राष्ट्रीय बालिका दिवस कब मनाया जाता है?

A. 24 जनवरी B. 16 जनवरी
C. 14 जनवरी D. उपर्युक्त में से कोई नहीं
E. अप्रयासित

39. B	**40.** D	**41.** A	**42.** C	**43.** C	**44.** A	**45.** B
46. C	**47.** A	**48.** C	**49.** B	**50.** D	**51.** C	**52.** A

53. भारत के राष्ट्रीय फूल का वैज्ञानिक नाम क्या है?
A. *नेलुम्बो न्यूसिफेरा गार्टन*
B. *जैस्मिनम*
C. *ओरिजा सातिवा*
D. उपर्युक्त में से कोई नहीं
E. अप्रयासित

54. हरियाणा के मारकंडा नदी का प्राचीन नाम क्या है?
A. अरुणा B. मीरू
C. मानसा D. मलाया
E. अप्रयासित

55. 2011 के जनगणना के अनुसार हरियाणा में कितने गाँव हैं?
A. 6754 B. 6841
C. 6657 D. 6895
E. अप्रयासित

56. यदि $a = -1$ और $b = 3$ है, तो $(a + b)^2$ का मान है:
A. 4 B. 16 C. –4 D. 0
E. अप्रयासित

57. भारत का सबसे पुराना राष्ट्रीय उद्यान, हैली (कॉर्बेट) राष्ट्रीय उद्यान किस वर्ष में स्थापित किया गया था?
A. 1930 B. 1932
C. 1936 D. 1939
E. अप्रयासित

58. गिरी और टोंस हरियाणा के किस नदी की सहायक नदियाँ हैं?
A. टांगरी B. कृष्णावती
C. यमुना D. मारकंडा
E. अप्रयासित

59. एक निश्चित कूट भाषा में SIKKIM को THLJJL लिखा जाता है। उसी कूट भाषा में TRAINING को कैसे लिखेंगे?
A. SQBHOHOH B. UQBJOHOH
C. UQBJOHHO D. UQBHOHOF
E. अप्रयासित

60. पेरिस ओलंपिक 2024 में हरियाणा में कितने एथलीट भाग ले रहे हैं?
A. 19 B. 24 C. 16 D. 29
E. अप्रयासित

61. दूध और पानी के मिश्रण में दूध और पानी का अनुपात 3 : 1 है, तो 10 लीटर मिश्रण में पानी की मात्रा कितनी है?
A. 3 लीटर B. 2.5 लीटर
C. 1 लीटर D. 1.5 लीटर
E. अप्रयासित

62. यदि $\frac{x+2}{5} = \frac{x-1}{2}$ है, तो x का मान है:
A. 4 B. 5 C. 1 D. 3
E. अप्रयासित

63. अंतर्राष्ट्रीय सौर गठबंधन का मुख्यालय कहाँ स्थित है?
A. मुम्बई B. गुरुग्राम
C. नई दिल्ली D. उपर्युक्त में से कोई नहीं
E. अप्रयासित

64. भारतीय बागवानी अनुसंधान संस्थान कहाँ स्थित है?
A. नई दिल्ली B. बेंगलुरु
C. लखनऊ D. हैदराबाद
E. अप्रयासित

65. 16 और 24 का महत्तम समापवर्तक है:
A. 4 B. 2 C. 8 D. 16
E. अप्रयासित

66. हरियाणा में महेंद्रगढ़ जिले का मुख्यालय कहाँ है?
A. नारनौल B. करनाल
C. कैथल D. भिवानी
E. अप्रयासित

67. यदि एक परिवार में 3 लड़कियों की औसत आयु 4 वर्ष है, तो उनकी आयु का योग क्या है?
A. 4 वर्ष B. 12 वर्ष
C. 9 वर्ष D. 7 वर्ष
E. अप्रयासित

53. A	**54.** A	**55.** B	**56.** A	**57.** C	**58.** C	**59.** D	**60.** B
61. B	**62.** D	**63.** B	**64.** B	**65.** C	**66.** A	**67.** B	

68. 9 से 54 के बीच की कितनी संख्याएँ 9 से पूर्णतः विभाज्य है परंतु 3 से नहीं?

A. कोई नहीं B. 8
C. 6 D. 5
E. अप्रयासित

69. निम्नलिखित में से किस उपकरण का उपयोग वायु वेग मापने के लिए किया जाता है?

A. बैरोमीटर B. हाइग्रोग्राफ
C. पाइरेडियोमीटर D. एनीमोमीटर
E. अप्रयासित

70. यदि 18 मार्च को बुधवार हो, तो 1 मार्च को कौन-सा दिन होगा?

A. मंगलवार B. शुक्रवार
C. गुरुवार D. रविवार
E. अप्रयासित

71. एक एम्पीयर .... के बराबर है।

A. एक कूलंब प्रति सेकंड
B. एक वोल्ट प्रति सेकंड
C. एक जूल प्रति कूलंब
D. एक सेकंड प्रति कूलंब आवेश
E. अप्रयासित

72. 20 नवंबर को मनाए गए विश्व बाल दिवस 2023 का विषय क्या था?

A. हर बच्चे के लिए बेहतर भविष्य की कल्पना करें
B. आज के बच्चे, कल के हमारे रखवाले
C. हर बच्चे के लिए, हर अधिकार
D. उपर्युक्त में से कोई नहीं
E. अप्रयासित

73. भारतीय मनोविश्लेषण के जनक कौन हैं?

A. सुधीर कक्कड़ B. सुमन रंगनाथ
C. सुहास मिश्रा D. शमंत सिंह
E. अप्रयासित

74. एक प्रतिरोधक में विद्युत इसके .... के व्युत्क्रमानुपाती है।

A. विभवांतर B. प्रतिरोध
C. विद्युत आवेश D. ऊष्मा क्षय
E. अप्रयासित

75. एक निश्चित कोड भाषा में '134' का अर्थ 'good and tasty' है, '478' का अर्थ 'see good pictures' और '729' का अर्थ 'pictures are faint' है। निम्नलिखित में से कौन-सा अंक 'see' को दर्शाता है?

A. 9 B. 2
C. 1 D. 8
E. अप्रयासित

76. यदि $\frac{3}{4} - \frac{5}{x} = \frac{7}{x}$ है, तो x का मान है:

A. 16 B. 12
C. 14 D. इनमें से कोई नहीं
E. अप्रयासित

77. प्रश्न चिह्न के स्थान पर कौन-सा अक्षर आयेगा?
P, R, T, V, ?

A. Q B. L C. M D. X
E. अप्रयासित

78. $2^3 + 10^3$ का मान है:

A. 1080 B. 38
C. 1008 D. 1800
E. अप्रयासित

79. निम्नलिखित में से किस जिले को हरियाणा राज्य का पेरिस कहा जाता है?

A. करनाल B. पानीपत
C. गुड़गाँव D. रोहतक
E. अप्रयासित

80. विश्व के पहले पोर्टेबल अस्पताल का अनावरण कहाँ किया गया?

A. गुरुग्राम B. रांची
C. पटना D. उपर्युक्त में से कोई नहीं
E. अप्रयासित

81. पेड़ों की एक पंक्ति में एक पेड़ पंक्ति के दोनों छोर से 7वें स्थान पर है। पंक्ति में पेड़ों की संख्या कितनी है?

A. 15 B. 14 C. 13 D. 12
E. अप्रयासित

68. A	**69.** D	**70.** D	**71.** A	**72.** C	**73.** A	**74.** B
75. D	**76.** A	**77.** D	**78.** C	**79.** A	**80.** A	**81.** C

82. जाइलम ऊतक में निम्नलिखित में से कौन-सा घटक पाया जाता है?

A. छलनी (सिव) नलिकाएँ B. फ्लोएम फाइबर
C. ट्रेकिड्स D. सह कोशिकाएँ
E. अप्रयासित

83. निम्नलिखित में से किस भारतीय राज्य को उसके लाकाडोंग हल्दी के लिए जियोग्राफिकल इंडिकेशन (GI) टैग से सम्मानित किया गया है?

A. मेघालय B. सिक्किम
C. असम D. उपर्युक्त में से कोई नहीं
E. अप्रयासित

84. हरियाणवी भाषा में लिखा गया पहला उपन्यास कौन-सा है?

A. दर्द-ए-आशूबा B. संदेसा
C. जनन जनन D. झाडूफिरी
E. अप्रयासित

85. 28 सेमी. व्यास वाला एक पहिया 880 सेमी. की दूरी तय करने में कितने चक्कर लगाता है? $\left(\pi = \frac{22}{7}\right)$

A. 100 B. 10 C. 24 D. 50
E. अप्रयासित

86. निम्नलिखित समरूपता पूर्ण कीजिए।

चंद्रमा : उपग्रह :: पृथ्वी : ?

A. सूर्य B. ग्रह
C. सौर प्रणाली D. उपर्युक्त में से कोई नहीं
E. अप्रयासित

87. 14वीं अखिल भारत पुलिस कमांडो प्रतियोगिता कहाँ आयोजित की गई?

A. केरल B. गुजरात
C. मध्य प्रदेश D. आंध्र प्रदेश
E. अप्रयासित

88. सफेद सिल्वर क्लोराइड सूर्य के प्रकाश में .... में बदल जाता है।

A. धूसर (ग्रे) B. पीला
C. लाल D. उपर्युक्त में से कोई नहीं
E. अप्रयासित

89. फाइल क्या है?

A. रैण्डम एक्सेस मेमोरी में संग्रहीत एक प्रोग्राम
B. एक अस्थायी भंडारण स्थान
C. द्वितीयक भंडारण मीडिया पर एक नामित स्थान
D. एक प्रकार का पायथन वेरिएबल
E. अप्रयासित

90. भारत के सर्वोच्च न्यायालय में शामिल हैं:

A. मुख्य न्यायाधीश और 28 अन्य न्यायाधीश
B. मुख्य न्यायाधीश और 33 अन्य न्यायाधीश
C. मुख्य, न्यायाधीश और 34 अन्य न्यायाधीश
D. मुख्य न्यायाधीश और 30 अन्य न्यायाधीश
E. अप्रयासित

91. प्रश्न चिह्न के स्थान पर कौन-सी संख्या आएगी?

2, 3, 5, 7, 11, 13, ?

A. 17 B. 18
C. 13 D. उपर्युक्त में से कोई नहीं
E. अप्रयासित

92. कौन-सी एन्कोडिंग स्कीम दुनिया की लगभग सभी भाषाओं के कैरेक्टर का प्रतिनिधित्व कर सकती है?

A. अमेरिकन स्टैण्डर्ड कोड फार इन्फारमेशन इन्टरचेन्ज (ASCII)
B. यूनिकोड
C. इंडियन स्क्रिप्ट कोड फॉर इन्फारमेशन इन्टरचेन्ज (ISCII)
D. उपर्युक्त में से कोई नहीं
E. अप्रयासित

93. यदि एक कूट भाषा में NIGHT को REKDX लिखा जाता है, तो उसी भाषा में CRIME को कैसे लिखा जाएगा?

A. GNMII B. GNMIJ
C. SMNJI D. SMNJJ
E. अप्रयासित

94. भारत में वैट (मूल्य वर्धित कर) लागू करने वाला पहला राज्य कौन-सा है?

A. उत्तर प्रदेश B. मध्य प्रदेश
C. हरियाणा D. राजस्थान
E. अप्रयासित

82. C	**83.** A	**84.** D	**85.** B	**86.** B	**87.** D	**88.** A
89. C	**90.** B	**91.** A	**92.** B	**93.** A	**94.** C	

95. निम्नलिखित में से किस संस्थान ने सम्पूर्णता अभियान शुरू किया है?

A. रिजर्व बैंक ऑफ इंडिया (RBI)

B. भारतीय वित्त आयोग

C. इंडियन स्पेस रिसर्च ऑर्गनाइजेशन (ISRO)

D. नीति आयोग

E. अप्रयासित

96. हरियाणा राज्य की 'मेरा बिल मेरा अधिकार' योजना किससे संबंधित है?

A. उपभोक्ता संरक्षण अधिनियम

B. सार्वजनिक व्यय

C. आय कर

D. वस्तु कर सेवा कर (GST)

E. अप्रयासित

97. भारतीय संविधान के किस अनुच्छेद के अंतर्गत 'शिक्षा का अधिकार' निहित है?

A. 20 A B. 51 A

C. 21 A D. उपर्युक्त में से कोई नहीं

E. अप्रयासित

98. निम्नलिखित में से कौन-सा वर्तमान में हरियाणा राज्य का प्रशासनिक मण्डल नहीं है?

A. अंबाला B. सिरसा

C. हिसार D. रोहतक

E. अप्रयासित

99. प्रश्न चिह्न के स्थान पर कौन-सी संख्या आयेगी?

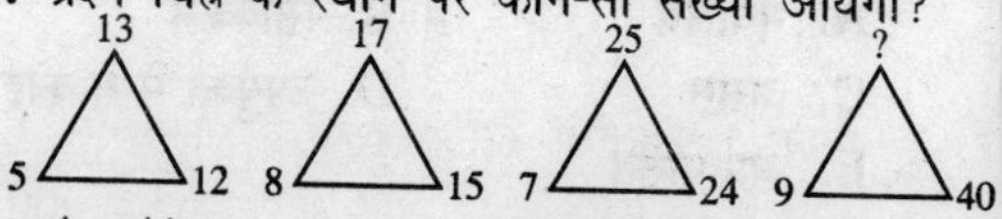

A. 41 B. 45

C. 50 D. 52

E. अप्रयासित

100. धात्विक ऑक्साइड को कहा जाता है:

A. निष्क्रिय ऑक्साइड B. अम्लीय ऑक्साइड

C. क्षारीय ऑक्साइड D. उपर्युक्त में से कोई नहीं

E. अप्रयासित

व्याख्यात्मक उत्तर

1. साँप, छिपकली और मगरमच्छ सरीसृप हैं, जो ठंडे खून वाले कशेरुक हैं। जबकि व्हेल एक स्तनपायी है, जो गर्म खून वाला है, फेफड़ों से सांस लेता है, बच्चों को जन्म देता है और उन्हें दूध पिलाता है।

2. 26वीं अखिल भारतीय वन खेल प्रतियोगिता पंचकुला (हरियाणा) में आयोजित हुई। बेहतर खेल बुनियादी ढाँचे के कारण कई राजकीय स्तर के खेल कार्यक्रमों तक के आयोजन के लिए प्रसिद्ध है।

3. भारत के नौसेना का प्रमुख भारतीय नौसेना का एक चार सितारा कमीशन अधिकारी होता है और उसके पास एडमिरल का पद होता है। यह भारत में सर्वोच्च सक्रिय नौसैनिक रैंक है।

4. मेरिनो भेड़ की उत्पत्ति स्पेन में हुई। यह उच्च गुणवत्ता वाले ऊन के उत्पादन के लिए अंतरराष्ट्रीय स्तर पर प्रसिद्ध है।

5.
$$9^0 = 1$$
$$(9)^{9^0} = 9^1 = 9$$
$$1 + 9 = 10.$$

6. उत्तर भारत का पहला परमाणु संयंत्र हरियाणा के गोरखपुर (फतेहाबाद जिला) में स्थापित किया जा रहा है।

7. बत्तख के अंडों की मानक ऊष्मायन अवधि 28 दिन है। यह अवधि मुर्गी के अंडों की तुलना में (20-21 दिन) लंबी है।

8. दिए गए संबंध :

वसंत > मनोहर

राजू > वसंत

मनोहर > जयंत

जयन्त > दत्ता

तो सबसे लंबे से सबसे छोटे तक का क्रम है :

राजू > वसंत > मनोहर > जयंत > दत्ता

इस प्रकार, दत्ता समूह में सबसे छोटा है।

9.
$$\frac{x}{y} = \frac{16}{24}$$

तो, $24x = 16y$

$\Rightarrow$ $y = \frac{24}{16}x = \frac{3}{2}x$

इसलिए, $24y = 24 \times \frac{3}{2}x = 36x.$

95. D	**96.** D	**97.** C	**98.** B	**99.** A	**100.** C

10. प्रोग्रामिंग में फंक्शंस का उपयोग करने का मुख्य लाभ यह है कि वे कोड के एक ही ब्लॉक को कई बार पुनः उपयोग करने की अनुमति देते हैं, जिससे कार्यक्रमों की दक्षता, मॉड्यूलरिटी और रखरखाव में सुधार होता है।

11. माना कि 1 महिला की कार्य दर $= w$ और 1 पुरुष की कार्य दर $= m$ है।

दिया गया :

$$15w \times 55 = \text{कुल कार्य}$$
$$10m \times 55 = \text{कुल कार्य}$$

तो, $$15w = 10m \Rightarrow m = \frac{3}{2}w$$

अब, 5 महिलाओं और 4 पुरुषों की कार्य दर :

$$5w + 4m = 5w + 4\left(\frac{3}{2}w\right)$$
$$= 5w + 6w = 11w$$
$$\text{कुल कार्य} = 15w \times 55 = 825w$$
$$\text{दिन} = \frac{825w}{11w} = 75.$$

12. 'मैकमोहन रेखा' भारत और चीन के बीच की सीमा रेखा है, जो 1914 के शिमला सम्मेलन के दौरान खींची गई।

13. 'पश्चिमी यमुना नहर' हरियाणा की सबसे पुरानी नहर है, जिसका निर्माण मूल रूप से मुगल काल के दौरान किया गया था और बाद में इसका आधुनिकीकरण किया गया। यह नहर, इस क्षेत्र की सिंचाई में महत्वपूर्ण भूमिका निभाती है।

14. 7.0 से कम pH वाली मिट्टी को अम्लीय मिट्टी के रूप में वर्गीकृत किया जाता है, जो हाइड्रोजन आयनों की उच्च सांद्रता और अम्लीय प्रकृति का संकेत देती है।

15. पश्चिमी घाट और पूर्वी घाट प्रायद्वीपीय पठार के दक्षिणी छोर पर स्थित नीलगिरि पहाड़ियों पर मिलते हैं, जो इसे एक महत्वपूर्ण भौगोलिक जंक्शन बनाता है।

16. IoT का मतलब इंटरनेट ऑफ थिंग्स है, जो सेंसर, सॉफ्टवेयर और कनेक्टिविटी के साथ एम्बेडेड भौतिक वस्तुओं के एक नेटवर्क को संदर्भित करता है जो उन्हें इंटरनेट पर डेटा एकत्र करने और विनिमय करने में सक्षम बनाता है।

17. नेस्टेड लूप को एक लूप के रूप में परिभाषित किया जाता है जो दूसरे लूप के शरीर के अंदर मौजूद होता है, आमतौर पर इसका उपयोग तब किया जाता है जब दोहराए गए ऑपरेशन के भीतर बार-बार संचालन की आवश्यकता होती है।

18. बुध, शुक्र और बृहस्पति सौर मंडल के ग्रह हैं, जबकि चंद्रमा पृथ्वी का प्राकृतिक उपग्रह है, जो इसे दूसरों से अलग करता है।

19. मोतीलाल नेहरू खेल विद्यालय हरियाणा के सोनीपत जिले के राई में स्थित है। यह राज्य का प्रसिद्ध आवासीय खेल विद्यालय है।

20. ग्लोबल पार्टनरशिप ऑन आर्टिफिशियल इंटेलिजेंस (GPAI) शिखर सम्मेलन 2024 की मेजबानी नई दिल्ली में की गई, जो वैश्विक एआई प्रशासन और सहयोग में भारत की नेतृत्वकारी भूमिका को दर्शाता है।

21. रेड डेटा बुक एक आधिकारिक रिकॉर्ड है जो पौधों और जानवरों की लुप्तप्राय प्रजातियों का दस्तावेजीकरण करता है। यह विलुप्त होने के उच्च जोखिम का सामना कर रहे पौधों और जीवों के तत्काल संरक्षण उपायों की आवश्यकता पर प्रकाश डालता है।

22. भारत में 106 राष्ट्रीय उद्यान हैं, जो आधिकारिक तौर पर वन्यजीव (संरक्षण) अधिनियम के तहत अधिसूचित और संरक्षित हैं।

23.
$$P = V \times I$$
$$P = 220 \times 0.50 \Rightarrow P = 110 \text{ W}.$$

24. श्रीनगर को विश्व स्तर पर प्रसिद्ध हस्तशिल्प जैसे पश्मीना बुनाई, पेपर-मैचे, लकड़ी की नक्काशी और कालीन बुनाई के लिए विश्व शिल्प परिषद (WCC) द्वारा आधिकारिक तौर पर 'विश्व शिल्प शहर' के रूप में मान्यता दी गई थी।

25. $$\text{साधारण ब्याज} = \frac{P \times R \times T}{100}$$

2 वर्ष के लिए SI दिया गया $= \frac{1}{5}P$

$$\frac{P \times R \times 2}{100} = \frac{P}{5} \Rightarrow \frac{2R}{100} = \frac{1}{5}$$
$$R = 10\%.$$

26. UNDP द्वारा 2022 के आंकड़ों के आधार पर मानव विकास रिपोर्ट में जारी वैश्विक मानव विकास सूचकांक (HDI) 2022 में भारत की रैंक 134 है, जो स्वास्थ्य, शिक्षा और प्रति व्यक्ति आय संकेतकों में संयुक्त प्रदर्शन को दर्शाती है।

27. संग्रहीत प्रोग्राम कंप्यूटर की अवधारणा, जहां डेटा और निर्देश एक ही मेमोरी में संग्रहीत होते हैं, जॉन वॉन न्यूमन द्वारा प्रस्तावित किया गया था, जिसने आधुनिक कंप्यूटर वास्तुकला की नींव रखी।

28. भारत में महान हॉकी खिलाड़ी मेजर ध्यानचंद की जयंती के उपलक्ष्य में हर साल 29 अगस्त को राष्ट्रीय खेल दिवस मनाया जाता है।

29. हरियाणा राज्य के गठन के समय (1966 ई.) 7 जिले थे, यथा—अम्बाला, करनाल, जिंद, हिसार, महेंद्रगढ़, रोहतक और गुड़गांव।

30. घनाभ का आयतन = लंबाई × चौड़ाई × ऊँचाई
= 5 × 3 × 4 = 60 सेमी.^{3}.

31. 11 दिसंबर को मनाए गए अंतर्राष्ट्रीय पर्वतीय दिवस 2023 का विषय 'माउंटेन इकोसिस्टम' को बहाल करना था, जो जलवायु परिवर्तन और मानवीय गतिविधियों से प्रभावित नाजुक पर्वतीय वातावरण की रक्षा और पुनर्जीवित करने पर केंद्रित था।

32. 1 * 2 = 2 | (1 × 2 = 2) ⇒ 22
2 * 3 = 3 | (2 × 3 = 6) ⇒ 36
3 * 4 = 4 | (3 × 4 = 12) ⇒ 412
4 * 5 = 5 | (4 × 5 = 20) ⇒ **520.**

33. पेप्सिन आमाशय में मौजूद एक पाचक एंजाइम है जो मुख्य रूप से प्रोटीन को छोटे पेप्टाइड्स में तोड़कर उनके पाचन में मदद करता है।

34. 'बड़खल झील' हरियाणा के फरीदाबाद जिले में अरावली पर्वतमाला के पास स्थित है। यह एक प्रसिद्ध प्राकृतिक पर्यटन स्थल है।

35. रेजुपेव प्रौद्योगिकी सड़क निर्माण से संबंधित है। यह ऊँचाई पर सड़क निर्माण के लिए विशेष रूप से डिजाइन की गई स्वदेशी तकनीक है। यह तकनीक चुनौतीपूर्ण इलाकों में सड़क के स्थायित्व और स्थिरता को बढ़ाने पर केंद्रित है।

36. पायथन में, ब्रेक स्टेटमेंट का उपयोग एक निर्दिष्ट शर्त पूरी होने पर लूप को तुरंत समाप्त करने के लिए किया जाता है, और नियंत्रण आगे की पुनरावृत्तियों को पूरा किए बिना लूप से बाहर निकल जाता है।

37. अक्षरों को दी गई संख्याओं के अनुसार व्यवस्थित करना :
5 → C, 6 → A, 4 → S, 1 → T, 3 → L, 2 → E इससे अर्थपूर्ण शब्द CASTLE बनाता है, इसलिए विकल्प C पूरी तरह से सही है।

38. शंघाई सहयोग संगठन (SCO) शिखर सम्मेलन 2024 का आयोजन 3-4 जुलाई 2024 को कजाकिस्तान (अस्ताना) में किया गया। इस समय SCO में 8 सदस्य देश हैं।

39. वनस्पति पदार्थों के विघटित होने से सूक्ष्मजीवी गतिविधि के कारण ऊष्मा निकलती है, इसलिए यह एक ऊष्माक्षेपी प्रतिक्रिया है।

40. यूनेस्को क्रिएटिव सिटीज नेटवर्क (UCCN) की स्थापना 2004 में उन शहरों के बीच सहयोग को बढ़ावा देने के लिए की गई थी जो टिकाऊ शहरी विकास के लिए रचनात्मकता को एक रणनीतिक कारक के रूप में पहचानते हैं।

41. किसी डेटा सेट में, उच्चतम आवृत्ति (अधिकतम संख्या) के साथ होने वाले मान (या अवलोकन) को मोड कहा जाता है। यह विशेष रूप से श्रेणीबद्ध या असतत डेटा के लिए उपयोगी है जहां 'सबसे सामान्य' मान की आवश्यकता होती है।

42. यमुना हरियाणा में शिवालिक-हिमालयी तलहटी क्षेत्र (हथनीकुंड/ताजेवाला क्षेत्र के आसपास) के पास, यमुनानगर जिले में प्रवेश करती है, और उत्तर प्रदेश के साथ सीमा बनाते हुए बहती रहती है।

43. पायथन में, कमेंट # चिह्न से आरम्भ होता है। उस पंक्ति पर # के बाद लिखा गया कुछ भी प्रोग्राम निष्पादन के दौरान इंटरप्रेटर द्वारा अनदेखा कर दिया जाता है।

44. शृंखला : 11, 9, 18, 15, 45, 41, ?
पैटर्न (वैकल्पिक) :
11 − 2 = 9
9 × 2 = 18
18 − 3 = 15
15 × 3 = 45
45 − 4 = 41
अगला चरण : 41 × 4 = 164.

45. प्रिंटर एक आउटपुट डिवाइस है जो डिजिटल जानकारी (सॉफ्ट कॉपी) को कागज पर भौतिक हार्ड कॉपी (जैसे टेक्स्ट, टेबल, इमेज इत्यादि) में परिवर्तित करता है।

46. भौगोलिक क्षेत्रफल की दृष्टि से पंचकुला हरियाणा का सबसे छोटा जिला है, जबकि हिसार और भिवानी राज्य के सबसे बड़े जिलों में से हैं।

47. भारत के संघीय न्यायालय ने भारत सरकार अधिनियम, 1935 के प्रावधानों के तहत 1 अक्टूबर, 1937 को कार्य करना शुरू किया और यह 1950 में भारत के सर्वोच्च न्यायालय की स्थापना तक कार्य करता रहा।

48. वर्तमान में हरियाणा का कुल भौगोलिक क्षेत्रफल 44,212 वर्ग किलोमीटर है। जो भारत के भौगोलिक क्षेत्रफल का 1.3% है। राज्य पूर्व में उत्तर प्रदेश, पश्चिम में पंजाब, उत्तर में हिमाचल प्रदेश तथा दक्षिण में राजस्थान से घिरा है। राष्ट्रीय राजधानी क्षेत्र दिल्ली हरियाणा से मिलती है।

49. खरीफ फसलें बरसात (मानसून) के मौसम में, आम तौर पर जून से जुलाई तक बोई जाती हैं, और शरद ऋतु में काटी जाती हैं, जिससे विकल्प B पूरी तरह से सही हो जाता है।

50. माना शेरों की संख्या $= x$ और तोतों की संख्या $= y$

$$x + y = 15$$
$$4x + 2y = 50$$

दूसरे समीकरण को 2 से विभाजित करना :

$$2x + y = 25$$

इसमें से पहला समीकरण घटाने पर :

$$(2x + y) - (x + y) = 25 - 15$$
$$x = 10$$

तो, अभीष्ट शेरों की संख्या 10 होगी।

51. अर्जुन स्टेडियम हरियाणा के जिंद शहर में स्थित है (यह आमतौर पर रानी तालाब क्षेत्र का हिस्सा माना जाता है)। इसलिए विकल्प C सत्य है।

52. बालिकाओं के अधिकारों, शिक्षा, स्वास्थ्य और कल्याण के बारे में जागरूकता को बढ़ावा देने के लिए भारत में राष्ट्रीय बालिका दिवस हर साल 24 जनवरी को मनाया जाता है।

53. भारत का राष्ट्रीय फूल कमल है, और इसका वैज्ञानिक नाम *नेलुम्बो न्यूसीफेरा* (गार्टन) है। कमल का फूल हमारे देश के लिए शांति और सुंदरता का प्रतीक है।

54. हरियाणा में मार्कंडा नदी का प्राचीन (ऐतिहासिक) नाम अरुणा है, इसलिए विकल्प A सही है।

55. 2011 की जनगणना के अनुसार, हरियाणा में 6,841 गाँव हैं, इसलिए विकल्प B सही है।

56.
$$a = -1,\ b = 3$$
$$a + b = -1 + 3 = 2$$
$$(a + b)^2 = 2^2 = 4.$$

57. भारत का सबसे पुराना राष्ट्रीय उद्यान हेली नेशनल पार्क, जिसे अब जिम कॉर्बेट नेशनल पार्क के नाम से जाना जाता है, 1936 में स्थापित किया गया था।

58. गिरि और टोंस हरियाणा में यमुना नदी की महत्वपूर्ण सहायक नदियाँ हैं, जो शिवालिक और आसपास के क्षेत्रों में इसके प्रवाह में योगदान करती हैं।

59. कोडिंग पैटर्न (+1, −1): SIKKIM → THLJJL
उसी प्रकार, T → U; R → Q; A → B; I → H; N → O; I → H; N → O; G → F
तो, TRAINING → UQBHOHOF, जो विकल्प D से बिल्कुल मेल खाता है।

60. पेरिस ओलंपिक 2024 में भाग लेने वाले हरियाणा के एथलीटों की कुल संख्या 24 थी। हरियाणा के खिलाड़ियों ने कुल पाँच पदक जीते थे।

61. दूध : पानी का अनुपात = 3 : 1
$$\text{कुल भाग} = 3 + 1 = 4$$
$$\text{जल का भाग} = 1$$
$$\text{पानी की मात्रा} = \frac{1}{4}\times 10 = 2.5 \text{ लीटर.}$$

62.
$$\frac{x+2}{5} = \frac{x-1}{2}$$
$$2(x + 2) = 5(x - 1)$$
$$2x + 4 = 5x - 5$$
$$9 = 3x \Rightarrow x = 3.$$

63. अंतर्राष्ट्रीय सौर गठबंधन (ISA) का मुख्यालय हरियाणा के गुरुग्राम में राष्ट्रीय सौर ऊर्जा संस्थान परिसर में स्थित है।

64. भारतीय बागवानी अनुसंधान संस्थान (IIHR) बेंगलुरु में स्थित है और भारतीय कृषि अनुसंधान परिषद (ICAR) के तहत काम करता है।

65. 16 और 24 के सामान्य गुणनखंड 1, 2, 4, 8 हैं। इनमें से सबसे बड़ा 8 है, इसलिए म.स.प. 8 है।

66. हरियाणा में महेंद्रगढ़ जिले का मुख्यालय नारनौल है, जो प्रशासनिक और जिला मुख्यालय शहर के रूप में कार्य करता है।

67. औसत आयु = 4 वर्ष, लड़कियों की संख्या = 3
आयु का योग = 4 × 3 = 12 वर्ष।

68. कोई भी संख्या जो 9 से पूर्णतः विभाज्य है वह सदैव 3 से विभाज्य होती है क्योंकि 9 = 3 × 3.
इसलिए, 9 और 54 के बीच ऐसी कोई संख्या नहीं है जो 9 से विभाज्य हो लेकिन 3 से नहीं।

69. एनीमोमीटर हवा के वेग (गति) को मापने के लिए उपयोग किया जाने वाला उपकरण है, जिसका उपयोग आमतौर पर मौसम विज्ञान में किया जाता है।

70. 18 मार्च = बुधवार
18 मार्च और 1 मार्च के बीच अंतर = 17 दिन
17 ÷ 7 = 2 सप्ताह 3 दिन
बुधवार से 3 दिन पीछे की गिनती :
बुधवार → मंगलवार (1) → सोमवार (2) → रविवार (3)
अतः 1 मार्च को रविवार था।

71. विद्युत धारा को विद्युत आवेश के प्रवाह की दर के रूप में परिभाषित किया गया है। दूसरे शब्दों में, 1 एम्पीयर का अर्थ है 1 सेकेंड में किसी चालक से गुजरने वाला 1 कूलॉम आवेश, यानी $1 \text{ A} = 1 \text{ Cs}^{-1}$.

72. विश्व बाल दिवस 2023 (20 नवंबर को मनाया गया) का विषय 'हर बच्चे के लिए, हर अधिकार' था, यह बच्चों के अधिकारों और सभी बच्चों के लिए समान अवसरों पर प्रकाश डालता है।

73. सुधीर कक्कड़ को व्यापक रूप से भारतीय मनोविश्लेषण के जनक के रूप में माना जाता है क्योंकि उनके कार्य ने मनोविश्लेषण को भारतीय संस्कृति, समाज और जीवित वास्तविकताओं के साथ एकीकृत करके मनोविश्लेषणात्मक विचार के लिए एक मजबूत भारतीय ढांचे की स्थापना की।

74. ओम के नियम से I = V/R. किसी दिए गए संभावित विभवांतर V के लिए, जब प्रतिरोध R घटता है तो धारा I बढ़ती है, इसलिए धारा प्रतिरोध के व्युत्क्रमानुपाती होती है।

75. '134' = अच्छा और स्वादिष्ट
'478' = अच्छे चित्र देखें
'729' = चित्र फीके हैं
(478) और (134) के बीच सामान्य शब्द अच्छा है, इसलिए उनके बीच सामान्य अंक 4 है, इसलिए 4 = अच्छा है। (478) और (729) के बीच सामान्य शब्द चित्र है, इसलिए उनके बीच सामान्य अंक 7 है, इसलिए 7 = चित्र। अब '478' में शेष अंक 8 का अर्थ है देखें।

76. $$\frac{3}{4} - \frac{5}{x} = \frac{7}{x}$$
$$\Rightarrow \quad \frac{3}{4} = \frac{7}{x} + \frac{5}{x} = \frac{12}{x}$$
$$\Rightarrow \quad 3x = 48 \Rightarrow x = 16.$$

77. अक्षर हर बार +2 स्थान बढ़ते हैं :
P(16), R(18), T(20), V(22), इसलिए अगला X(24) है।

78. $2^3 + 10^3 = 8 + 1000 = 1008.$

79. करनाल को 'हरियाणा का पेरिस' के नाम से जाना जाता है।

80. दुनिया का पहला पोर्टेबल अस्पताल (आरोग्य मैत्री एड क्यूब) का अनावरण गुरुग्राम में किया गया।

81. एक पेड़ बायें छोर से 7वें और दायें छोर से 7वें स्थान पर है, तो कुल पेड़ = 7 + 7 - 1 = 13 (अगर हम जोड़ दें तो एक ही पेड़ दो बार गिना जाता है)।

82. ट्रेकिड जाइलम के जल-संवाहक तत्व हैं; छलनी नलिकाएं और सहयोगी कोशिकाएं फ्लोएम से संबंधित होती हैं।

83. लाकाडोंग हल्दी (उच्च करक्यूमिन के लिए प्रसिद्ध) को मेघालय से जीआई टैग प्राप्त है।

84. हरियाणवी भाषा में लिखा गया पहला उपन्यास 'झाडूफिरी' है।

85. $$\text{परिधि} = \pi d = \frac{22}{7} \times 28 = 88 \text{ cm}$$
$$\text{परिक्रमण} = \frac{880}{88} = 10.$$

86. जिस तरह चंद्रमा एक उपग्रह है; उसी तरह पृथ्वी एक ग्रह है।

87. 14वीं अखिल भारतीय पुलिस कमांडो प्रतियोगिता विशाखापत्तनम (आंध्र प्रदेश) में आयोजित की गई थी।

88. सफेद सिल्वर क्लोराइड सूरज की रोशनी में ग्रे हो जाता है क्योंकि यह धात्विक सिल्वर बनाने के लिए फोटोकैमिकल अपघटन से गुजरता है।

89. फाइल हार्ड डिस्क/एसएसडी/पेन ड्राइव जैसे द्वितीयक स्टोरेज पर रखे गए डेटा/प्रोग्रामों का एक नामित, संग्रहीत संग्रह है।

90. भारत के सर्वोच्च न्यायालय में मुख्य न्यायाधीश और 33 अन्य न्यायाधीश (कुल स्वीकृत पद 34) शामिल हैं।

91. शृंखला 2, 3, 5, 7, 11, 13 बढ़ते क्रम में अभाज्य संख्याओं का एक क्रम है। 13 के बाद अगला अभाज्य 17 है।

92. यूनिकोड एक एन्कोडिंग मानक है जिसे दुनिया में उपयोग की जाने वाली लगभग सभी भाषाओं और लिपियों को एक सार्वभौमिक वर्ण सेट के भीतर प्रस्तुत करने के लिए डिजाइन किया गया है।

93. कूट में अक्षरों को बारी-बारी से +4, –4, +4, –4, +4 स्थानांतरित किया जाता है।
CRIME के लिए : C $\rightarrow$ G(+4), R $\rightarrow$ N(–4), I $\rightarrow$ M(+4), M $\rightarrow$ I(–4), E $\rightarrow$ I(+4), GNMII प्राप्त होता है।

94. हरियाणा मूल्य वर्धित कर (VAT) लागू करने वाला पहला भारतीय राज्य था, जिसने इसे अन्य राज्यों द्वारा राष्ट्रव्यापी स्तर पर लागू करने से पहले ही कार्यान्वित किया जा रहा है।

95. संपूर्णता अभियान नीति आयोग द्वारा शुरू किया गया था। यह चिह्नित महत्वाकांक्षी क्षेत्रों में प्रमुख विकास संकेतकों में संतृप्ति प्राप्त करने के लिए एक केंद्रित अभियान था।

96. हरियाणा की 'मेरा बिल मेरा अधिकार' योजना जीएसटी से संबंधित है, जिसका उद्देश्य उपभोक्ताओं को जीएसटी बिल मांगने के लिए प्रोत्साहित करना और जीएसटी शासन के तहत पारदर्शिता और अनुपालन को बढ़ावा देना है।

97. शिक्षा का अधिकार भारतीय संविधान के अनुच्छेद 21A में निहित है, जो 6 से 14 वर्ष की आयु के बच्चों के लिए मुफ्त और अनिवार्य शिक्षा का आदेश देता है।

98. 'सिरसा' हरियाणा का एक जिला है, कोई प्रशासनिक मंडल नहीं। वर्तमान में, हरियाणा के प्रशासनिक प्रभागों में अंबाला, हिसार, रोहतक, फरीदाबाद और गुरुग्राम शामिल हैं।

99. प्रत्येक आकृति पायथागॉरियन ट्रिपल पैटर्न का अनुसरण करती है, जहां शीर्ष संख्या विकर्ण है :
$$\text{शीर्ष} = \sqrt{(\text{बायां})^2 + (\text{दायां})^2}$$
यह 5, 12, 13, 8, 15, 17 और 7, 24, 25 से मेल खाता है। तो 9 और 40 के लिए :
$$\sqrt{9^2 + 40^2} = \sqrt{81 + 1600} = \sqrt{1681} = 41.$$

100. धात्विक ऑक्साइड आमतौर पर प्रकृति में क्षारीय होते हैं क्योंकि वे अम्ल के साथ प्रतिक्रिया करके नमक और पानी बनाते हैं, जो क्षारों का एक विशिष्ट गुण है।

पिछले प्रश्न-पत्र (हल सहित)

हरियाणा पुलिस कांस्टेबल भर्ती परीक्षा, 2021*

1. एक मित्र के साथ त्वरित तत्समय संप्रेषण के लिए आपको क्या करना होगा?

A. ई-मेल

B. इंटरनेट रिले चैट (आई.आर.सी.)

C. यूजनेट

D. मेलिंग लिस्ट

2. अफगानिस्तान में तालिबान का शासन और अल-कायदा पर हमले के लिए संयुक्त राज्य अमेरिका द्वारा शुरू किए गए ऑपरेशन का कोड नाम क्या था?

A. ऑपरेशन ब्लू स्टार

B. ऑपरेशन एण्डुरिंग फ्रीडम

C. ऑपरेशन नेपच्यून स्पेयर

D. ऑपरेशन ऑल क्लियर

निर्देश (प्र.सं. 3-5): *प्रश्नों का उत्तर देने के लिए निम्नलिखित सूचना को ध्यान से पढ़िए।*

आठ मित्र P, M, R, T, Q, U, V और W दो विपरीत पंक्तियों में एक-दूसरे की ओर मुख करके बैठे हैं। प्रत्येक पंक्ति में 4 व्यक्ति हैं। P, U और V के बीच में हैं और उत्तर की ओर मुख है। W, Q के विपरीत है जो कि M के तुरंत बाएँ हैं। R, T और M के बीच है। W, V के तुरंत दाएँ है।

3. कौन R के तुरंत दाएँ है?

A. M B. U

C. P D. इनमें से कोई नहीं

4. निम्नलिखित में से कौन-से युग्म में एक-दूसरे के विपरीत बैठे व्यक्ति हैं?

A. MV B. RV

C. TV D. UR

5. निम्नलिखित पाँच में से चार उनकी स्थितियों के आधार पर एक प्रकार से समान हैं और एक समूह बनाते हैं। इनमें से कौन-सा उस समूह में नहीं आता है?

A. TP B. RV

C. QP D. QV

6. भारत में, प्रच्छन्न बेरोजगारी .... में अधिक देखी जा सकती है।

A. कृषि क्षेत्र B. औद्योगिक क्षेत्र

C. सेवा क्षेत्र D. शिक्षा क्षेत्र

7. दो बहुपदों का महत्तम समापवर्तक और लधुत्तम समापवर्त्य क्रमशः $(x + y)$ और $(3x^5 + 5x^4y + 2x^3y^2 - 3x^2y^3 - 5xy^4 - 2y^5)$ है। यदि एक बहुपद $(x^2 - y^2)$ है, तो दूसरा क्या है?

A. $3x^4 - 8x^3y - 10x^2y^2 + 7xy^3 - 2y^4$

B. $3x^4 - 8x^3y + 10x^2y^2 + 7xy^3 - 2y^4$

C. $3x^4 + 8x^3y + 10x^2y^2 + 7xy^3 + 2y^4$

D. $3x^4 + 8x^3y - 10x^2y^2 + 7xy^3 + 2y^4$

8. .... डाक विभाग और इंडिया पोस्ट पेमेंट बैंक (आई.पी.पी.बी.) द्वारा शुरू की गई एक नई डिजिटल पेमेंट एप्लीकेशन है।

A. डाकपे B. पोस्टपे

C. जस्टपे D. भीम

9. लुप्त अक्षरों को ज्ञात करें।

_ _ a b a _ _ b a _ ab

A. abbab B. baabb

C. abbaa D. bbaba

10. हाल ही के एक अध्ययन के अनुसार, समुद्र के पानी के गर्म होने के कारण पृथ्वी की चमक में गिरावट आई है। यह अध्ययन निम्नलिखित में से किसमें प्रकाशित हुआ था?

A. नेचर जियोसाइंस

B. जियोफिजिकल रिसर्च लेटर्स

C. क्लाइमेट डाइनामिक्स

D. इन्वायरमेंटल साइंस

Exam held on 31/10/2021 evening shift.

11. भारतीय रिर्जव बैंक की स्थापना निम्नलिखित में से किस आयोग की सिफारिश पर की गई थी?
A. हिल्टन यंग आयोग B. हर्टोग आयोग
C. सैडलर आयोग D. उपरोक्त में से कोई नहीं

12. भारत में प्रति इकाई क्षेत्र में औसत वार्षिक मछली उत्पादन में हरियाणा राज्य किस स्थान पर है?
A. पहला B. चौथा
C. तीसरा D. दूसरा

13. एस.सी.एस.आई. का मतलब है :
A. स्माल कोडिंग सिस्टम इंटरफेस
B. स्माल कोडिंग सिस्टम इंटरेक्शन्
C. स्माल कंप्यूटर सिस्टम इंटरफेस
D. स्माल कंप्यूटर सिस्टम इंटरेक्शन

14. .... ग्राहकों से अनुरोध प्राप्त करता है, प्रसंस्करण करता है और वापस उन्हें परिणाम भेजता है।
A. वेब ब्राउजर B. वेब पेज
C. वेब सर्वर D. वेब साइट

15. केरल में मानसून पूर्व वर्षा को कहा जाता है :
A. मैंगो शावर B. ब्लॉसम शावर
C. कालबैसाखी D. लू

16. बैंकिंग विनियमन अधिनियम किस वर्ष अधिनियमित किया गया था?
A. 1947 B. 1948
C. 1949 D. 1950

17. सरल घनीय जालिका में भराई क्षमता है :
A. 68% B. 52.4%
C. 54.2% D. 64%

18. जब संतान की उत्पत्ति एक अकेले जनक द्वारा युग्मज निर्माण के साथ या बिना होती है, तो प्रजनन को .... कहते हैं।
A. अलैंगिक B. लैंगिक
C. परालैंगिक D. परलिंगी

19. संयुक्त राष्ट्र के वर्तमान महासचिव कौन हैं?
A. एंटोनियो गुटेरस B. बान की मून
C. कोफी अन्नान D. उपरोक्त में से कोई नहीं

20. 30% केनेडियन परिवार के पास कुत्ता है, 30% केनेडियन परिवार के पास बिल्ली है और 50% केनेडियन परिवार के पास न ही कुत्ता है न बिल्ली। कितने प्रतिशत केनेडियन परिवार के पास कुत्ता और बिल्ली दोनों हैं?
A. 10 B. 20
C. 30 D. 50

21. एक समतल में 10 बिंदु हैं, जिनमें से 6 सरेख हैं। इन बिंदुओं को मिलाने से बनने वाले त्रिभुजों की संख्या है :
A. 100 B. 120
C. 150 D. इनमें से कोई नहीं

22. इनमें से कौन-सा फरमेंटेबल शुगर से ईस्ट और बैक्टेरियम द्वारा उत्पादित है?
A. सेल्युलोज B. लैक्टोज
C. स्टार्च D. इथेनॉल

23. .... ब्राउजर के प्रकार हैं।
A. ग्राफिकल ब्राउजर B. टेक्स्ट ब्राउजर
C. दोनों (A) और (B) D. इनमें से कोई नहीं

24. अरुणा छियालीस लोगों की कक्षा में बारहवें स्थान पर है। अंत से उसका स्थान क्या होगा?
A. 33 B. 34
C. 35 D. 37

25. एक दिन जॉन घर से निकला और दक्षिण की ओर 10 किमी. साईकिल चलाई। दाएँ मुड़ा और 5 किमी. साईकिल चलाई और दाएँ मुड़कर 10 किमी. साईकिल चलाई और बाएँ मुड़कर 10 किमी. साईकिल चलाई। उसे सीधे घर जाने के लिए कितने किमी. साईकिल चलानी होगी?
A. 10 किमी. B. 25 किमी.
C. 20 किमी. D. 15 किमी.

26. स्वामित्व योजना के संबंध में निम्नलिखित कथनों पर विचार करें।
I. स्वामित्व पंचायती राज मंत्रालय की एक केंद्र क्षेत्र की योजना है जिसका उद्देश्य ग्रामीण आवासीय क्षेत्रों के निवासियों को संपत्ति अधिकार देना है।
II. इसका लक्ष्य नवीनतम सर्वेक्षण ड्रोन तकनीक के माध्यम से ग्रामीण क्षेत्रों में आवासित भूमि को सीमांकित करना है।
A. केवल कथन I सत्य है
B. केवल कथन II सत्य है
C. कथन I और II दोनों सत्य हैं
D. उपरोक्त में से कोई नहीं

27. एक .... निचली सतह पर धँसी हुई एक रबड़ की गेंद और ऊपर की ओर बटन वाली एक छोटी हाथ में रखने वाली पॉइंटिंग डिवाइस है।

A. माउस
B. लाइटपेन
C. ट्रैकपैड
D. जॉयस्टिक

28. कोरिओलिस बल के बारे में निम्नलिखित में से कौन-सा कथन सत्य नहीं है?

A. कोरिओलिस बल अक्षांश के कोण से सीधे आनुपातिक है
B. कोरिओलिस बल दबाव ढाल बल से समानांतर कार्य करता है
C. भूमध्य रेखा पर कोरिओलिस बल शून्य है
D. यह ध्रुवों पर अधिकतम है

29. कंप्यूटर A किसी प्रविष्टि को प्रोसेस करने में 3 मिनट लेता है जबकि कंप्यूटर B 5 मिनट लेता है। अगर कंप्यूटर A, B और C एक घंटे में औसतन 14 प्रविष्टि को प्रोसेस कर सकते हैं, एक प्रविष्टि को अकेले प्रोसेस करने में कंप्यूटर C को कितने मिनट लगेंगे?

A. 10
B. 4
C. 6
D. 8

30. जलीय जीवों के लिए जल की .... अधिक महत्वपूर्ण हो जाती है।

A. मात्रा
B. गुणवत्ता
C. टर्बिडिटी
D. रंग

31. ₹ 41 की राशि को 50 लड़के और लड़कियों के बीच बांटा गया था। प्रत्येक लड़के को 90 पैसे और एक लड़की को 65 पैसे मिलते हैं। लड़कों की संख्या है :

A. 16
B. 34
C. 14
D. 36

32. राष्ट्रीय मानवाधिकार आयोग की स्थापना किस वर्ष में हुई?

A. 2005
B. 1993
C. 1996
D. उपरोक्त में से कोई नहीं

33. 31 विद्यार्थियों की एक कक्षा में ऊपर से मनोज और सचिन क्रमशः सातवें और ग्यारहवें हैं। कक्षा में नीचे से उनका स्थान क्रमशः क्या होगा?

A. 20वाँ और 24वाँ
B. 24वाँ और 20वाँ
C. 26वाँ और 22वाँ
D. 25वाँ और 21वाँ

34. मान लीजिए, दिसंबर, 2019 में उपभोक्ता मूल्य सूचकांक 193.6 था और दिसंबर, 2020 में 223.8 था, तो पिछले एक वर्ष के दौरान मुद्रास्फीति दर क्या थी?

A. 14.55
B. 15.6
C. 16.6
D. 17.6

35. बी.आई.ओ.एस. का मतलब है :

A. बस इनपुट आउटपुट सिस्टम
B. बस इनपुट आउटपुट स्ट्रीम
C. बेसिक इनपुट आउटपुट सिस्टम
D. बेसिक इनपुट आउटपुट स्ट्रीम

36. ऑटोमोटिव टेक्नालॉजी के लिए अंतर्राष्ट्रीय केन्द्र ने एक तकनीकी नवोत्पाद प्लेटफॉर्म विकसित किया है, उसे कहा जाता है :

A. नॉलेज इंटेग्रेशन फॉर टेक्नालॉजी इनूरिचमेंट (के.आई.टी.ई.)
B. एस.पी.ए.आर.आर.ओ.डब्ल्यू.
C. ऑटोमोटिव सोल्यूशन्स पोर्टन फॉर इन्डस्ट्रि रिसर्च एंड एजुकेशन (ए.एस.पी.आई.आर.ई.)
D. इनमें से कोई नहीं

37. एक कूट में "HATCH" को '5#325' और "TRAP" को '38#%' लिखा जाता है। उस कूट में "PATCH" कैसे लिखा जाएगा?

A. %5#23
B. %5#33
C. #5%32
D. %#325

38. समाजशास्त्र शब्द पहली बार 1780 में .... द्वारा एक अप्रकाशित पांडुलिपि में प्रतिपादित किया गया था।

A. इमैनुएल-जोसेफ सियेसी
B. रॉबर्ट मॉरिसन मैकाइवर
C. हर्बर्ट स्पेंसर
D. जॉर्ज सिमेल

39. भारत ने त्रिंकोमली पोर्ट के विकास के लिए .... के साथ समझौता ज्ञापन पर हस्ताक्षर किए हैं।

A. यू.के.
B. श्रीलंका
C. म्यानमार
D. मालदीव

40. A और B भाई है। C और D बहनें हैं। A का पुत्र D का भाई है। B, C से किस प्रकार संबंधित है।

A. पिता
B. भाई
C. दादा
D. चाचा

41. निम्नलिखित में से किस प्रकार की खेती यूरोपीय उपनिवेशवादियों द्वारा आरंभ की गई थी?

A. कोल्कोज B. मिश्रित खेती

C. अंगूर की खेती D. वृक्षारोपण

42. किस कृति को ''संस्कृत का प्रथम विश्वकोष'' माना जाता है?

A. काव्यावलोक B. मानसोल्लासा

C. भाषा भूषण D. अभिधानवास्तुकोश

43. समाज में व्यक्तियों के बीच संबंधों पर केंद्रित एक सूक्ष्म-स्तरीय सिद्धांत है :

A. सामाजिक विनिमय सिद्धांत

B. डिफरेंशियल एसोसिएशन थियरी

C. नियंत्रण सिद्धांत

D. प्रतीकात्मक अंतःक्रियावाद

44. प्रश्न चिन्ह के स्थान पर कौन-सी संख्या आयेगी?

8, 12, 21, 37, 62, ?

A. 97 B. 98

C. 108 D. 124

45. टोक्यो पैरालम्पिक 2020-21 में भारत द्वारा हासिल किए गए कुल पदक हैं :

A. 21 B. 20

C. 19 D. 18

46. स्वतंत्रता के बाद, भारत ने एक ऐसी आर्थिक प्रणाली की परिकल्पना की जिसकी सबसे अच्छी विशेषता है :

A. समाजवाद और पूँजीवाद

B. पूँजीवाद और साम्यवाद

C. समाजवाद और साम्यवाद

D. उपरोक्त में से कोई नहीं

47. जानवरों में, जब शरीर के केंद्रीय अक्ष से गुजरने वाला कोई भी सतह जीव को दो समान भागों में विभाजित करता है, उसे कहते हैं :

A. रेडियल समरूपता B. द्वीपक्षीय समरूपता

C. पार्श्व समरूपता D. त्रिकोणीय समरूपता

48. .... आगत (इनपुट) का प्रसंस्करण करता है और इसे अर्थपूर्ण सूचना में परिवर्तित करता है।

A. अरिथमेटिक लॉजिक यूनिट (ए.एल.यू.)

B. मेमोरी

C. सेन्ट्रल प्रोसेसिंग यूनिट (सी.पी.यू.)

D. कीबोर्ड

49. ब्रह्मांड की उत्पत्ति से संबंधित प्रसिद्ध सिद्धांत 'बिग बैंग थियेरी' किससे संबंधित है?

A. एडविन हबल B. इम्मान्युएल कांट

C. कार्ल वीजास्कर D. लाप्लास

50. शब्द 'ADMINISTRATION' के पहले, चौथे, नवें और 14वें अक्षर से एक अर्थपूर्ण शब्द बनाया जाता है तो शब्द के अंत से दाएँ से तीसरा अक्षर क्या होगा?

A. R B. I

C. N D. A

51. एक ई-मेल ग्राहक द्वारा उपलब्ध कराई जाने वाली सर्वाधिक आधारभूत विशेषताएं हैं :

A. परिचालन का ऑफलाइन तरीका

B. फिल्टरिंग ई-मेल

C. रिसीव्ड ई-मेल को प्रबंधित करना

D. उक्त सभी

52. आम भारतीय केंचुए हैं :

A. *फेरेटिमा* B. *लुम्ब्रिकस*

C. (A) और (B) दोनों D. इनमें से कोई नहीं

53. एक द्रव में विक्षोभ आरंभ होने का निर्धारण .... द्वारा किया जाता है।

A. पास्कल का नियम B. टोरिसेली का नियम

C. बर्नोली का नियम D. रेनॉल्ड की संख्या

54. .... एक कंप्यूटर पर एक इंटरफेस है, जो एक ही समय पर आँकड़ों के कई बिट को स्थानांतरित करने को समर्थित करता है।

A. सिरियल पोर्ट B. पैरॅलल पोर्ट

C. एस.सी.एस.आई. पोर्ट D. डी.एस./2 पोर्ट

55. 50 संख्याओं का औसत 38 है। यदि दो संख्याओं अर्थात्, 45 और 55 को छोड़ दिया जाए, तो शेष संख्याओं का औसत कितना होगा?

A. 36 B. 35

C. 32.5 D. 37.5

56. P, Q, R, S और T एक पंक्ति में बैठे हैं। Q, P और T के बीच में है। उनमें से कौन बीच में है, यह ज्ञात

करने के लिए दिए गए कथन I और II में से निम्नलिखित में से कौन-सी सूचना एर्याप्त है?

I. P, Q के बाएँ और S के दाएँ है।

II. R दाएँ अंत पर है।

A. केवल II पर्याप्त है

B. केवल I पर्याप्त है

C. दोनों I और II एक साथ आवश्यक हैं

D. उपरोक्त में से कोई नहीं

57. कल्चर लैग शब्द को खोजने वाले समाजशास्त्री थे :

A. टॉल्कोट पार्सन्स | B. गुन्नार मृदाल

C. ब्रूनो लाटौर | D. विलियम एफ. ओगबर्न

58. एक ही पासे की चार विभिन्न स्थितियाँ दर्शाई गई हैं। 'X' दर्शाने वाले फलक के दूसरी ओर दिखने वाला अक्षर चुनिए।

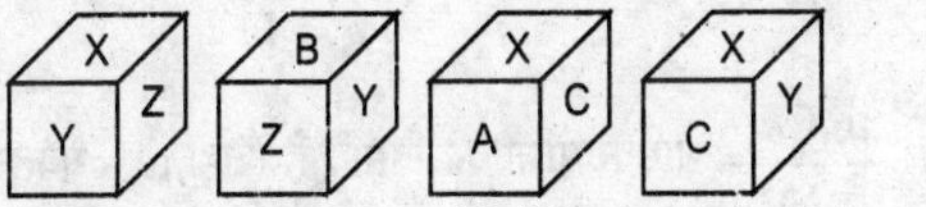

A. Y | B. B

C. A | D. C

59. सुनीता सुबह के 7 बजने से 20 मिनट पहले अपने घर से निकलती है और विनीता के घर 25 मिनट में पहुँच जाती है, वे अगले 15 मिनट में अपना नाश्ता करती हैं और अपने कार्यालय के लिए निकल जाती हैं जिसमें उन्हें 35 मिनट का समय लगता है, अपने कार्यालय पहुँचने के लिए वे विनीता के घर से कितने बजे निकलते हैं?

A. 7:40 AM | B. 7:45 AM

C. 7:20 AM | D. 8:15 AM

60. एक शहर की जनसंख्या 126800 है। पहले वर्ष यह 15% बढ़ जाती है और दूसरे वर्ष 20% की कमी हो जाती है। 2 वर्ष के अंत में शहर की जनसंख्या कितनी होगी?

A. 174984 | B. 135996

C. 145820 | D. 116656

61. एक क्यूब सभी फलकों पर काले रंग का है। इसे समान आकार के 64 छोटे क्यूब में काटा जाता है। कितने क्यूब इसके किसी फलक पर रंगीन नहीं हैं?

A. 3 | B. 2

C. 1 | D. 8

62. .... उस ई-मेल को संदर्भित करता है जो एक स्रोत से उत्पन्न हुआ प्रतीत होता है, लेकिन वास्तव में किसी अन्य स्रोत से भेजा गया होता है।

A. ई-मेल बॉम्बिंग | B. ई-मेल स्पूफिंग

C. ई-मेल स्पैमिंग | D. इनमें से कोई नहीं

63. सभी भूमि बंधकों को किसने रद्द किया?

A. ड्राको | B. सोलोन

C. क्लीस्थेनेस | D. पेरिकल्स

64. दी गई आकृति का सही दर्पण प्रतिबिंब चुनिए, जब दर्पण को रेखा AB पर रखा जाता है।

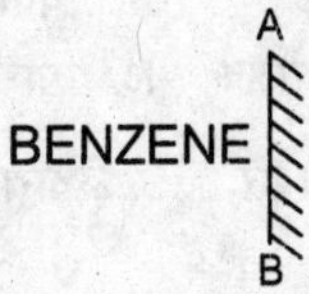

A. ƎИƎZИƎᗺ | B. ƎИƎƧИƎᗺ

C. ƎИƎИƧƎᗺ | D. BEИEƧИE

65. .... एक पेन आधारित निर्गत डिवाइस है जो एक कंप्यूटर से वेक्टर ग्राफिक्स जो कि कई सीधी रेखाओं की एक श्रृंखला द्वारा बनाए गए प्रतिबिंब है, को बनाने के लिए जोड़ी जाती है।

A. स्कैनर | B. प्रोजेक्टर

C. प्रिंटर | D. प्लॉटर

66. प्रश्न चिह्न के स्थान पर कौन-सी संख्या आयेगी?

$0.863 \times 0.637 + 0.863 \times 0.363 = ?$

A. 1 | B. 0.863

C. 8.63 | D. 1.226

67. बीजांड एक छोटी संरचना है जो डंठल के माध्यम से बीजाण्डासन जुड़ी होती है :

A. चालाजा | B. इंटेग्युमेंट

C. केट | D. फ्युनिकल

68. भारतीय संविधान का अनुच्छेद 35A हाल ही में समाचारों में देखा गया है, किससे संबंधित है?

A. राज्य के स्थायी निवासियों को परिभाषित करने के लिए जम्मू और कश्मीर विधायिका

B. राष्ट्रपति का महाभियोग

C. हैदराबाद कर्नाटक को विशेष दर्जा

D. उपरोक्त में से कोई नहीं

69. प्रश्न चिह्न के स्थान पर कौन-सी संख्या आयेगी?

7 : 343 :: 5 : ?

A. 25 B. 125
C. 625 D. 1025

70. संविधान सभा में सदस्यों की कुल संख्या कितनी थी जिन्होंने 24 जनवरी, 1950 को अंतिम रूप से पारित संविधान में अपने हस्ताक्षर किए?

A. 389 B. 299
C. 243 D. 284

71. पुलिस पदानुक्रम में निम्नलिखित में से कौन निम्नतर है?

A. निरीक्षक B. उपनिरीक्षक
C. सहायक उपनिरीक्षक D. उपाधीक्षक पुलिस

72. भारत में बेरोजगारी दर .... द्वारा जारी की जाती है।

A. मूडी
B. भारतीय अर्थव्यवस्था निगरानी केंद्र (सी.एम.आई.ई.)
C. ट्रेडेक्स
D. नियोक्ता एसोसिएशन

73. विश्व व्यापार संगठन (डब्ल्यू.टी.ओ.) का मुख्य उद्देश्य क्या है?

A. अंतर्राष्ट्रीय व्यापार को उदार बनाना
B. उदार घरेलू व्यापार
C. वैश्विक गरीबी कम करना
D. उपरोक्त में से कोई नहीं

74. भारतीय संविधान का कौन-सा अनुच्छेद कहता है कि 'इंडिया अर्थात् भारत राज्यों का संघ होगा'?

A. अनुच्छेद 4 B. अनुच्छेद 2
C. अनुच्छेद 3 D. अनुच्छेद 1

75. 123 दिनों में कितने विषम दिन हैं?

A. दो B. तीन
C. चार D. पाँच

76. भारतीय साक्ष्य अधिनियम को .... में अधिनियमित किया गया था।

A. 1870 B. 1871
C. 1873 D. 1872

77. एक इलेक्ट्रॉनिक्स दुकान का मालिक अपने ग्राहक से लागत मूल्य से 22% अधिक मूल्य लेता है। यदि एक ग्राहक एक डी.वी.डी. प्लेयर के लिए ₹ 10,980 का भुगतान करता है, तो डी.वी.डी. प्लेयर का लागत मूल्य क्या था?

A. ₹ 8,800 B. ₹ 8,000
C. ₹ 9,500 D. ₹ 9,000

78. ट्विस्टेड पुष्पदलविन्यास किन पौधों में देखा जाता है?

A. सरसों B. अन्नोना
C. कैसिया D. कपास

79. प्रश्न चिह्न के स्थान पर कौन-सी संख्या आयेगी?

$4\frac{1}{3} \times 5\frac{1}{3} \div 6\frac{1}{3} \div \frac{1}{3} + 5\frac{1}{3} - 2\frac{1}{3} = ?$

A. $14\frac{14}{19}$ B. $13\frac{19}{21}$

C. $13\frac{18}{19}$ D. $17\frac{8}{11}$

80. $\frac{\mu_0 Ce^2}{2\hbar}$ नामक मात्रा की विमाएँ हैं (जहाँ, μ_0 – मुक्तस्थान की पारगम्यता, C – प्रकाश का वेग, e – इलेक्ट्रॉनिक आवेश और $\hbar = \frac{h}{2\pi}$, h प्लैंक का नियतांक)

A. $[M^0LT]$ B. $[M^0L^0T]$
C. $[M^0L^0T^0]$ D. $[M^{-2}L^{-1}T^{-3}]$

81. केंद्र सरकार के विद्यांजली पोर्टल के बारे में निम्नलिखित कथनों पर विचार करिए।

I. यह विद्यालय शिक्षा और साक्षरता विभाग, मानव संसाधन विकास मंत्रालय की एक पहल है।
II. पोर्टल समुदाय/स्वयंसेवियों को सरकारी या सरकारी सहायता प्राप्त अपनी पसंद के विद्यालयों से सीधे जुड़ने में सक्षम बनाएगा।

A. केवल कथन I सत्य है
B. केवल II सत्य है
C. कथन I और II दोनों सत्य है
D. उपरोक्त में से कोई नहीं

82. यूनाइटेड नेशन सस्टेनेबल डेवेलपमेन्ट सोल्यूशन नेटवर्क (यू.एन.एस.डी.एस.एन.) द्वारा जारी विश्व खुशी रिपोर्ट 2021 में भारत का स्थान क्या है?

A. 132वां B. 139वां
C. 108वां D. उपरोक्त में से कोई नहीं

83. "जन्मदर" का सही कथन क्या है?

A. आरंभिक घनत्व में जोड़े गए जनसंख्या में एक दी गई अवधि के दौरान जन्मों की संख्या।

B. एक दी गई अवधि के दौरान जनसंख्या में मृत्यु की संख्या।

C. विचार की जा रही अवधि के दौरान किसी और स्थान से उस आवास स्थान पर आए समान प्रजातियों के जीवों की संख्या।

D. विचार की जा रही अवधि के दौरान आवास स्थान छोड़कर कहीं और जाने वाले जीवों की संख्या।

84. एक उर्ध्वाधर मांग वक्र है :

A. पूर्ण नम्य | B. पूर्ण अनम्य
C. ऐकिक नम्य | D. ऐकिक अनम्यता

85. सकारात्मक sol के स्कंदन में, गुंफन शक्ति .... के क्रम में होनी चाहिए।

A. $[Fe(CN)_6]^{4-} > PO_4^{3-} > SO_4^{2-} > Cl^-$

B. $Cl^- > SO_4^{2-} > PO_4^{3-} > [Fe(CN)_6]^{4-}$

C. $[Fe(CN)_6]^{4-} > Cl^- > SO_4^{2-} > PO_4^{3-}$

D. $Cl^- > SO_4^{2-} > [Fe(CN)_6]^{4-} > PO_4^{3-}$

86. एक शंक्वाकार तम्बू बनाने के लिए 2.5 मीटर चौड़े कितने मीटर कपड़े की आवश्यकता होगी, जिसका आधार त्रिज्या 7 मीटर और ऊंचाई 24 मीटर है?

A. 120 मीटर | B. 180 मीटर
C. 220 मीटर | D. 550 मीटर

87. सर थॉमस रो जहाँगीर के दरबार में कब आया था?

A. 1608 | B. 1609
C. 1618 | D. 1615

88. इस प्रश्न में, दो कथन दिए गए हैं जिनके बाद दो निष्कर्ष दिए गए हैं। वे निष्कर्ष चुनिए जो तार्किक रूप से सर्वोत्तम सटीक बैठते हैं।

कथनः

1. कोई नींबू संतरा नहीं है
2. कुछ संतरे सेब हैं

निष्कर्षः

I. कोई संतरा नींबू नहीं है

II. कुछ नींबू सेब हैं

A. केवल निष्कर्ष II अनुसरण करता है

B. केवल निष्कर्ष I अनुसरण करता है

C. न तो निष्कर्ष I न ही II अनुसरण करता है

D. दोनों निष्कर्ष I व II अनुसरण करते हैं

89. हरित क्रांति का प्रथम चरण लगभग .... में प्राप्त किया गया।

A. 1950-1960

B. 1960-1970 के मध्य

C. 1970-1980 के मध्य

D. इनमें से कोई नहीं

90. वनस्पति अपशिष्ट और मलजल का ऑक्सीजन की अनुपस्थिति में अपघटन .... देता है।

A. बायो-गैस

B. सी.एन.जी.

C. एल.पी.जी.

D. कोयला

91. In the following question a sentence has been given in Direct/Indirect speech. Out of the four given alternatives select the one which best expresses the same sentence in Indirect/Direct speech.

"Where do you live?", said the school master.

A. The school master enquired where I lived.

B. The school master enquires where I lived.

C. The school master enquired where I had been living.

D. The school master enquires where I have been living.

92. Fill in the blank with appropriate adjective from the alternatives given below them:

This is the ______ news.

A. later | B. latter
C. latest | D. last

93. The following sentence contains grammatically error or idiomatic error in it. You have to find out that part of the sentence and choose the alphabet of that part as your answer.

After having written the letter, I began to look for an envelope.

A. After having written

B. the letter, I began

C. to look for

D. an envelope.

94. Choose the right antonym of the word given in capital letter from the alternatives given below it.

DEFIANCE

A. Praise B. Obedience

C. Extravagance D. Advanced

95. In this question, there are four alternatives following a word or phrase given as the key term. One of the alternatives best explains the meaning of that word or phrase, spot the correct alternative.

ANIMADVERT

A. Need B. Hospitalise

C. Criticise D. Notify

96. जब गुणवाचक विशेषणों का विशेष्य लुप्त रहता है, तब उनका प्रयोग .... के समान होता है।

A. विशेषणों B. सर्वनामों

C. संज्ञाओं D. इनमें से कोई नहीं

97. भाव + अर्थ = भावार्थ, ... संधि का उदाहरण है।

A. दीर्घ B. स्वर

C. विसर्ग D. इनमें से कोई नहीं

98. 'दशा' शब्द का सही अर्थ .... है

A. दिशा

B. हालत

C. धूत

D. इनमें से कोई नहीं

99. 'जिसकी थाह (गहराई) का पता न हो' उसे .... कहते हैं।

A. अक्षय B. अथाह

C. अतिथि D. इनमें से कोई नहीं

100. 'ग्रीष्म' एक तत्सम शब्द है, ... उसका तद्भव शब्द है।

A. सर्दी B. गर्मी

C. वर्षा D. इनमें से कोई नहीं

उत्तरमाला

1. (B) **2. (B)**

प्रश्न संख्याः (3-5)

दी गई सूचना के अनुसार

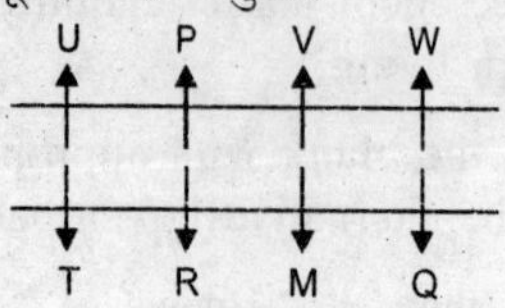

3. (D): R के तुरंत दाएं T है।

4. (A): युग्म MV में व्यक्ति एक-दूसरे के विपरीत बैठे हैं।

5. (C): QP उस समूह में नहीं आता।

6. (A)

7. (C): $\because$ म.स. × ल.स. = पहला बहुपद × दूसरा बहुपद

$\therefore (x + y) \times (3x^5 + 5x^4y + 2x^3y^2 - 3x^2y^3 - 5xy^4 - 2y^5) = (x^2 - y^2) \times P_2$

$$\Rightarrow \text{दूसरा बहुपद } (P_2) = \frac{(x+y)(3x^5+5x^4y+2x^3y^2-3x^2y^3-5xy^4-2y^5)}{(x^2-y^2)}$$

$$= \frac{(x+y)(3x^5+5x^4y+2x^3y^2-3x^2y^3-5xy^4-2y^5)}{(x+y)(x-y)}$$

$$= \frac{3x^5+5x^4y+2x^3y^2-3x^2y^3-5xy^4-2y^5}{(x-y)}$$

$$= \frac{(3x^4+8x^3y+10x^2y^2+7xy^3+2y^4)(x-y)}{(x-y)}$$

$\therefore$ दूसरा बहुपद (P_2)
$= 3x^4 + 8x^3y + 10x^2y^2 + 7xy^3 + 2y^4$.

8. (A)

9. (A): _ _ a b a _ _ b a _ a b

A. abbab

$\therefore$ a b a b a b a b a b a b

B. baabb

$\therefore$ b a a b a a b b a b a b

C. abbaa

$\therefore$ a b a b a b a b a a a b

D. bbaba

$\therefore$ b b a b a a b b a a a b

अतः विकल्प (A) शृंखला को पूरा करता है।

शृंखला में खण्ड ab की पुनरावृत्ति होती है।

$\therefore$ लुप्त अक्षर = abbab.

10. **(B)** **11.** **(A)** **12.** **(D)**

13. **(C)** **14.** **(C)** **15.** **(A)**

16. **(C)** **17.** **(B)** **18.** **(A)**

19. **(A)**

20. **(A):** माना A और B केनेडियन परिवार का समुच्चय है जिनके पास कुत्ते और बिल्ली हैं।

तब, $n(A) = 30, n(B) = 30, n(A \cap B) = 50$

इसलिए, $n(A \cup B) = n(A) + n(B) - n(A \cap B)$

$\Rightarrow \quad n(A \cup B) = 30 + 30 - 50$

$= 60 - 50 = 10$

अतः 10% केनेडियन परिवार के पास कुत्ता और बिल्ली दोनों है।

21. **(A)** **22.** **(D)** **23.** **(C)**

24. **(C):** यहाँ कक्षा में विद्यार्थियों की कुल संख्या = 46

$\therefore$ अंत से अरूणा का स्थान

$= 46 - 12 + 1 = 34 + 1 = 35.$

25. **(D):** यहाँ, प्रारंभिक बिन्दु = A

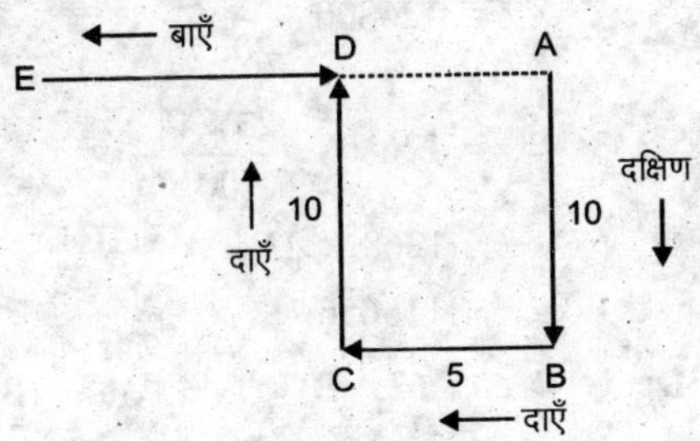

AB = 10 किमी.

BC = 5 किमी.

CD = 10 किमी.

DE = 5 किमी.

$\because$ AB = CD

$\therefore$ BC = DA = 5 किमी.

EA = ED + DA

= 10 + 5 = 15 किमी.

अतः उसे सीधे जाने के लिए साईकिल चलानी होगी = EA = 15 किमी.

26. **(C)** **27.** **(A)** **28.** **(B)**

29. **(C)** **30.** **(B)**

31. **(B):** माना लड़कों की संख्या x है, तब लड़कियों की संख्या $(50 - x)$ है।

तब, $90x + 65(50 - x) =$ ₹ 41

$\Rightarrow 90x + 3250 - 65x = 4100$ पैसे

$\Rightarrow \quad 25x + 3250 = 4100$

$\Rightarrow \quad 25x = 850$

$\Rightarrow \quad x = 34$

अतः लड़कों की संख्या 34 है।

32. **(B)** **33.** **(D)**

34. **(B):** पिछले एक वर्ष के दौरान मुद्रास्फीति की दर

$$= \frac{223.8 - 193.6}{193.6} \times 100$$

$$= \frac{30.2}{193.6} \times 100$$

$$= \frac{30200}{1936}$$

$= 15.599173 = 15.6\%.$

35. **(C)** **36.** **(C)**

37. **(D):** दिया है,

H	A	T	C	H		T	R	A	P
↓	↓	↓	↓	↓	और	↓	↓	↓	↓
5	#	3	2	5		3	8	#	%

इसी प्रकार,

P	A	T	C	H
↓	↓	↓	↓	↓
%	#	3	2	5

अतः उस कूट में PATCH को %#325.

38. **(A)** **39.** **(B)**

40. **(D):**

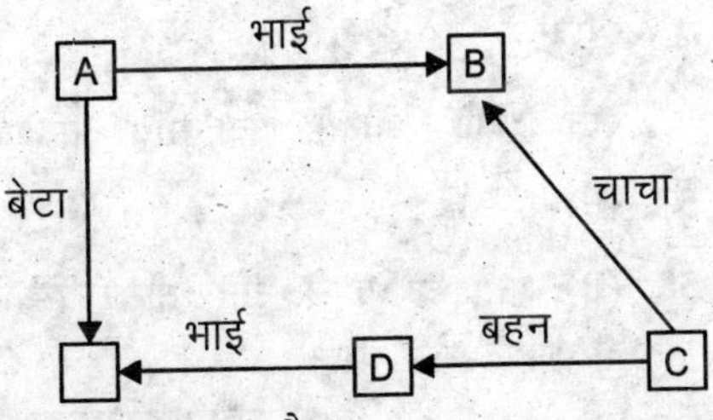

अतः B, C का चाचा है।

41. **(D)** **42.** **(B)** **43.** **(D)**

44. (B):

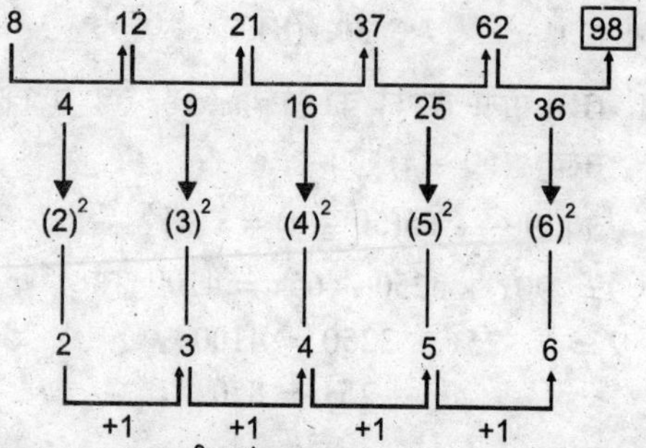

अतः ? = अगली संख्या = 98.

45. (C) **46. (A)** **47. (A)**

48. (C) **49. (A)**

50. (D): दिया है, शब्द : 'ADMINISTRATION'

पहले, चौथे, नौवें और 14वें अक्षर = AIRN

$\therefore$ अर्थपूर्ण शब्द = RAIN

$\therefore$ अतः शब्द के अंत से दाएँ से तीसरा अक्षर = A.

51. (D) **52. (C)** **53. (D)**

54. (B)

55. (D): यहाँ, 50 संख्याओं का कुल योग

$= 50 \times 38 = 1900$

और 2 संख्याओं का योग = 45 + 55 = 100

$\because$ दो संख्याओं को छोड़ दिया जाता है

$\therefore$ शेष 48 संख्याओं का कुल योग

$= 1900 - 100 = 1800$

अतः शेष संख्याओं का औसत

$$= \frac{1800}{48} = 37.5.$$

56. (C): दिए गए कथन के अनुसार

S P Q T R

↑ ↑ ↑ ↑ ↑

अतः दोनों I और II एक साथ आवश्यक है।

57. (D)

58. (B): पासे के पहले और तीसरे स्थिति से X से दक्षिणावर्त लेने पर

X Z Y	⇒	X	Z	Y
X C A		X	C	A

$\Rightarrow$ $X \leftrightarrow B$

$Z \leftrightarrow C$

$Y \leftrightarrow Z$

अतः X दर्शाने वाले फलक के दूसरी ओर दिखाने वाला अक्षर B होगा।

59. (C): सुनीता का अपने घर से निकलने का समय

= 7 AM – 20 मिनट = 6:40 AM

सुनीता का विनीता के घर पहुँचने का समय

= 6:40 AM + 25 मिनट = 7:5 AM

अतः अपने कार्यालय पहुँचने के लिए विनीता के घर से निकलने का समय

= 7:5 AM + 15 मिनट = 7:20 AM.

60. (D): 2 वर्ष के अंत में शहर की जनसंख्या

$$= P\left(1+\frac{r_1}{100}\right)\left(1-\frac{r_2}{100}\right)$$

$$= 126800\left(1+\frac{15}{100}\right)\left(1-\frac{20}{100}\right)$$

$$= 126800\left(1+\frac{3}{20}\right)\left(1-\frac{1}{5}\right)$$

$$= 126800 \times \frac{23}{20} \times \frac{4}{5}$$

$$= 126800 \times \frac{23 \times 4}{100}$$

$$= 1268 \times 23 \times 4$$

$$= 116656.$$

61. (D) **62. (B)** **63. (B)**

64. (B) **65. (D)**

66. (B): $0.863 \times 0.637 + 0.863 \times 0.363$

$= 0.863(0.637 + 0.363)$

$= 0.863(1.000) = 0.863.$

67. (D) **68. (A)**

69. (B): 7 : 343 :: 5 : ?

$\Rightarrow$ $7^3 = 343$

and $5^3 = 125$

$\therefore$ 7 : 343 :: 5 : $\boxed{125}$.

70. (D) **71. (C)** **72. (B)**

73. (A) **74. (D)**

75. (C): 123 = 7 × 17 + 4

अतः 123 दिनों में विषम दिनों की संख्या = 4.

76. (D)

77. (D): माना डी.वी.डी. प्लेयर का लागत मूल्य = ₹ x

तब, विक्रय मूल्य $= x \times \frac{122}{100}$

$$\Rightarrow \quad 10,980 = \frac{122x}{100}$$

$$\Rightarrow \quad x = \frac{10980 \times 100}{122}$$

$$= 90 \times 100 = 9000$$

अतः डी.वी.डी. प्लेयर का लागत मूल्य = ₹ 9000.

78. (D)

79. (C): $4\frac{1}{3} \times 5\frac{1}{3} \div 6\frac{1}{3} \div \frac{1}{3} + 5\frac{1}{3} - 2\frac{1}{3}$

$$= \frac{13}{3} \times \frac{16}{3} \div \frac{19}{3} \div \frac{1}{3} + \frac{16}{3} - \frac{7}{3}$$

$$= \frac{13}{3} \times \frac{16}{3} \times \frac{3}{19} \times \frac{3}{1} + \frac{16}{3} - \frac{7}{3}$$

$$= \frac{13 \times 16}{19} + \frac{16-7}{3}$$

$$= \frac{208}{19} + \frac{9}{3} = \frac{208}{19} + 3$$

$$= \frac{208+57}{19} = \frac{265}{19} = 13\frac{18}{19}.$$

80. (C) **81. (C)** **82. (B)**

83. (A) **84. (B)** **85. (A)**

86. (C): दिया है, त्रिज्या = 7 मी., ऊँचाई h = 24 मी.

$\therefore$ एक शंक्वाकार तम्बू की तिर्यक ऊँचाई

$$= l = \sqrt{h^2 + r^2} = \sqrt{(24)^2 + (7)^2}$$

$$= \sqrt{576 + 49} = \sqrt{625} = 25 \text{ मी.}$$

$\therefore$ शंक्वाकार तम्बू का वक्र पृष्ठ क्षेत्रफल = πrl

$$= \frac{22}{7} \times 7 \times 25 \text{ मी.}^2 = 22 \times 25 = 550 \text{ मी.}^2$$

$\because$ दिया है, कपड़े की चौड़ाई = 2.5 मी.

$\therefore$ लम्बाई × चौड़ाई = 550 $\Rightarrow$ लम्बाई × 2.5 = 550

$$\Rightarrow \quad \text{लम्बाई} = \frac{550}{2.5} = \frac{5500}{25}$$

$\Rightarrow$ लम्बाई = 220 m

अतः कपड़े की अभीष्ट लम्बाई = 220 मी.

87. (D)

88. (B): दिए गए कथन के अनुसार,

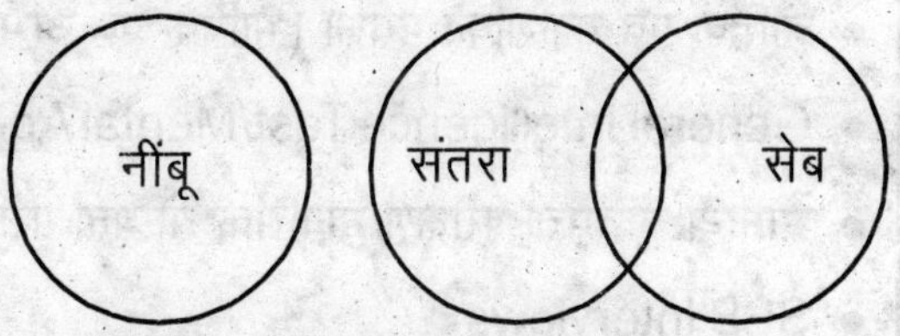

निष्कर्षः I. कोई संतरा नींबू नहीं है।

अतः केवल निष्कर्ष I अनुसरण करता है।

89. (B) **90. (A)** **91. (A)**

92. (C) **93. (A)** **94. (B)**

95. (C) **96. (C)** **97. (A)**

98. (B) **99. (B)** **100. (B)**

पिछले प्रश्न-पत्र (हल सहित)

हरियाणा पुलिस कांस्टेबल भर्ती परीक्षा, 2018*

1. वह राजमा किस्म चुनिए जो बैक्टिरियल ब्लाइट रोग प्रतिरोधी है।
A. हिमगिरी B. पूसा कोमल
C. पूसा सदाबहार D. पूसा स्वर्णिम

2. भारतीय साक्ष्य अधिनियम .... में अस्तित्व में आया।
A. 1 जनवरी, 1872 B. 1 अक्टूबर, 1872
C. 1 सितम्बर, 1872 D. 1 दिसम्बर, 1872

3. A, B से धनी है। C, A से धनी है। D, C से धनी है और E सबसे अधिक धनी है। यदि उन्हें धनाढ्यता के अवरोही क्रम में बैठाया जाए, तो मध्य में कौन होगा?
A. A B. B
C. C D. D

4. किन दो महीनों का एक वर्ष में समान कैलेंडर होता है?
A. जून, अक्टूबर B. अप्रैल, नवम्बर
C. अप्रैल, जुलाई D. अक्टूबर, दिसम्बर

5. 1556 में अकबर की मुगल फौजों को हराने के बाद इस राजा ने 'विक्रमादित्य' की उपाधि धारण की।
A. शेर शाह सूरी B. हेमचंद्र
C. राणा प्रताप D. पृथ्वीराज चौहान

6. जब एक सिक्के को 6 बार उछाला जाता है तो संभव प्राप्तियाँ हैं
A. 36 B. 12
C. 64 D. 32

7. स्वाभिमान आंदोलन .... द्वारा शुरू किया गया।
A. स्वामी विवेकानंद B. अंबेडकर
C. रामास्वामी नायकर D. राजाराम मोहन राय

8. निम्नलिखित में से कौन-सा डाटाबेस मैनेजमेंट सिस्टम का एक उदाहरण नहीं है?
A. SQL B. .net
C. SAP D. Oracle

9. एक बैग में 5 लाल और 3 नीली गेंदें हैं। यदि बिना बदले यादृच्छिक रूप से 3 गेंदें निकाली जाती हैं। एक लाल गेंद आने की प्रायिकता है
A. $\frac{45}{196}$ B. $\frac{135}{392}$
C. $\frac{15}{56}$ D. $\frac{15}{29}$

10. एक रेडियो सक्रिय नमूने की गतिविधि 3 दिनों में अपने मूल मान का $\frac{1}{3}$ रह जाती है। तो 9 दिनों में गतिविधि .... हो जाती है।
A. इसके मूल मान का $\frac{1}{3}$
B. इसके मूल मान का $\frac{1}{9}$
C. इसके मूल मान का $\frac{1}{8}$
D. इसके मूल मान का $\frac{1}{27}$

11. निम्नलिखित कूट का निर्गत क्या है?
```
class test:
   def __ init __ (self):
      self. variable = 'old'
      self. change (self. variable)
   def change (self, var):
   var = 'new'
obj = test()
print(obj.variable)
```
A. error:function cannot be called
B. 'new' is printed
C. 'old' is printed
D. nothing is printed

12. भारत में खाद्य सुरक्षा अधिनियम वर्ष ..... में लागू हुआ।
A. 2011 B. 2012
C. 2013 D. 2010

13. 2011 की जनसंख्या के अनुसार, हरियाणा की जनसंख्या भारत की जनसंख्या का .... प्रतिशत है।

---
*Exam held on 23/12/2018 morning shift.

A. 2 B. 5
C. 10 D. 13

14. दिए गए विकल्पों से, शब्द "OUTRAGEOUS" के अक्षरों को प्रयोग करते हुए न बनाया जा सकने वाला शब्द चुनिए।
A. GREAT B. OUTAGE
C. SURAT D. GREGARIOUS

15. जब एक प्रोग्राम के निष्पादन के दौरान एक नाम से आमना-सामना होता है तो यह नाम को निम्नलिखित क्रम में खोजता है
A. स्थानीय, वैश्विक, पहले से उसी में निर्मित, बंदीकारी फंक्शन्स
B. वैश्विक, स्थानीय, बंदीकारी फंक्शन्स, उसी में निर्मित
C. उसी में निर्मित, बंदीकारी फंक्शन्स, स्थानीय, वैश्विक
D. स्थानीय, बंदीकारी फंक्शन्स, वैश्विक, उसी में निर्मित

16. चिली शोरा है
A. $NaNO_3$ B. KNO_3
C. $LiNO_3$ D. $Ca(NO_3)_2$

17. समीकरण $kx(x - 2) + 6 = 0$ के लिए k का मान है ताकि इसके दो समान मूल हों
A. 0, 6 B. 6
C. 2, 3 D. इनमें से कोई नहीं

18. 1966 में जब हरियाणा बनाया गया तो जिलों की संख्या थी
A. 21 B. 15
C. 7 D. 9

19. हरियाणा का सूचना, लोक संबंध और भाषा विभाग एक पत्रिका .... निकालता है।
A. हरियाणा विकास B. हरियाणा दर्शन
C. हरियाणा संवाद D. उक्त में से कोई नहीं

20. निम्नलिखित कूट के निर्गत पूर्वानुमान लगाइए।

```
int f = 1, i = 2;
do {
        f* = i;
   } while(++i < 5);
cout<<f;
```

A. 12 B. 5
C. 4 D. 24

21. हरियाणा के इस स्थान पर एक 2800 मेगावाट का नया शक्ति संयंत्र लगाया जाएगा
A. रेवाड़ी B. गोरखपुर
C. जींद D. सिरसा

22. विकल्प चुनिए, जो नेटवर्किंग में शामिल नहीं है।
A. दूरस्थ डाटाबेस तक पहुँच
B. संसाधन साझा करना
C. शक्ति स्थानांतरण
D. संप्रेषण

23. संविधान का वह अनुच्छेद जो जम्मू और कश्मीर को विशेष राज्य का दर्जा देता है
A. 370 B. 382
C. 371 D. 372

24. सही उत्तर चुनिए।
I. अंबाला में हरियाणा से सर्वाधिक वर्षा होती है।
II. इसके चारों ओर शिवालिक की पहाड़ियाँ है।
A. I और II दोनों सत्य है और II, I की सही व्याख्या है
B. I और II दोनों सत्य हैं परंतु II, I की सही व्याख्या नहीं है
C. I सत्य है, परंतु II असत्य है
D. दोनों असत्य हैं

25. राष्ट्रीय जंतु आनुवांशिकी संसाधन ब्यूरो .... में स्थित है।
A. कुरुक्षेत्र B. करनाल
C. मेवात D. रेवाड़ी

26. सूरदास निम्नलिखित में से किस मुगल शासक के समकालीन थे?
A. शाहजहाँ B. अकबर
C. हुमायूँ D. बाबर

27. भारतीय साक्ष्य अधिनियम के अंतर्गत साक्ष्य का अर्थ है
A. मौखिक साक्ष्य B. दस्तावेजीय साक्ष्य
C. (A) और (B) दोनों D. उक्त में से कोई नहीं

28. इस रक्षित क्षेत्र में दिल्ली पर्वतीय श्रेणी के अवशेषों में से एक उपस्थित हैं
A. भिंडावास वन्यजीव अभयारण्य
B. असोला-भट्टी वन्यजीव अभयारण्य
C. नाहर वन्यजीव अभयारण्य
D. अबूबशहर वन्यजीव अभयारण्य

29. सही उत्तर चुनिए।
I. जिंजी फोर्ट–तमिलनाडु
II. अजंता-एलोरा गुफाएँ–मध्य प्रदेश
A. केवल I सही है B. केवल II सही है
C. दोनों सही हैं D. दोनों गलत हैं

30. हरियाणा का यह लेखक उर्दू पत्रिका 'भारत प्रताप' का संपादक था।

A. बालमुकुंद गुप्त B. प्रताप नारायण मिश्र
C. महावीर प्रसाद द्विवेदी D. उपरोक्त में से कोई नहीं

31. भ्रूण को जन्म देना .... कहलाता है।
A. रोपण B. निषेचन
C. प्रसव D. अंडोत्सर्जन

32. भारतीय संविधान में समानता के अधिकार के संबंध में निम्नलिखित कथनों पर विचार करें।
1. अनुच्छेद 14 – कानून के समक्ष सभी समान हैं।
2. अनुच्छेद 16 – सार्वजनिक रोजगार में समान अवसर।
3. अनुच्छेद 17 – अस्पृश्यता निषिद्ध है।
4. अनुच्छेद 19 – उपाधियों का उन्मूलन।
A. 1 और 4 B. 2 और 4 केवल
C. 1, 2 और 4 केवल D. 1, 2 और 3

33. $(1 + x)^n$ के विस्तारण में दूसरा, तीसरा और चौथे पदों के गुणांक समांतर श्रेणी में हैं, n का मान है
A. 2 B. 7
C. 11 D. 14

34. निम्नलिखित में से कौन-सा देश महान भौगोलिक रचना 'भारतीय उप-महाद्वीप' में शामिल नहीं है?
A. म्यांमार B. पाकिस्तान
C. बांग्लादेश D. भारत

35. भारत का वर्तमान विधि मंत्री है
A. डी.वी. सदानंद गौड़ा B. अनंतकुमार हेगड़े
C. रविशंकर प्रसाद D. नितिन गडकरी

36. सोडियम प्रकाश (λ = 5890 Å) हेतु व्यतिकरण सीमांतों के लिए एक द्वि छिद्र प्रयोग की 0.2° की एक कोणीय चौड़ाई है। किस तरंगदैर्ध्यता के लिए चौड़ाई 10% अधिक होगी?
A. 5890 Å B. 7500 Å
C. 6479 Å D. 8768 Å

37. नीली क्रांति .... से संबंधित है।
A. तिलहन फसलें B. सब्जी फसलें
C. दुग्ध उत्पादन D. मछली

38. एक दिए गए स्थान और समय पर वायुमंडल की स्थिति को .... कहते हैं।
A. जलवायु B. मौसम
C. मौसम-विज्ञान D. इनमें से कोई नहीं

39. इस प्रोग्राम का निर्गत क्या है?

```
int main(){
char arr [20];
int i;
for (i = 0; i < 10; i++)
    * (arr + i) = 65 + 1;
    * (arr + i) = '\0';
cout << arr;
return 0;
}
```

A. ABCDEFGHIJ B. AAAAAAAAAA
C. 0123456789 D. उक्त में से कोई नहीं

40. .... हरियाणा में ऊर्जा उत्पादन हेतु उत्तरदायी है।
A. हरियाणा विद्युत सुधार आयोग
B. हरियाणा राज्य विद्युत बोर्ड
C. हरियाणा ऊर्जा उत्पादन कॉर्पोरेशन लिमिटेड
D. हरियाणा विद्युत प्रसरण निगम लिमिटेड

41. दो आबंटनों की भिन्नताओं का गुणांक 50 और 60 है और उनका अंकगणितीय मान क्रमशः 30 और 25 है। उनका मानक विचलन का अंतर है
A. 1 B. 0
C. 1.5 D. 2.5

42. जब संख्याओं 517, 325, 639, 841, 792 को अवरोही क्रम में व्यवस्थित किया जाता है तो प्रत्येक संख्या में अंकों का क्रम पलटने के बाद शीर्ष से तीसरी संख्या का अंतिम अंक क्या होगा?
A. 7 B. 3
C. 5 D. 2

43. .... हरियाणा के एक स्वतंत्रता सेनानी थे जो बाद में राज्य के मुख्यमंत्री बने।
A. देवीलाल B. बंसीलाल
C. भूपेंद्र सिंह हूडा D. मनोहर लाल खट्टर

44. साहीवाल .... की एक किस्म है।
A. चिंकारा B. बाघ
C. मगरमच्छ D. गाय

45. निम्नलिखित में से कौन-सा फंक्शन/विधि पाइथन में एक कंस्ट्रक्टर की भाँति कार्य करता है?
A. construct()
B. _init_()
C. _str_
D. वह फंक्शन जिसका नाम वर्ग के नाम के समान है।

46. निम्नलिखित में से कौन-सा एक उन पाँच गाँवों में से एक है जो युधिष्ठिर दुर्योधन से माँगना चाहते थे?
A. मेवात B. पलवल
C. करनाल D. सोनीपत

47. 'सभी त्रिभुज समबाहु त्रिभुज है' का खंडन है
A. सभी त्रिभुज समबाहु नहीं है
B. सभी समबाहु त्रिभुज, त्रिभुज नहीं है
C. एक त्रिभुज ऐसा है जो समबाहु त्रिभुज नहीं है
D. ये सभी

48. एक वर्ग से एक ऑब्जेक्ट बनाना .... कहलाता है।
A. इनिशियलाइजेशन B. इंस्टेन्शिएशन
C. क्रिएशन D. डिफिनेशन

49. P(n): $2^{2n} - 1, n \in N$ .... द्वारा विभाज्य है।
A. 4 B. 3
C. 5 D. इनमें से कोई नहीं

50. मोहम्मद गजनी ने थानेसर पर ...... में आक्रमण किया।
A. 1054 B. 1014
C. 1263 D. 1492

51. इस पंचकूला के लेखक ने 2017 का प्रतिष्ठित केंद्र साहित्य अकादमी पुरस्कार जीता है:
A. नच्छतर B. रमेश कुंतल मेघ
C. नासिरा शर्मा D. मृदुला गर्ग

52. इस महिला ने UPSC में द्वितीय स्थान प्राप्त किया था जिसे 'बेटी बचाओ, बेटी पढ़ाओ' अभियान का ब्रांड एंबेसेडर नामित किया गया था।
A. अनु कुमारी B. दिव्या कुमारी
C. सरिता कुमारी D. प्रिति कुमारी

53. 0 और 50 के बीच विषम संख्याओं का योग हैं
A. 600 B. 530
C. 480 D. 625

54. एक व्यक्ति 5 कि.मी. पूर्व की ओर चलता है। फिर वह दक्षिण-पश्चिम में 5 कि.मी. जाता है। फिर वह उत्तर-पश्चिम की ओर 5 कि.मी. चलता है। वह बिंदु जहाँ से उसने आरंभ किया है, वे कहाँ है?
A. पूर्व B. उत्तर
C. पश्चिम D. दक्षिण

55. भारत की स्वतंत्रता अधिनियम, 1947 के पारित होते ही भारत तुरंत .... बन गया।
A. गणतांत्रिक राज्य B. लोकतांत्रिक राज्य
C. डोमिनियन राज्य D. धर्मनिरपेक्ष राज्य

56. शीत युद्ध के संबंध में निम्नलिखित में से कौन-सा कथन गलत है?
A. यह एक आदर्शवादी युद्ध है।
B. यूएसएसआर और अमेरिका युद्ध में सीधे शामिल थे।
C. यह सोवियत यूनियन और यूएसए के गुटों के बीच प्रतिस्पर्धा है।
D. यह विश्व में प्रेरित हथियारों की दौड़ है।

57. लोक सभा चुनाव लड़ने के लिए किसी को न्यूनतम .... आयु प्राप्त करनी चाहिए।
A. 22 वर्ष B. 24 वर्ष
C. 25 वर्ष D. 30 वर्ष

58. n मानों के एक समुच्चय $x_1, x_2, \ldots x_n$ का मानक विचलन σ है तो $x_1 + k, x_2 + k, \ldots x_n + k$ का मानक विचलन होगा
A. σ B. $\sigma + k$
C. $\sigma - k$ D. $k\sigma$

59. .... एन्जाइम ग्लूकोज को इथाईल अल्कोहल और कार्बन डाइऑक्साइड में रूपांतरित करता है।
A. इन्वर्टेज B. जाइमेज
C. डाइएस्टेज D. माल्टेज

60. $\tan 1° \cdot \tan 2° \cdot \tan 3° \ldots \tan 89°$ का मान है
A. 0 B. 1
C. $\frac{1}{2}$ D. $\left(\frac{1}{\sqrt{2}}\right)^{89}$

61. यदि $\sin\theta + \text{cosec}\,\theta = 2$, तो $\sin^2\theta + \text{cosec}^2\theta =$
A. 1 B. 4
C. 2 D. $\frac{1}{2}$

62. .... को भारत में 'मिनि क्यूबा' कहा जाता है क्योंकि इस क्षेत्र से बड़ी संख्या में मुक्केबाज आते हैं।
A. भिवानी B. अंबाला
C. करनाल D. पलवल

63. खसरा और रूबेला .... द्वारा होता है।
A. जीवाणु B. विषाणु
C. प्रोटिस्टा D. कवक

64. निम्नलिखित संख्याओं की शृंखलाओं में कितनी बार 1, 3 व 7 एक साथ आए हैं कि 7 बीच में हो और 1 व 3 उनके दोनों ओर हों?
2 9 7 3 1 7 3 7 7 1 3 3 1 7 3 8 5 7 1 3 7 7 1 7 3 9 0 6
A. 3 B. 4
C. 5 D. 5 से अधिक

65. 10H की एक आदर्श कुंडली 5Ω के एक प्रतिरोध और 5V की एक बैट्री के साथ शृंखला में जुड़ी है।

कनेक्शन के बाद दो सेकंड बाद परिपथ में बहने वाली विद्युत एंपीयर में है

A. $(1 - e^{-1})$ B. $(1 - e)$
C. e D. e^{-1}

66. यदि $P(n) : 2n < n!, n \in N$, तो $P(n)$ सत्य है n के लिए
A. > 2 B. > 3
C. < 4 D. इनमें से कोई नहीं

67. हरियाणा का छड़ी नृत्य किस त्यौहार से संबंधित है?
A. नवरात्रि B. तीज
C. गूगा नवमी D. होली

68. तीन समुच्चयों A, B, C के लिए यदि $A \subset B, B \subset C$ तो
A. $A \cup B \subset C$ B. $C \subset A \cup B$
C. $A - B = C$ D. इनमें से कोई नहीं

69. फिल्म पगड़ी द ऑनर में अपनी भूमिका हेतु .... को सर्वश्रेष्ठ सहायक कलाकार हेतु राष्ट्रीय फिल्म पुरस्कार मिला।
A. उषा शर्मा B. बलजिंद्र कौर
C. सुमित्रा हूडा D. शीला पहल

70. 2018 राष्ट्रमंडल खेल .... में हुआ।
A. सिंगापुर B. दक्षिण अफ्रीका
C. इंग्लैंड D. ऑस्ट्रेलिया

71. संसद में विधेयक की प्रस्तुति के संबंध में निम्नलिखित में से कौन-सा गलत है?
A. वित्त विधेयक सर्वप्रथम संसद के किसी भी सदन में प्रस्तुत किया जा सकता है।
B. सभी विधेयकों के लिए राष्ट्रपति का अनुमोदन अनिवार्य है।
C. वित्तमंत्री वित्त विधेयक लोकसभा में प्रस्तुत करते हैं।
D. विधेयकों के संबंध में असहमति का संसद के संयुक्त सत्र के माध्यम से सुलझाया जा सकता है।

72. 23 दलों का UNFCCC – 2017 सम्मेलन .... में हुआ।
A. एडिनबर्ग B. मोरक्को
C. कैलिफॉर्निया D. बोन

73. .... एक तकनीक है जिसमें संप्रेषण हेतु दो गाँठों के बीच एक समर्पित और पूर्ण भौतिक कनेक्शन स्थापित किया जाता है।
A. पैकेट स्विचिंग B. सर्किट स्विचिंग
C. लैन D. उपरोक्त सभी

74. तथ्य .... हो सकता है।
A. केवल भौतिक
B. मनोवैज्ञानिक तथ्य
C. भौतिक और मनोवैज्ञानिक
D. उपरोक्त में से कोई नहीं

75. .... जिले को श्रीपद जनपद कहते हैं।
A. कुरुक्षेत्र B. रेवाड़ी
C. फरीदाबाद D. पंचकूला

76. वह शृंखला ज्ञात करें जिसमें आसन्न अक्षरों के बीच छूटे अक्षर घटते क्रम में नहीं है।
A. EQZFI B. GWIQU
C. MGVFK D. PJXHM

77. इस व्यक्ति को भाखड़ा-नांगल बाँध का जनक कहते हैं
A. सेठ छज्जू राम B. चौधरी छोटू राम
C. चौधरी सुखराम D. दीवान बहादुर एस.पी. सिंह

78. हरियाणा संस्कृत अकादमी द्वारा प्रकाशित मासिक पत्रिका का निम्नलिखित में से कौन-सा नाम है?
A. संस्कृतवाणी B. संस्कृतभारती
C. हरिप्रभा D. संस्कृतभाषा

79. पृथ्वी के चारों ओर अदृश्य गैस की चादर .... कहलाती है।
A. आयनमंडल B. क्षोभमंडल
C. समताप मंडल D. वायुमंडल

80. हाली पुरस्कार .... द्वारा दिया जाता है।
A. हरियाणा पंजाबी अकादमी
B. हरियाणा उर्दू अकादमी
C. हरियाणा संस्कृत अकादमी
D. हरियाणा हिंदी अकादमी

81. 'आंतरिक ग्रह' कहलाने वाला ग्रहों का समूह है
A. बुध, बृहस्पति, पृथ्वी और शनि
B. बुध, पृथ्वी, नेपच्यून और बृहस्पति
C. बुध, पृथ्वी, मंगल और शनि
D. बुध, शुक्र, पृथ्वी और मंगल

82. .... किसी प्रकार के मानों का क्रम है और पूर्णांकों द्वारा सूचकांकित है। ये निर्विकल्प हैं।
A. ट्यूपल B. स्ट्रिंग
C. सूची D. शब्दकोश

83. 60 विद्यार्थियों की एक कक्षा में 25 क्रिकेट खेलते हैं, 20 विद्यार्थी टेनिस खेलते हैं और 10 विद्यार्थी दोनों खेल खेलते हैं। उन विद्यार्थियों की संख्या जो न तो टेनिस न क्रिकेट खेलते हैं
A. 35 B. 40
C. 25 D. 50

84. सूरजमुखी अपरारोपण के ...... प्रकार का एक उदाहरण है।
A. सीमांत अपरारोपण B. मुक्त केंद्रीय अपरारोपण
C. शीर्षीय अपरारोपण D. आधारीय अपरारोपण

85. पशु और भैंस .... परिवार से आते हैं।
A. कैमेलीडी B. सिडी
C. इक्विडी D. इनमें से कोई नहीं

86. लड़कियों की पंक्ति में, सीता जो बाएँ से 10वीं है और लीना जो दाएँ से 7वीं है, अपने स्थानों को आपस में बदलती हैं, सीता बाएँ से 15वीं हो जाती है। पंक्ति में कितनी लड़कियाँ हैं?
A. 17 B. 20
C. 22 D. 21

87. ....पूर्व ईसाई युग के यौद्धेय जनजातीय गणराज्य से जुड़ा है और 1938 में बीरबल सैनी द्वारा निकाले गए बहुत से इंडो-ग्रीक सिक्कों के ढेरों की शृंखला रखता है।
A. भिवंडी B. खोकराकोट
C. चरखी दादरी D. कैथल

88. निम्नलिखित में से कौन-सा सिंधु घाटी सभ्यता का एक प्राचीन पतन है?
A. मोहनजोदड़ो B. कालीबंगन
C. हड़प्पा D. लोथल

Select the part of speech of each underlined word in the following sentences.

89. He treated it in a light hearted manner.
A. verb B. adverb
C. adjective D. conjunction

90. Alas! she is no more.
A. pronoun B. preposition
C. conjunction D. interjection

Fill in the blanks with appropriate preposition.

91. I can't understand people who are cruel ______ animals.
A. with B. for
C. to D. at

92. I was shocked _______ what I saw. I'd never seen anything like it before.
A. at B. on
C. with D. for

Fill in the blanks with correct form of verbs.

93. Yesterday evening the phone____ three times, while we were having dinner.
A. has rung B. had been ringing
C. rang D. was ringing

94. What's that noise? what______?
A. happened B. had happened
C. has happened D. is happening

95. यात्रियों के समूह को कहते हैं
A. कुंज B. काफिला
C. समिति D. व्यूह

96. "लड़की जाती है।" यह वाक्य अपूर्ण भूतकाल में होता है।
A. लड़की गयी। B. लड़की गयी थी।
C. लड़की जाएगी। D. लड़की जा रही थी।

97. "जिसे किसी बात को जानने की इच्छा हो" उसे कहते हैं
A. जिज्ञासु B. सदाचारी
C. नास्तिक D. सहिष्णु

98. "हम आँखों से देखते हैं" इस वाक्य में "आँखों से" कौन-सा कारक है?
A. करण कारक B. संबंध कारक
C. कर्त्ता कारक D. कर्म कारक

99. इनमें क्रिया विशेषण है
A. चालाक B. हम
C. लड़का D. धीरे धीरे

100. "दाँतों तले उँगली दबाना" मुहावरे का अर्थ है
A. खुश होना B. क्रोधित होना
C. आश्चर्य होना D. ईर्ष्या से जल उठना

उत्तरमाला

1	2	3	4	5	6	7	8	9	10
B	C	C	C	B	C	C	B	C	D
11	**12**	**13**	**14**	**15**	**16**	**17**	**18**	**19**	**20**
C	C	A	D	D	A	B	C	C	D
21	**22**	**23**	**24**	**25**	**26**	**27**	**28**	**29**	**30**
B	C	A	A	B	B	C	B	A	A

31	32	33	34	35	36	37	38	39	40
C	D	B	A	C	C	D	B	A	C
41	**42**	**43**	**44**	**45**	**46**	**47**	**48**	**49**	**50**
B	B	A	D	B	D	C	B	B	B
51	**52**	**53**	**54**	**55**	**56**	**57**	**58**	**59**	**60**
B	A	D	C	C	B	C	A	B	B
61	**62**	**63**	**64**	**65**	**66**	**67**	**68**	**69**	**70**
C	A	B	A	A	B	C	A	B	D
71	**72**	**73**	**74**	**75**	**76**	**77**	**78**	**79**	**80**
A	D	B	C	A	D	B	*	D	B
81	**82**	**83**	**84**	**85**	**86**	**87**	**88**	**89**	**90**
D	A	C	D	D	D	B	D	B	D
91	**92**	**93**	**94**	**95**	**96**	**97**	**98**	**99**	**100**
C	A	C	D	B	D	A	A	D	C

व्याख्यात्मक उत्तर

3. E > D > C > A > B

↑ सबसे अधिक धनी   ↑ मध्य

∴ C मध्य में होगा।

4. अप्रैल और जुलाई माह का एक वर्ष में समान कैलेंडर होता है।

6. कुल सम्भव प्राप्तियाँ = $2^6 = 64$.

9. कुल गेंद = 5 + 3 = 8

कुल लाल गेंद = 5

केवल एक गेंद लाल होने की अभिष्ट प्रायिकता (1R + 2B)

$$= \frac{{}^5C_1 \times {}^3C_2}{{}^8C_3} = \frac{5 \times \frac{3!}{2! \times 1!}}{\frac{8!}{3! \times 5!}} = \frac{\frac{5 \times 6}{2}}{\frac{8 \times 7 \times 6 \times 5!}{3 \times 2 \times 5!}} = \frac{15}{56}.$$

10. 3 दिन में रेडियो सक्रिय नमूना अपने मूल मान का रह जाता है = $\frac{1}{3}$

6 दिन में रेडियो सक्रिय नमूना अपने मूल मान का रह जाता है = $\frac{1}{3} \times \frac{1}{3} = \frac{1}{9}$

9 दिन में रेडियो सक्रिय नमूना अपने मूल मान का रह जाता है = $\frac{1}{9} \times \frac{1}{3} = \frac{1}{27}$

14. दिए गए शब्द में अक्षर 'G' केवल एक बार दिया है इसलिए शब्द 'GREGARIOUS' नहीं बनाया जा सकता है।

17. दिया है, $kx(x-2) + 6 = 0$

$\Rightarrow \quad kx^2 - 2kx + 6 = 0$

जब मूल समान हों, तब

$$b^2 - 4ac = 0$$

$$(-2k)^2 - 4 \times k \times 6 = 0$$

$$4k^2 - 24k = 0$$

$$4k(k-6) = 0$$

$k \neq 0, \quad \therefore k = 6.$

33. $(1 + x)^n$ के विस्तारण में दूसरा, तीसरा और चौथे पदों के गुणांक क्रमशः ${}^nC_1, {}^nC_2, {}^nC_3$ है।

∵ ये सभी समान्तर श्रेणी में हैं।

$\therefore \quad 2 \times {}^nC_2 = {}^nC_1 + {}^nC_3$

$$\frac{2 \times n!}{2!(n-2)!} = \frac{n!}{(n-1)!(1)!} + \frac{n!}{(n-3)!(3)!}$$

$$\frac{2}{2 \times (n-2)(n-3)!} = \frac{1}{(n-1)(n-2)(n-3)!} + \frac{1}{6(n-3)!}$$

$$\frac{1}{n-2} = \frac{1}{(n-1)(n-2)} + \frac{1}{6}$$

$$\frac{1}{(n-2)} = \frac{6 + (n^2 - 3n + 2)}{6(n-1)(n-2)}$$

$$6n - 6 = 6 + n^2 - 3n + 2$$
$$n^2 - 9n + 14 = 0$$
$$n^2 - 7n - 2n + 14 = 0$$
$$n(n-7) - 2(n-7) = 0$$
$$(n-2)(n-7) = 0$$
$n = 2$ (असंभव)

$n = 7.$

41. $\because$ भिन्नताओं का गुणांक = $\dfrac{\sigma}{x}$

$\therefore$ $50 = \dfrac{\sigma_1}{30}$

$\sigma_1 = 50 \times 30 = 1500$

पुनः $60 = \dfrac{\sigma_2}{25}$

$\sigma_2 = 60 \times 25 = 1500$

अभिष्ट अन्तर = $\sigma_1 - \sigma_2$

$= 1500 - 1500 = 0$

42. अंकों का क्रम पलटने पर
715, 523, 936, 148, 297
संख्याओं को अवरोही क्रम में व्यवस्थित करने पर
936, 715, 523, 297, 148
↑
तीसरी संख्या
शीर्ष से तीसरी संख्या का अंतिम अंक = 3.

53. 0 और 50 के बीच विषम संख्याएँ
1, 3, 5, 7, ... 49

कुल संख्या = $\dfrac{49-1}{2}+1 = \dfrac{48}{2}+1$
$= 24 + 1 = 25$

जोड़ने पर = $\dfrac{n}{2}(F+L) = \dfrac{25}{2}(1+49)$

$= \dfrac{25}{2}(50) = 25 \times 25 = 625.$

58. किसी संख्या के समुच्चय के मानों में जोड़ने या घटाने से उसके मानक विचलन पर कोई प्रभाव नहीं पड़ता है।

60. $\tan1° \times \tan2° \times \tan3° \times ... \times \tan89°$
$= \tan1° \times \tan2° \times \tan3° \times ... \times \tan45° ...$
$\tan(90-3) \tan(90-2) \tan(90-1)$
$= \tan1° \times \tan2° \times \tan3° \times ... \times 1 \times ...$
$\cot3° \times \cot2° \times \cot1°$
$= \tan1° \times \tan2° \times \tan3° \times ... \times 1 \times ...$
$\dfrac{1}{\tan3°} \times \dfrac{1}{\tan2°} \times \dfrac{1}{\tan3°}$
$= 1$

61. $\because$ $\sin\theta + \text{cosec}\,\theta = 2$

$$\sin\theta + \frac{1}{\sin\theta} = 2$$

दोनों तरफ का वर्ग करने पर हमें प्राप्त होता है।

$$\left(\sin\theta + \frac{1}{\sin\theta}\right)^2 = (2)^2$$

$$\sin^2\theta + \frac{1}{\sin^2\theta} + 2 \times \sin\theta \times \frac{1}{\sin\theta} = 4$$

$$\sin^2\theta + \text{cosec}^2\theta + 2 = 4$$

$$\sin^2\theta + \text{cosec}^2\theta = 4 - 2 = 2.$$

64. 2 9 7 3 <u>1 7 3</u> 7 7 1 3 3 <u>1 7 3</u> 8 5 7 1 3 7 7
1 2
<u>1 7 3</u> 9 0 6
3

66. $P(n)$: $2n < n!, n \varepsilon N$

P(1) $2 \times 1 < 1!$
$2 < 1$ (अमान्य)

P(2) $2 \times 2 < 2!$
$4 < 2$ (अमान्य)

P(3) $2 \times 3 < 3!$
$6 < 6$ (अमान्य)

P(4) $2 \times 4 < 4!$
$8 < 24$ (मान्य)

P(5) $2 \times 5 < 5!$
$10 < 120$ (मान्य)

और इस प्रकार .....

$\therefore$ $P(n), n > 3$ के लिए सत्य है।

68. माना $A = \{1, 2, 3\}$
$B = \{1, 2, 3, 4\}$
$C = \{1, 2, 3, 4, 5, 6\}$

$\because A \subset B,\ B \subset C$

$A \cup B = \{1, 2, 3, 4\}$

$A \cup B \subset C.$

83. विद्यार्थियों की संख्या जो केवल क्रिकेट खेलते हैं।
$= 25 - 10 = 15$

विद्यार्थियों की संख्या जो केवल टेनिस खेलते हैं।
$= 20 - 10 = 10$

उन विद्यार्थियों की संख्या जो न तो टेनिस खेलते हैं और न ही क्रिकेट
$= 60 - (15 + 10 + 10)$
$= 60 - 35 = 25.$

पिछले प्रश्न-पत्र (हल सहित)

हरियाणा पुलिस कांस्टेबल भर्ती परीक्षा, 2016 (पुरुष वर्ग)*

1. साल 2016 में 19वाँ सार्क (SAARC) सम्मेलन का मेजबान राष्ट्र कौन है?

A. नेपाल B. श्रीलंका
C. पाकिस्तान D. अफगानिस्तान

2. हमारे केंद्रीय गृह मंत्री कौन हैं?

A. अरुण जेटली B. सुषमा स्वराज
C. राजनाथ सिंह D. इनमें से कोई नहीं

3. ओलम्पिक खेलों में स्वर्ण पदक विजेता को कितनी राशि का प्रावधान हरियाणा में किया गया है?

A. चार करोड़ B. तीन करोड़
C. पाँच करोड़ D. छः करोड़

4. किस साम्राज्य का तुंगभद्रा नदी ने सम्पोषण किया?

A. चोल B. विजयनगर
C. वाकाटक D. पांड्या

5. इनमें कौन-सा सामान्य लक्षण था?

(*i*) जी.डी. बिरला (*ii*) अंबालाल साराभाई
(*iii*) बालचंद हीराचंद

A. वे भारत के सामाजिक आंदोलन के प्रमुख सदस्य थे
B. वे भारतीय उद्योगपति थे
C. वे राष्ट्रवादी नेता थे
D. उपरोक्त सभी

6. रणदीप हुड्डा की ख्याति किस विधा के कारण है?

A. सांग परम्परा B. अभिनय
C. खेलकूद D. समाज सेवा

7. राजू ने पश्चिम की ओर चलना आरम्भ किया। वह दाहिनी ओर मुड़ा, फिर दाहिनी ओर और आखिर में बायीं ओर मुड़ा। अब वह किस दिशा में चल रहा है?

A. उत्तर B. दक्षिण
C. पश्चिम D. पूर्व

8. यदि LOSE को कूट में 1357 और GAIN को 2468 लिखा जाता है, तो 84615 संख्या क्या दर्शाएगी?

A. NAILS B. SNAIL
C. LANES D. SLAIN

9. हरियाणा में शीतकाल में औसत तापमान रहता है :

A. 7°C B. 12°C
C. 15°C D. 20°C

10. कुछ समीकरणों को कुछ निश्चित प्रणाली से सुलझाया जाता है। उस प्रणाली से ही न सुलझाये समीकरण का सही हल ढूंढिए।

$5 \odot 3 = 12$, $8 \odot 6 = 6$, $7 \odot 11 = 2$,
$4 \odot 9 = ?$

A. 3 B. 5
C. 7 D. –7

11. श्रृंखला में निम्न में से कौन-सा शब्द अगला होगा?
ZUA, XOC, VIE, TEG, ?

A. RAJ B. SAG
C. RAI D. RAG

12. हरियाणा साहित्य अकादमी का मुख्यालय कहाँ है?

A. गुड़गाँव B. रोहतक
C. अम्बाला D. चण्डीगढ़

13. यदि CONGREGATION शब्द में पहला और तीसरा अक्षर आपस में बदला जाता है और उसी प्रकार दूसरा और चौथा अक्षर, पाँचवा और सातवां अक्षर और आगे भी आपस में बदले जाते हैं, तो बायीं ओर से गिनती करने से आठवां अक्षर कौन-सा होगा?

A. R B. T
C. E D. G

14. एक परीक्षा में पास होने के लिए 40% पूर्णयोग अंक प्राप्त करने आवश्यक होते हैं। एक विद्यार्थी 265 अंक पाता है और उसे 55 अंक कम मिलने से फेल घोषित

** पुरुष कांस्टेबल भर्ती परीक्षा 28 अगस्त, 2016 को सम्पन्न हुई।*

किया जाता है। उस परीक्षा में विद्यार्थी कितने अधिकतम पूर्णयोग अंक प्राप्त कर सकता है?

A. 800 B. 750
C. 650 D. 850

15. कृषि नेतृत्व शिखर सम्मेलन-2015 किस स्थान पर आयोजित हुआ?

A. करनाल B. चण्डीगढ़
C. पंचकुला D. गुड़गाँव

16. यदि $x^2 - y^2 = 56$ है, $x - y = 2$ है, तो $x + y = ?$

A. 30 B. 28
C. 26 D. 29

17. यदि $2x = 3y$, $3y = 5z$ है, तो $x : z = ?$

A. 2 : 5 B. 3 : 4
C. 5 : 2 D. 5 : 3

18. पं. लखमीचन्द सांगी ने गुरु रूप में किसकी स्तुति की है?

A. मानसिंह B. पं. मांगेराम
C. बाजे भगत D. पं. दीपचन्द

19. एक वृत्त का व्यास 14 से.मी. है। वहाँ एक आयत है, जिसका क्षेत्रफल वृत्त के क्षेत्रफल से आधा है और उस आयत की लम्बाई 11 से.मी. है। उस आयत की परिधि पता कीजिए।

A. 36 से.मी. B. 30 से.मी.
C. 48 से.मी. D. 154 से.मी.

20. एक ट्रेन ने अपनी निश्चित संख्या के यात्रियों के साथ स्टेशन छोड़ा। पहले स्टेशन पर आधे यात्री उतर गये और 135 यात्री दाखिल हुए। दूसरे स्टेशन पर $\frac{1}{3}$ यात्री उतरे और 110 यात्री दाखिल हुए। बाद में 350 यात्रियों के साथ ट्रेन अपने सफर पर निकल पड़ी। आरम्भ में ट्रेन में कितने यात्री थे जब उसने स्टेशन छोड़ा?

A. 1200 B. 1600
C. 450 D. 600

21. पेट या शरीर के बाकी आंतरिक भागों का परीक्षण करने के लिए उपयोग होनेवाली तकनीक एंडोस्कोपी इस तथ्य पर आधारित है :

A. संपूर्ण आंतरिक प्रतिबिम्ब
B. हस्तक्षेप
C. विवर्तन
D. ध्रुवीकरण

22. टांगरी नदी का उद्‍गम स्थल कहाँ है?

A. यमुनोत्री B. मेवात की पहाड़ी
C. डागशई की पहाड़ी D. मोरनी की पहाड़ी

23. एटम बम का आविष्कार किसने किया?

A. ओटो हॉन B. अल्बर्ट आइंस्टीन
C. एडिसन D. रदरफोर्ड

24. निम्न में से कौन-सा तारा पृथ्वी के निकटतम है?

A. ध्रुव B. अल्फा सेन्चुरी
C. सूर्य D. सायरस

25. स्तनधारियों में मस्तिष्क का सबसे विकसित अंग जिससे मनुष्य प्रजनन कर सकता है, मशीनों का आविष्कार कर सकता है और भाषा और कला को भी प्रस्तुत कर सकता है :

A. प्रमस्तिष्क (सेरेब्रम)
B. अनुमस्तिष्क (सेरेबेलम)
C. मज्जका (मेडूला ओबलाँगटा)
D. इनमें से कोई नहीं

26. कैलाश सत्यार्थी को किस क्षेत्र में नोबल पुरस्कार दिया गया?

A. साहित्य के लिए B. शांति के लिए
C. भौतिक शास्त्र के लिए D. चिकित्सा शास्त्र के लिए

27. आगरे का किला किसने बनवाया?

A. शाहजहाँ B. जहाँगीर
C. अकबर D. हुमायूँ

28. 'म्हारा गाँव–जगमग गाँव' का सम्बन्ध किस विभाग से है?

A. स्वास्थ्य विभाग B. प्राथमिक शिक्षा
C. पियुत प्रसारण D. शहरी निकाय

29. महाभारत की लड़ाई कितने दिन लड़ी गई?

A. 8 B. 100
C. 5 D. 18

30. "एडवेंचर्स ऑफ शरलॉक होम्ज" के लेखक हैं:

A. आर्थर कॉनन डॉयल B. चार्ल्स डिकन्स
C. शरलॉक होम्ज D. ओलिवर गोल्डस्मिथ

31. गुड़ियानी (रेवाड़ी) के ख्याल गायक कौन थे?

A. इन्नायत खाँ B. उमराव खाँ
C. कल्लन खाँ D. अचपाल

32. एम.एस. सुब्बालक्ष्मी इसके लिए प्रसिद्ध हैं:

A. गायक B. चित्रकार
C. गणितज्ञ D. समाज सेवक

33. भारत में अत्याधिक सरसों का तेल उत्पादन करने वाला राज्य कौन-सा है?

A. उत्तर प्रदेश B. पंजाब
C. मध्य प्रदेश D. राजस्थान

34. आर्य समाज के संस्थापक, आमतौर पर इन्हें माना जाता है:

A. स्वामी विवेकानंद B. राजा राममोहन राय
C. दयानंद सरस्वती D. बंकिम चन्द्र चटर्जी

35. आदर्श गाँव योजना के लिए हरियाणा के कितने सांसदों ने गाँव गोद लिए?

A. 9 B. 15
C. 5 D. 14

36. यदि "–", "÷" को दर्शाता है, "+", "×" को दर्शाता है, "÷", "–" को दर्शाता है और "×", "+" को दर्शाता है, तो:

$52 \div 4 + 5 \times 8 - 2 = ?$

A. 30 B. 26
C. –7 D. 36

37. 'बाराबाट होना' हरियाणवी मुहावरे का क्या अर्थ है?

A. नष्ट होना B. मौज में रहना
C. धन बाँटना D. मोल भाव करना

38. रेखा कहती है "वह मेरे बहन के भाई के पिता का इकलौता बेटा है"। वह रेखा से क्या संबंध रखता है?

A. पिता B. भाई
C. चाचा D. चचेरा भाई

39. अंग्रेजी शब्दकोश में निम्न शब्दों को सही क्रम में सजाइए।

1. Caricature 2. Cardinal
3. Carnivore 4. Cartoon
5. Category

A. 1, 2, 3, 4, 5 B. 2, 1, 3, 4, 5
C. 2, 1, 3, 5, 4 D. 4, 5, 1, 3, 2

40. 50 की श्रेणी में राजू का नंबर 28वां है। सुरेश, राजू से 15 नंबर ऊपर है। सुरेश का नीचे से कितना नंबर है?

A. 39 B. 37
C. 38 D. 35

41. दिनकर ने ₹ 21,250 की राशि 6 साल के लिए निवेश की। किस सरल ब्याज दर से उसे 6 साल के अंत में ₹ 26,350 प्राप्त होंगे?

A. 6% B. 12%
C. 8% D. 4%

42. डबल टोन्ड दूध के लिए पी.एफ.ए. का मानक है:

A. 3.0% फैट और 9.0% एस.एन.एफ.
B. 3.0% फैट और 8.5% एस.एन.एफ.
C. 1.5% फैट और 8.5% एस.एन.एफ.
D. 1.5% फैट और 9.0% एस.एन.एफ.

43. तोशाम में अति प्राचीन हिन्दू मंदिर किस देवता से सम्बन्धित है?

A. शिव B. विष्णु
C. ब्रह्मा D. पार्वती

44. यदि $32a + 32b = 512$ है, तो a और b का औसत क्या है?

A. 18 B. 16
C. 8 D. 12

45. 8115 में न्यूनतम कौन-सी संख्या मिलाने से आनेवाली संपूर्ण वर्ग संख्या होगी?

A. 349 B. 166
C. 144 D. 194

46. हरियाणा में गाँवों में अमावस की छुट्टी का सम्बन्ध किससे है?

A. बैलों की छुट्टी B. गंगा-स्नान
C. विद्यालय की छुट्टी D. उपवास रखना

47. जब तीन सिक्कों को एक साथ उछाला जाता है तब कितनी सम्भावना होगी कि तीनों सिक्कों पर एक जैसा छप्पा दिखाई देगा?

A. $\frac{1}{3}$ B. $\frac{1}{4}$
C. $\frac{1}{8}$ D. $\frac{1}{12}$

48. 3, 10, 7, 6, 12, 10, 8, 7, 13, 12, 9, 11, 7 की माध्यिका (मीडियन) पता कीजिए।

A. 10 B. 7
C. 8 D. 9

49. तावडू नगर किस जिले के अन्तर्गत आता है?
A. मेवात B. रेवाड़ी
C. गुड़गाँव D. फरीदाबाद

50. निम्न में से किस जानवर में सालाना केवल एक मद (estrus) चक्र होता है?
A. लोमड़ी B. गाय
C. घोड़ा D. कुत्ता

51. बहादुरगढ़ नगर किस राष्ट्रीय राजमार्ग पर स्थित है?
A. NH – 2 B. NH – 1
C. NH – 10 D. NH – 22

52. स्क्रीन पर दिखाई देने वाली कमांड की सूची को कहते हैं :
A. GUIs B. आइकॉन
C. मेनू D. विंडोज

53. चिप इसका ही एक आम नाम है :
A. ट्रांजिस्टर B. रेजिस्टर
C. इंटेग्रेटेड सर्किट D. सेमीकंडक्टर

54. निम्न में से कौन वायु प्रदूषक नहीं है?
A. सल्फर डाइऑक्साइड B. कार्बन डाइऑक्साइड
C. नाइट्रस ऑक्साइड D. हाइड्रोकार्बन

55. यमुनानगर के गाँव मुगलवाली में किस नदी की खुदाई का कार्य चल रहा है?
A. घूमर B. यमुना
C. सरस्वती D. मारकण्डा

56. महिला थानों का प्रारम्भ किस त्यौहार से शुरू किया गया है?
A. रक्षाबन्धन B. करवा चौथ
C. भैया दूज D. होली

57. सबसे कम उम्र में भारत रत्न पानेवाले पहला खिलाड़ी हैं :
A. के. कामराज B. सानिया मिर्जा
C. एम.एस. धोनी D. सचिन तेंदुलकर

58. सुनहरा रेशा इसे कहा जाता है :
A. सन B. कपास
C. पटसन D. नाइलॉन

59. कपिल मुनि का सम्बन्ध हरियाणा के किस नगर से माना जाता है?
A. कलायत B. कैथल
C. करनाल D. कुरुक्षेत्र

60. यू.एन.ओ. के सुरक्षा समिति का निम्न में से कौन स्थायी सदस्य है?
A. जर्मनी B. फ्रांस
C. स्विट्जरलैंड D. इटली

61. पश्चिम में गुजरात से लेकर उत्तर में दिल्ली तक फैली हुई पर्वत श्रेणी को कहते हैं:
A. अरावली B. विंध्या
C. सतपुड़ा D. कैमूर

62. विषम को पहचानिए।
A. वॉशिंगटन B. लंदन
C. पेरिस D. तुर्की

63. योग एवं आयुर्वेद के लिए हरियाणा के ब्रान्ड एम्बेसेडर कौन हैं?
A. कपिल देव B. धर्मेन्द्र
C. बाबा रामदेव D. अमिताभ बच्चन

64. भूकम्पमापी : भूकम्प : थर्मामीटर : ?
A. बुखार B. डॉक्टर
C. पारा D. तापमान

65. खरीफ फसल की कटाई इन महीनों में होती है:
A. जून-जुलाई B. अक्तूबर-नवंबर
C. मई-जून D. मार्च-अप्रैल

66. 25 दिसम्बर, 2014 को किस प्रधानमन्त्री के जन्म दिवस पर सुशासन दिवस मनाया गया?
A. अटलबिहारी वाजपेयी B. नरेन्द्र मोदी
C. जवाहरलाल नेहरू D. लालबहादुर शास्त्री

67. यदि 'A' को '2' कहते हैं, 'B' को '3', 'C' को '5', 'D' को '8' और इसी प्रकार आगे कहा जाता है। 'F' का सांख्यिक मूल्य क्या है?
A. 18 B. 16
C. 12 D. 17

68. श्रीधर नीलम से नाटा है। प्रतिभा श्रीधर से ऊँची है। सुरेश नीलम से ऊँचा है लेकिन हेमा से नाटा है। नीलम प्रतिभा से ऊँची है। उनके ऊँचाई के अनुसार उन्हें खड़ा किया जाता है, तो बीच में कौन पाया जायेगा?
A. श्रीधर B. नीलम
C. प्रतिभा D. सुरेश

69. देश का प्रथम अति आधुनिक आंगनवाड़ी किस स्थान पर स्थित है?

A. हसनगढ़ (रोहतक) B. हसनपुर (सोनीपत)
C. नूँह (मेवात) D. घरौण्डा (करनाल)

70. चिरोड़ी (जिप्सम) का उपयोग कर किस प्रकार की जमीन खेती योग्य बनाई जा सकती है?

A. कछारी
B. अम्लीय
C. जलाक्रान्त
D. अतिरिक्त चिकनी मिट्टी वाली जमीन

71. हरियाणा के किस भाग में सर्वाधिक वर्षा होती है?

A. उत्तर पश्चिम B. उत्तर पूर्व
C. दक्षिण पूर्व D. दक्षिण पश्चिम

72. $(46)^2$ को a के वर्ग से घटाने से हमें 485 शेष मिलता है, तो वह संख्या कौन-सी है?

A. 51 B. 56
C. 49 D. 53

73. लगातार चार सम संख्याएँ A, B, C और D का योग 180 है। अगले लगातार चार सम संख्याओं के सेट का योग कितना होगा?

A. 214 B. 204
C. 196 D. 212

74. लोकनाटक सांग का मंचन किस पर होता था?

A. लकड़ी के तख्तों पर B. पत्थर के मंच पर
C. ईंटों से बने मंच पर D. चटाई पर

75. निम्न संख्या शृंखला में प्रश्न चिह्न (?) की जगह कौन-सी संख्या होगी?

3 3 12 108 ? 43200

A. 2700 B. 1728
C. 972 D. 432

76. फलों को कृत्रिम तरीके से पकाने के लिए उपयोग में आनेवाली गैस है:

A. इथेन B. एसिटिलीन
C. प्रोपेन D. मिथेन

77. स्त्री वाणी और पुरुष वाणी को पहचानने की ध्वनि की विशेषता को कहते हैं:

A. स्वर (पिच) B. अवस्था (फेज)
C. गुण D. उच्च स्वर

78. अकबर के समय रेवाड़ी के शासक कौन थे?

A. राव कर्णसिंह B. राव तुलाराम
C. फूलसिंह D. हेमचन्द्र

79. ट्रैफिक सिग्नल में लाल प्रकाश का उपयोग होता है, क्योंकिः

A. रक्त का रंग लाल है
B. जानवर लाल रंग पहचान सकते हैं
C. लाल रंग में न्यूनतम विक्षेपण होता है
D. लाल रंग खतरे की निशानी है

80. जीवों के उनके पर्यावरण के साथ के संबंध का अध्ययन है:

A. शरीर विज्ञान B. प्राणि विज्ञान
C. वनस्पति विज्ञान D. परिस्थिति विज्ञान

81. ऊर्जा देने के उपयोग से पूर्व मानव शरीर में निम्न में से कौन ग्लूकोज में परिवर्तित होता है?

A. प्रोटीन B. विटामिन
C. कार्बोहाइड्रेट D. इनमें से कोई नहीं

82. किसी भी तारे की दूरी मापने के लिए कौन-सी अत्यंत उचित इकाई है?

A. कूलॉम B. प्रकाश-वर्ष
C. नॉटिकल माइल D. एंपियर

83. मोजरेला पनीर अधिमानतः .... दूध से बनता है।

A. गाय B. भैंस
C. बकरी D. ऊँटनी

84. चीनी यात्री ह्वेनसांग का हरियाणा में निवास कब तक रहा?

A. ई.स. 600-605
B. ई.स. 634-644
C. ई.स. 505-555
D. ई.स. 750-755

85. सिलिका जैल की छोटी थैली अकसर गोलियाँ या पाउडर के रूप में दवाईयों की बोतलों में देखते हैं क्योंकि सिलिका जेल :

A. जीवाणुओं को मारता है
B. रोगाणु और बीजाणु को मारता है
C. नमी को सोख लेता है
D. बोतल में स्थित सभी गैसों को सोख लेता है

ENGLISH LANGUAGE

Directions (Qs No. 86 and 87): *Choose the correct alternative to fill in the blanks.*

86. She let her horse .... in the field.
A. Loosen B. Loose
C. Loosely D. Lose

87. Some people regard the world as an:
A. Imitation B. Allusion
C. Ellusion D. Illusion

Directions (Qs No. 88 and 89): *In the given sentence, identify the part which contains error.*

88. This is one (A) / of the companies (B) / who has done (C) / well for the past two years (D).

89. I cannot sanction (A) / such a large sum (B) / without no permission (C) / of the manager (D).

Directions (Qs No. 90 and 91): *Choose the alternative which can be substituted for the given words/sentences.*

90. A word or practice that has gone out of use:
A. Outdated B. Absolute
C. Oppressed D. Concurrent

91. Estimation of a thing's worth:
A. Pay B. Goodness
C. Appraisal D. Beliefs

92. The antonym of "virtue" is:
A. Value B. Vice
C. Anger D. Fa

93. Correctly spelt word is:
A. Diarrhoea B. Diarhea
C. Diarrhia D. Dyarrohea

हिन्दी भाषा

निर्देश : *निम्नलिखित प्रश्नों के लिए चार उत्तर दिये गये हैं। उनमें से सही उत्तर चुनकर लिखिए।*

94. 'नंदनवन' शब्द में .... मात्रायें हैं।
A. दो B. चार
C. छः D. पाँच

95. खाली जगह भरो:
हम मैदान में खेल रहे .... ।
A. हैं B. हूँ
C. है D. हो

96. 'भाई' शब्द का स्त्रीलिंग रूप है:
A. लड़की B. बेटी
C. बेटा D. बहन

97. इनमें शुद्ध वाक्य है:
A. सीता खेलता है। B. सीता खेलती है।
C. सीता खेलते हैं। D. सीता खेलता हूँ।

98. इनमें विजातीय शब्द है:
A. कुत्ता B. घोड़ा
C. गाय D. शेर

99. 'अनुराग' शब्द का विलोम पद है:
A. अतिराग B. राग
C. विराग D. अनराग

100. 'आँख' शब्द का पर्यायवाची शब्द है:
A. आसान B. नयन
C. अमर D. चोर

उत्तरमाला

1	2	3	4	5	6	7	8	9	10
C	C	C	B	B	B	A	A	B	C
11	**12**	**13**	**14**	**15**	**16**	**17**	**18**	**19**	**20**
C	D	C	A	D	B	C	A	A	C
21	**22**	**23**	**24**	**25**	**26**	**27**	**28**	**29**	**30**
A	D	A	C	A	B	C	C	D	A
31	**32**	**33**	**34**	**35**	**36**	**37**	**38**	**39**	**40**
C	A	A	C	B	D	A	B	B	C

41	42	43	44	45	46	47	48	49	50
D	D	B	C	B	A	B	D	A	A
51	**52**	**53**	**54**	**55**	**56**	**57**	**58**	**59**	**60**
C	C	C	B	C	A	D	C	A	B
61	**62**	**63**	**64**	**65**	**66**	**67**	**68**	**69**	**70**
A	D	C	D	B	A	D	B	B	D
71	**72**	**73**	**74**	**75**	**76**	**77**	**78**	**79**	**80**
B	A	D	A	B	B	A	D	C	D
81	**82**	**83**	**84**	**85**	**86**	**87**	**88**	**89**	**90**
C	B	B	B	C	B	D	C	C	A
91	**92**	**93**	**94**	**95**	**96**	**97**	**98**	**99**	**100**
C	B	A	C	A	D	B	D	C	B

व्याख्यात्मक उत्तर

14. माना कि परीक्षा में अधिकतम पूर्णांक $= x$

प्रश्नानुसार,

$$x \text{ का } 40\% = 265 + 55$$

$$\Rightarrow \quad x \times \frac{40}{100} = 320$$

$$\Rightarrow \quad x = \frac{100 \times 320}{40} = 800.$$

16.
$$x^2 - y^2 = (x+y)(x-y)$$

$$\Rightarrow \quad 56 = (x+y) \times 2$$

$$\Rightarrow \quad x + y = 28.$$

17. $\because$ $2x = 3y \Rightarrow x = \dfrac{3y}{2}$

तथा, $3y = 5z \Rightarrow z = \dfrac{3y}{5}$

$$x : z = \frac{\frac{3y}{2}}{\frac{3y}{5}} = \frac{3y}{2} \times \frac{5}{3y} = \frac{5}{2}$$

$$\therefore \quad x : z = 5 : 2.$$

19. वृत्त का क्षेत्रफल $= \pi r^2$

$$= \frac{22}{7} \times 7 \times 7$$

$= 154$ वर्ग सेमी

प्रश्नानुसार,

आयत का क्षेत्रफल $= \dfrac{154}{2} = 77$ वर्ग सेमी

आयत की लम्बाई $= \dfrac{\text{क्षेत्रफल}}{\text{चौड़ाई}}$

$$\Rightarrow \quad 11 = \frac{77}{\text{चौड़ाई}}$$

$\Rightarrow$ चौड़ाई $= \dfrac{77}{11} = 7$ सेमी

आयत की परिमिति $= 2$ (लम्बाई + चौड़ाई)

$= 2(11 + 7) = 36$ सेमी.

20. माना कि आरम्भ में ट्रेन में x यात्री थे।

प्रश्नानुसार,

$$\left(\frac{x}{2}+135\right) - \frac{1}{3}\left(\frac{x}{2}+135\right) + 110 = 350$$

$$\Rightarrow \quad \frac{x+270}{2} - \frac{1}{3}\left(\frac{x+270}{2}\right) = 350 - 110$$

$$\Rightarrow \quad \frac{3x + 810 - x - 270}{6} = 240$$

$$\Rightarrow \quad 2x + 540 = 1440$$

$$\Rightarrow \quad 2x = 900$$

$$\Rightarrow \quad x = 450$$

अतः आरम्भ में ट्रेन में 450 यात्री सवार थे।

36. ∵ "–", "÷" को दर्शाता है

"+", "×" को दर्शाता है

"÷", "–" को दर्शाता है

तथा, "×", "+" को दर्शाता है

तब, $52 \div 4 + 5 \times 8 - 2 = ?$

$52 - 4 \times 5 + 8 \div 2$

$= 52 - 20 + 4$

$= 56 - 20 = 36.$

40. .... 15वाँ .... 28वाँ .... 50वाँ

सुरेश राजू

राजू का अंतिम छोर से स्थान

$50 - 28 + 1 = 23$वाँ

अतः सुरेश का अंतिम छोर से स्थान

$= 23 + 15 = 38$वाँ

41. मूलधन = ₹ 21250

मिश्रधन = ₹ 26350

साधारण ब्याज = 26350 – 21250

= ₹ 5100

$$\text{दर} = \frac{\text{ब्याज} \times 100}{\text{मूलधन} \times \text{समय}}$$

$$= \frac{5100 \times 100}{21250 \times 6} = \frac{1700}{425} = 4\%.$$

44. $32a + 32b = 512$

$\Rightarrow \quad 32(a + b) = 512$

$\Rightarrow \quad a + b = \frac{512}{32} = \frac{64}{4} = 16$

$\Rightarrow \quad \frac{a+b}{2} = \frac{16}{2} = 8$

अतः a तथा b का औसत = 8.

47. अभीष्ट प्रायिकता = $\frac{1}{4}$

48. 3, 6, 7, 7, 7, 8, 9, 10, 10, 11, 12, 12, 13

यहाँ पर, $n = 13$ जो कि विषम संख्या है।

अतः माध्यिका = $\frac{n+1}{2} = \frac{13+1}{2}$ = 7वाँ पद।

अतः माध्यिका 9 है।

67.

2	3	5	8	12	17
A	B	C	D	E	F

+1 +2 +3 +4 +5

अतः F का सांख्यिक मूल्य = 17.

68. हेमा

सुरेश

नीलम

प्रतिभा

श्रीधर

ऊँचाई के अनुसार खड़ा करने पर बीच में नीलम को पाया जाएगा।

72. $a^2 - (46)^2 = 485$

$\Rightarrow \quad a^2 - 2116 = 485$

$\Rightarrow \quad a^2 = 2116 + 485$

$\Rightarrow \quad a^2 = 2601$

$\Rightarrow \quad a = \sqrt{2601} = 51$

अतः संख्या = 51.

पिछले प्रश्न-पत्र (हल सहित)

हरियाणा पुलिस कांस्टेबल भर्ती परीक्षा, 2016 (महिला वर्ग)*

1. 60 किमी. प्रति घंटा की रफ्तार से जा रही 75 मीटर लम्बी रेलगाड़ी एक बिजली के खम्भे को कितनी देर में पार कर लेगी?

A. 4.5 सेकेण्ड B. 5.5 सेकेण्ड
C. 6.5 सेकेण्ड D. 7.5 सेकेण्ड

2. दो नल A और B एक टंकी को क्रमशः $7\frac{1}{2}$ मिनट तथा 5 मिनट में भर देते हैं तथा एक निकासी नल C एक मिनट में 14 लीटर पानी बाहर निकालता है। यदि टंकी भरी हो तथा तीनों नल खोल दिए जाए तो टंकी 1 घंटे में खाली हो जाती है। टंकी की क्षमता ज्ञात कीजिए।

A. 60 लीटर B. 80 लीटर
C. 40 लीटर D. 20 लीटर

3. A तथा B एक कार्य को क्रमशः 7 दिन तथा 8 दिन में समाप्त कर सकते हैं। यदि दोनों एक दिन छोड़कर एक दिन काम करें तो कार्य कितने दिन में समाप्त हो जाएगा, जबकि A काम को आरम्भ करता है?

A. $9\frac{2}{6}$ दिन B. $6\frac{3}{4}$ दिन
C. $7\frac{3}{7}$ दिन D. इनमें से कोई नहीं

4. एक फल विक्रेता ने ₹ 5 के 6 की दर से केले खरीदकर ₹ 3 के 4 की दर से बेच दिए। उसका लाभ प्रतिशत ज्ञात कीजिए।

A. 10% B. 20%
C. 30% D. इनमें से कोई नहीं

5. $287 \times 287 + 269 \times 269 - 2 \times 287 \times 269 = ?$

A. 534 B. 446
C. 354 D. 324

6. दो संख्याओं का गुणनफल $\frac{y}{x}$ है। यदि इनमें से एक संख्या $\frac{x}{y^2}$ हो, तो दूसरी संख्या क्या होगी?

A. $\frac{y^3}{x^2}$ B. $\frac{y^2}{x^3}$
C. $\frac{x^2}{y}$ D. $\frac{x}{y^2}$

7. 6 से विभक्त होने वाली तीन-अंकीय कुल कितनी संख्याएँ हैं?

A. 149 B. 150
C. 151 D. 166

8. निम्नलिखित में से अवरोही क्रम में कौन-सी संख्याएँ हैं?

A. $\frac{3}{5}, \frac{7}{9}, \frac{6}{7}$ B. $\frac{7}{9}, \frac{3}{5}, \frac{6}{7}$
C. $\frac{7}{9}, \frac{6}{7}, \frac{3}{5}$ D. $\frac{6}{7}, \frac{7}{9}, \frac{3}{5}$

9. 1.75, 5.6 तथा 7 का महत्तम समापवर्तक क्या होगा?

A. .7 B. .07
C. 3.5 D. .35

10. एक व्यक्ति ने ₹ 100 अपने मित्रों में बराबर-बराबर बाँटें। यदि उसके 5 मित्र अधिक होते, तो प्रत्येक को ₹ 1 कम मिलता। उसके कितने मित्र थे?

A. 20 B. 25
C. 30 D. 35

11. एक नाव एक निश्चित बिन्दु तक 15 किमी. प्रति घंटा की चाल से जाती है तथा 10 किमी. प्रति घंटा की चाल से वापिस प्रारम्भिक बिन्दु पर लौट आती है। पूरी यात्रा में नाव की औसत चाल (किमी./घंटा में) कितनी है?

** महिला कांस्टेबल भर्ती परीक्षा 17 अप्रैल, 2016 को सम्पन्न हुई।*

A. 12.5 B. 12
C. 11.25 D. इनमें से कोई नहीं

12. कमला का विवाह 6 वर्ष पूर्व हुआ। उसकी वर्तमान आयु उसके विवाह के समय की आयु से $\frac{5}{4}$ गुनी है। कमला के पुत्र की आयु उसकी आयु का $\frac{1}{10}$ है। उसके पुत्र की वर्तमान आयु क्या है?
A. 2 वर्ष B. 3 वर्ष
C. 4 वर्ष D. 5 वर्ष

निर्देश (प्रश्न संख्या 13 एवं 14) : *प्रश्न-सूचक चिह्न (?) के स्थान पर कौन-सी संख्या आएगी?*

13. 1, 3, 8, 26, 106, ?
A. 530 B. 634
C. 532 D. 664

14. 19 40 21
35 ? 40
A. 80 B. 75
C. 90 D. 65

निर्देश (प्रश्न संख्या 15 एवं 16) : *निम्नलिखित प्रश्नों में अन्य तीन से जो भिन्न है, उसे चुनिए :*

15. A. HLP B. JNR
C. EIN D. CGK

16. A. मई B. जून
C. जुलाई D. अगस्त

17. यदि किसी पंक्ति में रोहन का स्थान बाएँ से 23वाँ तथा दाएँ से 21वाँ हो, तो उस पंक्ति में कुल कितने लड़के हैं?
A. 41 B. 42
C. 44 D. 43

18. एक तस्वीर की ओर इंगित करते हुए मनीष ने कहा कि वह मेरे मामा के पिता की इकलौती बेटी की बेटी है, तो बताएं कि तस्वीर का सम्बन्ध मनीष से क्या है?
A. भाभी B. माँ
C. बहन D. चाची

19. 17 अप्रैल, 2015 को कौन-सा दिन था?
A. मंगलवार B. शुक्रवार
C. शनिवार D. सोमवार

20. 1526 ई. में हरियाणा में किस स्थान पर बाबर और इब्राहिम लोदी के बीच प्रसिद्ध युद्ध हुआ था?
A. पानीपत B. कुरुक्षेत्र
C. तावडू D. जीन्द

21. आधुनिक हरियाणा राज्य का निर्माण कब किया गया था?
A. 1 नवम्बर, 1966 B. 5 जनवरी, 1967
C. 1 नवम्बर, 1958 D. 15 अगस्त, 1947

22. तिलियर नामक पर्यटक स्थल हरियाणा के किस जिले में स्थित है?
A. जीन्द B. महेन्द्रगढ़
C. रोहतक D. कैथल

23. हरियाणा के प्रथम राज्यपाल कौन बनाए गए?
A. श्री सत्यपाल B. श्री धर्मवीर
C. श्री देवीलाल D. श्री बंसीलाल

24. हरियाणा के किस भाग में शिवालिक पर्वत श्रेणियाँ स्थित हैं?
A. उत्तर-पश्चिमी B. उत्तरी-पूर्वी
C. दक्षिणी-पश्चिमी D. दक्षिणी-पूर्वी

25. हरियाणा को कुल कितने प्रशासनिक मण्डलों में बाँटा गया है?
A. 4 B. 5
C. 6 D. 8

26. प्रदेश के किन जिलों में दो विशेष पर्यावरण न्यायालयों की स्थापना की गई है?
A. फरीदाबाद व हिसार
B. रेवाड़ी व महेन्द्रगढ़
C. सिरसा व जीन्द
D. भिवानी व यमुनानगर

27. जिला रोहतक में निम्नलिखित में से कौन-सा खनिज पदार्थ पाया जाता है?
A. चूना B. ताँबा
C. मैंगनीज D. अभ्रक

28. हरियाणा की प्रसिद्ध खिलाड़ी गीता जुत्शी किस खेल से सम्बन्धित हैं?
A. जिमनास्टिक B. दौड़
C. बैडमिंटन D. टेनिस

29. हरियाणा के प्रसिद्ध लेखक पं. नेकीराम शर्मा ने भिवानी से कौन-सा साप्ताहिक पत्र हिन्दी में प्रकाशित किया था?
A. संवाहक B. सन्देश
C. निवारण D. वाणी

30. हरियाणा के किस जिले में प्रसिद्ध भूतेश्वर मंदिर है?
A. फरीदाबाद जिले में B. जीन्द जिले में
C. रोहतक जिले में D. झज्जर जिले में

31. श्रीकृष्ण संग्रहालय हरियाणा में कहाँ पर स्थित है?
A. कुरुक्षेत्र में B. रोहतक में
C. पानीपत में D. फरीदाबाद में

32. 'च वर्ग' का उच्चारण मुँह के किस भाग से होता है?
A. कण्ठ B. मूर्धा
C. ओष्ठ D. तालु

33. सही वर्तनी का चयन कीजिए :
A. ललायित B. लालायित
C. ललाईत D. लालाइत

34. 'भौतिक' का विलोम निम्नलिखित में से कौन-सा है?
A. लौकिक B. आध्यात्मिक
C. क्षणिक D. जटिल

35. पुल्लिंग शब्द का चयन कीजिए :
A. हड़ताल B. पुलिस
C. सरकार D. संविधान

36. Choose the word which is most nearly the same in meaning to the key word.
PLEASURE
A. disappointment B. happiness
C. grief D. anxiety

37. Choose the word opposite in meaning to the key word.
MODESTY
A. hypocrisy B. vanity
C. arrogance D. superiority

38. Perfect health depends on the .... of a few simple rules to health.
A. observation B. occurrence
C. observance D. adaptation

39. Choose the wrongly spelt word.
A. enervated B. evacuated
C. exicuted D. excavated

40. भारतीय गणतंत्र दिवस के अवसर पर 26 जनवरी, 2016 को किस देश के राष्ट्रपति मुख्य अतिथि के रूप में आए थे?
A. इंग्लैंड B. अमेरिका
C. चीन D. फ्रांस

41. सुंदर पिचाई का नाम किस कंपनी से संबद्ध है?
A. माइक्रोसॉफ्ट B. गूगल
C. याहू D. इनमें से कोई नहीं

42. मिस वर्ल्ड 2015 सुश्री मीरिया लैलागुना रोयो किस देश की हैं?
A. स्पेन B. फिलीपिंस
C. ऑस्ट्रेलिया D. ब्राजील

43. एकेडेमी अवार्ड 2016 (ऑस्कर) में किस फिल्म को सर्वश्रेष्ठ फिल्म का खिताब मिला?
A. सन ऑफ सोल B. इनसाइड आऊट
C. स्पॉटलाइट D. इनमें से कोई नहीं

44. नरेन्द्र मोदी सरकार द्वारा स्थापित 'नीति आयोग' किसके स्थान पर कार्यरत हुआ?
A. वित्त आयोग B. योजना आयोग
C. सरकारिया आयोग D. इनमें से कोई नहीं

45. टेनिस खिलाड़ी सानिया मिर्जा ने मार्टिना हिंगिस के साथ मिलकर कई प्रमुख टूर्नामेंट जीते। मार्टिना हिंगिस संबंधित हैं :
A. स्विट्जरलैंड B. जर्मनी
C. स्पेन D. इनमें से कोई नहीं

46. श्रीनिवास रामानुजन की जन्म शताब्दी 'राष्ट्रीय गणित दिवस' के रूप में किस दिन मनाई गई?
A. 20 दिसम्बर B. 24 नवम्बर
C. 22 दिसम्बर D. 26 सितम्बर

47. जनवरी 2016 में 20वें राष्ट्रीय युवा महोत्सव की मेजबानी किस राज्य ने की?
A. हरियाणा B. केरल
C. गोवा D. छत्तीसगढ़

48. दिसम्बर 2015 में नई दिल्ली में आरंभिक प्रो-रेसलिंग लीग टाइटल किसने जीता?
A. मुंबई गरुड़ B. हरियाणा हैमर्स
C. पंजाब रॉयल्स D. यूपी वारियर्स

49. जनवरी 2016 में किस बहुराष्ट्रीय फार्मा कंपनी ने अपने डायाबिटीज जागरूकता अभियान में सचिन तेंदुलकर को ब्रांड एम्बेसेडर बनाया?

A. इली लिली
B. फाइजर
C. नोवार्टिज
D. नोवो नॉर्डिस्क

50. किस मुगल सम्राट ने पहली बार अंग्रेजों को भारत में व्यापार करने एवं कारखाना स्थापित करने की अनुमति दी थी?

A. अकबर　　B. जहाँगीर
C. शाहजहाँ　　D. औरंगजेब

51. पृथ्वी की अपनी काल्पनिक धुरी पर एक बार की घूर्णन अवधि कितनी है?

A. 24 घंटा 37 मिनट 23 सेकेण्ड
B. 24 घंटा
C. 23 घंटा 56 मिनट 4 सेकेण्ड
D. 23 घंटा 52 मिनट

52. वित्त आयोग अपनी सिफारिशें किसको सौंपता है?

A. वित्त मंत्री　　B. योजना आयोग
C. संसद　　D. राष्ट्रपति

53. [illegible]ल मिट्टी सामान्यतया निम्नलिखित में से किन राज्यों में [illegible] जाती है?

A. पंजाब एवं राजस्थान
B. हिमाचल प्रदेश एवं हरियाणा
C. राजस्थान एवं हिमाचल प्रदेश
D. तमिलनाडु एवं आन्ध्र प्रदेश

54. रिजर्व बैंक ऑफ इंडिया कब राज्य-स्वामित्व का संस्थान बना?

A. 1956　　B. 1952
C. 1950　　D. 1949

55. भारत का संविधान तैयार करने के लिए गठित संविधान प्रारूप समिति का अध्यक्ष कौन था?

A. पं. जवाहरलाल नेहरू
B. सरदार वल्लभभाई पटेल
C. डॉ. राजेन्द्र प्रसाद
D. डॉ. भीमराव अम्बेडकर

56. समवर्ती सूची में किसी विषय पर केन्द्र एवं राज्य के बीच कानून में द्वन्द्व होने की स्थिति में :

A. जो कानून पहले पारित हुआ वह प्रभावी रहेगा।
B. राज्य का कानून प्रभावी रहेगा।
C. केन्द्र का कानून प्रभावी रहेगा।
D. दोनों कानून निष्प्रभावी रहेंगे।

57. रामकृष्ण मिशन की स्थापना किसने की थी?

A. रामकृष्ण परमहंस　　B. स्वामी दयानन्द सरस्वती
C. स्वामी विवेकानन्द　　D. शंकराचार्य

58. खजुराहो में मन्दिरों का निर्माण किसने कराया था?

A. छत्रसाल ने
B. परमार वंश के राजाओं ने
C. चन्देल वंश के राजाओं ने
D. राजा भोज ने

59. दक्षिण भारत में चोल राजवंश का संस्थापक कौन था?

A. करिकाल　　B. परान्तक
C. राजराजा　　D. इनमें से कोई नहीं

60. अजन्ता-एलोरा की सुप्रसिद्ध गुफाओं में किस धर्म से सम्बन्धित मूर्तियाँ तथा भित्ति-चित्र मिलते हैं?

A. हिन्दू धर्म　　B. बौद्ध धर्म
C. जैन धर्म　　D. ये सभी

61. टमाटर में कौन-सा विटामिन पाया जाता है?

A. विटामिन 'बी'　　B. विटामिन 'डी'
C. विटामिन 'सी'　　D. इनमें से कोई नहीं

62. किस प्रक्रिया से लालटेन या लैम्प की बत्ती से तेल ऊपर चढ़ता है?

A. बलाघूर्ण से　　B. केशिकत्व से
C. पृष्ठ तनाव से　　D. इनमें से कोई नहीं

63. सूर्य का प्रकाश किस प्रक्रिया से पृथ्वी पर पहुँचता है?

A. चालन　　B. संवहन
C. विकिरण　　D. विसरण

64. ध्वनि की गति सर्वाधिक होती है :

A. वायु में　　B. पानी में
C. लोहे में　　D. निर्वात में

65. पौधों में क्लोरोफिल मुख्यतः पाया जाता है :

A. जड़ में　　B. फल में
C. पत्तियों में　　D. तने में

66. राष्ट्रीय डेयरी अनुसंधान संस्थान कहाँ हैं?

A. आनन्द B. लुधियाना

C. करनाल D. हिसार

67. भूदान आन्दोलन शुरू हुआ :

A. अप्रैल 1951 को B. मार्च 1950 में

C. अक्टूबर 1952 को D. अप्रैल 1949 में

68. मधुमक्खियों का पालन कहलाता है :

A. पीसीकल्चर B. सेरीकल्चर

C. टिशू कल्चर D. एपीकल्चर

69. 'पंत सम्राट' प्रजाति है

A. टमाटर की B. आलू की

C. बैंगन की D. पत्तागोभी की

70. निम्नलिखित में से कौन-सी प्रजाति गेहूँ की नहीं है?

A. सुजाता B. क्रान्ति

C. सोनालिका D. कंचन

71. जाफराबादी भैंस पाई जाती है :

A. गुजरात में B. उत्तर प्रदेश में

C. मध्य प्रदेश में D. हरियाणा में

72. गहन पशुधन विकास परियोजना (Intensive Cattle Development Project) किस पंचवर्षीय योजना में प्रारंभ हुई?

A. III B. II

C. IV D. V

73. पशुप्लेग (रिंडरपेस्ट) का कारण है :

A. जीवाणु B. प्रोटोजोओ

C. विषाणु D. इनमें से कोई नहीं

74. गाय का जीवनकाल सामान्यतः कितने वर्षों का होता है?

A. 10-15 B. 30-40

C. 20-25 D. 40-50

75. मूगा रेशम का उत्पादन मुख्यतः होता है :

A. असम B. बंगाल

C. कर्नाटक D. इनमें से कोई नहीं

76. पोलियो की दवा (Vaccine) का आविष्कारक था :

A. जोनास साल्क B. एल्ब ई. सेबिन

C. सल्मान वाक्समा D. इनमें से कोई नहीं

77. खाने वाला नमक है :

A. सोडियम क्लोराइड B. सोडियम कार्बोनेट

C. पोटैशियम कार्बोनेट D. पोटैशियम क्लोराइड

78. निम्न कॉलमों को सुमेलित कीजिए :

I	II
(*a*) ऐसीटिक एसिड	1. दूध
(*b*) टैनिक एसिड	2. प्रोटीन
(*c*) एमिनो एसिड	3. चाय
(*d*) लैक्टिक एसिड	4. सिरका

	(*a*)	(*b*)	(*c*)	(*d*)
A.	1	2	3	4
B.	2	1	4	3
C.	4	3	2	1
D.	4	2	3	1

79. संहति और ऊर्जा के बीच किसने सम्बन्ध स्थापित किया था?

A. प्लांक B. आइंस्टाइन

C. डाल्टन D. रदरफोर्ड

80. 'मिसाइल मैन ऑफ इंडिया' किसे कहा जाता है?

A. अर्जुन सिंह

B. डॉ. ए.पी.जे. अब्दुल कलाम

C. डॉ. सी.वी. रमन

D. एच.जे. भाभा

81. भारतीय परमाणु ऊर्जा आयोग का प्रथम अध्यक्ष कौन था?

A. डॉ. राजा मिश्रा B. डॉ. एम.जी.के. मेनन

C. डॉ. एच.जे. भाभा D. डॉ. सतीश धवन

82. राष्ट्रीय रासायनिक प्रयोगशाला कहाँ स्थित है?

A. नई दिल्ली B. मुम्बई

C. कोलकाता D. पुणे

83. किस रोग की रोकथाम के लिए बी.सी.जी. का टीका लेना चाहिए?

A. एड्स B. पोलियो

C. कैंसर D. तपेदिक (यक्ष्मा)

84. हँसाने वाली गैस (Laughing Gas) है :

A. कार्बन डाइऑक्साइड B. नाइट्रस ऑक्साइड

C. सल्फर डाइऑक्साइड D. कार्बन मोनोक्साइड

85. सार्वत्रिक दाता रक्त समूह है :

A. A B. AB
C. O D. B

86. पनडुब्बी के अन्दर से समुद्र की सतह या भूमि के दृश्य देखने के लिए किस यन्त्र का प्रयोग किया जाता है?

A. पेरिस्कोप B. सेक्सटैण्ट
C. स्टियरोस्कोप D. टेलीस्कोप

निर्देश (प्रश्न संख्या 87 से 89 तक) : *श्री और श्रीमती वर्मा के दो बच्चे आशा और शशी हैं। शशी की शादी राधा से हुई है जो श्रीमती महाजन की बेटी है। सुरेश, जो श्रीमती महाजन का बेटा है, सीता से शादी करता है। सोनू और रॉकी, सुरेश और रीता के बच्चे हैं। उमा और सुधा, शशी और राधा की बेटियाँ हैं।*

87. सोनू का कुलनाम क्या है?

A. महाजन
B. वर्मा
C. शशी
D. इनमें से कोई नहीं

88. सुधा के साथ सुरेश का क्या सम्बन्ध है?

A. भाई
B. चाचा
C. मामा
D. भतीजा

89. सुधा का आशा से क्या सम्बन्ध है?

A. बहन B. भतीजी
C. चाची/मामी D. बेटी

90. किसी निश्चित कोड में 'FAVOUR' को 'EBUPTS' के रूप में लिखा जाता है, उसी कोड में 'DAGGER' को किस प्रकार लिखा जाएगा?

A. EBHHFS B. CBFHDS
C. CBFFDS D. EBFHDS

91. प्रश्नचिह्न (?) के स्थान पर कौन-सी संख्या आएगी?

3	9
?	81

A. 24 B. 162
C. 6561 D. 729

निर्देश (प्रश्न संख्या 92 से 94 तक) : *प्रदत्त वेन आरेख का परीक्षण करें और निम्नलिखित प्रश्नों के उत्तर दें :*

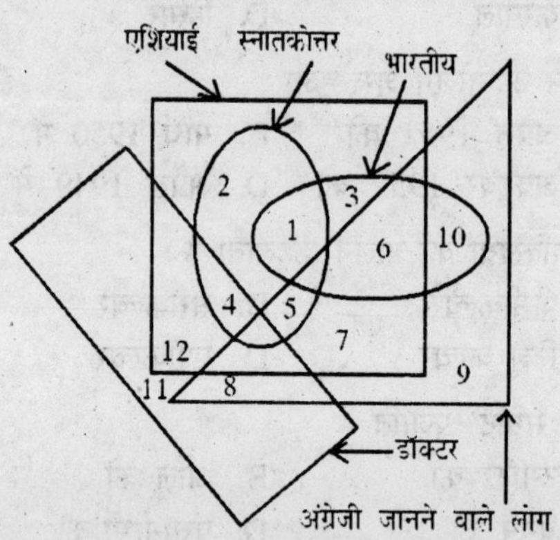

92. कौन-सा भाग अंग्रेजी जानने वाले लोगों को इंगित करता है, किन्तु डॉक्टर को नहीं, ना ही स्नातकोत्तर, ना ही एशियाई ना ही भारतीय?

A. 9 B. 6
C. 10 D. 3

93. कौन-सा भाग स्नातकोत्तर भारतीय को इंगित करता है, जो एशियाई भी हैं?

A. 2 B. 1
C. 3 D. 4

94. कौन-सा भाग ऐसे भारतीय को इंगित करता है, जो अंग्रेजी जानते हैं, किंतु एशियाई नहीं हैं?

A. 10 B. 9
C. 3 D. 6

निर्देश (प्रश्न संख्या 95 एवं 96) : *निम्नलिखित प्रदत्त प्रत्येक प्रश्न में दो कथन दिए गए हैं जिसके बाद दो निष्कर्ष I और II दिए हैं। आपको दोनों प्रदत्त कथन सत्य मानने होंगे बावजूद इसके कि वे सर्वज्ञात तथ्यों से अलग प्रतीत हों और फिर यह निर्णय करें कि प्रदत्त निष्कर्ष में से कौन-सा/से दिए हुए दो कथनों का तार्किक अनुसरण करते हैं। दोनों कथनों को पढ़ें और उत्तर दें।*

95. कथन : I. सभी पेंट स्कर्ट हैं।
II. कोई शर्ट स्कर्ट नहीं है।

निष्कर्ष : I. कुछ स्कर्ट पेंट हैं।
II. सभी शर्ट पेंट हैं।

A. केवल निष्कर्ष I अनुसरण करता है।

B. केवल निष्कर्ष II अनुसरण करता है।
C. या तो I या II अनुसरण करता है।
D. न तो I न ही II अनुसरण करता है।

96. **कथन** : I. सभी जहाज टायर हैं।
II. सभी टायर इंजन हैं।

निष्कर्ष : I. कोई भी इंजन जहाज नहीं है।
II. कोई भी टायर जहाज नहीं है।

A. केवल निष्कर्ष I अनुसरण करता है।
B. केवल निष्कर्ष II अनुसरण करता है।
C. या तो I या II अनुसरण करता है।
D. न तो I न ही II अनुसरण करता है।

97. जैसे दुर्घटना, सावधानी से सम्बन्धित है, वैसे ही बीमारी किससे सम्बन्धित है?

A. पानी B. स्वच्छता
C. कीटाणु D. जीवाणु

98. राज्य का राज्यपाल से जो सम्बन्ध है वही सम्बन्ध देश का किससे है?

A. प्रधानमंत्री से B. राष्ट्रपति से
C. राष्ट्रपिता से D. न्यायमूर्ति से

निर्देश (प्रश्न संख्या 99 एवं 100) : *निम्नलिखित प्रत्येक प्रश्न में चिह्न : : के बायीं ओर दो पद हैं तथा दाईं ओर एक पद एवं एक प्रश्नचिह्न हैं। प्रश्नचिह्न के स्थान पर नीचे दिए गए वैकल्पिक पदों में से कोई ऐसा पद आना है, जिसका दाईं ओर वाले पद से वही सम्बन्ध हो, जो बाईं ओर वाले दोनों पदों में है। छाँटा गया पद आपका उत्तर है।*

99. ACE : HIL : : MOQ : ?

A. TVX B. TUX
C. XVT D. SUW

100. Aab : aAB : : Pqr : ?

A. PQR B. pQr
C. PqR D. pQR

उत्तरमाला

1	2	3	4	5	6	7	8	9	10
A	C	C	D	D	A	B	D	A	A
11	**12**	**13**	**14**	**15**	**16**	**17**	**18**	**19**	**20**
B	B	C	B	C	B	D	C	B	A
21	**22**	**23**	**24**	**25**	**26**	**27**	**28**	**29**	**30**
A	C	B	B	A	A	A	B	B	B
31	**32**	**33**	**34**	**35**	**36**	**37**	**38**	**39**	**40**
A	D	B	B	D	B	C	C	C	D
41	**42**	**43**	**44**	**45**	**46**	**47**	**48**	**49**	**50**
B	A	C	B	A	C	D	A	D	B
51	**52**	**53**	**54**	**55**	**56**	**57**	**58**	**59**	**60**
C	D	D	D	D	C	C	C	C	D
61	**62**	**63**	**64**	**65**	**66**	**67**	**68**	**69**	**70**
C	B	C	C	C	C	A	D	C	B
71	**72**	**73**	**74**	**75**	**76**	**77**	**78**	**79**	**80**
A	A	C	C	A	B	A	C	B	B
81	**82**	**83**	**84**	**85**	**86**	**87**	**88**	**89**	**90**
C	D	D	B	C	A	A	C	**B**	**B**
91	**92**	**93**	**94**	**95**	**96**	**97**	**98**	**99**	**100**
C	A	B	A	A	D	B	B	B	D

कुछ चुने हुए प्रश्नों के व्याख्यात्मक उत्तर

1. मीटर/सेकेण्ड में रेलगाड़ी की चाल

$$= \frac{60 \times 1000}{3600} = \frac{50}{3} \text{ मी./से.}$$

खम्भे को पार करने में लगा समय

$$= \frac{\text{रेलगाड़ी की लंबाई}}{\text{रेलगाड़ी की चाल}}$$

$$= \frac{75}{\frac{50}{3}} = \frac{9}{2}$$

$$= 4.5 \text{ से.}$$

2. माना कि टंकी की क्षमता x लीटर है तो A द्वारा एक मिनट में भरा गया टैंक

$$= \frac{2x}{15} \text{ लीटर}$$

तथा B द्वारा एक मिनट में भरा गया टैंक

$$= \frac{x}{5} \text{ लीटर}$$

दोनों द्वारा एक मिनट में भरा गया टैंक

$$= \frac{2x}{15} + \frac{x}{5} = \frac{x}{3} \text{ लीटर}$$

दोनों नली द्वारा 1 घंटे में भरा गया टैंक

$$= \frac{x}{3} \times 60 = 20x \text{ लीटर}$$

एक घंटा में C द्वारा खाली किया गया पानी

$$= 14 \times 60 = 840 \text{ लीटर}$$

प्रश्नानुसार,

$$x + 20x = 840$$

$$21x = 840 \text{ लीटर}$$

$$\Rightarrow \quad x = 40$$

अतः टंकी की क्षमता = 40 लीटर।

3. A द्वारा 1 दिन में किया गया कार्य $= \frac{1}{7}$

B द्वारा 1 दिन में किया गया कार्य $= \frac{1}{8}$

A तथा B द्वारा 2 दिनों में किया गया कार्य

$$\frac{1}{7} + \frac{1}{8} = \frac{15}{56} \text{ कार्य}$$

A तथा B द्वारा अगले 2 दिनों में किया गया कार्य

$$2 \times \frac{15}{56} = \frac{30}{56} \text{ कार्य}$$

A तथा B द्वारा अगले 2 दिनों में किया गया कार्य

$$\frac{3 \times 15}{56} = \frac{45}{56} \text{ कार्य}$$

7वें दिन A द्वारा किया गया कार्य

$$= \frac{45}{56} + \frac{1}{7}$$

$$= \frac{53}{56} \text{ कार्य}$$

$$\text{शेष बचा कार्य} = 1 - \frac{53}{56} = \frac{3}{56}$$

B द्वारा $\frac{3}{56}$ कार्य करने में लगा समय

$$= \frac{3}{56} \times 8$$

$$= \frac{3}{7} \text{ दिन}$$

कार्य समाप्त करने में लगा समय

$$= 7 + \frac{3}{7}$$

$$= 7\frac{3}{7} \text{ दिन}$$

इस प्रकार,

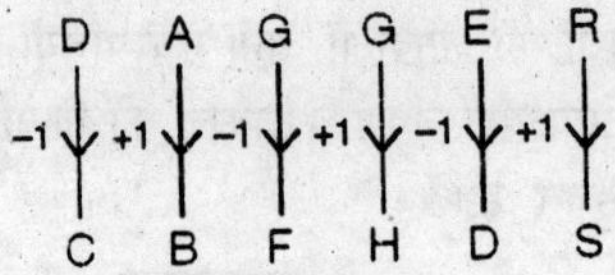

91.

3	$3^2 = 9$
$81^2 = 6561$	$9^2 = 81$

95.

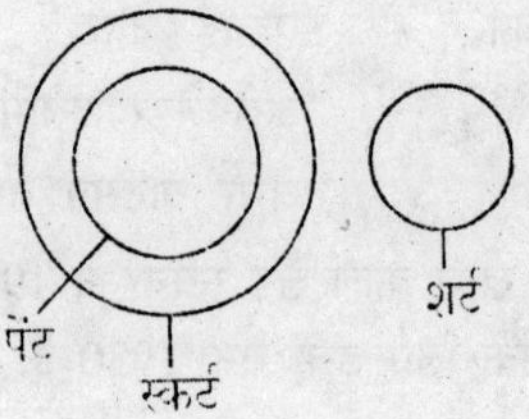

सभी पेंट स्कर्ट है, इसलिए कम से कम कुछ स्कर्ट पेंट अवश्य है।

96.

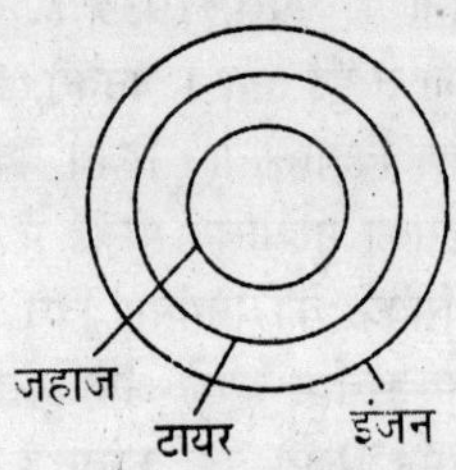

कम से कम कुछ इंजन जहाज है तथा कुछ टायर भी जहाज हैं।

99.

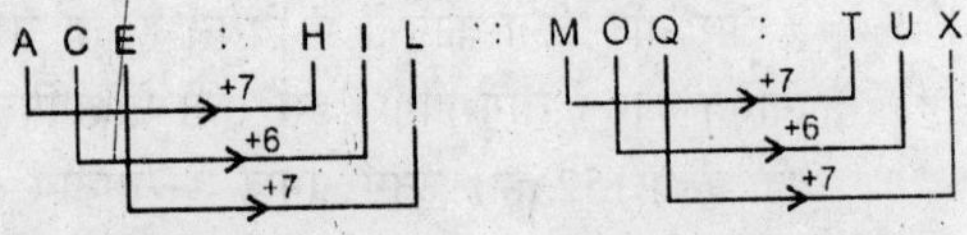

100.

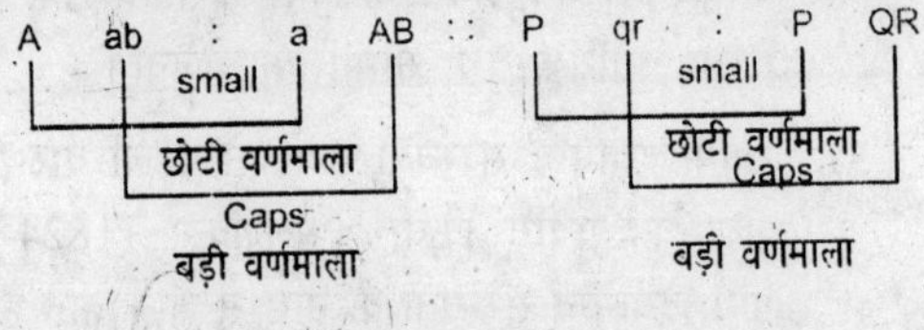

54. रिजर्व बैंक की स्थापना 1 अप्रैल, 1935 ई. को ₹ 5 करोड़ की अधिकृत पूँजी से हुई तथा 1 जनवरी, 1949 ई. को इसका राष्ट्रीयकरण किया गया। रिजर्व बैंक भारत का केन्द्रीय बैंक है, इसका मुख्यालय मुम्बई में है। एक रुपये के नोट तथा सिक्के का निर्गमन वित्त मंत्रालय (भारत सरकार) करता है तथा इसके अतिरिक्त समस्त करेंसी नोटों का निर्गमन रिजर्व बैंक करता है।

56. **समवर्ती सूची**–इस सूची में शामिल विषयों पर संसद तथा राज्य विधानमंडल दोनों द्वारा कानून बनाया जाता है और यदि दोनों कानूनों में विरोध है, तो संसद द्वारा निर्मित कानून लागू होगा। इस सूची में शामिल विषयों की संख्या 52 है। उनमें प्रमुख हैं–राष्ट्रीय जलमार्ग, परिवार नियोजन, जनसंख्या नियंत्रण, समाचारपत्र, कारखाना, शिक्षा, आर्थिक तथा सामाजिक योजना।

57. स्वामी दयानन्द सरस्वती ने सबसे पहली बार 'स्वराज्य' शब्द का प्रयोग किया। 'मूलशंकर' (1824-23) जो प्रायः दयानन्द सरस्वती के नाम से जाने जाते हैं। 1863 में उन्होंने झूठे धर्मों का खंडन करने के लिए 'पाखंड खंडिनी पताका' लहराई। 1875 में उन्होंने बम्बई में 'आर्य समाज' की स्थापना की। 1877 में 'आर्य समाज लाहौर' की स्थापना हुई। धार्मिक क्षेत्र में उन्होंने मूर्तिपूजा, बहुदेववाद, अवतारवाद, पशु-बलि, श्राद्ध, जंत्र, तंत्र, मंत्र तथा झूठे कर्मकांड को स्वीकार नहीं किया। उन्होंने कर्म के सिद्धान्त पर अधिक बल दिया। 'पुनः वेद की ओर चलो' उनका प्रसिद्ध नारा था।

60. ऐलोरा एवं ऐलिफेंटा (महाराष्ट्र) गुहामंदिरों का निर्माण राष्ट्रकूटों के समय ही हुआ। ऐलोरा में 34 शैलकृत गुफाएँ हैं। इनमें से 1 से 12 तक बौद्धों तथा 13 से 29 तक हिन्दुओं और 30 से 34 तक जैनों की गुफाएँ हैं।

62. **केशनली (Capillary tube)**–एक ऐसी खोखली नली, जिसकी त्रिज्या बहुत कम तथा एक समान होती है, केशनली कहलाता है। इसमें द्रव के ऊपर चढ़ने या नीचे दबने की घटना को केशिकत्व (Capillarity) कहते हैं।

केशिकत्व का उदाहरण–

(*i*) ब्लॉटिंग पेपर–स्याही को शीघ्र सोख लेता है, क्योंकि इसमें बने छोटे-छोटे छिद्र केशनली की तरह कार्य करती हैं।

(*ii*) लालटेन या लैम्प की बत्ती में केशिकत्व के कारण ही तेल ऊपर चढ़ता है।

(*iii*) पेड़-पौधों की शाखाओं, तनों एवं पत्तियों तक जल और आवश्यक लवण केशिकत्व की क्रिया के द्वारा ही पहुँचते हैं।

76.

आविष्कार	**आविष्कारक**
विटामिन	फंक
पोलियो वैक्सीन	जॉन इ. साल्क
मलेरिया परजीवी	रोनाल्ड रास
चेचक का टीका	एडवर्ड जेनर
पेनिसलीन	अलेक्जेंडर फ्लेमिंग
डी.एन.ए.	जेम्स वाटसन तथा क्रिक

85. रक्त-समूह की खोज कार्ल लैंड स्टीनर ने 1900 ई. में किया था। इसके लिए इन्हें सन् 1930 ई. में नोबल पुरस्कार मिला। रक्त-समूह O को सर्वदाता (universal donor) रक्त समूह कहते हैं, क्योंकि इसमें कोई एण्टीजन नहीं होता है एवं रक्त समूह AB को सर्वग्रहता (universal recipitor) रक्त समूह कहते हैं, क्योंकि इसमें कोई एण्टीबॉडी नहीं होता है।

87-89.

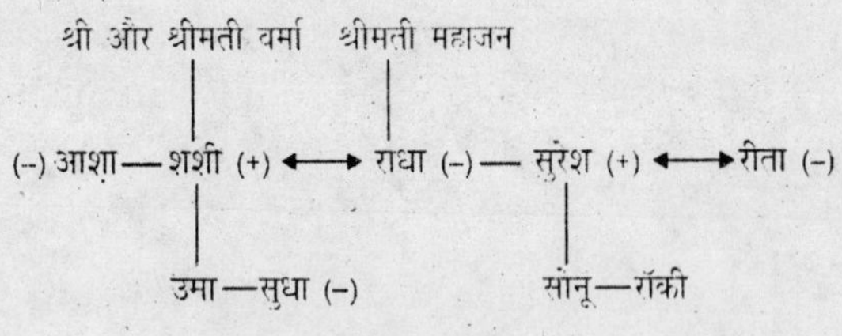

87. सोनू, सुरेश का बच्चा है तथा सुरेश का कुलनाम महाजन है, इस प्रकार सोनू का कुलनाम भी महाजन होगा।

88. सुधा की माँ सुरेश की बहन है। इस प्रकार सुरेश, सुधा का मामा है।

89. आशा, सुधा के पिता शशी की बहन है। इस प्रकार सुधा, आशा की भतीजी है।

90.

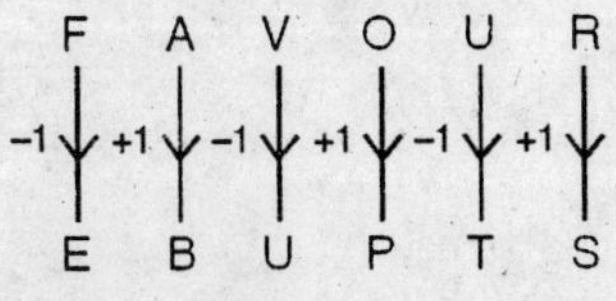

12. माना कि कमला की वर्तमान आयु x वर्ष है तो विवाह के समय कमला की आयु $= (x - 6)$ वर्ष

प्रश्नानुसार,

$$x = \frac{5}{4} \times (x-6)$$

$$4x = 5x - 30$$

$$5x - 4x = 30$$

$$x = 30$$

कमला की वर्तमान आयु = 30 वर्ष

कमला के पुत्र की वर्तमान आयु $= \frac{30}{10} = 3$ वर्ष

13. 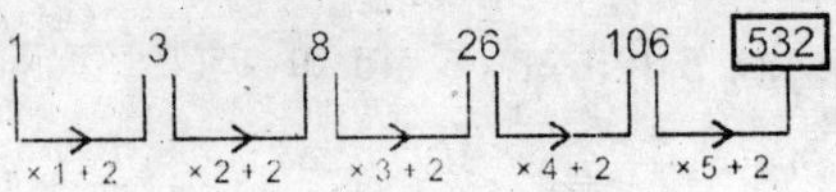

14. 19, 40, 21 $\Rightarrow$ 40 = 19 + 21

35, x, 40 $\Rightarrow$ $x = 35 + 40$

$x = 75$.

15. 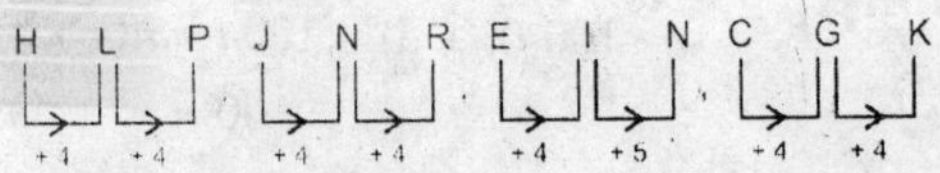

16. जून 30 दिनों का माह है जबकि मई, जुलाई एवं अगस्त 31 दिनों का माह है।

17. पंक्ति में बैठे कुल लड़कों की संख्या

$= (23 + 21) - 1 = 43.$

18. तस्वीर में दर्शाई गई महिला उस व्यक्ति की बहन है।

19. 17 अप्रैल, 2016 को रविवार था और वर्ष 2016 लीप वर्ष है।

अतः 17 अप्रैल, 2016 का दिन रविवार से 2 दिन पहले यानी कि शुक्रवार था।

44. जनवरी, 2015 से भारत में योजना आयोग का अस्तित्व समाप्त कर दिया गया है तथा इसके स्थान पर 'नीति आयोग' संस्था बनाई गई है। मंत्रिमण्डल के एक प्रस्ताव के तहत यह नई संस्था 1 जनवरी, 2015 से अस्तित्व में आ गई है। इस नई संस्था को 'राष्ट्रीय भारत परिवर्तन संस्थान' नाम दिया गया है तथा आमतौर पर 'नीति आयोग' के नाम से इसे जाना जा रहा है। प्रधानमंत्री की अध्यक्षता वाला यह आयोग सरकार के थिंक टैंक (बौद्धिक संस्थान) के साथ-साथ राज्य सरकारों के लिए भी नीति निर्माण करने वाले संस्थान की भूमिका निभाएगा। केन्द्र व राज्य सरकारों को राष्ट्रीय व अन्तर्राष्ट्रीय महत्व के महत्वपूर्ण मुद्दों पर रणनीतिक व तकनीकी सलाह भी यह देगा। पंचवर्षीय योजनाओं के भावी स्वरूप आदि के सम्बन्ध में सरकार को सलाह भी यह आयोग देगा। सभी राज्यों के मुख्यमंत्रियों तथा केन्द्रशासित क्षेत्रों के उपराज्यपालों को नीति आयोग की अधिशासी परिषद् (Governing Council) में शामिल किया गया है।

इस प्रकार नीति आयोग का स्वरूप योजना आयोग की तुलना में अधिक संघीय बनाया गया है। प्रधानमंत्री की अध्यक्षता वाले इस आयोग में एक उपाध्यक्ष व एक मुख्य कार्यकारी अधिकारी (Chief Executive Officer—CEO) का प्रावधान किया गया। अमरीका स्थित कोलम्बिया विश्वविद्यालय में कार्यरत् रहे प्रो. अरविंद पनगढ़िया को नवगठित आयोग का जहाँ उपाध्यक्ष बनाया गया है वहीं योजना आयोग की सचिव रही सिंधुश्री खुल्लर को इसका सीईओ नियुक्त किया गया है।

50. अकबर का उत्तराधिकारी जहाँगीर था जो 24 अक्टूबर, 1605 ई. को शासक बना। जहाँगीर को न्याय की जंजीर के लिए जाना जाता है। जहाँगीर ने सिखों के पांचवें गुरु, गुरु अर्जुनदेव को शहजादा खुसरो की सहायता करने के कारण मृत्युदंड दिया। जहाँगीर ने फारसी में अपनी आत्मकथा तुजुक-ए-जहाँगीरी की रचना की। जहाँगीर के शासनकाल में प्रथम अंग्रेज मिशन कैप्टन हॉकिंस के नेतृत्व में मुगल दरबार में आया जिसे व्यापारिक अनुमति नहीं मिली। सर टॉमस रो के नेतृत्व में दूसरा व्यापारिक मिशन भारत आया जिसे व्यापारिक अनुमति प्रदान की गई। जहाँगीर के शासनकाल में 1613 ई. में अंग्रेजों ने सूरत में प्रथम व्यापार केन्द्र की स्थापना की।

51. संविधान के अनुच्छेद 280 में वित्त आयोग के गठन का प्रावधान किया गया है। वित्त आयोग के गठन का अधिकार राष्ट्रपति को दिया गया है। वित्त आयोग में राष्ट्रपति द्वारा एक अध्यक्ष एवं चार अन्य सदस्य नियुक्त किए जाएँगे। यह आयोग अपना प्रतिवेदन राष्ट्रपति को सौंपता है।

4. एक केले का क्रय मूल्य = ₹ $\frac{6}{5}$

एक केले का विक्रय मूल्य = ₹ $\frac{4}{3}$

$$\text{लाभ प्रतिशत} = \frac{\left(\frac{4}{3}-\frac{6}{5}\right)}{\frac{6}{5}}\times 100$$

$$= \frac{100}{9} = 11\frac{1}{9}\%.$$

5. $a \times a + b \times b - 2 \times a \times b = (a-b)^2$

यहाँ $a = 287$

$b = 269$

$(a-b)^2 = (287-269)^2$

$= (18)^2 = 324.$

6. माना कि दूसरी संख्या z है

तो $z \times \frac{x}{y^2} = \frac{y}{x}$

$z = \frac{y}{x}\times\frac{y^2}{x}$

$= \frac{y^3}{x^2}.$

7. 6 से विभक्त होने वाली 3 अंकों की सबसे छोटी संख्या

$= 102$

तथा 6 से विभक्त होने वाली 3 अंकों की सबसे बड़ी संख्या

$= 996$

कुल संख्याओं की संख्या

$996 = 102 + (n-1)\times 6$

$(n-1)6 = 996 - 102$

$(n-1) = \frac{894}{6} = 149$

$\therefore \quad n = 149 + 1 = 150.$

8. $\frac{3}{5}\times\frac{63}{63} = \frac{189}{315}$

$\frac{7}{9}\times\frac{35}{35} = \frac{245}{315}$

$\frac{6}{7}\times\frac{45}{45} = \frac{270}{315}$

संख्याओं का अवरोही क्रम इस प्रकार होगा :

$\frac{270}{315}, \frac{245}{315}, \frac{189}{315}$ या $\frac{6}{7}, \frac{7}{9}, \frac{3}{5}$.

10. माना कि कुल मित्रों की संख्या n था

तो प्रत्येक मित्र का हिस्सा $= \frac{100}{n}$

जब 5 मित्र अधिक होते तो प्रत्येक मित्र का हिस्सा

$= \frac{100}{n+5}$

प्रश्नानुसार, $\frac{100}{n} - \frac{100}{n+5} = 1$

$100(n+5) - 100n = n(n+5)$

$500 = n^2 + 5n$

$n^2 + 5n - 500 = 0$

$(n+25)(n-20) = 0$

$n = 20$

{यहाँ $n = -25$ सही उत्तर नहीं है क्योंकि मित्र की संख्या धनात्मक राशि होगी}

अतः, मित्र की संख्या = 20.

11. यात्रा में नाव की औसत चाल

$= \frac{2\times15\times10}{(15+10)}$

= 12 कि.मी./घंटा

Trick : यदि नाव की चाल बिन्दु A से B तक जाने की x कि.मी./घंटा तथा B से A वक्र आने की y कि.मी./घंटा है तो,

औसत चाल $= \frac{2\times x\times y}{(x+y)}$.

अंकगणित
(ARITHMETIC)

1. संख्याएँ
(Numbers)

एक संख्या हमें बताती है कि दी हुई मात्रा में कितनी इकाइयां हैं। अतः यह एक या एक से अधिक इकाइयों को प्रकट करती है। या एक ही प्रकार की एक या अधिक भिन्न वस्तुओं को प्रकट करती है। जैसे–दो गाय, चार बकरी, आठ भैंस आदि। वे शब्द जो काले दर्शाये गये हैं, संख्याओं को प्रदर्शित करते हैं।

1. **पूर्ण संख्याएं :** संख्याएं 0, 1, 2, 3, 4, 5, 6, 7, 8, 9,.....आदि संख्याओं को **"पूर्ण संख्याएं"** या **"पूर्णांक कहते** हैं। जैसे 84 एक पूर्णांक है। जबकि $\frac{61}{4}$ पूर्णांक नहीं है।
2. **सम संख्याएं :** वे संख्याएं जो 2 से पूर्णतः विभाजित हो जाती हैं उन्हें **"सम संख्याएं"** कहते हैं। जैसे–2, 4, 32, 64, 108.... आदि "सम संख्याएं" हैं।
3. **विषम संख्याएं :** वे संख्याएं जो 2 से पूर्णतः विभाजित नहीं होती हैं उन्हें **"विषम संख्याएं"** कहते हैं। जैसे–1, 3, 5, 7, 11, 17, 21, 23.... आदि "विषम संख्याएं" हैं।
4. **अभाज्य संख्याएं :** वे संख्याएं जो स्वयं और 1 के अतिरिक्त किसी अन्य संख्याओं से पूर्णतः विभाजित न हों, उन्हें **"अभाज्य संख्याएं"** कहते हैं। जैसे–2, 3, 7, 11, 13, 17.... आदि "अभाज्य संख्याएं" हैं।
5. **भाज्य संख्याएं :** वे संख्याएं जो स्वयं और 1 के अतिरिक्त किसी अन्य संख्याओं से पूर्णतः विभाजित हो जाती हों तो उन्हें **"भाज्य संख्याएं"** कहते हैं। जैसे– 4, 6, 9, 10, 12, 15.... आदि "भाज्य संख्याएं" हैं।

नोट :

1. संख्या 1 न तो भाज्य है और न ही अभाज्य।

2. वह संख्या जो सम भी हो और अभाज्य भी, केवल 2 है।

आरोही क्रम (Ascending Order) : बाईं ओर से दायीं ओर लिखने पर प्राकृतिक संख्याएं मान के अनुसार बढ़ते हुए क्रम में हों तो इस क्रम को **"आरोही क्रम"** कहते हैं। जैसे–25, 30, 41, 50 आदि संख्याएं आरोही क्रम में होंगी।

अवरोही क्रम (Descending Order): बाईं ओर से दाईं ओर लिखने पर प्राकृतिक संख्याएं मान के अनुसार घटते हुए क्रम में हों, तो इस क्रम को **"अवरोही क्रम"** कहते हैं। जैसे–50, 41, 30, 25 आदि संख्याएं अवरोही क्रम में होंगी।

स्थानीय मान और जातीय (वास्तविक) मान

स्थानीय मान : किसी अंक (Number) का जो मान (Value) उसके स्थान के कारण होता है, उसे उस अंक का **स्थानीय मान** कहते हैं। जैसे--32 में इकाई के स्थान पर 2 तथा दहाई के स्थान पर 3 है। इसमें 3 का स्थानीय मान = 3 × 10 = 30 तथा 2 का स्थानीय मान = 2 × 1 = 2 होगा।

जातीय (वास्तविक) मान : हर अंक का अपना जातीय मान होता है। जैसे– 2 का 2, 5 का 5, 7 का 7, 9 का 9 आदि। जैसा कि हम ऊपर बता चुके हैं कि 32 में 3 का **स्थानीय मान** 30 है। परन्तु 32 में 3 का **जातीय मान** 3 होगा। इस प्रकार 32 में 3 के स्थानीय मान तथा जातीय मान के बीच अन्तर = 30 – 3 = 27 होगा। अतः किसी संख्या में किसी अंक का स्थानीय मान प्राप्त करने के लिए सरल तरीका यह है कि पहले उस अंक को लिख लें और उसके बाद उसमें उतने शून्य लगा दें, जितने कि उस अंक के बाद अंक हों।

एक संख्या के अभाज्य गुणनखण्ड किस प्रकार लिख सकते हैं :

(*i*) संख्या को 2 से भाग करो, यदि सम्भव हो, और 2 से भाग करते रहो जब तक कि ऐसा गुणनखण्ड न आ जाए जो 2 से विभाजित न हो।

(*ii*) प्राप्त परिणाम (*i*) को 3 से भाग करो, यदि सम्भव हो और 3 से भाग करते रहो जब तक कि ऐसा गुणनखण्ड न आ जाए जो 3 से विभाजित न हो।

(*iii*) प्राप्त परिणाम (*ii*) को 5 से भाग करो, यदि सम्भव हो और 5 से भाग करते रहो जब तक कि ऐसा गुणनखण्ड न आ जाए जो 5 से विभाजित न हो।

(*iv*) प्राप्त परिणामों में इसी प्रकार 7, 11, 13 आदि संख्याओं से भाग करते रहो जब तक कि सारे गुणनखण्ड अभाज्य गुणनखण्ड न हो जाएं।

संख्याओं के सम्बन्ध में मौलिक तथ्य

(*a*) दो अंकों वाली संख्याओं के सन्दर्भ में

(*i*) दो अंकों वाली कुल संख्याओं की गिनती 90 है।

(*ii*) दो अंकों की सबसे बड़ी संख्या 99 है।

(*iii*) दो अंकों की सबसे छोटी संख्या 10 है।

(*iv*) दो अंकों की सबसे छोटी और सबसे बड़ी संख्या का योग 109 होता है।

(*v*) दो अंकों की सबसे बड़ी और सबसे छोटी संख्या का अन्तर 89 होता है।

(*b*) तीन अंकों वाली संख्याओं के सन्दर्भ में

(*i*) तीन अंकों वाली कुल संख्याओं की गिनती 900 है।

(*ii*) तीन अंकों की सबसे बड़ी संख्या 999 है।

(*iii*) तीन अंकों की सबसे छोटी संख्या 100 है।

(*iv*) तीन अंकों की सबसे छोटी और सबसे बड़ी संख्या का योग 1099 होता है।

(*v*) तीन अंकों की सबसे बड़ी और सबसे छोटी संख्या का अन्तर 899 होता है।

(*c*) चार अंकों वाली संख्याओं के सन्दर्भ में

(*i*) चार अंकों वाली कुल संख्याओं की गिनती 9000 है।

(*ii*) चार अंकों की सबसे बड़ी संख्या 9999 है।

(*iii*) चार अंकों की सबसे छोटी संख्या 1000 है।

(*iv*) चार अंकों की सबसे छोटी और सबसे बड़ी संख्या का योग 10999 होता है।

(*v*) चार अंकों की सबसे बड़ी और सबसे छोटी संख्या का अन्तर 8999 होता है।

(*d*) पाँच अंकों वाली संख्याओं के सन्दर्भ में

(*i*) पाँच अंकों वाली कुल संख्याओं की गिनती 90000 है।

(*ii*) पाँच अंकों की सबसे बड़ी संख्या 99999 है।

(*iii*) पाँच अंकों की सबसे छोटी संख्या 10000 है।

(*iv*) पाँच अंकों की सबसे छोटी और सबसे बड़ी संख्या का योग 109999 होता है।

(*v*) पाँच अंकों की सबसे बड़ी और सबसे छोटी संख्या का अन्तर 89999 होता है।

(*e*) प्राकृतिक संख्याओं के सन्दर्भ में

(*i*) 1 से लेकर 10 तक की प्राकृतिक संख्याओं का योग = 55 होता है।

(*ii*) 11 से लेकर 20 तक की प्राकृतिक संख्याओं का योग = 155 होता है।

(*iii*) 21 से लेकर 30 तक की प्राकृतिक संख्याओं का योग = 255 होता है।

(*iv*) 31 से लेकर 40 तक की प्राकृतिक संख्याओं का योग = 355 होता है।

(*v*) 41 से लेकर 50 तक की प्राकृतिक संख्याओं का योग = 455 होता है।

संख्याओं में 2, 3, 4, 5, 6, 8, 9, 10 व 11 से विभाज्यता की जाँच

(A) **2 से विभाज्यता :** ऐसी संख्याएं जिनके इकाई के स्थान पर 0, 2, 4, 6 या 8 का अंक हों, तो वे संख्याएं 2 से पूर्णतः विभाजित होंगी।

(B) **3 से विभाज्यता :** ऐसी संख्याएं जिनके अंकों का योग 3 से विभाज्य हों, तो वे संख्याएं भी 3 से विभाज्य होंगी।

(C) **4 से विभाज्यता :** यदि किसी संख्या के अन्तिम दो अंक 4 से पूर्णतः विभाजित हों, तो वे संख्याएं भी 4 से विभाजित होंगी।

(D) **5 से विभाज्यता :** जिन संख्याओं के इकाई के स्थान पर 0 या 5 का अंक हो, तो वे संख्याएं 5 से विभाजित होंगी।

(E) **6 से विभाज्यता :** ऐसी संख्याएं जो 2 और 3 से अलग-अलग पूर्णतः विभाजित हों, तो वे संख्याएं भी 6 से विभाजित होंगी।

(F) **8 से विभाज्यता :** वे संख्याएं जिनके अन्तिम तीन अंक 8 से विभाज्य हों, तो वे संख्याएं भी 8 से विभाजित होंगी।

(G) **9 से विभाज्यता :** ऐसी संख्याएं जिनके अंकों का योग 9 से विभाज्य हों, तो वे संख्याएं भी 9 से विभाजित होंगी।

(H) **10 से विभाज्यता :** जिन संख्याओं के इकाई के स्थान पर 0 का अंक हो, तो वे संख्याएं 10 से विभाजित होंगी।

(I) **11 से विभाज्यता :** ऐसी संख्याएं जिनके सम तथा विषम स्थानों के अंकों के योगफलों का अन्तर 0 तथा 11 का गुणज हों, तो वे संख्याएं 11 से विभाजित होंगी।

ध्यान रखिये :

(*i*) **भाज्य = भाजक × भागफल + शेष**

(*ii*) **भाजक = $\frac{\text{भाज्य} - \text{शेष}}{\text{भागफल}}$**

(*iii*) **भागफल = $\frac{\text{भाज्य} - \text{शेष}}{\text{भाजक}}$**

प्रश्नमाला

1. 1 से 100 के बीच अभाज्य संख्याएं होंगी:
A. 20 B. 30
C. 22 D. 25

2. ऐसी संख्या जो अभाज्य भी है और सम भी:
A. 1 B. 2
C. 98 D. 79

3. निम्न में से कौन-सी संख्या अभाज्य संख्या होगी?
A. 149 B. 159
C. 117 D. 147

4. चार अंकों की छोटी-से-छोटी संख्या होगी?
A. 1002 B. 1001
C. 9999 D. 1000

5. 43014 में 3 का स्थानीय मान क्या होगा?
A. 3 B. 3000
C. 300 D. 30

6. 81752 में 2 के स्थानीय मान और जातीय मान में अन्तर क्या होगा?
A. 2 B. 0
C. 1 D. 20

7. संख्या 3125 में से क्या घटाया जाए ताकि शेष संख्या 13 से पूर्णतः विभाजित हो सके?
A. 5 B. 8
C. 10 D. 12

8. निम्नलिखित में से कौन-सी संख्या 3 से पूर्णतः विभाजित होगी?
A. 491
B. 371
C. 591
D. 571

9. भाग के प्रश्न में भाजक 16, भागफल 9 तथा शेष 1 हो, तो भाज्य कितना होगा?
A. 145
B. 136
C. 144
D. 152

10. 1 से 50 तक पूर्णांकों का योग कितना होगा?
A. 1275
B. 1375
C. 1225
D. 1365

11. संख्या 30, 70, 584 में अंक 7 के स्थानीय मान लिखो।
A. 700 B. 7000
C. 70,000 D. 700,000

12. 3589 में क्या जोड़ें कि यह पांच अंकों की सबसे छोटी संख्या बन जाए?
A. 6413
B. 6412
C. 6411
D. 6311

13. 2756 और तीन अंकों की सबसे बड़ी संख्या का योगफल ज्ञात करो।
A. 3655
B. 3755
C. 3756
D. 3656

14. पांच अंकों की सबसे बड़ी और छः अंकों की सबसे छोटी संख्याओं का अन्तर ज्ञात करो।
A. 1 B. 3
C. 3 D. 4

15. संख्या 36795 में अंक 6 के स्थान पर 9 तथा 9 के स्थान पर 6 बदल देने से इन संख्याओं के मान में कितना अन्तर हो जाएगा।
A. 2970
B. 3071
C. 2971
D. 3071

उत्तरमाला

1	2	3	4	5	6	7	8	9	10
D	B	A	D	B	B	A	C	A	A
11	**12**	**13**	**14**	**15**					
C	C	B	A	A					

व्याख्यात्मक उत्तर

1. चूंकि 1 से 100 के बीच अभाज्य संख्याएं क्रमशः 2, 3, 5, 7, 11, 13, 17, 19, 23, 29, 31, 37, 41, 43, 47, 53, 59, 61, 67, 71, 73, 79, 83, 89 तथा 97 होंगी। अतः स्पष्ट है कि 1 से 100 तक के बीच अभाज्य संख्याओं की गिनती = 25 हैं।

2. ऐसी संख्या जो अभाज्य भी है और सम भी, केवल 2 है।

3. दिये गये विकल्प A. में 149 एक अभाज्य है, क्योंकि यह किसी अन्य संख्या से पूर्णतः विभाजित नहीं है।

4. चार अंकों की छोटी-से-छोटी संख्या = 1000 होगी। अतः आपका उत्तर विकल्प D. है।

5. $\because$ संख्या 43014 में 3 का अंक हजार के स्थान पर है
$\therefore$ संख्या में 3 का स्थानीय मान = $3 \times 1000 = 3000$ होगा।

6. $\because$ संख्या 81752 में 2 का अंक इकाई के स्थान पर है।
$\therefore$ संख्या में 2 का स्थानीय मान = $2 \times 1 = 2$ तथा संख्या में 2 का जातीय मान = 2 होगा। 2 के स्थानीय मान तथा जातीय मान के बीच अन्तर = $2 - 2 = 0$ होगा।

7. चूंकि संख्या 3125 में 13 से भाग देने पर शेष 5 बचता है।
$\therefore$ संख्या 3125 को 13 से पूर्णतः विभाजित होने के लिए इसमें से 5 घटाया जाये।

8. विकल्प C. में दी गई संख्या 591, 3 से पूर्णतः विभाजित होगी, क्योंकि संख्या के अंकों का योग 3 से विभाजित हैं।

9. $\because$ भाज्य = भाजक × भागफल + शेष
$= 16 \times 9 + 1 = 144 + 1 = 145.$

10. 1 से 50 तक के पूर्णांकों का योग

$= \dfrac{n(n+1)}{2}$ जहां n पदों की संख्या हैं।

$$= \frac{50(50+1)}{2} = \frac{50 \times 51}{2} = 1275$$

11. संख्या 3070584 में
अंक 7 का स्थानीय मान = 7 दस हजार = 70,000

12. 6411

13. 3755

14. 1

15. 39765; मान में अंतर 2970

☆☆☆☆☆☆

2. दशमलव
(Decimals)

दशमलव बिन्दु के अंकों के समूह को **दशमलव भिन्न** कहते है। जैसे– 0.513, 0.317, 0.219, 0.6 आदि। प्रत्येक दशमलव एक भिन्न को दर्शाता है।

दशमलव भिन्न को साधारण भिन्न में बदलनाः

(*i*) एक ऐसी भिन्न लो जिसका हर 10 हो तथा अंश दशमलव के बाद दायीं ओर का पहला अंक हो।

(*ii*) एक ऐसी भिन्न लो जिसका हर 100 हो तथा अंश दशमलव के बाद दायीं ओर का दूसरा अंक हो।

(*iii*) इस प्रक्रिया को दोहराइये जब तक दशमलव के बाद के अंक समाप्त नहीं हो जाते। प्रत्येक दशा में हर, पहले हर का दस गुणा होगा।

(*iv*) इस प्रकार प्राप्त भिन्नों का योग जो परिणाम (*i*), (*ii*) और (*iii*) के योग से प्राप्त होता है, दशमलव भिन्न को प्रकट करता है।

जैसे : $0.317 = \frac{3}{10} + \frac{1}{100} + \frac{7}{1000}$

$$= \frac{300}{1000} + \frac{10}{1000} + \frac{7}{1000} = \frac{317}{1000}$$

नोटः शून्यों से बनी कोई संख्या दशमलव के दाईं ओर बिना परिवर्तन किये लिखी जाती है।

प्रश्नमाला

1. कौन-सी भिन्न $\frac{15}{25}$ के समान है?

A. $\frac{150}{25}$ B. $\frac{15}{250}$
C. $\frac{3}{5}$ D. $\frac{60}{75}$

2. कौन-सी भिन्न $\frac{13}{20}$ के समान नहीं है?

A. $\frac{26}{40}$ B. $\frac{130}{200}$
C. $\frac{39}{60}$ D. $\frac{52}{60}$

3. एक घंटे के $\frac{5}{6}$ भाग का मान हैः

A. आधा घण्टा B. 40 मिनट
C. 50 मिनट D. 55 मिनट

4. एक वायुयान 1250 कि.मी. यात्रा में 2/5 भाग ईंधन खपत करता है। शेष ईंधन में यात्रा पूरी करेगाः

A. 1875 कि.मी. B. 2125 कि.मी.
C. 250 कि.मी. D. 475 कि.मी.

5. निम्नलिखित में से कौन-सी भिन्न सबसे बड़ी है?

A. $\frac{3}{15}$ B. $\frac{5}{20}$
C. $\frac{8}{64}$ D. $\frac{25}{1000}$

6. निम्नलिखित में से कौन-सी भिन्न सबसे छोटी है?

A. $\frac{1}{10}$ B. $\frac{1}{100}$
C. $\frac{9}{1000}$ D. $\frac{500}{10,000}$

7. $.001 \times 1000 = ?$

A. .1 B. 1
C. .01 D. 10

8. $1.01 \times .1 = ?$

A. 1.01 B. 10.1

C. .101 D. .0101

9. $\dfrac{20+8\times0.5}{20-?} = 12$

A. 12 B. 4

C. 18 D. 2

10. $.01 \times 100 \div 2.5 = ?$

A. 4 B. .4

C. .04 D. 5

11. दी हुई भिन्नों $\frac{5}{8}, \frac{21}{35}, \frac{9}{16}, \frac{6}{7}$ में सबसे बड़ी और सबसे छोटी भिन्न के बीच अन्तर है?

A. $\frac{33}{112}$ B. $\frac{112}{33}$

C. $\frac{32}{112}$ D. $\frac{112}{32}$

12. यदि किसी संख्या तथा उसके $\frac{1}{5}$ भाग में अन्तर 20 है तो वह संख्या क्या है?

A. 23 B. 25

C. 24 D. 26

13. एक मनुष्य के पास एक मकान का $\frac{3}{5}$ भाग था। अपने भाग का $\frac{1}{3}$ भाग उसने 250 रुपए में बेचा तो उस मकान का मूल्य क्या था?

A. 1150 रु. B. 1250 रु.

C. 1205 रु. D. 1105 रु.

14. एक धनराशि का सातवां भाग उनके नौवें भाग से 192 रुपए अधिक है। वह धनराशि बताओ।

A. 4860 रु. B. 6050 रु.

C. 6048 रु. D. 5060 रु.

15. एक मनुष्य ने अपनी जायदाद को तीन बच्चों में इस प्रकार बांटा कि पहले को कुल जायदाद का $\frac{2}{5}$ भाग मिला, दूसरे को शेष का $\frac{1}{3}$ भाग मिला और शेष तीसरे को मिला। यदि तीसरे को, दूसरे से 750 रुपए अधिक मिले हो तो कुल जायदाद का मूल्य क्या था?

A. 3720 रु. B. 3760 रु.

C. 3740 रु. D. 3750 रु.

उत्तरमाला

1	2	3	4	5	6	7	8	9	10
C	D	C	A	B	C	B	C	C	B
11	**12**	**13**	**14**	**15**					
A	B	B	C	D					

व्याख्यात्मक उत्तर

1. $\frac{15}{25} = \frac{3\times5}{5\times5} = \frac{3}{5}$

2. $\frac{26}{40} = \frac{2\times13}{2\times20} = \frac{13}{20}$, $\frac{39}{60} = \frac{13\times3}{20\times3} = \frac{13}{20}$

$\frac{130}{200} = \frac{13\times10}{20\times10} = \frac{13}{20}$,

$\frac{52}{60} = \frac{13\times4}{20\times3} = \frac{13}{20}\times\frac{4}{3}$

अतः $\frac{52}{60} \neq \frac{13}{20}$

3. 1 घण्टे का $\frac{5}{6}$ भाग $= \frac{5}{6}\times60$ मिनट $= 50$ मिनट।

4. शेष ईंधन $= 1-\frac{2}{5} = \frac{5-2}{5} = \frac{3}{5}$

$\frac{2}{5}$ ईंधन में तय की गई दूरी = 1250 कि.मी.

पूरे ईंधन में तय की गई दूरी

$= \frac{1250}{2/5} = \frac{1250\times5}{2}$ कि.मी.

$\frac{3}{5}$ ईंधन में तय की गई दूरी

$= \frac{1250\times5}{2}\times\frac{3}{5} = 1875$ कि.मी.

5. $\frac{3}{15}=\frac{1}{5}, \frac{8}{64}=\frac{1}{8}$

$\frac{5}{20}=\frac{1}{4}, \frac{25}{1000}=\frac{1}{40}$

$\frac{1}{5}, \frac{1}{4}, \frac{1}{8}, \frac{1}{40}$

$\frac{8, 10, 5, 1}{40}$

$\therefore$ सबसे बड़ी भिन्न $= \frac{1}{4}=\frac{5}{20}$

6. $\frac{1}{10}= .1, \frac{9}{1000}=.009$

$\frac{1}{100}= .01, \frac{500}{10,000}=\frac{5}{100}= .05$

$\therefore$ सबसे छोटी भिन्न $= 0.09 = \frac{9}{1000}$

7. $.001\times1000 = 001.000 = 1$

8. $1.01\times.1 = \frac{101\times1}{100\times10} = \frac{101}{1000} = .101$

9. $\because \frac{20+8\times0.5}{20-?} \Rightarrow \frac{20\div4}{20-?} = 12 \Rightarrow \frac{24}{12} = 2$

$\Rightarrow 2 = 20-? \Rightarrow ? = 20-2 = 18$

10. $.01\times100\div2.5 \quad = .01\times\frac{100}{2.5} = .01\times40 = .4$

11. 8, 35, 16 और 7 का लघुत्तम समापवर्तक = 560

$\therefore \frac{5}{8} = \frac{5\times70}{8\times70} = \frac{350}{560}$

$\frac{21}{35} = \frac{21\times16}{35\times16} = \frac{336}{560}$

$\frac{9}{16} = \frac{9\times35}{16\times35} = \frac{315}{560}$

$\frac{6}{7} = \frac{6\times80}{7\times80} = \frac{480}{560}$

$\therefore$ सबसे बड़ी भिन्न $= \frac{6}{7}$

तथा सबसे छोटी भिन्न $= \frac{9}{16}$

$\therefore$ अन्तर $= \frac{6}{7}-\frac{9}{16} = \frac{96-63}{112} = \frac{33}{112}$

12. माना संख्या 1 है।

$\therefore$ 1 का $\frac{1}{5} = \frac{1}{5}$

$\therefore 1-\frac{1}{5} = \frac{4}{5}$

$\therefore$ संख्या $= 20\div\frac{4}{5} = 20\times\frac{5}{4} = 25$

13. भाग जो बेचा गया $= \frac{3}{5}$ का $\frac{1}{3} = \frac{3}{5}\times\frac{1}{3} = \frac{1}{5}$

$\because \frac{1}{5}$ भाग का मूल्य = 250 रुपए

$\therefore$ सम्पूर्ण भाग का मूल्य $= 250\times\frac{5}{1} = 1250$ रुपए

14. $\because \frac{1}{7}-\frac{1}{9}=\frac{2}{63}$

$\because$ धन का $\frac{2}{63} = 192$ रुपए

$\therefore$ वह धन $= 192\times\frac{63}{2} = 6048$ रुपए

15. पहले बच्चे का भाग = कुल सम्पति का $\frac{2}{5}$

$\therefore$ शेष $= 1-\frac{2}{5} = \frac{3}{5}$

दूसरे बच्चे का भाग $= \frac{3}{5}$ का $\frac{1}{3} = \frac{1}{5}$

अब शेष बचा $= \frac{3}{5}-\frac{1}{5} = \frac{2}{5}$ जो कि तीसरे बच्चे को दिया गया।

$\therefore$ तीसरे बच्चे को दूसरे बच्चे से अधिक मिला

$= \frac{2}{5}-\frac{1}{5} = \frac{1}{5}$

$\therefore$ कुल सम्पति के $\frac{1}{5}$ भाग का मूल्य = 750 रुपए

$\therefore$ कुल संपत्ति का मूल्य $= 750\times\frac{5}{1} = 3750$ रुपए।

☆☆☆☆☆☆

3. सरलीकरण
(Simplification)

साधारण या दशमलव भिन्नों के जटिल व्यंजक को एक साधारण भिन्न या दशमलव भिन्न में बदलने की क्रिया को ''सरलीकरण'' कहते हैं। इस प्रकार के व्यंजक में ''कोष्ठक'', ''का'', (÷), (×), (+) तथा (–) आदि चिह्न अलग-अलग या एक साथ प्रदर्शित होते हैं। अतः ऐसे व्यंजक का ''सरलीकरण'' करने में **"BODMAS"** शब्द का प्रयोग किया जाता है। **"BODMAS"** शब्द का क्रमानुसार आशय निम्नलिखित है।

"BODMAS"

B	ब्रैकेट (कोष्ठक)	$\left[\left\{\left(\overline{\ }\right)\right\}\right]$
O	ऑफ (का)	का
D	डिवीजन (भाग)	÷
M	मल्टीप्लिकेशन (गुणा)	×
A	ऐडीशन (जोड़)	+
S	सब्ट्रेक्शन (घटाना)	–

अतः किसी भी जटिल व्यंजक को **"BODMAS"** शब्द के क्रमानुसार सरल किया जाता है। अर्थात् सबसे पहले ''कोष्ठक'' उसके बाद ''का'' फिर ''भाग'' फिर ''गुणा'' उसके बाद ''जोड़'' और अन्त में ''घटाना'' सरल होता है। इस क्रम को याद रखना परम आवश्यक हैं क्योंकि ऐसा न करने पर सरलीकरण की क्रियाएं गलत हो जाती हैं।

महत्वपूर्ण नोट :

(*i*) **कोष्ठक चार प्रकार के होते हैं : 1. रेखा कोष्ठक जिसे बन्धनी रेखा (–) भी कहते हैं। 2. छोटा कोष्ठक(()), 3. मझला कोष्ठक ({}), 4. बड़ा कोष्ठक ([]), अतः कोष्ठक के प्रश्नों में सबसे पहले रेखा कोष्ठक (–), उसके बाद छोटा कोष्ठक (()), उसके बाद मझला कोष्ठक ({}), और अन्त में बड़े कोष्ठक ([]) को सरल करना चाहिए।**

(*ii*) **O (का) का सामान्य अर्थ गुणा होता है।**

प्रश्नमाला

1. $\frac{7}{4}-\frac{4}{7}=\frac{5}{28}+?$

A. 2 B. $\frac{1}{7}$
C. $\frac{2}{9}$ D. 1

2. $22\times5=22$ का ?%

A. 4500 B. 5000
C. 500 D. 750

3. 200 का $\frac{1}{25}\div8=?$

A. 1 B. 3
C. 8 D. 5

4. $\frac{40\times0.4\times0.04}{4+4\div4}=?$

A. .128 B. .148
C. .15 D. .248

5. $50\div5\div5=?$

A. 2 B. 10
C. 1/5 D. 4

6. $\frac{40\times15+25}{26+4\div4-2}=?$

A. 25 B. 30
C. 31 D. 42

7. $\frac{1.4 \times 3.6 - 1.2}{0.4 \times 1.2} = ?$

A. 8 B. 2
C. 4 D. 3

8. $14 \times 3.2 - 2 \times 2.1 + 0.8 = ?$

A. 1.08 B. 2.18
C. 1.18 D. 2.08

9. $5 \div \frac{3}{4} + \frac{2}{3} \times \frac{3}{4} - \frac{2}{3}$ का $\frac{13}{7} = ?$

A. $4\frac{12}{11}$ B. $5\frac{13}{14}$
C. $5\frac{13}{17}$ D. $6\frac{13}{14}$

10. $(9+9+9) \div 9 \times 9 = ?$

A. 27 B. 24
C. 21 D. 32

11. $2 - \left[3 - \left\{6 - \left(5 - \overline{4-3}\right)\right\}\right]$ को सरल करो।

A. 1 B. 2
C. 3 D. इनमें से कोई नहीं

12. सरल करो—

$\frac{3}{11} + \frac{4}{3} + \frac{10}{11} \times \frac{5}{11} - \frac{28}{33}$ का $1\frac{2}{7}$

A. $\frac{5}{13}$ B. $\frac{-5}{33}$
C. $\frac{5}{33}$ D. $\frac{-5}{13}$

13. $4.51 \times \frac{2}{5} + \frac{3}{5} \times 4.51 + 4.51$ को सरल करो।

A. 9.02 B. 90.2
C. 0.902 D. 902

14. $\frac{15.72 \times 15.72 - 5.72 \times 5.72}{15.72 + 5.72}$ को सरल करो।

A. 9 B. 10
C. 8 D. 11

15. $7.55 \times 7.55 - 2 \times 7.55 \times 2.55 + 2.55 \times 2.55$

A. 16 B. 9
C. 25 D. 36

उत्तरमाला

1	2	3	4	5	6	7	8	9	10
D	C	A	A	A	A	A	A	B	A
11	**12**	**13**	**14**	**15**					
A	B	A	B	C					

व्याख्यात्मक उत्तर

1. $\frac{7}{4} - \frac{4}{7} = \frac{5}{28} + ? \Rightarrow \frac{7 \times 7 - 4 \times 4}{4 \times 7} = \frac{5}{28} + ?$

$\Rightarrow \frac{49-16}{28} = \frac{5}{28} + ? \Rightarrow \frac{33}{28} = \frac{5}{28} + ?$

$\Rightarrow 1\frac{5}{28} = \frac{5}{28} + ?$

$\Rightarrow 1 + \frac{5}{28} = \frac{5}{28} + ? \therefore ? = 1$

2. $\because$ $22 \times 5 = 22$ का $?\%$ $\Rightarrow 110 = 22 \times \frac{?}{100}$

$\Rightarrow \frac{110 \times 100}{22} = ? \therefore ? = 500$

3. $\because$ 200 का $\frac{1}{25} \div 8 = ? \Rightarrow 8 \div 8 = ?$

$\Rightarrow \frac{8}{8} = ? \Rightarrow 1 = ?$

4. $\because \dfrac{40\times 0.4\times 0.04}{4+4\div 4} = ? \Rightarrow \dfrac{.64}{4+\frac{4}{4}} = ?$

$\Rightarrow \dfrac{.64}{4+1} = ? \Rightarrow \dfrac{.64}{5} = ? \Rightarrow .128 = ?$

5. $\because 50\div 5\div 5 = ? \Rightarrow \dfrac{50}{5}\div 5 = ?$

$\Rightarrow 10\div 5 = ? \Rightarrow \dfrac{10}{5} = ? \Rightarrow 2 = ?$

6. $\because \dfrac{40\times 15+25}{26+4\div 4-2} = ? \Rightarrow \dfrac{600+25}{26+\frac{4}{4}-2} = ?$

$\Rightarrow \dfrac{625}{26+1-2} = ? \Rightarrow \dfrac{625}{25} = ? \Rightarrow 25 = ?$

7. $\dfrac{1.4\times 3.6-1.2}{0.4\times 1.2} = \dfrac{5.04-1.2}{.48} = \dfrac{3.84}{.48} = 8.$

8. "BODMAS" नियम के अनुसार पहले गुणा उसके बाद जोड़ और अन्त में घटाव की क्रिया करें।

$\therefore \; 1.4\times 3.2-2\times 2.1+0.8$

$= 4.48-4.2+0.8 = 1.08$

9. "BODMAS" नियम के अनुसार सबसे पहले का, फिर भाग, उसके बाद गुणा, फिर जोड़ और अन्त में घटाव की क्रिया करें।

$\therefore \; 5\div\dfrac{3}{4}+\dfrac{2}{3}\times\dfrac{3}{4}-\dfrac{2}{3}$ का $\dfrac{13}{7}$

$= 5\div\dfrac{3}{4}+\dfrac{2}{3}\times\dfrac{3}{4}-\dfrac{26}{21}$

$= \dfrac{20}{3}+\dfrac{2}{3}\times\dfrac{3}{4}-\dfrac{26}{21} = \dfrac{20}{3}+\dfrac{1}{2}-\dfrac{26}{21}$

$= \dfrac{280+21-52}{42} = \dfrac{249}{42} = 5\dfrac{39}{42} = 5\dfrac{13}{14}$

10. "BODMAS" नियम के अनुसार पहले कोष्ठक के अन्दर की संख्याओं को सरल करें फिर भाग, उसके बाद गुणा करें।

$\therefore \; (9+9+9)\div 9\times 9 = 27\div 9\times 9$

$= \dfrac{27}{9}\times 9 = 27.$

11. $2-\left[3-\left\{6-\left(5-\overline{4-3}\right)\right\}\right]$

$= 2-[3-\{6-(5-1)\}]$

$= 2-[3-\{6-4\}]$

$= 2-[3-2]$

$= 2-1 = 1$

12. दिया गया व्यंजक $= \dfrac{3}{11}+\dfrac{4}{3}\div\dfrac{10}{11}\times\dfrac{5}{11}-\dfrac{28}{33}$ का $1\dfrac{2}{7}$

$= \dfrac{3}{11}+\dfrac{4}{3}\div\dfrac{10}{11}\times\dfrac{5}{11}-\dfrac{28}{33}\times\dfrac{9}{7}$

$= \dfrac{3}{11}+\dfrac{4}{3}\times\dfrac{11}{10}\times\dfrac{5}{11}-\dfrac{28}{33}\times\dfrac{9}{7}$

$= \dfrac{3}{11}+\dfrac{2}{3}-\dfrac{12}{11} = \dfrac{9+22-36}{33} = \dfrac{-5}{33}$

13. व्यंजक $= 4.51\times\dfrac{2}{5}+\dfrac{3}{5}\times 4.51+4.51$

$= 4.51\left(\dfrac{2}{5}+\dfrac{3}{5}+1\right) = 4.51\left(\dfrac{2+3+5}{5}\right)$

$= 4.51\times\dfrac{10}{5} = 4.51\times 2 = 9.02$

14. $\dfrac{15.72\times 15.72-5.72\times 5.72}{15.72+5.72}$

$= \dfrac{(15.72+5.72)\,(15.72-5.72)}{(15.72+5.72)}$

$= 15.72-5.72 = 10$

15. $7.55\times 7.55-2\times 7.55\times 2.55+2.55\times 2.55$

$= (7.55)^2-2\,(7.55)\,(2.55)+(2.55)^2$

$= (7.55-2.55)^2 = (5)^2 = 25$

☆☆☆☆☆☆

4. महत्तम समापवर्तक और लघुत्तम समापवर्त्य
(H.C.F. and L.C.M.)

महत्तम समापवर्तक : किन्हीं दो या दो से अधिक दी हुई संख्याओं का महत्तम समापवर्तक (म. स. प.) वह बड़ी-से-बड़ी संख्या है जो प्रत्येक दी हुई संख्याओं को पूरा-पूरा विभाजित करे।

लघुत्तम समापवर्त्य : किन्हीं दो या दो से अधिक दी हुई संख्याओं का लघुत्तम समापवर्त्य (ल. स. व.) वह छोटी-से-छोटी संख्या है जो प्रत्येक दी हुई संख्या से पूरी-पूरी विभाजित हो।

प्रश्नों से संबंधित समस्याओं को हल करने के लिए निम्नलिखित सूत्रों को ध्यान में रखिये :

(*i*) भिन्नों का महत्तम समापवर्तक (म. स. प.) = अंशों का महत्तम समापवर्तक / हरों का लघुत्तम समापवर्त्य

(*ii*) भिन्नों का लघुत्तम समापवर्त्य (ल. स. व.) = अंशों का लघुत्तम समापवर्त्य / हरों का महत्तम समापवर्तक

(*iii*) दो संख्याओं का गुणनफल = म. स. प. × ल. स. व.

प्रश्नमाला

1. 12, 24 व 36 का महत्तम समापवर्तक कितना होगा?

A. 16 B. 18
C. 12 D. 36

2. 70, 20 व 14 का लघुत्तम समापवर्त्य क्या है?

A. 120 B. 140
C. 280 D. 70

3. दो संख्याओं का अनुपात 11 : 15 है। यदि उनका म.स.प. 13 हो, तो वे संख्याएं क्रमशः क्या होगी?

A. 143 व 195 B. 195 व 143
C. 110 व 150 D. 121 व 165

4. वह छोटी-से-छोटी पूर्ण वर्ग संख्या क्या होगी जो 56, 21 तथा 36 से पूर्णतः विभाजित हो सके?

A. 7056 B. 8056
C. 7040 D. 8100

5. वह बड़ी-से-बड़ी संख्या क्या होगी, जिससे यदि 27, 33 तथा 39 को भाग दें तो क्रमशः 2, 3 तथा 4 शेष बचे?

A. 4 B. 5
C. 3 D. 7

6. 5 अंकों की वह छोटी-से-छोटी संख्या क्या होगी जो 12, 15 तथा 18 से पूर्णतः विभाजित हो?

A. 10080 B. 10800
C. 11820 D. 12080

7. दो संख्याओं का गुणनफल 27 है। उनका महत्तम समापवर्तक 3 है, तो उनका लघुत्तम समापवर्त्य क्या होगा?

A. 81 B. 54
C. 9 D. 6

8. चार अंकों की वह बड़ी-से-बड़ी संख्या क्या है जो 2, 3, 4, 5, 6 और 7 से पूरी-पूरी विभाजित हो जाती है?

A. 9729 B. 9760
C. 9579 D. 9660

9. दो संख्याओं का गुणनफल 54 है। उनका महत्तम समापवर्तक 3 है, तो उनका लघुत्तम समापवर्त्य क्या होगा?

A. 18 B. 21
C. 9 D. 24

10. $\frac{10}{21}, \frac{25}{27}$ और $\frac{35}{24}$ का महत्तम समापवर्तक क्या है?

A. $\frac{5}{216}$ B. $\frac{5}{1080}$

C. $\frac{5}{1512}$ D. $\frac{5}{638}$

उत्तरमाला

1	2	3	4	5	6	7	8	9	10
C	B	A	A	B	A	C	D	A	C

व्याख्यात्मक उत्तर

1. $\because\ 12 = \underline{2 \times 2 \times 3}$
$24 = 2 \times \underline{2 \times 2 \times 3}$
तथा $36 = \underline{2 \times 2 \times 3} \times 3$
$\therefore$ अभीष्ट महत्तम समापवर्तक $= 2 \times 2 \times 3 = 12$ होगा।

2. $\because\ 70 = 2 \times 5 \times 7$
$20 = 2 \times 2 \times 5$
तथा $14 = 2 \times 7$
$\therefore$ अभीष्ट लघुत्तम समापवर्त्य $= 2 \times 2 \times 5 \times 7 = 140$

3. माना कि वे संख्याएं क्रमशः $11x$ व $15x$ हैं।
प्रश्नानुसार, दोनों संख्याओं का म.स.प. = 13 (दिया हुआ है) अतः स्पष्ट होता है कि x के स्थान पर मान 13 होगा, क्योंकि 11×13 तथा 15×13 का म.स.प. 13 है। अतः वे संख्याएं क्रमशः $11 \times 13 = 143$ तथा $15 \times 13 = 195$ होंगी।

4. सबसे पहले 56, 21 तथा 36 का ल.स.व. ज्ञात करना है।
$\because\ 56 = 2 \times 2 \times 2 \times 7$
$21 = 3 \times 7$
तथा $36 = 2 \times 2 \times 3 \times 3$
$\therefore$ अभीष्ट ल.स.व. $= 2 \times 2 \times 2 \times 3 \times 3 \times 7$
चूंकि यह पूर्ण वर्ग संख्या नही है। अतः अभीष्ट ल.स.व. को पूर्ण वर्ग बनाने के लिए इसमें कम-से-कम 2×7 अर्थात् 14 से गुणा करना होगा।
$\therefore$ वह छोटी-से-छोटी पूर्ण वर्ग संख्या
$= 2 \times 2 \times 2 \times 3 \times 3 \times 7 \times 2 \times 7 = 7056$ होगी।

5. इस प्रकार के प्रश्नों में पहले शेषफल को संख्याओं में से घटाया जाता है फिर उन संख्याओं का म.स.प. ज्ञात किया जाता है।
$\therefore\ 27 - 2 = 25,\ 33 - 3 = 30$ तथा $39 - 4 = 35$
अतः 25, 30 तथा 35 का म.स.प. ज्ञात करना है।
$\because\ 25 = 5 \times 5,\ 30 = 2 \times 3 \times 5$ तथा $35 = 5 \times 7$
$\therefore$ अभीष्ट म.स.प. = 5
$\therefore$ वह-बड़ी-से बड़ी संख्या = 5 होगी।

6. सबसे पहले 12, 15 तथा 18 का ल.स.व. ज्ञात करना है।
$\because\ 12 = 2 \times 2 \times 3,\ 15 = 3 \times 5$ तथा $18 = 2 \times 3 \times 3$
$\therefore$ अभीष्ट ल.स.व. $= 2 \times 2 \times 3 \times 3 \times 5 = 180$
तथा 5 अंकों की छोटी-से-छोटी संख्या = 10000
$= 180 \times 55 + 100$
तथा स्पष्ट है कि 5 अंकों की छोटी-से-छोटी संख्या जो 12, 15 तथा 18 से पूर्णतः विभाजित होगी
$= 180 \times 56 = 10080$

7. लघुत्तम समापवर्त्य

$$= \frac{\text{दोनों संख्याओं का गुणनफल}}{\text{उनका महत्तम समापवर्तक}} = \frac{27}{3} = 9$$

8. 2, 3, 4, 5, 6 और 7 का लघुत्तम समापवर्त्य
$= 2 \times 2 \times 3 \times 5 \times 7 = 420$
चार अंकों की सबसे बड़ी संख्या = 9999
9999 को 420 से विभाजित करें तो शेष = 339
$\therefore$ अभीष्ट संख्या $= 9999 - 339 = 9660$

9. उनका लघुत्तम समापवर्त्य

$$= \frac{\text{दोनों संख्याओं का गुणनफल}}{\text{उनका महत्तम समापवर्तक}} = \frac{54}{3} = 18$$

10. भिन्नों का महत्तम समापवर्तक

$$= \frac{\text{अंशों का महत्तम समापवर्तक}}{\text{हरों का लघुत्तम समापवर्त्य}}$$

$$= \frac{\text{10, 25 और 35 का महत्तम समापवर्तक}}{\text{21, 27 और 24 का लघुत्तम समापवर्त्य}}$$

$$= \frac{5}{1512}$$

☆☆☆☆☆☆

5. घातांक
(Indices)

हम जानते हैं कि $x \times x = x^2$, $x \times x \times x = x^3$, $x \times x \times x \times x = x^4$ ...., $x \times x \times x \times x \times x \times x$ .... n गुणनखण्डों तक $= x^n$ को "x की घात n" पढ़ा जाता है। इस प्रकार हम कह सकते हैं कि

2 की घात 3 = $2^3 = 2 \times 2 \times 2 = 8$

3 की घात 3 = $3^3 = 3 \times 3 \times 3 = 27$

5 की घात 4 = $5^4 = 5 \times 5 \times 5 \times 5 = 625$

8 की घात 2 = $8^2 = 8 \times 8 = 64$.

$\left(\frac{x}{y}\right)$ की घात 3 = $\left(\frac{x}{y}\right)^3 = \frac{x \times x \times x}{y \times y \times y} = \frac{x^3}{y^3}$

x^2 की घात 5 = $(x^2)^5 = x^2 \times x^2 \times x^2 \times x^2 \times x^2 = x^{10}$

घातांक से सम्बन्धित आवश्यक नियम

नियम 1. यदि m और n धन पूर्णांक हों तथा x, y कोई भी संख्याएं हैं तो $x^m \times x^n = x^{m+n}$

नियम 2. यदि m और n धन पूर्णांक हों तथा x, y कोई भी संख्याएं हैं तो,

$x^m \div x^n = \frac{x^m}{x^n} = x^{m-n}$ जबकि $m > n$

या

$x^m \div x^n = \frac{x^m}{x^n} = \frac{1}{x^{n-m}}$ जबकि $n > m$

नियम 3. यदि m और n धन पूर्णांक हों तथा x, y कोई भी संख्याएं हैं तो $(x^m)^n = x^{mn}$

नियम 4. यदि m और n धन पूर्णांक हों तथा x, y कोई भी संख्याएं हैं तो $(xy)^m = x^m \times y^m$

मूल : यदि कोई संख्या 'x की घात n' है तथा इसका परिणाम a अर्थात् $x^n = a$ है तो इसका अर्थ यह होता है कि a का n वां मूल x है। जिसे प्रायः इस प्रकार लिखा जाता है

$$x^n = a \Rightarrow x = \sqrt[n]{a} = (a)^{1/n}$$

इसी प्रकार यदि भिन्नात्मक घातांक $x^{p/q} = a$ है तो इसका अर्थ यह होगा कि x का q वां मूल बराबर है a का p वां मूल के, अर्थात्

$$x^{p/q} = a \Rightarrow \left(x^{1/q}\right)^p = a \Rightarrow x^{1/q} = a^{1/p} \Rightarrow \sqrt[q]{x} = \sqrt[p]{a}$$

अतः दूसरे मूल को हम वर्गमूल तथा तीसरे मूल को घनमूल भी कहते हैं।

महत्त्वपूर्ण नोट : यदि किसी संख्या या राशि की घात "शून्य" है तो उस संख्या या राशि का मान सदैव 1 के बराबर होगा। अर्थात् $x^0 = y^0 = z^0 = 2^0 = 5^0 = 8^0 = 1$ होगा।

प्रश्नमाला

1. $a^5 \times a^7$ का मान कितना होगा?

A. a^{35} B. a^2
C. a^{12} D. $a^{5/7}$

2. $(x^{2/3})^{-3/4}$ का मान कितना होगा?

A. $\frac{1}{x}$ B. $\frac{1}{\sqrt{x}}$
C. $\frac{1}{x^2}$ D. $\frac{1}{x^{-2}}$

3. 4 की घात 3 निम्न में से किस संख्या के बराबर होगी?

A. 64
B. 81
C. 12
D. 49

4. 2 की घात 3 तथा 3 की घात 2 में कितना अन्तर होगा?

A. 2 B. 5
C. 3 D. 1

5. $\left(-\frac{1}{125}\right)^{-\frac{2}{3}}$ का मान कितना होगा?

A. $\frac{1}{25}$ B. 25

C. 5 D. $\frac{1}{5}$

6. $(8)^{-(2^{-2})}$ का मान कितना होगा?

A. $2^{-1/4}$ B. $2^{-3/4}$

C. $2^{3/4}$ D. $2^{-1/2}$

7. यदि $\sqrt{2^n} = 64$ है, तो n का मान क्या होगा?

A. 8 B. 4

C. 12 D. 16

8. $(100)^0$ का मान कितना होगा?

A. 0 B. 10

C. 1 D. 100

9. यदि $10^{2/5} \times 10^{8/5} = 10^n$ है तो n का मान क्या होगा?

A. 2 B. 3

C. 6 D. 4

10. $27^3 \times 3^4 \div 3^{10}$ का मान कितना होगा?

A. 9 B. 27

C. 81 D. $\frac{1}{27}$

11. व्यंजक $\frac{(-1)^{132}}{5^{-1} + 3^{-1}}$ का मान कितना होगा?

A. $\frac{16}{9}$ B. $-\frac{15}{8}$

C. $\frac{15}{8}$ D. $\frac{17}{8}$

12. $6a^3b^3c^2 \div 2ab^2c$ का मान कितना होगा?

A. $3a^2bc$ B. $3ab^2c$

C. $3a^2b^2c^2$ D. $3a^3b^3c^3$

13. $\sqrt{\frac{1}{\left(\frac{3}{4}\right)^{-2}}} + \sqrt[3]{\frac{27}{64}}$ का मान क्या होगा?

A. $\frac{2}{3}$ B. $\frac{4}{5}$

C. $\frac{13}{12}$ D. $\frac{3}{2}$

14. $\frac{a^{-3} . a^{-4}}{a^{-5}}$ का धन घातांकीय रूप में मान क्या होगा?

A. a^2 B. $\frac{1}{a^3}$

C. $\frac{1}{a^4}$ D. $\frac{1}{a^2}$

15. $\sqrt[3]{x^6} \div \sqrt[6]{x^{12}} \times x^{-3} \times \sqrt[3]{x^9}$ का मान कितना होगा?

A. $2x$ B. 1

C. $\frac{1}{3x^2}$ D. $\frac{1}{x}$

उत्तरमाला

1	2	3	4	5	6	7	8	9	10
C	B	A	D	B	B	C	C	A	B
11	**12**	**13**	**14**	**15**					
C	A	D	D	B					

व्याख्यात्मक उत्तर

1. $\because a^5 \times a^7 = a^{5+7} = a^{12}$. $[\because x^m \times x^n = x^{m+n}]$

2. $\because \left(x^{\frac{2}{3}}\right)^{-\frac{3}{4}} = x^{\frac{2}{3} \times -\frac{3}{4}} = x^{-\frac{1}{2}}$

$= \frac{1}{x^{\frac{1}{2}}} = \frac{1}{\sqrt{x}}$. $[\because (x^m)^n = x^{mn}]$

3. $\because$ 4 की घात 3 $= 4^3 = 4 \times 4 \times 4 = 64$.

4. $\because$ 2 की घात 3 $= 2^3 = 2 \times 2 \times 2 = 8$.

तथा 3 की घात 2 $= 3^2 = 3 \times 3 = 9$

$\therefore$ अन्तर $= 9 - 8 = 1$.

5. $\left(-\frac{1}{125}\right)^{-\frac{2}{3}} = \frac{1}{\left(-\frac{1}{125}\right)^{\frac{2}{3}}}$

$= (-125)^{\frac{2}{3}}$

$= [(-125)^{1/3}]^2 = [(-5\times-5\times-5)^{1/3}]^2$

$= (-5^2) = -5\times-5 = 25.$

6. $\because 8^{-(2^{-2})} = 8^{-\left(\frac{1}{2^2}\right)} = 8^{-\frac{1}{4}} = \frac{1}{8^{\frac{1}{4}}}$

$= \frac{1}{(2\times2\times2)^{\frac{1}{4}}} = \frac{1}{(2)^{\frac{3}{4}}} = 2^{-\frac{3}{4}}.$

7. $\because \sqrt{2^n} = 64 \Rightarrow 2^n = (64)^2$

$\Rightarrow 2^n$

$= (2\times2\times2\times2\times2\times2)^2 \Rightarrow 2^n = (2^6)^2$

$\Rightarrow 2^n = 2^{6\times2} = 2^{12} \Rightarrow n = 12$

अत: n का मान 12 होगा।

8. यहां विद्यार्थियों को स्मरण रखना चाहिए कि यदि किसी संख्या या राशि की घात ''शून्य'' हो तो उस संख्या या राशि का मान हमेशा 1 के बराबर होगा।

अत: स्पष्ट है कि $(100)^0$ का मान = 1 होगा।

9. $\because 10^{2/5}\times10^{8/5} = 10^n \Rightarrow 10^{2/5+8/5} = 10^n$

$\Rightarrow 10^{10/5} = 10^n \Rightarrow 10^2 = 10^n \Rightarrow n = 2$

अत: n का मान 2 होगा।

10. $\because 27^3\times3^4\div3^{10} = 27^3\times\frac{3^4}{3^{10}}$

$\frac{(3\times3\times3)^3\times3^4}{3^{10}} = \frac{(3^3)^3\times3^4}{3^{10}}$

$= \frac{3^9\times3^4}{3^{10}} = \frac{3^{9+4}}{3^{10}} = \frac{3^{13}}{3^{10}}$

$= 3^{13-10} = 3^3 = 3\times3\times3 = 27.$

11. $\because \frac{(-1)^{132}}{5^{-1}+3^{-1}} = \frac{((-1)^2)^{66}}{5^{-1}+3^{-1}}$

$= \frac{(1)^{66}}{5^{-1}+3^{-1}} = \frac{1}{\frac{1}{5}+\frac{1}{3}} = \frac{1}{\frac{3+5}{15}}$

$= \frac{1}{\frac{8}{15}} = \frac{15}{8}.$

12. $\because 6a^3b^3c^2 \div 2ab^2c$

$= \frac{6a^3b^3c^2}{2ab^2c} = 3a^{3-1}b^{3-2}c^{2-1} = 3a^2bc.$

13. $\because \sqrt{\frac{1}{\left(\frac{3}{4}\right)^{-2}}} + \sqrt[3]{\frac{27}{64}} = \sqrt{\left(\frac{3}{4}\right)^2} + \sqrt[3]{\frac{3\times3\times3}{4\times4\times4}}$

$= \sqrt{\left(\frac{3}{4}\right)^2} + \sqrt[3]{\left(\frac{3}{4}\right)^3} = \frac{3}{4}+\frac{3}{4} = \frac{6}{4} = \frac{3}{2}.$

14. $\because \frac{a^{-3}.a^{-4}}{a^{-5}} = \frac{a^5}{a^3.a^4} = \frac{a^5}{a^7} = \frac{1}{a^{7-5}} = \frac{1}{a^2}$

अत: $\frac{a^{-3}.a^{-4}}{a^{-5}}$ का धन घातांकीय रूप में मान $\frac{1}{a^2}$ होगा।

15. $\because \sqrt[3]{x^6}\div\sqrt[6]{x^{12}}\times x^{-3}\times\sqrt[3]{x^9}$

$= \frac{(x^6)^{\frac{1}{3}}}{(x^{12})^{\frac{1}{6}}}\times x^{-3}\times(x^9)^{\frac{1}{3}}$

[$\because$ BODMAS शब्द के अनुसार पहले ''भाग'' फिर ''गुणा'']

$= \frac{x^{6\times\frac{1}{3}}\times x^{-3}\times x^{9\times\frac{1}{3}}}{x^{12\times\frac{1}{6}}}$

$= \frac{x^2\times x^{-3}\times x^3}{x^2} = x^0 = 1.$

☆☆☆☆☆☆

6. करणी
(Surds)

प्राय: सभी संख्याओं के वर्गमूल सदैव पूर्ण संख्या नहीं होते, जैसे– $\sqrt{9} = 3$ परन्तु $\sqrt{15} = 3.873$, जो कि पूर्ण संख्या नहीं है, अर्थात् 15 का वर्गमूल पूर्ण संख्या नहीं है। अत: ऐसी संख्यायें जिनके वर्गमूल पूर्ण संख्या नहीं होते, जैसे– $\sqrt{3}$, $\sqrt{7}$, $2 + \sqrt{11}$, $4 + \sqrt{13}$ .... इत्यादि संख्यायें **करणी** कहलाती हैं।

प्रश्नों को हल करने के लिए निम्नलिखित सूत्रों का प्रयोग कीजिए :

1. $\sqrt{a} \times \sqrt{a} = a$
2. $\sqrt{a} \times \sqrt{b} = \sqrt{ab}$
3. $\left(\sqrt{a} + \sqrt{b}\right)^2 = a + b + 2\sqrt{ab}$
4. $\left(\sqrt{a} - \sqrt{b}\right)^2 = a + b - 2\sqrt{ab}$
5. $x\sqrt{a} + x\sqrt{b} = x\left(\sqrt{a} + \sqrt{b}\right)$
6. $\dfrac{1}{\sqrt{a}+\sqrt{b}} = \dfrac{1}{\sqrt{a}+\sqrt{b}} \times \dfrac{\sqrt{a}-\sqrt{b}}{\sqrt{a}-\sqrt{b}}$

   $= \dfrac{\sqrt{a}-\sqrt{b}}{a-b}$
7. $\dfrac{1}{\sqrt{a}-\sqrt{b}} = \dfrac{1}{\sqrt{a}-\sqrt{b}} \times \dfrac{\sqrt{a}+\sqrt{b}}{\sqrt{a}+\sqrt{b}}$

   $= \dfrac{\sqrt{a}+\sqrt{b}}{a-b}$
8. $a + \sqrt{b} = c + \sqrt{d} \Rightarrow a = c$ तथा $b = d$
9. $\sqrt{2} = 1.41421$, $\sqrt{3} = 1.73205$, $\sqrt{5} = 2.23607$, $\sqrt{6} = 2.4494$, $\sqrt{7} = 2.64575$, $\sqrt{8} = 2.82842$, $\sqrt{10} = 3.16227$, $\sqrt{11} = 3.31662$

प्रश्नमाला

1. $\dfrac{1}{\sqrt{3}}$ का मान दशमलव के तीन स्थानों तक होगा—

A. 0.577 B. 0.477
C. 0.673 D. 0.575

2. यदि $\sqrt{2} = 1.4142$ हो, तो $\dfrac{1}{2}\left(\dfrac{\sqrt{2}-1}{\sqrt{2}+1}\right)$ का मान कितना होगा?

A. .0768 B. .0658
C. .0858 D. .0458

3. यदि $\sqrt{1936} = 44$, हो तो $\sqrt{19.36} + \sqrt{0.1936} + \sqrt{.001936}$ का मान दशमलव के तीन स्थानों तक होगा—

A. 5.679 B. 4.884
C. 9.884 D. 6.778

4. $\sqrt{\left(5 + \dfrac{4}{9}\right)}$ का मान होगा?

A. $3\frac{1}{3}$ B. $2\frac{1}{6}$
C. $4\frac{1}{3}$ D. $2\frac{1}{3}$

5. $\dfrac{\sqrt{2}-1}{\sqrt{2}+1}$ का मान दशमलव के तीन स्थानों तक होगा—

A. 0.172 B. 0.158
C. 0.176 D. 0.188

6. $\sqrt[3]{8^4}$ का मान कितना होगा?

A. 15 B. 9
C. 16 D. 25

7. यदि $\sqrt{6} = 2.45$, तो $\sqrt{\frac{2}{3}} + 3\sqrt{\frac{3}{2}}$ का मान किसके बराबर होगा ?

A. 3.942 B. 4.492
C. 4.942 D. 9.345

8. $\sqrt{72}$ का मान किसके बराबर होगा ?

A. $3\sqrt{5}$ B. $6\sqrt{2}$
C. $8\sqrt{2}$ D. $7\sqrt{3}$

9. हर के परिमेयीकरण के पश्चात व्यंजक $\frac{\sqrt{2}}{\sqrt{2}+\sqrt{3}-\sqrt{5}}$ का रूप होगा—

A. $\frac{3+\sqrt{6}+\sqrt{15}}{6}$ B. $\frac{3-\sqrt{6}-\sqrt{5}}{6}$
C. $\frac{3+\sqrt{6}+\sqrt{5}}{3}$ D. $\frac{2+\sqrt{6}-\sqrt{15}}{6}$

10. $\left(\sqrt{80} + 3 \times \sqrt{245} - \sqrt{125}\right)$ का मान कितना होगा ?

A. $18\sqrt{5}$ B. $20\sqrt{5}$
C. $22\sqrt{5}$ D. $28\sqrt{2}$

11. $\left(\frac{\sqrt{5}+\sqrt{3}}{\sqrt{5}-\sqrt{3}}\right)$ का मान कितना होगा ?

A. $4+\sqrt{15}$ B. $3-\sqrt{15}$
C. $2+\sqrt{15}$ D. $4-\sqrt{15}$

12. $3^{\frac{1}{5}}, 5^{\frac{3}{5}}, 7^{\frac{4}{5}}$ को आरोही क्रम में किस प्रकार से लिखा जा सकता है ?

A. $5^{\frac{3}{5}} < 3^{\frac{1}{5}} < 7^{\frac{4}{5}}$ B. $3^{\frac{1}{5}} < 5^{\frac{3}{5}} < 7^{\frac{4}{5}}$
C. $7^{\frac{4}{5}} < 3^{\frac{1}{5}} < 5^{\frac{3}{5}}$ D. $3^{\frac{1}{5}} < 7^{\frac{4}{5}} < 5^{\frac{3}{5}}$

13. यदि $12 \times 4^{\frac{1}{3}}$ को $3\sqrt{2}$ से भाग दिया जाये तब भागफल का मान होगा—

A. 2 B. $\sqrt{15}$
C. 3 D. $2^{13/6}$

14. यदि $4^{\frac{1}{3}}, 6^{\frac{1}{6}}$ तथा $\sqrt{5}$ का गुणा किया जाये तो गुणनफल का मान होगा—

A. $(12000)^{\frac{1}{6}}$ B. $(12009)^{\frac{1}{6}}$
C. $(14000)^{\frac{1}{6}}$ D. $(15000)^{\frac{1}{4}}$

15. व्यंजक $\left(2+\sqrt{2}+\frac{1}{2+\sqrt{2}}+\frac{1}{\sqrt{2}-2}\right)$ का मान होगा—

A. 5 B. 2
C. 3 D. 8

उत्तरमाला

1	2	3	4	5	6	7	8	9	10
A	C	B	D	A	C	B	B	A	B
11	**12**	**13**	**14**	**15**					
A	B	D	A	B					

व्याख्यात्मक उत्तर

1. $\because \frac{1}{\sqrt{3}} = \frac{1}{\sqrt{3}} \times \frac{\sqrt{3}}{\sqrt{3}} = \frac{\sqrt{3}}{3} = \frac{1.732}{3}$

$= 0.577.$

2. $\because \frac{1}{2}\left(\frac{\sqrt{2}-1}{\sqrt{2}+1}\right) = \frac{1}{2} \times \frac{\sqrt{2}-1}{\sqrt{2}+1} \times \frac{\sqrt{2}-1}{\sqrt{2}-1}$

$= \frac{1}{2} \times \frac{(\sqrt{2}-1)^2}{(\sqrt{2})^2 - 1^2} = \frac{1}{2} \times \frac{2+1-2\sqrt{2}}{2-1}$

$= \frac{1}{2} \times \frac{3-2\sqrt{2}}{1} = \frac{1}{2} \times (3 - 2 \times 1.4142)$

$= \frac{1}{2} \times 0.1716 = 0.0858.$

3. $\because \sqrt{1936} = 44 \Rightarrow \sqrt{19.36} = 4.4$

$\Rightarrow \sqrt{0.1936} = 0.44 \Rightarrow \sqrt{.001936} = .044$

$\therefore \sqrt{19.36} + \sqrt{0.1936} + \sqrt{.001936}$

$= 4.4 + 0.44 + 0.044 = 4.884.$

4. $\because \sqrt{5+\frac{4}{9}} = \sqrt{\frac{45+4}{9}} = \sqrt{\frac{49}{9}} = \frac{7}{3} = 2\frac{1}{3}.$

5. $\because \frac{\sqrt{2}-1}{\sqrt{2}+1} = \frac{\sqrt{2}-1}{\sqrt{2}+1} \times \frac{\sqrt{2}-1}{\sqrt{2}-1} = \frac{(\sqrt{2}-1)^2}{(\sqrt{2})^2-(1)^2}$

$= \frac{2+1-2\sqrt{2}}{2-1} = \frac{3-2\sqrt{2}}{1} = 3-2\times 1.414 = 0.172.$

6. $\because \sqrt[3]{8^4} = (8)^{\frac{4}{3}} = (2^3)^{\frac{4}{3}} = 2^{3\times\frac{4}{3}} = 2^4 = 16.$

7. $\because \sqrt{\frac{2}{3}} + 3\sqrt{\frac{3}{2}} = \frac{\sqrt{2}}{\sqrt{3}} \times \frac{\sqrt{3}}{\sqrt{3}} + 3 \times \frac{\sqrt{3}}{\sqrt{2}} \times \frac{\sqrt{2}}{\sqrt{2}}$

$= \frac{\sqrt{6}}{3} + \frac{3\sqrt{6}}{2} = \sqrt{6}\left[\frac{1}{3}+\frac{3}{2}\right]$

$= \sqrt{6} \times \frac{11}{6} = \frac{11}{6} \times 2.45 = 4.492.$

8. $\because \sqrt{72} = \sqrt{6\times 6\times 2} = \sqrt{6^2\times 2} = 6\sqrt{2}.$

9. $\frac{\sqrt{2}}{\sqrt{2}+\sqrt{3}-\sqrt{5}}$

$= \frac{\sqrt{2}}{\sqrt{2}+\sqrt{3}-\sqrt{5}} \times \frac{\sqrt{2}+\sqrt{3}+\sqrt{5}}{\sqrt{2}+\sqrt{3}+\sqrt{5}}$

$= \frac{\sqrt{2}(\sqrt{2}+\sqrt{3}+\sqrt{5})}{(\sqrt{2}+\sqrt{3})^2-(\sqrt{5})^2}$

$= \frac{2+\sqrt{6}+\sqrt{10}}{2\sqrt{6}} = \frac{2+\sqrt{6}+\sqrt{10}}{2\sqrt{6}} \times \frac{\sqrt{6}}{\sqrt{6}}$

$= \frac{2\sqrt{6}+6+\sqrt{60}}{12} = \frac{3+\sqrt{6}+\sqrt{15}}{6}.$

10. $\because \sqrt{80} + 3\times\sqrt{245} - \sqrt{125}$

$= \sqrt{16\times 5} + 3\times\sqrt{49\times 5} - \sqrt{25\times 5}$

$= 4\sqrt{5} + 21\sqrt{5} - 5\sqrt{5} = 20\sqrt{5}.$

11. $\because \frac{\sqrt{5}+\sqrt{3}}{\sqrt{5}-\sqrt{3}} = \frac{\sqrt{5}+\sqrt{3}}{\sqrt{5}-\sqrt{3}} \times \frac{\sqrt{5}+\sqrt{3}}{\sqrt{5}+\sqrt{3}}$

$= \frac{(\sqrt{5}+\sqrt{3})^2}{(\sqrt{5})^2-(\sqrt{3})^2} = \frac{5+3+2\sqrt{15}}{5-3}$

$= \frac{8+2\sqrt{15}}{2} = 4+\sqrt{15}.$

12. $\because 3^{\frac{1}{5}} = (3)^{\frac{1}{5}} \qquad 5^{\frac{3}{5}} = (5^3)^{\frac{1}{5}} = (125)^{\frac{1}{5}}$

तथा $7^{\frac{4}{5}} = (7^4)^{\frac{1}{5}} = (2401)^{\frac{1}{5}}$

अतः स्पष्ट है कि $(3)^{\frac{1}{5}} < (125)^{\frac{1}{5}} < (2401)^{\frac{1}{5}}$

अतः $3^{\frac{1}{5}} < 5^{\frac{3}{5}} < 7^{\frac{4}{5}}$ आरोही क्रम में होगी।

13. प्रश्नानुसार, $\frac{12\times 4^{\frac{1}{3}}}{3\sqrt{2}} = \frac{12\times 2^{\frac{2}{3}}}{3\times 2^{\frac{1}{2}}} \times \frac{2^{\frac{1}{2}}}{2^{\frac{1}{2}}}$

$= \frac{12\times 2^{\frac{7}{6}}}{3\times 2} = \frac{12\times 2^{\frac{7}{6}}}{6} = 2^{\frac{13}{6}}.$

14. $\because 4^{\frac{1}{3}} = 4^{\frac{2}{6}} = (4^2)^{\frac{1}{6}} = (16)^{\frac{1}{6}} \qquad \because 6^{\frac{1}{6}} = (6)^{\frac{1}{6}}$

तथा $\sqrt{5} = 5^{\frac{1}{2}} = 5^{\frac{3}{6}} = (5^3)^{\frac{1}{6}} = (125)^{\frac{1}{6}}$

$4^{\frac{1}{3}} \times 6^{\frac{1}{6}} \times \sqrt{5} = (16)^{\frac{1}{6}} \times (6)^{\frac{1}{6}} \times (125)^{\frac{1}{6}}$

$= (16\times 6\times 125)^{\frac{1}{6}} = (12000)^{\frac{1}{6}}.$

15. $\because 2+\sqrt{2}+\frac{1}{2+\sqrt{2}}+\frac{1}{\sqrt{2}-2}$

$= 2+\sqrt{2}+\left(\frac{2-\sqrt{2}}{(2+\sqrt{2})(2-\sqrt{2})}+\frac{2+\sqrt{2}}{(\sqrt{2}-2)(2+\sqrt{2})}\right)$

$= 2+\sqrt{2}+\left[\frac{2-\sqrt{2}}{4-2}+\frac{\sqrt{2}+2}{2-4}\right]$

$= 2+\sqrt{2}+\left[\frac{(2-\sqrt{2})}{2}-\frac{(\sqrt{2}+2)}{2}\right]$

$= 2+\sqrt{2}+\left[\frac{2-\sqrt{2}-\sqrt{2}-2}{2}\right]$

$= 2+\sqrt{2}+\frac{(-2\sqrt{2})}{2} = 2+\sqrt{2}-\sqrt{2} = 2.$

☆☆☆☆☆☆

7. औसत
(Averages)

औसत निकालने के लिए पहले उन सब राशियों को जोड़ लें जिनका औसत निकालना हो; उसके बाद उस योगफल में उन राशियों की कुल संख्या से भाग दे दें। उदाहरण के लिए यदि आपको 8, 10, 12, और 14 का औसत निकालना है, तो पहले इन्हें जोड़ दें। 8 + 10 + 12 + 14 = 44 जिनका औसत निकालना है, वे संख्याएं 4 हैं।

अतः 44 में 4 से भाग दे दें। $44 \div 4 = \frac{44}{4} = 11$ औसत आया।

इसके लिए सूत्र हैं:

(i) $\frac{\text{राशियों का योगफल}}{\text{राशियों की संख्या}} = \text{औसत}$

(ii) औसत × राशियों की संख्या = राशियों का योगफल।

(iii) $\frac{\text{राशियों का जोड़}}{\text{औसत}} = \text{राशियों की संख्या}$

उदाहरण 1 : किसी कक्षा में 5 दिनों की दैनिक उपस्थिति 26, 23, 30, 29 और 17 थी। बताओ दैनिक औसत उपस्थिति क्या थी?

हल : ∵ 5 दिनों की कुल उपस्थिति = 26 + 23 + 30 + 29 + 17 = 125 थी।

∴ 1 दिन की औसत उपस्थिति

$= \frac{\text{राशियों का योगफल}}{\text{राशियों की संख्या}} = \frac{125}{5} = 25$

उदाहरण 2: एक दुकानदार 6 दिनों में 1950 रु. की बिक्री करता है। उसकी दैनिक औसत बिक्री कितनी है?

हलः कुल बिक्री = 1950 रु.

कुल दिन = 6

∴ दैनिक औसत बिक्री $= \frac{1950}{6} = 325$ रु.

प्रश्नमाला

1. 5 विद्यार्थियों की ऊँचाइयां (सेंमी में) 140, 135, 142, 138 व 140 है। उनकी औसत ऊँचाई है:

A. 136 B. 138
C. 139 D. 140

2. 10 विद्यार्थियों द्वारा प्राप्तांक 22, 35, 37, 38, 29, 27, 34, 36, 28 और 34 हैं। उनके औसत अंक हैं:

A. 30 B. 31
C. 32 D. 34

3. एक लड़का जिसकी ऊँचाई 165 सेंमी है, के स्थान पर नया लड़का आ जाने से 34 लड़कों के एक समूह की औसत ऊँचाई 1 सेंमी कम हो जाती है। नये लड़के की ऊँचाई है:

A. 132 सेंमी B. 129 सेंमी
C. 130 सेंमी D. 131 सेंमी

4. 2 से प्रारम्भ करके पांच लगातार सम संख्याओं का औसत है:

A. 4 B. 6
C. 7 D. 5

5. 5 गेंदों का भार (ग्राम में) क्रमशः 50, 54, 53, 56 और 52 है। उनका औसत भार है:

A. 53 B. 54
C. 52 D. 51

6. एक रस्सी के 5 टुकड़ों की लम्बाइयां (सेंमी में) 5, 5.2, 6.3, 7.2 और 6.3 हैं। टुकड़े की औसत लम्बाई है:

A. 5.8 B. 6.0
C. 6.1 D. 6.2

7. 7 के प्रथम पांच गुणजों (Multiples) का औसत क्या होगा?

A. 21
B. 23
C. 24
D. 28

8. चार संख्याओं का औसत 18 है। यदि उनमें से पहली तीन संख्याएं क्रमशः 16, 22 व 28 हों तो बताइये अन्तिम संख्या क्या होगी?

A. 5
B. 8
C. 6
D. 9

9. 12 संख्याओं का औसत मान 30 है। यदि प्रत्येक संख्या में 3 से गुणा कर दिया जाये, तो बताइये नई संख्याओं का औसत मान कितना होगा?

A. 70
B. 80
C. 90
D. 100

10. एक व्यक्ति 50 रु. प्रति पुस्तक के हिसाब से 4 पुस्तकें, 60 रु. प्रति पुस्तक के हिसाब से 5 पुस्तकें, तथा 70 रु. प्रति पुस्तक के हिसाब से 6 पुस्तकें खरीदता है। बताइये पुस्तक का औसत मूल्य कितना होगा?

A. 62.33 रु.
B. 41.50 रु.
C. 61.33 रु.
D. 61.75 रु.

11. 25 राशियों का औसत 15 है, उनमें से 15 राशियों का औसत 17 है, तो शेष राशियों का औसत ज्ञात करो।

A. 10
B. 13
C. 11
D. 12

12. एक कक्षा में 23 छात्रों की औसत आयु 16 वर्ष है। यदि अध्यापक की आयु भी सम्मिलित कर ली जाए तो औसत आयु एक वर्ष बढ़ जाती है। अध्यापक की आयु क्या है?

A. 35 वर्ष
B. 40 वर्ष
C. 50 वर्ष
D. 30 वर्ष

13. दी गई सात संख्याओं में से प्रथम चार संख्याओं का औसत 4 तथा अन्तिम चार संख्याओं का औसत भी 4 है। यदि इन सात संख्याओं का औसत 3 है, तो चौथी संख्या क्या है?

A. 11
B. 10
C. 12
D. 9

14. राजू, शशि और महेश के वेतनों का औसत 800 रुपये है और शशि, महेश और प्रभा के वेतनों का औसत 900 रुपये है। यदि प्रभा का वेतन 900 रुपये हो तो राजू का वेतन होगा।

A. 700 रु.
B. 600 रु.
C. 400 रु.
D. 500 रु.

15. एक बालक को 5 संख्याओं का औसत निकालने को कहा गया। परन्तु लिखते समय उसने 73 के स्थान पर 37 और 54 के स्थान पर 45 लिख दिया। इस प्रकार उसका औसत 59 प्राप्त हुआ तो वास्तविक संख्याओं का औसत ज्ञात करो।

A. 68
B. 86
C. 70
D. 67

16. 8 संख्याओं का औसत 12 है। यदि प्रत्येक संख्या में 2 की वृद्धि की जाए तो नयी प्राप्त संख्याओं का औसत होगा।

A. 12
B. 14
C. 13
D. 15

17. 5 वर्ष पहले A, B, C, D की औसत आयु 45 वर्ष थी। E को शामिल करने पर पांचों की वर्तमान आयु की औसत 49 है। E की वर्तमान आयु है।

A. 46 वर्ष
B. 48 वर्ष
C. 45 वर्ष
D. 50 वर्ष

18. तीन वर्ष पूर्व 5 सदस्यों के एक परिवार की औसत आयु 17 वर्ष थी। एक शिशु के जन्म लेने पर भी परिवार की औसत आयु आज भी 17 वर्ष ही है। शिशु की वर्तमान आयु है।

A. 1 वर्ष
B. 3 वर्ष
C. 2 वर्ष
D. 4 वर्ष

19. किसी कक्षा में 30 छात्रों की औसत आयु 12 वर्ष है। 5 छात्रों के एक समूह की औसत आयु 10 वर्ष है तथा 5 छात्रों के दूसरे समूह की औसत आयु 14 वर्ष है। बचे हुए छात्रों की औसत आयु है।

A. 13 वर्ष
B. 10 वर्ष
C. 11 वर्ष
D. 12 वर्ष

20. प्रथम पांच अभाज्य संख्याओं का औसत होगा।

A. 6.5
B. 5.6
C. 5.5
D. 6.6

उत्तरमाला

1	2	3	4	5	6	7	8	9	10
C	C	D	A	A	B	A	C	C	C
11	**12**	**13**	**14**	**15**	**16**	**17**	**18**	**19**	**20**
D	B	A	B	A	B	C	C	D	B

व्याख्यात्मक उत्तर

1. औसत ऊँचाई

$$= \frac{140+135+142+138+140}{5} = \frac{695}{5} = 139.$$

2. औसत अंक

$$= \frac{22+35+37+38+29+27+34+36+28+34}{10}$$

$$= \frac{320}{10} = 32.$$

3. 34 लड़कों की ऊँचाई में औसत कमी = 1 सेंमी

34 लड़कों की ऊँचाई में कुल कमी = 34 सेंमी

∴ नये लड़के की ऊँचाई = 165 − 34 = 131 सेंमी

4. 2 से प्रारम्भ करके 5 लगातार सम संख्याओं का औसत

$$= \frac{2+4+6+8+10}{5} = \frac{30}{5} = 6.$$

5. औसत भार

$$= \frac{50+54+53+56+52}{5} = \frac{265}{5} = 53.$$

6. औसत लम्बाई

$$= \frac{5+5.2+6.3+7.2+6.3}{5} = \frac{30.0}{5} = 6.0$$

7. ∵ 7 के प्रथम 5 गुणज : 7, 14, 21, 28 व 35

∴ इनका औसत

$$= \frac{7+14+21+28+35}{5} = \frac{105}{5} = 21.$$

8. ∵ चार संख्याओं का औसत = 18

∴ चारों संख्याओं का योग = 18 × 4 = 72

प्रश्नानुसार, उनमें से पहली तीन संख्याएं क्रमशः 16, 22 व 28 हैं।

∴ अन्तिम संख्या

= चारों संख्याओं का योग − (16 + 22 + 28)

= 72 − 66 = 6.

9. ∵ 12 संख्याओं का औसत मान = 30

∴ 12 संख्याओं का कुल योग = 30 × 12 = 360

प्रश्नानुसार, प्रत्येक संख्या में 3 से गुणा करने पर 12 संख्याओं का कुल योग = 360 × 3 = 1080

12 नई संख्याओं का औसत मान $= \frac{1080}{12} = 90.$

10. ∵ 50 रु. प्रति पुस्तक के हिसाब से 4 पुस्तकों का क्रय मूल्य = 200 रु.

60 रु. प्रति पुस्तक के हिसाब से 5 पुस्तकों का क्रय मूल्य = 300 रु.

तथा 70 रु. प्रति पुस्तक के हिसाब से 6 पुस्तकों का क्रय मूल्य = 420 रु.

∴ 15 पुस्तकों का कुल क्रय मूल्य

= 200 + 300 + 420 = 920 रु.

∴ औसत मूल्य $= \frac{920}{15} = 61.33$ रु.।

11. ∵ 25 राशियों का औसत = 15

∴ 25 राशियों योग = 25 × 15 = 375

इनमें से 15 राशियों का औसत = 17

∴ इन 15 राशियों का योग = 15 × 17 = 255

∴ शेष 25 −15 = 10 राशियों का योग

= 375 − 255 = 120

∴ शेष राशियों का औसत $= \frac{120}{10} = 12$

सूत्र द्वारा—

शेष 10 राशियों का औसत $= \frac{25\times15-15\times17}{25-15}$

$= \frac{375-255}{10} = \frac{120}{10} = 12.$

12. ∴ 23 छात्रों की आयु का औसत = 16 वर्ष
∴ 23 छात्रों की आयु का योग = 23 × 16 = 368 वर्ष
∴ 23 + 1 = 24 जनों की आयु का औसत = 16 + 1 = 17 वर्ष
∴ इनकी आयु का योग = 24 × 17 = 408 वर्ष
∴ अध्यापक की आयु = 408 − 368 = 40 वर्ष।

13. ∴ 7 संख्याओं का औसत = 3
∴ 7 संख्याओं का योगफल = 7 × 3 = 21
∴ प्रथम 4 संख्याओं का औसत = 4
∴ प्रथम चार संख्याओं का योग = 4 × 4 = 16
अन्तिम 4 संख्याओं का औसत = 4
∴ अन्तिम चार संख्याओं का योग = 4 × 4 = 16
∴ चौथी संख्या होगी = 16 + 16 − 21 = 11.

14. ∵ राजू, शशि और महेश का औसत वेतन = 800 रुपये
∴ इनका कुल वेतन = 3 × 800 = 2400 रुपये
∴ शशि, महेश और प्रभा का औसत वेतन = 900 रुपये
∴ इन तीनों का कुल वेतन = 3 × 900 = 2700 रुपये
∴ प्रभा का वेतन = 900 रुपये
∴ राजू, शशि, महेश व प्रभा का कुल वेतन = 2400 + 900 = 3300 रुपये
∴ राजू का वेतन = 3300 − 2700 = 600 रुपये।

15. ∵ 73 − 37 = 36 तथा 54 − 45 = 9
∴ 5 संख्याओं के योग में कमी = 36 + 9 = 45
∴ 5 संख्याओं के औसत में कमी $= \frac{45}{5} = 9$
∴ वास्तविक संख्याओं का औसत = 59 + 9 = 68.

16. ∵ 8 संख्याओं का औसत = 12
∴ 8 संख्याओं का योग = 12 × 8 = 96
प्रत्येक संख्या में 2 की वृद्धि करने पर,
8 संख्याओं के योग में वृद्धि = 2 × 8 = 16
∴ नयी प्राप्त 8 संख्याओं का योग = 96 + 16 = 112
∴ नयी प्राप्त 8 संख्याओं का औसत $= \frac{112}{8} = 14$

नोट—यदि प्रत्येक संख्या में 2 की वृद्धि की जाए तो औसत भी 2 बढ़ जाएगा।
अतः नयी प्राप्त 8 संख्याओं का औसत = 12 + 2 = 14
इसी प्रकार, प्रत्येक संख्या में से 2 की कमी कर दी जाए, तो औसत 2 कम हो जाएगा।

17. A, B, C, D की 5 वर्ष पूर्व की औसत आयु = 45 वर्ष
∴ इन चारों की वर्तमान में औसत आयु = 45 + 5 = 50 वर्ष
∴ इन चारों की वर्तमान आयु का योग = 50 × 4 = 200 वर्ष
∴ A, B, C, D तथा E की वर्तमान औसत आयु = 49 वर्ष
∴ इनकी कुल आयु = 49 × 5 = 245 वर्ष
∴ E की वर्तमान आयु = 245 − 200 = 45 वर्ष।

18. 3 वर्ष पूर्व 5 सदस्यों की औसत आयु = 17 वर्ष
∴ वर्तमान में 5 सदस्यों की औसत आयु = 20 वर्ष
और वर्तमान में 6 सदस्यों की औसत आयु = 17 वर्ष
∴ शिशु की वर्तमान आयु = 17 × 6 − 20 × 5 = 102 − 100 = 2 वर्ष।

19. 30 छात्रों की कुल आयु = 30 × 12 = 360 वर्ष
5 छात्रों के पहले समूह की कुल आयु = 5 × 10 = 50 वर्ष
और दूसरे समूह की कुल आयु = 5 × 14 = 70 वर्ष
∴ शेष (30–55) = 20 छात्रों की कुल आयु = 360 − (50 + 70) = 240 वर्ष
∴ उनकी औसत आयु $= \frac{240}{20} = 12$ वर्ष।

20. प्रथम पांच अभाज्य संख्याएं = 2, 3, 5, 7, 11 हैं।
∴ उनका औसत $= \frac{2+3+5+7+11}{5} = \frac{28}{5} = 5.6.$

☆☆☆☆☆☆

8. प्रतिशत
(Percentage)

1. प्रतिशत का अर्थ है–प्रत्येक सौ पर 1–इसका चिन्ह् है– %. 5% का अर्थ है–प्रत्येक सौ पर 5.

2. प्रतिशत को भिन्न में बदलने के लिए उसे 100 से भाग देते हैं। जैसे–$20\% = \frac{20}{100} = \frac{1}{5}$

3. साधारण भिन्न को प्रतिशत में बदलने के लिए उसे 100 से गुणा करते हैं। जैसे–$\frac{1}{10} \times 100 = 10\%$

प्रतिशत को दशमलव में बदलने की विधि

प्रतिशत का चिह्न हटाकर बाईं ओर दो अंकों के बाद दशमलव का चिन्ह् लगाते हैं।

उदाहरण : 25% को दशमलव में बदलें।

25% = .25 (बाईं ओर दो अंकों के बाद दशमलव बिन्दु लगा दिया।)

उदाहरण : 1.5% को दशमलव में बदलिये।

1.5% = .015 (बाईं ओर दो अंकों के बाद दशमलव बिन्दु लगा दिया, यहां एक शून्य लगाकर दो अंक पूरे करने पड़े।)

दशमलव को प्रतिशत में बदलने की विधि

दशमलव बिन्दु के दाहिनी ओर दो अंक बढ़ा देते हैं और उसके बाद % का निशान लगाते हैं।

उदाहरण : .24 को प्रतिशत में बदलें।

हल : .24 = 24% (दशमलव बिन्दु के दाहिनी ओर दो अंक आगे बढ़ाने पर 24 बनेगा, अतः दशमलव बिन्दु (.) लगाने की जरूरत नहीं हैं।)

उदाहरण : .0043 को प्रतिशत में बदलें।

हल : .0043 = .43% (दशमलव बिन्दु को दाहिनी ओर दो अंक आगे बढ़ाने पर .43 बनेगा। उस पर % का निशान लगाते हैं।)

प्रश्नमाला

1. निम्नलिखित में से 20% का मान किसके बराबर होगा?

A. $\frac{1}{4}$ B. $\frac{1}{2}$
C. $\frac{1}{5}$ D. $\frac{1}{8}$

2. 36% का मान दशमलव भिन्न में होगा–

A. .36 B. .036
C. 3.6 D. .0036

3. $\frac{4}{5}$ को प्रतिशत भिन्न में बदलने पर मान होगा–

A. 80% B. 70%
C. 60% D. 40%

4. 36 का कितने %, 24 के बराबर होगा?

A. $16\frac{2}{3}\%$ B. $66\frac{2}{3}\%$
C. $11\frac{1}{9}\%$ D. $31\frac{1}{9}\%$

5. 3 मीटर का 15%, किसके बराबर होगा?

A. 44 सेंमी B. 45 सेंमी
C. 40 सेंमी D. 38 सेंमी

6. 26 का 18% = ?

A. 4.88 B. 4.65
C. 3.68 D. 4.68

7. 10% का 10% कितने % होगा?

A. 7 B. 6
C. 1 D. 5

8. किसी शहर की जनसंख्या 50,000 से बढ़कर 52,000 हो जाती हो, तो बताइये कितने प्रतिशत की वृद्धि होगी?

A. 3% B. 6%
C. 4% D. 5%

9. एक आदमी अपने वेतन का 75% खर्च करता है और 150 रु. मासिक बचाता है तो उसका मासिक वेतन है:

A. 750 रु. B. 600 रु.
C. 400 रु. D. 300 रु.

10. किसी विद्यालय में 97% विद्यार्थी उपस्थित थे और 18 विद्यार्थी अनुपस्थित थे। विद्यालय में कुल विद्यार्थियों की संख्या है:

A. 400 B. 450
C. 500 D. 600

11. किसी राशि का 7%, 35 रुपये है तो वह राशि ज्ञात कीजिए।

A. 550 रु. B. 700 रु.
C. 600 रु. D. 500 रु.

12. 3 किग्रा. कितने किग्रा. का 5% है:

A. 60 किग्रा. B. 50 किग्रा.
C. 65 किग्रा. D. 70 किग्रा.

13. किसी राशि का 5%, 500 रुपए के 12% के बराबर है तो राशि ज्ञात कीजिए।

A. 1100 रु. B. 1200 रु.
C. 1150 रु. D. 1250 रु.

14. अनिल ने अपनी पूंजी का 65% मशीनरी में तथा 20% कच्चा माल खरीदने में खर्च कर दिया। यदि उसके पास अब 1305 रुपये बचे हों तो उसने कितना खर्च कर दिया?

A. 7395 रु. B. 7350 रु.
C. 7390 रु. D. 7380 रु.

15. किसी पुस्तकालय में 20% पुस्तकें अंग्रेजी भाषा में हैं तथा शेष की 50% पुस्तकें हिन्दी भाषा में हैं। यदि शेष 900 पुस्तकें अन्य क्षेत्रीय भाषा में हैं तो पुस्तकालय में कुल कितनी पुस्तकें हैं?

A. 2300 B. 2250
C. 2290 D. 2280

उत्तरमाला

1	2	3	4	5	6	7	8	9	10
C	A	A	B	B	D	C	C	B	C
11	**12**	**13**	**14**	**15**					
D	A	B	A	B					

व्याख्यात्मक उत्तर

1. $\because 20\% = \frac{20}{100} = \frac{1}{5}$

$\therefore$ 20% का मान, $\frac{1}{5}$ के बराबर होगा।

2. $\because 36\% = \frac{36}{100} = .36$

$\therefore$ 36% का मान दशमलव भिन्न में .36 होगा।

3. चूंकि किसी भी साधारण या दशमलव भिन्न को प्रतिशत भिन्न में बदलने के लिए उसमें 100% से गुणा करना होता है अर्थात् $\frac{4}{5} = \frac{4}{5} \times 100\% = 80\%$

अतः $\frac{4}{5}$ का प्रतिशत भिन्न में मान = 80% होगा।

4. माना कि 36 का $x\% = 24$

$\therefore 36 \times \frac{x}{100} = 24 \Rightarrow x = \frac{24 \times 100}{36} = 66\frac{2}{3}$

अतः 36 का $66\frac{2}{3}\%$, 24 के बराबर होगा।

5. $\because$ 3 मीटर का 15% = 300 सेंमी. $\times \frac{15}{100}$ = 45 सेंमी.

[$\because$ 3 मी. = 300 सेंमी.]

अतः 3 मीटर का 15%, 45 सेंमी. के बराबर होगा।

6. $\because$ 26 का 18% = $26 \times \frac{18}{100} = 4.68$

$\therefore$ (?) चिन्ह् के स्थान पर 4.68 होना चाहिए।

7. $\because$ 10% का 10% $= \frac{10}{100} \times \frac{10}{100} = \frac{1}{100} = 1\%$

अतः 10% का 10%, 1% के बराबर होगा।

8. **प्रश्नानुसार,** शहर की प्रारम्भिक जनसंख्या

= 50,000

तथा शहर की वर्तमान जनसंख्या = 52,000

$\therefore$ जनसंख्या में वृद्धि = 52,000 − 50,000 = 2,000

$\therefore$ प्रतिशत वृद्धि = $\frac{2000}{50000} \times 100 = 4\%$

अतः शहर की जनसंख्या में 4% वृद्धि होगी।

9. बचत = 100% − 75% = 25% = 150 रु.

कुल वेतन = $\frac{100}{25} \times 150 = 600$ रु.।

10. अनुपस्थित विद्यार्थी = 100% − 97%

= 3% = 18

माना कि कुल विद्यार्थियों की संख्या = x

तो, $x \times \frac{3}{100} = 18 \quad \therefore x = \frac{1800}{3} = 600.$

11. राशि का 7% = 35 रुपये

राशि = $\frac{35}{7\%} = \frac{35}{\frac{7}{100}} = \frac{35}{7} \times 100$

= 500 रुपये।

12. भार का 5% = 3 किग्रा.

भार = $\frac{3}{5\%} = \frac{3}{\frac{5}{100}} = \frac{3}{5} \times 100$

= 60 किग्रा. होगा।

13. 500 रुपये का 12% = $\frac{12}{100} \times 500$ रु. = 60 रुपये

$\because$ अभीष्ट राशि = 5% = 60 रुपये

$\therefore$ राशि = $\frac{60}{5\%} = \frac{60}{\frac{5}{100}} = \frac{60 \times 100}{5}$

= 1200 रुपये।

14. बची राशि की प्रतिशत संख्या

= 100 − (65 + 20) = 15

$\because$ 15 रुपये बचते हैं तो खर्च की हुई राशि

= 85 रुपये

$\therefore$ 1305 रुपये बचते हैं तो खर्च की हुई राशि

$= \frac{85 \times 1305}{15} = 7395$ रुपये।

15. माना कुल पुस्तकें = 100

अतः अंग्रेजी भाषा की पुस्तकें = 20 पुस्तकें

शेष पुस्तकें = 100 − 20 = 80

हिन्दी भाषा की पुस्तकें = 80 का 50%

$= 80 \times \frac{50}{100} = 40$

शेष पुस्तकें = 100 − (20 + 40) = 40 पुरतकें।

$\because$ 40 पुस्तकें अन्य क्षेत्रीय भाषाओं की है तो कुल पुस्तकें = 100

$\therefore$ 900 पुस्तकें अन्य क्षेत्रीय भाषाओं की है तो कुल पुस्तकें

$= \frac{100}{40} \times 900 = 2250$ पुस्तकें।

☆☆☆☆☆☆

9. साधारण ब्याज
(Simple Interest)

ब्याज वह राशि है जो हमें दूसरों का धन प्रयोग करने के बदले में देनी पड़ती है। यदि यह वार्षिक देनी पड़े तो दर प्रतिशत वार्षिक कहते हैं। इस प्रकार 6% वार्षिक का अर्थ है कि 100 रु. पर 1 वर्ष में 6 रु. ब्याज है। जो धन उधार लिया जाता है उसे मूलधन कहते हैं। मूलधन और ब्याज के योग को समस्त धन (मिश्रधन) कहते हैं।

साधारण ब्याज के प्रश्नों के सूत्रः

$$\text{साधारण ब्याज} = \frac{\text{मूलधन} \times \text{दर\%} \times \text{समय (वर्षों में)}}{100}$$

समस्त धन = मूलधन + ब्याज

जब समय, दर % और ब्याज दिए गए हों तो,

$$\text{मूलधन} = \frac{\text{ब्याज} \times 100}{\text{दर} \times \text{समय}}$$

जब मूलधन, ब्याज और समय दिया गया हो तो,

$$\text{दर} = \frac{\text{ब्याज} \times 100}{\text{मूलधन} \times \text{समय}}$$

जब मूलधन, ब्याज और दर दी गई हो तो,

$$\text{समय} = \frac{\text{ब्याज} \times 100}{\text{मूलधन} \times \text{दर}}$$

प्रश्नमाला

1. किस धनराशि पर 4% वार्षिक ब्याज की दर से 5 वर्ष का साधारण ब्याज 64 रु. होगा?

A. 220 रु. B. 280 रु.
C. 320 रु. D. 300 रु.

2. 450 रु. पर 6% वार्षिक ब्याज दर से 4 मास का ब्याज कितना होगा?

A. 9 रु. B. 8 रु.
C. 6 रु. D. 5 रु.

3. कितने समय में 3600 रु. पर 6% वार्षिक दर से साधारण ब्याज 432 रु. होगा?

A. 1 वर्ष B. 2 वर्ष
C. $1\frac{1}{2}$ वर्ष D. $2\frac{1}{4}$ वर्ष

4. किस राशि पर 3% वार्षिक ब्याज की दर से 2 वर्ष का ब्याज 36 रु. होगा?

A. 500 रु. B. 575 रु.
C. 590 रु. D. 600 रु.

5. ब्याज की किस दर से कोई राशि 16 वर्षों में दोगुनी हो जाएगी?

A. $5\frac{1}{2}$ वर्ष B. $6\frac{1}{4}$ वर्ष
C. $4\frac{1}{3}$ वर्ष D. $2\frac{1}{2}$ वर्ष

6. 5000 रु. की राशि पर 10% वार्षिक दर से 5 वर्ष का साधारण ब्याज कितना होगा?

A. 2200 रु. B. 2500 रु.
C. 2300 रु. D. 2600 रु.

7. किस राशि का 6% वार्षिक ब्याज दर से 10 वर्ष का साधारण ब्याज 3 रु. होगा?

A. 4 रु. B. 8 रु.
C. 5 रु. D. 6 रु.

8. कितने वर्षों में कोई राशि 10% वार्षिक दर से अपने से दोगुनी हो जाएगी?

A. 10 वर्ष B. 8 वर्ष
C. 5 वर्ष D. 12 वर्ष

9. किस राशि का 5% दर से 5 वर्ष का साधारण ब्याज 80 रु. होगा?

A. 330 रु. B. 320 रु.
C. 340 रु. D. 380 रु.

10. यदि 5000 रु. पर 2 वर्ष का साधारण ब्याज 500 रु. हो, तो समस्त धन अर्थात् मिश्रधन कितना होगा?

A. 5600 रु. B. 5800 रु.
C. 5500 रु. D. 6000 रु.

11. 2000 रुपये पर $6\frac{1}{2}$ प्रतिशत वार्षिक ब्याज की दर से 8 महीने का साधारण ब्याज ज्ञात कीजिए।

A. $86\frac{2}{3}$ रु. B. $86\frac{3}{4}$ रु.
C. $86\frac{1}{3}$ रु. D. $86\frac{1}{2}$ रु.

12. कितने समय में 450 रुपये का 8% वार्षिक ब्याज की दर से साधारण ब्याज 90 रुपये हो जाएगा?

A. 2 वर्ष B. $2\frac{3}{4}$ वर्ष
C. $2\frac{1}{2}$ वर्ष D. 3 वर्ष

13. घनश्याम ने 2000 रुपये अपने मित्र से 5% सालाना ब्याज पर लिए और उसने पूरा पैसा 8 माह बाद चुका दिया। बताइये उसने कुल कितना धन चुकाया?

A. 2060.66 रु. B. 2066.66 रु.
C. 2066 रु. D. 2060 रु.

14. एक आदमी ने 600 रुपये 6 प्रतिशत वार्षिक ब्याज पर उधार लिए। 5 वर्ष बाद उसने 300 रुपये कीमत की एक घड़ी व कुछ धन उसको लौटाया तो बताओ उसने कितना धन लौटाया।

A. 480 रु. B. 485 रु.
C. 490 रु. D. 500 रु.

15. एक व्यक्ति अपने मित्र से 1000 रुपये 5% वार्षिक ब्याज की दर से उधार लेता है, तीन वर्ष बाद वह उसे 500 रुपये नकद व एक रेडियो सैट लौटाता है तो रेडियो सेट की कीमत बताइये।

A. 675 रु. B. 600 रु.
C. 650 रु. D. 625 रु.

उत्तरमाला

1	2	3	4	5	6	7	8	9	10
C	A	B	D	B	B	C	A	B	C
11	**12**	**13**	**14**	**15**					
A	C	B	A	C					

व्याख्यात्मक उत्तर

1. ∵ साधारण ब्याज = 64 रु., समय = 5 वर्ष तथा दर = 4%

∴ $$\text{मूलधन (धनराशि)} = \frac{\text{साधारण ब्याज} \times 100}{\text{समय} \times \text{दर}}$$

$$= \frac{64\times100}{5\times4} = 320 \text{ रु.।}$$

2. ∵ मूलधन = 450 रु., दर = 6% वार्षिक, समय = 4 मास

$$= \frac{1}{3} \text{ वर्ष}$$

∴ $$\text{साधारण ब्याज} = \frac{\text{मूलधन} \times \text{समय} \times \text{दर}}{100}$$

$$= \frac{450\times\frac{1}{3}\times6}{100} = 9 \text{ रु.।}$$

3. $$\because \text{समय} = \frac{\text{साधारण ब्याज} \times 100}{\text{मूलधन} \times \text{दर}} = \frac{432\times100}{6\times3600}$$

$$= 2 \text{ वर्ष।}$$

4. ∵ मूलधन =

$$\frac{\text{साधारण ब्याज} \times 100}{\text{समय} \times \text{दर}} = \frac{36\times100}{2\times3} = 600 \text{ रु.।}$$

5. ∵ माना कि वह राशि = 100 रु.

प्रश्नानुसार, 16 वर्षों बाद मिश्रधन = 200 रु.

∴ साधारण ब्याज = मिश्रधन − मूलधन (राशि)

$= 200 - 100 = 100$ रु.

∴ $\text{दर} = \dfrac{\text{साधारण ब्याज} \times 100}{\text{मूलधन} \times \text{समय}}$

$= \dfrac{100 \times 100}{100 \times 16} = 6\dfrac{1}{4}\%$ ।

6. ∵ $\text{साधारण ब्याज} = \dfrac{\text{मूलधन} \times \text{समय} \times \text{दर}}{100}$

$= \dfrac{5000 \times 5 \times 10}{100} = 2500$ रु. ।

7. ∵ $\text{मूलधन (राशि)} = \dfrac{\text{साधारण ब्याज} \times 100}{\text{समय} \times \text{दर}}$

$= \dfrac{3 \times 100}{10 \times 6} = 5$ रु. ।

8. ∵ माना कि वह राशि = 100 रु. तथा मिश्रधन

$= 2 \times 100 = 200$ रु.

∴ साधारण ब्याज $= 200 - 100 = 100$ रु.,

दर = 10%

∴ $\text{समय} = \dfrac{\text{साधारण ब्याज} \times 100}{\text{मूलधन (राशि)} \times \text{दर}}$

$= \dfrac{100 \times 100}{100 \times 10} = 10$ वर्ष ।

9. ∵ $\text{मूलधन (राशि)} = \dfrac{\text{साधारण ब्याज} \times 100}{\text{समय} \times \text{दर}}$

$= \dfrac{80 \times 100}{5 \times 5} = 320$ रु. ।

10. ∵ समस्त धन अर्थात् मिश्रधन

= मूलधन + साधारण ब्याज

$= 5000 + 500 = 5500$ रु. ।

11. $\text{दर } 6\dfrac{1}{2} = \dfrac{13}{2}\%$

$\text{समय} = 8 \text{ महीने} = \dfrac{8}{12} \text{ वर्ष} = \dfrac{2}{3} \text{ वर्ष}$

$\text{साधारण ब्याज} = \dfrac{\text{मूलधन} \times \text{दर} \times \text{समय}}{100}$

$= \dfrac{2000 \times 13 \times 2}{100 \times 2 \times 3}$

$= \dfrac{260}{3} = 86\dfrac{2}{3}$ रुपये ।

12. $\text{समय} = \dfrac{\text{साधारण ब्याज} \times 100}{\text{मूलधन} \times \text{दर}}$

$= \dfrac{90 \times 100}{450 \times 8} = \dfrac{5}{2}$ वर्ष

$= 2\dfrac{1}{2}$ वर्ष ।

13. $\text{समय} = 8 \text{ माह} = \dfrac{8}{12} \text{ वर्ष} = \dfrac{2}{3} \text{ वर्ष}$

$\text{साधारण ब्याज} = \dfrac{\text{मूलधन} \times \text{दर} \times \text{समय}}{100}$

$= \dfrac{2000 \times 2 \times 5}{3 \times 100} = \dfrac{200}{3}$ रुपये

मिश्रधन = मूलधन + साधारण ब्याज

$= \dfrac{2000}{1} + \dfrac{200}{3}$

$= \dfrac{6000 + 200}{3}$

$= \dfrac{6200}{3}$ रुपये

= 2066.66 रुपये ।

14. 600 रुपये का 6% वार्षिक ब्याज से 5 वर्ष का ब्याज

$= \dfrac{600 \times 6 \times 5}{100} = 180$ रुपये

मिश्रधन = 600 + 180 = 780 रुपये

अत: उसको 780 रुपये लौटाने चाहिए थे, परन्तु 300 रु. की घड़ी उसने उसे दी तो उसका अतिरिक्त धन

$= 780 - 300 = 480$ रुपये ।

15. 1000 रुपये का 5% दर से 3 वर्ष का ब्याज

$= \dfrac{1000 \times 5 \times 3}{100} = 150$ रुपये

मिश्रधन = मूलधन + ब्याज = 1000 + 150 = 1150 रुपये, अर्थात् उसको 1150 रुपये लौटाने चाहिए।

रेडियो सेट की कीमत = 1150 − 500 = 650 रुपये ।

☆☆☆☆☆☆

10. चक्रवृद्धि ब्याज
(Compound Interest)

ब्याज की वह गणना, जिसमें ब्याज को मूलधन में जोड़कर प्राप्त मिश्रधन पर ब्याज लगाया जाए, **चक्रवृद्धि ब्याज** कहलाती है।

महत्वपूर्ण सूत्र :

1. चक्रवृद्धि मिश्रधन = मूलधन $\left(1+\frac{\text{दर}}{100}\right)^{\text{समय वर्ष में}}$
2. चक्रवृद्धि ब्याज = चक्रवृद्धि मिश्रधन – मूलधन

$$= \text{मूलधन}\left[\left(1+\frac{\text{दर}}{100}\right)^{\text{समय}}-1\right]$$

3. यदि चक्रवृद्धि ब्याज की दर प्रत्येक वर्ष में बदल रही हो तो —

$$\text{मिश्रधन} = \text{मूलधन}\left(1+\frac{(\text{दर})\,1}{100}\right)\left(1+\frac{(\text{दर})\,2}{100}\right)\left(1+\frac{(\text{दर})\,3}{100}\right)$$

[∴ समय, प्रत्येक दर के लिए 1 वर्ष है]

4. (*i*) यदि ब्याज की गणना **अर्द्धवार्षिक** है तो दर आधी तथा समय दुगुना कर दिया जाता है।

(*ii*) यदि ब्याज की गणना त्रैमासिक है तो दर को 4 से भाग तथा समय को 4 से गुणा करते हैं।

नोट : एक वर्ष के लिए साधारण ब्याज तथा चक्रवृद्धि ब्याज बराबर होते हैं, जबकि ब्याज की दर वार्षिक हो।

प्रश्नमाला

1. 400 रु. की राशि पर 5% प्रतिवर्ष की दर से 2 वर्ष का चक्रवृद्धि ब्याज कितना होगा?

A. 40 रु. B. 41 रु.
C. 42 रु. D. 43 रु.

2. किसी राशि पर 6% चक्रवृद्धि ब्याज की दर से पहले वर्ष का ब्याज 60 रु. है, तो दूसरे वर्ष का ब्याज कितना होगा?

A. 120 रु. B. 66.60 रु.
C. 63.60 रु. D. 63 रु.

3. वह धनराशि ज्ञात करो, जिसका 5% ब्याज की दर से 2 वर्ष का चक्रवृद्धि ब्याज तथा साधारण ब्याज का अन्तर 3 रु. हो?

A. 1400 रु. B. 1500 रु.
C. 1350 रु. D. 1200 रु.

4. किस धन का 10% प्रतिवर्ष चक्रवृद्धि ब्याज की दर से 3 वर्ष में मिश्रधन 1331 रु. होगा?

A. 2000 रु. B. 1500 रु.
C. 1000 रु. D. 800 रु.

5. 2500 रु. का 6% ब्याज की दर से 2 वर्ष का चक्रवृद्धि ब्याज कितना होगा?

A. 306 रु. B. 150 रु.
C. 309 रु. D. 300 रु.

6. कोई राशि चक्रवृद्धि ब्याज की दर से 2 वर्ष में चार गुनी हो जाती है, तो कितने वर्ष में वह राशि 8 गुनी हो जायेगी?

A. 4 वर्ष B. $2\frac{1}{2}$ वर्ष
C. 3 वर्ष D. $3\frac{1}{2}$ वर्ष

7. 2400 रुपये पर 5% प्रतिवर्ष ब्याज की दर से 2 वर्ष में साधारण ब्याज तथा चक्रवृद्धि ब्याज का अन्तर होगा?

A. 8 रु. B. 10 रु.
C. 9 रु. D. 6 रु.

8. 8000 रु. की राशि पर 5% प्रतिवर्ष ब्याज की दर से 3 वर्ष का चक्रवृद्धि ब्याज कितना होगा?

A. 1361 रु. B. 1261 रु.
C. 1141 रु. D. 1241 रु.

9. 2000 रु. का 2 वर्ष में किस चक्रवृद्धि ब्याज की दर से मिश्रधन 2205 रु. हो जायेगा?

A. 3% B. 4%
C. 5% D. 6%

10. 3200 रु. का 10% प्रतिवर्ष चक्रवृद्धि ब्याज की दर से कितने समय में चक्रवृद्धि ब्याज 672 रु. हो जायेगा?

A. $2\frac{1}{2}$ वर्ष B. $1\frac{1}{2}$ वर्ष

C. 2 वर्ष D. $3\frac{1}{2}$ वर्ष

11. किसी राशि का 6% वार्षिक ब्याज की दर से 2 वर्ष का साधारण ब्याज 300 रु. है, तो उसी राशि का उसी दर से उतने ही समय में चक्रवृद्धि ब्याज कितना होगा?

A. 306 रु. B. 309 रु.

C. 308 रु. D. 300 रु.

12. 3600 रु. का 2 वर्ष का साधारण ब्याज 216 रु. है। यदि ब्याज की दर 2% अधिक कर दी जाये तो इसी धनराशि पर इतने ही समय के लिए चक्रवृद्धि ब्याज क्या होगा?

A. 369 रु. B. 400 रु.

C. 380 रु. D. 375 रु.

13. किसी राशि पर 2 वर्ष का साधारण ब्याज 100 रु. तथा चक्रवृद्धि ब्याज 103 रु. है, तो उस राशि पर ब्याज की वार्षिक दर कितने प्रतिशत होगी?

A. 2% B. 8%

C. 6% D. 10%

14. यदि ब्याज छमाही देय हो तो 1500 रु. का 4% वार्षिक ब्याज की दर से एक वर्ष का चक्रवृद्धि ब्याज कितना होगा?

A. 60.60 रु. B. 62 रु.

C. 63 रु. D. 64 रु.

15. यदि किसी धनराशि का 5% चक्रवृद्धि ब्याज की दर से पहले वर्ष का ब्याज 400 रु. है, तो उस राशि का तीसरे वर्ष का ब्याज कितना होगा?

A. 1261 रु. B. 1461 रु.

C. 1562 रु. D. 1462 रु.

उत्तरमाला

1	2	3	4	5	6	7	8	9	10
B	C	D	C	C	C	D	B	C	C
11	**12**	**13**	**14**	**15**					
B	A	C	A	A					

व्याख्यात्मक उत्तर

1. मूलधन = 400 रु., दर = 5%, समय = 2 वर्ष

$$\therefore \text{चक्रवृद्धि ब्याज} = \text{मूलधन}\left[\left(1+\frac{\text{दर}}{100}\right)^{\text{समय}} - 1\right]$$

$$\therefore \text{चक्रवृद्धि ब्याज} = 400\left[\left(1+\frac{5}{100}\right)^{2} - 1\right]$$

$$= 400\left[\left(\frac{21}{20}\right)^{2} - 1\right] = 400\left[\frac{21}{20}\times\frac{21}{20} - 1\right]$$

$$= 400 \times \frac{41}{400} = 41 \text{ रु.}$$

2. पहले वर्ष का साधारण ब्याज तथा चक्रवृद्धि ब्याज बराबर होगा

$$\therefore 60 = \frac{\text{मूलधन} \times 6 \times 1}{100}$$

$\therefore$ मूलधन = 1000 रु.

$\therefore$ दूसरे वर्ष के लिए मूलधन = 1000 + 60 = 1060 रु.

$$\therefore \text{ब्याज} = \frac{1060 \times 6 \times 1}{100} = 63.60 \text{ रु.}$$

3. माना कि धनराशि x रु. है।

$\therefore$ 5% वार्षिक ब्याज की दर से 2 वर्ष का साधारण ब्याज

$$= \frac{x \times 5 \times 2}{100} = \frac{x}{10} \text{ रु.}$$

तथा चक्रवृद्धि ब्याज

$$= x\left[\left(1+\frac{5}{100}\right)^{2} - 1\right] = x\left[\left(\frac{21}{20}\right)^{2} - 1\right]$$

$= x\left[\frac{21}{20}\times\frac{21}{20}-1\right]=\frac{x\times 41}{400}$ रु.

प्रश्नानुसार—

$\frac{41x}{400}-\frac{x}{10}=3$

$\therefore 41x-40x=400\times 3$ या $x=1200$ रु.

अत: वह धनराशि 1200 रु. है।

4. माना वह धनराशि x रु. है

$\therefore$ मिश्रधन = मूलधन $\left(1+\frac{\text{दर}}{100}\right)^{\text{समय}}$

या $1331=x\left(1+\frac{10}{100}\right)^3$

$\therefore 1331=x\times\frac{11}{10}\times\frac{11}{10}\times\frac{11}{10}$

$\therefore x=\frac{1331\times 10\times 10\times 10}{11\times 11\times 11}=1000$ रु.

5. चक्रवृद्धि ब्याज $=2500\left[\left(1+\frac{6}{100}\right)^2-1\right]$

$=2500\left[\left(\frac{53}{50}\right)^2-1\right]$

$=2500\left[\frac{53}{50}\times\frac{53}{50}-1\right]$

$=2500\left[\frac{2809-2500}{2500}\right]=\frac{2500\times 309}{2500}=309$ रु.

6. माना वह राशि x रु. है

$\therefore$ मिश्रधन = मूलधन $\left(1+\frac{\text{दर}}{100}\right)^{\text{समय}}$

प्रश्नानुसार—

$\therefore 4x=x\left(1+\frac{\text{दर}}{100}\right)^2$ या $4=\left(1+\frac{\text{दर}}{100}\right)^2$

या $(2)^2=\left(1+\frac{\text{दर}}{100}\right)^2$ या $2=\left(1+\frac{\text{दर}}{100}\right)$

$\therefore$ मिश्रधन को 8 गुना करने के लिए

$\therefore (2)^3=\left(1+\frac{\text{दर}}{100}\right)^3$

$\therefore 8=\left(1+\frac{\text{दर}}{100}\right)^3$

अत : स्पष्ट है कि मिश्रधन को 8 गुना होने में लगा समय = 3 वर्ष

7. साधारण ब्याज $=\frac{2400\times 5\times 2}{100}=240$ रु.

चक्रवृद्धि ब्याज $=2400\left[\left(1+\frac{5}{100}\right)^2-1\right]$

$=2400\left[\frac{21}{20}\times\frac{21}{20}-1\right]=\frac{2400\times 41}{400}=246$ रु.

$\therefore$ अन्तर $=246-240=6$ रु.

8. चक्रवृद्धि ब्याज $=8000\left[\left(1+\frac{5}{100}\right)^3-1\right]$

$=8000\left[\frac{21}{20}\times\frac{21}{20}\times\frac{21}{20}-1\right]$

$=8000\left[\frac{9261-8000}{8000}\right]=\frac{8000\times 1261}{8000}=1261$ रु.

9. $2205=2000\left(1+\frac{\text{दर}}{100}\right)^2$

या $\frac{2205}{2000}=\left(1+\frac{\text{दर}}{100}\right)^2$ या $\frac{441}{400}=\left(1+\frac{\text{दर}}{100}\right)^2$

या $\left(\frac{21}{20}\right)^2=\left(1+\frac{\text{दर}}{100}\right)^2$ या $\frac{21}{20}=1+\frac{\text{दर}}{100}$

$\frac{\text{दर}}{100}=\frac{21}{20}-1=\frac{1}{20}$ या दर $=\frac{100}{20}=5\%$

10. मूलधन = 3200 रु., चक्रवृद्धि ब्याज = 672 रु.

$\therefore$ चक्रवृद्धि मिश्रधन = मूलधन + चक्रवृद्धि ब्याज

$=3200+672=3872$ रु.

$\therefore$ चक्रवृद्धि मिश्रधन = मूलधन $\left(1+\frac{\text{दर}}{100}\right)^{\text{समय}}$

$\therefore 3872=3200\left(1+\frac{10}{100}\right)^{\text{समय}}$

या $\frac{3872}{3200} = \left(\frac{11}{10}\right)^{\text{समय}}$ या $\frac{121}{100} = \left(\frac{11}{10}\right)^{\text{समय}}$

या $\left(\frac{11}{10}\right)^2 = \left(\frac{11}{10}\right)^{\text{समय}}$

$\therefore$ समय = 2 वर्ष

11. माना वह धनराशि x रु. है

$\therefore 300 = \frac{x \times 6 \times 2}{100}$ या $x = 2500$ रु.

$\therefore$ चक्रवृद्धि ब्याज $= 2500\left[\left(1+\frac{6}{100}\right)^2 - 1\right]$

$= 2500\left[\frac{53}{50} \times \frac{53}{50} - 1\right]$

$= 2500\left[\frac{2809-2500}{2500}\right]$

$= \frac{2500 \times 309}{2500} = 309$ रु.

12. $\therefore$ साधारण ब्याज $= \frac{\text{मूलधन} \times \text{दर} \times \text{समय}}{100}$

$\therefore 216 = \frac{3600 \times \text{दर} \times 2}{100}$

$\therefore$ दर $= \frac{216 \times 100}{3600 \times 2} = 3\%$

प्रश्नानुसार—

नयी दर = (3 + 2)% = 5%

$\therefore$ चक्रवृद्धि ब्याज $= 3600\left[\left(1+\frac{5}{100}\right)^2 - 1\right]$

$= 3600\left[\frac{21}{20} \times \frac{21}{20} - 1\right] = \frac{3600 \times 41}{400} = 369$ रु.

13. माना किसी राशि पर ब्याज की दर x% है

$\therefore$ 2 वर्ष का साधारण ब्याज = 100 रु.

$\therefore$ 1 वर्ष का साधारण ब्याज = 50 रु.

चूंकि पहले वर्ष का साधारण ब्याज तथा चक्रवृद्धि ब्याज बराबर होता है

$\therefore$ पहले वर्ष का चक्रवृद्धि ब्याज = 50 रु.

$\therefore$ दूसरे वर्ष का चक्रवृद्धि ब्याज = 103 – 50 = 53 रु.

$\therefore$ दूसरे वर्ष का चक्रवृद्धि ब्याज = पहले वर्ष का ब्याज + पहले वर्ष के ब्याज पर ब्याज

या 53 = 50 + 50 रु. का x%

या $3 = \frac{50 \times x}{100}$ या $3 = \frac{x}{2}$

$\therefore x = 6$

अत: ब्याज की दर = 6% होगी।

14. दर $= \frac{4}{2}\% = 2\%$, समय = 1 वर्ष = 2 छमाही

$\therefore$ चक्रवृद्धि ब्याज $= 1500\left[\left(1+\frac{2}{100}\right)^2 - 1\right]$

$= 1500\left[\frac{51}{50} \times \frac{51}{50} - 1\right] = \frac{1500 \times 101}{50 \times 50} = 60.60$ रु.

15. $\therefore 400 = \frac{\text{मूलधन} \times 5 \times 1}{100}$

$\therefore$ मूलधन = 8000 रु.

$\therefore$ चक्रवृद्धि ब्याज $= 8000\left[\left(1+\frac{5}{100}\right)^3 - 1\right]$

$= 8000\left[\frac{21}{20} \times \frac{21}{20} \times \frac{21}{20} - 1\right]$

$= 8000\left[\frac{9261-8000}{8000}\right] = \frac{8000 \times 1261}{8000} = 1261$ रु.

☆☆☆☆☆☆

11. लाभ तथा हानि (Profit and Loss)

लाभ और हानि शब्द साधारणतया व्यापार में इस्तेमाल किए जाते हैं। प्रत्येक व्यापार का उद्देश्य लाभ कमाना होता है। लाभ और हानि से संबंधित सभी तरह के प्रश्नों को हल करने से पहले निम्नलिखित बातों को जानना आवश्यक है।

1. कोई वस्तु जिस मूल्य पर खरीदी जाती है उसे उस वस्तु का **लागत मूल्य** या **क्रय मूल्य** (Cost Price) कहते हैं। इसे क्रय मूल्य (C.P.) द्वारा भी निर्दिष्ट किया जाता है।
2. कोई वस्तु जिस मूल्य पर बेची जाती है, उसे उस वस्तु का **विक्रय मूल्य** (Sale Price) कहते हैं। इसे विक्रय मूल्य (S.P.) द्वारा भी निर्दिष्ट किया जाता है।
3. यदि वस्तु का क्रय मूल्य (Cost Price), वस्तु के विक्रय मूल्य (Sale Price) से अधिक हो तो उस वस्तु पर हमेशा **हानि** होगी। अर्थात्
   हानि = क्रय मूल्य – विक्रय मूल्य
4. यदि किसी वस्तु का विक्रय मूल्य (Sale Price) वस्तु के क्रय मूल्य (Cost Price) से अधिक हो तो उस वस्तु पर हमेशा **लाभ** होगा। अर्थात्
   लाभ = विक्रय मूल्य – क्रय मूल्य
5. लाभ और हानि दो प्रकार से व्यक्त किए जाते हैं:
   (i) रुपयों में; *(ii)* प्रतिशत में।

उदाहरण : यदि किसी वस्तु का क्रय मूल्य 100 रु. तथा उसका विक्रय मूल्य 95 रु. हो तो वस्तु पर लाभ या हानि कितनी होगी?

हल : चूंकि वस्तु का क्रय मूल्य और उसके विक्रय मूल्य से अधिक है, इसलिए वस्तु पर हानि होगी। अर्थात् हानि = क्रय मूल्य – विक्रय मूल्य = 100 – 95 = 5 रु. हानि।

उपरोक्त उदाहरण में हमने वस्तु पर लाभ और हानि को रुपयों में समझाया है। अब हम लाभ-हानि को प्रतिशत में व्यक्त करते हैं। लाभ-हानि को प्रतिशत लाभ और प्रतिशत हानि में बदलने के लिए निम्नलिखित सूत्रों को याद रखें।

1. $\text{लाभ}\% = \dfrac{\text{लाभ} \times 100}{\text{क्रय मूल्य}}$

2. $\text{हानि}\% = \dfrac{\text{हानि} \times 100}{\text{क्रय मूल्य}}$

लाभ-हानि को **प्रतिशत लाभ** और **हानि** में बदलने के लिए नीचे कुछ उदाहरणों द्वारा समझाया गया है।

उदाहरण 1. यदि किसी वस्तु को 20 रु. में खरीदकर उसे 25 रु. में बेच दिया हो तो उस वस्तु पर कितने प्रतिशत लाभ या हानि होगी?

हल : चूंकि वस्तु का क्रय मूल्य वस्तु के विक्रय मूल्य से कम है इसलिए वस्तु पर लाभ होगा।

अर्थात्, लाभ = विक्रय मूल्य – क्रय मूल्य = 25 – 20 = 5 रु.

$$\therefore \text{ प्रतिशत लाभ} = \frac{\text{लाभ} \times 100}{\text{क्रय मूल्य}} = \frac{5 \times 100}{20} = 25\%$$

उदाहरण 2. एक किताब का अंकित मूल्य 64 रु. है। यदि उसे 48 रु. में बेचा जाता है तो कितने प्रतिशत हानि होगी?

हल : किताब का क्रय मूल्य = 64 रु.

तथा किताब का विक्रय मूल्य = 48 रु.

हानि = क्रय मूल्य – विक्रय मूल्य = 64 – 48 = 16 रु.

$$\text{हानि}\% = \frac{\text{हानि} \times 100}{\text{क्रय मूल्य}} = \frac{16 \times 100}{64} = 25\%$$

प्रश्नमाला

1. एक आदमी कोई वस्तु 25 रु. में खरीदकर 30 रु. में बेचता है। तो बताइये उसका लाभ क्या होगा?
   A. 6 रु. B. 7.50 रु.
   C. 5 रु. D. 8.10 रु.

2. यदि 15 रु. वाली कोई वस्तु 12 रु. में बेच दी जाए, तो कितने प्रतिशत हानि होगी?
   A. 20% B. 16%
   C. 22% D. 25%

3. यदि किसी वस्तु को 21 रु. में बेचने पर 12% का लाभ होता हो तो बताइये उस वस्तु का क्रय मूल्य कितना होगा?
   A. 15.50 रु. B. 20.15 रु.
   C. 18.75 रु. D. 17.50 रु.

4. यदि किसी वस्तु को 2040 रु. में बेचने पर 15% की हानि होती हो तो बताइये उस वस्तु का क्रय मूल्य कितना होगा?
   A. 2300 रु. B. 2400 रु.
   C. 2475 रु. D. 2800 रु.

5. एक वस्तु का क्रय मूल्य 150 रु. है। यदि इसे 13% लाभ पर बेचा जाए तो बताइये वस्तु का विक्रय मूल्य कितना होगा?
   A. 170.75 रु. B. 169.50 रु.
   C. 160.50 रु. D. 174.75 रु.

6. किसी वस्तु को 250 रु. में खरीदकर 300 रु. में बेच दिया गया। बताइये उस पर कितने प्रतिशत लाभ हुआ?
   A. 16% B. 20%
   C. 18% D. 17%

7. एक वस्तु को 38 रु. में बेचने पर 5% हानि होती है। यदि इसे 42 रु. में बेचा जाए तो कितने प्रतिशत लाभ या हानि होगी?
   A. 6% लाभ B. 5% लाभ
   C. 8% हानि D. 4% हानि

8. यदि किसी वस्तु को 5% हानि पर बेचने पर 3990 रु. मिले हों, तो उस वस्तु का क्रय मूल्य कितना होगा?
   A. 4100 रु. B. 4200 रु.
   C. 3890 रु. D. 4400 रु.

9. यदि 10 पेनों का क्रय मूल्य, 8 पेनों के विक्रय मूल्य के बराबर हो तो प्रतिशत लाभ कितना होगा?
   A. 20% B. 16%
   C. 25% D. 30%

10. राम ने एक टी.वी. 2475 रु. में खरीद कर उसे 3090 रु. में बेच दिया हो तो उसे कितने प्रतिशत लाभ हुआ?
    A. 23.8% B. 34.5%
    C. 37.6% D. 24.8%

11. एक फल विक्रेता ने 20 दर्जन केले 100 रुपये में खरीदकर 6 रुपये प्रति दर्जन के भाव से बेच दिए। उसका लाभ अथवा हानि ज्ञात करो।
    A. 20 रु. B. 30 रु.
    C. 25 रु. D. 35 रु.

12. एक ठेकेदार ने 7500 रुपये में एक खाली जमीन खरीदी और उस पर 2,65,000 रुपये खर्च कर मकान तैयार किया। यदि अब उस मकान को 3,25,000 रु. में बेच दिया तो उसका लाभ अथवा हानि ज्ञात करो।
    A. 15550 रु. हानि B. 15550 रु. लाभ
    C. 15000 रु. हानि D. 15000 रु. लाभ

13. सलमा ने एक मोटर साइकिल 25,250 रुपये में खरीदी। उस पर 750 का सामान लगाया। बाद में रकम की आवश्यकता पड़ने पर उसे 500 रुपये की हानि से बेच दिया। बताइये मोटर साइकिल कितने में बेची गयी?
    A. 22550 रु. B. 22225 रु.
    C. 22000 रु. D. 22500 रु.

14. एक दुकानदार ने 50 पुस्तकें 70 रुपये के हिसाब से खरीदीं। उसमें से 5 पुस्तकें में प्रकाशन की खामी के कारण बिक न सकी। शेष पुस्तकों को 80 रुपये के हिसाब से बेचने पर उसका लाभ या हानि ज्ञात करो।
    A. 100 रु. हानि B. 100 रु. लाभ
    C. 150 रु. लाभ D. 150 रु. हानि

15. सलमान ने एक पुरानी साइकिल 500 रुपये में खरीदी। उसे ठीक कराने में 20 रुपये खर्च किए तथा 50 रुपये का नया सामान डलवाया। सलमान ने वह साइकिल 600 रुपये में बेच दी तो उसे कितना लाभ अथवा हानि हुई?
    A. 25 रु. B. 20 रु.
    C. 30 रु. D. 35 रु.

उत्तरमाला

1	2	3	4	5	6	7	8	9	10
C	A	C	B	B	B	B	B	C	D
11	**12**	**13**	**14**	**15**					
A	C	D	B	C					

व्याख्यात्मक उत्तर

1. $\because$ वस्तु का विक्रय मूल्य, उसके क्रय मूल्य से अधिक है।

$\therefore$ लाभ = विक्रय मूल्य − क्रय मूल्य

= 30 − 25 = 5 रु.।

2. $\because$ वस्तु का क्रय मूल्य, उसके विक्रय मूल्य से अधिक है।

$\therefore$ हानि = क्रय मूल्य − विक्रय मूल्य

= 15 − 12 = 3 रु.

$$\therefore \text{प्रतिशत हानि} = \frac{\text{हानि} \times 100}{\text{क्रय मूल्य}}$$

$$= \frac{3 \times 100}{15} = 20\%.$$

3. $\because$ वस्तु का विक्रय मूल्य = 21 रु. तथा लाभ % = 12%

$$\therefore \text{क्रय मूल्य} = \text{विक्रय मूल्य} \left(\frac{100}{100 + \text{लाभ}\%}\right)$$

$$= 21\left(\frac{100}{100+12}\right) = \frac{21 \times 100}{112} = 18.75 \text{ रु.।}$$

4. $\because$ वस्तु का विक्रय मूल्य = 2040 रु.

तथा हानि % = 15%

$$\therefore \text{क्रय मूल्य} = \text{विक्रय मूल्य} \left(\frac{100}{100 - \%\text{हानि}}\right)$$

$$= 2040 \left(\frac{100}{100-15}\right) = \frac{2040 \times 100}{85} = 2400 \text{ रु.।}$$

5. $\because$ वस्तु का क्रय मूल्य = 150 रु. तथा

लाभ % = 13%

$\therefore$ वस्तु का विक्रय मूल्य

$$= \text{क्रय मूल्य} \left(\frac{100 + \text{लाभ}\%}{100}\right)$$

$$= 150 \times \left(\frac{100+13}{100}\right)$$

$$= \frac{150 \times 113}{100} = 169.50 \text{ रु.।}$$

6. $\because$ वस्तु का क्रय मूल्य = 250 रु.

तथा वस्तु का विक्रय मूल्य = 300 रु.

$\therefore$ लाभ = 300 − 250 = 50 रु.

$$\therefore \text{प्रतिशत लाभ} = \frac{\text{लाभ} \times 100}{\text{क्रय मूल्य}} = \frac{50 \times 100}{250} = 20\%.$$

7. पहली स्थिति में, वस्तु का विक्रय मूल्य = 38 रु., हानि % = 5%

$\therefore$ वस्तु का क्रय मूल्य

$$= \text{विक्रय मूल्य} \left(\frac{100}{100 - \text{हानि}\%}\right)$$

$$= 38\left(\frac{100}{100-5}\right) = \frac{38 \times 100}{95} = 40 \text{ रु.}$$

दूसरी स्थिति में, क्रय मूल्य = 40 रु.,

विक्रय मूल्य = 42 रु.

$\therefore$ लाभ = विक्रय मूल्य − क्रय मूल्य

= 42 − 40 = 2 रु.

$$\therefore \text{प्रतिशत लाभ} = \frac{\text{लाभ} \times 100}{\text{क्रय मूल्य}} = \left(\frac{2 \times 100}{40}\right)$$

$$= 5\%.$$

8. ∴ वस्तु का विक्रय मूल्य = 3990 रु., तथा हानि % = 5%

∴ वस्तु का क्रय मूल्य

$$= \text{विक्रय मूल्य} \left(\frac{100}{100-5}\right)$$

$$= 3990 \times \frac{100}{95} = 4200 \text{ रु.।}$$

9. माना कि 10 पेनों का क्रय मूल्य = x रु.

प्रश्नानुसार, 8 पेनों का विक्रय मूल्य = x रु.

∴ 1 पेन का क्रय मूल्य = $\frac{x}{10}$ रु.

तथा 1 पेन का विक्रय मूल्य = $\frac{x}{8}$ रु.

∴ लाभ = विक्रय मूल्य – क्रय मूल्य

$$= \frac{x}{8} - \frac{x}{10} = \frac{x}{40} \text{ रु.}$$

$$\therefore \text{ प्रतिशत लाभ} = \frac{\text{लाभ} \times 100}{\text{क्रय मूल्य}} = \frac{\frac{x}{40} \times 100}{\frac{x}{10}} = 25\%.$$

10. ∵ टी.वी. का खरीद मूल्य या क्रय मूल्य = 2475 रु.

तथा विक्रय मूल्य = 3090 रु.

लाभ = विक्रय मूल्य – क्रय मूल्य

= 3090 – 2475 = 615 रु.

$$\text{प्रतिशत लाभ} = \frac{\text{हानि} \times 100}{\text{क्रय गूल्य}}$$

$$= \frac{615 \times 100}{2475}$$

= 24.8%.

11. 20 दर्जन केलों का क्रय मूल्य = 100 रुपये

20 दर्जन केलों का विक्रय मूल्य

= 6 × 20 = 120 रुपये

लाभ = विक्रय मूल्य – क्रय मूल्य

= 120 – 100 = 20 रुपये लाभ।

12. ठेकेदार का वास्तविक क्रय मूल्य

= 75000 + 2,65,000

= 3,40,000 रुपये

∵ उसका विक्रय मूल्य उसके क्रय मूल्य से कम है अत: हानि होगी।

हानि = क्रय मूल्य – विक्रय मूल्य

= 3,40,000 – 3,25,000

= 15,000 रुपये हानि।

13. सलमा के लिए मोटर साईकिल का कुल क्रय मूल्य

= 22,250 + 750 = 23,000 रुपये

∵ 500 रुपये हानि पर मोटर साईकिल बेची जाती है अत: उसका विक्रय मूल्य क्रय मूल्य से 500 रुपये कम होगा।

विक्रय मूल्य = 23000 – 500 = 22500 रुपये।

14. दुकानदार का कुल क्रय मूल्य

= 50 × 70 = 3500 रुपये

शेष पुस्तकें = 50 – 5 = 45 पुस्तकें

45 पुस्तकों का विक्रय मूल्य = 45 × 80

= 3600 रुपये

लाभ = विक्रय मूल्य – क्रय मूल्य

= 3600 – 3500

= 100 रुपये लाभ।

15. साईकिल का वास्तविक क्रय मूल्य

= (500 + 20 + 50) रुपये

= 570 रुपये

साईकिल का विक्रय मूल्य = 600 रुपये

अत: लाभ = विक्रय मूल्य – क्रय मूल्य

= (600 – 570) रुपये = 30 रुपये।

☆☆☆☆☆☆

12. अनुपात एवं समानुपात
(Ratio and Proportion)

अनुपात : अनुपात सदैव दो सजातीय राशियों में होता है। एक राशि का, दूसरी सजातीय राशि में भाग देने पर अनुपात ज्ञात होता है या जब हम एक ही प्रकार की दो वस्तुओं की तुलना करते हैं और यह देखते हैं कि एक वस्तु, दूसरी वस्तु का कौन-सा भाग है तो उन दोनों के बीच पारस्परिक सम्बन्ध को अनुपात कहते हैं।

समानुपात : जब दो अनुपात बराबर होते हैं तो उनकी बराबरी को समानुपात कहते हैं। जैसे $a : b = c : d$ हो तो इसका अर्थ यह है कि $\frac{a}{b}$ समानुपात में है $\frac{c}{d}$ के और इसे हम निम्न प्रकार से लिख सकते हैं।

अतः $a : b :: c : d$ में a, b, c तथा d को क्रमशः प्रथम, द्वितीय, तृतीय और चतुर्थ अनुपाती कहते हैं। इस प्रकार समानुपात में चार पद होते हैं।

नियम : समानुपात $a : b :: c : d$ में सिरे वाले दोनों पदों के गुणनफल, मध्य वाले दोनों पदों के गुणनफल के बराबर होता है। अर्थात् $a \times d = b \times c$

साझा : साझा दो प्रकार का होता है:

1. **साधारण साझा :** वह साझा जिसमें दो या दो से अधिक व्यापारी अपनी-अपनी पूंजी का इस्तेमाल एक समान अवधि के लिए करते हैं, उसे **साधारण साझा** कहते हैं।
2. **मिश्रित साझा :** वह साझा जिसमें दो या दो से अधिक व्यापारी अपनी-अपनी पूंजी का इस्तेमाल अलग-अलग अवधि के लिए करते हैं उसे **मिश्रित साझा** कहते हैं।

महत्त्वपूर्ण नोट : 1. साधारण साझे से सम्बन्धित प्रश्नों में व्यापार में हुए लाभ अथवा हानि को उनकी पूंजियों के अनुपात में विभाजित करते हैं। 2. मिश्रित साझे से सम्बन्धित प्रश्नों में व्यापार में हुए लाभ अथवा हानि को उनकी पूंजियों तथा समय के गुणनफलों के अनुपात में बांटा जाता है।

प्रश्नमाला

1. यदि $3 : 8 = 9 : x$, तो x का मान कितना होगा?
   A. 20 B. 27
   C. 24 D. 25

2. यदि A : B = 3 : 4 तथा B : C = 5 : 6, तो A : B : C में क्या अनुपात होगा?
   A. 20 : 15 : 24 B. 15 : 20 : 24
   C. 15 : 24 : 20 D. 20 : 24 : 15

3. यदि $18 : x = x : 8$ हो, तो x किसके बराबर होगा?
   A. 11 B. 10
   C. 16 D. 12

4. 8 : 12 : 10 : : ? है तो प्रश्न चिन्ह् (?) के स्थान पर क्या मान होगा?
   A. 14 B. 15
   C. 16 D. 18

5. 5 और 125 का मध्य समानुपात कितना है?
   A. 20 B. 25
   C. 28 D. 27

6. 3, 4 और 15 का चौथा अनुपात होगा?
   A. 16 B. 18
   C. 20 D. 15

7. 12 और 30 का तृतीय समानुपात कितना होगा?
   A. 75 B. 125
   C. 60 D. 70

8. दो संख्याओं का अनुपात 3 : 4 है। यदि दोनों संख्याओं का योग 490 हो तो वे संख्याएं क्रमशः क्या होंगी?

A. 220, 270
B. 210, 280
C. 120, 160
D. 180, 290

9. यदि एक त्रिभुज के कोणों में 1 : 2 : 3 का अनुपात हो तो उस त्रिभुज के सबसे बड़े कोण का मान होगा।
A. 90°
B. 70°
C. 105°
D. 110°

10. यदि किसी अनुपात का दूसरा पद 15 तथा अनुपात का मान $\frac{3}{5}$ हो तो उस अनुपात का पहला पद क्या होगा?
A. 8
B. 14
C. 9
D. 12

11. 1100 रुपये को सुधा, कमला और सलमा में इस प्रकार बांटो कि उनके धन में $\frac{1}{3}:\frac{2}{5}:\frac{1}{2}$ का अनुपात हो तो सुधा को मिलने वाला धन क्या है?
A. 300 रु.
B. 350 रु.
C. 250 रु.
D. 200 रु.

12. एक मिश्रधातु में तांबा, जस्ता और लोहा 7 : 6 : 9 के अनुपात में हैं। यदि मिश्रण में तांबे की मात्रा 560 ग्राम हो तो मिश्रधातु का कुल भार ज्ञात करो।
A. 1 किग्रा. 600 ग्रा.
B. 2 किग्रा. 760 ग्रा.
C. 1 किग्रा. 760 ग्रा.
D. 1 किग्रा. 700 ग्रा.

13. तीन संख्याओं का योग 16 है। दूसरी और तीसरी संख्याओं का अनुपात 9 : 16 है तथा प्रथम और तीसरी संख्याओं का अनुपात 1 : 4 है। दूसरी संख्या ज्ञात करो।
A. 38
B. 36
C. 40
D. 34

14. 1530 रुपये A, B, C में इस प्रकार वितरित किए गए कि यदि तीनों के हिस्सों में से क्रमश: 5, 10 और 15 कम कर दिए जाएं तो शेष भागों में 3 : 4 : 5 का अनुपात होगा। B का हिस्सा ज्ञात करो।
A. 505 रु.
B. 500 रु.
C. 515 रु.
D. 510 रु.

15. यदि A के पास B से 20% कम रुपये और B के पास C से 25% अधिक रुपये हों तो तीनों के धन का अनुपात ज्ञात करो।
A. 4 : 5 : 5
B. 4 : 5 : 4
C. 5 : 4 : 4
D. 4 : 4 : 5

उत्तरमाला

1	2	3	4	5	6	7	8	9	10
C	B	D	B	B	C	A	B	A	C
11	**12**	**13**	**14**	**15**					
A	C	B	D	B					

व्याख्यात्मक उत्तर

1. $\because 3 : 8 = 9 : x \Rightarrow \frac{3}{8} = \frac{9}{x} \Rightarrow x = \frac{8\times9}{3} = 24$

अतः x का मान = 24 होगा।

2. ∵ दिया हुआ है : A : B = 3 : 4 तथा B : C = 5 : 6 दोनों अनुपातों में B को बराबर करने के लिए पहले अनुपात में 5 से तथा दूसरे अनुपात में 4 से गुणा करने पर,

$\therefore$ A : B = 3 : 4 = 3 × 5 : 4 × 5 = 15 : 20

तथा B : C = 5 : 6 = 5 × 4 : 6 × 4 = 20 : 24

$\therefore$ A : B : C = 15 : 20 : 24

3. $\because 18 : x = x : 8 \Rightarrow \frac{18}{x} = \frac{x}{8}$

$\Rightarrow x \times x = 18 \times 8 \Rightarrow x^2 = 144$

$\Rightarrow x = \sqrt{144} = 12$ अतः x, 12 के बराबर होगा।

4. चूंकि समानुपात में दोनों बाहरी संख्याओं का गुणनफल, मध्य की दोनों संख्याओं के गुणनफल के बराबर होता है।

$\because$ 8 : 12 : : 10 : ?

$\therefore 8 \times ? = 12 \times 10 \Rightarrow ? = \frac{12\times10}{8} = 15$

अतः प्रश्न चिन्ह् (?) के स्थान पर मान = 15 होगा।

5. माना कि 5 और 125 का मध्य समानुपात = x है

$\therefore$ $5 : x :: x : 125$

$\therefore$ $x \times x = 5 \times 125 \Rightarrow x^2 = 625$

$\Rightarrow$ $x = \sqrt{625} = 25$

अतः 5 और 125 का मध्य समानुपात = 25 है।

6. माना कि 3, 4 और 15 का चौथा अनुपात = x

$\therefore$ $3 : 4 = 15 : x$

$\therefore$ $x \times 3 = 4 \times 15$

$\therefore$ $x = \frac{4 \times 15}{3} = 20$

अतः 3, 4 और 15 का चौथा अनुपात = 20 होगा।

7. माना कि 12 और 30 का तृतीय अनुपात = x

$\therefore$ $12 : 30 = 30 : x$

$\therefore$ $12 \times x = 30 \times 30 \Rightarrow x = \frac{30 \times 30}{12} = 75$

अतः 12 और 30 का तृतीय अनुपात = 75 होगा।

8. माना कि वे संख्याएं क्रमशः $3x$ व $4x$ हैं।

प्रश्नानुसार, $3x + 4x = 490 \Rightarrow 7x = 490$

$\Rightarrow$ $x = \frac{490}{7} = 70$

अतः वे संख्याएं क्रमशः $(3 \times 70 = 210)$ व $(4 \times 70 = 280)$ होंगी।

9. चूंकि त्रिभुज के कोणों में अनुपात = 1 : 2 : 3

$\therefore$ अनुपात संख्याओं का योग = 1 + 2 + 3 = 6

परन्तु त्रिभुज के तीनों कोणों का योग = 180°

$\therefore$ सबसे बड़े कोण का मान = $\frac{3}{6} \times 180° = 90°$

अतः सबसे बड़े कोण का मान = 90° होगा।

10. माना कि अनुपात का पहला पद = x

प्रश्नानुसार, $x : 15 = \frac{3}{5} = 3 : 5$ या, $\frac{x}{15} = \frac{3}{5}$

$\therefore$ $x \times 5 = 15 \times 3 \Rightarrow x = \frac{15 \times 3}{5} = 9$

अतः अनुपात का पहला पद = 9 होगा।

11. सुधा : कमला : सलमा

$\frac{1}{3} : \frac{2}{5} : \frac{1}{2}$

सरल करने पर, अनुपात = 10 : 12 : 15

अनुपातों का योग = 10 + 12 + 15 = 37

$\therefore$ सुधा का भाग = $\frac{1110}{37} \times 10 = 300$ रुपये

कमला का भाग = $\frac{1110}{37} \times 12 = 360$ रुपये

सलमा का भाग = $\frac{1110}{37} \times 15 = 450$ रुपये।

12. तांबा : जस्ता : लोहा

अनुपातों का योग = 7 + 6 + 9 = 22

मिश्रधातु का कुल भार = $\frac{560}{7} \times 22$

= 1760 ग्राम

= 1 किलोग्राम 760 ग्राम।

13. $\because$ दूसरी संख्या : तीसरी संख्या = 9 : 16 ....(1)

और प्रथम संख्या : तीसरी संख्या = 1 : 4 ....(2)

(1) तथा (2) में तीसरी संख्या उभयनिष्ठ है अतः उसके मान को समान करने के लिए अनुपात (2) को 4 से गुणा करने पर,

प्रथम संख्या : तीसरी संख्या = 4 : 16

अतः प्रथम संख्या : दूसरी संख्या : तीसरी संख्या

= 4 : 9 : 16

अनुपातों का योग = 4 + 9 + 16 = 29

$\therefore$ दूसरी संख्या = $\frac{116}{29} \times 9 = 36.$

14. कुल धन = 1530 रुपये

तीनों के भागों में से कुल कम की गई राशि 5 + 10 + 15 = 30 रुपये

$\therefore$ शेष राशि = 1530 – 30 = 1500 रुपये

दिया गया अनुपात = 3 : 4 : 5

अनुपातों का योग = 3 + 4 + 5 = 12

शेष राशि में B का हिस्सा = $\frac{1500}{12} \times 4 = 500$ रुपये

$\therefore$ 1530 रुपये में B का हिस्सा = 500 + 10 = 510 रुपये

15. $\because$ A के पास B से 20% कम रुपये हैं

$\therefore$ A : B = 80 : 100 = 4 : 5 ....(1)

और B के पास C से 25% अधिक रुपये हैं,

$\therefore$ B : C = 125 : 100 = 5 : 4 ...(2)

$\therefore$ A : B : C = 4 : 5 : 4

नोट—यदि प्रश्न में कुल राशि दी गइ होती तो उसे भी उक्त प्रक्रिया में बांटा जा सकता था।

☆☆☆☆☆☆

13. चाल, समय एवं दूरी (Speed, Time and Distance)

याद रखें :

(i) दूरी निकालने के लिए चाल में समय से गुणा करें, अर्थात् दूरी = चाल × समय

(ii) चाल निकालने के लिए दूरी में समय से भाग दें,

$$\text{अर्थात् चाल} = \frac{\text{दूरी}}{\text{समय}}$$

(iii) समय निकालने के लिए दूरी में चाल से भाग दें,

$$\text{अर्थात् समय} = \frac{\text{दूरी}}{\text{चाल}}$$

(iv) गाड़ी को खम्भा या वृक्ष पार करने में केवल अपनी लम्बाई पार करनी होती है।

(v) गाड़ी को पुल या प्लेटफार्म पार करने में अपनी लम्बाई और पुल या प्लेटफार्म की लम्बाई दोनों पार करनी होती है।

(vi) जब दो गाड़ियां एक ही दिशा में जा रही हों, तो उनकी आपेक्षिक गति (एक दूसरे को पार करने की गति) निकालने के लिए दोनों गाड़ियों की गति का अंतर निकाला जाता है।

(vii) जब दो गाड़ियां विपरीत दिशा में जा रही हों, तो उनकी आपेक्षिक गति (एक दूसरे को पार करने की गति) निकालने के लिए दोनों गाड़ियों की गति को जोड़ दिया जाता है।

प्रश्नमाला

1. एक गतिमान कार की चाल 36 कि॰मी॰ प्रति घंटा है। इसकी चाल मी॰/से॰ में है:

A. 10 मी॰/से॰ B. 15 मी॰/से॰
C. 20 मी॰/से॰ D. 25 मी॰/से॰

2. दो रेलगाड़ियां एक ही समय दो स्टेशनों X तथा Y से, जिनके मध्य 900 कि॰मी॰ की दूरी है, एक-दूसरे की ओर चलना शुरू करती हैं। यदि उनकी औसत चाल क्रमशः 38 तथा 22 कि॰मी॰/घं॰ हो तो वे एक-दूसरे को कितने समय बाद मिलेंगी?

A. 12 घण्टे B. 13 घण्टे
C. 14 घण्टे D. 15 घण्टे

3. 100 मी॰ लम्बी रेलगाड़ी 60 कि॰मी॰ प्रति घंटा की चाल से जा रही है। इसे एक तार चौकी को पार करने में समय लगेगा:

A. 4 सेकेण्ड B. 5 सेकेण्ड
C. 6 सेकेण्ड D. 8 सेकेण्ड

4. 150 मी॰ लम्बी एक रेलगाड़ी 90 कि॰मी॰ प्रति घंटा की चाल से जा रही है। इसे एक पेड़ को पार करने में समय लगेगा:

A. 3 सेकेण्ड B. 4 सेकेण्ड
C. 6 सेकेण्ड D. 8 सेकेण्ड

5. 100 मी॰ लम्बी एक रेलगाड़ी 65 कि॰मी॰ प्रति घंटा की चाल से जा रही है। यह एक व्यक्ति को जो 5 कि॰मी॰/घंटा की चाल से रेलगाड़ी की दिशा में जा रहा है, कितने समय में पार करेगी?

A. 8 सेकेण्ड B. 6 सेकेण्ड
C. 4 सेकेण्ड D. 2 सेकेण्ड

6. एक व्यक्ति नदी के बहाव की दिशा में 6 कि॰मी॰ प्रति/घं॰ तथा विपरीत दिशा में 3 कि॰मी॰ प्रति/घं॰ की चाल से नाव चलाता है। स्थिर पानी में नाव की चाल है:

A. 9 कि॰मी॰/घं॰ B. 4.5 कि॰मी॰/घं॰
C. 1.5 कि॰मी॰/घं॰ D. 1.0 कि॰मी॰/घं॰

7. प्रश्न 6 में नदी के बहाव की चाल है

A. 1.5 कि॰मी॰/घं॰ B. 2.5 कि॰मी॰/घं॰

C. 4.5 कि॰मी॰/घं॰ D. 18.0 कि॰मी॰/घं॰

8. एक साइकिल सवार 3 मिनट में 1.2 किलोमीटर दूरी तय करता है, तो उसकी गति प्रति घंटा क्या होगी?

A. 24 कि॰मी॰/घंटा B. 24 मी॰/घंटा

C. 24 मी॰/से॰ D. 24 कि॰मी॰/मिनट

9. एक 100 मीटर लम्बी गाड़ी 90 कि॰मी॰/घ॰ की चाल से चल रही है। गाड़ी को पेड़ को पार करने में कितना समय लगेगा?

A. 4 से॰ B. 8 से॰

C. 11 से॰ D. 11 से॰

10. एक रेलगाड़ी जो 90 कि॰मी॰/घं॰ की गति से चली जा रही है। एक खम्भे को पार करने में 10 सेकेण्ड का समय लेती है। बताइये उस रेलगाड़ी की लम्बाई (मीटर में) कितनी होगी?

A. 250 B. 240

C. 280 D. 270

11. 18 किमी प्रति घंटा की चाल को मीटर प्रति सेकेण्ड में बदलिए।

A. 7 मी॰/से॰ B. 4 मी॰/से॰

C. 6 मी॰/से॰ D. 5 मी॰/से॰

12. 3 मीटर प्रति सेकेण्ड की चाल को किमी प्रति घण्टा में बदलिए।

A. 10 किमी॰/घंटा B. 10.8 किमी॰/घंटा

C. 8 किमी॰/घंटा D. 8.10 किमी॰/घंटा

13. 500 मीटर लम्बी रेलगाड़ी 220 मीटर लम्बे प्लेटफार्म को 36 सेकेण्ड में पार कर लेती है, तो गाड़ी की चाल किमी प्रति घण्टा ज्ञात करो

A. 60 किमी॰/घंटा B. 65 किमी॰/घंटा

C. 72 किमी॰/घंटा D. 70 किमी॰/घंटा

14. एक आदमी 5 किमी प्रति घण्टा की चाल से P से Q स्थान तक जाता है और 3 किमी प्रति घण्टा की चाल से Q से P स्थान पर वापस आ जाता है। उसकी सारी यात्रा में औसत चाल क्या रही?

A. $4\frac{3}{4}$ किमी॰/घंटा B. $3\frac{3}{4}$ किमी॰/घंटा

C. 4 किमी॰/घंटा D. 3 किमी॰/घंटा

15. एक रेलगाड़ी 60 किमी की दूरी 45 मिनट में तय करती है, यदि इसकी गति 5 किमी/घण्टा कम कर दी जाए तो उसी दूरी को वह कितने समय में तय करेगी?

A. 42 मिनट B. 40 मिनट

C. 45 मिनट D. 48 मिनट

उत्तरमाला

1	2	3	4	5	6	7	8	9	10
A	D	C	C	B	B	A	A	A	A
11	**12**	**13**	**14**	**15**					
D	B	C	B	D					

व्याख्यात्मक उत्तर

1. चाल $= \frac{36 \text{ कि॰मी॰}}{\text{घंटा}} = \frac{36000 \text{ मी॰}}{3600 \text{ से॰}} = 10$ मी॰/से॰

2. दो रेलगाड़ियों द्वारा 1 घंटे में तय की गई दूरी

$= 38 + 22 = 60$ कि॰मी॰

कुल दूरी = 900 कि॰मी॰

समय $= \frac{900}{60} = 15$ घंटे।

3. दूरी = 100 मी॰

चाल $= \frac{60 \text{ कि॰मी॰}}{\text{घंटा}} = \frac{60000 \text{ मी॰}}{3600 \text{ से॰}} = \frac{50}{3}$ मी॰/से॰

समय $= \frac{\text{दूरी}}{\text{चाल}} = \frac{100}{50/3} = \frac{100 \times 3}{50} = 6$ से॰

4. चाल $= \frac{90 \text{ कि॰मी॰}}{\text{घंटा}} = \frac{90000 \text{ मी॰}}{3600 \text{ से॰}}$
$= 25$ मी॰/से॰
दूरी $= 150$ मी॰

समय $= \frac{\text{दूरी}}{\text{चाल}} = \frac{150}{25} = 6$ से॰

5. वास्तविक चाल = रेलगाड़ी की चाल – व्यक्ति की चाल
$= 65 - 5 = 60$ कि॰मी॰/घं॰

चाल $= \frac{60 \text{ कि॰मी॰}}{\text{घंटा}} = \frac{60000 \text{ मी॰}}{3600 \text{ से॰}}$

$= \frac{50}{3}$ मी॰/से॰

समय $= \frac{\text{दूरी}}{\text{चाल}} = \frac{100}{50/3} = \frac{100 \times 3}{50}$
$= 6$ से॰

6. स्थिर पानी में नाव की चाल $= \frac{6+3}{2} = \frac{9}{2}$
$= 4.5$ कि॰मी॰/घं॰

7. नदी के बहाव की चाल $= \frac{6-3}{2} = \frac{3}{2}$
$= 1.5$ कि॰मी॰/घंटा

8. गति $= \frac{\text{दूरी}}{\text{समय}}$, दूरी $= 1.2$ कि॰मी॰

समय $= 3$ मिनट $= \frac{3}{60}$ घंटा

गति $= \frac{\text{दूरी}}{\text{समय}} = \frac{1.2}{\frac{3}{60}} = \frac{1.2 \times 60}{3} = 24$ कि॰मी॰/घंटा

9. चूंकि रेलगाड़ी सिर्फ पेड़ को पार करती है।
$\therefore$ पेड़ को पार करने में लगा समय

$= \frac{100 \text{ मी॰}}{90 \text{ कि॰मी॰/घं॰}} = \frac{100 \text{ मी॰}}{90 \times \frac{5 \text{ मी॰}}{18 \text{ से॰}}} = 4$ सेकेण्ड

10. चूंकि रेलगाड़ी सिर्फ खम्भे को पार करती है।
$\therefore$ खम्भे को पार करने में लगा समय

$= \frac{\text{रेलगाड़ी की लम्बाई}}{\text{रेलगाड़ी की चाल}}$

$\therefore \quad 10 = \frac{\text{रेलगाड़ी की लम्बाई}}{90 \times \frac{5}{18} \text{ मी॰/से॰}}$

$\therefore$ रेलगाड़ी की लम्बाई $= 10 \times 90 \times \frac{5}{18} = 250$ मीटर।

11. $\because$ 1 किमी = 1000 मीटर और
1 घण्टा = 3600 सेकेण्ड

$\therefore$ 18 किमी प्रतिघण्टा $= \frac{18 \times 1000}{3600} = 5$ मीटर/सेकेण्ड।

12. 3 मीटर/सेकेण्ड $= \frac{3 \times 3600}{1000} = 10.8$ किमी/घण्टा।

13. गाड़ी द्वारा प्लेटफार्म को पार करने में तय की गई दूरी
$= 500 + 220 = 720$ मीटर, समय $= 36$ सेकेण्ड

$\therefore$ चाल $= \frac{\text{दूरी}}{\text{समय}}$

$\therefore$ गाड़ी की चाल $= \frac{720}{36}$ मीटर प्रति सेकेण्ड

$= \frac{720 \times 3600}{36 \times 1000} = 72$ किमी/घण्टा।

14. माना P से Q स्थान की दूरी 15 किमी
(3 और 5 का ल.स.प. 15 है, अत: गणना की सुविधा के लिए 15 किमी दूरी मानी है।)

$\therefore$ जाने में लगा समय $= \frac{15}{3} = 5$ घण्टे

और वापस आने में लगा समय $= \frac{15}{3} = 5$ घण्टे
कुल दूरी $= 15 + 15 = 30$ किमी
कुल समय $= 3 + 5 = 8$ घण्टे

औसत चाल $\frac{30}{8} = \frac{15}{4} = 3\frac{3}{4}$ किमी प्रति घण्टा।

15. $\therefore$ दूरी $= 60$ किमी, समय $= 45$ मिनट $= \frac{3}{4}$ घण्टा

$\therefore$ चाल $= \frac{60 \times 4}{3} = 80$ किमी प्रति घण्टा
5 किमी/घण्टा, कम होने पर चाल $= 75$ किमी/घण्टा

$\therefore$ समय $= \frac{60}{75} = \frac{4}{5}$ घण्टा $= 48$ मिनट।

☆☆☆☆☆☆

14. समय एवं कार्य
(Time and Work)

ऐकिक नियम के प्रश्नों में पहले इकाई वस्तु का मूल्य ज्ञात करके प्रश्न में दी गई संख्या का मूल्य निकालते हैं। उदाहरण के लिए प्रश्न है–

7 बकरियों की कीमत 630 रु. है, तो 20 बकरियों की कीमत क्या होगी?

ऐकिक नियम विधि से इस प्रश्न को हल करने में पहले एक बकरी की कीमत निकालनी होगी। उसके बाद 20 बकरियों की कीमत निकाली जायेगी।

ऐसे प्रश्नों को हल करते समय जो भाषा लिखी जाती है, उसमें जिस राशि या मद का उत्तर निकालना हो, उसे सबसे बाद में लिखा जाता है। जैसे–

नोटः

(i) यदि एक आदमी एक काम को 10 दिनों में करता है, तो उसका एक दिन का काम होगा = 1/10 भाग

(ii) यदि किसी आदमी का एक दिन का काम 1/10 हो, तो वह पूरा काम 10 दिनों में करेगा।

(iii) ऐसे प्रश्नों में पहले एक दिन का काम निकाला जाता है।

(iv) यदि काम करने वाले आदमी बढ़ जायें, तो काम कम समय (कम दिनों) में पूरा होगा और यदि काम करने वाले आदमी कम हो जायें, तो काम अधिक समय (अधिक दिनों) में पूरा होगा।

प्रश्नमाला

1. A एक काम को 6 दिन में तथा B उसे 10 दिन में कर सकता है। A तथा B मिलकर उसे पूरा करेंगे।

A. 10 दिन से कम तथा 6 दिन से अधिक दिनों में
B. 10 दिन से अधिक दिनों में
C. 6 दिन से कम दिनों में
D. 2 दिन में

2. A एक मेज को 3 दिन में तथा उसका मित्र उसे 6 दिन में बना सकता है। A और उसका मित्र मिलकर उसे पूरा बनाएंगे:

A. 3 दिन में B. 2 दिन में
C. 1 दिन में D. $\frac{1}{2}$ दिन में

3. X और Y मिलकर किसी कार्य को 10 दिन में कर सकते हैं। X अकेला उसे 15 दिन में कर सकता है तो Y उसे कितने दिन में करेगा?

A. 15 दिन B. 20 दिन
C. 25 दिन D. 30 दिन

4. 24 आदमी एक मशीन को 12 दिन में तैयार करते हैं तो 36 आदमी उसे कितने दिनों में तैयार करेंगे?

A. 8 दिन B. 12 दिन
C. 16 दिन D. 20 दिन

5. X, Y और Z किसी काम को क्रमशः 8, 10 और 8 दिन में कर सकते हैं। तीनों मिलकर उस कार्य को कितने दिनों में कर सकेंगे?

A. $2\frac{1}{7}$ दिन B. $2\frac{3}{7}$ दिन
C. $2\frac{5}{7}$ दिन D. $2\frac{6}{7}$ दिन

6. A एक काम को 5 दिन में तथा B उसी काम को 10 दिन में पूरा करता है तो बताइये (A + B) उस काम को कितने दिनों में पूरा करेंगे?

A. $2\frac{3}{4}$ दिन B. $3\frac{3}{4}$ दिन

C. $3\frac{1}{3}$ दिन D. $2\frac{1}{4}$ दिन

7. 3 पेन और 5 पैन्सिलों का मूल्य 14 रु. है। 12 पेन और 20 पेन्सिलों का क्या मूल्य होगा?

A. 42 रु. B. 56 रु.

C. 20 रु. D. 112 रु.

8. x, y और z मिलकर एक कार्य को 8 दिन में पूरा कर सकते हैं। यदि x और z मिलकर उस कार्य को 12 दिन में पूरा कर सकते हों तो बताइये y अकेला उस कार्य को पूरा कितने दिन में करेगा?

A. 22 दिन B. 24 दिन

C. $17\frac{1}{4}$ दिन D. 23 दिन

9. यदि 75 संतरों की एक पेटी का मूल्य 60 रु. है तो 50 संतरों का मूल्य होगाः

A. 30 रु. B. 40 रु.

C. 50 रु. D. 60 रु.

10. एक नल एक हौज को 4 घण्टे में तथा दूसरा नल उस हौज को 5 घण्टे में भर सकता है। यदि दोनों नल एक साथ खोल दिए जाएं तो हौज को भरने में कितने घण्टे लगेंगे?

A. $3\frac{2}{9}$ घण्टे B. $2\frac{2}{9}$ घण्टे

C. $2\frac{1}{9}$ घण्टे D. $3\frac{5}{9}$ घण्टे

11. यदि 210 रुपए में 6 बाल्टियां खरीदी जा सकती हैं तो 140 रुपए में कितनी बाल्टियां खरीदी जा सकेंगी।

A. 4 B. 3

C. 5 D. 6

12. गणित की 14 पुस्तकों का मूल्य 105 रुपए है तो बताइए ऐसी ही 24 पुस्तकों के लिए क्या मूल्य देना होगा?

A. 170 रु. B. 175 रु.

C. 180 रु. D. 185 रु.

13. यदि 3000 रुपए में 12 रेडियो सैट खरीदे जा सकते हों, तो बताओ 3750 रुपए में कितने रेडियो सैट खरीदे जा सकेंगे।

A. 12 B. 15

C. 10 D. 17

14. किसी परिवार के 6 सदस्यों के लिए 20 दिन की भोजन सामग्री है, तो बताओ 4 सदस्यों वाले परिवार के लिए यही भोजन सामग्री कितने दिनों के लिए पर्याप्त होगी।

A. 25 दिन B. 35 दिन

C. 20 दिन D. 30 दिन

15. 15 मजदूर एक खेत की गुड़ाई 6 घण्टे में कर सकते हैं तो बताइये 2 घण्टे में उस खेत की गुड़ाई करने के लिए कितने मजदूर चाहिए?

A. 40 B. 45

C. 50 D. 55

उत्तरमाला

1	2	3	4	5	6	7	8	9	10
C	B	D	A	D	C	B	B	B	B
11	12	13	14	15					
A	C	B	D	B					

व्याख्यात्मक उत्तर

1. A का 1 दिन का काम $= \frac{1}{6}$

B का 1 दिन का काम $= \frac{1}{10}$

(A + B) का 1 दिन का काम $= \frac{1}{6} + \frac{1}{10} = \frac{8}{30}$

$\therefore$ A + B मिलकर उसे $\frac{30}{8}$ दिन में करेंगे

$= 3\frac{6}{8}$ दिन $= 3\frac{3}{4}$ दिन

जो 6 दिन से कम है।

2. A तथा उसके मित्र द्वारा 1 दिन में किया गया कार्य

$= \frac{1}{3}+\frac{1}{6}=\frac{3}{6}$

$\therefore$ दोनों मिलकर उसे पूरा करेंगे $= \frac{6}{3} = 2$ दिन में।

3. X और Y का दिन का काम $= \frac{1}{10}$

अकेले X का 1 दिन का काम $= \frac{1}{15}$

अकेले Y का 1 दिन का काम $= \frac{1}{10}-\frac{1}{15}=\frac{1}{30}$

$\therefore$ Y अकेला उस काम को 30 दिन में करेगा।

4. $\because$ 24 व्यक्ति एक मशीन को बनाते हैं = 12 दिन में

$\therefore$ 1 व्यक्ति एक मशीन को बनाता है $= 24 \times 12$ दिन में।

$\therefore$ 36 व्यक्ति एक मशीन को बनाते हैं

$= \frac{24\times12}{36} = 8$ दिन में।

5. X + Y + Z का 1 दिन का काम

$= \frac{1}{8}+\frac{1}{10}+\frac{1}{8}=\frac{7}{20}$

$\therefore$ X + Y + Z उसे पूरा करेंगे $= \frac{20}{7}$ दिन

$= 2\frac{6}{7}$ दिन में

6. $\because$ A का 1 दिन का काम $= \frac{1}{5}$

तथा B का 1 दिन का काम $= \frac{1}{10}$

$\therefore$ (A + B) का 1 दिन का काम

$= \frac{1}{5}+\frac{1}{10}=\frac{2+1}{10}=\frac{3}{10}$

चूंकि $\frac{3}{10}$ काम (A + B) करते हैं = 1 दिन में

$\therefore$ पूरा काम (A + B) करेंगे $= \frac{10}{3} = 3\frac{1}{3}$ दिन में

7. $\because$ 3 पेन तथा 5 पेन्सिलों का मूल्य = 14 रु.

$\therefore$ 1 पेन तथा 1 पेन्सिल का मूल्य

$= \frac{14}{\text{3 पेन तथा 5 पेन्सिल}}$

$\therefore$ $4 \times$ (3 पेन तथा 5 पेन्सिलों) का मूल्य

$= \frac{14\times4\times(\text{3 पेन तथा 5 पेंसिल})}{\text{3 पेन तथा 5 पेंसिल}} = 56$ रुपये।

8. $\because z(x + y + z)$ का 1 दिन का काम $= \frac{1}{8}$

तथा $(x + z)$ का 1 दिन का काम $= \frac{1}{12}$

$\therefore$ y का 1 दिन का काम $= \frac{1}{8}-\frac{1}{12}$

$= \frac{3-2}{24}=\frac{1}{24}$

चूंकि $\frac{1}{24}$ काम y करता है, = 1 दिन में

$\therefore$ पूरा काम y करेगा 24 दिन में।

9. $\because$ 75 संतरों का मूल्य = 60 रु.

$\therefore$ 1 संतरे का मूल्य $= \frac{60}{75}$

$\therefore$ 50 संतरों का मूल्य $= \frac{60}{75}\times 50 = 40$ रु.

10. पहले नल द्वारा 1 घण्टे में हौज का भरा भाग $= \frac{1}{4}$

तथा दूसरे नल द्वारा 1 घण्टे में हौज का भरा भाग

$= \frac{1}{5}$

$\therefore$ (पहले + दूसरे) नल द्वारा 1 घण्टे में हौज का भरा भाग

$= \frac{1}{4}+\frac{1}{5}=\frac{5+4}{20}=\frac{9}{20}$

चूंकि हौज का $\frac{9}{20}$ भाग (पहले + दूसरे) नल भरते हैं = 1 घण्टे में

$\therefore$ पूरा भाग (पहले + दूसरे) नल भरेंगे $\frac{20}{9} = 2\frac{2}{9}$ घण्टे में।

11.

रुपए	बाल्टियां
210	6
140	?

∵ 210 रुपए में खरीदी जाने वाली बाल्टियों की संख्या = 6

∴ 1 रुपए में खरीदी जाने वाली बाल्टियां = $\frac{6}{210}$

∴ 140 रुपए में खरीदी जाने वाली बाल्टियां

$= \frac{6}{210} \times 140 = 4$ बाल्टियां

अत: 140 रुपए में 4 बाल्टियां खरीदी जा सकेंगी।

12.

पुस्तक	**मूल्य**
14	105 रुपए
24	?

∵ गणित की 14 पुस्तकों का मूल्य = 105 रुपए

∴ गणित की 1 पुस्तक का मूल्य = $\frac{105}{14}$ रुपए

∴ गणित की 24 पुस्तकों का मूल्य

$= \frac{105}{14} \times 24$ रुपए

= **180 रुपए**

अत: गणित की 24 पुस्तकों का मूल्य = 180 रुपए होगा।

13.

रुपए	**रेडियो सैट**
3000	12
3750	?

∵ 3000 रुपए में खरीदे जा सकते हैं = 12 रेडियो सैट

∴ 1 रुपए में खरीदे जा सकते हैं = $\frac{12}{3000}$ रेडियो सैट

∴ 3750 रुपए में खरीदे जा सकते हैं

$= \frac{12}{3000} \times 3750$ रेडियो सैट = 15 रेडियो सैट

अत: 3750 रुपए में 15 रेडियो सैट खरीदे जा सकेंगे।

14.

सदस्य	**दिन**
6	20
4	?

∵ 6 सदस्यों के लिए भोजन सामग्री है = 20 दिनों के लिए

∴ 1 सदस्य के लिए भोजन सामग्री है = 20 × 6 दिनों के लिए

∴ 4 सदस्यों के लिए भोजन सामग्री है = $\frac{20 \times 6}{4}$ दिनों के लिए = 30 दिन के लिए

अत: 4 सदस्यों वाले परिवार के लिए यही भोजन सामग्री 30 दिन के लिए पर्याप्त होगी।

15. *(i)*

घंटे	**मजदूर**
6	15
2	?

(ii)

मजदूर	**घंटे**
15	6
20	?

(i) ∵ 6 घंटे में खेत की गुड़ाई करते है = 15 मजदूर

∴ 1 घंटे में खेत की गुड़ाई करेंगे = 15 × 6 मजदूर

∴ 2 घंटे में खेत की गुड़ाई करेंगे = $\frac{15 \times 6}{2}$ मजदूर

= 45 मजदूर

अत: 2 घंटे में उस खेत की गुड़ाई करने के लिए 45 मजदूर चाहिए।

☆☆☆☆☆☆

15. समय एवं दूरी
(Time and Distance)

समय पर आधारित प्रश्नों के उत्तर देने के लिए निम्न बातें जानना आवश्यक हैं।

(i) 12 मध्यरात्रि से 12 मध्याह्न के समय पूर्वाह्न तथा 12 मध्याह्न से 12 मध्यरात्रि तक के समय को अपराह्न कहा जाता है।

(ii) 12 मध्यरात्रि को 24:00 बजे या 00:00 बजे लिखा जाता है।

(iii) 12 मध्यरात्रि को 12:00 बजे लिखा जाता है।

(iv) दाईं ओर के दो अंकों से बनने वाली संख्या मिनटों की संख्या दर्शाती है।
जैसे–10 : 15

(v) यदि बाईं ओर के दो अंकों से बनने वाली संख्या 12 से कम हो तो यह (मध्यरात्रि के बाद का समय) पूर्वाह्न कहलाती है। जैसे–

10:30 बजे = 10:30 पूर्वाह्न

11:45 बजे = 11:45 पूर्वाह्न

(vi) यदि बाईं ओर के दो अंकों से बनने वाली संख्या 12 से अधिक हो तो यह (दोपहर के बाद का समय) अपराह्न कहलाती है, जैसे–

18 : 15 बजे = 6 : 15 अपराह्न

20 : 30 बजे = 8 : 30 अपराह्न

उदाहरण 1. एक रेलगाड़ी सायं 5:40 बजे मुम्बई से चलती है और अगले दिन प्रातः 10:55 बजे नई दिल्ली पहुंचती है। रेलगाड़ी द्वारा तय यात्रा में लिया गया समय है।

हलः मुम्बई से प्रस्थान समय = 5:40

नई दिल्ली आगमन समय = 10:55 (अगले दिन)

कुल समय = 5:40 से 5:40 (अगले दिन) = 12 घंटा

तथा 5:40 से 10:55 तक = 5 घंटे 15 मिनट

= 17 घंटे 15 मिनट

प्रश्नमाला

1. वैशाली सुपर फास्ट गाड़ी दिल्ली से 19:45 बजे रवाना होती है और अगले दिन 15:20 बजे मुज़फ्फरपुर पहुंचती है। बताओ यह मुज़फ्फरपुर पहुंचने में कितना समय लेती है?

A. 19 घंटा 25 मिनट
B. 18 घंटा 35 मिनट
C. 19 घंटा 35 मिनट
D. 18 घंटा 20 मिनट

2. मनु किसी सोमवार को रात में 9:30 पर सोया और अगले दिन 5:50 पर जागा। उसके सोने की अवधि कितनी थी?

A. 8 घंटे 20 मिनट
B. 8 घंटे 10 मिनट
C. 7 घंटे 40 मिनट
D. 7 घंटे 20 मिनट

3. इन्टरसिटी रेलगाड़ी रक्सौल से सुबह 9:15 पर चलती है तथा उसी दिन 11 बजे पीपरा पहुंचती है। रेलगाड़ी द्वारा यात्रा में लिया गया कुल समय है?

A. 1 घंटा 15 मिनट
B. 10 घंटे 45 मिनट
C. 1 घंटा 45 मिनट
D. 10 घंटे 15 मिनट

4. यदि किसी दिन सूर्य 6:20 पूर्वाह्न पर उदय हो तथा 6:57 अपराह्न पर अस्त हो तो उस दिन की लम्बाई होगी।

A. 12 घंटे 27 मिनट
B. 12 घंटे 17 मिनट
C. 12 घंटे 37 मिनट
D. 12 घंटे

5. 9 घंटे 30 मिनट बराबर है।
A. 0.90 बजे
B. 9:30 पूर्व. के
C. 8 घंटे 90 मिनट के
D. 9:30 अप. के

6. एक बस शिमला से दिल्ली के लिए 7:20 बजे प्रातः प्रस्थान करती है और दिल्ली पहुंचने में 9 घंटे का समय लेती है। बस कितने बजे दिल्ली पहुंचती है?
A. 4:20 बजे अप.
B. 3:30 बजे अप.
C. 6:30 बजे अप.
D. 7:30 बजे अप.

7. एक वायुयान मुम्बई से 7:50 बजे उड़ान भरता है। यह चेन्नई 10:30 बजे हवाई हड्डे पर उतरता है। यह चेन्नई पहुंचने में कितना समय लेता है।
A. 2 घंटे 30 मिनट
B. 2 घंटे
C. 3 घंटे लगभग
D. 2 घंटे 40 मिनट

8. एक लड़का रात्रि 8:30 बजे सोने के लिए गया तथा प्रातः 6:15 पर जागा। वह लड़का कितनी देर तक सोया?
A. 9 घंटे 45 मिनट
B. 9 घंटे 15 मिनट
C. 2 घंटे 15 मिनट
D. 4 घंटे 45 मिनट

9. एक छात्र अपने घर से विद्यालय के लिए प्रातः 8:30 बजे साईकिल से चला। वह विद्यालय से पढ़ाई करने के बाद सांय 4:50 बजे घर वापस आया। वह कितने समय तक घर से बाहर रहा।
A. 7 घंटे 20 मिनट
B. 8 घंटे 20 मिनट
C. 9 घंटे 20 मिनट
D. 7 घंटे 90 मिनट

10. एक स्कूल की वार्षिक परीक्षा 18 मार्च, 2002 को आरम्भ हुई और 23 मार्च, 2002 को समाप्त हुई। परीक्षा कितने दिन तक चली?
A. एक सप्ताह B. 8 दिन
C. 6 दिन D. 1 महीना

उत्तरमाला

1	2	3	4	5	6	7	8	9	10
C	A	C	C	B	A	D	A	B	C

व्याख्यात्मक उत्तर

1. दिल्ली से प्रस्थान का समय = 19:45
मुज़फ्फरपुर में आगमन समय = 15:20
कुल समय = 19:45 से 24:00
= 4 घंटे 15 मिनट
= 00:00 से 15:20
= 15 घंटे 20 मिनट
= 19 घंटे 35 मिनट

2. सोने का समय = 9:30
जागने का समय = 5:30
कुल समय = 9:30 से 12:00 बजें मध्य रात्रि तक
= 2 घंटे 30 मिनट
= 12:00 से 5:50 बजे सुबह तक
= 5 घंटे 50 मिनट
अर्थात् 7 घंटे 80 मिनट
= 8 घंटे 20 मिनट

3. रक्सौल से प्रस्थान समय = 9:15
पीपरा में आगमन समय = 11:00
कुल समय = आगमन समय – प्रस्थान समय
= 11:00 – 9:15 = 1 घंटा 45 मिनट

4. सूर्योदय होने का समय = 6:20
अस्त होने का समय = 6:57
कुल समय = प्रातः 6:20 से 6:20 शाम तक
= 12 घंटे
= शेष 37 मिनट
कुल समय = 12 घंटे 37 मिनट

5. दो अंकों से बनने वाली संख्या 12 से कम हो, तो वह पूर्वाह्न कहलाती है।
इस प्रकार 9:30 दर्शाता है 9:30 पूर्वाह्न

6. शिमला से प्रस्थान का समय = 7:20 प्रातः
दिल्ली पहुंचने में लगा समय = 9 घंटे
= 7:20 से 7:20 तक = 12 घंटे
9 घंटे के लिए = 7:20 – 3 = 4 : 20 अप.

7. मुम्बई से उड़ान भरने का समय = 7:50
चेन्नई पहुंचने का समय = 10:30
कुल समय = आगमन का समय – प्रस्थान का समय
= 10:30 – 7:50
= 2 घंटे 40 मिनट

8. सोने का समय = 8:30 शाम
जागने का समय = 6:15 सुबह
कुल समय = 8:30 से 12 बजे रात तक
= 3 घंटे 30 मिनट
= 12 बजे रात से 6:15 सुबह तक
= 6 घंटे 15 मिनट
कुल समय = 9 घंटे 45 मिनट

9. विद्यालय जाने का समय = 8:30 प्रातः
वापस आने का समय = 4:50 शाम
= 8:30 से 12 बजे दिन तक = 3:30
= 12 बजे दिन से 4:50 बजे शाम तक
= 4:50
अर्थात् 7:80
= 8 घंटे 20 मिनट

10. परीक्षा की शुरुआत = 18 मार्च, 2002
परीक्षा की समाप्ति = 23 मार्च, 2002
कुल समय = 23 मार्च, 2002 से — 18 मार्च, 2002 तक = 6 दिन

☆☆☆☆☆☆

16. क्षेत्रमिति : रेखीय आकृति एवं वृत्त
(Mensuration: Plane Figures and Circles)

क्षेत्रमिति से सम्बंधित प्रश्नों को हल करने के लिए निम्नलिखित प्रमुख सूत्रों का जानना आवश्यक होता है :

1. आयत:

(*a*) आयत का क्षेत्रफल = लम्बाई × चौड़ाई

(*b*) आयत की परिमिति = 2 (लम्बाई + चौड़ाई)

(*c*) आयत का विकर्ण = $\sqrt{(\text{लं.})^2 + (\text{चौ.})^2}$

∴ AB = CD तथा BC = AD

2. वर्ग:

(*a*) वर्ग का क्षेत्रफल = $(\text{भुजा})^2$

(*b*) वर्ग का परिमाप = 4 × भुजा

(*c*) वर्ग का विकर्ण = $\sqrt{2}$ × भुजा

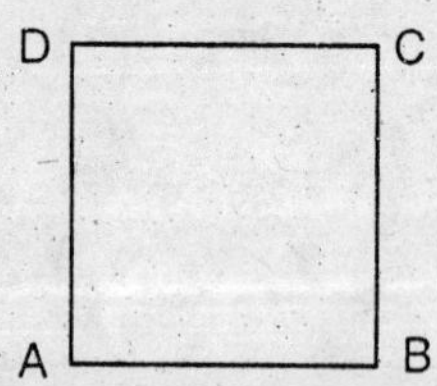

∴ AB = BC = CD = DA = भुजा

3. वृत्त:

(*a*) वृत्त का क्षेत्रफल = $\pi \times (\text{त्रिज्या})^2$

(*b*) वृत्त की परिधि = $2\pi \times$ (त्रिज्या)

(*c*) त्रिज्या = $\dfrac{\text{व्यास}}{2}$ या व्यास = 2 × त्रिज्या

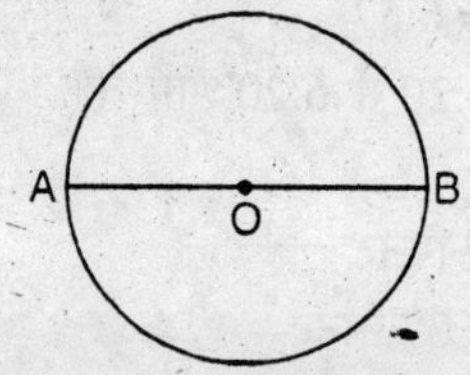

∴ OA = त्रिज्या, AB = व्यास

4. त्रिभुज :

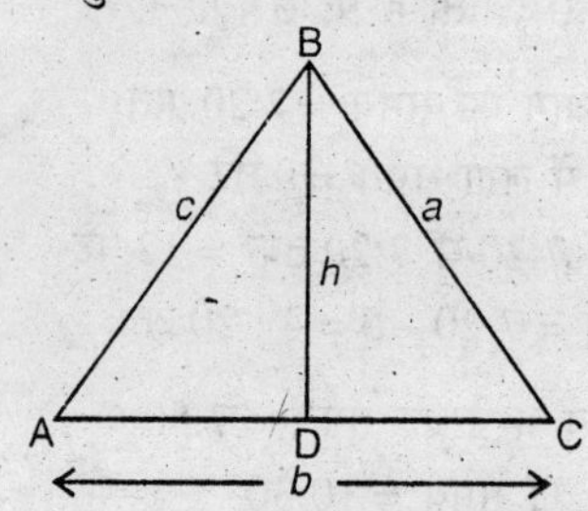

(*a*) त्रिभुज का क्षेत्रफल = $\sqrt{s(s-a)(s-b)(s-c)}$

जहां $s = \dfrac{a+b+c}{2}$

(*b*) यदि त्रिभुज समकोण हो तब

क्षेत्रफल = $\dfrac{1}{2}$ × आधार (b) × ऊंचाई (h)

(*c*) समबाहु त्रिभुज का क्षेत्रफल = $\dfrac{\sqrt{3}}{4} \times (\text{भुजा})^2$

5. चतुर्भुज:

(*a*) चतुर्भुज का क्षेत्रफल = $\dfrac{1}{2}$ × विकर्ण × (शीर्ष लम्बों का योग)

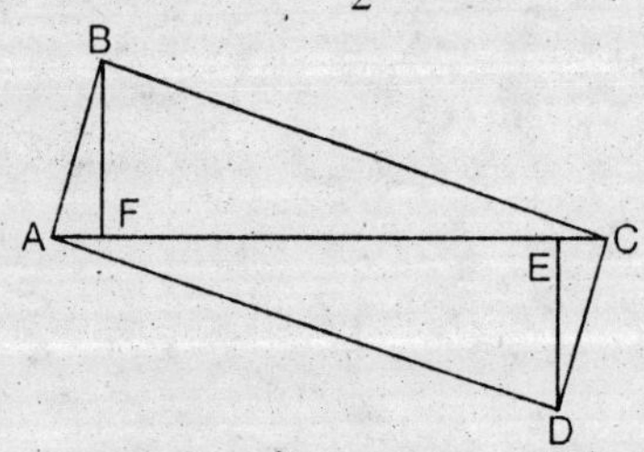

∴ AC = विकर्ण, BF व DE = शीर्ष लम्ब

(*b*) समान्तर चतुर्भुज का क्षेत्रफल = आधार × ऊंचाई

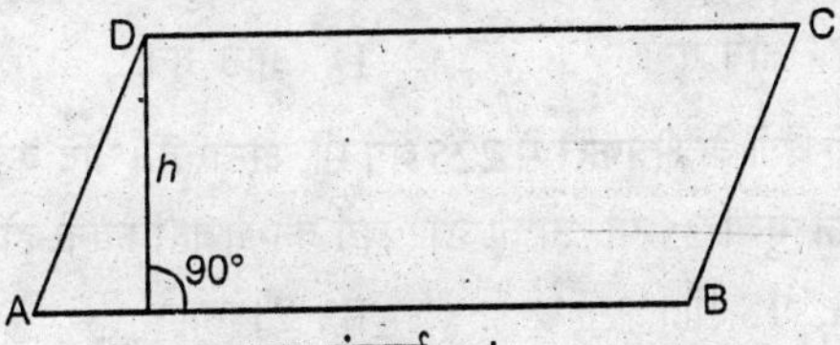

AB = आधार, ऊंचाई = h

(*c*) सम चतुर्भुज का क्षेत्रफल = $\frac{1}{2}$ × विकर्णों का गुणनफल

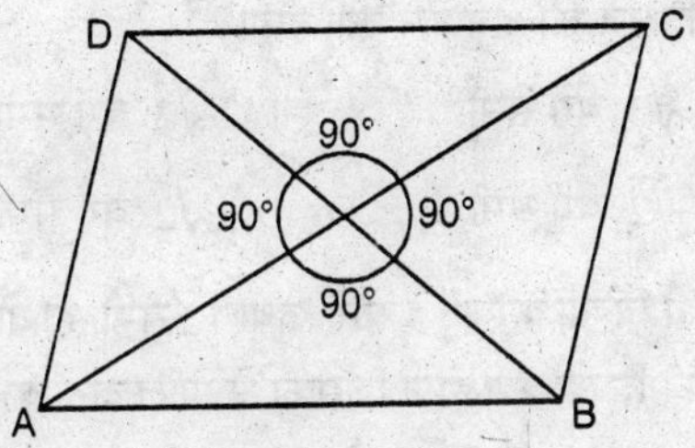

AC, BD = विकर्ण

AB = BC = CD = DA

(*d*) समलम्ब चतभुज का क्षेत्रफल = $\frac{1}{2}$ × ऊंचाई × समान्तर भुजाओं का योग

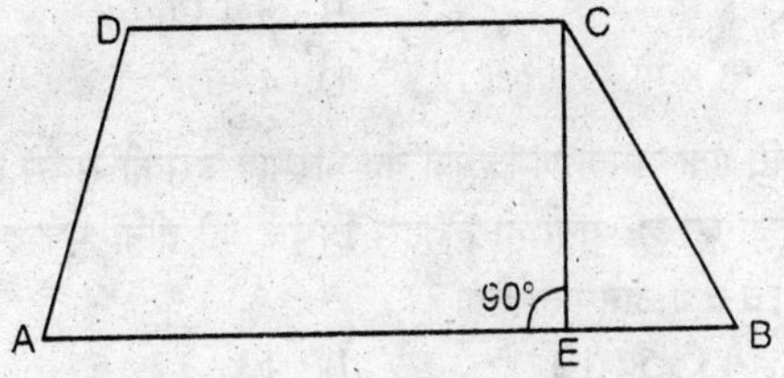

AB, CD = समान्तर भुजाएं, CE = ऊँचाई

6. चार दीवारों का:

(*a*) चार दीवारों का क्षेत्रफल = 2 × ऊंचाई (लम्बाई + चौड़ाई)

(*b*) ऊंचाई = $\frac{\text{क्षेत्रफल}}{2\ (\text{लम्बाई + चौड़ाई})}$

प्रश्नमाला

1. एक आयत की लम्बाई व चौड़ाई क्रमशः 50 सेंमी. व 25 सेंमी. है, तो उसका क्षेत्रफल कितना होगा?

A. 1150 वर्ग सेंमी. B. 1250 वर्ग सेंमी.
C. 1275 वर्ग सेंमी. D. 1280 वर्ग सेंमी.

2. एक वर्गाकार मैदान का परिमाप 580 मी. है, तो बताइये उस मैदान का क्षेत्रफल कितना होगा?

A. 21025 वर्ग मी. B. 20225 वर्ग मी.
C. 30025 वर्ग मी. D. 19975 वर्ग मी.

3. एक वर्ग की प्रत्येक भुजा 20 सेंमी. है, तो इसका क्षेत्रफल कितना होगा?

A. 300 वर्ग सेंमी. B. 380 वर्ग सेंमी.
C. 360 वर्ग सेंमी. D. 400 वर्ग सेंमी.

4. एक वृत्त का क्षेत्रफल 154 वर्ग सेंमी. है। वृत्त की परिधि कितनी होगी?

A. 44 सेंमी. B. 48 सेंमी.
C. 54 सेंमी. D. 68 सेंमी.

5. यदि किसी त्रिभुज का आधार 8 सेमी तथा ऊंचाई 10 सेंमी. हो तो उस त्रिभुज का क्षेत्रफल कितना होगा?

A. 40 वर्ग सेंमी. B. 20 वर्ग सेंमी.
C. 49 वर्ग सेंमी. D. 64 वर्ग सेंमी.

6. एक समलम्ब चतुर्भज की समान्तर भुजाएं क्रमशः 15 मी. तथा 25 मी. हैं तथा उनके बीच की दूरी 10 मी. है, तो इसका क्षेत्रफल क्या होगा?

A. 150 वर्ग मी. B. 225 वर्ग मी.
C. 200 वर्ग मी. D. 270 वर्ग मी.

7. एक आयताकार खेत का परिमाप 760 मी. है तथा उसकी लम्बाई व चौड़ाई में 11 : 8 का अनुपात है। तो बताइये आयताकार खेत का क्षेत्रफल क्या होगा?

A. 35200 वर्ग मी. B. 34700 वर्ग मी.
C. 35600 वर्ग मी. D. 45200 वर्ग मी.

8. यदि किसी वर्ग की भुजा में 50% की कमी कर दी जाये, तो उसका क्षेत्रफल कितने प्रतिशत घट जायेगा?

A. 50% B. 75%
C. 80% D. 60%

9. उस वर्ग की एक भुजा की लम्बाई क्या होगी जिसका क्षेत्रफल क्रमश: 6.4 मी. लम्बे तथा 2.5 मी. चौड़े आयत के क्षेत्रफल के बराबर हो ?

A. 8 मी. B. 5.4 मी.
C. 3.8 मी. D. 4 मी.

10. यदि एक समकोण त्रिभुज का परिमाप उसकी सबसे छोटी भुजा का छ: गुना हो तो उस त्रिभुज की तीनों भुजाओं के बीच क्या अनुपात होगा ?

A. 13 : 5 : 12 B. 13 : 12 : 5
C. 12 : 5 : 13 D. 13 : 5 : 10

11. एक वर्ग का परिमाप 24 मी. तथा दूसरे वर्ग का परिमाप 32 मी. है। तो उस वर्ग का परिमाप क्या होगा जिसका क्षेत्रफल दोनों वर्गों के क्षेत्रफल के बराबर है ?

A. 40 मी. B. 51 मी.
C. 37 मी. D. 42 मी.

12. यदि किसी वर्ग की भुजा को दुगुना कर दिया जाए तो उस वर्ग का क्षेत्रफल कितने गुना बढ़ जाएगा ?

A. दो गुना B. चार गुना
C. तीन गुना D. आठ गुना

13. दो वर्गों के क्षेत्रफल में 225 वर्ग मी. अन्तर है। यदि बड़े वर्ग की भुजा 25 मी. हो तो छोटे वर्ग की भुजा कितनी होगी ?

A. 18 मी. B. 21 मी.
C. 20 मी. D. 22 मी.

14. यदि एक समबाहु त्रिभुज का परिमाप 72 सेंमी. है तो उस समबाहु त्रिभुज का क्षेत्रफल क्या होगा ?

A. $144\sqrt{3}$ वर्ग सेंमी. B. $142\sqrt{3}$ वर्ग सेंमी.
C. $154\sqrt{2}$ वर्ग सेंमी. D. $144\sqrt{2}$ वर्ग सेंमी.

15. दो वृत्तों की त्रिज्या क्रमश: 5 सेंमी. तथा 12 सेंमी. हो तो उस नए वृत्त की त्रिज्या क्या होगी जिसका क्षेत्रफल दोनों वृत्तों के क्षेत्रफल के बराबर हो ?

A. 15 सेंमी. B. 13 सेंमी.
C. 10 सेंमी. D. 8 सेंमी.

उत्तरमाला

1	2	3	4	5	6	7	8	9	10
B	A	D	A	A	C	A	B	D	B
11	**12**	**13**	**14**	**15**					
A	B	C	A	B					

व्याख्यात्मक उत्तर

1. आयत का क्षेत्रफल = लम्बाई × चौड़ाई = 50 × 25
= 1250 वर्ग सेंमी.।

2. ∴ वर्गाकार मैदान का परिमाप = 4 × भुजा

प्रश्नानुसार, ∴ 4 × भुजा = 580 ⇒ भुजा = $\frac{580}{4}$
= 145 सेंमी.

∴ क्षेत्रफल = (भुजा)^2 = $(145)^2$ = 21025 वर्ग सेंमी.।

3. वर्ग का क्षेत्रफल = (भुजा)^2 = $(20)^2$ = 400 वर्ग सेंमी.

4. ∴ वृत्त का क्षेत्रफल = π × (त्रिज्या)^2

∴ π × (त्रिज्या)^2 = 154

⇒ (त्रिज्या)^2 = $\frac{154}{\pi} = \frac{154}{\frac{22}{7}}$

⇒ (त्रिज्या)^2 = $\frac{154 \times 7}{22} = 7 \times 7$ ⇒ त्रिज्या = 7 सेंमी.

∴ वृत्त की परिधि = 2π × (त्रिज्या)

= $2 \times \frac{22}{7} \times 7 = 44$ सेंमी.।

5. त्रिभुज का क्षेत्रफल = $\frac{1}{2}$ × आधार × ऊंचाई

= $\frac{1}{2} \times 8 \times 10 = 40$ वर्ग सेंमी.।

6. चूंकि समलम्ब चतुर्भुज का क्षेत्रफल = $\frac{1}{2}$ × ऊंचाई × समानान्तर भुजाओं का योग

$\therefore$ क्षेत्रफल $= \frac{1}{2} \times 10 \times (15+25)$

$= \frac{1}{2} \times 10 \times 40 = 200$ वर्ग मी।

7. माना कि आयताकार खेत की लम्बाई व चौड़ाई क्रमशः $11x$ मी. व $8x$ मी. है

$\therefore$ खेत का परिमाप $= 2(11x + 8x) = 2 \times 19x = 38x$ मी.

प्रश्नानुसार, आयताकार खेत का परिमाप = 760 है

$\therefore 38x = 760 \Rightarrow x = \frac{760}{38} = 20$

$\therefore$ खेत की लम्बाई व चौड़ाई क्रमशः ($11 \times 20 = 220$ मी.) व ($8 \times 20 = 160$ मी.) होगी।

$\therefore$ आयताकार खेत का क्षेत्रफल $= 220 \times 160$

$= 35200$ वर्ग मी.।

8. माना कि वर्ग की भुजा x मी. है

$\therefore$ **पहली स्थिति में,** वर्ग का क्षेत्रफल $= x^2$ वर्ग मी.

दूसरी स्थिति में, वर्ग की भुजा में 50% की कमी के क़ारण

नए वर्ग की भुजा $= x - x$ का 50% $= \frac{x}{2}$ मी.

$\therefore$ नए वर्ग का क्षेत्रफल $= \left(\frac{x}{2}\right)^2 = \frac{x^2}{4}$ वर्ग मी.

$\therefore$ वर्ग के क्षेत्रफल में कमी $= x^2 - \frac{x^2}{4} = \frac{3x^2}{4}$ वर्ग मी.

$\therefore$ प्रतिशत कमी $= \frac{\frac{3x^2}{4}}{x^2} \times 100 = 75\%$

अतः वर्ग का क्षेत्रफल 75% घट जायेगा।

9. $\therefore$ आयत का क्षेत्रफल $= 6.4 \times 2.5 = 16.00$ वर्ग मी.

प्रश्नानुसार, वर्ग का क्षेत्रफल = आयत का क्षेत्रफल

$\therefore$ वर्ग का क्षेत्रफल = 16 वर्ग मी.

$\therefore$ वर्ग की भुजा $= \sqrt{16} = \sqrt{4 \times 4} = 4$ मी.।

10. माना कि समकोण त्रिभुज की तीन भुजाओं a, b और c में से सबसे बड़ी व सबसे छोटी भुजा क्रमशः a व c हैं

$\therefore a^2 = b^2 + c^2$ ...(*i*)

तथा समकोण त्रिभुज का परिमाप $= a + b + c$

प्रश्नानुसार,

$(a + b + c) = c \times 6 \Rightarrow a + b = 5c$ ...(*ii*)

समीकरण (*i*) से,

$a^2 - b^2 = c^2 \Rightarrow (a + b)(a - b) = c^2$

$\Rightarrow 5c(a - b) = c^2 \Rightarrow a - b = \frac{c}{5}$ ...(*iii*)

$[\because a + b = 5c]$

समीकरण (*ii*) व (*iii*) से, $a + b = 5c$, $a - b = \frac{c}{5}$

$\Rightarrow 2a = 5c + \frac{c}{5} = \frac{26c}{5}$

$\Rightarrow a = \frac{13}{5}c \Rightarrow a : c = 13 : 5$

a का मान समीकरण (*ii*) में रखने पर,

$b = 5c - \frac{13c}{5} = \frac{12c}{5} \Rightarrow b : c = 12 : 5$

अतः समकोण त्रिभुज की तीनों भुजाओं में क्रमशः 13 : 12 : 5

11. $\because$ पहले वर्ग का परिमाप = 24 मी.

$\therefore$ पहले वर्ग की भुजा $= \frac{24}{4} = 6$ मी.

तथा दूसरे वर्ग की परिमाप = 32 मी.

$\therefore$ दूसरे वर्ग की भुजा $= \frac{32}{4} = 8$ मी.

प्रश्नानुसार, तीसरे वर्ग का क्षेत्रफल = दो वर्गों का क्षेत्रफल

$\therefore$ तीसरे वर्ग का क्षेत्रफल = पहले वर्ग का क्षेत्रफल + दूसरे वर्ग का क्षेत्रफल

$= (6)^2 + (8)^2 = 36 + 64 = 100$ वर्ग मी.

$\therefore$ तीसरे वर्ग की भुजा $= \sqrt{100} = 10$ मी.।

12. **पहली स्थिति मे,** वर्ग की भुजा $= x$ मी.

$\therefore$ वर्ग का क्षेत्रफल $= x^2$ वर्ग मी.

दूसरी स्थिति में, वर्ग की भुजा $= 2x$ मी.

$\therefore$ वर्ग का क्षेत्रफल $= (2x)^2 = 4x^2$ वर्ग मी.

अतः स्पष्ट है कि वर्ग की भुजा को दो गुना कर देने से उसका क्षेत्रफल चार गुना बढ़ जाएगा।

13. माना कि छोटे नर्ग की भुजा x मी. है

चूंकि बड़े वर्ग का क्षेत्रफल = $(25)^2 = 625$ वर्ग मी.

तथा छोटे वर्ग का क्षेत्रफल = x^2 वर्ग मी.

प्रश्नानुसार, दोनों वर्गों के क्षेत्रफल में अन्तर = 225 वर्ग मी.

$\therefore 625 - x^2 = 225 \Rightarrow x^2 = 625 - 225 = 400$

$\Rightarrow x = \sqrt{20 \times 20} = 20$ मी.

अतः छोटे वर्ग की भुजा 20 मी. होगी।

14. माना कि समबाहु त्रिभुज की भुजा = x सेंमी.

$\therefore$ समबाहु त्रिभुज का परिमाप = $3x$ सेंमी.

प्रश्नानुसार, $3x = 72 \Rightarrow x = \frac{72}{3} = 24$ सेंमी.

$\therefore$ समबाहु त्रिभुज का क्षेत्रफल = $\frac{\sqrt{3}}{4} \times (x)^2$

$= \frac{\sqrt{3}}{4} \times (24)^2 = 144\sqrt{3}$ वर्ग सेंमी.।

15. पहले वृत्त की त्रिज्या = 5 सेंमी.

$\therefore$ पहले वृत्त का क्षेत्रफल = $\pi \times (5)^2 = 25\pi$ वर्ग सेंमी.

तथा दूसरे वृत्त की त्रिज्या = 12 सेंमी.

$\therefore$ दूसरे वृत्त का क्षेत्रफल = $\pi \times (12)^2 = 144\pi$ वर्ग सेंमी.

प्रश्नानुसार,

नए वृत्त का क्षेत्रफल = दोनों वृत्तों का क्षेत्रफल

$\therefore$ नए वृत्त का क्षेत्रफल = $25\pi + 144\pi = 169\pi$ वर्ग सेंमी.

$\therefore$ नए वृत्त का क्षेत्रफल = $\pi \times (13)^2$ वर्ग सेंमी.

अतः स्पष्ट है कि नए वृत्त की त्रिज्या 13 सेंमी. होगी।

☆☆☆☆☆☆

17. क्षेत्रमिति : ठोस आकृतियाँ
(Mensuration: Solid Figures)

ठोस : कोई वस्तु जो स्थान घेरती है, भार रखती है तथा जिसका आकार निश्चित होता है, ठोस कहलाती है। इस प्रकार ठोस में तीन मापें होती हैं—1. लम्बाई 2. चौड़ाई 3. ऊंचाई (मोटाई)।

आयतन : ठोस के तलों द्वारा घिरी हुई जगह ठोस का आयतन कहलाती है।

घनाभ : एक ठोस जो 6 आयताकार तलों द्वारा घिरा होता है, घनाभ कहलाता है।

घन : एक ठोस जो 6 वर्गाकार तलों द्वारा घिरा होता है, घन कहलाता है।

ठोस आकृतियों से संबंधित समस्याओं को हल करने के लिए निम्नलिखित सूत्रों का जानना आवश्यक है :

1. गोला :

(*a*) गोले का आयतन = $\frac{4}{3}\pi r^3$ (जहां r गोले की त्रिज्या है)

(*b*) गोले के धरातल का क्षेत्रफल या वक्रपृष्ठ का क्षेत्रफल $= 4\pi r^2$

2. घनाभ :

(*a*) घनाभ का आयतन = लम्बाई × चौड़ाई × ऊंचाई

(*b*) घनाभ का पृष्ठ $= 2(l \times b + b \times h + h \times l)$ जहां l = लं., b = चौ., h = ऊं.

(*c*) किसी घनाभ का सबसे लम्बा विकर्ण $= \sqrt{l^2 + b^2 + h^2}$

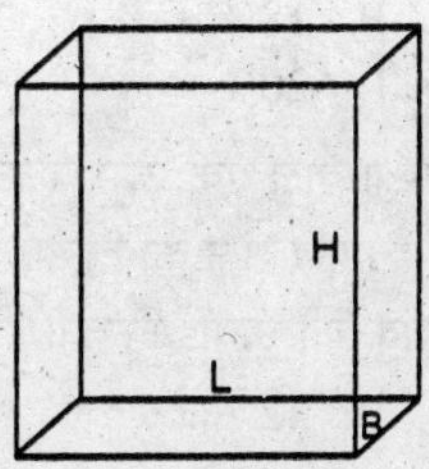

3. घन :

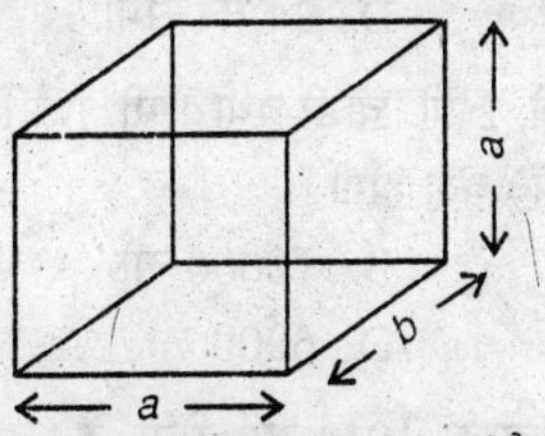

(*a*) घन का आयतन = (भुजा)^3 ∵ [भुजा = ल. = चौ. = ऊं.]

(*b*) घन का पृष्ठ = 6 × (भुजा)^2

(*c*) किसी घन का सबसे लम्बा विकर्ण = $\sqrt{3}$ × भुजा

4. लम्ब वृत्तीय बेलन :

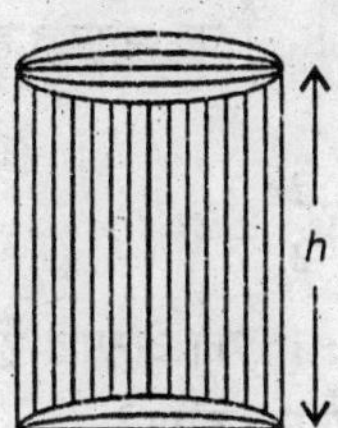

(*a*) बेलन का आयतन = आधार (वृत्त) का क्षेत्रफल × ऊँ. $= \pi r^2 \times h = \pi r^2 h$

(*b*) बेलन का वक्रपृष्ठ = आधार (वृत्त) की परिधि × ऊँचाई $= 2\pi r \times h = 2\pi rh$

(*c*) बेलन का सम्पूर्ण पृष्ठ = वक्र पृष्ठ + दोनों सिरों का क्षेत्रफल $= 2\pi rh + 2\pi r^2 = 2\pi r(h + r)$

5. शंकु :

(*a*) शंकु का आयतन = $\frac{1}{3}\pi r^2 h$

(*b*) शंकु की तिर्यक ऊंचाई = $\sqrt{r^2 + h^2}$

(*c*) शंकु के वक्र पृष्ठ का क्षेत्रफल = πr × तिर्यक ऊंचाई $= \pi r\sqrt{r^2 + h^2}$

प्रश्नमाला

1. एक घनाभ की कोरें क्रमश: 4 सेंमी., 3 सेंमी. तथा 2 सेंमी. हैं, तो उस घनाभ का आयतन कितना होगा?

A. 20 घन सेंमी. B. 22 घन सेंमी.
C. 28 घन सेंमी. D. 24 घन सेंमी.

2. एक टंकी 3 मी. लम्बी, 2 मी. चौड़ी तथा 1 मी. गहरी है। उसकी क्षमता (ली. में) क्या होगी?

A. 8000 ली. B. 10000 ली.
C. 6500 ली. D. 6000 ली.

3. एक घन का पृष्ठ क्षेत्रफल 1014 वर्ग सेंमी. है। इसका आयतन कितना होगा?

A. 2197 घन सेंमी. B. 2297 घन सेंमी.
C. 2179 घन सेंमी. D. 2117 घन सेंमी.

4. यदि दो घनाकृतियों के आयतन में 8 : 1 का अनुपात हो तो उनकी कोरों में क्या अनुपात होगा?

A. 1 : 2 B. 2 : 1
C. 4 : 1 D. 2 : 3

5. दो गोलों के पृष्ठ क्षेत्रफल में 9 : 16 का अनुपात है, तो बताइये उनके आयतनों में क्या अनुपात होगा?

A. 64 : 27 B. 27 : 64
C. 16 : 27 D. 11 : 27

6. एक कमरे की लं., चौ. व ऊँ. क्रमश: 12 मी., 9 मी. तथा 8 मी. है, तो बताइये उस छड़ की अधिक-से-अधिक लम्बाई क्या होगी जो कमरे में ठीक प्रकार रखी जो सके?

A. 17 मी. B. 18 मी.
C. 25 मी. D. 16 मी.

7. किसी लम्बवृत्तीय शंकु की त्रिज्या तथा ऊंचाई में 3 : 5 का अनुपात है। यदि शंकु का आयतन 120π घन मी. हो तो उसकी तिरछी ऊँचाई कितनी होगी?

A. $3\sqrt{34}$ मी. B. $2\sqrt{28}$ मी.
C. $2\sqrt{44}$ मी. D. $2\sqrt{34}$ मी.

8. यदि किसी बेलन के आधार की परिधि 88 सेंमी. तथा ऊंचाई 42 सेंमी. हो तो उस बेलन का आयतन कितना होगा?

A. 25872 घन सेंमी.
B. 28572 घन सेंमी.
C. 25870 घन सेंमी.
D. 22584 घन सेंमी.

9. 10 सेंमी. भुजा के दो घनों को आपस में सटाकर रखने से प्राप्त घनाभ का पृष्ठ क्या होगा?

A. 1200 वर्ग सेंमी. B. 5000 वर्ग सेंमी.
C. 1000 वर्ग सेंमी. D. 1250 वर्ग सेंमी.

10. एक आयताकार कागज के टुकडे की लम्बाई व चौड़ाई क्रमश: 30 सेंमी. तथा 20 सेंमी. है। यदि कागज को मोड़कर एक बेलन का वक्रपृष्ठ बनाया जाये तो बेलन कितने तरीके से बनाया जा सकता है?

A. तीन तरीके से B. दो तरीके से
C. एक तरीके से D. चार तरीके से

11. उपरोक्त प्रश्न में बने बेलनों के आयतनों में अनुपात क्या होगा।

A. 2 : 3 B. 3 : 1
C. 3 : 2 D. 2 : 1

12. यदि 3 सेंमी. त्रिज्या के एक ठोस गोले को पिघलाकर उसी त्रिज्या के आधार पर एक शंकु बनाया जाये तो शंकु की ऊंचाई कितनी होगी?

A. 8 सेंमी. B. 12 सेंमी.
C. 6 सेंमी. D. 5 सेंमी.

13. किसी रोलर का व्यास 2.4 मी. तथा लम्बाई 1.68 मी. है। यदि किसी मैदान को समतल करने में रोलर को 1000 पूर्ण चक्कर लगाने पड़े तो उस मैदान का क्षेत्रफल क्या होगा?

A. 12672 वर्ग मी. B. 12671 वर्ग मी.
C. 12762 वर्ग मी. D. 11768 वर्ग मी.

14. एक घन के किनारे की लम्बाई में 10% वृद्धि करने से घन के धरातल के क्षेत्रफल में कितने प्रतिशत वृद्धि हो जाएगी?

A. 21% B. 18%
C. 15% D. 20%

15. 14 मी. लम्बे तथा 4 मी. त्रिज्या वाले एक ठोस बेलन को पिघलाकर शंकु बनाया जाता है। यदि शंकु की त्रिज्या बेलन की त्रिज्या के बराबर हो तो शंकु की ऊंचाई कितनी होंगी?

A. 21 मी. B. 42 मी.
C. 48 मी. D. 54 मी.

उत्तरमाला

1	2	3	4	5	6	7	8	9	10
D	D	A	B	B	A	D	A	C	B
11	**12**	**13**	**14**	**15**					
C	B	A	A	B					

व्याख्यात्मक उत्तर

1. $\because$ घनाभ का आयतन = लं. × चौ. × ऊं.

= 4 × 3 × 2 = 24 घन सेंमी.

2. टंकी का आयतन = लं. × चौ. × ऊं. = 3 × 2 × 1

= 6 घन मी.

($\because$ 1 घन मी. = 1000 ली.)

$\therefore$ टंकी की क्षमता = 6 × 1000 = 6000 ली.।

3. $\because$ घन का पृष्ठ क्षेत्रफल = 6 × (भुजा)^2

$\therefore$ 6 × (भुजा)^2 = 1014

$\Rightarrow$ (भुजा)^2 = $\frac{1014}{6} = 169$

$\therefore$ घन की भुजा = $\sqrt{169}$ = 13 सेंमी.

$\therefore$ घन का आयतन = (भुजा)^3

= $(13)^3$ सेंमी.

= 2197 घन सेंमी.

4. माना दो घनों की भुजा क्रमशः a_1 व a_2 है।

$\therefore$ दोनों घनों का आयतन क्रमशः a_1^3 व a_2^3 होगा

प्रश्नानुसार, $a_1^3 : a_2^3 = 8 : 1$

$\therefore \frac{a_1^3}{a_2^3} = \frac{8}{1}$

$\therefore \left(\frac{a_1}{a_2}\right)^3 = \left(\frac{2}{1}\right)^3 \Rightarrow a_1 : a_2 = 2 : 1$

अतः उनकी कोरों में 2 : 1 का अनुपात होगा।

5. माना कि दो गोलों की त्रिज्या क्रमशः r_1 व r_2 है

दोनों गोलों का पृष्ठ क्षेत्रफल क्रमशः $4\pi r_1^2$ व $4\pi r_2^2$

प्रश्नानुसार, $4\pi r_1^2 : 4\pi r_2^2 = 9 : 16 \Rightarrow r_1^2 : r_2^2 = 9 : 16$

$\Rightarrow \frac{r_1^2}{r_2^2} = \frac{9}{16} \Rightarrow \left(\frac{r_1}{r_2}\right)^2 = \left(\frac{3}{4}\right)^2 \Rightarrow r_1 : r_2 = 3 : 4$

$\Rightarrow \left(\frac{r_1}{r_2}\right)^3 = \left(\frac{3}{4}\right)^3 \Rightarrow \frac{r_1^3}{r_2^3} = \frac{27}{64}$

$\Rightarrow r_1^3 : r_2^3 = 27 : 64$

$\because$ उनके आयतनों का अनुपात = $\frac{4}{3}\pi r_1^3 : \frac{4}{3}\pi r_2^3$

$\Rightarrow r_1^3 : r_2^3 = 27 : 64$

6. $\because$ अधिक-से-अधिक लम्बाई की छड़ = घनाभ के विकर्ण की लम्बाई

$= \sqrt{(\text{लं.})^2 + (\text{चौ.})^2 + (\text{ऊं.})^2}$

$= \sqrt{(12)^2 + (9)^2 + (8)^2}$

$= \sqrt{144 + 81 + 64} = \sqrt{289}$ = 17 मी.

अतः उस छड़ की अधिक-से-अधिक लम्बाई जो ठीक प्रकार से कमरे में रखी जा सके 17 मी. होगी।

7. माना कि लम्बवृत्तीय शंकु की त्रिज्या व ऊंचाई क्रमशः $3x$ मी. व $5x$ मी. है

$\therefore$ शंकु का आयतन $= \frac{1}{3}\pi r^2 h = \frac{1}{3}\pi \times (3x)^2 \times 5x$ घन मी.

प्रश्नानुसार, शंकु का आयतन = 120π घन मी. (दिया है)

$\therefore \frac{1}{3}\pi \times 9x^2 \times 5x = 120\pi \Rightarrow x^3 = \frac{120 \times 3}{9 \times 5}$

$\Rightarrow x^3 = 8 \Rightarrow x^3 = (2)^3 \Rightarrow x = 2$ मी.

$\therefore$ लम्बवृत्तीय शंकु की त्रिज्या व ऊंचाई क्रमशः 3 × 2 = 6 मी. तथा 5 × 2 = 10 मी. होगी।

$\therefore$ तिर्यक ऊंचाई = $\sqrt{(\text{त्रिज्या})^2 + (\text{ऊंचाई})^2}$

$= \sqrt{(6)^2 + (10)^2} = \sqrt{36 + 100} = \sqrt{136} = 2\sqrt{34}$ मी.।

8. माना कि बेलन के आधार की त्रिज्या = r सेंमी.

$\therefore$ बेलन के आधार की परिधि = $2\pi r$ सेंमी.

प्रश्नानुसार, $2\pi r = 88$

$$\Rightarrow r = \frac{88}{2\pi} = \frac{88}{2 \times \frac{22}{7}} = \frac{88 \times 7}{2 \times 22} = 14 \text{ सेंमी.}$$

$\therefore$ बेलन का आयतन = $\pi r^2 h = \frac{22}{7} \times (14)^2 \times 42$

$= 22 \times 2 \times 14 \times 42 = 25872$ घन सेंमी.।

9. विद्यार्थियों को इस प्रकार के प्रश्नों में हमेशा ध्यान रखना चाहिए कि दो घनों को आपस में सटाकर रखने पर प्राप्त घनाभ की भुजाओं में केवल लम्बाई में ही वृद्धि होगी। उसकी चौड़ाई तथा ऊंचाई घन की भुजा के ही बराबर होगी।

$\therefore$ घनाभ की लम्बाई = पहले घन की भुजा की लम्बाई + दूसरे घन की भुजा की लम्बाई

अर्थात् घनाभ की लम्बाई = 10 + 10 = 20 सेंमी. होगी।

$\therefore$ घनाभ का पृष्ठ = $2(20 \times 10 + 10 \times 10 + 10 \times 20)$

$= 2(200 + 100 + 200) = 2 \times 500 = 1000$ वर्ग सेंमी.।

10. कागज के टुकड़े को दो तरीके से मोड़कर बेलन बनाया जा सकता है। **1.** आयताकार कागज को इस प्रकार मोड़ा जाए ताकि उसकी लम्बाई 30 सेंमी. तथा चौड़ाई 20 सेंमी. बेलन की क्रमशः वृत्तीय आधार की परिधि तथा ऊंचाई हो। **2.** पुनः आयताकार कागज को इस प्रकार से मोड़ा जाये ताकि उसकी लम्बाई 30 सेंमी. तथा चौड़ाई 20 सेंमी. बेलन की क्रमशः ऊंचाई व वृत्तीय आधार की परिधि हो।

11. **पहली स्थिति में,** $2\pi r = 30 \Rightarrow r = \frac{15}{\pi}$ सेंमी. तथा $h = 20$ सेंमी.

$\therefore$ आयतन $(v_1) = \pi r^2 h = \frac{15 \times 15 \times 20}{\pi}$

$= \frac{4500}{\pi}$ घन सेंमी.

दूसरी स्थिति में, $2\pi r = 20$

$\Rightarrow r = \frac{10}{\pi}$ सेंमी. तथा $h = 30$

$\therefore$ आयतन $(v_2) = \pi r^2 h$

$= \frac{10 \times 10 \times 30}{\pi} = \frac{3000}{\pi}$ घन सेंमी.

$\because$ अनुपात $v_1 : v_2 = \frac{4500}{\pi} : \frac{3000}{\pi} = 3 : 2.$

12. $\because$ 3 सेंमी. त्रिज्या वाले गोले का आयतन

$= \frac{4}{3}\pi \times (3)^3 = \frac{4}{3}\pi \times 27$ घन सेंमी.

माना कि शंकु की ऊंचाई h सेंमी. है

$\therefore$ उसी त्रिज्या के आधार पर शंकु का आयतन

$= \frac{1}{3}\pi(3)^2 \times h$ घन सेंमी.

चूंकि शंकु का आयतन = गोले का आयतन

$\therefore \frac{1}{3}\pi \times (3)^2 \times h = \frac{4}{3}\pi \times 27 \Rightarrow h = 12$ सेंमी.

अतः शंकु की ऊंचाई 12 सेमी होगी।

13. $\because$ रोलर का व्यास = 2.4 मी. $\therefore$ रोलर की त्रिज्या = 1.2 मी. तथा रोलर की लम्बाई (ऊंचाई) = 1.68 मी.

$\therefore$ रोलर की वक्रपृष्ठ = $2\pi rh = 2 \times \frac{22}{7} \times 1.2 \times 1.68$

= 12.672 वर्ग मी.

$\therefore$ 1 चक्कर में रोलर मैदान पर चला = 12.672 वर्ग मी.

$\therefore$ 1000 चक्कर में मैदान पर चलेगा = 12.672×1000

= 12672 वर्ग मी.

अर्थात् मैदान का क्षेत्रफल = 12672 वर्ग मी. होगा।

14. $\because$ घन के धरातल के क्षेत्रफल दो कोरों में 10% की वृद्धि होती है। अर्थात् $x\% = y\% = 10\%$ तथा प्रतिशत वृद्धि की स्थिति में x, y के मान (+) धनात्मक होंगे।

$\therefore$ घन के धरातल के क्षेत्रफल में प्रतिशत वृद्धि

$$= \left(x + y + \frac{xy}{100}\right)\% = \left(10 + 10 + \frac{10 \times 10}{100}\right)\% = 21\%$$

15. $\because$ ठोस बेलन का आयतन = $\pi r^2 h = \pi r^2 \times 14$ घन मी.

प्रश्नानुसार, शंकु की त्रिज्या = बेलन की त्रिज्या r मी = 4 मी.

चूंकि शंकु का आयतन = बेलन का आयतन

$\therefore \frac{1}{3}\pi r^2 \times$ ऊंचाई $= \pi r^2 \times 14$

$\therefore$ ऊंचाई = $14 \times 3 = 42$ मी.

अतः शंकु की ऊंचाई 42 मी. होगा।

☆☆☆☆☆☆

18. सारणी एवं ग्राफ
(Tables and Graphs)

इस प्रकार के प्रश्नों में सारणी या ग्राफ दिया होता है, उससे सम्बन्धित प्रश्न पूछे जाते हैं। अतः अभ्यार्थियों को दिये गये प्रश्नों के सही उत्तर ज्ञात करने के लिए सारणी या ग्राफ का बहुत ही सावधानीपूर्वक अध्ययन करना चाहिए।

प्रश्नमाला

निर्देश (प्रश्न 1 से 4 तक) *निम्नांकित ग्राफ के अनुसार वर्ष 1998 में वर्षा ऋतु के दौरान हुई सड़क दुर्घटनाओं में मरने वालों की संख्या प्रदर्शित की गई है। ग्राफ पर आधारित ग्राफ के नीचे दिये गये प्रश्नों के उत्तर दीजिए।*

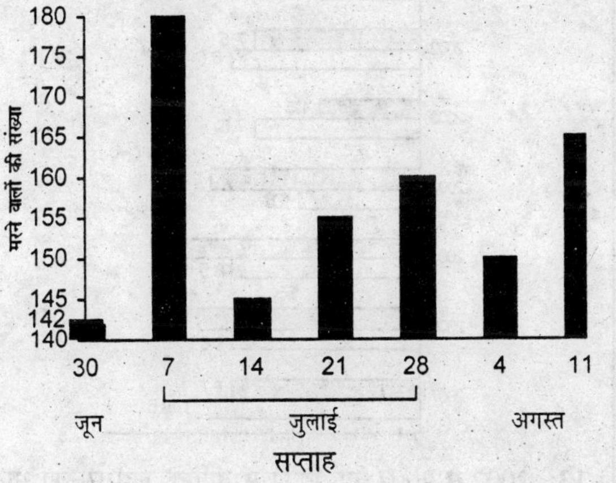

1. किन दो क्रमिक सप्ताहों के बीच मरने वालों की संख्या सबसे अधिक थी?

A. 4 अगस्त - 11 अगस्त
B. 14 जुलाई - 21 जुलाई
C. 30 जून - 7 जुलाई
D. 7 जुलाई - 28 जुलाई

2. कितने सप्ताहों में मरने वालों की संख्या 150 से अधिक थी?

A. 3 B. 2
C. 4 D. 1

3. कितने सप्ताहों में मरने वालों की संख्या 150 से कम थी?

A. 2 B. 0
C. 1 D. 3

4. किन दो क्रमिक सप्ताहों के बीच मरने वालों की संख्या में सबसे अधिक गिरावट थी?

A. 28 जुलाई – 4 अगस्त B. 7 जुलाई – 14 जुलाई
C. 30 जून – 7 जुलाई D. इनमें से कोई नहीं

निर्देश (प्रश्न 5 से 8 तक): *नीचे दी गई सारणी का सावधानी से अध्ययन कीजिए और उस पर आधारित नीचे दिये गये प्रश्नों के उत्तर दीजिए।*

किसी फैक्टरी के विविध विभागों में काम कर रहे कर्मचारियों की संख्या

विभाग / *वर्ष*	*उत्पादन*	*बिक्री*	*खरीद*	*प्रशासन एवं लेखा*	*अनुसंधान एवं विकास*
2001	150	25	50	45	75
2002	225	40	45	62	70
2003	450	65	30	90	73
2004	470	73	32	105	70
2005	500	80	35	132	74
2006	505	75	36	130	75

5. किस वर्ष उत्पादन में काम कर रहे कर्मचारियों की संख्या कुल कर्मचारियों के 50% से कम थी?

A. 2001 B. 2003
C. 2004 D. 2005

6. निम्न में से किस वर्ष प्रत्येक विभाग में काम कर रहे कर्मचारियों की संख्या प्रत्येक विभाग में उसके तुरन्त पिछले वर्ष के कर्मचारियों की संख्या से अधिक थी?

A. 2005 B. 2004
C. 2003 D. 2002

7. किस विभाग में वर्ष 2001 से 2006 तक कर्मचारियों की संख्या आसन्नतः समान रही है।

A. उत्पादन B. बिक्री
C. अनुसंधान एवं विकास D. प्रशासन एवं लेखा
E. खरीद

8. किस विभाग में वर्ष 2001 से 2006 तक लगातार कर्मचारियों की संख्या कुल कर्मचारियों की संख्या के 10% से कम रही है।

A. खरीद B. बिक्री
C. अनुसंधान एवं विकास D. प्रशासन एवं लेखा
E. बिक्री एवं खरीद

निर्देश (प्रश्न 9 से 12 तक): *नीचे दी गई पाई चार्ट किसी परिवार के विभिन्न मदों पर खर्च को दर्शाता है। इस पर आधारित नीचे दिये गये प्रश्नों के उत्तर दीजिए।*

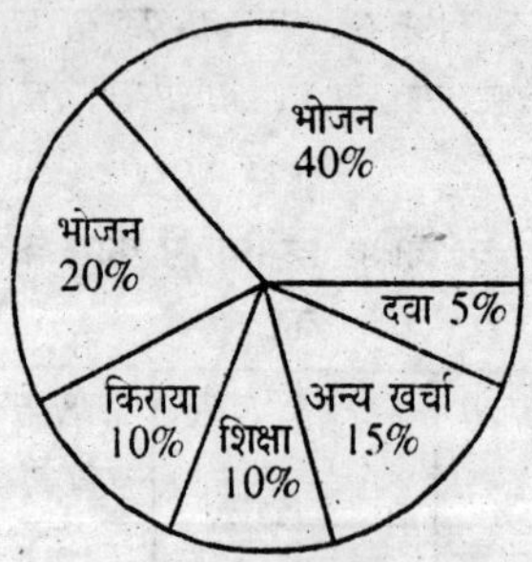

9. यदि शिक्षा पर 375 रु. खर्च होते हों, तो उतने ही रुपये निम्नलिखित में से किस पर खर्च होंगे?

A. दवा B. अन्य खर्च
C. किराया D. कपड़े

10. यदि भोजन पर खर्च 750 रु. प्रति माहवार हो, तो शिक्षा पर वार्षिक व्यय कितने रुपये होगा?

A. 2150 रु. B. 1022.50 रु.
C. 2250 रु. D. 1400 रु.

11. यदि परिवार का कुल खर्च 4500 रु. हो तो उस परिवार का कपड़े पर कितना खर्च होता है?

A. 800 रु. B. 900 रु.
C. 840 रु. D. 950 रु.

12. इस चार्ट में अन्य खर्च पर व्यय द्वारा केन्द्रीय कोण कितना होगा?

A. 40° B. 54°
C. 36° D. 15°

निर्देश (प्रश्न 13 से 16 तक): *निम्नलिखित आरेख का सावधानीपूर्वक अध्ययन करके उसे नीचे दिये गये प्रश्नों के उत्तर दीजिए।*

बिक्री तथा लाभ रिपोर्ट (1980-87)

बिक्री (लाख रुपयों में) आय रुपए दस हजार में

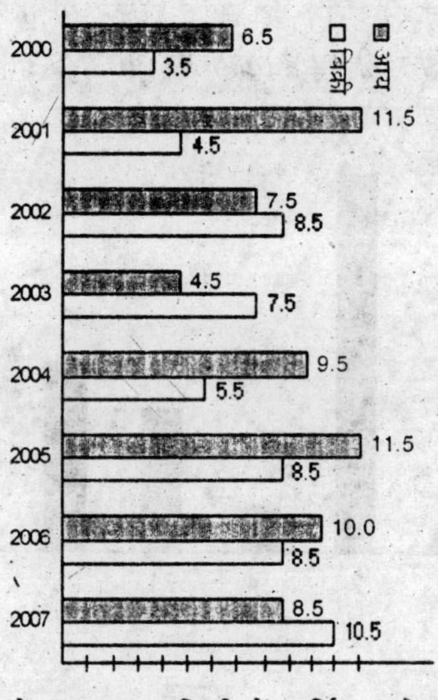

13. 2002 से 2007 तक बिक्री में वार्षिक बढ़ोत्तरी का माध्य (लाख रुपयों में) है–

A. 0.1 B. 0.2
C. 0.3 D. 0.4

14. स्टोर का वार्षिक माध्य लाभ (दस हजार रुपये में) निकटतम है–

A. 8.5 B. 8.6
C. 8.7 D. 9.0

15. किस वर्ष में लाभ का बिक्री से प्रतिशत अधिकतम था?

A. 2000 B. 2001
C. 2002 D. 2004

16. यदि 2000 के लाभ को आधार (100) माना जाए तो 2007 में कितना लाभ था?

A. 76 B. 105
C. 121 D. 131

निर्देश (प्रश्न 17 से 20 तक): *निम्नांकित तालिका किसी देश का विभिन्न वर्षों में बिस्कुटों का निर्यात प्रदर्शित करती है। तालिका का अध्ययन करके नीचे दिये गये प्रश्नों के उत्तर दीजिए।*

किसी देश का बिस्कुटों का कुछ वर्षों के लिए निर्यात

वर्ष	मात्रा (लाख टिनों में)	मूल्य (करोड़ रु. में)
2005	100	150
2006	75	150
2007	150	330
2008	160	400
2009	200	500

17. किस वर्ष प्रति टिन निर्यात मूल्य न्यूनतम था?

A. 2008 B. 2007
C. 2006 D. 2005

18. किन वर्षों में प्रति टिन मूल्य समान था?

A. 2006 और 2007 B. 2007 और 2008
C. 2008 और 2009 D. 2007 और 2009

19. 2005 से 2009 में निर्यात मूल्य में कितने प्रतिशत वृद्धि हुई?

A. 100 B. $116\frac{2}{3}$
C. $233\frac{1}{3}$ D. 350

20. 2008 से 2009 में निर्यात किये गये बिस्कुट टिनों की संख्या में कितना अन्तर था?

A. 40
B. 40,000
C. 4,00,000
D. 40,00,000

निर्देश (प्रश्न 21 से 25 तक): *निम्नलिखित आरेख का सावधानीपूर्वक अध्ययन करके उसे नीचे दिये गये प्रश्नों के उत्तर दीजिए।*

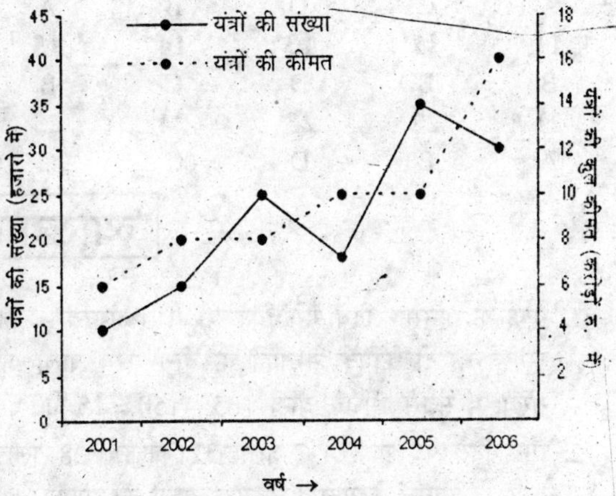

21. 2002 में प्रत्येक यंत्र की कीमत कितनी थी?

A. $5\frac{1}{3}$ हजार रु. B. 50 हजार रु.
C. 5103 रु. D. 3 हजार रु.

22. 2003 की अपेक्षा 2004 में यंत्रों के उत्पादन में कितने प्रतिशत कमी हुई?

A. 5 B. 20
C. 25 D. 30

23. 2004 तथा 2006 में यंत्रों की बिक्री से प्राप्त राजस्व में अन्तर कितना था?

A. 10 लाख रु. B. 1 करोड़ रु.
C. 4 करोड़ रु. D. 6 करोड़ रु.

24. यदि 2005 में प्रत्येक यंत्र की कीमत 25 प्रतिशत बढ़ाई जाती तो उस वर्ष उत्पादित यंत्रों की कुल कीमत क्या होती?

A. 32 करोड़ रु. B. 20 करोड़ रु.
C. 12.5 करोड़ रु. D. 15.5 करोड़ रु.

25. 2003 तथा 2004 में प्रत्येक यंत्र के मूल्य में कितना अन्तर था?

A. 1500 रु. B. 2500 रु.
C. 1800 रु. D. 3200 रु.

उत्तरमाला

1	2	3	4	5	6	7	8	9	10
A	C	D	B	A	A	C	B	C	C
11	**12**	**13**	**14**	**15**	**16**	**17**	**18**	**19**	**20**
B	B	D	C	B	D	D	C	C	D
21	**22**	**23**	**24**	**25**					
A	B	D	C	C					

व्याख्यात्मक उत्तर

1. ग्राफ के अनुसार दिये गये विकल्पों में 4 अगस्त – 11 अगस्त के दो क्रमिक सप्ताहों के बीच मरने वालों की संख्या में सबसे अधिक वृद्धि 165 – 150 = 15 थी।

2. चूंकि दिये गये ग्राफ में 7 जुलाई, 21 जुलाई, 28 जुलाई तथा 11 अगस्त के सप्ताहों में मरने वालों की संख्या 150 से अधिक थी अर्थात् सप्ताहों की गिनती = 4.

3. चूंकि ग्राफ से स्पष्ट है कि 30 जून, 14 जुलाई व 4 अगस्त के सप्ताहों में मरने वालों की संख्या 150 से कम थी। अर्थात् सप्ताहों की गिनती = 3.

4. ग्राफ के अनुसार 7 जुलाई से 14 जुलाई के दो क्रमिक सप्ताहों के बीच मरने वालों की संख्या में सबसे अधिक गिरावट आई थी।

5. 2001 में कुल कर्मचारियों की संख्या = 150 + 25 + 50 + 45 + 75 = 345

∴ उत्पादन में काम कर रहे कर्मचारियों की प्रतिशत संख्या

$= \frac{150 \times 100}{345} = 43.48$

2002 में कुल कर्मचारियों की संख्या = 225 + 40 + 45 + 62 + 70 = 442

∴ उत्पादन में काम कर रहे कर्मचारियों की प्रतिशत संख्या

$= \frac{225 \times 100}{442} = 50.9$

2003 में कुल कर्मचारियों की संख्या = 450 + 65 + 30 + 90 + 73 = 708

∴ उत्पादन में काम कर रहे कर्मचारियों की प्रतिशत संख्या

$= \frac{450 \times 100}{708} = 63.56$

2004 में कुल कर्मचारियों की संख्या = 470 + 73 + 32 + 105 + 70 = 750

∴ उत्पादन में काम कर रहे कर्मचारियों की प्रतिशत संख्या =

$\frac{470 \times 100}{750} = 62.67$

2005 में कुल कर्मचारियों की संख्या = 500 + 80 + 35 + 132 + 74 = 821

∴ उत्पादन में काम कर रहे कर्मचारियों की प्रतिशत संख्या =

$\frac{500 \times 100}{821} = 60.9$

2006 में कुल कर्मचारियों की संख्या = 505 + 75 + 36 + 130 + 75 = 821

∴ उत्पादन में काम कर रहे कर्मचारियों की प्रतिशत संख्या =

$\frac{505 \times 100}{821} = 61.51$

अतः 2001 में यह 50% से कम है।

6. सारणी से स्पष्ट है कि 2005 में प्रत्येक विभाग के कर्मचारियों की संख्या, पिछले वर्ष के प्रत्येक विभाग में कर्मचारियों की संख्या से अधिक थी।

7. सारणी के अनुसार अनुसंधान एवं विकास विभाग में वर्ष 2001 से 2006

9. ∵ केन्द्रीय कोण 36° शिक्षा तथा किराए के लिए एक ही है, अतः इन दोनों मदों पर खर्चा बराबर होगा। अर्थात् 375 रु. किराए पर खर्च होंगे।

10. ∵ भोजन पर खर्च = 750 रु.

∵ कुल खर्च $= \frac{100 \times 750}{40} = 1875$ रु.

∵ शिक्षा पर खर्च = 10%

∵ शिक्षा पर खर्च धनराशि $= 1875 \times \frac{10}{100}$

= 187.50 रु.

$\therefore$ शिक्षा पर वार्षिक खर्च = 187.50×12
= 2250.00 रु.

11. $\because$ कपड़े पर खर्च = 20%

$\therefore$ कपड़े पर कुल खर्च = $\frac{20}{100} \times 4500$ = 900 रु.।

12. 15% के लिए केन्द्रीय कोण $\frac{15}{100} \times 360^\circ = 54^\circ$.

13. 2002 से 2007 तक बिक्री में बढ़ोत्तरी का माध्य (लाख रुपये में) = $\frac{10.5 - 8.5}{5} = .4$.

14. स्टोर का वार्षिक माध्य लाभ (दस हजार रुपये में)

$$= \frac{(6.5 + 11.5 + 7.5 + 4.5 + 9.5 + 11.5 + 10.0 + 8.5)}{8}$$

$$= \frac{69.5}{8} = 8.7 \text{ (निकटतम)}$$

15. 2000 में लाभ का बिक्री से प्रतिशत

$$= \frac{6.5 \times 10000 \times 100}{3.5 \times 100000} = 1.86$$

2001 में लाभ का बिक्री से प्रतिशत

$$= \frac{11.5 \times 10000 \times 100}{4.5 \times 100000} = 25.56$$

2002 में लाभ का बिक्री से प्रतिशत

$$= \frac{7.5 \times 10000 \times 100}{8.5 \times 100000} = 8.82$$

तथा 2004 में लाभ का बिक्री से प्रतिशत

$$= \frac{9.5 \times 10000 \times 100}{5.5 \times 100000} = 17.27$$

$\therefore$ 2001 में लाभ का बिक्री से प्रतिशत अधिकतम था।

16. अभीष्ट लाभ = $\frac{100 \times 8.5}{6.5} = 131$.

17. 2005 में प्रति टिन निर्यात मूल्य = $\frac{150 \text{ करोड़}}{100 \text{ लाख}}$ = 150 रु.

2006 में प्रति टिन निर्यात मूल्य = $\frac{150 \text{ करोड़}}{75 \text{ लाख}}$ = 200 रु.

2007 में प्रति टिन निर्यात मूल्य = $\frac{330 \text{ करोड़}}{150 \text{ लाख}}$ = 220 रु.

2008 में प्रति टिन निर्यात मूल्य = $\frac{400 \text{ करोड़}}{160 \text{ लाख}}$ = 250 रु.

तथा 2009 में प्रति टिन निर्यात मूल्य

$$= \frac{500 \text{ करोड़}}{200 \text{ लाख}} = 250 \text{ रु.}$$

अतः स्पष्ट होता है कि 2005 में प्रति टिन निर्यात मूल्य न्यूनतम था।

18. उपरोक्त प्रश्न से स्पष्ट है कि 2008 तथा 2009 में प्रति टिन निर्यात मूल्य समान था।

19. 2005 व 2009 में निर्यात मूल्य में प्रतिशत वृद्धि

$$= \frac{(500 - 150)}{150} \times 100 = 233\frac{1}{3}.$$

20. अभीष्ट अन्तर = 200 – 160 = 40 लाख टिन या 40,00,000 टिन।

21. $\because$ 2002 में यंत्रों की संख्या = 15000

तथा यंत्रों का मूल्य = 80000000 रु.

$\therefore$ 2002 में 1 यंत्र का मूल्य = $\frac{80000000}{15000}$

$= 5\frac{1}{3}$ हजार रु.।

22. 2003 की अपेक्षा 2004 में यंत्रों के उत्पादन में प्रतिशत कमी = $\frac{(25 - 20) \times 100}{25}$ = 20%

23. 2004 में 2006 में यंत्रों की बिक्री से प्राप्त राजस्व में अन्तर = 16 – 10 = 6 करोड़ रु. था।

24. 2004 में 25% कीमत बढ़ने पर उत्पादित यंत्रों की कुल कीमत = $\frac{10 \times 125}{100}$ = 12.5 करोड़ रु.।

25. 2003 में प्रत्येक यंत्र का मूल्य = $\frac{80000000}{25000}$

= 3200 रु.

तथा 2004 में प्रत्येक यंत्र का मूल्य = $\frac{100000000}{20000}$

= 5000 रु.

$\therefore$ अभीष्ट अन्तर = 5000 – 3200 = 1800 रु.।

☆☆☆☆☆☆

19. प्रायिकता
(Probability)

प्रयोग

सुपरिभाषित परिणाम देने वाली क्रिया प्रयोग कहलाती है। प्रयोग दो प्रकार के होते हैं :

(*i*) यादृच्छिक प्रयोग

(*ii*) निर्धारणात्मक प्रयोग

(*i*) **यादृच्छिक प्रयोग**—वह प्रयोग जो समान परिस्थितियों में दुहराने पर असमान परिणाम देता है, यादृच्छिक प्रयोग कहलाता है।

जैसे—एक पासे की उछालने पर 1 से 6 तक के अंकों में से कोई भी परिणाम आ सकता है। परन्तु प्रत्येक बार समान परिणाम आए यह निश्चित नहीं है।

(*ii*) **निर्धारणात्मक प्रयोग**—वह प्रयोग जो समान परिस्थितियों के अन्तर्गत दुहराने पर समान परिणाम देता है।

जैसे—विज्ञान या अभियांत्रिकी में समान परिस्थितियों में प्रयोग को दुहराने पर हमेशा समान परिणाम आता है।

प्रतिदर्श समष्टि : किसी प्रयोग के सभी संभव परिणामों के समुच्चय प्रतिदर्श समष्टि कहलाता है।

जैसे— $S = \{1, 2, 3, 4, 5, 6\}$

किसी पासे को उछालने पर सभी संभव परिणाम हैं।

घटना : प्रतिदर्श समष्टि के सभी उप-समुच्चय एक घटना है। यह दो प्रकार के होते हैं—

(*i*) **सरल घटना**—वह घटना जिसमें केवल एक प्रतिदर्श बिन्दु होता है, सरल घटना कहलाती है।

जैसे—दो सिक्कों के उछालने पर प्रतिदर्श समष्टि $S = \{HH, HT, TH, TT\}$

यदि घटना, E = दो शीर्ष प्राप्त करने की घटना $= \{HH\}$

तब E सरल घटना है

(*ii*) **संयुक्त घटना**—वे घटनाएँ, जो सरल घटना नहीं हैं संयुक्त घटना कहलाती है।

जैसे—दो सिक्कों को उछालने पर प्रतिदर्श समष्टि

$$S = \{HH, HT, TH, TT\}$$

तो E = कम-से-कम एक पुच्छ (Tail) प्राप्त करने की घटना

$$E = \{TT, TH, HT\}$$

समसम्भावी घटनाएँ : किसी प्रयोग में यदि प्रत्येक घटना के घटित होने की संभावना समान हो तो वह घटनाएँ समसंभावी घटनाएँ कहलाती है।

जैसे—किसी सिक्का को उछालने पर शीर्ष एवं पुच्छ (Head and Tail) आने की संभावना समान है।

परस्पर अपवर्जी घटनाएँ : किसी प्रतिदर्श समष्टि S की दो घटनाएँ परस्पर अपवर्जी होंगी यदि E_1 एवं E_2 साथ-साथ घटित ना हों अर्थात् $E_1 \cap E_2 = \phi$.

प्रायिकता : माना किसी यादृच्छिक प्रयोग में प्रतिदर्श समष्टि S तथा घटना $E \subseteq S$ है, तब घटना E के घटित होने की प्रायिकता $P(E) = \dfrac{n(E)}{n(S)}$ होगी।

यदि $P(E) = 1$ तब E को निश्चित घटना तथा यदि $P(E) = 0$ तब E को असंभव घटना कहते हैं। अतः प्रायिकता हमेशा 0 से 1 के मध्य होता है अर्थात् $0 \le P(E) \le 1$

- यदि यादृच्छिक प्रयोग से संबंधित घटनाएँ E_1 एवं E_2 हों तब,

$$P(E_1 \cup E_2) = P(E_1) + P(E_2) - P(E_1 \cap E_2)$$

- यदि E_1 एवं E_2 परस्पर अपवर्जी घटनाएँ हों तब

$$P(E_1 \cup E_2) = P(E_1) + P(E_2)$$

- यदि $\bar{A}$, A नहीं है को सूचित करता है तब

$$P(\bar{A}) = 1 - P(A) \quad \text{या} \quad P(A') = 1 - P(A)$$

$$\Rightarrow \quad P(A) = 1 - P(\bar{A})$$

उदाहरण 1. दो सिक्कों को एक साथ उछाला जाता है तब (*i*) केवल एक शीर्ष (*ii*) कम-से-कम एक शीर्ष आने की प्रायिकता निकालें।

हल : दो सिक्कों को एक साथ उछालने पर प्रतिदर्श समष्टि की संख्या = $2^2 = 4$

अतः S = {H H, H T, T H, T T}

माना E_1 केवल एक शीर्ष आने की घटना है तब

$$n(E_1) = \{HT, TH\} = 2$$

तथा E_2 = कम-से-कम एक शीर्ष आने की घटना

$$= \{HH, HT, TH\} = 3$$

अतः (*i*) $P(E_1) = \dfrac{n(E_1)}{n(S)} = \dfrac{2}{4} = \dfrac{1}{2}$

(*ii*) $P(E_2) = \dfrac{n(E_2)}{n(S)} = \dfrac{3}{4}$

उदाहरण 2. यदि दो पासे को एक साथ फेंका जाता है तो इसके पृष्ठ पर आने वाली अंकों का योग 7 से अधिक हो, की प्रायिकता ज्ञात करें।

हल : $n(3) = 6 \times 6 = 36$

माना E = पृष्ठ पर आने वाली अंकों का योग 7 से अधिक

= {(2, 6) (3, 5) (3, 6) (4, 4) (4, 5) (4, 6) (5, 3) (5, 4) (5, 5) (5, 6) (6, 2), (6, 3) (6, 4) (6, 5) (6, 6)}

= 15

$$\therefore \quad P(E) = \frac{n(E)}{n(S)} = \frac{15}{36} = \frac{5}{12}$$

उदाहरण 3. ताश की किसी गड्डी से 2 पत्ते यादृच्छया निकाले जाते हैं तो इसके बादशाह होने की प्रायिकता ज्ञात करें।

हलः $n(S) = 52\,C_2 = \dfrac{52 \times 51}{2 \times 1} = 26 \times 51 = 1326$

यदि E = दो बादशाह आने की घटना।

तब $n(E) = 4C_2 = \dfrac{4 \times 3}{2} = 6$

अतः $P(E) = \dfrac{n(E)}{n(S)} = \dfrac{6}{1326} = \dfrac{1}{221}$

उदाहरण 4. किसी थैले में 4 लाल, 6 काली, 8 हरी गेंद हैं। यादृच्छया 2 गेंद निकाले जाते हैं तब दोनों के काली होने की प्रायिकता ज्ञात करें।

हल : थैले में कुल गेंदों की संख्या = 4 + 6 + 8 = 18

$$\therefore \quad n(S) = 18C_2$$

माना E = दो काली गेंद आने की घटना

$$n(E) = 6C_2$$

अतः $P(E) = \dfrac{n(E)}{n(S)} = \dfrac{6C_2}{18C_2}$

$$= \frac{\frac{6 \times 5}{2}}{\frac{18 \times 17}{2}} = \frac{6 \times 5}{18 \times 17} = \frac{5}{51}$$

$$\therefore \quad P(E) = \frac{5}{51}$$

उदाहरण 5. 1 से 20 तक की संख्याओं में से तीन संख्याओं को यादृच्छया चयन किया जाता है तो इसके लगातार (Consecutive) होने की प्रायिकता क्या होगी?

हल : 20 संख्याओं में से 3 संख्याओं को चयन करने के कुल तरीके = $20C_3$

$$= \frac{20 \times 19 \times 18}{3 \times 2}$$

$$\therefore \quad n(S) = 20C3 = 1140$$

यदि E = तीन लगातार संख्याओं के चयन के तरीके

= {(1, 2, 3) (2, 3, 4) (3, 4, 5) .... (18, 19, 20)}

$$n(E) = 18$$

अतः $P(E) = \dfrac{n(E)}{n(S)} = \dfrac{18}{1140} = \dfrac{3}{190}$

उदाहरण 6. किसी थैला में 4 लाल, 5 हरी तथा 6 सफेद गेंद हैं। यदि यादृच्छया एक गेंद निकाली जाए तो इसके लाल या हरी होने की संभावना ज्ञात करें।

हल : कुल गेंदों की संख्या = 4 + 5 + 6 = 15

$\therefore \quad n(S) = 15$

माना E_1 = लाल गेंद होने की घटना = 4

E_2 = हरी गेंद होने की घटना = 5

तब $E_1 \cap E_2 = \phi$

अतः $P(E_1$ या $E_2) = P(E_1) + P(E_2)$

$$= \left(\frac{4}{15} + \frac{5}{15}\right) = \frac{9}{15} = \frac{3}{5}$$

उदाहरण 7. एक थैले में 2 लाल, 3 हरी तथा 2 सफेद गेंद हैं। यादृच्छया दो गेंद निकाली जाती हैं तो उसकी सफेद न होने की प्रायिकता ज्ञात करें।

हल : कुल गेंदों की संख्या = (2 + 3 + 2) = 7

$$\therefore \quad n(S) = 7C_2 = \frac{7 \times 6}{2} = 21$$

माना E = 2 गेंद निकलने की घटना जो सफेद न हो = (2 + 3) = 5

$$\therefore \quad n(E) = 5C_2 = 10$$

$$\therefore \quad P(E) = \frac{n(E)}{n(S)} = \frac{10}{21}$$

उदाहरण 8. किसी ताश की गड्डी से यादृच्छया दो पत्ते निकाले जाएं तो इसकी क्या संभावना है कि दोनों या तो लाल हों या दोनों बादशाह?

हल : $n(S) = 52C_2 = \frac{52 \times 51}{2} = 1326$

माना E_1 = दोनों पत्ते को लाल होने की घटना

$$n(E_1) = 26C_2 = \frac{26 \times 25}{2} = 325$$

E_2 = दोनों पत्ते के बादशाह होने की घटना

$$n(E_2) = 4C_2 = \frac{4 \times 3}{2} = 6$$

तथा $(E_1 \cap E_2)$ = दोनों पत्ते लाल का बादशाह

$$\therefore \quad n(E_1 \cap E_2) = 2C_2 = 1$$

$$\therefore \quad P(E_1 \cup E_2) = P(E_1) + P(E_2) - P(E_1 \cap E_2)$$

$$= \frac{325}{1326} + \frac{6}{1326} - \frac{1}{1326}$$

$$= \frac{330}{1326} = \frac{55}{221}$$

उदाहरण 9. किसी कक्षा में 15 छात्र एवं 10 छात्राएँ हैं। यदि इसमें से 3 विद्यार्थी को चुनना हो तो इसकी क्या संभावना है कि उसमें 1 छात्रा एवं 2 छात्र होंगे।

हल : $n(S) = 25C_3 = \frac{25 \times 24 \times 23}{3 \times 2} = 2300$

यदि E = 1 छात्रा एवं 2 छात्र चुनने की घटना

$$\therefore \quad n(E) = 15\,C_2 \times 10\,C_1$$

$$= \frac{15 \times 14}{2} \times 10 = 1050$$

$$\therefore \quad P(E) = \frac{n(E)}{n(S)} = \frac{1050}{2300} = \frac{105}{230} = \frac{21}{46}$$

उदाहरण 10. यदि $P(A) = 0.25$, $P(B) = 0.50$ तथा $P(A \cap B) = 0.14$ तब $P(A \cap \bar{B})$ मान ज्ञात करें।

हल : दिया है, $P(A) = 0.25$, $P(B) = 0.50$

तथा $P(A \cap B) = 0.14$

अतः $P(A \cap \bar{B}) = P(A) - P(A \cap B)$

$$= 0.25 - 0.14$$

$$= 0.11$$

प्रश्नमाला

निर्देश : निम्नलिखित प्रश्नों को हल करें :

1. एक बर्तन में 2 लाल, 3 नीली तथा 4 काली गेंद हैं। यादृच्छया तीन गेंद निकाली जाती हैं, तो सभी के एक ही रंग के होने की प्रायिकता है–

A. $\frac{5}{84}$ B. $\frac{3}{9}$

C. $\frac{3}{7}$ D. $\frac{7}{17}$

2. तीन पासे एक साथ फेंके जाते हैं। उन पर आने वाले अंकों का योग 17 या 18 होने की प्रायिकता है–

A. $\frac{1}{72}$ B. $\frac{1}{9}$

C. $\frac{1}{54}$ D. $\frac{4}{17}$

3. शब्द POSSESSIVE से एक अक्षर यादृच्छया चुना जाता है, तो इसके S होने की प्रायिकता है–

A. $\frac{3}{10}$ B. $\frac{4}{10}$

C. $\frac{3}{7}$ D. $\frac{4}{17}$

4. यदि A और B दो घटनाएँ हैं तथा $P(A') = 0.3, P(B) = 0.4, P(A \cap B') = 0.5$ तब $P(A \cap B')$ का मान–

A. 0.5 B. 0.8

C. 1 D. 0.1

5. किसी बक्से में 3 आम तथा 3 सेब हैं। यदि दो फल यादृच्छया चुने जाएँ तो एक आम तथा एक सेब होने की प्रायिकता–

A. $\frac{2}{3}$ B. $\frac{3}{5}$

C. $\frac{1}{3}$ D. $\frac{3}{4}$

6. छः (6) पुरस्कारों को तीन व्यक्ति में वितरण यादृच्छया किया जाता है, तो किसी एक व्यक्ति को सभी पुरस्कार नहीं मिलने की संभावना होगी।

A. $\frac{120}{216}$ B. $\frac{6}{216}$

C. $\frac{210}{216}$ D. $\frac{790}{216}$

7. 100 पत्तों की गड्डी जिन पर 1 से 100 तक संख्याएँ लिखी हैं, में से यादृच्छया एक पत्ता निकाला जाता है, तो पूर्ण वर्ग संख्या आने की प्रायिकता है–

A. $\frac{1}{5}$ B. $\frac{2}{5}$

C. $\frac{1}{10}$ D. $\frac{1}{15}$

8. तीन व्यक्ति एक समस्या पर स्वतंत्र रूप से कार्य करते हैं। उनके द्वारा समस्या का हल करने की प्रायिकताएँ क्रमशः $\frac{1}{3}, \frac{1}{4}$ एवं $\frac{1}{5}$ है तो किसी के द्वारा समस्या न हल होने की प्रायिकता है–

A. $\frac{1}{3}$ B. $\frac{3}{5}$

C. $\frac{2}{5}$ D. $\frac{1}{5}$

9. एक लॉटरी में 90 टिकट हैं, जिन पर 1 से 90 तक की संख्याएँ अंकित हैं। पाँच टिकट यादृच्छया चुने जाते हैं। इनमें से दो टिकटों पर 15 तथा 80 संख्या होने की प्रायिकता है–

A. $\frac{2}{801}$ B. $\frac{2}{623}$

C. $\frac{1}{267}$ D. $\frac{1}{623}$

10. A तथा B में से कम-से-कम एक के घटने की प्रायिकता 0.6 है। यदि A एवं B के साथ-साथ घटित होने की प्रायिकता 0.2 हो तब $P(A') + P(B')$ का मान–

A. 3.2 B. 1.5

C. 1.03 D. 1.2

11. किसी बक्से में 20 बल्ब हैं जिसमें से 4 खराब हैं। यादृच्छया दो बल्ब निकाले जाते हैं तो इसमें कम-से-कम 1 खराब होने की संभावना है–

A. $\frac{7}{19}$ B. $\frac{9}{19}$

C. $\frac{12}{19}$ D. $\frac{17}{19}$

12. दो पासे को फेंका जाता है तब इसके पृष्ठ पर आने वाले अंकों का योग अभाज्य संख्या होने की प्रायिकता–

A. $\frac{7}{9}$ B. $\frac{1}{12}$

C. $\frac{5}{12}$ D. $\frac{11}{12}$

13. किसी लॉटरी में 10 पुरस्कार एवं 25 खाली (पुरस्कार रहित) हैं। यदि एक टिकट यादृच्छया निकाला जाए तो पुरस्कार मिलने की प्रायिकता–

A. $\frac{1}{25}$ B. $\frac{1}{10}$

C. $\frac{1}{35}$ D. $\frac{2}{7}$

14. किसी बॉक्से में 5 हरी, 4 पीली एवं 3 सफेद शीशे की गोली हैं। तीन गोली यादृच्छया निकाले जाते हैं तब इसके एक ही रंग न होने की प्रायिकता–

A. $\frac{41}{44}$ B. $\frac{1}{44}$

C. $\frac{7}{55}$ D. $\frac{12}{55}$

15. यदि N = {1, 2, 3, ... 100} से यादृच्छया 3 विभिन्न संख्याएँ चुनी जाती हैं तो इन तीनों के 2 और 3 दोनों से विभाजित होने की प्रायिकता होगी–

A. $\frac{4}{25}$ B. $\frac{4}{35}$

C. $\frac{4}{33}$ D. $\frac{4}{1155}$

उत्तरमाला

1	2	3	4	5	6	7	8	9	10
A	C	B	B	B	C	C	C	A	D
11	**12**	**13**	**14**	**15**					
A	C	D	A	D					

व्याख्यात्मक उत्तर

1. कुल गेंद = 9

9 गेंद में से 3 गेंद निकालने के कुल तरीके = $9\,C_3$

$\therefore \quad n(S) = \frac{9\times8\times7}{3\times2} = 84$

E = सभी गेंद एक ही रंग के हों

$\therefore \quad n(E) = 3C_3 + 4C_3 = 1 + 4 = 5$

($\therefore$ लाल गेंद 2 ही हैं)

अतः अभीष्ट प्रायिकता $= \frac{n(E)}{n(S)} = \frac{5}{84}$.

2. तीन पासे फेंकने के कुल तरीके $= 6\times6\times6 = 216$

अतः $n(S) = 216$

माना E = योगफल 17 या 18 आने की घटना

$\therefore \quad$ = (6, 5, 6) (5, 6, 6) (6, 6, 5) (6, 6, 6)

$n(E) = 4$

$\therefore \quad P(E) = \frac{n(E)}{n(S)} = \frac{4}{216} = \frac{1}{54}$.

3. कुल अक्षरों की संख्या = 10

$n(S) = 10$

E = S आने की घटना

$n(E) = 4$

$\therefore \quad P(E) = \frac{n(E)}{n(S)} = \frac{4}{10}$.

4. योग के प्रमेय से

$P(A\cup B') = P(A) + P(B') - P(A\cap B')$

$= 1 - P(A') + 1 - P(B) - P(A\cap B')$

$= 1 - 0.3 + 1 - 0.5 - 0.4$

$= 0.8.$

5. 6 में से दो फल चुनने के कुल तरीके $= 6\,C_2$

$\therefore \quad n(S) = 6\,C_2 = \frac{6 \times 5}{2} = 15$

E = 1 आम तथा 1 सेब होने की घटना

$n(E) = 3\,C_1 \times 3\,C_1 = 3 \times 3$

$\therefore \quad P(E) = \frac{n(E)}{n(S)} = \frac{9}{15} = \frac{3}{5}.$

6. पुरस्कारों के वितरण करने के कुल तरीके $= 6 \times 6 \times 6$

अतः $n(S) = 216$

E = एक ही व्यक्ति को सभी पुरस्कार प्राप्त होने के तरीके

$n(E) = 6$

अतः किसी एक व्यक्ति को सभी पुरस्कार नहीं मिलने की प्रायिकता

$= 1 - P$ (एक ही व्यक्ति को सभी पुरस्कार)

$= 1 - \frac{n(E)}{n(S)} = 1 - \frac{6}{216}$

$= \frac{210}{216}.$

7. एक पत्ता निकालने के कुल तरीके $= 100\,C_1 = 100$

अतः $n(S) = 100$

E = पूर्ण वर्ग संख्या आने की घटना

$= 1^2, 2^2, 3^2, 4^2, 5^2, 6^2, 7^2, 8^2, 9^2, 10^2$

$n(E) = 10$

$\therefore \quad P(E) = \frac{n(E)}{n(S)} = \frac{10}{100} = \frac{1}{10}.$

8. माना प्रत्येक व्यक्ति द्वारा समस्या का हल करने की प्रायिकता $P(A) = \frac{1}{3}, P(B) = \frac{1}{4}$ तथा $P(C) = \frac{1}{5}$ है तब प्रत्येक के द्वारा समस्या हल न होने की प्रायिकता

$P(\overline{A}) = 1 - \frac{1}{3} = \frac{2}{3}, \quad P(\overline{B}) = 1 - \frac{1}{4} = \frac{3}{4}$ तथा

$P(\overline{C}) = 1 - \frac{1}{5} = \frac{4}{5}.$

अतः तीनों में से किसी के द्वारा समस्या का हल न होने की प्रायिकता

$P(\overline{A} \cap \overline{B} \cap \overline{C}) = P(\overline{A}) \cdot P(\overline{B}) \cdot P(\overline{C})$

$= \frac{2}{3} \times \frac{3}{4} \times \frac{4}{5} = \frac{2}{5}.$

9. पाँच टिकटों में से दो टिकट (जिनकी संख्या 15 तथा 80 है) होने चाहिए अब शेष 88 में से तीन टिकट

$n(E) =$ चुनने के प्रकार $= 88\,C_3$

$n(S) =$ कुल चुनने के तरीके $= 90\,C_5$

अतः अभीष्ट प्रायिकता $= \frac{88\,C_3}{90\,C_5}$

$$= \frac{\frac{88 \times 87 \times 86}{3 \times 2}}{\frac{90 \times 89 \times 88 \times 87 \times 86}{5 \times 4 \times 3 \times 2}}$$

$$= \frac{5 \times 4}{90 \times 89} = \frac{20}{8010} = \frac{2}{801}.$$

10. दिया गया है $P(A \cup B) = 0.6$

तथा $P(A \cap B) = 0.2$

अब $P(A') + P(B') = 1 - P(A) + 1 - P(B)$

$= 2 - [P(A) + P(B)]$

$= 2 - [P(A) + P(B) - P(A \cap B) + P(A \cap B)]$

$= 2 - [P(A \cup B) + P(A \cap B)]$

$= 2 - (0.6 + 0.2)$

$= 2 - 0.8$

$= 1.2.$

11. 20 बल्ब में से 2 बल्ब चुनने के कुल तरीके

$En(S) = 20\,C_2$

माना E = कोई खराब बल्ब नहीं

$n(E) = 16\,C_2$

किसी बल्ब के खराब नहीं होने की प्रायिकता

$$P(E) = \frac{16\,C_2}{20\,C_2} = \frac{\frac{16 \times 15}{2}}{\frac{20 \times 19}{2}} = \frac{16 \times 15}{20 \times 19} = \frac{12}{19}$$

अतः कम-से-कम 1 बल्ब खराब होने की प्रायिकता

$$= 1-\frac{12}{19}=\frac{7}{19}.$$

12. $n(S) = 6 \times 6 = 36$

माना E = पासे पर आए अंकों का योग अभाज्य संख्या

E = {(1, 1) (1, 2) (1, 4) (1, 6) (2, 1) (2, 3) (2, 5) (3, 2) (3, 4) (4, 1) (4,3) (5, 2) (5, 6) (6, 1) (6, 5)}

$n(E) = 15$

$$P(E) = \frac{n(E)}{n(S)}=\frac{15}{36}=\frac{5}{12}.$$

13. कुल टिकट की संख्या = 25 + 10 = 35

$n(S) = 35$

E = पुरस्कार मिलने की घटना

$n(E) = 10$

$$\therefore \quad P(E) = \frac{n(E)}{n(S)}=\frac{10}{35}=\frac{2}{7}.$$

14. 12 गोली में से 3 गोली निकालने के कुल तरीके

$$n(S) = 12\,C_3 = \frac{12\times11\times10}{3\times2}=220$$

माना E = एक ही रंग के 3 गोली निकलने के तरीके

= (5 में से 3) या (4 में से 3) या (3 में से 3)

$n(E) = 5\,C_3 + 4\,C_3 + 3\,C_3$

$= 10 + 4 + 1 = 15$

$$P(E) = \frac{n(E)}{n(S)}=\frac{15}{220}=\frac{3}{44}$$

$$\therefore \quad \text{अभीष्ट प्रायिकता} = 1-\frac{3}{44}=\frac{41}{44}.$$

15. 1 से 100 के बीच 6 से विभाज्य संख्याएँ 6, 12, 18 .... 96. यदि ऐसी n संख्याएं हैं तब $96 = 6 + (n-1)\times 6$
$\Rightarrow n = 16$

$$\text{अतः प्रायिकता} = \frac{16C_3}{100C_3}=\frac{4}{1155}.$$

☆☆☆☆☆☆

20. त्रिकोणमिति
(Trigonometry)

त्रिकोणमितीय अनुपात

समकोण त्रिभुज ABC में यदि $\angle CAB = \theta$ हो, तो BC = कोण θ की सम्मुख भुजा = लंब = P (मान लें), AC = समकोण की सम्मुख भुजा = कर्ण = H (मान लें) और AB = B (मान लें)

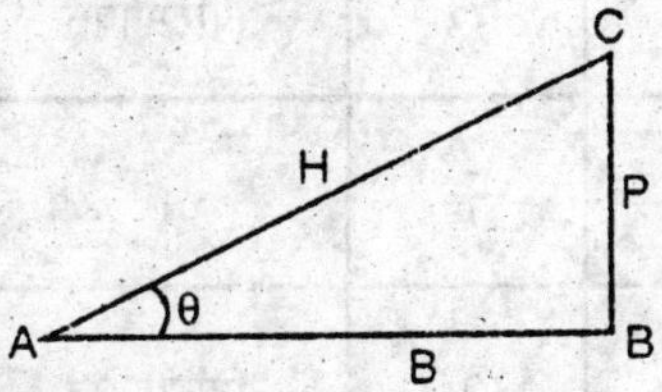

छः त्रिकोणमितीय अनुपात नीचे दिए गए हैं :

$$\sin\theta = \frac{p}{h}, \cos\theta = \frac{b}{h}, \tan\theta = \frac{p}{b}$$

$$(\text{और } \tan\theta = \frac{\sin\theta}{\cos\theta}), \operatorname{cosec}\theta = \frac{1}{\sin\theta} = \frac{h}{p},$$

$$\sec\theta = \frac{1}{\cos\theta} = \frac{h}{b}, \cot\theta = \frac{1}{\tan\theta} = \frac{b}{p}$$

त्रिकोणमितीय अनुपातों के चिह्न

प्रथम चतुर्थांश (वृत्तपाद) $0 < \theta < 90°$, सभी त्रिकोणमितीय अनुपात धनात्मक;

द्वितीय चतुर्थांश $90° < \theta < 180°$, केवल sin θ और cosec θ, धनात्मक;

तृतीय चतुर्थांश $180° < \theta < 270°$, केवल tan θ और cot θ, धनात्मक;

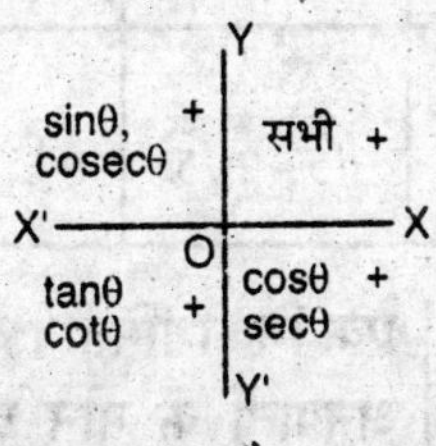

चतुर्थ चतुर्थांश $270° < \theta < 360°$, केवल cos θ और sec θ, धनात्मक।

त्रिकोणमितीय सर्वसमिकाएँ

(i) $\sin^2\theta + \cos^2\theta = 1$

(ii) $\cos^2\theta = 1 - \sin^2\theta$

(iii) $\sin^2\theta = 1 - \cos^2\theta$

(iv) $1 + \tan^2\theta = \sec^2\theta$

(v) $\sec^2\theta - \tan^2\theta = 1$

(vi) $\sec^2\theta - 1 = \tan^2\theta$

(vii) $1 + \cot^2\theta = \operatorname{cosec}^2\theta$

(viii) $\operatorname{cosec}^2\theta - \cot^2\theta = 1$

(ix) $\operatorname{cosec}^2\theta - 1 = \cot^2\theta$

त्रिकोणमितीय समीकरण व त्रिकोणमितीय सर्वसमिका में अंतर

1. त्रिकोणमितीय समीकरण चर θ के कुछ एक मानों के लिए ही सत्य होती हैं, अर्थात् इनको θ के एक-दो मान ही सन्तुष्ट करते हैं, (समीकरण की घात के अनुसार मूल ही सन्तुष्ट करते हैं) जबकि त्रिकोणमितीय सर्वसमिका θ के प्रत्येक मान के लिए सन्तुष्ट होती है।

2. त्रिकोणमितीय समीकरण को θ के लिए हल किया जा सकता है जबकि त्रिकोणमितीय सर्वसमिका को तो सत्यापित ही कर सकते हैं।

त्रिकोणमितीय अनुपातों के मानक कोणों के मान I

θ त्रिकोणमितीय अनुपात	0°	30°	45°	60°	90°	θ त्रिकोणमितीय अनुपात का मान
sin θ	0	$\frac{1}{2}$	$\frac{1}{\sqrt{2}}$	$\frac{\sqrt{3}}{2}$	1	$\frac{\text{लम्ब}}{\text{कर्ण}}$
cos θ	1	$\frac{\sqrt{3}}{2}$	$\frac{1}{\sqrt{2}}$	$\frac{1}{2}$	0	$\frac{\text{आधार}}{\text{कर्ण}}$
tan θ	0	$\frac{1}{\sqrt{3}}$	1	$\sqrt{3}$	अपरिभाषित	$\frac{\text{लम्ब}}{\text{आधार}}$
cosec θ	अपरिभाषित	2	$\sqrt{2}$	$\frac{2}{\sqrt{3}}$	1	$\frac{\text{कर्ण}}{\text{लम्ब}}$
sec θ	1	$\frac{2}{\sqrt{3}}$	$\sqrt{2}$	2	अपरिभाषित	$\frac{\text{कर्ण}}{\text{आधार}}$
cot θ	अपरिभाषित	$\sqrt{3}$	1	$\frac{1}{\sqrt{3}}$	0	$\frac{\text{आधार}}{\text{लम्ब}}$

त्रिकोणमितीय अनुपातों के मानककोणों (0° – 90°) के मान II

	0°	15°	18°	22.5°	30°	36°	45°	60°	67.5°	90°
sin	0	$\frac{\sqrt{6}-\sqrt{2}}{4}$	$\frac{\sqrt{5}-1}{4}$	$\frac{\sqrt{2-\sqrt{2}}}{2}$	$\frac{1}{2}$	$\frac{\sqrt{10-2\sqrt{5}}}{4}$	$\frac{1}{\sqrt{2}}$	$\frac{\sqrt{3}}{2}$	$\frac{\sqrt{\sqrt{2}+1}}{\sqrt{(2\sqrt{2})}}$	1
cos	1	$\frac{\sqrt{6}+\sqrt{2}}{4}$	$\frac{\sqrt{10+2\sqrt{5}}}{4}$	$\frac{\sqrt{\sqrt{2}+1}}{\sqrt{(2\sqrt{2})}}$	$\frac{\sqrt{3}}{2}$	$\frac{\sqrt{5}+1}{4}$	$\frac{1}{\sqrt{2}}$	$\frac{1}{2}$	$\frac{\sqrt{2-\sqrt{2}}}{2}$	0
tan	0	$2-\sqrt{3}$	$\frac{\sqrt{25-10\sqrt{5}}}{5}$	$\sqrt{2}-1$	$\frac{1}{\sqrt{3}}$	$\sqrt{5-2\sqrt{5}}$	1	$\sqrt{3}$	$\sqrt{2}+1$	अपरिभाषित

पूरक कोणों के त्रिकोणमितीय अनुपात

(*i*) $\sin(90° - \theta) = \cos\theta$
(*ii*) $\cos(90° - \theta) = \sin\theta$
(*iii*) $\tan(90° - \theta) = \cot\theta$
(*iv*) $\cot(90° - \theta) = \tan\theta$
(*v*) $\sec(90° - \theta) = \text{cosec}\,\theta$
(*vi*) $\text{cosec}(90° - \theta) = \sec\theta$

एक त्रिकोणमितीय अनुपात से अन्य सभी त्रिकोणमितीय अनुपातों के मान ज्ञात करना

sin θ के मान की सहायता से अन्य त्रिकोणमितीय अनुपातों के मान ज्ञात करना

माना कि $\sin\theta = x$

$\therefore \quad \cos\theta = \sqrt{1-\sin^2\theta}$

$$\Rightarrow \qquad \cos\theta = \sqrt{1-x^2}$$

$$\therefore \qquad \tan\theta = \frac{\sin\theta}{\cos\theta} = \frac{x}{\sqrt{1-x^2}},$$

$$\cot\theta = \frac{1}{\tan\theta} = \frac{\sqrt{1-x^2}}{x},$$

$$\operatorname{cosec}\theta = \frac{1}{\sin\theta} = \frac{1}{x}$$

तथा $$\sec\theta = \frac{1}{\cos\theta} = \frac{1}{\sqrt{1-x^2}}$$

cos θ के मान की सहायता से अन्य त्रिकोणमितीय अनुपातों के मान ज्ञात करना

माना कि $\cos\theta = x$

$$\therefore \qquad \sin\theta = \sqrt{1-\cos^2\theta}$$

$$\Rightarrow \qquad \sin\theta = \sqrt{1-x^2}$$

$$\therefore \qquad \tan\theta = \frac{\sin\theta}{\cos\theta} = \frac{\sqrt{1-x^2}}{x},$$

$$\cot\theta = \frac{1}{\tan\theta} = \frac{x}{\sqrt{1-x^2}}$$

$$\operatorname{cosec}\theta = \frac{1}{\sin\theta} = \frac{1}{\sqrt{1-x^2}},$$

$$\sec\theta = \frac{1}{\cos\theta} = \frac{1}{x}$$

tan θ के मान की सहायता से अन्य त्रिकोणमितीय अनुपातों के मान ज्ञात करना

माना कि $\tan\theta = x$

$$\therefore \qquad \sec\theta = \sqrt{1+\tan^2\theta}$$

$$\Rightarrow \qquad \sec\theta = \sqrt{1+x^2}$$

$$\cot\theta = \frac{1}{\tan\theta} = \frac{1}{x},$$

$$\cos\theta = \frac{1}{\sec\theta} = \frac{1}{\sqrt{1+x^2}}$$

$$\sin\theta = \sqrt{1-\cos^2\theta} = \sqrt{1-\frac{1}{1+x^2}}$$

$$= \sqrt{\frac{1+x^2-1}{1+x^2}} = \frac{x}{\sqrt{1+x^2}}$$

तथा $$\operatorname{cosec}\theta = \frac{1}{\sin\theta} = \frac{\sqrt{1+x^2}}{x}$$

त्रिकोणमितीय अनुपातों के वर्धमान व ह्रासमान आचरण

यदि $-\pi/2 \le \theta \le \pi/2$, हो तो प्रथम और चतुर्थ वृत्तपादों में कोण में वृद्धि के साथ sin θ के मान में वृद्धि होती है जबकि द्वितीय और तृतीय वृत्तपादों में sin θ के मान में 1 से –1 की कमी होती है।

अत: $\theta_1 < \theta_2 \quad \Rightarrow \sin\theta_1 < \sin\theta_2$ ($\theta_1, \theta_2 \in$ प्रथम या चतुर्थ वृत्तपाद)

$\Rightarrow \sin\theta_1 > \sin\theta_2$ ($\theta_1, \theta_2 \in$ द्वितीय या तृतीय वृत्तपाद)

हम इसी प्रकार अन्य अनुपातों के आचरण का भी निर्णय कर सकते हैं। यदि वृद्धि के लिए ↑ संकेत का और ह्रास के लिए ↓ संकेत का प्रयोग किया जाए, तो हमें अग्रलिखित चार्ट प्राप्त होता है :

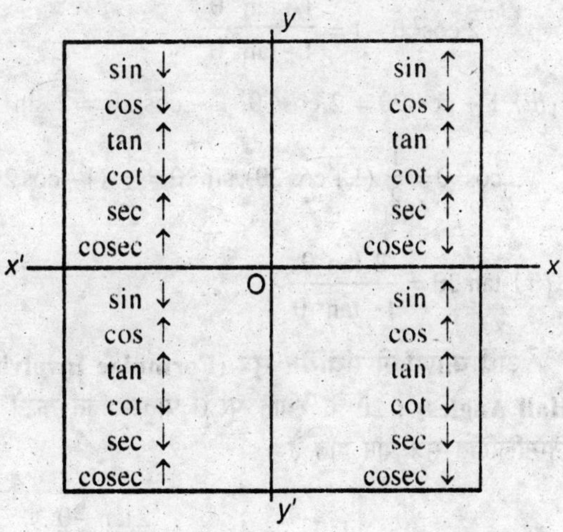

योग और व्यवकलन (घटाव) के सूत्र (Addition and Subtraction Formulae) :

(i) $\sin(A+B) = \sin A\cos B + \cos A\sin B$

(ii) $\sin(A-B) = \sin A\cos B - \cos A\sin B$

(iii) $\cos(A+B) = \cos A\cos B - \sin A\sin B$

(iv) $\cos(A-B) = \cos A\cos B + \sin A\sin B$

(v) $\tan(A+B) = \dfrac{\tan A + \tan B}{1-\tan A\tan B}$

(vi) $\tan(A-B)=\dfrac{\tan A-\tan B}{1+\tan A\tan B}$

(vii) $\cot(A+B)=\dfrac{\cot A\cot B-1}{\cot A+\cot B}$

(viii) $\cot(A-B)=\dfrac{\cot A\cot B+1}{\cot B-\cot A}$

(ix) $\sin(A+B)\sin(A-B)=\sin^2 A-\sin^2 B = \cos^2 B-\cos^2 A$

(x) $\cos(A+B)\cos(A-B)=\cos^2 A-\sin^2 B = \cos^2 B-\sin^2 A$

द्विकोणों से युक्त सूत्र (Formulae Involving Double Angles): उपर्युक्त (i), (iii), और (v) में $A = B = \theta$ प्रतिस्थापित करने पर निम्नलिखित सूत्र प्राप्त होते हैं :

(i) $\sin 2\theta = 2\sin\theta\cos\theta = \dfrac{2\tan\theta}{1+\tan^2\theta}$

(ii) $\cos 2\theta = \cos^2\theta-\sin^2\theta = 1-2\sin^2\theta$

$= 2\cos^2\theta-1=\dfrac{1-\tan^2\theta}{1+\tan^2\theta}$

(iii) $1+\cos 2\theta = 2\cos^2\theta,\ 1-\cos 2\theta = 2\sin^2\theta,$

$\cos^2\theta=\dfrac{1}{2}(1+\cos 2\theta), \sin^2\theta=\dfrac{1}{2}(1-\cos 2\theta).$

(iv) $\tan 2\theta=\dfrac{2\tan\theta}{1-\tan^2\theta}$

अर्ध कोणों से संबंधित सूत्र (Formulae Involving Half Angles) : 2θ के स्थान पर θ प्रतिस्थापित करने पर निम्नलिखित सूत्र प्राप्त होते हैं :

(i) $\sin\theta = 2\sin\frac{1}{2}\theta\cos\frac{1}{2}\theta=\dfrac{2\tan\frac{1}{2}\theta}{1+\tan^2\frac{1}{2}\theta}$

(ii) $\cos\theta=\cos^2\frac{1}{2}\theta-\sin^2\frac{1}{2}\theta=1-2\sin^2\frac{1}{2}\theta$

$=2\cos^2\frac{1}{2}\theta-1=\dfrac{1-\tan^2\frac{1}{2}\theta}{1+\tan^2\frac{1}{2}\theta}$

(iii) $\tan\theta=\dfrac{2\tan\frac{1}{2}\theta}{1-\tan^2\frac{1}{2}\theta}$

उन्नयन कोण

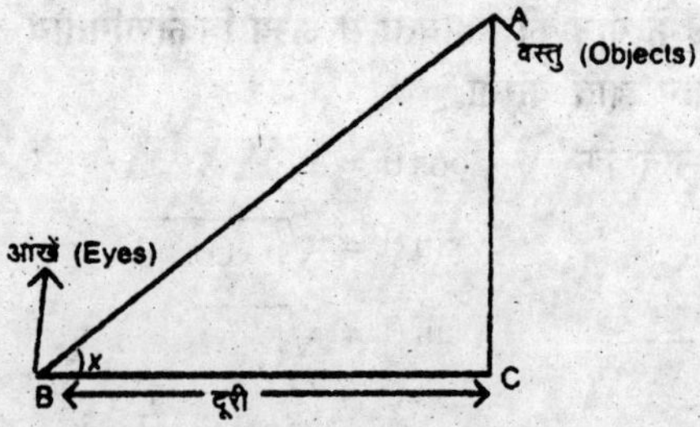

जब हम अपने सिर से ऊँची वस्तु को देखने के लिए ऊपर की ओर देखते हैं तो हमारी आँखें क्षैतिज रेखा से ऊपर की ओर जो कोण बनाती हैं उसे उन्नयन कोण कहते हैं।

अवनमन कोण

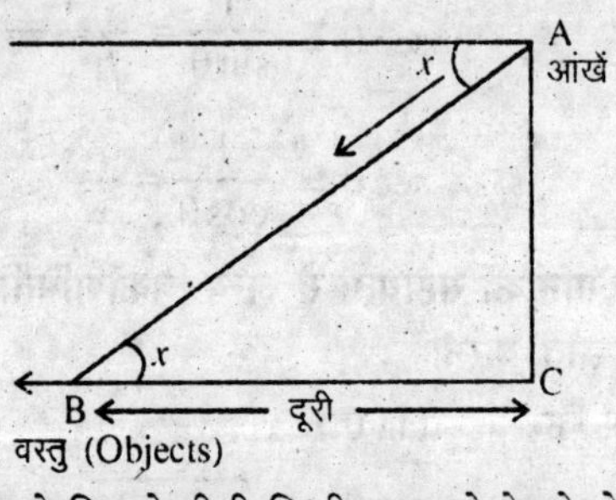

जब हम अपने सिर से नीची किसी वस्तु को देखने के लिए नीचे की ओर देखते हैं तो हमारी आँखें क्षैतिज रेखा से नीचे की ओर जो कोण बनाती हैं उसे अवनमन कोण कहते हैं।

प्रश्नमाला

1. यदि $\sec\theta-\tan\theta=k$ हो, तो $\sec\theta+\tan\theta$ का मान है:

A. $1-k$ B. $1+k$

C. $\dfrac{1}{k}$ D. $1-\dfrac{1}{k}$

2. यदि $5\tan\theta=4$ हो, तो $\dfrac{5\sin\theta-3\cos\theta}{5\sin\theta+2\cos\theta}$ का मान है:

A. $\dfrac{1}{3}$ B. $\dfrac{1}{6}$

C. $\frac{4}{5}$　　D. $\frac{2}{3}$

3. 240 मी. लम्बी एक मीनार की चोटी से समतल जमीन पर एक बिन्दु का अवनमन कोण 30° है, तो मीनार के पाद से विन्दु की दूरी ज्ञात कीजिए?

A. $240\times\sqrt{3}$ मी.　　B. $40\sqrt{3}$ मी.

C. $80\sqrt{3}$ मी.　　D. $120\sqrt{3}$ मी.

4. यदि एक 100 मी. ऊँचे बिन्दु से दक्षिण दिशा की ओर दो वस्तुओं का अवनमन कोण क्रमशः 60° और 45° हो, तो दोनों वस्तुओं के बीच की दूरी ज्ञात करो?

A. $\frac{100(3-\sqrt{3})}{3}$ मी.　　B. $100(3+\sqrt{3})$ मी.

C. $50(3+\sqrt{3})$ मी.　　D. $100(\sqrt{3}+1)$ मी.

5. यदि $\tan\theta = 2-\sqrt{3}$ हो, तो $\tan(90-\theta)$ बराबर होगा :

A. $2+\sqrt{3}$　　B. $2-\sqrt{3}$

C. $2-\sqrt{2}$　　D. $3-\sqrt{2}$

6. यदि θ प्रथम चतुर्थांश में और $\cos\theta = \frac{3}{5}$ हो, तो

$\frac{5\tan\theta - 4\operatorname{cosec}\theta}{5\sec\theta - 4\cot\theta}$ का मान होगा:

A. $\frac{5}{16}$　　B. $\frac{7}{16}$

C. $\frac{11}{16}$　　D. $-\frac{5}{16}$

7. यदि $\cos\theta = \frac{3}{5}$ हो, तो $\frac{\sin\theta\cdot\tan\theta+1}{2\tan^2\theta}$ का मान किसके बराबर है?

A. $\frac{88}{160}$　　B. $\frac{91}{160}$

C. $\frac{92}{160}$　　D. $\frac{93}{160}$

8. तालिका का उपयोग किए बिना मान निकालें:

$$\frac{\cos 80^\circ}{\sin 10^\circ} + \cos 59^\circ \operatorname{cosec} 31^\circ$$

A. 2　　B. 1

C. 3　　D. 4

9. तालिका का उपयोग किए बिना मान निकालें:

$$\left[\frac{\sin 35^\circ}{\cos 55^\circ}\right]^2 + \left[\frac{\cos 55^\circ}{\sin 35^\circ}\right]^2 - 2\cos 60^\circ$$

A. 2　　B. 0

C. 1　　D. 3

10. मान निकालें:

$$\frac{\tan 45^\circ}{\operatorname{cosec} 30^\circ} + \frac{\sec 60^\circ}{\cot 45^\circ} - 2\frac{\sin 90^\circ}{\cos 0^\circ}$$

A. $\frac{1}{2}$　　B. 1

C. 2　　D. 0

11. मीनार से उत्तर की ओर एक बिन्दु A तथा दक्षिण दिशा की ओर एक अन्य बिन्दु B से मीनार की चोटी का उन्नयन कोण क्रमशः 60° तथा 45° है। यदि बिन्दु AB की लम्बाई 100 मी. हो तो मीनार की ऊँचाई ज्ञात करो।

A. $100\times\sqrt{3}\times(\sqrt{3}-1)$　　B. $50\times\sqrt{3}\times(\sqrt{3}-1)$

C. $\frac{50}{\sqrt{3}}\times(\sqrt{3}-1)$　　D. $\frac{100}{\sqrt{3}}\times(\sqrt{3}-1)$

12. किसी वृक्ष के आधार से 15 मी. दूरी से देखने पर वृक्ष की चोटी का उन्नयन कोण 60° हो तो वृक्ष की ऊँचाई ज्ञात करो।

A. $15\sqrt{3}$ मी.　　B. 20 मी.

C. $10\sqrt{3}$ मी.　　D. 10 मी.

13. यदि एक स्तम्भ की छाया उसकी कुल ऊँचाई की $\sqrt{3}$ गुनी लम्बी हो तो उस समय सूर्य का उन्नयन कोण क्या होगा?

A. 15°　　B. 30°

C. 45°　　D. 60°

14. 50 मी. ऊँचे एक जहाज के मस्तूल की चोटी से दो नावों को देखने पर उनका अवनमन कोण क्रमशः 45° और 30° है। यदि दोनों नाव मस्तूल की चोटी से एक समान दिशा पर हों तो नावों के बीच की दूरी ज्ञात करो।

A. $50\sqrt{3}$ मी.　　B. $50\sqrt{3+1}$ मी.

C. $50\sqrt{3-1}$ मी.　　D. $50\left(1-\frac{1}{\sqrt{3}}\right)$ मी.

उत्तरमाला

1	2	3	4	5	6	7	8	9	10
C	B	A	A	A	A	D	A	C	A
11	12	13	14						
B	A	B	C						

व्याख्यात्मक उत्तरमाला

1. $\sec\theta - \tan\theta = k$

$\sec^2\theta - \tan^2\theta = (\sec\theta + \tan\theta)(\sec\theta - \tan\theta)$

$1 = (\sec\theta + \tan\theta) \times k$

$\therefore \sec\theta + \tan\theta = \dfrac{1}{k}$

2. $5\tan\theta = 4$

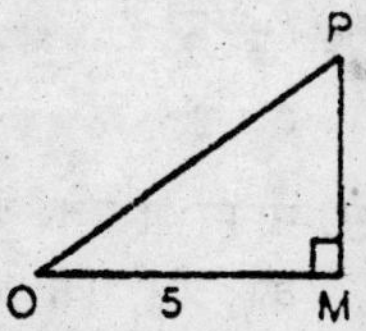

$\tan\theta = 4/5$

$\Rightarrow \quad MP = 4$

तथा $\quad OM = 5$

$\Rightarrow \quad OP^2 = OM^2 + MP^2 = (5)^2 + (4)^2 = 41$

$\therefore \quad OP = \sqrt{41}$

$\sin\theta = \dfrac{MP}{OP} = \dfrac{4}{\sqrt{41}}$

तथा $\cos\theta = \dfrac{MP}{OP} = \dfrac{5}{\sqrt{41}}$

$$\therefore \frac{5\sin\theta - 3\cos\theta}{5\sin\theta + 2\cos\theta} = \frac{5\times\frac{4}{\sqrt{41}} - 3\times\frac{5}{\sqrt{41}}}{5\times\frac{4}{\sqrt{41}} + 2\times\frac{5}{\sqrt{41}}}$$

$$= \frac{\frac{20}{\sqrt{41}} - \frac{15}{\sqrt{41}}}{\frac{20}{\sqrt{41}} + \frac{10}{\sqrt{41}}} = \frac{\frac{20-15}{\sqrt{41}}}{\frac{20+10}{\sqrt{41}}}$$

$$= \frac{\frac{5}{\sqrt{41}}}{\frac{30}{\sqrt{41}}} = \frac{5}{\sqrt{41}} \times \frac{\sqrt{41}}{30} = \frac{1}{6}$$

3.

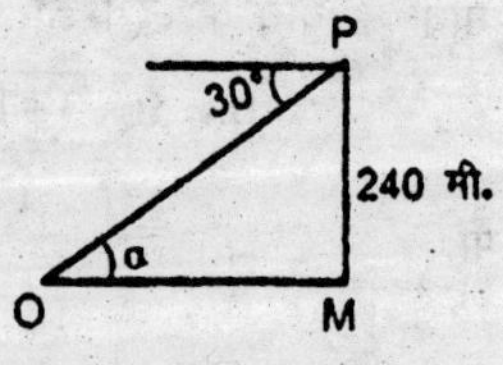

$MP = 240$ मी. $\quad \alpha = 30°$

जहाँ OM = मीनार के पाद से बिन्दु O की दूरी

$\therefore \quad \dfrac{MP}{OM} = \tan\alpha \Rightarrow \dfrac{240}{OM} = \tan 30°$

$\therefore \quad OM = \dfrac{240}{\tan 30°} = \dfrac{240}{1/\sqrt{3}} = 240 \times \sqrt{3}$ मी.

4. $\therefore \quad MP = 100$ मी.

$\angle\theta_1 = 60°$ तथा $\angle\theta_2 = 45°$

$OO_1 = OM - O_1M \qquad \ldots(i)$

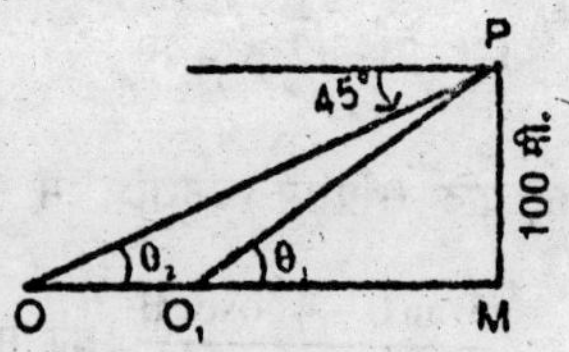

$\therefore \dfrac{MP}{O_1M} = \tan\theta_1$

$= \tan 60° = \sqrt{3}$

तथा $\dfrac{MP}{OM} = \tan\theta_2 = \tan 45° = 1$

$\therefore \qquad O_1M = \dfrac{MP}{\sqrt{3}} \qquad \ldots(ii)$

तथा $\qquad OM = MP \qquad \ldots(iii)$

समी. (ii) व (iii) का मान समी. (i) में रखने पर,

$OO_1 = OM - O_1M$

$= MP - \dfrac{MP}{\sqrt{3}} = MP\left(1 - \dfrac{1}{\sqrt{3}}\right)$

$= MP\left(\dfrac{\sqrt{3}-1}{\sqrt{3}}\right) = \dfrac{100(\sqrt{3}-1)}{\sqrt{3}}$

$= \dfrac{100(\sqrt{3}-1)\cdot\sqrt{3}}{\sqrt{3}\cdot\sqrt{3}} = \dfrac{100(3-\sqrt{3})}{3}$

5. $\because \tan(90-\theta) = \cot\theta = \dfrac{1}{\tan\theta} = \dfrac{1}{2-\sqrt{3}}$

$$= \frac{2+\sqrt{3}}{(2+\sqrt{3})(2-\sqrt{3})} = \frac{2+\sqrt{3}}{4-3}$$

$$= 2+\sqrt{3}$$

6. $\cos\theta = \dfrac{\text{आधार (OM)}}{\text{कर्ण (OP)}}$

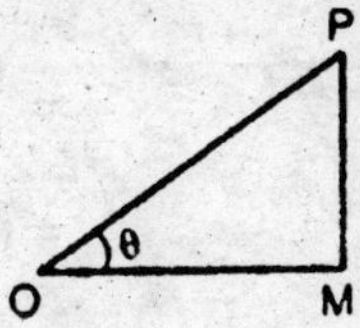

$\Rightarrow \dfrac{OM}{OP} = \dfrac{3}{5}$

$\Rightarrow OM = 3, \; OP = 5$

$\Rightarrow MP^2 = OP^2 - OM^2$

$= (5)^2 - (3)^2 = 16$

$\therefore MP = 4$

$\therefore \tan\theta = \dfrac{MP}{OM} = \dfrac{3}{5} \Rightarrow \cot\theta = \dfrac{3}{4}$

$\sec\theta = \dfrac{1}{\cos\theta} = \dfrac{OP}{OM} = \dfrac{5}{4}$

$\text{cosec}\,\theta = \dfrac{1}{\sin\theta} = \dfrac{OP}{MP} = \dfrac{5}{4}$

$\therefore$ व्यंजक $\dfrac{5\tan\theta - 4\,\text{cosec}\,\theta}{5\sec\theta - 4\cot\theta}$ का मान

$$= \frac{5\times\frac{4}{3} - 4\times\frac{5}{4}}{5\times\frac{5}{3} - 4\times\frac{3}{4}} = \frac{\frac{20}{3}-5}{\frac{25}{3}-3} = \frac{5}{16}$$

7. $\cos\theta = \dfrac{3}{5}$

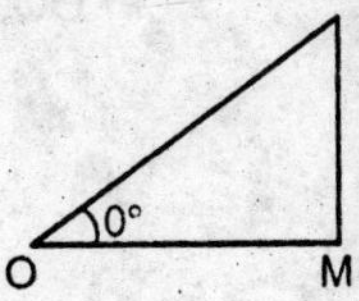

$\Rightarrow \dfrac{OM}{OP} = \dfrac{3}{5}$

$\Rightarrow OM = 3, OP = 5$

$MP^2 = OP^2 = (5)^2 - (3)^2 = 16$

$\therefore MP = 4$

$\therefore \tan\theta = \dfrac{\text{लम्ब (MP)}}{\text{आधार (OM)}} = \dfrac{4}{3}$

तथा $\sin\theta = \dfrac{MP}{OP} = \dfrac{4}{5}$

$\therefore$ व्यंजक $\dfrac{\sin\theta\cdot\tan\theta + 1}{2\tan^2\theta}$ का मान

$$= \frac{\frac{4}{5}\times\frac{4}{3}+1}{2\left(\frac{4}{3}\right)^2} = \frac{\frac{16}{15}+1}{2\times\frac{16}{9}} = \frac{\frac{31}{15}}{\frac{32}{9}}$$

$$= \frac{31}{15}\times\frac{9}{32} = \frac{93}{160}$$

8. $\dfrac{\cos 80^\circ}{\sin 10^\circ} + \cos 59^\circ \,\text{cosec}\, 31^\circ$

$$= \frac{\cos(90^\circ - 10^\circ)}{\sin 10^\circ} + \cos 59^\circ\,\text{cosec}\,(90^\circ - 59^\circ)$$

$$= \frac{\sin 10^\circ}{\sin 10^\circ} + \cos 59^\circ.\sec 59^\circ$$

$$= \frac{\sin 10^\circ}{\sin 10^\circ} + \frac{\cos 59^\circ}{\cos 59^\circ} = 1 + 1 = 2$$

9. $\left[\dfrac{\sin 35^\circ}{\cos 55^\circ}\right]^2 + \left[\dfrac{\cos 55^\circ}{\sin 35^\circ}\right]^2 - 2\cos 60^\circ$

$$= \left[\frac{\sin(90^\circ - 55^\circ)}{\cos 55^\circ}\right]^2 + \left[\frac{\cos(90^\circ - 35^\circ)}{\sin 35^\circ}\right]^2 - 2\cos 60^\circ$$

$$= \left[\frac{\cos 55^\circ}{\cos 55^\circ}\right]^2 + \left[\frac{\sin 35^\circ}{\sin 35^\circ}\right]^2 - 2\cos 60^\circ$$

[$\because \sin(90^\circ - \theta) = \cos\theta$ तथा $\cos(90^\circ - \theta) = \sin\theta$]

$= (1)^2 + (1)^2 - 2\times\dfrac{1}{2} = 1 \qquad \left[\because \cos 60^\circ = \dfrac{1}{2}\right]$

10. $\dfrac{\tan 45^\circ}{\text{cosec}\, 30^\circ} + \dfrac{\sec 60^\circ}{\cot 45^\circ} - 2\dfrac{\sin 90^\circ}{\cos 0^\circ}$

$$= \frac{1}{2} + \frac{2}{1} - \frac{2\times 1}{1} = \frac{1}{2}$$

[$\because \tan 45^\circ = 1, \text{cosec}\, 30^\circ = 2, \sec 60^\circ = 2$, $\cot 45^\circ = 1, \sin 90^\circ = 1$ तथा $\cos 0^\circ = 1$]

11.

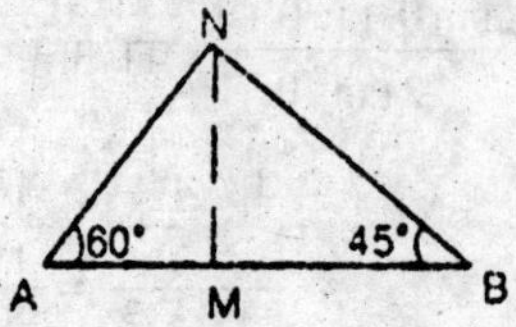

$\therefore \tan 60^\circ = \dfrac{MN}{AM}$ तथा $\tan 45^\circ = \dfrac{MN}{MB}$

$\therefore \quad \dfrac{MN}{AM} = \sqrt{3} \Rightarrow AM = \dfrac{MN}{\sqrt{3}}$ ...(*i*)

तथा $\dfrac{MN}{MB} = 1 \Rightarrow MN = MB$ ...(*ii*)

$\because \quad AB = AM + MB$

$\Rightarrow AM + MB = 100$ ...(*iii*)

समी. (*i*) व (*ii*) का मान समी. (*iii*) में रखने पर,

$$MN\left(\frac{1}{\sqrt{3}}+1\right) = 100$$

$$MN\frac{(1+\sqrt{3})}{\sqrt{3}} = 100$$

$$MN = \frac{\sqrt{3}\times 100}{\sqrt{3}+1} = \frac{\sqrt{3}\times 100}{\sqrt{3}+1}\times\frac{\sqrt{3}-1}{\sqrt{3}-1}$$

$$= \frac{\sqrt{3}\times(\sqrt{3}-1)\times 100}{3-1}$$

$$= 50\times\sqrt{3}\times(\sqrt{3}-1)$$

12. $OM = 15$ मी.

$\theta = 60^\circ$

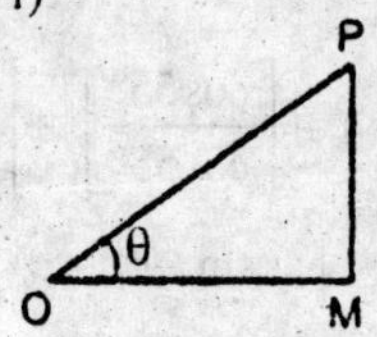

$\therefore \quad \dfrac{MP}{OM} = \tan 60^\circ$

$MP = OM \tan 60^\circ$

$= 15\times\sqrt{3}$ मी.

13. $\therefore \quad OM = \sqrt{3}\times MP$

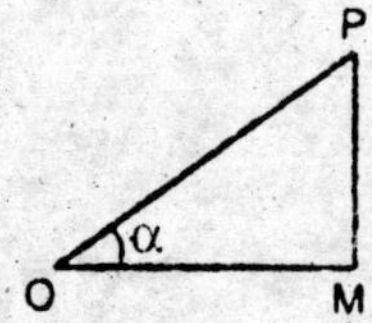

$\tan\alpha = \dfrac{MP}{OM}$

$= \dfrac{MP}{\sqrt{3}\,MP} = \dfrac{1}{\sqrt{3}}$

$= \tan\alpha = \tan 30^\circ \Rightarrow \alpha = 30^\circ$

14.

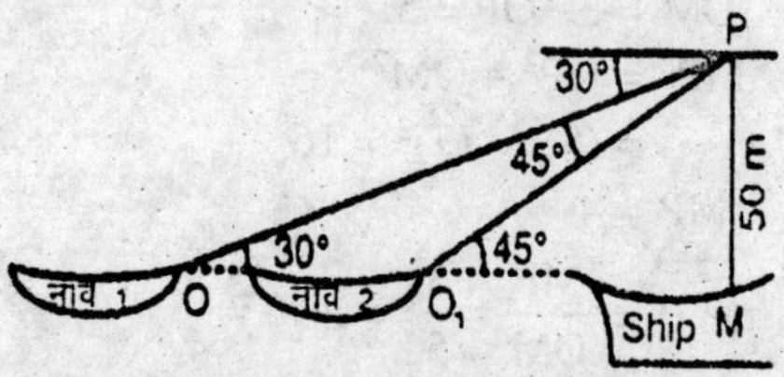

$\because \quad \tan 30^\circ = \dfrac{MP}{OM} \Rightarrow OM = \sqrt{3}MP$ ...(*i*)

तथा $\tan 45^\circ = \dfrac{MP}{O_1M} \Rightarrow MP = O_1M$ ...(*ii*)

परन्तु $MP = 50$ मी. समी. (*ii*) से,

$\therefore \quad O_1M = 50$ मी.

इसी प्रकार, $OM = \sqrt{3}\times 50$ मी.

चूंकि $OO_1 = OM - O_1M$

$\therefore \quad OO_1 = 50\sqrt{3} - 50 = 50(\sqrt{3}-1)$ मी.

☆☆☆☆☆☆

सामान्य बुद्धिमत्ता एवं तर्कशक्ति
(General Intelligence and Reasoning)

भाषिक

श्रृंखला (SERIES)

भाग-I अक्षर श्रृंखला (Letter Series)

अक्षर श्रृंखला में निहित अक्षरों का एक निश्चित क्रम होता है। दी गई अक्षर श्रृंखला में अक्षर वर्णमाला के सीधे क्रम में भी हो सकते हैं और वर्णमाला के विपरीत क्रम में भी। यही नहीं, एक ही श्रृंखला में अक्षर वर्णमाला के सीधे क्रम में और वर्णमाला के विपरीत या उल्टे क्रम में अर्थात् दोनों ही अनुक्रमों में भी हो सकते हैं। श्रृंखला में दिए गए क्रम में कुछ अक्षर छोड़े भी गए हो सकते हैं या ऐसा भी हो सकता है कि श्रृंखला में कुछ अक्षरों को एकाधिक बार प्रयुक्त किया गया हो या फिर वे क्रमागत हों। श्रृंखला एकल भी हो सकती है और एक ही श्रृंखला में एकांतर क्रम में दो अलग-अलग श्रृंखलाएं भी निहित हो सकती हैं। अक्षर श्रृंखला पर आधारित प्रश्नों को हल करते समय श्रृंखला के पैटर्न पर ध्यान दिया जाना आवश्यक होता है।

वर्णमाला के सीधे क्रम में अक्षरों की श्रृंखला है :

A B C D E F G H I J K L M N O P Q R S T U V W X Y Z

A ↓ पहला; E ↓ 5वाँ; J ↓ 10वाँ; O ↓ 15वाँ; T ↓ 20वाँ; Y ↓ 25वाँ

वर्णमाला के विपरीत या उल्टे क्रम में अक्षरों की श्रृंखला है :

Z Y X W V U T S R Q P O N M L K J I H G F E D C B A

Z ↓ पहला; V ↓ 5वाँ; Q ↓ 10वाँ; L ↓ 15वाँ; G ↓ 20वाँ; B ↓ 25वाँ

टिप्पणी : Z पर पहुंच कर श्रृंखला A से पुनः शुरू होती है और A पर पहुंच कर श्रृंखला Z से पुनः शुरू होती है।

हल किए गए उदाहरण

निर्देश: *नीचे दी गई श्रृंखला में प्रश्न चिह्न को प्रतिस्थापित करने के लिए दिए गए विकल्पों में से सही अक्षर का चयन करें :*

1. B D F H J ?

(*a*) L (*b*) O (*c*) M (*d*) K

उत्तर (*a*) : श्रृंखला में प्रत्येक दो अक्षरों के बीच वर्णमाला के सीधे क्रम में एक अक्षर छूट गया है।

B		D		F		H		J		L
	+2		+2		+2		+2		+2	

2. A Z B Y C ?

(*a*) D (*b*) X (*c*) U (*d*) E

उत्तर (*b*) : इस शृंखला में बारी-बारी से दो शृंखलाएं अंतर्निहित हैं :

शृंखला *I* : A B C (प्राकृतिक क्रम अर्थात् वर्णमाला के सीधे क्रम में क्रमागत अक्षर)

शृंखला *II* : Z Y X (वर्णमाला के विपरीत क्रम में क्रमागत अक्षर)

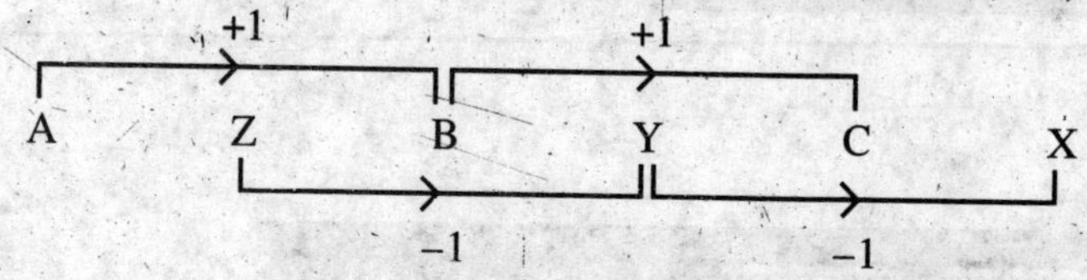

अभ्यास

निर्देश (प्र.सं. 1–10): *नीचे दी गई प्रत्येक शृंखला में अक्षरों का क्रम निर्धारित करें। तत्पश्चात् दिए गए विकल्पों में से उस विकल्प का चयन करें जिससे दी गई शृंखला में प्रश्न चिह्न प्रतिस्थापित होता हो।*

1. B Y C X D W E ?

(*a*) S (*b*) T
(*c*) U (*d*) V

2. A D C G E ?

(*a*) G (*b*) J
(*c*) I (*d*) L

3. L N P R T ?

(*a*) U (*b*) V
(*c*) W (*d*) Y

4. X O I F ?

(*a*) D (*b*) F
(*c*) B (*d*) E

5. B A F E J I P O ? U

(*a*) V (*b*) T
(*c*) S (*d*) Q

6. Z A A Y B B X C ?

(*a*) W (*b*) C
(*c*) V (*d*) D

7. A Z Y B X W C V U D T S E ?

(*a*) R S (*b*) S T
(*c*) R Q (*d*) Q R

8. C A B F D E I G H ?

(*a*) J L K (*b*) J K L
(*c*) L K J (*d*) L J K

9. B F K Q ?

(*a*) U (*b*) T
(*c*) X (*d*) Y

10. R K F ? B

(*a*) D (*b*) C
(*c*) E (*d*) B

व्याख्यात्मक उत्तर

1. (*d*) : दी गई शृंखला में बारी-बारी से दो अक्षर शृंखलाएं अंतर्निहित हैं।

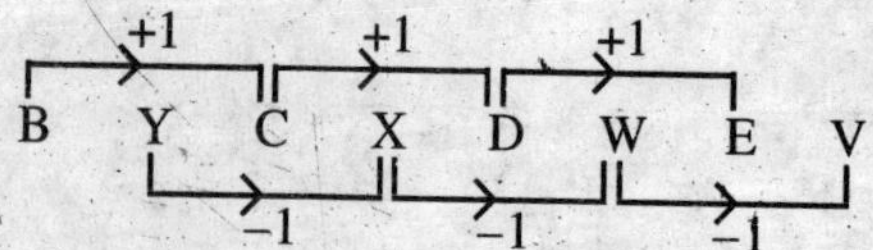

शृंखला I : BCDE (वर्णमला के सीधे क्रम में)

शृंखला II : YXWV (वर्णमाला के विपरीत क्रम में)

2. (*b*) : दी गई शृंखला में बारी-बारी से दो अक्षर शृंखलाएं अंतर्निहित हैं।

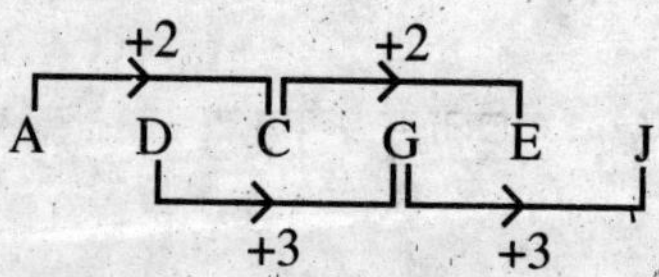

शृंखला I : ACE (शृंखला +2 पैटर्न का अनुपालन करती है)

शृंखला II : DGJ (शृंखला +3 पैटर्न का अनुपालन करती है)

3. (*b*) : शृंखला +2 पैटर्न का अनुपालन करती है, अर्थात्

L N P R T V

+2 +2 +2 +2 +2

4. (*b*) : शृंखला में दो सन्निकट अक्षरों के बीच वर्णमाला के विपरीत क्रम में क्रमशः 3 की कमी होती जाती है, अर्थात्

X O I F F

−9 −6 −3 −0

5. (*a*) : शृंखला में अंग्रेजी वर्णमाला के पांच स्वर (vowel) हैं अर्थात् (AEIOU) जिनमें से प्रत्येक के पहले वर्णमाला के सीधे क्रम में उसके ठीक बाद का क्रमागत अक्षर लिखा गया है।

B A F E J I P O V U

6. (*b*) : शृंखला में बारी-बारी से तीन शृंखलाएं अंतर्निहित हैं जिनमें से दूसरी और तीसरी शृंखलाएं एक जैसी हैं, अर्थात्

−1 −1

Z AA Y BB X CC

+1 +1

शृंखला I : ZYX (वर्णमाला के विपरीत क्रम में)

शृंखला II और III : ABC (वर्णमाला के सीधे क्रम में) अक्षर 'C' शृंखला II और III में उभयनिष्ठ है।

7. (*c*) : शृंखला में बारी-बारी से दो शृंखलाएं अंतर्निहित हैं।

+1 +1 +1 +1

A Z Y B X W C V U D T S E R Q

−1 −1 −1 −1 −1 −1 −1 −1 −1

शृंखला I : ABCDE (वर्णमाला के सीधे क्रम में)

शृंखला II : ZY XW VU TS RQ (वर्णमाला के विपरीत क्रम में एक साथ दो अक्षर)

8. (*d*) : वर्णमाला के सीधे क्रम में 3 अक्षरों के समूह से एक खंड निर्मित होता है। प्रत्येक खंड में 3 अक्षरों के समूह में पहला अक्षर बीच में है जिसकी दाहिनी ओर उसका क्रमागत अक्षर है तथा तीसरा क्रमागत अक्षर बीच के अक्षर की बायीं ओर अवस्थित है।

CAB FDE IGH LJK

9. (*c*) : शृंखला में दो सन्निकट अक्षरों के बीच अंतर में प्रत्येक चरण में एक की वृद्धि होती जाती है।

B F K Q X

+4 +5 +6 +7

10. (*b*) : शृंखला में दो क्रमागत अक्षरों के बीच वर्णमाला के विपरीत क्रम में अंतर में क्रमशः 2 की कमी होती जाती है।

R K F C B

−7 −5 −3 −1

भाग-II गलत या बेमेल अक्षर-शृंखला (Wrong Letter Series)

इस प्रकार के प्रश्नों में दी गई शृंखला में अभ्यर्थियों को ऐसे अक्षर या अक्षर-समूह ज्ञात करने की आवश्यकता नहीं होती जिनसे दी गई शृंखला पूर्ण होती है बल्कि उन्हें ऐसे अक्षर का पता लगाना होता है जो शृंखला में गलत या बेमेल हो।

हल किए गए उदाहरण

दी गई शृंखला में कौन-सा अक्षर गलत या बेमेल है?

J M P T V Y

(*a*) J (*b*) P (*c*) T (*d*) Y

उत्तर (*c*) : शृंखला में दो सन्निकट अक्षरों के बीच वर्णमाला के क्रम में +3 का अंतर है।

J M P S V Y

+3 +3 +3 +3 +3

अतः अक्षर T के स्थान पर S होना चाहिए।

अभ्यास

निर्देश (प्र.सं. 1–10): *नीचे के प्रत्येक प्रश्न में दी गई अक्षर-शृंखला में कौन-सा अक्षर या अक्षर-समूह गलत या बेमेल है?*

1. AEHOU
(*a*) U (*b*) O
(*c*) H (*d*) E

2. CHMSWB
(*a*) C (*b*) S
(*c*) B (*d*) W

3. XSNICY
(*a*) Y (*b*) C
(*c*) S (*d*) I

4. ZAWBXC
(*a*) D (*b*) C
(*c*) X (*d*) W

5. MLONQPR
(*a*) R (*b*) O
(*e*) Q (*d*) L

6. DKRYFL
(*a*) L (*b*) D
(*c*) R (*d*) Y

7. LNQTWZCF
(*a*) C (*b*) Q
(*c*) L (*d*) F

8. XW, DC, CB, NM, PQ
(*a*) NM (*b*) CB
(*c*) PQ (*d*) XW

9. BEINSAI
(*a*) A (*b*) E
(*c*) S (*d*) I

10. ZTPKHF
(*a*) Z (*b*) P
(*c*) T (*d*) F

व्याख्यात्मक उत्तर

1. (*c*): शृंखला अंग्रेजी वर्णमाला के केवल स्वरों AEIOU से निर्मित है। अत: H के स्थान पर I होना चाहिए।

2. (*b*): शृंखला में दो सन्निकट अक्षरों के बीच वर्णमाला के सीधे क्रम में +5 का अंतर है।

C H M R W B
+5 +5 +5 +5 +5

अत: शृंखला में S के स्थान पर R होना चाहिए।
(शृंखला Z पर पहुंचने के बाद A से पुन: शुरू होती है।)

3. (*b*): शृंखला में दो सन्निकट अक्षरों के बीच वर्णमाला के उल्टे क्रम में –5 का अंतर है।

X S N I D Y
–5 –5 –5 –5 –5

अत: C के स्थान पर D होना चाहिए।

4. (*d*): दी गई शृंखला में दो शृंखलाएं अंतर्निहित हैं :

+1 +1
Z A Y B X C
–1 –1

शृंखला I : ZYX (वर्णमाला के विपरीत क्रम में)
शृंखला II : ABC (वर्णमाला के सीधे क्रम में)
अत: शृंखला में W के स्थान पर Y होना चाहिए।

5. (*a*): शृंखला में दो क्रमागत अक्षर विपरीत क्रम में लिखे गए हैं।

<u>ML</u> <u>ON</u> <u>QP</u> <u>SR</u>

अत: शृंखला में R के स्थान पर S होना चाहिए।

6. (*a*): शृंखला में दो सन्निकट अक्षरों के बीच +7 का अंतर है।

D K R Y F M
+7 +7 +7 +7 +7

अत: शृंखला में L के स्थान पर M होना चाहिए।

7. (*c*): शृंखला में दो सन्निकट अक्षरों के बीच +3 का अंतर है।

K N Q T W Z C F
+3 +3 +3 +3 +3 +3 +3

अत: L के स्थान पर K होना चाहिए।

8. (*c*): शृंखला कोई भी दो क्रमागत अक्षरों को वर्णमाला के विपरीत क्रम में शामिल करके निर्मित की गई है।

XW ← DC ← CB ← NM ← QP ←

अत: शृंखला में P से पहले Q आना चाहिए।

9. (*c*) : शृंखला में प्रत्येक चरण में दो सन्निकट अक्षरों के बीच अंतर में एक की वृद्धि होती जाती है।

B E I N T A I

+3 +4 +5 +6 +7 +8

अत: शृंखला में S के स्थान पर T होना चाहिए।

10. (*b*) : वर्णमाला के विपरीत क्रम में लिखी गई इस शृंखला में प्रत्येक चरण में दो सन्निकट अक्षरों के बीच अंतर में एक की कमी होती जाती है।

Z T O K H F

–6 –5 –4 –3 –2

अत: P के स्थान पर O होना चाहिए।

भाग-III संख्या-शृंखला (Number Series)

इस प्रकार की शृंखला में दी गई संख्याओं के समुच्चय एक दूसरे से एक विशेष पैटर्न या रुप में संबंधित होते हैं। संख्याओं के बीच संबंध *(i)* क्रमागत विषम/सम संख्याओं; *(ii)* क्रमागत अविभाज्य संख्याओं; *(iii)* किसी संख्या (या संख्याओं) का वर्गफल/घनफल जिसमें किसी संख्या को जोड़ने या घटाने पर परिवर्तन होता है/नहीं होता; *(iv)* पूर्ववर्ती संख्याओं का योग/गुणनफल/अंतर; *(v)* किसी संख्या से योग/घटाव/गुणा/भाग; और *(vi)* उपर्युक्त संबंधों के अनेक और भी संयोजनों पर आधारित होता है।

हल किए गए उदाहरण

1. नीचे दी गई संख्या-शृंखला को पूरा करने के लिए कौन-सा विकल्प उपयुक्त है?

4, 8, 12, 16, ?

(a) 18 *(b)* 20 *(c)* 22 *(d)* 24

उत्तर (*b*): शृंखला में अंतर्निहित संख्याएं 4 की गुणज (multiples) हैं। शृंखला में अंतर्निहित अवयवों की एक अन्य व्याख्या यह है कि शृंखला की दो आनुक्रमिक संख्याओं के बीच 4 का अंतर है।

4 8 12 16 20

×2 ×3 ×4 ×5

या

4 8 12 16 20

+4 +4 +4 +4

2. दी गई शृंखला में प्रश्न चिह्न के स्थान पर क्या होगा?

2, 14, 98, 686, ?

(a) 1976 *(b)* 2548 *(c)* 980 *(d)* 4802

उत्तर (*d*) : शृंखला में अंतर्निहित संख्याएं 7 की गुणज हैं।

2 14 98 686 4802

×7 ×7 ×7 ×7

(किसी दी गई संख्या-शृंखला में बारी-बारी से एकाधिक शृंखलाएं भी अंतर्निहित हो सकती हैं।)

अभ्यास

निर्देश (प्र.सं. 1–10): *शृंखलाओं को पूरा करने के लिए दिए गए विकल्पों में से लुप्त पद/संख्या ज्ञात करें।*

1. 3, 9, 27, 81, 243, ?
(*a*) 486 (*b*) 729
(*c*) 972 (*d*) 359

2. 1, 6, 12, 19, 27, ?
(*a*) 38 (*b*) 35
(*c*) 36 (*d*) 54

3. 8, 48, 16, 96, 32, ?
(*a*) 192 (*b*) 150
(*c*) 64 (*d*) 288

4. 2, 3, 6, 18, 108, ?
(*a*) 1944 (*b*) 1658
(*c*) 648 (*d*) 1008

5. 1, 2, 3, 2, 3, 5, 4, 5, ?
(*a*) 9 (*b*) 6
(*c*) 10 (*d*) 7

6. 3, 8, 13, 24, 41, ?
(*a*) 65 (*b*) 75
(*c*) 70 (*d*) 80

7. 0, 8, 24, 48, 80, ?
(*a*) 110 (*b*) 96
(*c*) 120 (*d*) 140

8. 0, 5, 22, 57, ?, 205
(*a*) 198 (*b*) 116
(*c*) 172 (*d*) 92

9. 6, 9, 18, 45, 126, 369, ?
(*a*) 1059 (*b*) 1095
(*c*) 1098 (*d*) 1089

10. 1, 2, 5, 12, 27, 58, 121, ?
(*a*) 246 (*b*) 247
(*c*) 248 (*d*) 249

व्याख्यात्मक उत्तर

1. (*b*) : शृंखला में निहित संख्याओं को अगली संख्या प्राप्त करने के लिए 3 से गुणा किया गया है।

2. (*c*) : शृंखला के आरंभिक पदों अर्थात् 1 और 6 के बीच 5 का अंतर है और तत्पश्चात् शृंखला की आनुक्रमिक संख्याओं के बीच अंतर में क्रमशः 1 की वृद्धि होती जाती है।

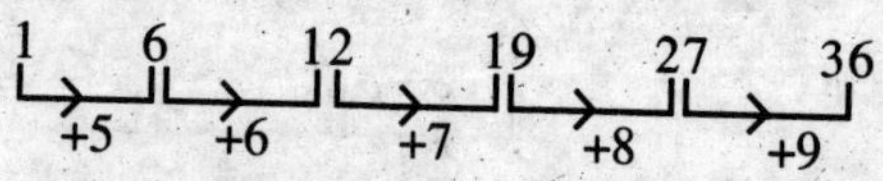

3. (*a*) : *व्याख्या I* : शृंखला में पहले 6 से गुणा करने और तत्पश्चात् 3 से भाग करने का पैटर्न अपनाया गया है जिसकी पुनरावृत्ति होती है।

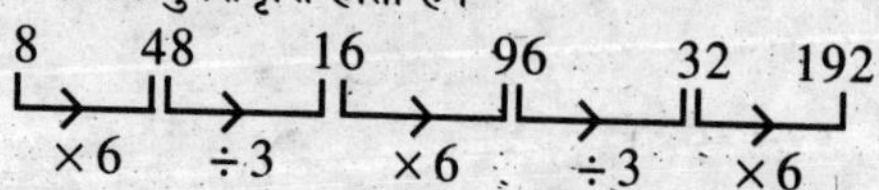

व्याख्या II : शृंखला में बारी–बारी से दो शृंखलाएं अंतर्निहित हैं और प्रत्येक शृंखला में पहले की संख्या को 2 से गुणा करने पर आनुक्रमिक संख्या प्राप्त होती है।

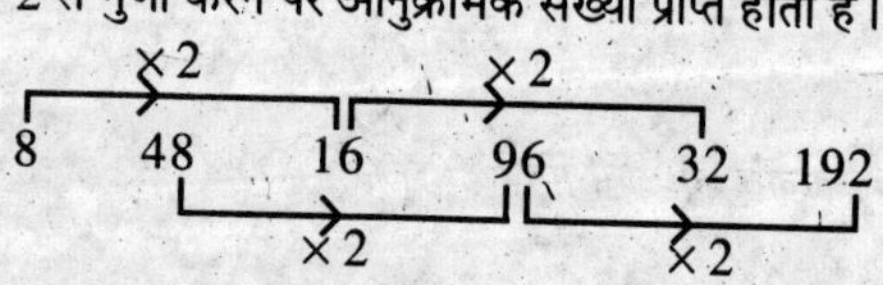

शृंखला I : 8, 16, 32
शृंखला II : 48, 96, 192

4. (*a*) : शृंखला में हर तीसरी संख्या पूर्ववर्ती दो संख्याओं का गुणनफल है।

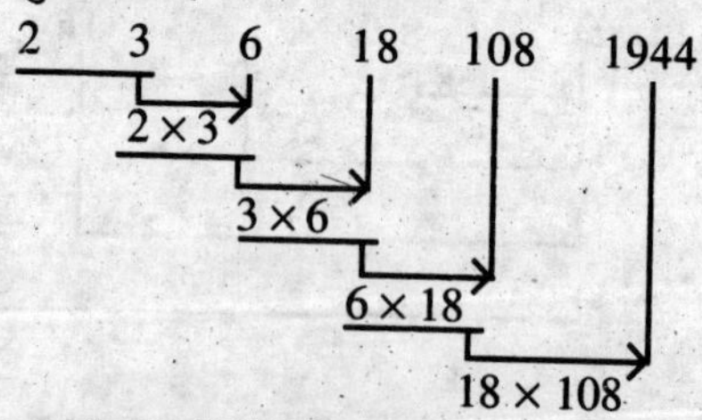

5. (*a*) : इस शृंखला में तीन संख्याओं से एक समुच्चय निर्मित होता है जिनमें से प्रत्येक समुच्चय में पहली दो संख्याएं सीधे क्रम में हैं तथा तीसरी संख्या पहली और दूसरी संख्याओं का योग है। अगले समुच्चय की पहली संख्या पूर्ववर्ती समुच्चय की पहली संख्या की दोगुनी है।

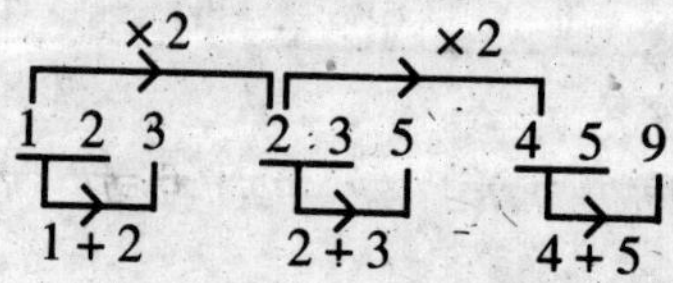

6. (c) : शृंखला में निम्नलिखित पैटर्न का अनुपालन किया जाता है :
(दी गई संख्या + अगली संख्या) +2 से आरंभ करके प्रत्येक चरण में 1 की वृद्धि करते हुए क्रमागत प्राकृतिक संख्या का योग :

3 8 13 24 41 70

(3+8) + 2, (8 + 13) + 3, (13 + 24) + 4, (24 + 41) + 5

7. (c) : शृंखला की संख्याएं प्राकृतिक क्रम में दो सम संख्याओं का गुणनफल हैं, अर्थात्

0	8	24	48	80	120
↓	↓	↓	↓	↓	↓
(0 × 2)	(2 × 4)	(4 × 6)	(6 × 8)	(8 × 10)	(10 × 12)

8. (b) : शृंखला निम्नलिखित पैटर्न का अनुपालन करती है : 1 से आरंभ करके प्राकृतिक संख्याओं का घनफल घटा 1 से आरंभ करके एकांतर विषम संख्याएं

0	5	22	57	116	205
↓	↓	↓	↓	↓	↓
$1^3–1$	$2^3–3$	$3^3–5$	$4^3–7$	$5^3–9$	$6^3–11$

9. (c) : शृंखला की आनुक्रमिक संख्याओं के बीच अंतर 3 की घात में वृद्धि के साथ बढ़ता है।

6 9 18 45 126 369 1098

+3, $+9 = 3^2$, $+27 = 3^3$, $+81 = 3^4$, $+243 = 3^5$, $+729 = 3^6$

10. (c) : शृंखला में निहित संख्या को 2 से गुणा करके 0 से आरंभ करके प्राकृतिक क्रम में संख्याओं को जोड़ने पर अगली संख्या प्राप्त होती है।

1 2 5 12 27 58 121 248

(1 × 2)+0, (2 × 2)+1, (5 × 2)+2, (12 × 2)+3, (27 × 2)+4, (58 × 2)+5, (121 × 2)+6

भाग-IV मिश्रित-शृंखला (Mixed Series)

मिश्रित-शृंखला में अक्षरों और संख्याओं का संयोजन होता है। इस प्रकार की शृंखला में अक्षरों और संख्याओं का एक सर्वनिष्ठ पैटर्न या अलग-अलग अनुक्रम पैटर्न हो सकता है।

हल किए गए उदाहरण

1. निम्नलिखित अक्षर-संख्या संयोजन शृंखला में प्रश्न चिह्न के स्थान पर क्या आएगा?
F6, H8, J10, L12, ?
(*a*) N15 (*b*) O14 (*c*) N14 (*d*) O13

उत्तर (*c*) : शृंखला में अक्षर वर्णमाला के सीधे क्रम में दो स्थान आगे की ओर बढ़ते हैं तथा संख्या वर्णमाला में अक्षरों के स्थान को इंगित करती है।

F6 H8 J10 L12 N14

+2 +2 +2 +2

2. दिए गए विकल्पों में से कौन-सा विकल्प निम्नलिखित शृंखला को पूरा करता है?
R(2)S, T(4)U, V(6)W, ?
(*a*) X(8)Y (*b*) Y(10)Z (*c*) Z(8)A (*d*) Y(6)Z

उत्तर (*a*) : अक्षर वर्णमाला के सीधे क्रम में हैं जबकि संख्याएं 2 की आनुक्रमिक गुणज हैं।

अभ्यास

निर्देश (प्र.सं. 1–3): *नीचे की प्रत्येक शृंखला में प्रश्न चिह्न के स्थान पर क्या आएगा?*

1. 2B, 4C, 8E, 14H, ?
(*a*) 20L (*b*) 22L
(*c*) 21I (*d*) 16K

2. W(1)A, X(4)Z, Y(9)Y, ?, A(25)W
(*a*) X(11)Z (*b*) Z(21)A
(*c*) Z(16)X (*d*) Z(14)X

3. D2, I3, N6, S18, ?
(*a*) V72 (*b*) W36
(*c*) Y90 (*d*) X108

निर्देश (प्र.सं. 4 और 5): *नीचे की प्रत्येक अक्षर-संख्या शृंखला में कौन-सा पद बेमेल/शृंखला में उपयुक्त नहीं है?*

4. G4T, J10R, M20P, P43N, S90L
(*a*) J10R (*b*) S90L
(*c*) M20P (*d*) G4T

5. B0R, G3U, E3P, J7S, H9N
(*a*) E3P (*b*) J7S
(*c*) H9N (*d*) G3U

व्याख्यात्मक उत्तर

1. (*b*) : शृंखला में संख्याओं का अनुक्रम +2, +4, +6 +8 का तथा अक्षरों का अनुक्रम +1, +2, +3, +4 का है।

2. (*c*) : शृंखला में दिए गए समूहों में बायीं ओर के अक्षर वर्णमाला के विपरीत क्रम में हैं और दाहिनी ओर के अक्षर वर्णमाला के सीधे क्रम में हैं तथा संख्याएं 1 से आरंभ करके प्राकृतिक क्रम में क्रमागत संख्याओं के वर्ग हैं।

3. (*d*) : अक्षर +5 पैटर्न का अनुपालन करते हैं और हर तीसरी संख्या अपनी पूर्ववर्ती दो संख्याओं का गुणनफल है।

4. (*a*) : शृंखला में दिए गए समूहों में बायीं ओर के अक्षर +3 पैटर्न का, दायीं ओर के अक्षर –2 पैटर्न का अनुपालन करते हैं तथा संख्याओं द्वारा (4 × 2) +1, (9 × 2)+2, (20 × 2) +3, (43 × 2) + 4 पैटर्न का अनुपालन किया जाता है। अत: J10R के स्थान पर शृंखला में J9R होना चाहिए।

5. (*b*) : शृंखला के दिए गए समूहों में बायीं ओर के अक्षर +5, –2 (5 चरण आगे, 2 चरण पीछे) पैटर्न का अनुपालन करते हैं जिसकी आगे भी पुनरावृत्ति होती है। समूहों में दायीं ओर +3, –5 (3 चरण आगे, 5 चरण पीछे) पैटर्न का अनुपालन किया जाता है जिसकी पुनरावृत्ति होती है। शृंखला की संख्याएं शृंखला में अपने पूर्ववर्ती दो संख्याओं के योग के बराबर हैं। अत: J7S के स्थान पर J6S होना चाहिए।

सादृश्य या संबंध
(ANALOGIES OR RELATIONSHIPS)

भाग-I शब्द सादृश्य (Word Analogy)

संबंध या सादृश्य परीक्षा में दिए गए दो शब्दों के बीच संबंध स्थापित किया जाता है और उसी संबंध को दिए गए अन्य शब्दों पर अनुप्रयुक्त किया जाता है। दिए गए दो शब्दों के बीच विभिन्न प्रकार के संबंध हो सकते हैं, अतः इस प्रकार के प्रश्नों को हल करते समय सर्वप्रथम यह ज्ञात करना होता है कि दिए गए दो शब्दों के बीच किस प्रकार का संबंध है। शब्दों के बीच विभिन्न संबंधों पर नीचे चर्चा की गई है :

हल किए गए उदाहरण

1. क्रिया-साधन संबंध **(Action Object Relationship)**

उदाहरण : जैसे गोली चलाना और 'बंदूक' का संबंध है उसी प्रकार 'खाने' से किसका संबंध है?

(*a*) भूख (*b*) प्यास (*c*) रात्रि-भोज (*d*) फल

उत्तर (*d*) : दिए गए शब्दों के बीच संबंध यह है कि गोली चलाना एक क्रिया है और 'बंदूक' उस क्रिया को करने का एक विशिष्ट साधन या उपकरण है। इसी प्रकार 'खाना' एक क्रिया है और 'फल' इस क्रिया को करने अर्थात् खाने का साधन या उपकरण है।

2. साहचर्य संबंध (Association Relationship)

उदाहरण : जो संबंध 'ग्लैमर' और 'प्रसिद्धि' में है, ठीक वैसा ही संबंध 'रंग' का किससे है?

(*a*) इंद्रधनुष (*b*) छाया (*c*) कला (*d*) चित्रकारी

उत्तर (*d*) : जिस प्रकार ग्लैमर से प्रसिद्धि प्राप्त होती है उसी प्रकार 'रंग' से चित्रकारी की जाती है।

3. विपर्याय (विलोम) संबंध (Antonym Relationship)

उदाहरण : अंतर्मुखी : बहिर्मुखी

(*a*) कोण : स्पर्श रेखा (*b*) चरम : अंतरिम (*c*) प्रतिकूल : अनुकूल (*d*) क्रिया : नियम

उत्तर (*c*) : संबंधित शब्द विपरीतार्थक हैं।

4. कार्य-कारण संबंध (Cause and Effect Relationship)

उदाहरण : चोट : दर्द

(*a*) कोटि : योग्यता (*b*) बादल गरजना : बिजली चमकना

(*c*) घूमाना : बिलोना (*d*) धन : परिश्रम

उत्तर (*b*) : जिस प्रकार चोट के कारण दर्द होता है उसी प्रकार बादल गरजने के कारण बिजली चमकती है।

5. कोटि या अंश संबंध (Degree Relationship)

उदाहरण : गुनगुना का जो संबंध 'गरम' से वही संबंध बिलखना या विलाप करने का किससे है?

(*a*) सिसकना (*b*) चिल्लाना (*c*) मुस्कराना (*d*) शांत रहना

उत्तर (*a*) : 'गुनगुना' का अर्थ है 'थोड़ा गरम'। इसी प्रकार बिलखने या विलाप करने की निम्न कोटि है 'सिसकना'।

अभ्यास

निर्देश (प्र.सं. 1–5): *पूछे गए प्रत्येक प्रश्न में पहले दिए गए दो शब्दों के बीच संबंध स्थापित करें। तत्पश्चात् दिए गए विकल्पों में से उस विकल्प का चयन करें जिसके शब्द और प्रश्न में दिए गए तीसरे शब्द के बीच ठीक वैसा ही संबंध या सादृश्य हो जैसा कि पहले के दो शब्दों के बीच है।*

1. जो संबंध 'उन्माद' और 'सनक' में है वही संबंध 'भय' और निम्नलिखित में से किसमें है?

(*a*) इच्छा (*b*) शौक
(*c*) आवश्यकता (*d*) डर

2. 'हकलाना' जिस प्रकार 'वाणी' से संबंधित है उसी प्रकार 'बहरापन' का संबंध निम्नलिखित में से किससे है?

(*a*) कान (*b*) सुनना
(*c*) शोर (*d*) चुप्पी

3. जिस प्रकार 'नेता', 'अनुयायी' से संबंधित है, उसी प्रकार .... संबंधित है सिपाही से।

(*a*) कैप्टन (*b*) यूनिट
(*c*) सेना (*d*) बैरक

4. जिस प्रकार 'चिल्लाहट', 'फुसफुसाहट' से संबंधित है, उसी प्रकार 'मारना' निम्नलिखित में से किससे संबंधित है?

(*a*) थप्पड़ मारने (*b*) छूना
(*c*) क्रोध (*d*) शोरगुल

5. जिस प्रकार 'पंजा', 'बिल्ली' से संबंधित है उसी प्रकार 'खुर' निम्नलिखित में से किससे संबंधित है?

(*a*) घोड़ा (*b*) मेमना
(*c*) हाथी (*d*) शेर

निर्देश (प्र.सं. 6–10): *नीचे दिए गए प्रत्येक प्रश्न में :: चिह्न की बाईं ओर दो शब्द दिए गए हैं। इन दोनों शब्दों में कुछ संबंध है। वैसा ही संबंध :: चिह्न की दाईं ओर के दो शब्दों में है जिनमें से एक शब्द के स्थान पर प्रश्नवाचक चिह्न (?) है। प्रश्नवाचक चिह्न (?) के स्थान पर दिए गए विकल्पों में से एक उपयुक्त विकल्प का चयन करें।*

6. शिकारी : बंदूक :: लेखक : ?

(*a*) पुस्तक (*b*) कलम
(*c*) कविता (*d*) पृष्ठ

7. भोजन : आमाशय :: ईंधन : ?

(*a*) इंजन (*b*) ऑटोमोबाइल
(*c*) रेल (*d*) वायुयान

8. जल : रेत :: महासागर : ?

(*a*) द्वीप (*b*) नदी
(*c*) मरुभूमि (*d*) तरंगें

9. वयस्क : बच्चा :: फूल : ?

(*a*) बीज (*b*) कली
(*c*) फल (*d*) तितली

10. मोती : कंठहार :: फूल : ?

(*a*) पौधा (*b*) बगीचा
(*c*) पँखुड़ी (*d*) गुलदस्ता

व्याख्यात्मक उत्तर

1. (*d*) : संबंधित शब्द पर्यायवाची हैं।

2. (*b*) : 'वाणी' के दोष से 'हकलाने' की समस्या उत्पन्न होती है जबकि 'सुनने' में कठिनाई से 'बहरापन' उत्पन्न होता है।

3. (*a*) : जिस प्रकार 'अनुयायी' अपने 'नेता' से मार्गदर्शन प्राप्त करते हैं उसी प्रकार 'सिपाही' को अपने 'कैप्टन' से मार्गदर्शन प्राप्त होता है।

4. (*b*) : 'चिल्लाहट' की तीव्रता में अत्यधिक कमी कर दी जाए तो वह 'फुसफुसाहट' का रूप ले लेती है और यदि 'मारने' की तीव्रता कम कर दी जाए तो वैसी क्रिया 'छूना' मात्र रह जाएगी।

5. (*a*) : 'बिल्ली' के 'पैर में' 'पंजा' होता है जबकि 'घोड़ा' के पैर में 'खुर' होता है।

6. (*b*) : 'शिकारी' का हथियार 'बंदूक' है और 'लेखक' का हथियार 'कलम' है।

7. (*a*) : 'भोजन', 'आमाशय' में पचता है और 'ईंधन' की खपत 'इंजन' में होती है।

8. (*c*) : संबंधित शब्द एक दूसरे के लगभग विपरीतार्थक शब्द हैं।

9. (*b*) : 'बच्चा' विकसित होकर 'वयस्क' बनता है और 'कली' खिलकर 'फूल' बनती है।

10. (*d*) : बहुत से मोतियों को मिला कर 'कंठहार' और बहुत से फूलों को मिलाकर 'गुलदस्ता' बनाया जाता है।

भाग-II अक्षर सादृश्य (Letter Analogy)

इस प्रकार के सादृश्य में अक्षरों के दो दिए गए समुच्चयों के बीच संबंध स्थापित किया जाता है और तत्पश्चात् अक्षरों के दिए गए तीसरे समुच्चय पर पहले दो अक्षर समुच्चयों के बीच के संबंध को अनुप्रयुक्त करके अक्षरों के चौथे अपेक्षित समुच्चय को ज्ञात किया जाता है। दिए गए दो अक्षर समुच्चयों में से पहले समुच्चय के अक्षरों को कुछ चरण आगे या पीछे करके, संपूर्ण समुच्चय के अक्षरों को या समुच्चय के कुछ अक्षरों को उलटे क्रम में लिखकर दूसरे समुच्चय के अक्षरों को प्राप्त किया जा सकता है।

हल किए गए उदाहरण

निर्देश: *दिए गए विकल्पों में से कौन-सा अक्षर-समूह प्रश्नचिह्न (?) के स्थान पर आएगा?*

1. JILK : KLIJ : : MNPQ : ?

(*a*) QNPM (*b*) MPQN (*c*) QPNM (*d*) PNMQ

उत्तर (*c*) : :: की बायीं ओर के अक्षर-समूहों में से पहले अक्षर-समूह के अक्षरों को विपरीत क्रम में लिखकर दूसरा अक्षर-समूह प्राप्त किया गया है। यही संबंध :: की दाहिनी ओर के दिए गए अक्षर समूह के अक्षरों पर अनुप्रयुक्त करने पर अपेक्षित अक्षर-समूह प्राप्त होता है।

2. FLO : DOL : : RDP : ?

(*a*) PGM (*b*) MGP (*c*) GMP (*d*) MPG

उत्तर (*a*) : पहले और तीसरे अक्षरों को क्रमशः –2 और –3 चरण पीछे खिसका कर और दूसरे अक्षर को +3 चरण आगे बढ़ा कर :: चिह्न की बायीं ओर का दूसरा अक्षर समुच्चय प्राप्त होता है। यही संबंध :: चिह्न की दायीं ओर के पहले अक्षर समुच्चय पर लगाने पर प्रश्न चिह्न के स्थान पर अक्षर समुच्चय प्राप्त होता है।

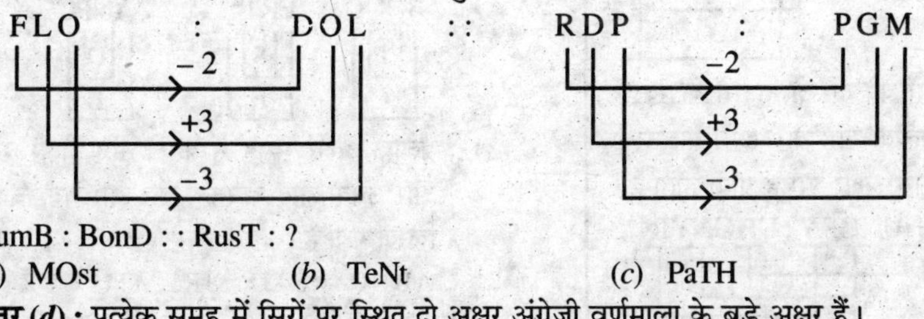

3. DumB : BonD : : RusT : ?

(*a*) MOst (*b*) TeNt (*c*) PaTH (*d*) WorK

उत्तर (*d*) : प्रत्येक समूह में सिरों पर स्थित दो अक्षर अंग्रेजी वर्णमाला के बड़े अक्षर हैं।

अभ्यास

निर्देश (प्र.सं. 1–10): *नीचे के प्रत्येक प्रश्न में एक लुप्त पद है। प्रश्न में :: चिह्न की बायीं ओर के दो अक्षर-समूहों में जो समानता या सादृश्य है वैसी ही समानता या सादृश्य :: चिह्न की दायीं ओर के दो अक्षर समूहों में है जिनमें से एक अक्षर समूह के स्थान पर प्रश्नवाचक चिह्न (?) लगा है। प्रश्नवाचक चिह्न (?) के स्थान पर लुप्त पद ज्ञात करें।*

1. GFC : CFG : : RPJ : ?
(*a*) JRP (*b*) JPR
(*c*) PJR (*d*) RJP

2. BCF : DEG : : MNQ : ?
(*a*) OPR (*b*) PQS
(*c*) OPP (*d*) QRT

3. NATION : ANITNO : : HUNGRY : ?
(*a*) HNUGRY (*b*) UNHGYR
(*c*) YRNGUH (*d*) UHGNYR

4. ACE : FGH : : LNP : ?
(*a*) QRS (*b*) PQR
(*c*) QST (*d*) MOQ

5. BOQD : ERTG : : ANPC : ?
(*a*) DQSF (*b*) FSHU
(*c*) SHFU (*d*) DSQF

6. BCDA : STUR : : KLMJ : ?
(*a*) VWXU (*b*) EFHG
(*c*) SRTU (*d*) QSRP

7. RUX : TRP : : BEH : ?
(*a*) SQN (*b*) QON
(*c*) QOM (*d*) QNL

8. BCDE : WVUT : : QRST : ?
(*a*) EFHG (*b*) JIHG
(*c*) POML (*d*) GEDC

9. AKU : AJS : : CRD : ?
(*a*) BQE (*b*) CQB
(*c*) DSB (*d*) APC

10. ODL : LOD : : PWN : ?
(*a*) WNP (*b*) NWP
(*c*) NPW (*d*) NMP

व्याख्यात्मक उत्तर

1. (*b*) : पहले समूह के अक्षरों को उलटे क्रम में लिखने पर दूसरा अक्षर-समूह प्राप्त होता है।

GFC : CFG : : RPJ : JPR

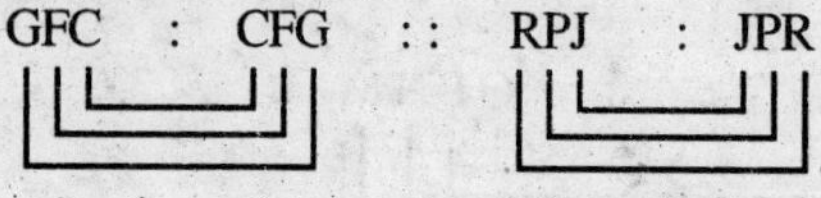

2. (*a*) : पहले और दूसरे समूह के तीनों अक्षरों के बीच वर्णमाला के सीधे क्रम में क्रमशः +2, +2 और +1 चरणों का अंतर है।

BCF : DEG : : MNQ : OPR

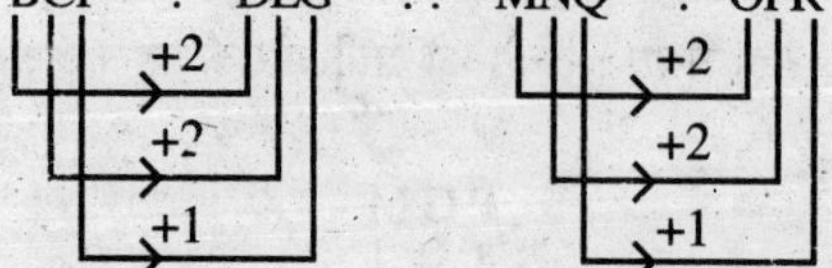

3. (*d*) : पहले समूह के अक्षरों को दो-दो अक्षरों के खंडों में विभाजित करके प्रत्येक खंड के अक्षरों को उल्टे क्रम में लिखने पर दूसरा अक्षर-समूह प्राप्त होता है।

NATION : ANITNO : : HUNGRY : UHGNYR

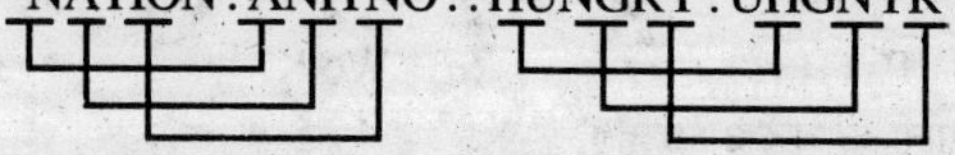

4. (*a*) : पहले और दूसरे समूह के तीनों अक्षरों के बीच वर्णमाला के सीधे क्रम में क्रमशः +5, +4, +3 चरणों का अंतर है।

ACE : FGH : : LNP : QRS

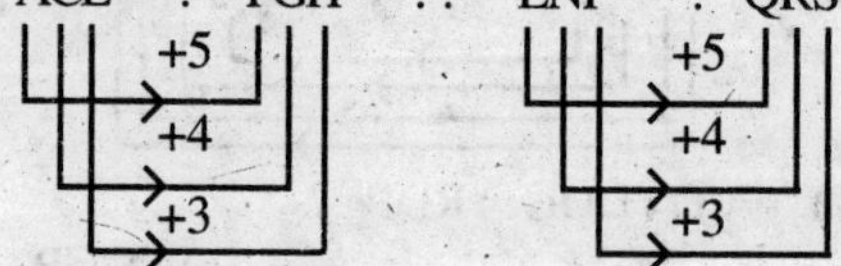

5. (*a*) : प्रत्येक अक्षर समूह में पहले और चौथे अक्षरों के बीच एक अक्षर छूटा हुआ है तथा दूसरे और तीसरे अक्षरों के बीच भी एक अक्षर छूटा हुआ है।

BOQD : ERTG : : ANPC : DQSF

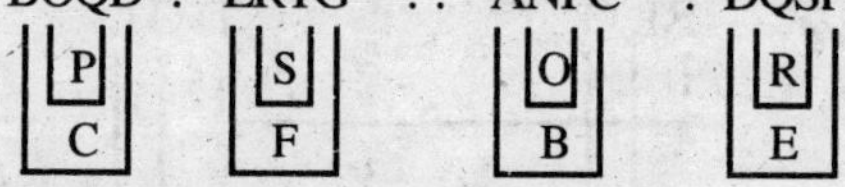

6. (*a*) : प्रत्येक अक्षर समूह में पहले तीन अक्षर क्रमागत हैं और उनके बाद अनुक्रम का आरंभिक चौथा अक्षर लिखा गया है।

ABCD : RSTU : : JKLM : UVWX

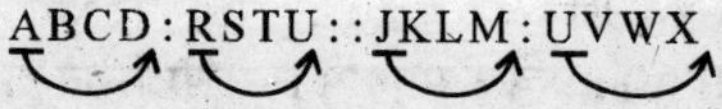

7. (c) : पहले समूह के अक्षरों में +3 का और दूसरे समूह के अक्षरों में –2 का अंतर है।

R U X : T R P :: B E H : Q O M

+3 +3   –2 –2   +3+3   –2 –2

8. (b) : पहले अक्षर-समूह के आनुक्रमिक अक्षर वर्णमाला के सीधे क्रम में हैं और दूसरे अक्षर समूह के आनुक्रमिक अक्षर वर्णमाला के उलटे क्रम में हैं।

BCDE → : WVUT ← :: QRST → : JIHG ←

9. (b) : पहले अक्षर समूह के तीन अक्षरों में से पहले अक्षर के स्थान को परिवर्तित किए बिना अन्य दो अक्षरों को वर्णमाला के विपरीत क्रम में क्रमशः –1 और –2 चरण पीछे खिसकाने पर दूसरा अक्षर-समूह प्राप्त होता है।

AKU : AJS :: CRD : CQB

–1, –2   –1, –2

10. (c) : पहले अक्षर-समूह के पहले और दूसरे अक्षरों को तीसरे अक्षर के बाद रखने पर दूसरा अक्षर समूह प्राप्त होता है।

ODL : LOD :: PWN : NPW

भाग-III संख्या सादृश्य (Number Analogy)

संख्या सादृश्य में भी पहले दो दी गई संख्याओं के बीच संबंध स्थापित किया जाता है और तत्पश्चात् इस ज्ञात संबंध को संख्याओं के दूसरे जोड़े पर प्रयुक्त करके उसके लुप्त पद को ज्ञात किया जाता है। संख्याओं के बीच संबंध किसी भी एक पैटर्न पर आधारित हो सकता है, जैसे कि : *(i)* संख्याएं विषम/सम/अभाज्य संख्याएं हो सकती हैं; *(ii)* संख्याएं किसी एक संख्या का गुणज हो सकती हैं; *(iii)* संख्याएं भिन्न-भिन्न संख्याओं का वर्गफल/घनफल हो सकती हैं; *(iv)* दूसरी संख्या प्राप्त करने के लिए पहली संख्या में किसी संख्या को जोड़ा/घटाया/गुणा/ भाग किया जा सकता है; *(v)* दूसरी संख्या पहली संख्या के अंकों का योगफल/गुणनफल/अंतरफल हो सकती है, और *(vi)* दो दी गई संख्याओं के बीच संबंध उपर्युक्त किसी भी गणितीय परिकलनों के संयोजन द्वारा भी ज्ञात किया जा सकता है।

हल किए गए उदाहरण

निर्देश : *निम्नलिखित प्रश्नों में प्रश्न चिह्न (?) के स्थान पर लुप्त पद ज्ञात करें।*

1. 25 : 81 : : 36 : ?

(*a*) 121   (*b*) 93   (*c*) 65   (*d*) 103

उत्तर (*a*) : सभी संख्याएं भिन्न-भिन्न संख्याओं के वर्गफल को सूचित करती हैं।

25 : 81 :: 36 : 121

↓   ↓   ↓   ↓

5^2 9^2 6^2 11^2

2. 36 : 18 : : 72 : ?

(*a*) 164   (*b*) 134   (*c*) 94   (*d*) 14

उत्तर (*d*) : दूसरी संख्या पहली संख्या के अंकों का गुणनफल है।

36 : 18 :: 72 : 14

3×6 7×2

अभ्यास

निर्देश (प्र.सं. 1–10): *नीचे के प्रत्येक प्रश्न में चिह्न ': :' के पहले दो संख्याएं दी गई हैं जिनमें आपस में एक संबंध है तथा ': :' चिह्न के बाद में एक तीसरी संख्या दी गई है। दिए गए विकल्पों में से उस संख्या का चयन करें जिसका तीसरी संख्या के साथ वैसा ही संबंध हो जैसा संबंध संख्याओं के पहले जोड़े के बीच है।*

1. 1 : 11 : : 2 : ?
(*a*) 20 (*b*) 22
(*c*) 24 (*d*) 44

2. 18 : 27 : : 22 : ?
(*a*) 42 (*b*) 39
(*c*) 33 (*d*) 54

3. 14 : 20 : : 16 : ?
(*a*) 23 (*b*) 10
(*c*) 48 (*d*) 32

4. 0.16 : 0.0016 : : 1.02 : ?
(*a*) 10.20 (*b*) 0.102
(*c*) 0.0102 (*d*) 1.020

5. 5 : 24 : : 8 : ?
(*a*) 65 (*b*) 63
(*c*) 62 (*d*) 64

6. 65 : 30 : : 44 : ?
(*a*) 79 (*b*) 62
(*c*) 28 (*d*) 16

7. 30 : 42 : : 56 : ?
(*a*) 92 (*b*) 21
(*c*) 38 (*d*) 72

8. 190 : 10 : : 102 : ?
(*a*) 4 (*b*) 7
(*c*) 3 (*d*) 5

9. 6 : 18 : : 4 : ?
(*a*) 2 (*b*) 6
(*c*) 8 (*d*) 16

10. 2 : 11 : : ?
(*a*) 6 : 17 (*b*) 8 : 43
(*c*) 5 : 41 (*d*) 7 : 35

व्याख्यात्मक उत्तर

1. (*b*) : पहली संख्या के अंक को दो बार लिखने पर दूसरी संख्या प्राप्त होती है।

2. (*c*) : पहले जोड़े की संख्याएं 9 का गुणज हैं और दूसरे जोड़े की संख्याएं 11 का गुणज हैं :

$$\underset{9\times 2}{18} : \underset{9\times 3}{27} :: \underset{11\times 2}{22} : \underset{11\times 3}{33}$$

3. (*a*) : संख्याओं के बीच संबंध निम्नवत् है :

$$\underset{7\times 2}{14} : \underset{(7\times 3)-1}{20} :: \underset{8\times 2}{16} : \underset{(8\times 3)-1}{23}$$

4. (*c*) : पहली दशमलव संख्या को 100 से भाग करने पर दूसरी दशमलव संख्या प्राप्त होती है :

$$0.16 \xrightarrow{\div 100} 0.0016 :: 1.02 \xrightarrow{\div 100} 0.0102$$

5. (*b*) : पहली संख्या के वर्ग से 1 घटाने पर दूसरी संख्या प्राप्त होती है :

$$5 \xrightarrow{(5^2)-1} 24 :: 8 \xrightarrow{(8^2)-1} 63$$

6. (*d*) : दूसरी संख्या पहली संख्या के अंकों का गुणनफल है :

$$\frac{65:30}{(6\times 5)} :: \frac{44:16}{(4\times 4)}$$

7. (*d*) : संख्याएं विभिन्न संख्याओं के वर्ग में उन्हीं संख्याओं को जोड़ने पर प्राप्त होती हैं :

$$\underset{5^2+5}{30} : \underset{6^2+6}{42} :: \underset{7^2+7}{56} : \underset{8^2+8}{72}$$

8. (*c*) : दूसरी संख्या पहली संख्या के अंकों का योगफल है :

$$\frac{190:10}{(1+9+0)} :: \frac{102\ :\ 3}{(1+0+2)}$$

9. (*c*) : पहली संख्या के वर्ग को 2 से भाग करने पर दूसरी संख्या प्राप्त होती है :

$$6 \xrightarrow{6^2 \div 2} 18 :: 4 \xrightarrow{4^2 \div 2} 8$$

10. (*c*) : पहली संख्या दूसरी संख्या के अंकों का योगफल है :

$$2 : \underset{(1+1)}{11} :: 5 : \underset{(4+1)}{41}$$

वर्गीकरण या विजातीय छांटना
(CLASSIFICATION OR ODD ONE OUT)

भाग-I विजातीय छांटना – शब्दों पर आधारित समस्याएं

इस प्रकार के वर्गीकरण में चार शब्द दिए जाते हैं जिनमें से तीन शब्द तथ्य या अर्थ की दृष्टि से या अन्य किसी न किसी रूप में आपस में संबंधित होते हुए एक समूह बनाते हैं जबकि शेष केवल एक शब्द अन्य तीनों से भिन्न होता है। परीक्षार्थी को यह पता लगाना होता है कि वह एक कौन-सा शब्द है जो समूह से संबंधित नहीं है और इस कारण विजातीय है।

हल किए गए उदाहरण

निर्देश: *निम्नलिखित चार शब्दों में से उस एक शब्द का चयन करें जो अन्य तीन से भिन्न है :*

1. (*a*) पिता (*b*) माता (*c*) मित्र (*d*) भाई

उत्तर (*c*) : अन्य सभी के बीच रक्त-संबंध है।

2. (*a*) जल (*b*) जेली (*c*) नींबू शरबत (*d*) कॉफी

उत्तर (*b*) : अन्य सभी द्रव पदार्थ हैं।

अभ्यास

निर्देश (प्र.सं. 1–10): *यहां दिए गए प्रत्येक प्रश्न में तीन शब्द किसी न किसी प्रकार से समान हैं और इस कारण वे एक समूह बनाते हैं जबकि एक शब्द अन्य तीनों से भिन्न है। इस भिन्न या विजातीय शब्द को ज्ञात करें।*

1. (*a*) हरा (*b*) लाल (*c*) रंग (*d*) नारंगी

2. (*a*) अस्तबल (*b*) बिल (*c*) डोंगी (*d*) सुअर-बाड़ा

3. (*a*) बुध (*b*) चंद्रमा (*c*) बृहस्पति (*d*) मंगल

4. (*a*) खुश (*b*) उदास (*c*) प्रसन्नचित्त (*d*) प्रसन्न

5. (*a*) शंकु (*b*) वृत्त (*c*) त्रिभुज (*d*) आयत

6. (*a*) सीसा (*b*) पारद (*c*) तांबा (*d*) लोहा

7. (*a*) पतंग (*b*) चिड़िया (*c*) रेडार (*d*) जेट

8. (*a*) अतिवृष्टि (*b*) अनावृष्टि (*c*) भूस्खलन (*d*) युद्ध

9. (*a*) सिंहशावक (*b*) चूजा (*c*) सूअर (*d*) पिल्ला

10. (*a*) खरगोश (*b*) मगरमच्छ (*c*) केंचुआ (*d*) घोंघा

व्याख्यात्मक उत्तर

1. *(c)* : अन्य सभी विभिन्न प्रकार के रंग हैं।
2. *(c)* : डोंगी एक छोटी नाव होती है। अन्य सभी पशु–पक्षियों के निवासस्थलों के नाम हैं।
3. *(b)* : अन्य सभी ग्रहों के नाम हैं।
4. *(b)* : अन्य सभी आनन्द की अनुभूति को अभिव्यक्त करते हैं।
5. *(a)* : अन्य सभी आकृतियाँ द्विविमीय आकृतियाँ हैं।
6. *(b)* : अन्य सभी ठोस धातुएं हैं।
7. *(c)* : अन्य सभी हवा में उड़ने वाली वस्तुएं हैं। रेडार हवा में गमन करने वाली वस्तुओं की पहचान करता है।
8. *(d)* : अन्य सभी प्राकृतिक आपदाएं हैं। केवल युद्ध ही मानव द्वारा मानव समाज के समक्ष प्रस्तुत की जाने वाली एक कृत्रिम आपदा है।
9. *(c)* : अन्य सभी शब्द विभिन्न जंतुओं के शिशुओं के नाम हैं।
10. *(a)* : अन्य सभी रेंगने वाले जंतु हैं।

भाग-II विजातीय छांटना – अक्षरों पर आधारित समस्याएं

इस कोटि के अंतर्गत विकल्प के रूप में चार अक्षर–समूह या अक्षरों की एक शृंखला दी जाती है। परीक्षार्थी को इनमें से ऐसे विकल्प का चयन करना होता है जो अन्यों से भिन्न अर्थात् विजातीय हो।

हल किए गए उदाहरण

निर्देश: *निम्नलिखित अक्षर समूहों में से कौन–सा अक्षर समूह भिन्न या विजातीय स्वरूप का है?*

1. (*a*) NOP (*b*) RTU (*c*) JKL (*d*) EFG

उत्तर (*b*) : प्रत्येक समूह में अक्षर क्रमागत हैं, जबकि विकल्प (*b*) के अक्षर–समूह में पहले दो अक्षरों के बीच एक अक्षर 'S' छूटा हुआ है।

2. (*a*) RUX (*b*) CFI (*c*) BDG (*d*) FIL

उत्तर (*c*) : प्रत्येक समूह में अक्षरों के बीच समान संख्या में अक्षर छूटे हुए हैं जबकि विकल्प (*c*) में पहले दो अक्षरों B और D के बीच एक अक्षर और अंतिम दो अक्षरों D और G के बीच दो अक्षर छूटे हुए हैं।

अभ्यास

निर्देश (प्र.सं. 1–10): *नीचे के प्रत्येक प्रश्न में अक्षर समूहों के रूप में चार विकल्प दिए गए हैं जिनमें से तीन में किसी न किसी प्रकार की समानता है और इस कारण वे एक समूह बनाते हैं। उस अक्षर समूह का चयन करें जो समूह से संबंधित नहीं है।*

1. (*a*) ACE (*b*) LOR (*c*) GIK (*d*) VXZ

2. (*a*) TSR (*b*) LKJ (*c*) PQO (*d*) HGF

3. (*a*) EF LM (*b*) KJ SR (*c*) XW HG (*d*) ED YX

4. (*a*) JOPK (*b*) BOPC (*c*) QOPR (*d*) TOPS

5. (*a*) JKkL (*b*) OPpQ (*c*) DEEf (*d*) VWwX

6. (*a*) BdfH (*b*) FHJL (*c*) RTvX (*d*) uVwX

7. (*a*) DFHEG (*b*) TWXUV (*c*) OQSPR (*d*) JLNKM

8. (*a*) MKGA (*b*) PNID (*c*) RPLF (*d*) VTPJ

9. (*a*) ABJNM (*b*) QRTUZ (*c*) IXYOQ (*d*) WGFPO

10. (*a*) EFGH (*b*) IRST (*c*) ULMN (*d*) JKLO

व्याख्यात्मक उत्तर

1. (b) : शेष सभी अक्षर समूहों में अगला अक्षर अपने पूर्ववर्ती अक्षर से वर्णमाला के सीधे क्रम में 2 अक्षर आगे का है जबकि विकल्प (b) के अक्षर समूह में +3 अनुक्रम का पालन होता है।

ABCDE (+2 +2)　　LMNOPQR (+3 +3)

GHIJK (+2 +2)　　VWXYZ (+2 +2)

2. (c) : प्रत्येक समूह में अक्षर वर्णमाला के उलटे क्रम में हैं। केवल विकल्प (c) में अक्षरों का अनुक्रम बाधित हो रहा है।

3. (a) : शेष सभी समूहों में क्रमागत अक्षर वर्णमाला के उलटे क्रम में हैं।

KJ SR; XW HG; ED YX (–1 –1 –1 –1 –1 –1)

केवल विकल्प (a) में ही क्रमागत अक्षर वर्णमाला के सीधे क्रम में है।

EF (+1)　　LM (+1)

4. (d) : यहां दिए गए सभी अक्षर समूहों में बीच में 'OP' अक्षर हैं। विकल्प (d) में दोनों किनारों पर स्थित अक्षर वर्णमाला के उलटे क्रम में हैं, अर्थात्

TOPS (–1)

जबकि शेष सभी अक्षर समूहों में दोनों किनारों पर स्थित अक्षर वर्णमाला के सीधे क्रम में हैं।

JOPK (+1) ; BOPC (+1) ; QOPR (+1)

5. (c) : शेष समूहों में तीसरे अक्षर के रूप में दूसरे अक्षर की पुनरावृत्ति की गई है और उसे अंग्रेजी वर्णमाला के छोटे अक्षर के रूप में लिखा गया है जबकि विकल्प (c) के तीसरे अक्षर के रूप में दूसरे अक्षर की पुनरावृत्ति तो की जाती है किंतु उसे अंग्रेजी वर्णमाला के बड़े अक्षर के रूप में लिखा जाता है।

6. (d) : शेष समूहों में अंग्रेजी वर्णमाला के अक्षर चाहे छोटे हों या बड़े, किंतु दूसरे, तीसरे और चौथे स्थान पर स्थित अक्षर अपने पूर्ववर्ती अक्षरों से वर्णमाला के सीधे क्रम में 2 अक्षर आगे के हैं, अर्थात्

B D f H (+2 +2 +2) ; F H J L (+2 +2 +2) ; R T v X (+2 +2 +2)

केवल विकल्प (d) में अक्षर वर्णमाला के सहज क्रम (+1) में हैं, अर्थात्

u V w X (+1 +1 +1)

7. (b) : शेष समूहों में पहले, चौथे, दूसरे, पांचवें और तीसरे स्थानों पर स्थित अक्षरों से वर्णमाला का सीधा अनुक्रम बनता है। विकल्प (b), में पहले, चौथे, पांचवें, दूसरे और तीसरे स्थानों पर स्थित अक्षरों के मेल से वर्णमाला का सीधा अनुक्रम बनता है।

8. (b) : शेष समूहों में अक्षरों का अनुक्रम –2, –4, –6 के पैटर्न का पालन करता है, अर्थात्

M K G A (–2 –4 –6) ; R P L F (–2 –4 –6)

V T P J (–2 –4 –6)

विकल्प (b) में अनुक्रम का निम्नलिखित पैटर्न है:

P N I D (–2 –5 –5)

अतः सही पैटर्न होना चाहिए → P N J D (–2 –4 –6)

9. (c) : शेष समूहों में कम से कम दो जोड़े अक्षर वर्णमाला के क्रम में हैं, अर्थात्

ABJNM; QRTUZ; WGFPO

विकल्प (c) में केवल एक जोड़ा अक्षर–ही वर्णमाला के क्रम में है।

IXYOQ

10. (d) : शेष समूहों में पहला अक्षर 'स्वर' है जिसके बाद तीन क्रमागत अक्षर लिखे गए हैं।

भाग-III विजातीय छांटना – संख्याओं पर आधारित समस्याएं

इस प्रकार के वर्गीकरण में विकल्पों के रूप में विभिन्न संख्याएं दी जाती हैं। इन संख्याओं में से एक को छोड़कर जो अन्य से भिन्न होती है, शेष किसी न किसी रूप में आपस में संबंधित होती हैं और इस प्रकार एक समूह बनाती हैं। परीक्षार्थी को दी गई संख्याओं में यह समानता ज्ञात करनी होती है और तत्पश्चात् समूह से भिन्न संख्या का चयन करना होता है। विकल्पों के रूप में दी गई संख्याएं विषम/सम/क्रमागत संख्याएं, अभाज्य संख्याएं, किसी संख्या का गुणज, एक अंकीय, विभिन्न संख्याओं का वर्ग या घन, किसी अन्य संख्या का जोड़/घटा या किसी भी गणितीय परिकलन का संयोजन हो सकती है।

हल किए गए उदाहरण

निर्देश: *दिए गए विकल्पों में विषम संख्या ज्ञात करें।*

1. (*a*) 62 (*b*) 121 (*c*) 36 (*d*) 256

उत्तर (*a*) : अन्य संख्याएं क्रमशः 11, 6 और 16 के वर्ग द्वारा सूचित होती हैं।

2. (*a*) 27 (*b*) 132 (*c*) 93 (*d*) 154

उत्तर (*d*) : शेष संख्याएं 3 से विभाज्य हैं।

अभ्यास

निर्देश (प्र.सं. 1–10): *यहां प्रत्येक प्रश्न में चार विकल्प दिए गए हैं जिनमें से तीन किसी न किसी रूप में आपस में संबंधित होते हुए एक समूह बनाते हैं, जबकि शेष एक संख्या अन्य से भिन्न है। उस भिन्न संख्या का चयन करें जो समूह से संबंधित नहीं है।*

1. (*a*) 1948 (*b*) 2401 (*c*) 966 (*d*) 1449

2. (*a*) 182 (*b*) 169 (*c*) 130 (*d*) 158

3. (*a*) 3215 (*b*) 9309 (*c*) 4721 (*d*) 2850

4. (*a*) 1776 (*b*) 2364 (*c*) 1976 (*d*) 3776

5. (*a*) 7658 (*b*) 1234 (*c*) 9876 (*d*) 6543

6. (*a*) 18 (*b*) 12 (*c*) 30 (*d*) 20

7. (*a*) 9875432 (*b*) 98765 (*c*) 98756 (*d*) 9876543

8. (*a*) 5243 (*b*) 9251 (*c*) 4256 (*d*) 3257

9. (*a*) 2553 (*b*) 1224 (*c*) 7992 (*d*) 3885

10. (*a*) 3223 (*b*) 4554 (*c*) 6116 (*d*) 9887

व्याख्यात्मक उत्तर

1. (*a*) : शेष संख्याएं 7 से विभाज्य हैं।

2. (*d*) : शेष संख्याएं 13 का गुणज हैं।

3. (*b*) : शेष संख्याओं में किसी भी अंक का दो बार प्रयोग नहीं किया गया है।

4. (*b*) : शेष संख्याओं में आखिरी दो अंक एक से हैं।

5. (*a*) : शेष संख्याओं में उनके अंक गिनती के सीधे या उलटे क्रम में क्रमागत (निरंतर) हैं।

6. (*a*) : शेष सभी संख्याएं $3^2 + 3 = 12$, $5^2 + 5 = 30$, $4^2 + 4 = 20$ हैं।

7. (*c*) : शेष सभी संख्याओं में 987 के बाद अंक अवरोही या घटते हुए क्रम (decreasing order) में हैं।

8. (*a*) : शेष सभी संख्याओं में 25 बीच में है और सिरे के दो अंकों का योग 10 के बराबर है।

9. (*b*) : शेष सभी संख्याओं में दो सिरों पर स्थित अंकों का योग बीच में स्थित अंक के बराबर है जिसे दो बार लिखा गया है।

10. (*d*) : शेष सभी संख्याओं में अंतिम दो अंक पहले दो अंकों को उलटे क्रम में लिखने पर प्राप्त होते हैं।

भाग-IV विजातीय छांटना – शब्द समूहों से संबंधित समस्याएं

शब्दों, अक्षरों या संख्याओं के समूह का वर्गीकरण एकल शब्द, अक्षर या संख्या के वर्गीकरण से अधिक भिन्न नहीं होता। इसमें परीक्षार्थी को दो परस्पर संबंधित शब्दों के बीच संबंध की विशिष्टता या प्रकृति ज्ञात करनी होती है और तत्पश्चात् दिए गए विकल्पों में से उस शब्द युग्म का पता लगाना होता है, जो अन्य शब्द-युग्मों के संबंध पैटर्न का अनुपालन नहीं करता हो। संबंधित शब्द विपरीत या सदृश अर्थ या स्वरूप के हो सकते हैं अथवा उनकी अर्थ छंटा और अर्थ निरुपण में भिन्नता हो सकती है या फिर उनमें एक विशेष तुकबंदी हो सकती है।

हल किए गए उदाहरण

निर्देश: *निम्नलिखित में से कौन-सा शब्द-युग्म अन्यों से भिन्न है?*

1. (*a*) अच्छा-बेहतर (*b*) गुनगुना-गरम (*c*) नफा-लाभ (*d*) फुसफुसाना-चिल्लाना

उत्तर (*c*) : अन्य शब्द-युग्मों में युग्म के शब्द सदृश अर्थ वाले हैं किंतु उनमें सादृश्यता या साम्यता की अवस्था या कोटि भिन्न-भिन्न है।

2. (*a*) कैंची-कपड़ा (*b*) चाकू-सब्जी (*c*) कुल्हाड़ी-लकड़ी (*d*) हथौड़ा-कील

उत्तर (*d*) : हालांकि शब्दों के बीच संबंध ठीक है किंतु कील को काटने के लिए हथौड़े का प्रयोग नहीं किया जाता है। शेष तीन युग्मों में बायीं ओर उपकरण का नाम दिया गया है जिसकी सहायता से दायीं ओर लिखी गई वस्तु को काट सकते हैं।

अभ्यास

निर्देश (प्र.सं. 1–20): *नीचे के प्रत्येक प्रश्न में शब्दों के उस जोड़े का चयन करें जो शेष तीन जोड़ों से भिन्न हो।*

1. (*a*) कुर्सी-फर्नीचर (*b*) शर्ट-वस्त्र
(*c*) कंठहार-आभूषण (*d*) बोगी-इंजन

2. (*a*) चित्रांकनी-कागज (*b*) पेंसिल-लेड
(*c*) कलम-स्याही (*d*) बुरुश-रंग

3. (*a*) युद्ध-शांति (*b*) वास्तविक-सहज
(*c*) अग्रगण्य-प्रथम (*d*) क्रोध-गुस्सा

4. (*a*) अंगूली-अंगूठी (*b*) सिर-टोपी
(*c*) कमर-मुकुट (*d*) पांव-जूता

5. (*a*) दिन-रात (*b*) चालाक-मूर्ख
(*c*) स्पष्ट-धुंधला (*d*) पहुंचना-आना

6. (*a*) क्विंटल-गैलन (*b*) गुलदस्ता-फूल
(*c*) पुस्तक-पृष्ठ (*d*) संसद-सांसद

7. (*a*) चिड़िया-चहचहाना (*b*) घोड़ा-भिनभिनाना
(*c*) शेर-गरजना (*d*) सांप-फुफकारना

8. (*a*) भतीजी-भतीजा (*b*) भाई-बहन
(*c*) पति-पत्नी (*d*) पिता-माता

9. (*a*) पेट्रोल-कार (*b*) तेल-लैम्प
(*c*) डीजल-लकड़ी (*d*) मोम-मोमबत्ती

10. (*a*) गंगा-नर्मदा (*b*) थार-गोबी
(*c*) आमाशय-हाथ (*d*) एवरेस्ट-पर्वत

11. (*a*) औषधि-चिकित्सक (*b*) फूल-कलाकार
(*c*) जूता-मोची (*d*) त्वचा-त्वचारोग विशेषज्ञ

12. (*a*) प्राधिकार-मंजूरी
(*b*) प्रतिकर्षण-आकर्षण
(*c*) तुनकमिजाज-दुस्तोषणीय
(*d*) श्वास-अस्तित्व

13. (*a*) पोलो-बर्फ का मैदान (रिंक)
(*b*) गोल्फ-लॉन
(*c*) टेनिस-कोर्ट
(*d*) शतरंज-बोर्ड

14. (*a*) उमंग-तरंग (*b*) नीड़-पीड़
(*c*) अपराध-रोकथाम (*d*) आन-बान

15. (*a*) सेना-सेनापति (*b*) कॉलेज-प्रिंसिपल
(*c*) जहाज-कैप्टन (*d*) नौसेना-लेफ्टिनेंट

16. (*a*) रेलगाड़ी-पटरी
(*b*) पक्षी-उड़ना
(*c*) हवाई जहाज-आकाश
(*d*) पनडुब्बी-समुद्र

17. (*a*) जेली-सौम्य (*b*) पत्थर-कठोर
(*c*) रोवां-मुलायम (*d*) कांच-चिकना

18. (*a*) शाखा-पेड़ (*b*) मिनट-घंटा
(*c*) वाक्य-पैराग्राफ (*d*) विद्यार्थी-शिक्षक

19. (*a*) कुल-जोड़ (*b*) अभी-वर्तमान
(*c*) बड़ी-धारणा (*d*) हां-सहमत

20. (*a*) चार-चौगुना (*b*) तीन-तेरह
(*c*) दो-दोगुना (*d*) छह-छहगुना

व्याख्यात्मक उत्तर

1. *(d)* : बोगी रेलगाड़ी का एक हिस्सा होता है जो परिवहन का एक साधन है। कुर्सी, शर्ट और कंठहार क्रमशः फर्नीचर, वस्त्र और आभूषण हैं।

2. *(a)* : पेंसिल, कलम और ब्रुश से लिखने का माध्यम क्रमशः लेड, स्याही और रंग है। चित्रांकनी (क्रेयॉन) से लिखने या चित्र बनाने का माध्यम मोम होता है।

3. *(a)* : शेष सभी शब्द-युग्म समानार्थक शब्दों के युग्म हैं जबकि विकल्प (*a*) में दिया गया शब्द-युग्म विपरीतार्थक शब्दों का युग्म है।

4. *(c)* : मुकुट सिर पर पहना जाता है।

5. *(d)* : शेष शब्द-युग्म एक दूसरे के विपरीतार्थक हैं।

6. *(a)* : शेष सभी शब्द युग्मों में पहला दूसरे का समेकित रूप हैं।

7. *(b)* : शेष सभी में दूसरी पहले की बोली है। घोड़े हिनहिनाते हैं।

8. *(a)* : संबंधित शब्द-युग्मों में पहला पुल्लिंग और दूसरा स्त्रीलिंग है। विकल्प (*a*) में पहले स्त्रीलिंग और तत्पश्चात् पुल्लिग दिया गया है।

9. *(c)* : पेट्रोल का उपयोग कार चलाने में, तेल का उपयोग लैम्प जलाने में और मोम का उपयोग मोमबत्ती जलाने में किया जाता है। डीजल और लकड़ी का आपस में ऐसा कोई संबंध नहीं है।

10. *(d)* : संबंधित शब्दों की पहचान एक जैसी है। (*a*) नदियों को, (*b*) मरुभूमि को और, (*c*) शरीर के अंगों को सूचित करते हैं जबकि विकल्प (*d*) में एवरेस्ट एक पर्वत शृंखला का नाम है।

11. *(b)* : चिकित्सक का औषधि, मोची का जूता और त्वचारोग विशेषज्ञ का संबंध त्वचारोग से है। फूलों की देख-रेख करने वाले व्यक्ति को माली कहते हैं।

12. *(b)* : शेष शब्द युग्म समानार्थक हैं जबकि प्रतिकर्षण और आकर्षण शब्द एक दूसरे के विपरीत अर्थ वाले हैं।

13. *(a)* : शब्द युग्मों में खेलों और उन्हें खेले जाने वाले स्थानों के बीच संबंध दर्शाया गया है। पोलो मैदान में खेला जाता है।

14. *(c)* : शेष शब्द-युग्मों में शब्दों के बीच एक विशेष लय है।

15. *(d)* : नौसेना का प्रमुख कमांडर होता है।

16. *(b)* : रेलगाड़ी पटरी पर, हवाई जहाज आकाश में और पनडुब्बी समुद्र के जल में चलती है। इसी प्रकार पक्षी हवा में उड़ते हैं और साथ ही ये सजीव प्राणी भी हैं।

17. *(a)* : शब्द युग्मों का दूसरा शब्द पहले शब्द की विशेषता बताता है। जेली मुलायम या अस्थिर होती है।

18. *(d)* : शेष समूहों में पहला शब्द दूसरे का हिस्सा है।

19. *(c)* : शेष समूहों के शब्द परस्पर समानार्थक हैं।

20. *(b)* : तीन से तिगुना

सांकेतिक भाषा परीक्षण
(CODING AND DECODING)

भाग-I

कूटलेखन या 'कोडिंग' संवाद-संप्रेषण की एक प्रक्रिया है जिसमें एक गुप्त भाषा का प्रयोग वास्तविक तथ्यों शब्दों/मूल्यों की अभिव्यक्ति या प्रस्तुतिकरण को एक ऐसी भाषा में परिवर्तित करने के लिए किया जाता है जिसे संवाद के प्रेषक और प्राप्तकर्ता के अतिरिक्त कोई तीसरा व्यक्ति समझ न सके। कूटभाषा में लिखने के लिए *(i)* शब्दों के अक्षरों के स्थान पर वर्णमाला के सीधे उलटे क्रम में एक या एकाधिक स्थान आगे या पीछे के अक्षरों को लिखा जाता है; *(ii)* अक्षरों के स्थान पर संख्याओं को या संख्याओं के स्थान पर अक्षरों को लिखा जाता है; *(iii)* दिए गए शब्द के कुछ या सभी अक्षरों को उलटे क्रम में लिखा जाता है; और *(iv)* शब्द के अक्षरों के स्थान पर वर्णमाला के उलटे क्रम में समस्थानिक अक्षरों को लिखा जाता है।

वर्णमाला को सीधे क्रम में लिखने पर प्राप्त शृंखला :

A	B	C	D	E	F	G	H	I	J	K	L	M	N	O	P	Q	R	S	T	U	V	W	X	Y	Z
↓				↓					↓					↓					↓					↓	
प्रथम अक्षर				पांचवां अक्षर					दसवां अक्षर					पंद्रहवां अक्षर					बीसवां अक्षर					पच्चीसवां अक्षर	

वर्णमाला को उलटे क्रम में लिखने पर प्राप्त शृंखला :

Z	Y	X	W	V	U	T	S	R	Q	P	O	N	M	L	K	J	I	H	G	F	E	D	C	B	A
↓				↓					↓					↓					↓					↓	
प्रथम अक्षर				पांचवां अक्षर					दसवां अक्षर					पंद्रहवां अक्षर					बीसवां अक्षर					पच्चीसवां अक्षर	

टिप्पणी: Z पर पहुंचने के पश्चात् शृंखला A से पुनः शुरू होती है और A पर पहुंचने के पश्चात् शृंखला Z से पुनः शुरू होती है।

हल किए गए उदाहरण

1. यदि एक विशेष प्रकार की कूट भाषा में शब्द FACE को GBDF की तरह लिखा जाता हो तो इसी कूट भाषा में BADE को कैसे लिखा जाएगा?

(*a*) CBEF (*b*) CEBF (*c*) CFBE (*d*) CBFE

उत्तर (*a*) : शब्द के अक्षरों को वर्णमाला के सीधे क्रम में एक चरण आगे का अक्षर लिखकर कूटबद्ध किया गया है।

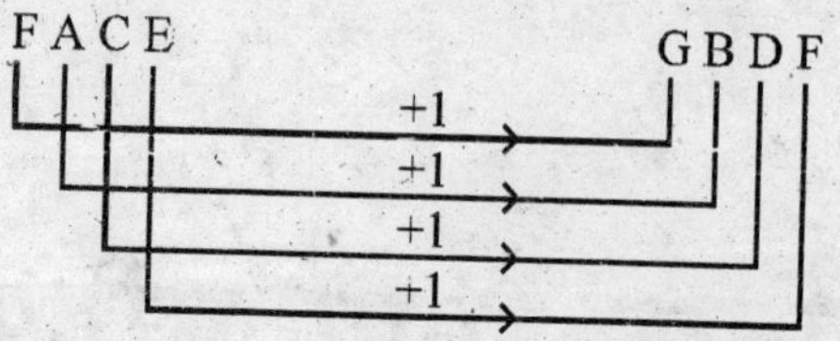

इसी प्रकार,

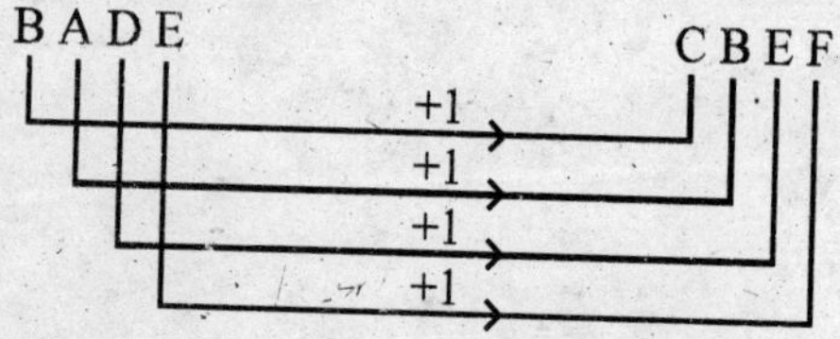

2. यदि किसी कूटभाषा में RESULT को 798206 लिखा गया हो तो उसी कूटभाषा में LET किस प्रकार लिखा जाएगा?

(*a*) 680 (*b*) 092 (*c*) 096 (*d*) 086

उत्तर (*c*) : अक्षरों को संख्याओं द्वारा कूटबद्ध किया गया है। दिए गए शब्द को कूटबद्ध करने के लिए संबंधित कूट संख्याएं ज्ञात करें।

R E S U L T → अक्षर

7 9 8 2 0 6 → कूट

अत: LET के लिए कूट संख्याएं निम्नवत् होगी :

L E T → अक्षर

0 9 6 → कूट

अभ्यास

निर्देश (प्र.सं. 1–10): *निम्नलिखित प्रश्नों में दिए गए शब्दों या अक्षरों के लिए इंगित कूटभाषा के शब्द या अक्षर ज्ञात करें।*

1. यदि किसी कूट भाषा में CHAIR को FKDLU के रूप में लिखा जाए तो उसी कूटभाषा में RAID शब्द को किस प्रकार लिखा जाएगा?

(*a*) ULGD (*b*) ULKG
(*c*) ULDG (*d*) UDLG

2. यदि किसी कूटभाषा में CONDEMN को CNODMEN लिखा जाता है तो उसी कूटभाषा में TEACHER को कैसे लिखा जाएगा?

(*a*) TEACHER (*b*) TAEECHR
(*c*) TCAEEHR (*d*) TAECEHR

3. किसी कूटभाषा में COME को XLNV और ABLE को ZYOV लिखा जाता है। इसी कूटभाषा में MOLLY किस प्रकार लिखा जाएगा?

(*a*) NLOBO (*b*) NLBOO
(*c*) LNOOB (*d*) NLOOB

4. यदि किसी कूटभाषा में ACTION को ZXGRLM लिखा जाता हो तो उसी कूटभाषा में HEALTH को कैसे लिखा जाएगा?

(*a*) SVZOGS (*b*) TVZOGT
(*c*) RUZPGR (*d*) QVGOZQ

5. यदि किसी विशेष कूटभाषा में EARTHQUAKE को MOGPENJOSM के रूप में लिखा जाता हो तो उसी कूटभाषा में EQUATE निम्नलिखित में से किस प्रकार लिखा जाएगा?

(*a*) MENOPM (*b*) MENOMP
(*c*) MJOGPM (*d*) MNJOPM

6. किसी विशेष सांकेतिक भाषा में COUNTRY शब्द को EMWLVPA के रूप में कूटबद्ध किया जाता है। इसी विशेष भाषा में ELECTORATE किस रूप में लिखा जाएगा?

(*a*) CJCEVQPYWC (*b*) GJGERQTYVG
(*c*) CNCERQPCRG (*d*) GJGAVMTYVC

7. यदि PHILOSOPHY को HPLISOPOYH लिखा जाता हो तो ORNAMENTAL कैसे लिखा जाएगा?

(*a*) ROANEMNTLA
(*b*) ONRAMNEALT
(*c*) ROANEMTNLA
(*d*) ROANEMNATL

8. यदि किसी कूटभाषा में लिखे गए शब्द OPFGBCST का अर्थवाचन NEAR के रूप में किया जाता हो तो उसी कूटभाषा में कूटबद्ध IJVWHI का अर्थ निम्नलिखित में से क्या होगा?

(*a*) HAG (*b*) HUG
(*c*) HUT (*d*) KEG

9. किसी विशेष कूटलिपि में PUNCTUAL को 16598623 के रूप में कूटबद्ध किया जाता है। इसी

कूटलिपि में ACTUPULN निम्नलिखित में से किस प्रकार लिखा जाएगा?

(*a*) 29861653 (*b*) 29861635
(*c*) 28916135 (*d*) 29851536

10. यदि OUT को 152120 के रूप में कूटबद्ध किया जाता हो तो इसी नियम का प्रयोग करके IN को निम्नलिखित में से कैसे लिखा जाएगा?

(*a*) 1015 (*b*) 819
(*c*) 1813 (*d*) 914

व्याख्यात्मक उत्तर

1. (*d*) : शब्द को कूटबद्ध करने के लिए उसके अक्षरों से वर्ण–माला के क्रम में +3 चरण आगे के अक्षर लिए गए हैं।

CHAIR FKDLU

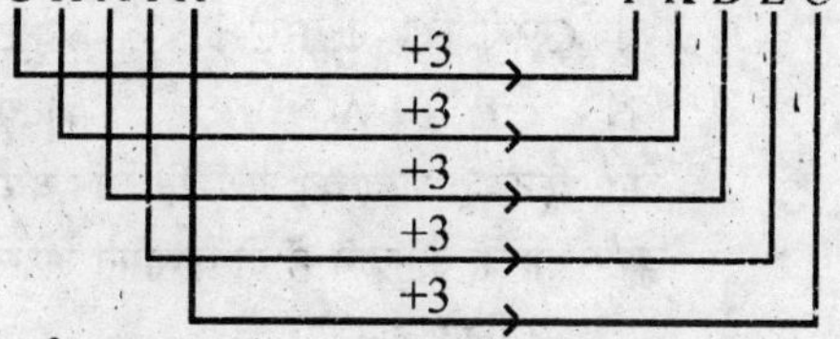

इसी प्रकार,

RAID UDLG

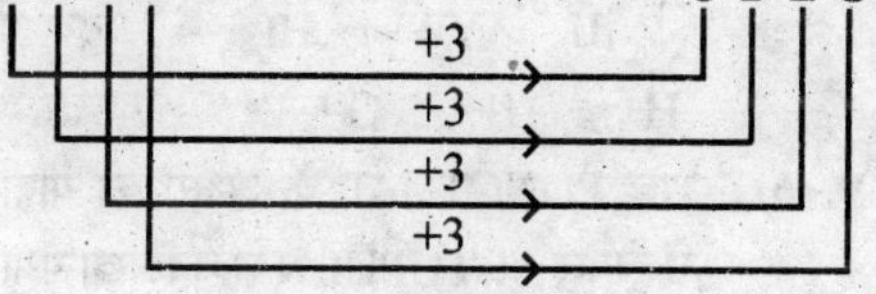

2. (*d*) : इस शब्द में दूसरे और तीसरे अक्षर एक दूसरे के स्थान पर आ जाते हैं और पांचवे और छठे अक्षरों द्वारा भी इसी नियम का पालन किया जाता है। शेष अक्षरों का स्थान अपरिवर्तित रहता है।

CONDEMN CNODMEN

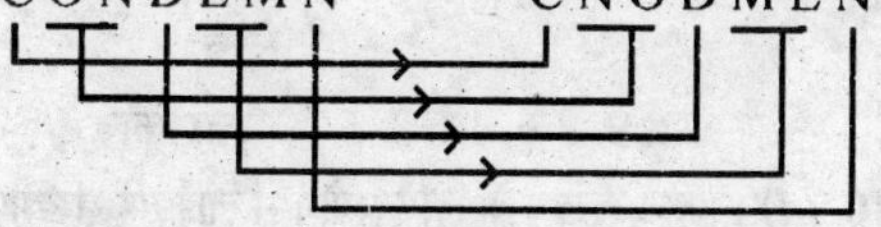

इसी प्रकार,-

TEACHER TAECEHR

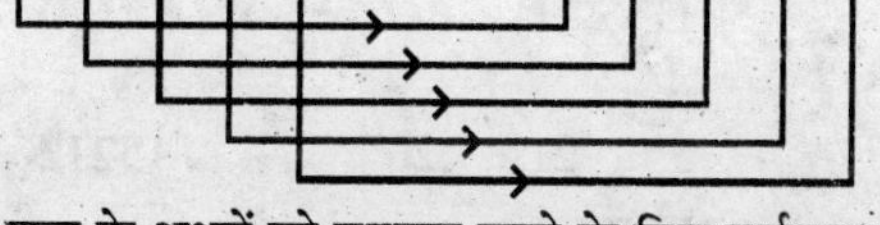

3. (*d*) : शब्द के अक्षरों को कूटबद्ध करने के लिए वर्णमाला के उलटे क्रम में समान स्थान वाले अक्षरों को लिया गया है।

C O M E → वर्णमाला के सीधे क्रम में अक्षर
X L N V → वर्णमाला के उलटे क्रम में समान स्थान वाले अक्षर
↓ ↓ ↓ ↓
3रा 15वां 13वां 5वां → वर्णमाला में अक्षरों का स्थान

A B L E → वर्णमाला के सीधे क्रम में अक्षर
Z Y O V → वर्णमाला के उलटे क्रम में समान स्थान वाले अक्षर
↓ ↓ ↓ ↓
1ला 2रा 12वां 5वां → वर्णमाला के अक्षरों का स्थान

इसी प्रकार,

M O L L Y → वर्णमाला के सीधे क्रम में अक्षर
N L O O B → वर्णमाला के उलटे क्रम में समान स्थान वाले अक्षर
↓ ↓ ↓ ↓ ↓
13वां 15वां 12वां 12वां 25वां → वर्णमाला में अक्षरों का स्थान

4. (*a*) : शब्द के अक्षरों को कूटबद्ध करने के लिए वर्णमाला के उलटे क्रम में समान स्थान वाले अक्षरों को लिया गया है।

A C T I O N → वर्णमाला के सीधे क्रम में अक्षर
Z X G R L M → वर्णमाला के उलटे क्रम में समान स्थान वाले अक्षर
↓ ↓ ↓ ↓ ↓ ↓
1ला 3रा 20वां 9वां 15वां 14वां वर्णमाला में अक्षरों का स्थान

इसी प्रकार,

H E A L T H → वर्णमाला के क्रम में अक्षर

S V Z O G S → वर्णमाला के उलटे क्रम में समान स्थान वाले अक्षर

↓ ↓ ↓ ↓ ↓ ↓

8वां 5वां 1ला 12वां 20वां 8वां → वर्णमाला में अक्षरों का स्थान

5. (*d*) : EQUATE शब्द के अक्षर EARTHQUAKE शब्द से लिए गए हैं।

उत्तर कूट प्राप्त करने के लिए कूटबद्ध शब्द से अक्षरों का मिलान करें।

E A R T H Q U A K E → अक्षर

M O G P E N J O S M → कूट

E QUA T E→ कूटबद्ध किए जाने वाले अक्षर

M N J O PM→ उत्तर कूट

6. (*d*) : शब्द को कूटबद्ध करने के लिए शब्द के अक्षरों से वर्णमाला के क्रम में क्रमश: 2 चरण आगे और दो चरण पीछे के अक्षर लिए गए हैं।

COUNTRY EMWLVPA

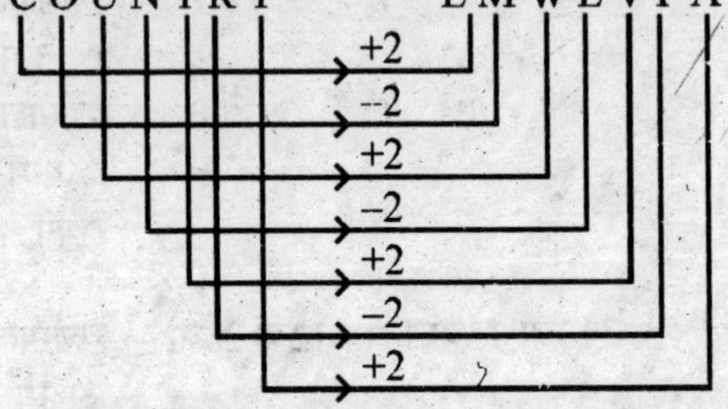

इसी प्रकार,

ELECTORATE GJGAVMTYVC

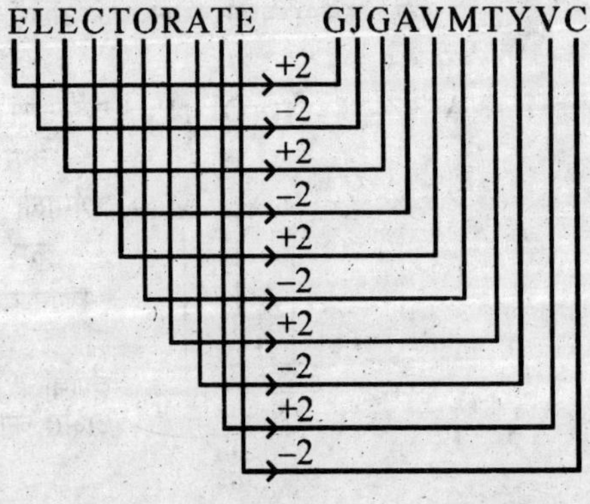

7. (*c*) : शब्द को कूटबद्ध करने के लिए उसके दो क्रमागत अक्षरों को एक दूसरे के स्थान पर लिखा जाता है।

PH IL OS OP HY HP LI SO PO YH

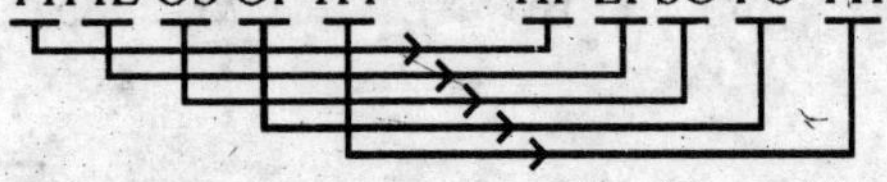

इसी प्रकार,

OR NA ME NT AL RO AN EM TN LA

8. (*b*) : कूटबद्ध शब्द का अर्थ-निर्वचन निम्नलिखित रूप में किया गया है :

↓ OP ↓ FG ↓ BC ↓ ST →कूट

N E A R →दिया गया शब्द

अत: कूटबद्ध शब्द का अर्थ-निर्वचन करने के लिए वर्णमाला के अनुक्रम में दो क्रमागत अक्षरों से पहले के अक्षर लिए जाते हैं।

इसी प्रकार,

↓ IJ ↓ VW ↓ HI → दिया गया शब्द

H U G → उत्तर शब्द

9. (*b*) : शब्द PUNCTUAL के अक्षरों को यादृच्छिक क्रम में लेकर ACTUPULN शब्द लिखा गया है।

इसी प्रकार संख्या कूट भी लिखा जाएगा

P U N C T U A L → दिया गया शब्द

1 6 5 9 8 6 2 3 → कूट

इसी प्रकार,

A C T U P U L N → कूटबद्ध किया जाने वाला शब्द

2 9 8 6 1 6 3 5→ उत्तर कोड

10. (*d*) : कूट लेखन के लिए प्रयोग में लाई गई संख्याएं वर्णमाला के सीधे क्रम (ABCD...) में अक्षरों के स्थान को सूचित करती है।

O U T → OUT

↓ ↓ ↓

15वां 21वां 20वां → 152120

इसी प्रकार,

I N → IN

↓ ↓

9वां 14वां → 914

भाग-II

कूट लेखन विभिन्न प्रकार से किया जाता है। कूटभाषा का प्रयोग न केवल शब्दों और संख्याओं के लिए किया जाता है बल्कि किसी शब्द-समूह, विवरण या कभी-कभी वाक्यों को भी कूटभाषा द्वारा संप्रेषित किया जाता है। इस प्रकार की कूटभाषा से भ्रम की स्थिति उत्पन्न हो सकती है किंतु कुछ प्रश्नों को हल कर लेने के बाद ऐसी कूटभाषा को समझना और हल करना अत्यंत सरल हो जाता है। इस प्रकार की कूटभाषा पर आधारित प्रश्नों को हल करने के लिए अक्षरों को गिनने या छोड़ने अथवा गणितीय परिकलनों की श्रमसाध्य प्रक्रिया को अपनाने की आवश्यकता नहीं होती बल्कि इनके लिए तेजी से मिलान करने या सादृश्यता स्थापित करने की क्षमता ही अपेक्षित होती है। कूट के रूप में अक्षरों या संख्याओं का प्रयोग किया जा सकता है।

हल किए गए उदाहरण

1. यदि किसी कूटभाषा में 'ra mei ket' का अर्थ है 'he is rich'; 'rui pha jeu' का अर्थ है 'run for money'; और 'pha rui ket' का अर्थ है 'money for rich' उस कूटभाषा में 'rich' के लिए निम्नलिखित में से किस कूट का प्रयोग किया गया है?

(*a*) ra (*b*) pha (*c*) ket (*d*) jeu

उत्तर (*c*) : दी गई जानकारी है :

कूट	वाक्य
1. ra mei *ket*	he is *rich*
2. rui pha jeu	run for money
3. pha rui *ket*	money for *rich*

कूटों और वाक्यों की तुलना करने पर यह स्पष्ट होता है कि वाक्य 1 और 3 दोनों में 'rich' शब्द है और दोनों ही वाक्यों में इसके लिए 'ket' शब्द का प्रयोग किया गया है।

2. यदि किसी कूटभाषा में 'ni ra ge' का अर्थ है 'who are you'; 'boi wo dur' का अर्थ है 'going far away'; और 'wo ge chi' का अर्थ है 'you went away' तो उस कूटभाषा में 'went' के लिए निम्नलिखित में से किस कूट का प्रयोग किया गया है?

(*a*) ra (*b*) chi (*c*) wo (*d*) boi

उत्तर (*b*) : दी गई सूचना है :

कूट	वाक्य
1. ni ra *ge*	who are *you*
2. boi *wo* dur	going far *away*
3. *wo ge* **chi**	*you* **went** *away*

'went' शब्द केवल तीसरे वाक्य में है। 'you' शब्द पहले और तीसरे दोनों वाक्यों में है जिसके लिए इन वाक्यों में 'ge' कूट का प्रयोग किया गया है। शब्द 'away' दूसरे और तीसरे दोनों वाक्यों में है जिसके लिए 'wo' कूट का प्रयोग किया गया है। एकमात्र 'chi' कूट ही ऐसा बचता है जिसका अर्थ 'went' है।

अभ्यास

निर्देश (प्र.सं. 1–10): *नीचे के प्रत्येक प्रश्न में कूटलेखन के पैटर्न को ध्यान से देखें और दिए गए विकल्पों में से सही उत्तर का चयन करें।*

1. यदि किसी कूटभाषा में (a) 'go ju mi' का अर्थ है 'plenty of money'; (b) pao ju go nei vu' का अर्थ है 'money creates lots of problems'; (c) 'kol vu nei' का अर्थ है 'problems create tension'; और (d) 'sol tun ju haw' का अर्थ है 'still money is needed' तो उस कूट भाषा में निम्नलिखित में से किसका अर्थ 'money' है?

(*a*) nei (*b*) ju
(*c*) haw (*d*) go

2. किसी कूटभाषा में (a) 'FOR' का अर्थ है 'old is gold'; (b) 'ROT' का अर्थ है 'gold is pure'; (c) 'ROM' का अर्थ है 'gold is costly'। इसी कूटभाषा में 'pure old gold is costly' कैसे लिखा जाएगा?

(*a*) TFROM (*b*) FOTRM
(*c*) FTORM (*d*) TOMRF

3. यदि किसी कूटभाषा में '415' का अर्थ है 'milk is hot'; '18' का अर्थ है 'hot soup'; और '895' का अर्थ है 'soup is tasty' तो उसी कूटभाषा में 'tasty' शब्द किस संख्या द्वारा निरूपित होगा?

(*a*) 9 (*b*) 8
(*c*) 5 (*d*) 4

4. यदि किसी कूटभाषा में '643' का अर्थ है 'she is beautiful', '593' का अर्थ है 'he is handsome', और '567' का अर्थ है 'handsome meets beautiful' तो उसी कूटभाषा में 'meets' शब्द निम्नलिखित में से किस संख्या द्वारा सूचित होगा?

(*a*) 5 (*b*) 3
(*c*) 7 (*d*) 6

5. किसी कूटभाषा में (a) 'dugo hui mul zo' का अर्थ है 'work is very hard'; (b) 'hui dugo ba ki' का अर्थ है 'Bingo is very smart'; (c) 'nano mul dugo' का अर्थ है 'cake is hard', और (d) 'mul ki qu' का अर्थ है 'smart and hard' इस कूट भाषा में 'Bingo' के लिए किस कूटशब्द का प्रयोग किया गया है?

(*a*) jalu (*b*) dugo
(*c*) ki (*d*) ba

6. किसी कूटभाषा में (a) 'pic vic nic' का अर्थ है 'winter is cold'; (b) 'to nic re' का अर्थ है 'summer is hot'; (c) 're pic boo' का अर्थ है 'winter and summer' और (d) 'vic tho pa' का अर्थ है 'nights are cold' इस कूटभाषा में 'summer' के लिए किस कूटशब्द का प्रयोग किया जाता है?

(*a*) nic (*b*) boo
(*c*) to (*d*) re

7. किसी कूटभाषा में (a) 'mx das sci' का अर्थ है 'good little frock'; (b) 'jm coz sci' का अर्थ है 'girl behaves good'; (c) 'ngv drs coz' का अर्थ है 'girl makes mischief'; और (d) 'das gp coz' का अर्थ है 'little girl fell' इस कूटभाषा में 'frock' के लिए किस कूट शब्द का प्रयोग किया गया है?

(*a*) mx (*b*) das
(*c*) sci (*d*) gp

8. किसी कूटभाषा में 'mu mit es' का अर्थ है 'who is she' और 'elb mu es' का अर्थ है 'where is she' इस कूटभाषा में 'where' के लिए किस कूटशब्द का प्रयोग किया जाता है?

(*a*) es (*b*) elb
(*c*) mu (*d*) mit

9. किसी कूटभाषा में '069' का अर्थ है 'grapes are sweet', '476' का अर्थ है 'very sweet fruit' और '509' का अर्थ है 'grapes are ripe'। इस कूटभाषा में निम्नलिखित में से किस अंक से 'ripe' शब्द सूचित होता है?

(*a*) 0 (*b*) 5
(*c*) 9 (*d*) 7

10. किसी कूटभाषा में 'roi ja kyo twa' का अर्थ है 'Moody is writing letters', 'pok ju ja twa' का अर्थ है 'Woody is writing cards', 'trn kyo pos un' का अर्थ है 'they are writing letters', और 'koi rus pok' का अर्थ है 'gifts and cards'। इसी कूटभाषा में 'Moody' के लिए किस कूटशब्द का प्रयोग किया गया है?

(*a*) ja (*b*) twa
(*c*) roi (*d*) kyo

व्याख्यात्मक उत्तर

1. (*b*):

	कूट	वाक्य
1.	go *ju* mi	plenty of *money*
2.	pao *ju* go nei vu	*money* creates lots of problems
3.	kol vu nei	problems create tension
4.	sol tun *ju* haw	still *money* is needed

ऊपर के पहले, दूसरे और चौथे कूटों और संबंधित वाक्यों में 'ju' शब्द और उसके लिए 'money' शब्द लिखा गया है।

2. (a) : कूट — वाक्य

1. FOR — old is gold

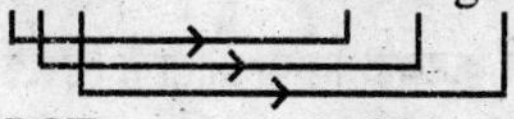

2. ROT — gold is pure

3. ROM — gold is costly

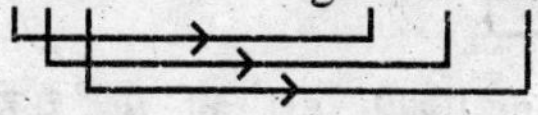

अत:,

F का अर्थ है	old
O का अर्थ है	is
R का अर्थ है	gold
T का अर्थ है	pure
M का अर्थ है	costly

अत: 'pure old gold is costly' को 'TFROM' द्वारा व्यक्त किया जाएगा।

3. (a) :

कूट	वाक्य
1. 415	milk is hot
2. 18	hot soup
3. 895	soup is *tasty*

तीसरे कूट और उससे संबंधित वाक्य में दी गई न तो संख्या '9' और न ही शब्द 'tasty' को किसी अन्य कूट और वाक्य में दोहराया गया है।

4. (c) :

कूट	वाक्य
1. 643	she is beautiful
2. 593	he is handsome
3. 567	handsome *meets* beautiful

तीसरे कूट और उससे संबंधित वाक्य में दी गई न तो संख्या '7' और न ही शब्द 'meets' को किसी अन्य कूट और वाक्य में दोहराया गया है।

5. (d) :

कूट	वाक्य
1. *dugo hui* mul zo	work *is very* hard
2. *hui dugo* **ba** *ki*	**Bingo** *is very smart*
3. nano mul *dugo*	cake is *hard*
4. mul *ki* qu	*smart* and hard

दूसरे कूट और संबंधित वाक्य में निहित न तो 'ba' और न ही अर्थ शब्द 'Bingo' की पुनरावृत्ति होती है। (जिन शब्दों की पुनरावृत्ति होती है उन्हें तिरछे अक्षरों में लिखा गया है)

6. (d) :

कूट	वाक्य
1. pic vic nic	winter is cold
2. to nic *re*	*summer* is hot
3. *re* pic boo	winter and *summer*
4. vic tho pa	nights are cold

शब्द 'summer' और कूट 're' की दूसरे और तीसरे वाक्यों में पुनरावृत्ति होती है।

7. (a) :

कूट	वाक्य
1. **mx** *das sci*	*good little* **frock**
2. jm coz *sci*	girl behaves *good*
3. ngv drs coz	girl makes mischief
4. *das* gp coz	*little* girl fell

शब्द 'frock' केवल पहले वाक्य में है। कूट शब्द 'das' को चौथे वाक्य में और 'sci' को दूसरे वाक्य में दोहराया गया है। अत: स्पष्ट है कि 'frock' के लिए कूट शब्द 'mx' का प्रयोग किया गया है।

8. (b) :

कूट	वाक्य
1. *mu* mit *es*	who *is she*
2. **elb** *mu* es	**where** *is she*

कूट शब्दों 'mu' और 'es' को दोनों वाक्यों में दोहराया गया है। केवल कूट शब्द 'elb' ही बचता है जिसका अर्थ 'where' है।

9. (b) :

कूट	वाक्य
1. 069	*grapes are* sweet
2. 476	very sweet fruit
3. **5**09	*grapes are* **ripe**

पहले और तीसरे वाक्यों में कूट संख्याओं '0' और '9' की पुनरावृत्ति होती है। अत: स्पष्ट है कि शेष कूट संख्या '5' का ही 'ripe' के लिए प्रयोग किया गया है।

10. (c) :

कूट	वाक्य
1. **roi** *ja kyo twa*	**Moody** *is writing letters*
2. pok ju *ja twa*	Woody *is writing* cards
3. trn *kyo* pos un	they are writing *letters*
4. koi rus pok	gifts and cards

'Moody' शब्द केवल पहले वाक्य में है। पहले वाक्य के कूट शब्दों 'ja' और 'twa' की दूसरे वाक्य में पुनरावृत्ति होती है और 'kyo' की तीसरे वाक्य में पुनरावृत्ति होती है। केवल कूट शब्द 'roi' ही बचता है जिसका अर्थ 'Moody' है।

भाग-III

एक अन्य प्रकार के कूट लेखन में किसी शब्द को कूट नाम दिए जाते हैं जिन्हें आगे भी कूटबद्ध किया जाता है। इस पैटर्न पर आधारित प्रश्न अर्थहीन प्रतीत हो सकते हैं किंतु कूट यथार्थता की बुनियादी बातों से हट कर नहीं होने चाहिए।

हल किए गए उदाहरण

1. यदि किसी कूट भाषा में 'केला' को 'जेली' कहा जाए, 'जेली' को 'हरा' कहा जाए, 'हरा' को 'सेब' कहा जाए, 'सेब' को 'आम' कहा जाए तो उसी कूटभाषा में पत्ते के रंग को क्या कहेंगे?

(*a*) हरा (*b*) आम (*c*) सेब (*d*) केला

उत्तर (*c*) : पत्ता हरे रंग का होता है और प्रश्न में उल्लिखित कूटों के अनुसार 'हरा' को 'सेब' कहा जाता है।

2. यदि 'धूसर' को 'भूरा', 'सफेद' को 'गुलाबी', 'लाल' को 'धूसर', 'काला' को 'लाल' और 'भूरा' को 'सफेद' कहा जाए तो 'कोयला' किस रंग का है?

(*a*) भूरा (*b*) सफेद (*c*) काला (*d*) लाल

उत्तर (*d*) : 'कोयला' काले रंग का होता है और प्रश्न में दिए गए कूटों के अनुसार 'काला' को 'लाल' कहा जाता है।

अभ्यास

निर्देश (प्र.सं. 1–10): *प्रत्येक प्रश्न में दी गई कूटबद्ध सूचना को अच्छी तरह समझें और दिए गए विकल्पों में से सही उत्तर का चयन करें।*

1. यदि किसी कूटभाषा में 'पानी' को 'नीला', 'नीला' को 'लाल', 'लाल' को 'सफेद', 'सफेद' को 'आकाश', 'आकाश' को 'वर्षा', 'वर्षा' को 'हरा', 'हरा' को 'हवा' और 'हवा' को 'मेज' कहा जाए, तो इस कूटभाषा में दूध के रंग को क्या कहेंगे?

(*a*) सफेद (*b*) वर्षा
(*c*) आकाश (*d*) हरा

2. यदि किसी कूटभाषा में 'प्रकाश' को 'अंधकार', 'अंधकार' को 'हरा', 'हरा' को 'नीला', 'नीला' को 'लाल', 'लाल' को 'सफेद' और 'सफेद' को 'पीला' कहा जाता हो तो इस कूटभाषा में रक्त का रंग क्या कहलाएगा?

(*a*) लाल (*b*) अंधकार
(*c*) सफेद (*d*) पीला

3. यदि किसी कूटभाषा में 'आकाश' को 'समुद्र', 'समुद्र' को 'पानी', 'पानी' को 'हवा', 'हवा' को 'बादल' और 'बादल' को 'नदी' कहा जाता हो तो प्यास लगने पर इस कूटभाषा में पीने के लिए किस चीज की मांग करेंगे?

(*a*) आकाश (*b*) हवा
(*c*) पानी (*d*) समुद्र

4. यदि किसी कूटभाषा में 'पीला' का अर्थ 'लाल', 'सफेद' का अर्थ 'हरा', 'लाल' का अर्थ 'नारंगी', 'नीला' का अर्थ 'सफेद' और 'हरा' का अर्थ 'नीला' हो तो उस कूटभाषा में आकाश का रंग क्या है?

(*a*) सफेद (*b*) हरा
(*c*) नीला (*d*) पीला

5. यदि किसी कूटभाषा में 'घर' को 'झोपड़ी', 'झोपड़ी' को 'नहर', 'नहर' को 'स्कूल', 'स्कूल' को 'मैदान', 'मैदान' को 'सुराही' और 'सुराही' को 'तार' कहा जाए तो इस कूटभाषा में छात्रों के पढ़ने की जगह को क्या कहेंगे?

(*a*) मैदान (*b*) सुराही
(*c*) झोपड़ी (*d*) स्कूल

6. यदि किसी कूटभाषा में 'बिल्ली' को 'घोड़ा', 'घोड़ा' को 'चूहा', 'कुत्ता' को 'खरगोश', 'खरगोश' को 'बिल्ली', 'चूहा' को 'कुत्ता' और 'शेर' को 'चींटी' कहा जाए तो इस कूटभाषा मे प्रयुक्त कूटों के आधार पर भौंकने वाले पशु को क्या कहेंगे?

(*a*) कुत्ता (*b*) बिल्ली

(*c*) शेर (*d*) खरगोश

7. यदि 'भूमि' को 'झील', 'झील' को 'पत्थर', 'पत्थर' को 'भारी', 'भारी' को 'स्टेडियम', 'स्टेडियम' को 'महासागर', 'महासागर' को 'वर्षा' और 'वर्षा' को 'आग' कहा जाए तो क्रिकेट के टेस्ट मैच खेले जाने वाले स्थान क्या कहलाते हैं?

(*a*) भारी (*b*) महासागर

(*c*) पत्थर (*d*) भूमि

8. यदि किसी कूटभाषा में 'चिड़िया' को 'राजा', 'राजा' को 'फूल', 'फूल' को 'घन', 'घन' को 'मेज', 'मेज' को 'मनुष्य' और 'मनुष्य' को 'चिड़िया' कहा जाए तो इस कूटभाषा में 'गुलाब' क्या है?

(*a*) मेज (*b*) फूल

(*c*) घन (*d*) मनुष्य

9. यदि किसी कूटभाषा में 'पानी' को 'पत्थर', 'पत्थर' को 'तेल', 'तेल' को 'हवा', 'हवा' को 'लकड़ी', 'लकड़ी' को 'गैस' और 'गैस' को 'द्रव' कहा जाए तो इस कूटभाषा में फर्नीचर किस चीज से बनता है?

(*a*) गैस (*b*) हवा

(*c*) तेल (*d*) द्रव

10. यदि किसी कूटभाषा में 'पिंजड़ा' को 'रॉकेट', 'रॉकेट' को 'फंदा', 'फंदा' को 'ग्रह', 'ग्रह' को 'हवाई जहाज', 'हवाई जहाज' को 'साइकिल' और 'साइकिल' को 'कार' कहा जाए तो इस कूटभाषा में पृथ्वी को क्या कहेंगे?

(*a*) साइकिल (*b*) रॉकेट

(*c*) ग्रह (*d*) हवाई जहाज

व्याख्यात्मक उत्तर

1. (*c*) : दूध का रंग 'सफेद' होता है और इस कूटभाषा में 'सफेद' को 'आकाश' कहते हैं।

2. (*c*) : रक्त का रंग 'लाल' होता है और इस कूटभाषा में 'लाल' को 'सफेद' कहते हैं।

3. (*b*) : प्यास लगने पर हम 'पानी' पीते हैं और इस कूटभाषा में 'पानी' को 'हवा' कहते हैं।

4. (*a*) : आकाश का रंग 'नीला' होता है और नीला का अर्थ 'सफेद' है।

5. (*a*) : छात्र 'स्कूल' में पढ़ते हैं और 'स्कूल' को इस कूटभाषा में 'मैदान' कहा जाता है।

6. (*d*) : भौंकने वाला पशु 'कुत्ता' है और 'कुत्ता' को इस कूटभाषा में 'खरगोश' कहते हैं।

7. (*b*) : टैस्ट मैच 'स्टेडियम' में खेले जाते हैं और 'स्टेडियम' को इस कूटभाषा में 'महासागर' कहा जाता है।

8. (*c*) : गुलाब एक 'फूल' है और 'फूल' को इस कूटभाषा में 'घन' कहा जाता है।

9. (*a*) : फर्नीचर 'लकड़ी' से बनता है और 'लकड़ी' को इस कूटभाषा में गैस कहते हैं।

10. (*d*) : पृथ्वी एक 'ग्रह' है 'ग्रह' को इस कूटभाषा में हवाई जहाज कहते हैं।

कथन विश्लेषण
(STATEMENT ANALYSIS)

तर्कबुद्धि परीक्षण से संबंधित इस प्रकार के प्रश्नों में कुछ कथन दिए जाते हैं। इन कथनों में कतिपय तथ्यों को अलग-अलग रूपों में तोड़-मरोड़ कर प्रस्तुत किया जाता है। ऐसे प्रश्नों को हल करने के लिए अभ्यर्थियों से यह अपेक्षा की जाती है कि वे दिए गए कथनों का विश्लेषण करें, दिए गए तथ्यों को सुव्यवस्थित और वर्गीकृत करें तथा तत्पश्चात् दिए गए कथनों से संबंधित प्रश्नों के उत्तर दें।

हल किए गए उदाहरण

1. आइसक्रीम बर्फ के समान ठंडा होता है। बर्फ ओले जितनी ठंडी नहीं होती। हिमकण बर्फ जितने ठंडे नहीं होते किंतु ये आइसक्रीम से अधिक ठंडे होते हैं। इनमें से सर्वाधिक ठंडा क्या है?

(*a*) ओला (*b*) आइसक्रीम (*c*) हिमकण (*d*) हिम

उत्तर (*a*) : ठंडक में वृद्धि को दर्शाने वाला क्रम है–आइसक्रीम, बर्फ, हिमकण, हिम, ओला।

2. नीचे दिए गए कथन को सावधानीपूर्वक पढ़ें और पूछे गए प्रश्नों (*i*) और (*ii*) के उत्तर दें :

पांच आदमी जिनमें से एक वजनी, दूसरा मोटा, तीसरा दुबला-पतला, चौथा नाटा और पांचवां लंबा है, एक दूसरे के पीछे दौड़ रहे हैं। वजनी और लंबे आदमियों में से एक तो कलाकार है और दूसरा बातुनी। दुबला-पतला आदमी जो बुद्धिमान भी है, बीच में दौड़ रहा है। नाटा आदमी काला नहीं है और गोरे रंग का आदमी दुबले-पतले आदमी से आगे दौड़ रहा है। वजनी आदमी जो कलाकार नहीं है, मोटे आदमी के सामने दौड़ रहा है।

(*i*) गोरा कौन है?

(*a*) लंबा आदमी (*b*) मोटा आदमी (*c*) नाटा आदमी (*d*) वजनी आदमी

उत्तर : (*b*)

(*ii*) लंबा आदमी क्या है?

(*a*) बुद्धिमान (*b*) बातुनी (*c*) कलाकार (*d*) काला

उत्तर : (*c*)

पांचों आदमियों के गुणों का चार्ट इस प्रकार है :

वजनी आदमी बातुनी है।

मोटा आदमी गोरा है।

दुबला-पतला आदमी बुद्धिमान है।

नाटा आदमी काला नहीं है।

लंबा आदमी कलाकार है।

अभ्यास

1. A, B, C, D और E पांच मित्र हैं जिनमें से A का वजन B से अधिक है, C का वजन D से कम है, B का वजन D से कम है किंतु E से अधिक है। इनमें से किसका वजन सबसे अधिक है?

(*a*) B (*b*) C

(*c*) A (*d*) कहा नहीं जा सकता

2. झांसी की तुलना में पुणे एक बड़ा शहर है, तथा चित्तौड़ की तुलना में सीतापुर एक बड़ा शहर है। रायगढ़ झांसी जितना बड़ा शहर नहीं है किंतु यह सीतापुर की तुलना में बड़ा शहर है। चित्तौड़ सीतापुर जितना बड़ा शहर नहीं है। इनमें से सबसे छोटा शहर कौन है?

(*a*) झांसी (*b*) पुणे

(*c*) चित्तौड़ (*d*) सीतापुर

3. राम के मुकाबले अजय अधिक काम करता है। आलोक और राजू दोनों एक जितना काम करते हैं। पंकज आलोक के मुकाबले कम काम करता है। राम आलोक के मुकाबले अधिक काम करता है। इनमें से सबसे अधिक काम कौन करता है?

(*a*) अजय (*b*) राम

(*c*) आलोक (*d*) राजू

4. विपुल, हंस से लंबा है। हंस, आनंद से लंबा है। आलोक, अशोक से लंबा है। अशोक, हंस से लंबा है। इन पांचों मित्रों से कौन सबसे अधिक लंबा है?

(*a*) विपुल (*b*) आलोक

(*c*) अशोक (*d*) कहा नहीं जा सकता

5. प्रमोद, गोपाल से लंबा है। गोपाल, मधु से कम लंबा है। यह जानने के लिए कि इनमें सबसे अधिक लंबा कौन है, निम्नलिखित में से कौन-सी अतिरिक्त जानकारी आवश्यक है?

(*a*) मधु, गोपाल से लंबी है

(*b*) मधु, प्रमोद के भाई से कम लंबी है

(*c*) प्रमोद, मधु से लंबा है

(*d*) प्रमोद, मधु के भाई से लंबा है

6. A की आयु B से अधिक है जबकि C और D की आयु E से अधिक है तथा E की आयु A और B की आयुओं के बीच है। यदि C की आयु B की तुलना में अधिक हो तो बताएं कि निम्नलिखित में से कौन-सा कथन अनिवार्यत: सत्य है?

(*a*) E की आयु B से अधिक है

(*b*) A की आयु C से अधिक है

(*c*) C की आयु D से अधिक है

(*d*) D की आयु C से अधिक है

7. विक्रम की लंबाई राजन से अधिक किंतु ऐनी से कम है। जमाल, ऐनी से अधिक लंबा है। सीता, विक्रम से अधिक लंबी है। राजन, सीता से कम लंबा है। इस समूह में सबसे कम लंबाई किसकी है?

(*a*) सीता (*b*) राजन

(*c*) विक्रम (*d*) कहा नहीं जा सकता

8. सुरेश की आयु कमल से उतनी ही अधिक है जितनी कि उसकी आयु प्रबोध से कम है। नवीन और कमल की आयु एक जैसी है। निम्नलिखित में से कौन-सा कथन असत्य है?

(*a*) सुरेश की आयु नवीन से अधिक है

(*b*) कमल की आयु सुरेश से कम है

(*c*) प्रबोध सबसे अधिक आयु का नहीं है

(*d*) नवीन की आयु प्रबोध से कम है

9. प्रमोद आयु में जयेश और सुधीर से बड़ा है। विकास, अनिल से छोटा है। इनमें किसकी आयु सब से अधिक है, यह जानने के लिए निम्नलिखित में से कौन-सी अतिरिक्त जानकारी अपेक्षित है?

(*a*) सुधीर, जयेश से बड़ा है

(*b*) अनिल, जयेश से बड़ा है

(*c*) विकास, प्रमोद से बड़ा है

(*d*) विकास, प्रमोद से छोटा है

10. पांच लड़कों में बसंत, मनोहर से लंबा है किंतु वह राजू जितना लंबा नहीं है। जयंत, दत्ता से लंबा है किंतु मनोहर से उसकी लंबाई कम है। इनमें सबसे अधिक लंबा लड़का कौन है?

(*a*) राजू (*b*) मनोहर

(*c*) बसंत (*d*) कहा नहीं जा सकता

11. A और D एक ही कक्षा में पढ़ते हैं। K और L एक ही कक्षा में पढ़ते हैं। D किस कक्षा में पढ़ता है? इस प्रश्न का उत्तर ज्ञात करने के लिए निम्नलिखित A और B कथनों में से किसमें दी गई सूचना आवश्यक है?

A. D, L से एक कक्षा कम में पढ़ता है

B. A का बड़ा भाई K के साथ पढ़ता है

(*a*) उपर्युक्त A और B दोनों में दी गई सूचनाएं पर्याप्त नहीं हैं

(*b*) उपर्युक्त A और B दोनों में दी गई सूचनाएं अपेक्षित हैं

(*c*) केवल A में दी गई सूचना पर्याप्त है

(*d*) केवल B में दी गई सूचना आवश्यक है

निर्देश (प्र.सं. 12 और 13): (A) गोपाल की लंबाई अशोक से कम किंतु केशव से अधिक है; (B) नवीन की लंबाई केशव से कम है; (C) जयेश की लंबाई नवीन से अधिक है; (D) अशोक की लंबाई जयेश से अधिक है।

12. इनमें सबसे अधिक लंबा कौन है?

(*a*) गोपाल (*b*) अशोक

(*c*) जयेश (*d*) नवीन

13. उपर्युक्त प्रश्न का उत्तर देने के लिए निम्नलिखित में से कौन-सी सूचना आवश्यक नहीं है?

(*a*) A (*b*) B

(*c*) C (*d*) D

निर्देश (प्र.सं. 14–16): *नीचे दिए गए कथन को ध्यानपूर्वक पढ़ें और इसमें दी गई सूचना के आधार पर पूछे गए प्रश्नों के उत्तर दें:*

रवि, हरी, मनु और जतिन चार मित्र हैं। इनमें से एक कानपुर में रहता है और उसे लिखने-पढ़ने का शौक है। हरी और जतिन लखनऊ में रहते हैं। हरी को डाक टिकटें एकत्रित करने का शौक है। लखनऊ में रहने वाले दोनों मित्रों में से प्रत्येक को सिक्के एकत्रित करने का शौक है। रवि इलाहाबाद में रहता है। लखनऊ में रहने वाला एक लड़का संगीत सुनना भी पंसद करता है। इलाहाबाद में रहने वाले लड़के को यात्रा करने और कॉमिक्स पढ़ने का शौक है। यदि सभी लड़कों में से प्रत्येक को दो शौक हों तो निम्नलिखित प्रश्नों के उत्तर दें :

14. कानपुर में कौन रहता है?

(*a*) जतिन (*b*) मनु

(*c*) रवि (*d*) हरी

15. सिक्के एकत्रित करने और संगीत सुनने का शौक निम्नलिखित में से किसे है?

(*a*) मनु (*b*) रवि

(*c*) हरी (*d*) जतिन

16. निम्नलिखित में से कौन-सा शौक रवि को नहीं है?

(*a*) कॉमिक्स पढ़ना (*b*) पढ़ना

(*c*) यात्रा करना (*d*) कहा नहीं जा सकता

व्याख्यात्मक उत्तर

1. (*d*) : वजन के घटते क्रम में इन मित्रों को निम्नवत् श्रेणीबद्ध किया जा सकता है : A/D, B/C, E या A/D, B, C/E अत: इन मित्रों में से A या D का वजन सबसे अधिक है।

2. (*c*) : आकार के घटते क्रम में शहरों के नाम हैं: पुणे, झांसी, रायगढ़, सीतापुर, चित्तौड़।

3. (*a*) : इन व्यक्तियों के नामों का इनके द्वारा किए जाने वाले काम की मात्रा के घटते क्रम में निम्नलिखित अनुक्रम होगा :
अजय, राम, आलोक/राजू, पंकज।

4. (*d*) : लंबाई के घटते क्रम में इन व्यक्तियों के नाम हैं : विपुल/आलोक, अशोक, हंस, आनंद। अत: विपुल या आलोक में से कोई एक सबसे अधिक लंबा है।

5. (*c*) : दी गई सूचना के अनुसार प्रमोद और मधु दोनों ही गोपाल से अधिक लंबे हैं। विकल्प (*c*) में दी गई जानकारी से ही यह पता चलता है कि सबसे अधिक लंबा कौन है।

6. (*a*) : आयु के घटते क्रम में इन व्यक्तियों को निम्नवत् विन्यस्त किया जा सकता है :
A/C/D, E, B.

7. (*b*) : लंबाई के घटते क्रम में इन व्यक्तियों को निम्नवत् विन्यस्त किया जा सकता है:
जमाल/सीमा, ऐनी, विक्रम, राजन
या
जमाल, सीता/ऐनी, विक्रम, राजन

8. (*c*) : आयु के घटते क्रम में इन व्यक्तियों को निम्नवत् विन्यस्त किया जा सकता है :
प्रबोध, सुरेश, कमल/नवीन

9. (*c*) : आयु के घटते क्रम में इन व्यक्तियों को निम्नवत् विन्यस्त किया जा सकता है:
1. प्रमोद, जयेश/सुधीर और 2. अनिल, विकास
विकल्प (c) इन दोनों कथनों के बीच संबंध स्थापित करता है।

10. (*a*) : लंबाई के घटते क्रम में इन लड़कों को निम्नवत् विन्यस्त किया जा सकता है:
राजू, बसंत, मनोहर, जयंत, दत्ता

11. (*a*) : दोनों में से किसी भी कथन में उपयोगी सूचना नहीं दी गई है।

12. (*b*) : लंबाई के घटते क्रम में इन व्यक्तियों को निम्नवत् विन्यस्त किया जा सकता है:
अशोक, गोपाल/जयेश, केशव, नवीन
या
अशोक, गोपाल, केशव/जयेश, नवीन

13. (*c*) **14. (*b*)** **15. (*d*)** **16. (*b*)**

स्थान व्यवस्थीकरण
(PLACE ARRANGEMENT)

स्थान व्यवस्थीकरण का सामान्य अर्थ है दी गई सूचनाओं के आधार पर व्यक्तियों या वस्तुओं का स्थान-क्रम निर्धारित करना। इसके लिए आवश्यक है कि स्थान-क्रम को अच्छी तरह समझा जाए और तत्पश्चात् दिए गए प्रश्नों को उपलब्ध कराई गई सूचना के आधार पर हल करने का प्रयास किया जाए।

हल किए गए उदाहरण

1. पांच लड़के एक सीढ़ी पर चढ़ रहे हैं। सीढ़ी पर डेविड लड़कों के बीच में है। कार्तिक सबसे पीछे है। अनमोल नीतिन से आगे है जो अनमोल और डैनी दोनों के पीछे है। सीढ़ी पर सबसे आगे कौन है?

(*a*) डैनी (*b*) अनमोल

(*c*) डैनी या अनमोल (*d*) कहा नहीं जा सकता

उत्तर (*c*) : लड़कों के सीढ़ी पर चढ़ने का निम्नलिखित क्रम है :

डैनी		अनमोल
अनमोल		डैनी
डेविड	या	डेविड
नीतिन		नीतिन
कार्तिक		कार्तिक

अत: इस बात की पूर्ण संभावना है कि सीढ़ी पर सबसे आगे डैनी या अनमोल है।

2. पांच व्यक्ति किसी पंक्ति में एक दूसरे के पीछे चल रहे हैं। पंक्ति में सबसे आगे और सबसे पीछे चल रहे व्यक्तियों में एक व्यक्ति बुद्धिमान और दूसरा मूर्ख है। एक नाटे व्यक्ति के पीछे एक मजबूत कद काठी का व्यक्ति चल रहा है। मूर्ख व्यक्ति के सामने एक दुबला व्यक्ति चल रहा है। नाटा व्यक्ति बुद्धिमान व्यक्ति और मजबूत कद काठी के व्यक्ति के बीच में है। पंक्ति में बीचों-बीच कौन चल रहा है?

(*a*) नाटा व्यक्ति (*b*) मजबूत कद-काठी का व्यक्ति

(*c*) दुबला व्यक्ति (*d*) बुद्धिमान व्यक्ति

उत्तर (*b*) : पांचों व्यक्तियों का पंक्ति में स्थान-क्रम निम्नवत् है :

मूर्ख, दुबला व्यक्ति, मजबूत कद-काठी का व्यक्ति, नाटा व्यक्ति, बुद्धिमान व्यक्ति।

अभ्यास

निर्देश (प्र.सं. 1–10): *निम्नलिखित प्रश्नों में व्यवस्थीकरण के पैटर्न को समझें और तत्पश्चात् दिए गए विकल्पों में से सही उत्तर का चयन करें:*

1. पांच लड़के एक पंक्ति में बैठे हैं। रघु, श्याम या अमित की बगल में नहीं बैठा है। अजय, श्याम की बगल में नहीं बैठा है। रघु, मयंक की बगल में बैठा है। यदि मयंक पंक्ति में बीच में बैठा हो तो अजय निम्नलिखित में से किसकी बगल में बैठा है?

(*a*) अमित (*b*) रघु
(*c*) मयंक (*d*) श्याम

2. मिनी, रजनी के दाएं और अनंता के बाएं बैठी है। सत्या, मिनी के दाएं बैठी है किंतु वह जया के बाएं है। यदि सभी लड़कियां उत्तर दिशा की ओर मुंह किए बैठी हों तो इनमें से सबसे बाएं छोर पर कौन बैठी है?

(*a*) जया (*b*) मिनी
(*c*) रजनी (*d*) सत्या

3. किट्टू, मोहन और सोहन के बीच बैठा है। राजू, सोहन की बायीं ओर और श्याम, मोहन की दाहिनी ओर बैठा है। यदि ये सभी मित्र दक्षिण दिशा की ओर मुंह करके बैठे हों, तो सबसे दाहिने छोर पर कौन बैठा है?

(*a*) मोहन (*b*) सोहन
(*c*) किट्टू (*d*) श्याम

4. A, B, C, D और E एक दूसरे के पीछे दौड़ रहे हैं। C, E के निकट नहीं है और A, D के निकट नहीं है। B, A के पीछे है और E, D के निकट नहीं है। इनके बीच में कौन व्यक्ति है?

(*a*) B (*b*) E
(*c*) A (*d*) कहा नहीं जा सकता

5. O, P, Q, R, S और T एक बेंच पर अपनी लंबाई के घटते क्रम में खड़े हैं। P, O से अधिक लंबा है किंतु S से उसकी लंबाई कम है। केवल S ही T से अधिक लंबा है। R, P से कम लंबा है किंतु वह Q से अधिक लंबा है। इनमें किसकी लंबाई सबसे कम है?

(*a*) O (*b*) Q
(*c*) P (*d*) कहा नहीं जा सकता

6. छह मित्र एक गोल घेरे में बैठ कर ताश खेल रहे हैं। केनी, डैनी की बायीं ओर बैठा है। माइकल, बॉब और जॉन के बीच बैठा है। रॉजर, केनी और बॉब के बीच बैठा है। माइकल की दाहिनी ओर कौन बैठा है?

(*a*) डैनी (*b*) जॉन
(*c*) केनी (*d*) बॉब

7. चार लड़कियां A, B, C और D एक गोल घेरे में बैठी हैं। B और C का मुंह एक दूसरे की ओर है। निम्नलिखित कथनों में से कौन-सा निश्चित रूप से सत्य है?

(*a*) A, C की बायीं ओर बैठी है
(*b*) D, C की बायीं ओर बैठी है
(*c*) A और D एक दूसरे के आमने-सामने बैठी हैं
(*d*) A, B और C के बीच नहीं बैठी है

8. 10 पुस्तकों के एक ढेर में 3 पुस्तकें इतिहास की, 3 हिंदी की, 2 गणित की और 2 अंग्रेजी की पुस्तकें हैं। यदि ऊपर से देखा जाए तो इतिहास और गणित की एक-एक पुस्तकों के बीच अंग्रेजी की एक पुस्तक है, गणित और अंग्रेजी की एक-एक पुस्तकों के बीच इतिहास की एक पुस्तक है, अंग्रेजी और गणित की एक-एक पुस्तकों के बीच एक हिंदी की पुस्तक है, हिंदी की दो पुस्तकों के बीच गणित की एक पुस्तक है तथा गणित और इतिहास की एक-एक पुस्तकों के बीच हिंदी की दो पुस्तकें हैं। इस ढेर में किस विषय की पुस्तक ऊपर से छठे स्थान पर है?

(*a*) अंग्रेजी (*b*) हिंदी
(*c*) इतिहास (*d*) गणित

9. पांच व्यक्ति A, B, C, D और E एक पंक्ति में आपकी ओर मुंह करके इस प्रकार बैठे हैं कि D, C की बायीं ओर बैठा है और B, E की दाहिनी ओर बैठा है। A, C की दाहिनी ओर बैठा है और B, D की बायीं ओर बैठा है। यदि E कोने में बैठा हो तो बीच में कौन बैठा है?

(*a*) A (*b*) B
(*c*) C (*d*) D

10. छह मित्र A, B, C, D, E और F एक गोल घेरे में खड़े हैं। B, F और C के बीच में है, A, E और D के बीच में है, F, D की बायीं ओर है। A और F के बीच कौन है?

(*a*) C (*b*) B
(*c*) D (*d*) E

निर्देश (प्र.सं. 11–13): *नीचे दिए गए कथन को ध्यानपूर्वक पढ़ें और पूछे गए प्रश्नों के उत्तर दें :*

A, B, C, D और E एक पंक्ति में खड़े हैं। पंक्ति के एक छोर पर D और दूसरे छोर पर C है। B, E की दाहिनी ओर खड़ा है। A, C की बायीं ओर खड़ा है तथा E, D और B के बीच खड़ा है।

11. पंक्ति के बीच में कौन खड़ा है?

(*a*) E (*b*) D
(*c*) B (*d*) A

12. A निम्नलिखित में से किसके बीच खड़ा है?

(*a*) B और D (*b*) E और B
(*c*) C और E (*d*) B और C

13. B की दाहिनी ओर कौन खड़ा है?

(*a*) C (*b*) E
(*c*) A (*d*) D

निर्देश (प्र.सं. 14 और 15): *निम्नलिखित कथनों को सावधानी पूर्वक पढ़ें और पूछे गए प्रश्नों के उत्तर दें :*

एक शेल्फ में पांच कमीजें एक ढेर में एक के ऊपर एक रखी हुई हैं। इस ढेर में लाल कमीज नीली कमीज के ऊपर रखी गई है और हरे रंग की कमीज नारंगी रंग की कमीज के नीचे रखी गई है। नीली कमीज नारंगी रंग की कमीज के ऊपर तथा सफेद कमीज हरी कमीज के नीचे रखी गई है।

14. लाल और नारंगी रंग की कमीजों के बीच रखी कमीज किस रंग की है?

(*a*) सफेद रंग की (*b*) हरे रंग की
(*c*) नीले रंग की (*d*) आंकड़े अपर्याप्त हैं

15. सबसे नीचे किस रंग की कमीज है?

(*a*) लाल (*b*) सफेद
(*c*) नारंगी (*d*) कहा नहीं जा सकता

निर्देश (प्र.सं. 16–18): *निम्नलिखित प्रश्नों को ध्यानपूर्वक पढ़ें और पूछे गए प्रश्नों के उत्तर दें :*

(*i*) A, B, C, D और E एक पांच मंजिली इमारत में रहते हैं।
(*ii*) B और E भूतल पर नहीं रहते।
(*iii*) D, A से एक मंजिल ऊपर और C से एक मंजिल नीचे के तल पर रहता है
(*iv*) E सबसे ऊपर वाली मंजिल पर नहीं रहता।

16. D किस मंजिल पर रहता है?

(*a*) दूसरी (*b*) चौथी
(*c*) पांचवीं (*d*) पहली

17. इनमें से कितने व्यक्ति C से ऊपर वाली मंजिल पर रहते हैं?

(*a*) 3 (*b*) 2
(*c*) 4 (*d*) 1

18. उपर्युक्त दोनों प्रश्नों का उत्तर ज्ञात करने के लिए दिए गए चार कथनों में से किसे छोड़ा जा सकता है?

(*a*) केवल (*iv*) (*b*) केवल (*ii*) और (*iii*)
(*c*) कोई नहीं (*d*) केवल (*i*)

निर्देश (प्र.सं. 19 और 20): *निम्नलिखित सूचना को ध्यान से पढ़ें और नीचे पूछे गए प्रश्नों के उत्तर दें :*

(*i*) एक मेज पर एक के ऊपर एक मनोविज्ञान, हिंदी, अंग्रेजी, समाज विज्ञान, अर्थशास्त्र, शिक्षाशास्त्र और लेखाशास्त्र विषयों की सात पुस्तकें रखी हैं।
(*ii*) इनमें समाज विज्ञान की पुस्तक सभी पुस्तकों के ऊपर है।
(*iii*) लेखाशास्त्र की पुस्तक शिक्षाशास्त्र की पुस्तक के ठीक नीचे है जो समाज विज्ञान की पुस्तक के ठीक नीचे रखी गई है।
(*iv*) अर्थशास्त्र की पुस्तक मनोविज्ञान की पुस्तक के ठीक ऊपर किंतु सभी पुस्तकों के बीच में नहीं रखी गई है।
(*v*) हिंदी की पुस्तक मनोविज्ञान की पुस्तक के ठीक नीचे रखी गई है।

19. लेखाशास्त्र और हिंदी की पुस्तकों के बीच किन विषयों की तीन पुस्तकें रखी गई हैं?

(*a*) अर्थशास्त्र, मनोविज्ञान और हिंदी
(*b*) अर्थशास्त्र, मनोविज्ञान और शिक्षाशास्त्र
(*c*) अंग्रेजी, अर्थशास्त्र और मनोविज्ञान
(*d*) कहा नहीं जा सकता

20. अर्थशास्त्र की पुस्तक निम्नलिखित में से किन पुस्तकों के बीच रखी गई है?

(*a*) लेखाशास्त्र और शिक्षाशास्त्र
(*b*) मनोविज्ञान और हिंदी
(*c*) अंग्रेजी और मनोविज्ञान
(*d*) कहा नहीं जा सकता

व्याख्यात्मक उत्तर

1. (*b*) : पांचों लड़कों के पंक्ति में बैठने का निम्नलिखित क्रम है:

अमित, श्याम, मयंक, अजय, रघु

या

अजय, रघु, मयंक, अमित, श्याम

2. (*c*) : इन सभी लड़कियों के बैठने का निम्नलिखित क्रम है:

रजनी, मिनी, अनंता, सत्या, जया

या

सत्या, जया, अनंता

या

सत्या, अनंता, जया

3. (*d*) : दक्षिण दिशा की ओर मुंह करके बैठने पर इन मित्रों के बैठने का निम्नलिखित क्रम होगा:

श्याम, मोहन, किट्टू, सोहन, राजू

4. *(a)* : दौड़ते समय ये व्यक्ति निम्नलिखित क्रम में एक दूसरे के पीछे होंगे:

E		E
A		A
B	या	B
C		D
D		C

5. *(d)* : लंबाई के घटते क्रम में ये व्यक्ति बेंच पर निम्नलिखित विन्यास में खड़े होंगे:

S		S
T		T
P	या	P
R		R
O		Q
Q		O

इनमें या तो O या फिर Q सबसे छोटा है। दी गई सूचना उत्तर ज्ञात करने के लिए पर्याप्त नहीं है।

6. *(d)* : इन छह मित्रों के बैठने का निम्नलिखित क्रम है:

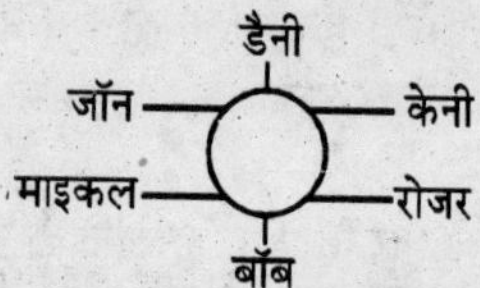

7. *(c)* : इन लड़कियों के बैठने का निम्नलिखित क्रम होगा:

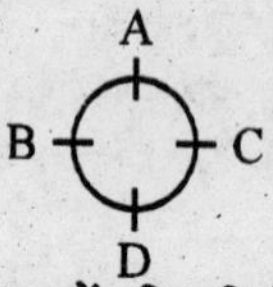

या

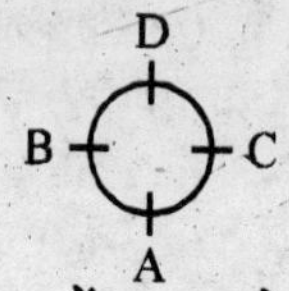

8. *(b)* : पुस्तकें निम्नलिखित विषय-क्रम में एक दूसरे के ऊपर रखी गई हैं:

पहला — इतिहास
अंग्रेजी
गणित
इतिहास
अंग्रेजी
छठा — हिंदी
गणित
हिंदी
हिंदी
दसवां — इतिहास

9. *(d)* : हमारी ओर मुंह किए बैठे इन व्यक्तियों का निम्नलिखित क्रम होगा:
A, C, D, B, E

10. *(c)* : ये मित्र निम्नलिखित क्रम में एक दूसरे की बगल में खड़े हैं

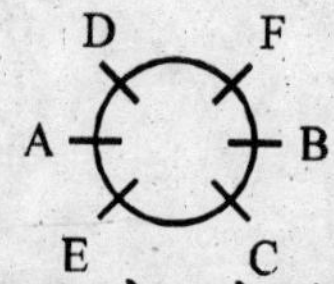

11. *(c)* : प्रश्न संख्या 16 से 18 के संदर्भ में बताए गए पांच व्यक्ति पंक्ति में निम्नलिखित क्रम में खड़े हैं:
D, E, B, A, C.

12. *(d)* **13. *(c)***

14. *(c)* : प्रश्न संख्या 14 और 15 के संदर्भ में शेल्फ में कमीजों को निम्नलिखित क्रम में रखा गया है:

लाल कमीज
नीली कमीज
नारंगी रंग की कमीज
हरे रंग की कमीज
सफेद कमीज

15. *(b)*

प्रश्न संख्या 16 से 18 के संदर्भ में दी गई सूचना के अनुसार पांच मंजिली इमारत में A, B, C, D और E निम्नलिखित क्रम में रहते हैं:

B
E
C
D
A – भूतल

16. *(d)* **17. *(b)*** **18. *(c)***

19. *(c)* : पुस्तकें निम्नलिखित क्रम में एक दूसरे के ऊपर रखी गई हैं:

समाज विज्ञान
शिक्षाशास्त्र
लेखाशास्त्र
अंग्रेजी
अर्थशास्त्र
मनोविज्ञान
हिंदी

20. *(c)*

प्रश्न संख्या 21 से 25 के संदर्भ में दिए गए कथनों के अनुसार आवंटित किए गए फ्लैटों की अवस्थिति निम्नवत् है:

Q	T	S	↑N	इनका मुख्य दरवाजा उत्तर दिशा में खुलता है
U	R	P	↓S	इनका मुख्य दरवाजा दक्षिण दिशा में खुलता है

दिशा ज्ञान परीक्षण
(DIRECTION SENSE)

इस प्रकार के प्रश्न अभ्यर्थियों की सही दिशा-निर्देशों को समझने की योग्यता की जांच करने हेतु पूछे जाते हैं। ऐसे प्रश्न दिशा-चार्ट पर आधारित होते हैं:

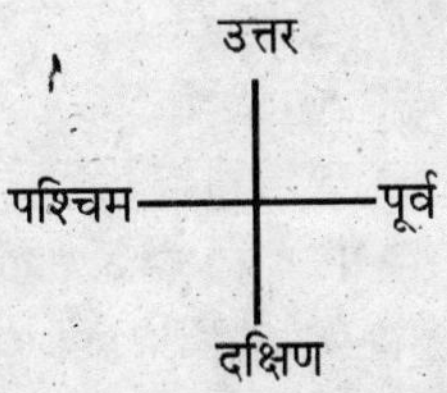

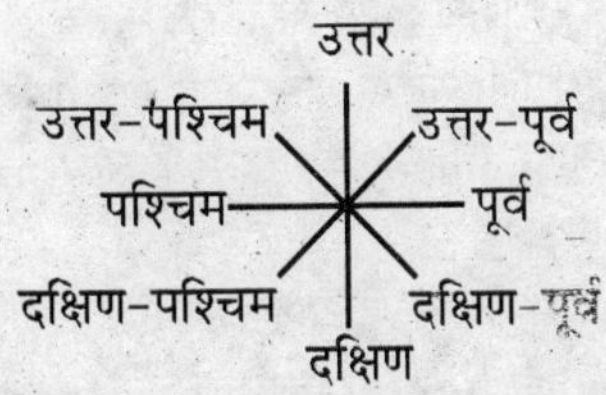

विभिन्न दिशाओं का बोध बाएं या दाएं मोड़ या कोणीय मोड़ों द्वारा निर्देशित होता है।

हल किए गए उदाहरण

1. एक व्यक्ति उत्तर दिशा में चल रहा है। वह दो बार दाहिने मुड़ता है और फिर चलने लगता है अब वह किस दिशा में चल रहा है?

(*a*) उत्तर (*b*) दक्षिण (*c*) पूर्व (*d*) पश्चिम

उत्तर (*b*) :

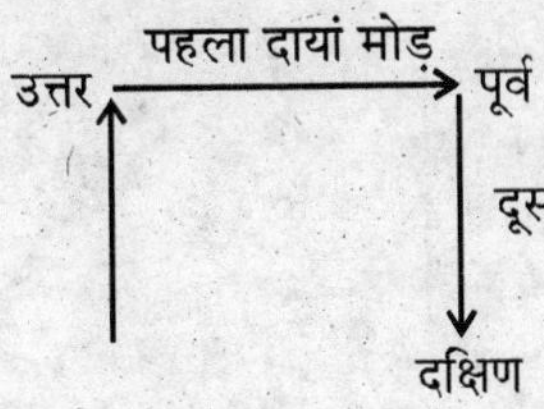

दिशा चार्ट का अनुसरण करने पर यह स्पष्ट होता है कि वह व्यक्ति अब दक्षिण दिशा में चल रहा है।

2. एक व्यक्ति पूर्व दिशा में चल रहा है। वह पहले 45° बाएं और तब 90° दाएं मुड़ता है। अब वह किस दिशा में चल रहा है?

(*a*) उत्तर (*b*) उत्तर-पश्चिम (*c*) दक्षिण- पूर्व (*d*) पश्चिम

उत्तर (*c*) : 45° मोड़ का अर्थ है, सीधी दिशा न होकर दो दिशाओं के बीच में जाना। 90° मोड़ में भी दो दिशाएं शामिल हैं और व्यक्ति उत्तर-पूर्व में न जाकर दक्षिण-पूर्व दिशा में जाने लगता है।

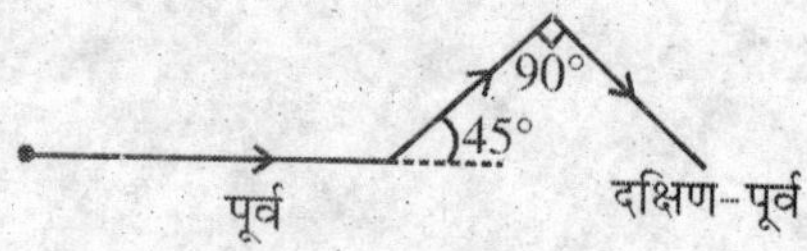

एक दिशा को छोड़कर दूसरी दिशा में जाने पर व्यक्ति किस दिशा में गति कर रहा है, इसे जानने के लिए सही दिशा-निर्देशों को समझने की आवश्यकता है। साथ ही अभ्यर्थियों को कागज पर दिशा की जानकारी होनां भी आवश्यक है। दिशा चार्ट की सहायता से दूरियों को भी सरलतापूर्वक मापा जा सकता है।

अभ्यास

निर्देश (प्र.सं. 1–12): *नीचे के प्रत्येक प्रश्न में सही दिशा/दूरी दर्शाने के लिए दिए गए विकल्पों से सही उत्तर का चयन करें।*

1. किट्टू पहले पूर्व दिशा में चलता है और तब दक्षिण दिशा में चलता है। दक्षिण दिशा में कुछ दूरी तय करने के बाद वह पश्चिम दिशा में मुड़ जाता है और तब अपने बाएं मुड़ जाता है। अब वह किस दिशा में चल रहा है?

(*a*) उत्तर (*b*) दक्षिण
(*c*) पूर्व (*d*) पश्चिम

2. एक व्यक्ति पश्चिम दिशा में अपनी गाड़ी चला रहा है। वह दक्षिण दिशा में चले इसके लिए उसे निम्नलिखित में से कौन से मोड़ मुड़ने चाहिए?

(*a*) बायीं ओर, दायीं ओर, दायीं ओर
(*b*) दायीं ओर, दायीं ओर, बायीं ओर
(*c*) बायीं ओर, बायीं ओर, बायीं ओर
(*d*) दायीं ओर, दायीं ओर, दायीं ओर

3. ऋचा अपनी गाड़ी से दक्षिण दिशा में 8 किमी आगे चलकर बायीं ओर मुड़ जाती है और 5 किमी. आगे चलती है। वहां वह एक बार फिर से बायीं ओर मुड़कर 8 किमी. आगे चलती है। अब वह अपने शुरु के स्थान से कितनी दूरी पर है?

(*a*) 3 किमी.
(*b*) 5 किमी.
(*c*) 8 किमी.
(*d*) 13 किमी.

4. डिंगी अपनी गाड़ी से उत्तर की ओर 40 किमी. की दूरी तय करती है, वहां वह दायीं ओर मुड़कर 50 किमी आगे जाती है जहां वह एक बार फिर से दायीं ओर मुड़कर 30 किमी. आगे जाती है, और तब फिर से दायीं ओर मुड़कर 50 किमी. और आगे जाती है। यहां वह अपने आरंभिक बिंदु से कितनी दूरी पर है?

(*a*) 90 किमी.
(*b*) 50 किमी.
(*c*) 10 किमी.
(*d*) 5 किमी.

5. देबू पहले पूर्व की ओर और तब उत्तर की ओर चलता है तथा वहां वह 45° दायें मुड़कर कुछ देर आगे चलता है और अंततः बायीं ओर मुड़ जाता है। अब वह किस दिशा में चल रहा है?

(*a*) उत्तर
(*b*) पूर्व
(*c*) दक्षिण-पूर्व
(*d*) उत्तर-पश्चिम

6. यदि उत्तर का उत्तर-पश्चिम, उत्तर-पश्चिम का पश्चिम, पश्चिम का दक्षिण-पश्चिम और इसी प्रकार अन्य दिशाओं का भी नामकरण किया जाए तो दक्षिण पूर्व को क्या कहा जाएगा?

(*a*) पूर्व (*b*) पश्चिम
(*c*) उत्तर-पूर्व (*d*) दक्षिण-पूर्व

7. मैं अपने घर से उत्तर दिशा में 15 मीटर चला, तब पश्चिम दिशा में मुड़कर 10 मीटर और आगे चला, यहां दक्षिण दिशा में मुड़कर मैंने 5 मीटर की एक अन्य दूरी तय की और तब पूर्व की ओर मुड़कर 10 मीटर की दूरी तय की। बताइए कि मैं अपने आरंभिक स्थान से किस दिशा में हूँ?

(*a*) पूर्व (*b*) पश्चिम
(*c*) उत्तर (*d*) दक्षिण

8. मैं अपने घर से उत्तर दिशा में चला और तब बायीं ओर मुड़ गया। अब कुछ देर तक आगे चलने के बाद मैं फिर से बायीं ओर मुड़ा और तब दायीं ओर मुड़ गया। बाद में आगे चलते हुए मैं बायीं ओर और एक बार फिर से बायीं ओर मुड़ा। बताइए कि अब मैं किस दिशा में चल रहा हूँ ?

(*a*) उत्तर (*b*) दक्षिण
(*c*) पूर्व (*d*) पश्चिम

9. राज पश्चिम दिशा में चल रहा है। वह आगे चलते हुए अपने दाएं, फिर दाएं और तब बाएं, हर बार 135° के कोण पर मुड़ा। बताइए कि अब वह किस दिशा में चल रहा है ?

(*a*) उत्तर-पूर्व (*b*) दक्षिण-पूर्व
(*c*) पूर्व (*d*) पश्चिम

10. जतिन अपने घर से उत्तर दिशा में 12 किमी. चलता है। तब वह अपनी दायीं ओर मुड़कर 12 किमी. की एक अन्य दूरी तय करता है। वह एक बार फिर से दायीं ओर मुड़ता है और 12 किमी. की एक अन्य दूरी तय करके बायीं ओर मुड़ता है ओर तब 5 किमी. आगे चलता है। बताइए कि इस समय वह अपने घर से कितनी दूरी पर है और किस दिशा में है ?

(*a*) 7 किमी., पूर्व दिशा
(*b*) 10 किमी., पूर्व दिशा
(*c*) 17 किमी., पूर्व दिशा
(*d*) 24 किमी., पूर्व दिशा

11. एक महिला उत्तर दिशा में 12 किमी. चलती है, तब वह दक्षिण दिशा में 6 किमी. चलती है और तत्पश्चात् पूर्व दिशा में 8 किमी चलती है। इस समय वह अपने आरंभिक बिंदु से कितनी दूरी पर है और किस दिशा में चल रही है ?

(*a*) 5 किमी., उत्तर-पूर्व (*b*) 5 किमी., पूर्व
(*c*) 10 किमी., उत्तर-पूर्व (*d*) 10 किमी., पश्चिम

12. दिव्या पूर्व दिशा में 10 किमी. की यात्रा करती है, और तब दक्षिण-पश्चिम दिशा में 10 किमी. की यात्रा करती है। वह एक बार फिर से मुड़कर उत्तर-पश्चिम दिशा में 10 किमी. चलती है। बताइए कि अब वह अपने आरंभिक बिंदु से किस दिशा में चल रही है ?

(*a*) दक्षिण (*b*) उत्तर
(*c*) पश्चिम (*d*) पूर्व

व्याख्यात्मक उत्तर

1. (*b*)

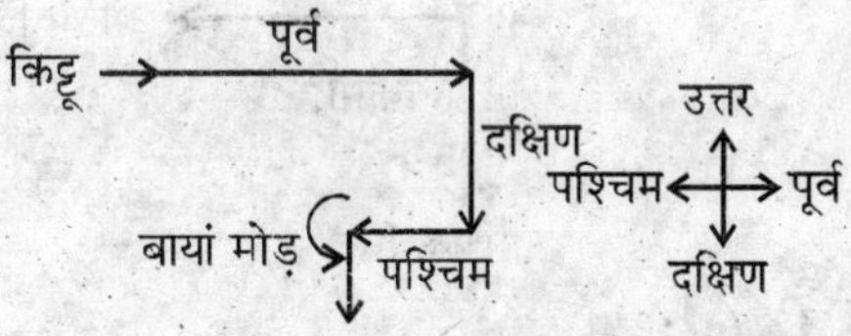

2. (*d*) :

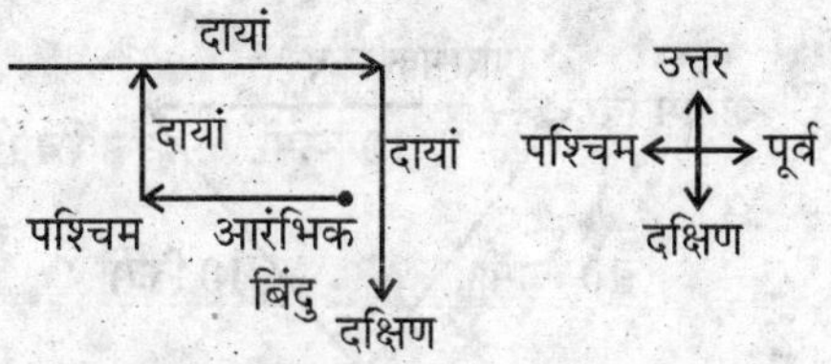

3. (*b*) :

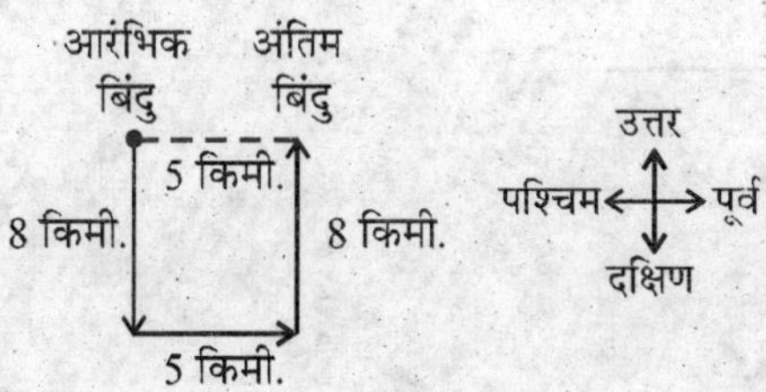

4. (*c*) :

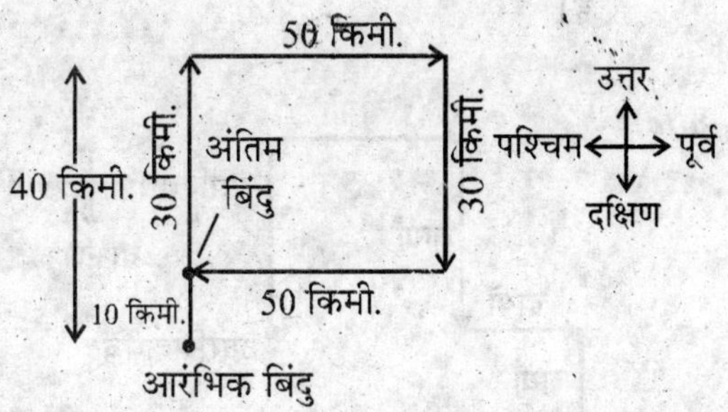

5. (*d*) :

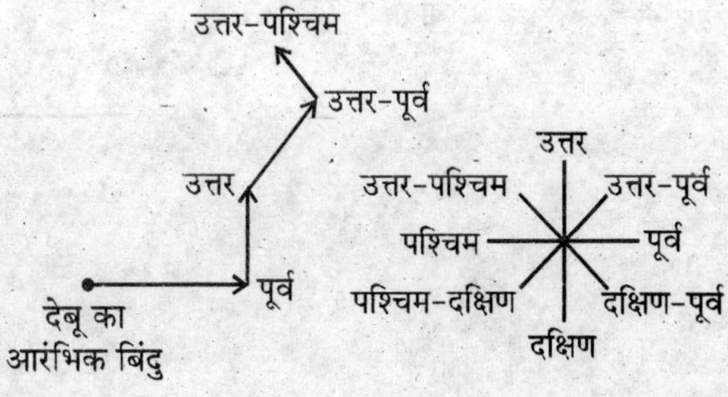

6. *(a)* : **मूल दिशाएं**

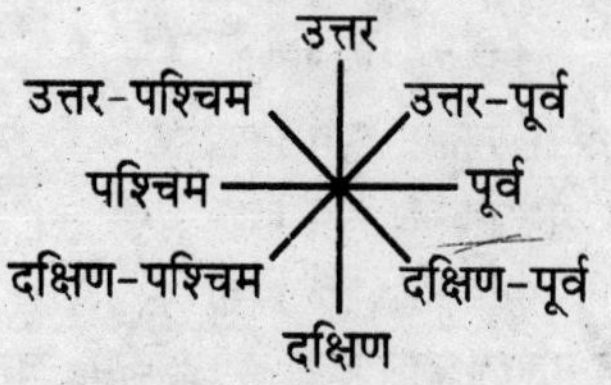

बदली हुई दिशाएं

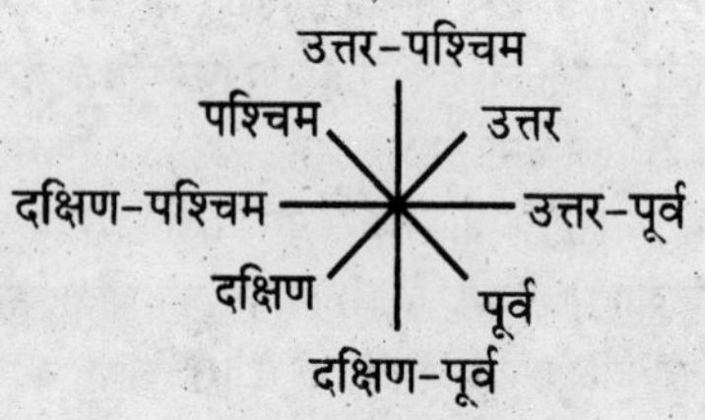

7. *(c)* :

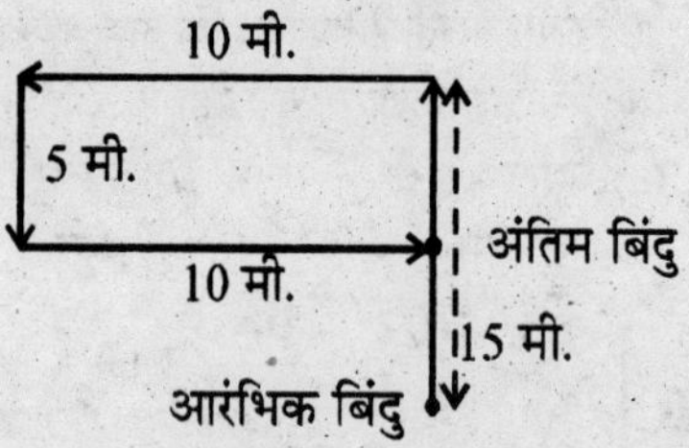

अंतिम बिंदु आरंभिक बिंदु से 10 मीटर उत्तर की ओर है।

8. *(c)* :

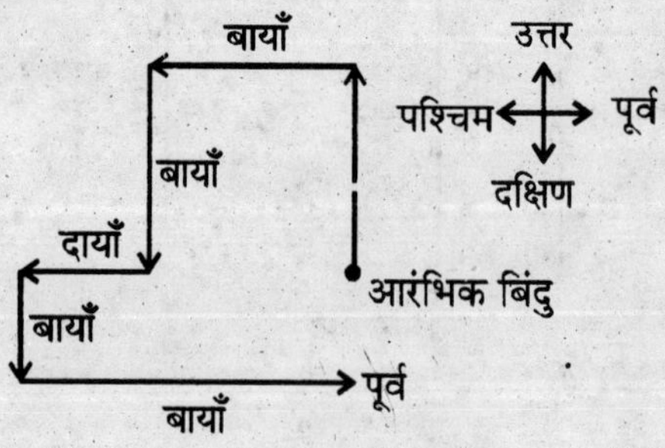

9. *(a)* :

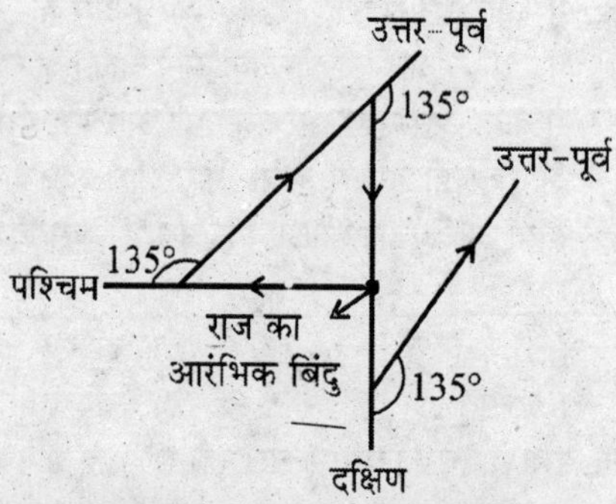

10. *(c)* : (12 किमी. + 5 किमी. = 17 किमी.)

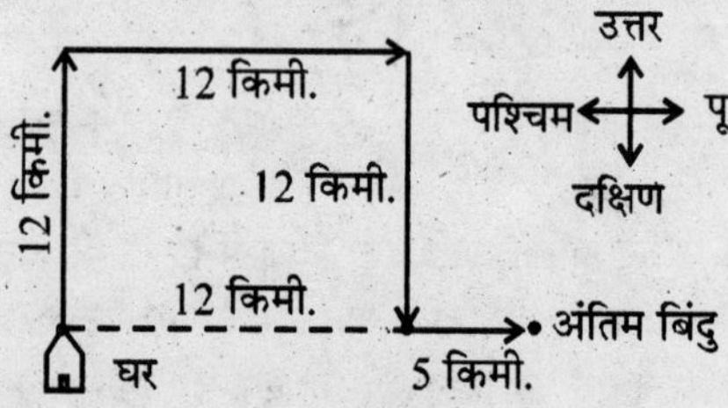

11. *(c)* : $ab = \sqrt{ac^2 + bc^2}$

$ab = \sqrt{8^2 + 6^2} = \sqrt{64 + 36} = \sqrt{100} = 10$

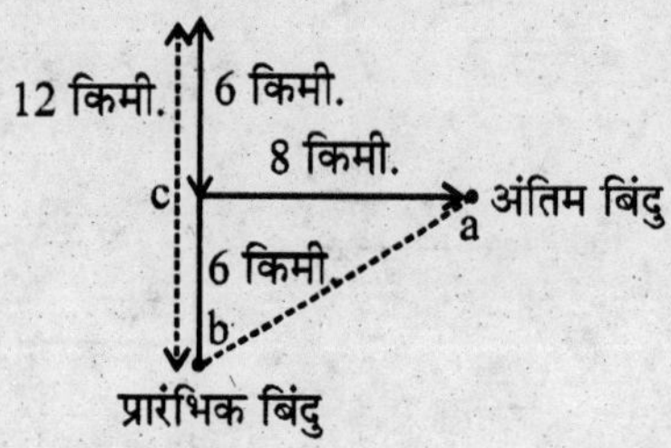

12. *(c)* :

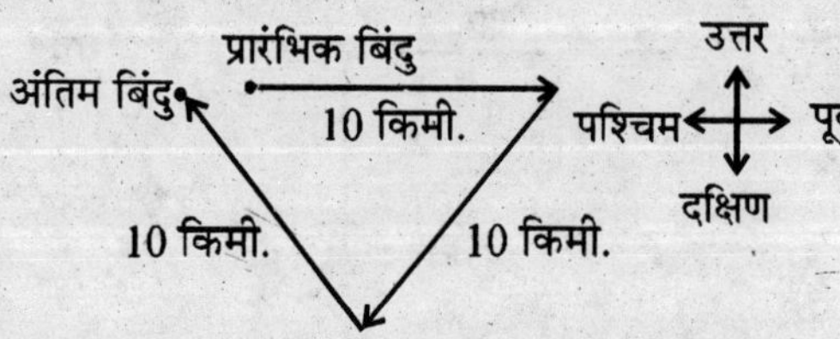

रक्त संबंधी परीक्षण
(BLOOD RELATIONSHIPS)

रक्त संबंधों पर आधारित प्रश्नों को हल करने के लिए यह आवश्यक है कि परीक्षार्थी रिश्तों की जटिलता को तत्काल समझ सकें और किन्हीं दो व्यक्तियों के बीच किस प्रकार के संबंध हो सकते हैं, इस बारे में उन्हें स्पष्ट जानकारी हो। इस प्रकार के प्रश्नों को पूछने का अभिप्राय मुख्यत: यह सुनिश्चित करना है कि परीक्षार्थी कतिपय जटिल भाषा में व्यक्त रिश्तों को कितनी तत्परता से समझ सकते हैं और उत्तर के रूप में सही विकल्प का चयन कर सकते हैं।

इन प्रश्नों को हल करने में सहायक कुछ संबंधों के पैटर्न नीचे दर्शाए गए हैं :

पिता का पिता	—	दादा
मां का पिता	—	नाना
पिता की मां	—	दादी
मां की मां	—	नानी
पिता या मां का पुत्र	—	भाई
पिता या मां की पुत्री	—	बहन
पिता का भाई	—	चाचा
पिता की बहन	—	बुआ
मां का भाई	—	मामा
मां की बहन	—	मौसी
चाचा या चाची का पुत्र या पुत्री	—	चचेरा भाई, चचेरी बहन
पुत्र की पत्नी	—	पुत्रवधु
पुत्री का पति	—	दामाद
पति का भाई	—	देवर
पत्नी का भाई	—	साला
पति की बहन	—	ननद
पत्नी की बहन	—	साली
भाई की पत्नी	—	भाभी
बहन का पति	—	बहनोई
भाई का पुत्र	—	भतीजा
भाई की पुत्री	—	भतीजी

हल किए गए उदाहरण

1. एक फोटो की ओर संकेत करते हुए एक महिला ने कहा "इस व्यक्ति के पुत्र की बहन मेरी सास है"। उस महिला के पति का उस व्यक्ति से क्या संबंध है जिसका वह फोटो है ?

(*a*) पुत्र (*b*) नाती (*c*) भतीजा (*d*) दामाद

उत्तर (*b*) : दिए गए प्रश्न के अनुसार संबंध चार्ट निम्नवत् दर्शाया जा सकता है :

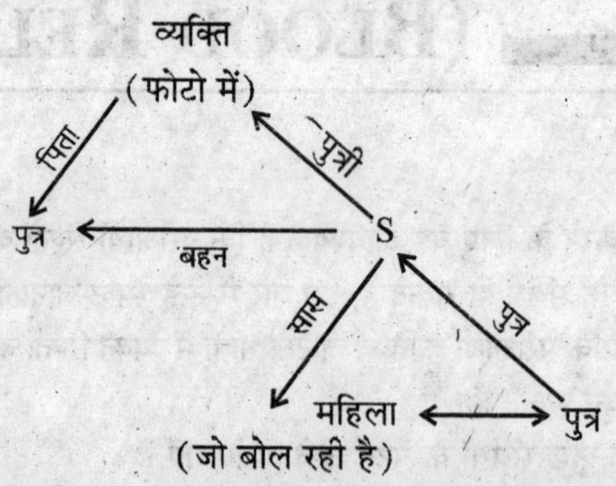

उस व्यक्ति के पुत्र की बहन (मान लें S) उस व्यक्ति की पुत्री है। यदि यह महिला 'S' उस महिला (जो बोल रही है) की सास है तो उसका विवाह 'S' के पुत्र से हुआ है। उस महिला के पति की मां S है और S फोटो वाले व्यक्ति की पुत्री है। अत: उस बोल रही महिला का पति फोटो वाले व्यक्ति का नाती है।

2. 'X', 'Y' की पत्नी है और 'Y', 'Z' का भाई है। 'Z', 'P' का पुत्र है। 'P' का 'X' से क्या संबंध है ?

(*a*) बहन (*b*) चाची (*c*) भाई (*d*) श्वसुर

उत्तर (*d*) : दिए गए प्रश्न के अनुसार संबंध चार्ट निम्नवत् दर्शाया जा सकता है :

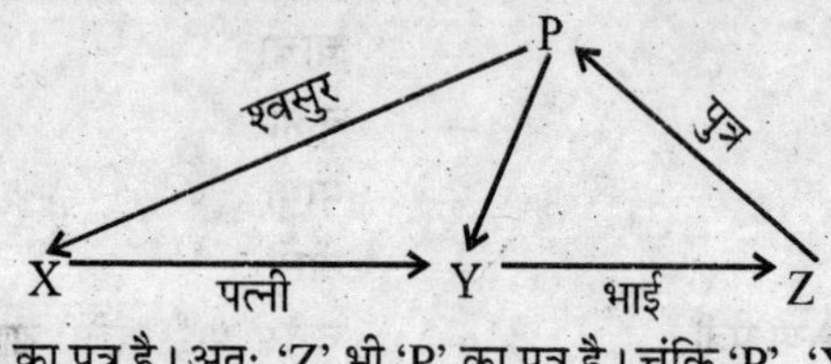

'Y', 'Z' का भाई है जो 'P' का पुत्र है। अत: 'Z' भी 'P' का पुत्र है। चूंकि 'P', 'Y' का पिता है और 'X', 'Y' की पत्नी है अत: 'P', 'X' का श्वसुर है।

अभ्यास

निर्देश (प्र.सं. 1–10): *नीचे के प्रत्येक प्रश्न में व्यक्तियों के बीच उल्लिखित संबंधों को सावधानीपूर्वक समझें और तब दिए गए विकल्पों में से सही उत्तर का चयन करें :*

1. A, B और C का पिता है। B, A का पुत्र है किंतु C, A का पुत्र नहीं है। C का A से क्या संबंध है ?

(*a*) पुत्री (*b*) पुत्र
(*c*) भतीजी (*d*) भतीजा

2. एक महिला ने कहा, "वहां खड़ी लड़की मेरे दादा जी के एकमात्र पुत्र की पुत्री है"। उस महिला का उस लड़की से क्या संबंध है ?

(*a*) बहन (*b*) मां
(*c*) चाची (*d*) भतीजा

3. रवि अमित के पुत्र के पुत्र का भाई है। अमित, रवि का क्या है ?

(*a*) चचेरा भाई (*b*) पिता
(*c*) दादा (*d*) पुत्र

4. मयंक ने कहा, "मेरी मां रजत के भाई की बहन है"। रजत का मयंक से क्या संबंध है?
   (a) चचेरा भाई (b) मामा
   (c) चाचा (d) साला

5. लिली से परिचय कराते हुए राघव ने कहा, "इसके पिता मेरी मां के एकमात्र पुत्र हैं"। लिली का राघव से क्या संबंध है?
   (a) चाची (b) पुत्री
   (c) मां (d) बहन

6. अजय, विजय का भाई है। शुभा, अजय की बहन है। संजय, राहुल का भाई है और मेहुल विजय की पुत्री है। संजय का चाचा कौन है?
   (a) राहुल
   (b) अजय
   (c) मेहुल
   (d) दी गई सूचना अपर्याप्त है

7. आदित्य, रवि का भाई है। भरत, जयंत के पिता हैं। ईला, रवि की मां है। आदित्य और जयंत आपस में भाई हैं। ईला का भरत से क्या संबंध है?
   (a) बहन (b) मां
   (c) पुत्री (d) पत्नी

8. एक व्यक्ति ने अपने साथ आ रहे लड़के का परिचय देते हुए कहा, "यह मेरी पत्नी की पुत्री के पिता का पुत्र है।" वह लड़का उस व्यक्ति का क्या है?
   (a) दामाद (b) पुत्र
   (c) भाई (d) पिता

9. A और B दो भाई हैं। C, B की बहन है। D, E की बहन है। E, A का पुत्र है। D का चाचा कौन है?
   (a) D (b) E
   (c) B (d) C

10. वरुण ने अरुण की ओर संकेत करते हुए कहा, "वह मेरी बहन के एकमात्र भाई का पुत्र है।" अरुण का वरुण से क्या संबंध है?
   (a) पुत्र
   (b) भाई
   (c) भतीजा
   (d) दी गई सूचना अपर्याप्त है

व्याख्यात्मक उत्तर

1. (a) :

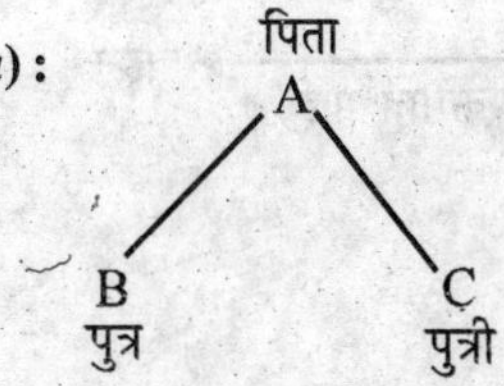

C, A का पुत्र नहीं है किंतु A, C का पिता है। अत: C, A की पुत्री है।

2. (a) :

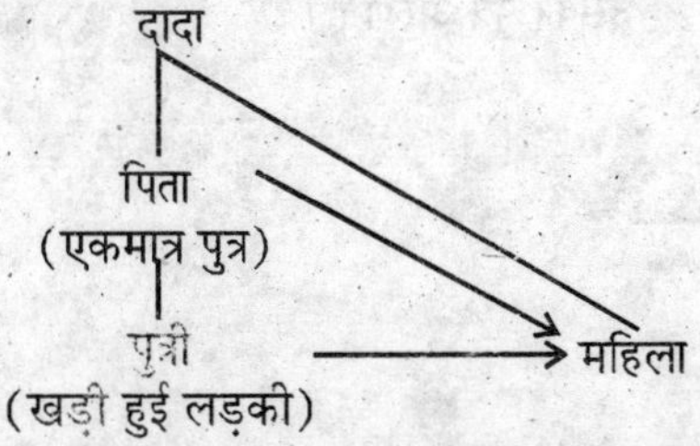

उस महिला के दादा का पुत्र उसके पिता हैं तथा पिता की पुत्री निश्चित ही उस महिला की बहन होगी।

3. (c) :

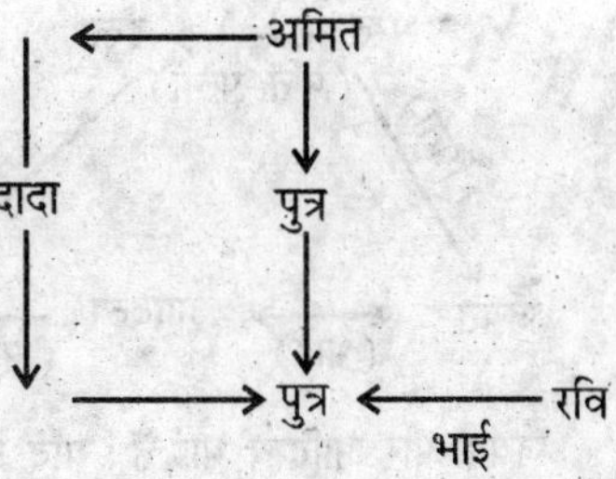

अमित के पुत्र का पुत्र अमित का पोता होगा। रवि अमित के पुत्र के पुत्र का भाई है, अत: अमित रवि के भी दादाजी हैं।

4. (b) :

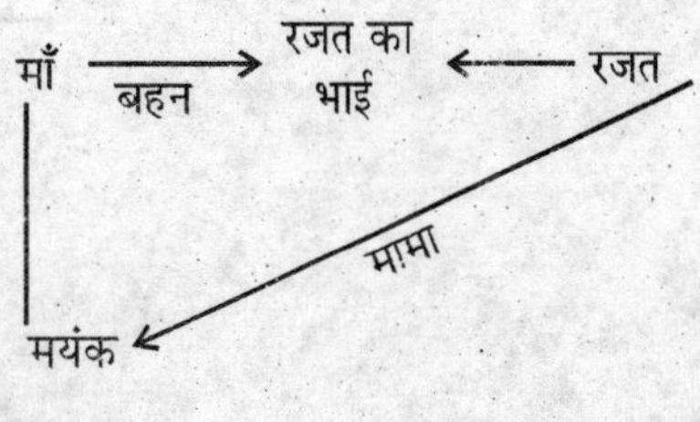

मयंक की मां रजत के भाई की बहन है। अतः रजत भी मयंक की मां का भाई है। इस प्रकार रजत, मयंक का मामा हुआ।

5. (*b*) : संबंध चार्ट निम्नवत् है : माँ

↑ पुत्र

राघव

↓ पिता

लिली (पुत्री)

राघव जब कहता है, ''मेरी मां का एकमात्र पुत्र'' तो वह स्वयं अपने बारे में ही कह रहा होता है। इसके पिता का आशय है, 'लिली के पिता' अर्थात् स्वयं राघव। अतः लिली, राघव की पुत्री है।

6. (*d*) : 1. शुभा ⟶ अजय ⟶ विजय ↓ मेहुल (पुत्री)

2. संजय ⟶ (भाई) राहुल

यहां दो संबंध-समुच्चयों का उल्लेख किया गया है। दी गई सूचना अपर्याप्त है और इन दो भिन्न संबंध-समुच्चयों के बीच कोई संबंध स्थापित नहीं किया जा सकता।

7. (*d*) : प्रश्न पर आधारित संबंध चार्ट है :

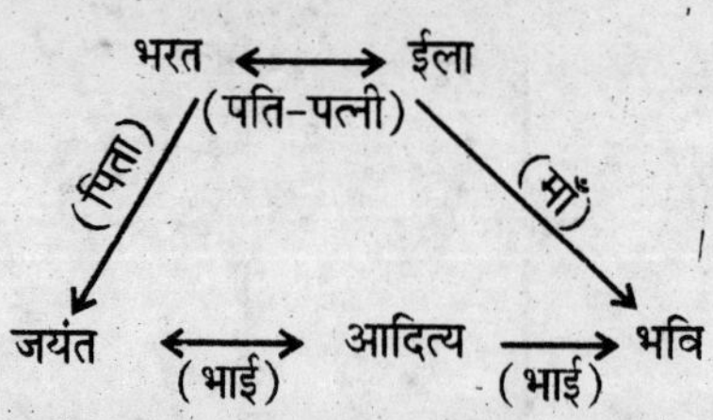

जयंत और आदित्य भाई हैं। यदि आदित्य, रवि का भाई है तो जयंत भी रवि का भाई है। यदि भरत, जयंत का पिता है तो वह आदित्य और रवि का भी पिता है। यदि ईला, रवि की मां है तो वह आदित्य और जयंत की भी मां है। इसका अर्थ है कि भरत और ईला पति-पत्नी हैं और तीनों बच्चों के माता-पिता हैं।

8. (*b*) : प्रश्न पर आधारित संबंध-चार्ट है :

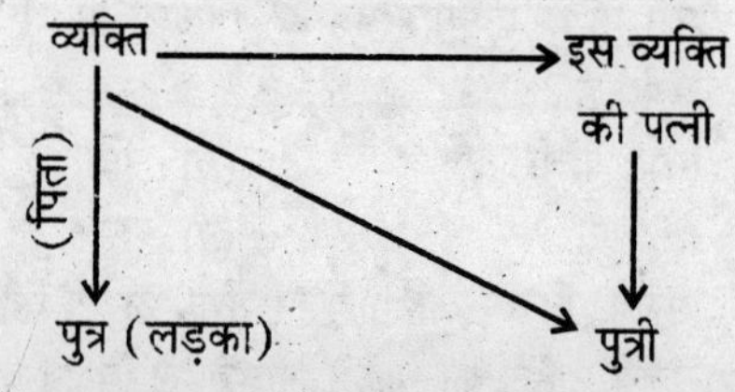

'उस व्यक्ति की पत्नी की पुत्री के पिता' का आशय है कि वह व्यक्ति स्वयं अपने बारे में बात कर रहा है, अतः वह लड़का उस व्यक्ति का पुत्र है।

9. (*c*) : प्रश्न पर आधारित संबंध-चार्ट है :

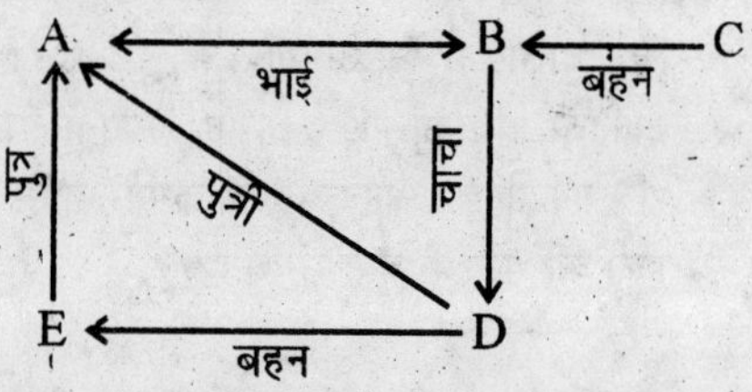

D, E की बहन है और E, A का पुत्र है। अतः D, A की पुत्री है। चूंकि A का भाई B है, अतः B, D का चाचा है।

10. (*a*) :

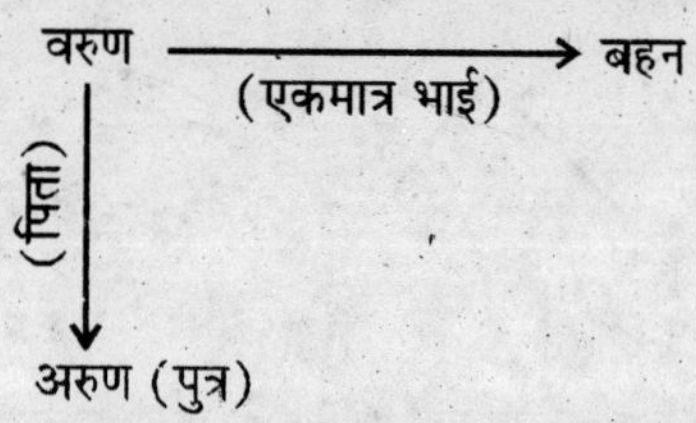

वरुण की बहन का एकमात्र भाई स्वयं वरुण है और उसका पुत्र अरुण है।

क्रम व्यवस्था और काल परीक्षण
(ROWS AND RANKS)

इस प्रकार के प्रश्न किसी पंक्ति या लाइन में व्यवस्थित वस्तुओं की संख्या या कुछ छात्रों की एक कक्षा में किसी छात्र के क्रम-स्थान (कोटि) या कक्षा में छात्रों की कुल संख्या ज्ञात करने के लिए कतिपय सरल गणितीय परिकलनों पर आधारित होते हैं।

हल किए गए उदाहरण

1. पेड़ों की किसी पंक्ति में कोई एक पेड़ किसी एक सिरे से आठवें और दूसरे सिरे से तीसरे स्थान पर है। बताइए कि इस पंक्ति में कुल कितने पेड़ हैं?

(*a*) 11 (*b*) 9 (*c*) 10 (*d*) 12

उत्तर (*c*) : इस पंक्ति में पेड़ों की संख्या

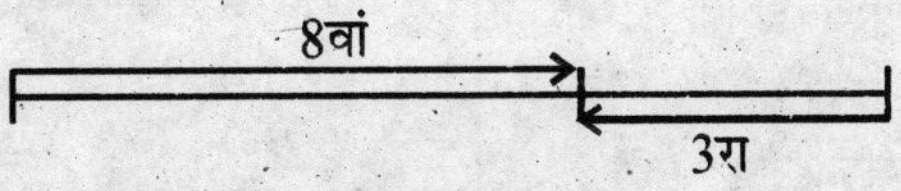

$$(8 + 3) - 1 = 10$$

2. यदि किसी कक्षा में योग्यता-क्रम में जानकी, पल्लवी से 12 स्थान आगे है और पल्लवी का कक्षा में 15वां स्थान है तथा जानकी का कक्षा में योग्यता-क्रम में चौथा स्थान है तो बताइए कि इस कक्षा में कुल कितने छात्र हैं?

(*a*) 23 (*b*) 27 (*c*) 31 (*d*) 33

उत्तर (*c*) : परिकलन करने पर निम्नलिखित उत्तर प्राप्त होता है :

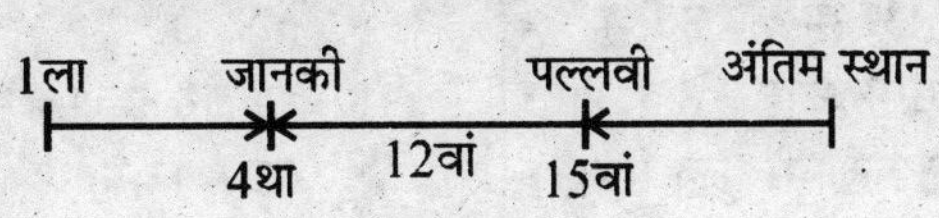

कक्षा में छात्रों की कुल संख्या $= 4 + 12 + 15 = 31$

अभ्यास

1. पेड़ों की एक पंक्ति में कोई एक पेड़ पंक्ति के दोनों छोरों से पांचवें स्थान पर है। इस पंक्ति में कुल कितने पेड़ हैं?

(*a*) 11 (*b*) 8

(*c*) 10 (*d*) 9

2. 53 छात्रों की एक कक्षा में जया का योग्यता-क्रम में 5 वां स्थान है। कक्षा में योग्यता-क्रम में नीचे से उसका क्रम-स्थान क्या है?

(*a*) 49 वां (*b*) 48 वां

(*c*) 47 वां (*d*) 50 वां

3. पैंसठ छात्रों की एक कक्षा में योग्यता-क्रम में मोहन का क्रम स्थान इक्कीसवां है। यदि योग्यता-क्रम में सबसे नीचे के छात्र का क्रम-स्थान 1 माना जाए तो योग्यता-क्रम में नीचे से मोहन का क्रम-स्थान क्या होगा?
(*a*) 44 वां
(*b*) 45 वां
(*c*) 46 वां
(*d*) दी गई सूचना अपर्याप्त है

4. लड़कों की एक पंक्ति में राहुल दाहिने से 12 वें स्थान पर और बाएं से चौथे स्थान पर खड़ा है। इस पंक्ति में और कितने लड़कों को शामिल करने पर पंक्ति में लड़कों की कुल संख्या 28 हो जाएगी?
(*a*) 12 (*b*) 14
(*c*) 20 (*d*) 13

5. लड़कों की एक पंक्ति में राजन दाहिने से दसवें स्थान पर है और सूरज बाएं से दसवें स्थान पर है। यदि राजन और सूरज आपस में अपना स्थान बदल लें तो सूरज बाएं से सताइसवें स्थान पर आ जाएगा। राजन अब पंक्ति में दाहिने से कितने स्थान पर खड़ा है?
(*a*) दसवें (*b*) छब्बीसवें
(*c*) उन्तीसवें (*d*) सताइसवें

6. 41 छात्रों की एक कक्षा में महेश और सुरेश योग्यता-क्रम में ऊपर से क्रमशः 11 वें और 12 वें स्थान पर हैं। योग्यता-क्रम में नीचे से इनका क्रम-स्थान क्या है?
(*a*) 32 वां और 33 वां (*b*) 29 वां और 30 वां
(*c*) 30 वां और 31 वां (*d*) 31 वां और 30 वां

7. किसी कक्षा में उमा योग्यता-क्रम में ऊपर से 8 वें और नीचे से 37 वें स्थान पर है। इस कक्षा में कुल कितने छात्र हैं?
(*a*) 47 (*b*) 46
(*c*) 45 (*d*) 44

8. एक पंक्ति में सादिक सामने से 14 वें स्थान पर और जोसफ अंत से 17 वें स्थान पर खड़ा है जबकि जेन, सादिक और जोसफ के बीच खड़ा है। यदि सादिक, जोसफ से आगे खड़ा है और पंक्ति में कुल 48 व्यक्ति खड़ें हो, तो सादिक और जेन के बीच पंक्ति में कितने व्यक्ति खड़े हैं?
(*a*) 5 (*b*) 6
(*c*) 7 (*d*) 8

9. किसी कक्षा में वार्षिक परीक्षा में उत्तीर्ण हुए छात्रों में योग्यता-क्रम में रोहन नीचे से सताइसवें स्थान पर और ऊपर से ग्यारहवें स्थान पर आया। यदि वार्षिक परीक्षा में इस कक्षा के 12 छात्र अनुत्तीर्ण घोषित किए गए हों तो परीक्षा में इस कक्षा के कितने छात्र शामिल हुए थे?
(*a*) 48 (*b*) 49
(*c*) 50 (*d*) कहा नहीं जा सकता

10. कुछ लड़के एक पंक्ति में बैठे हैं। P पंक्ति में बाएं से चौदहवें स्थान पर और Q दाहिने से सातवें स्थान पर बैठा है। यदि P और Q के बीच चार लड़के बैठे हों, तो इस पंक्ति में कुल कितने लड़के हैं?
(*a*) 19 (*b*) 21
(*c*) 25 (*d*) 23

11. एक पंक्ति में A, B, C, D और E कुल पांच मकान बने हैं। A, B की दाहिनी ओर, E, C की बायीं ओर और A की दाहिनी ओर अवस्थित है तथा B, D की दाहिनी ओर अवस्थित है। इनमें से कौन-सा मकान बीच में है?
(*a*) B (*b*) A
(*c*) D (*d*) E

12. इकतीस छात्रों की एक कक्षा में योग्यता-क्रम में माधव का स्थान सतरहवां है। योग्यता-क्रम में नीचे से उसका स्थान कितना है?
(*a*) 13 (*b*) 14
(*c*) 15 (*d*) 16

व्याख्यात्मक उत्तर

1. (*d*):

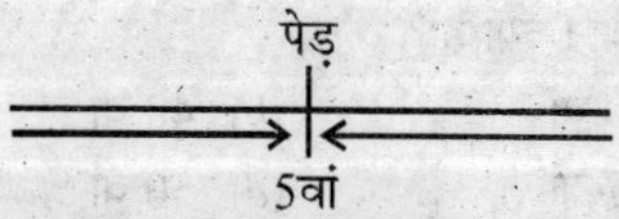

पंक्ति में पेड़ों की कुल संख्या
$= (5 + 5) - 1 = 9$

2. (*a*) :

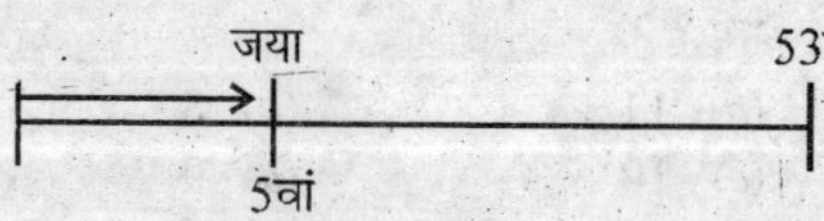

योग्यता-क्रम में नीचे से जया का स्थान
$= (53 - 5) + 1 = 49$ वां

3. (*b*) :

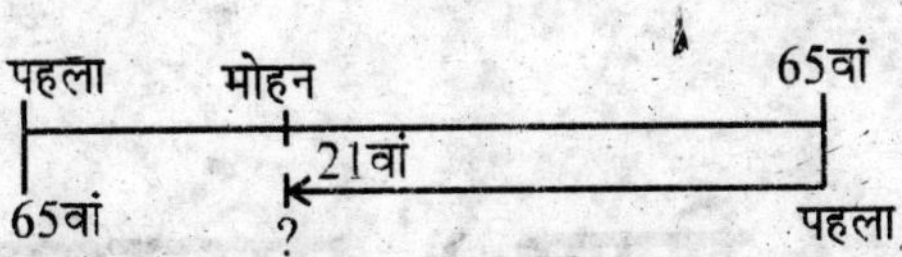

टिप्पणी : प्रश्न पूछने का अभिप्राय है कक्षा में योग्यता-क्रम में नीचे से मोहन का स्थान जानना।

मोहन का स्थान है = (65 – 21) +1 = 45 वां

4. (*d*) :

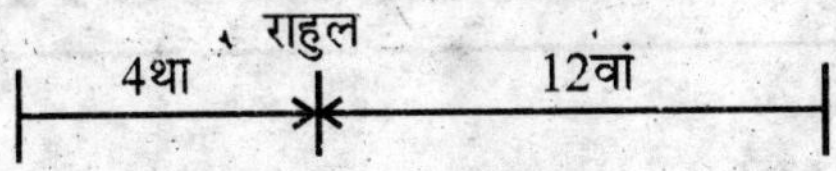

पंक्ति में लड़कों की कुल संख्या :
(4 + 12) – 1 = 15
पंक्ति में लड़कों की कुल संख्या 28 करने के लिए इसमें (28 –15) अर्थात् 13 लड़कों को शामिल करने की आवश्यकता है।

5. (*d*) :

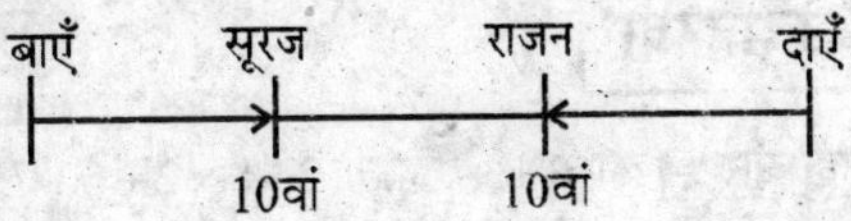

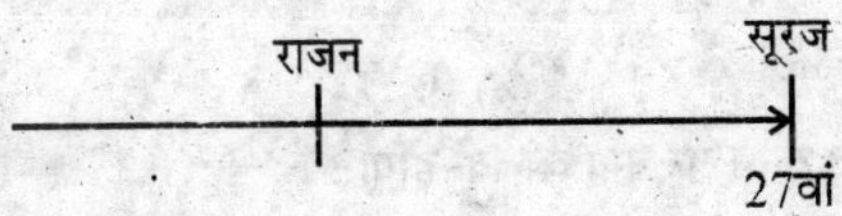

चूंकि लड़कों का क्रम-स्थान दोनों छोरों से समान है, अत: स्थान बदलने के बाद राजन का क्रम स्थान दाहिने से 27 वां होगा।

6. (*d*) :

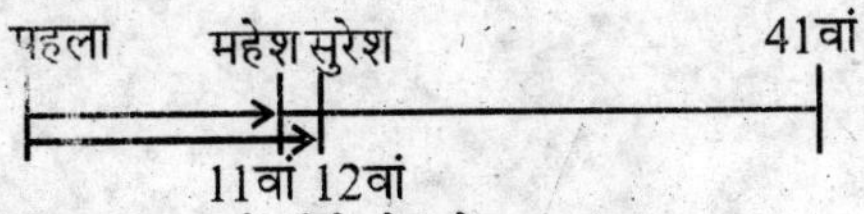

योग्यता-क्रम में नीचे से महेश का स्थान
= (41 – 11) + 1 = 31 वां
योग्यता-क्रम में नीचे से सुरेश का स्थान
= (41 – 12) +1 = 30 वां

7. (*d*) :

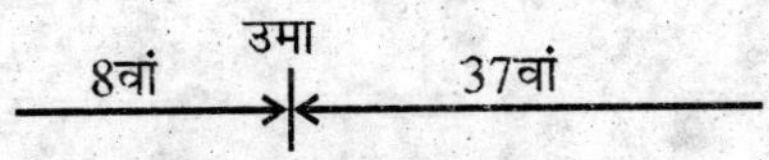

कक्षा में छात्रों की कुल संख्या
= (8 + 37) – 1 = 44

8. (*d*) :

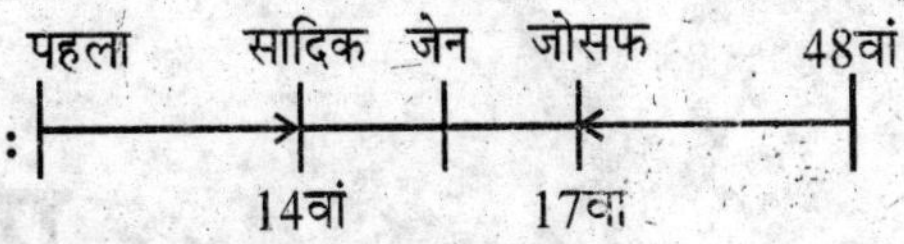

अंत से सादिक का क्रम स्थान:
(48 – 14) + 1 = 35 वां
सादिक और जोसफ के बीच व्यक्तियों की संख्या
= (35 – 17) – 1 = 17
जेन, सादिक और जोसफ के बीच में है, अर्थात् वह दोनों लड़कों से नौवें स्थान पर है।
∴ सादिक और जेन के बीच 8 व्यक्ति हैं।

टिप्पणी : (8 + 8) – 1 = 17

9. (*b*) :

परीक्षा में उत्तीर्ण होने वाले छात्रों की संख्या
= (11+ 27) – 1 = 37
परीक्षा में अनुत्तीर्ण हुए छात्रों की संख्या = 12
परीक्षा में भाग लेने वाले छात्रों की कुल संख्या
= 37 + 12 = 49.

10. (*c*) :

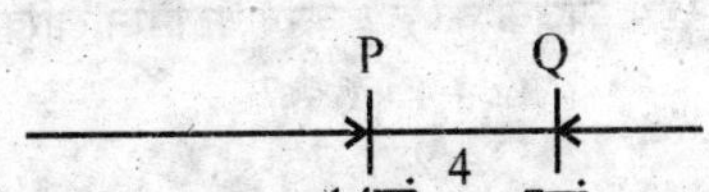

पंक्ति में लड़कों की संख्या
= (14 + 4 + 7) = 25

11. (*b*) : पंक्ति में अवस्थित मकान निम्नलिखित क्रम में हैं:
D B A E C

12. (*c*) :

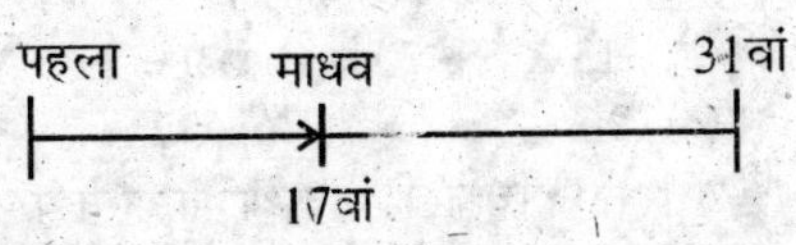

योग्यता-क्रम में नीचे से माधव का स्थान है:
(31 – 17) + 1 = 15 वां

प्रतीक (चिह्न) प्रतिस्थापन
(SYMBOL SUBSTITUTION)

इस प्रकार के प्रश्नों को हल करना अत्यधिक सरल है। ऐसे प्रश्नों को हल करने की एकमात्र अपेक्षा यह है कि उम्मीदवार दिए गए प्रतीकों या चिह्नों को प्रतिस्थापित करने और परिकलन की विद्या में पारंगत हों और अत्यधिक त्वरित गति से दिए गए प्रश्नों का हल ज्ञात कर सके। इस श्रेणी में पूछे गए कुछ सामान्य प्रकार के प्रश्न नीचे हल किए गए हैं।

हल किए गए उदाहरण

1. यदि '+' का अर्थ '×' हो, '×' का अर्थ '÷' हो, '÷' का अर्थ '–' हो और '–' का अर्थ '+' हो, तो $2 - 8 \times 2 + 6 \div 7$ का मान क्या होगा?

(*a*) 32 (*b*) 19 (*c*) 23 (*d*) 9

उत्तर (*b*) : दिए गए व्यंजक में गणितीय चिह्नों को प्रतिस्थापित करने पर नया व्यंजक होगा :

$2 + 8 \div 2 \times 6 - 7$

इस व्यंजक को हल करने के निम्नलिखित चरण होंगे :

$2 + 4 \times 6 - 7$

$2 + 24 - 7$

$26 - 7 = 19$

2. यदि '▲' का अर्थ '+' हो,

'■' का अर्थ '–' हो,

'●' का अर्थ '÷' हो,

'✱' का अर्थ '×' हो, तो

13 ▲ 5 ✱ 20 ● 10 ■ 9 = ?

(*a*) 26 (*b*) 37 (*c*) 14 (*d*) 55

उत्तर (*c*) : चिह्नों को प्रतिस्थापित करने पर प्राप्त हुआ नया व्यंजक है :

$13 + 5 \times 20 \div 10 - 9$

इस व्यंजक को हल करने के चरण होंगे :

$13 + 5 \times 2 - 9$

$13 + 10 - 9$

$23 - 9 = 14$

अभ्यास

1. यदि "+" का अर्थ "–" हो; "–" का अर्थ "×" हो; "×" का अर्थ "÷" हो और "÷" का अर्थ "+" हो, तो
$15 \times 5 \div 10 + 5 - 3 = ?$
(*a*) 9.5 (*b*) 0
(*c*) – 2 (*d*) 24

2. यदि "+" का अर्थ "–" हो; "–" का अर्थ "×" हो; "×" का अर्थ "÷" हो; और "÷" का अर्थ "+" हो, तो
$15 \times 3 \div 15 + 5 - 2 = ?$
(*a*) 0 (*b*) 10
(*c*) 20 (*d*) 6

3. यदि "+" का अर्थ "÷" हो; "×" का अर्थ "–" हो; "÷" का अर्थ "+" हो और "–" का अर्थ "×" हो, तो
$16 \div 8 \times 6 - 2 + 12 = ?$
(*a*) 22 (*b*) 24
(*c*) 23 (*d*) 20

4. यदि "+" का अर्थ "×" हो; "–" का अर्थ "÷" हो; "×" का अर्थ "–" हो और "÷" का अर्थ "+" हो, तो
$5 + 8 - 4 \times 2 \div 9 = ?$
(*a*) 15 (*b*) 13
(*c*) 17 (*d*) 11

5. यदि × का आशय जोड़ की संक्रिया से हो, ÷ का आशय घटाव की संक्रिया से हो, + का आशय गुणा की संक्रिया से हो और – का आशय भाग की संक्रिया से हो तो $(20 \times 6 \div 6 \times 4)$ निम्नलिखित में से किसके बराबर है ?
(*a*) 5 (*b*) 24
(*c*) 25 (*d*) 80

6. यदि $A + B > C + D$, $B + E = 2C$ और $C + D > B + E$ हो, तो इसका निश्चित अर्थ यह है कि :
(*a*) $A > C$ (*b*) $A + B > 2D$
(*c*) $A + B > 2C$ (*d*) $A + B > 2E$

7. यदि $A + D > C + E$, $C + D = 2B$ और $B + E > C + D$ हो, तो इसका निश्चित अर्थ यह है कि :
(*a*) $A + D > B + E$ (*b*) $A + D > B + C$
(*c*) $A + B > 2D$ (*d*) $B + D > C + E$

8. यदि "+" का अर्थ "÷" हो; "÷" का अर्थ "–" हो; "–" का अर्थ "×" हो और "×" का अर्थ "+" हो, तो
$10 \div 2 - 15 + 3 \times 5 = ?$
(*a*) 10 (*b*) 15
(*c*) 25 (*d*) 5

9. यदि "+" का अर्थ "÷" हो; "×" का अर्थ "–" हो; "÷" का अर्थ "×" हो और "–" का अर्थ "+" हो, तो निम्नलिखित व्यंजक का मान क्या होगा ?
$9 + 3 \div 4 - 8 \times 2 = ?$
(*a*) $6\frac{3}{4}$ (*b*) $-1\frac{3}{4}$
(*c*) $-6\frac{1}{4}$ (*d*) 18

10. यदि 'a' का आशय '÷' हो, 'b' का आशय '×' हो, 'c' का आशय '+' है और 'd' का आशय '–', हो, तो
5 c 20 a 4 b 2 d 10 = ?
(*a*) 5 (*b*) 10
(*c*) 15 (*d*) 20

व्याख्यात्मक उत्तर

1. (*c*) : $15 \div 5 + 10 - 5 \times 3$
$3 + 10 - 15 = -2$

2. (*b*) : $15 \div 3 + 15 - 5 \times 2$
$5 + 15 - 10 = 10$

3. (*c*) : $16 + 8 - 6 \times 2 \div 12$
$16 + 8 - 1 = 23$

4. (*c*) : $5 \times 8 \div 4 - 2 + 9$
$10 - 2 + 9 = 17$

5. (*b*) : $20 + 6 - 6 + 4 = 24$

6. (*c*) : $A + B > C + D > B + E$ or $2C$
$\therefore A + B > 2C$

7. (*b*) : 1. $A + D > C + E$
2. $B + E > C + D$ or $2B$
चूँकि 1 और 2 के बीच संबंध स्पष्ट नहीं है, तथापि यह निश्चित है कि $A + D > B + C$.

8. (*d*) : $10 - 2 \times 15 \div 3 + 5$
$10 - 10 + 5 = 5$

9. (*d*) : $9 \div 3 \times 4 + 8 - 2$
$12 + 8 - 2 = 18$

10. (*a*) : $5 + 20 \div 4 \times 2 - 10$
$5 + 10 - 10 = 5$

कृत्रिम मान और लुप्त संख्याएँ

(ARTIFICIAL VALUES AND MISSING NUMBERS)

इस प्रकार के प्रश्नों को हल करने के लिए संख्या संबंधी प्रश्नों को हल करने में निपुणता और गणितीय कौशल का होना अपेक्षित है। उत्तर प्राप्त करने के लिए अभ्यर्थियों के लिए यह अपेक्षित है कि वे अंकगणितीय चिह्नों या प्रतीकों के सही संयोजन का चयन करें जिसे दिए गए प्रश्नों में प्रश्न चिह्न के स्थान पर प्रतिस्थापित किया जा सके।

हल किए गए उदाहरण

1. यहाँ प्रश्न में दिए गए प्रश्न चिह्न (?) के स्थान पर प्रतिस्थापित करने के लिए सही विकल्प का चयन करें :

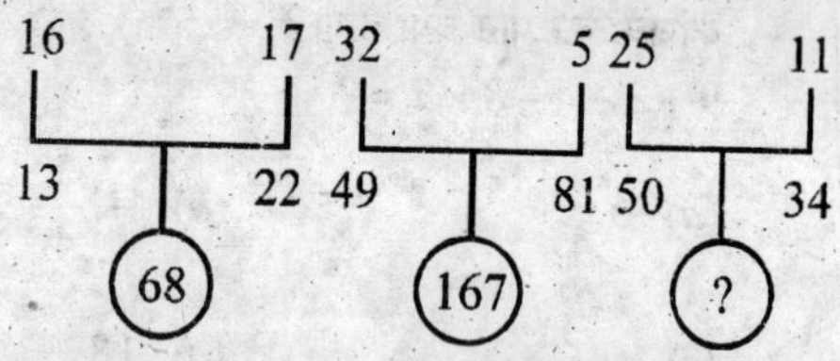

(*a*) 65 (*b*) 120 (*c*) 116 (*d*) 192

उत्तर (*b*) : गोल घेरे के भीतर दी गई संख्या शेष चार संख्याओं का योग है, अर्थात्

$16 + 17 + 13 + 22 = 68$

$32 + 5 + 49 + 81 = 167$, इसी प्रकार

$25 + 11 + 50 + 34 = 120$

2. यहाँ प्रश्न चिह्न के स्थान पर विकल्पों में दी गई कौन-सी संख्या आएगी ?

(*a*) 6 (*b*) 8 (*c*) 7 (*d*) 3

उत्तर (*a*) : दो सम्मुख संख्याओं का अंतर 4 है, अर्थात्

$23 - 19 = 4$ और $16 - 12 = 4$

$14 - 10 = 4$ और $12 - 8 = 4$, इसी प्रकार

$9 - 5 = 4$ और $6 - 2 = 4$.

इस प्रकार के प्रश्नों में सही उत्तर ज्ञात करने का कोई निश्चित नियम नहीं है। सही उत्तर प्राप्त करने के विभिन्न तरीकों के बारे में जानने के लिए नीचे दिए गए अभ्यास में निहित प्रश्नों का हल ज्ञात करने का प्रयास करें।

अभ्यास

निर्देश (प्र.सं. 1–10): *नीचे दिए गए प्रत्येक प्रश्न में बताएँ कि प्रश्न चिह्न (?) के स्थान पर कौन–सी संख्या रखी जा सकती है?*

1. 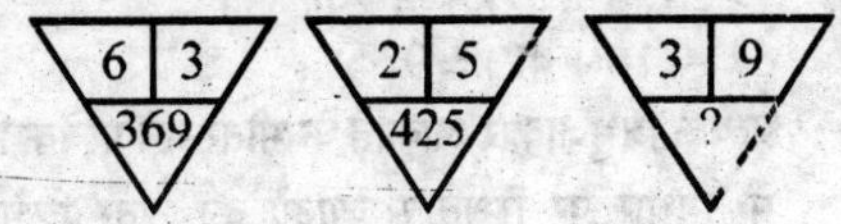

(*a*) 693 (*b*) 939
(*c*) 981 (*d*) 993

2. 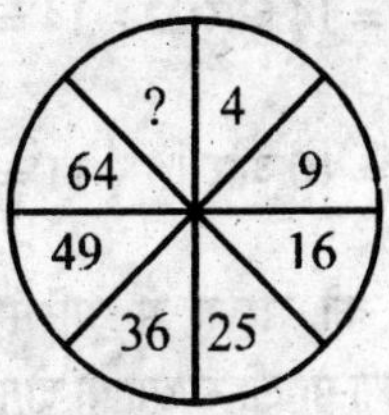

(*a*) 68 (*b*) 100
(*c*) 72 (*d*) 81

3. 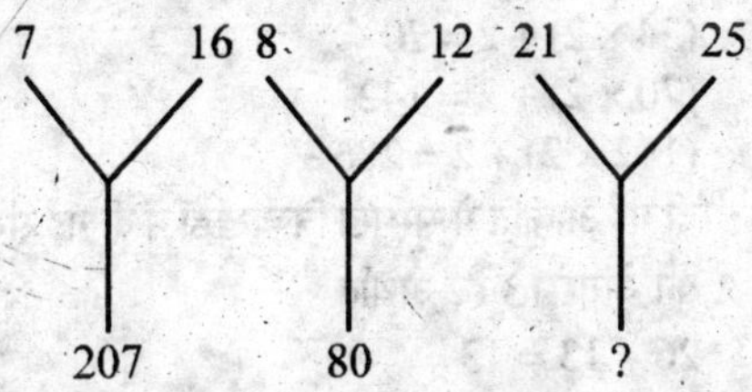

(*a*) 425 (*b*) 184
(*c*) 241 (*d*) 210

4. 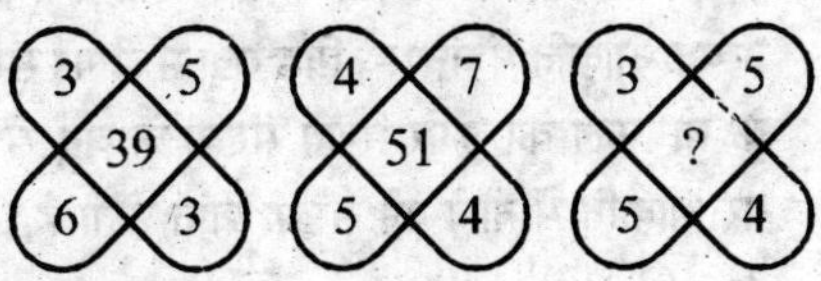

(*a*) 35 (*b*) 37
(*c*) 45 (*d*) 48

5. 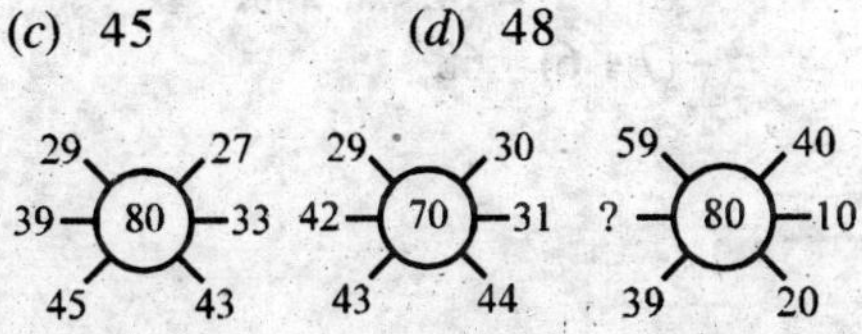

(*a*) 69 (*b*) 49
(*c*) 50 (*d*) 60

6. 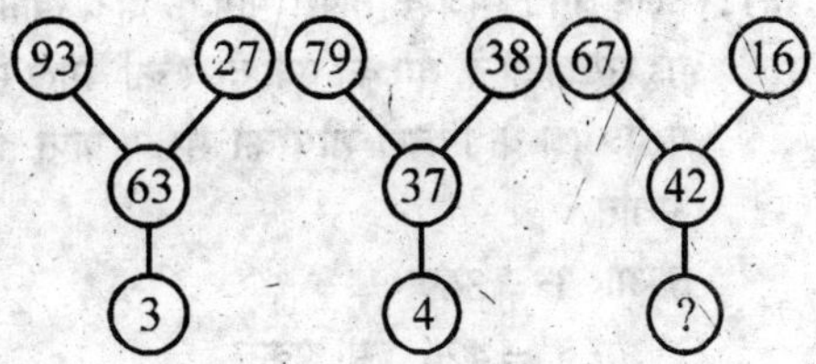

(*a*) 5 (*b*) 6
(*c*) 8 (*d*) 9

7. 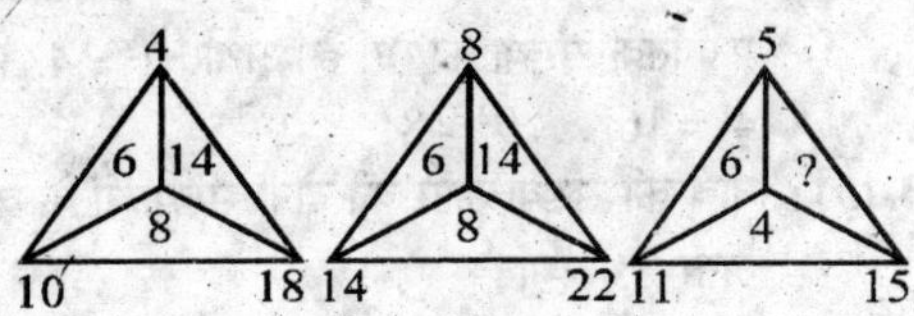

(*a*) 8 (*b*) 14
(*c*) 10 (*d*) 6

8. 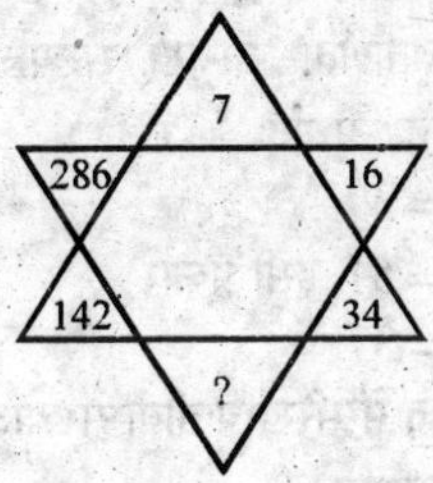

(*a*) 70 (*b*) 68
(*c*) 56 (*d*) 92

9. 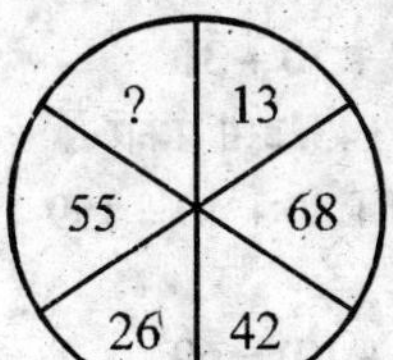

(*a*) 41 (*b*) 37
(*c*) 29 (*d*) 25

10. 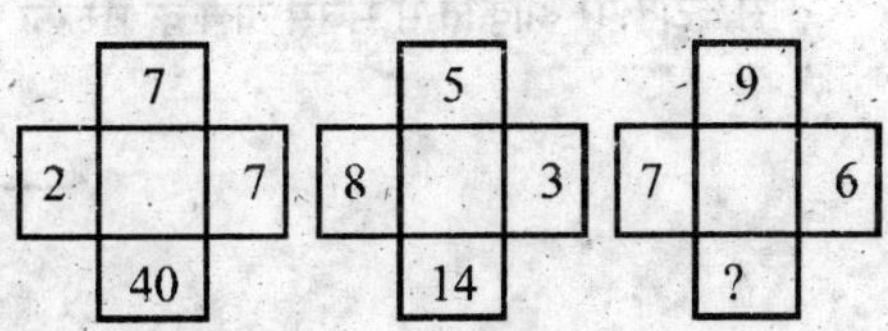

(*a*) 72 (*b*) 68
(*c*) 82 (*d*) 96

व्याख्यात्मक उत्तर

1. (*c*) : उलटे बने त्रिभुज के ऊपरी भाग के दोनों खानों में दी गई संख्याओं के वर्ग को एक दूसरे की बगल में रखने पर त्रिभुज के निचले शीर्ष की संख्या प्राप्त होती है, अर्थात्

6^2 और $3^2 = 369$

2^2 और $5^2 = 425$, इसी प्रकार

3^2 और $9^2 = 981$.

2. (*d*) : 4 से आरंभ करके प्रत्येक अनुवर्ती संख्या क्रमागत प्राकृतिक संख्या का वर्ग है। अर्थात् $2^2 = 4, 3^2 = 9, 4^2 = 16, \ldots 9^2 = 81$

3. (*b*) : नीचे की संख्या ऊपर की दोनों संख्याओं के वर्गों का अंतर है, अर्थात्

$16^2 - 7^2 = 256 - 49 = 207$

$12^2 - 8^2 = 144 - 64 = 80$, इसी प्रकार

$25^2 - 21^2 = 625 - 441 = 184$

4. (*b*) : बीच की संख्या विकर्णत: सम्मुख संख्याओं के गुणनफलों का योग है, अर्थात्

$(3 \times 3) + (5 \times 6) = 39$

$(4 \times 4) + (7 \times 5) = 51$, इसी प्रकार

$(3 \times 4) + (5 \times 5) = 37$

5. (*a*) : किसी भी एक आकृति में सरेखीय तीनों संख्याओं का योगफल समान है, अर्थात्

$29 + 80 + 43$ या $39 + 80 + 33$

या $45 + 80 + 27 = 152$

$29 + 70 + 44$ या $42 + 70 + 31$

या $43 + 70 + 30 = 143$, इसी प्रकार

$59 + 80 + 20$ या $39 + 80 + 40 = 159$.

अत: लुप्त संख्या है :

$$159 - (80 + 10) = 69$$

6. (*d*) : प्रत्येक आकृति में दाहिने और बीच के घेरों की संख्याओं के योगफल को बायीं ओर के घेरे की संख्या से घटाने पर आकृति में सबसे नीचे के घेरे की संख्या प्राप्त होती है, अर्थात्

$93 - (27 + 63) = 3$

$79 - (38 + 37) = 4$, इसी प्रकार

$67 - (16 + 42) = 9$

7. (*c*) : प्रत्येक त्रिभुजाकार आकृति के भीतर बने प्रत्येक त्रिभुज में आधार पर स्थित संख्याओं का अंतर त्रिभुज के भीतर स्थित संख्या के बराबर है, अर्थात्

$10 - 4 = 6, 18 - 4 = 14$ और $18 - 10 = 8$

$14 - 8 = 6, 22 - 8 = 14$ और $22 - 14 = 8$, इसी प्रकार

$11 - 5 = 6, 15 - 5 = 10$ और $15 - 11 = 4$.

8. (*a*) : दी गई आकृति में 7 की संख्या से आरंभ करके दक्षिणावर्त अगली संख्या पहली संख्या के दोगुने से 2 अधिक है, अर्थात्

$(7 \times 2) + 2 = 16$

$(16 \times 2) + 2 = 34 \ldots$, इसी प्रकार

$(34 \times 2) + 2 = 70$

$(70 \times 2) + 2 = 142$

$(142 \times 2) + 2 = 286$

9. (*c*) : दी गई आकृति में सम्मुख त्रिज्यखंडों में दी गई संख्याओं का अंतर 13 है, अर्थात्

$26 - 13 = 13$

$68 - 55 = 13$, इसी प्रकार

अत: लुप्त संख्या है : $42 - 13 = 29$

($42 + 13 = 55$ विकल्पों में नहीं दिया गया है)

10. (*b*) : प्रत्येक आकृति में मध्यस्थ ग्रिड रेखा में दी गई संख्याओं के योगफल को ऊपर स्थित संख्या के वर्ग से घटाने पर आकृति में नीचे की संख्या प्राप्त होती है, अर्थात्

$7^2 - (2 + 7) = 40$

$5^2 - (8 + 3) = 14$, इसी प्रकार

$9^2 - (7 + 6) = 68$

अक्षर–अंक व्यवस्थापक मशीन संबंधी प्रश्न

(PROBLEMS BASED ON ENGLISH ALPHABET)

अंग्रेजी वर्णमाला पर आधारित प्रश्नों को हल करना अत्यधिक सरल है। इस प्रकार के प्रश्न वर्णमाला के सीधे क्रम में और साथ ही उलटे क्रम में भी दी गई शृंखलाओं पर आधारित होते हैं।

अंग्रेजी वर्णमाला का सीधा क्रम (Natural Order)

A B C D E F G H I J K L M N O P Q R S T U V W X Y Z

अंग्रेजी वर्णमाला का उलटा क्रम (Reverse Order)

Z Y X W V U T S R Q P O N M L K J I H G F E D C B A

शृंखला Z पर पहुँचने के बाद A से पुन: आरंभ होती है और उलटे क्रम में A पर पहुँचने के बाद Z से पुन: आरंभ होती है। इस शृंखला में A E I O U स्वर और शेष अक्षर व्यंजन कहलाते हैं।

हल किए गए उदाहरण

1. यदि वर्णमाला के पहले दस अक्षरों को उलटे क्रम में लिखा जाए तो निम्नलिखित में से कौन-सा अक्षर उस शृंखला के दाहिने छोर से बारहवें अक्षर की बायीं ओर का सातवाँ अक्षर होगा?

A B C D E F G H I J K L M N O P Q R S T U V W X Y Z

(*a*) H (*b*) C (*c*) I (*d*) B

उत्तर (*b*) : वर्णमाला के सीधे क्रम में दी गई शृंखला में पहले दस अक्षरों को उलटे क्रम में लिखने पर निम्नलिखित शृंखला प्राप्त होगी :

JIHGFEDCBAKLMNOPQRSTUVWXYZ

7th ← 12th ←

'Z' से गिनना आरंभ करने पर दाहिने छोर से बारहवाँ अक्षर 'O' है और 'O' की बायीं ओर का 7वाँ अक्षर 'C' है।

अभ्यास

निर्देश (प्र.सं. 1–10): *निम्नलिखित प्रश्न वर्णमाला के सीधे या उलटे क्रम में लिखी गई शृंखला पर तथा दिए गए शब्द में अक्षरों के स्थान परिवर्तन पर आधारित हैं।*

1. वर्णमाला के सीधे क्रम में लिखी गई शृंखला में बाएँ छोर से छठे अक्षर के ठीक पहले कौन-सा अक्षर होता है?

(*a*) U (*b*) E

(*c*) F (*d*) V

2. वर्णमाला में G और S के ठीक बीच में कौन-सा अक्षर है?

(*a*) L (*b*) N

(*c*) M (*d*) कोई अक्षर नहीं

3. यदि अंग्रेजी वर्णमाला में प्रथम अर्द्धांश के अक्षरों को उलटे क्रम में लिखा जाए तो दायां ओर से नौवें अक्षर की बायीं ओर का नौवाँ अक्षर कौन-सा होगा?

(*a*) I (*b*) D
(*c*) F (*d*) E

4. यदि अंग्रेजी वर्णमाला को उलटे क्रम में लिखा जाए, तो दायीं और से सातवें अक्षर की बायीं ओर का आठवाँ अक्षर कौन-सा होगा?

(*a*) O (*b*) P
(*c*) N (*d*) Q

5. वर्णमाला में दाहिने छोर से तेरहवें अक्षर की दायीं ओर का पाँचवाँ अक्षर क्या होगा?

(*a*) R (*b*) S
(*c*) I (*d*) O

6. यदि अंग्रेजी वर्णमाला को उलटे क्रम में लिखा जाए तो P के दाएँ से छठा अक्षर कौन-सा होगा?

(*a*) J (*b*) W
(*c*) K (*d*) V

7. यदि अंग्रेजी वर्णमाला को दो बराबर हिस्सों में बाँट दिया जाए जिनमें पहले अर्द्धांश में A से M तक के और दूसरे अर्द्धांश में N से Z तक के अक्षर निहित हों, तो बाद वाले अर्द्धांश का कौन-सा अक्षर पहले वाले अर्द्धांश के J अक्षर के संगत होगा?

(*a*) W (*b*) Q
(*c*) V (*d*) R

8. यदि अंग्रेजी वर्णमाला को उलटे क्रम में लिखा जाए तो प्राप्त श्रृंखला में आपके बाएँ से सोलहवें अक्षर की बायीं ओर का बारहवाँ अक्षर कौन-सा होगा?

(*a*) X (*b*) W
(*c*) D (*d*) V

9. अंग्रेजी वर्णमाला में बाएँ से पाँचवें अक्षर से आरंभ करके यदि बारह अक्षरों को उलटे (विपरीत) क्रम में लिखा जाए तो प्राप्त श्रृंखला में दाएँ से चौदहवें अक्षर की बायीं ओर का सातवाँ अक्षर कौन-सा होगा?

(*a*) N (*b*) H
(*c*) L (*d*) O

10. यदि वर्णमाला में B से आरंभ करके सभी एकांतर स्थानों पर आने वाले अक्षरों को छोटे अक्षरों में और शेष अक्षरों को बड़े अक्षरों में लिखा जाए तो प्राप्त श्रृंखला के अक्षरों का प्रयोग करके 'September' माह को किस प्रकार लिखा जाएगा?

(*a*) SEptEMbEr (*b*) sePTemBeR
(*c*) SEptembER (*d*) SEpteMbeR

व्याख्यात्मक उत्तर

1. (*b*) :

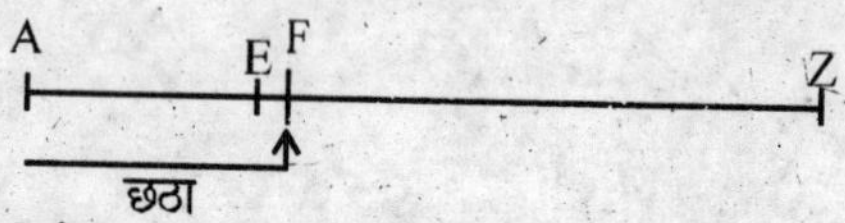

बाएँ से छठा अक्षर 'F' है और 'F' से ठीक पहले का अक्षर 'E' है।

2. (*c*) :

G और S के बीच का अक्षर M है।

3. (*d*) : MLKJIGHFEDCBANOPQRSTUVWXYZ

नौवाँ नौवाँ

4. (*a*) : ZYXWVUTSRQPONMLKJIHGFEDCBA

आठवाँ सातवाँ

5. (*b*) :

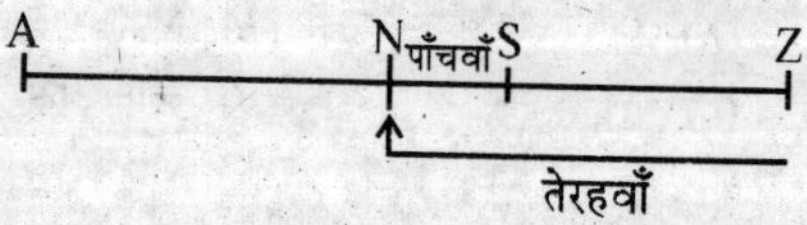

दाहिने छोर से तेरहवाँ अक्षर 'N' है और 'N' की दायीं ओर का पाँचवाँ अक्षर 'S' है।

6. (*a*) :

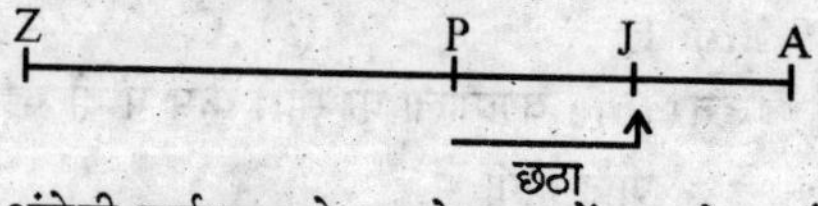

अंग्रेजी वर्णमाला के उलटे क्रम में 'P' के दाएँ से छठा अक्षर 'J' है।

7. (*a*) : A B C D E F G H I J K L M
N O P Q R S T U V W X Y Z

8. (*b*) :

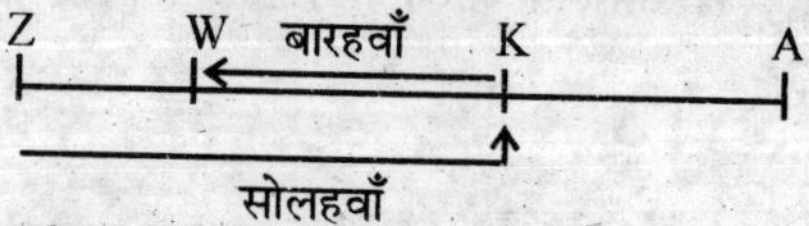

वर्णमाला के उलटे क्रम में बाएँ से सोलहवाँ अक्षर 'K' है और 'K' की बायीं ओर का बारहवाँ अक्षर 'W' है।

9. (*d*) : ABCDPONMLKJIHGFEQRSTUVWXYZ

सातवाँ चौदहवाँ

10. (*a*) : A b C d E f G h I j K l M n O p Q r S t U v W x Y z

कथन एवं वेन आरेख
(LOGICAL DIAGRAMS)

इस प्रकार के प्रश्नों में विकल्प के रूप में पाँच भिन्न-भिन्न आकृतियों का समुच्चय दिया जाता है। प्रत्येक आकृति संबंधित शब्दों के कुछ समूहों का एक तार्किक पैटर्न निरूपित करती है जिनमें प्रत्येक शब्द एक वर्ग को निरूपित करता है। अभ्यर्थी को दिए गए शब्दों के समुच्चय के लिए सर्वाधिक उपयुक्त तार्किक आकृति की पहचान करनी है। नीचे इन आरेखों द्वारा निरूपित कुछ संबंध दर्शाए गए हैं। संबंधित पैटर्नों को समझें और तत्पश्चात् दिए गए प्रश्नों के उत्तर दें।

हल किए गए उदाहरण

1. 

दिए गए वर्गों में कोई सदस्य समान (common) नहीं है।

उदाहरण : दूध, अंडे

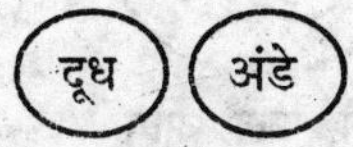

2. 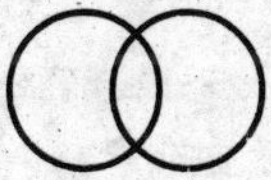

दिया गया आरेख यह दर्शाता है कि दोनों वर्गों में कुछ समान सदस्य हैं किंतु कोई भी वर्ग एक-दूसरे में पूर्णतः समाहित नहीं है।

उदाहरण : रंग, लाल

3. 

दिया गया आरेख यह दर्शाता है कि एक वर्ग दूसरे में पूर्णतः समाहित है किंतु दूसरा वर्ग पहले वर्ग में समाहित नहीं है अर्थात् ये दोनों वर्ग आपस में मिले-जुले नहीं हैं।

उदाहरण : फल, सेब

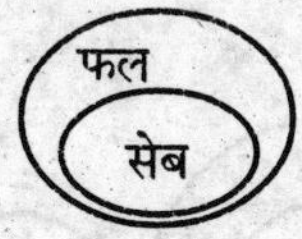

4. 

आकृति 2 के समान ही यह आकृति भी दर्शाती है कि तीनों वर्गों में कुछ समान (common) सदस्य हैं किंतु इनमें से कोई भी वर्ग एक-दूसरे में पूर्णतः समाहित नहीं है।

उदाहरण : लंबा, आदमी, शिक्षित

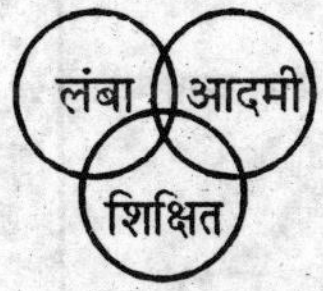

अभ्यास

निर्देश (प्र.सं. 1–5): *नीचे दिए गए पाँच तर्क आरेखों में से उस आरेख (आकृति) का चयन करें जो प्रश्न में दिए गए तीनों वर्गों के बीच संबंध को सर्वाधिक सुस्पष्ट रूप में प्रदर्शित करता है।*

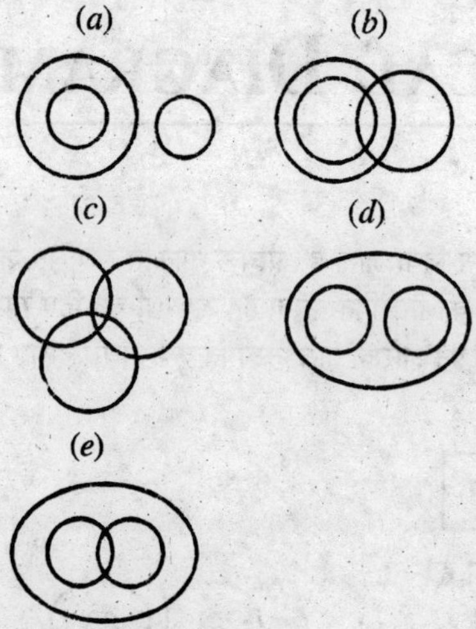

1. पक्षी, फल, आम
2. अपराधी, वकील, डकैत
3. तैराक, कुँआरा, पुरुष
4. स्मार्ट, इंजीनियर, महिला
5. सब्जियाँ, आलू, बैंगन

निर्देश (प्र.सं. 6–10): *नीचे दिए गए पाँच तर्क आरेखों में से उस आरेख (आकृति) का चयन करें जो प्रश्न में दिए गए तीनों वर्गों के बीच संबंध को सर्वाधिक सुस्पष्ट रूप में व्यक्त करता है।*

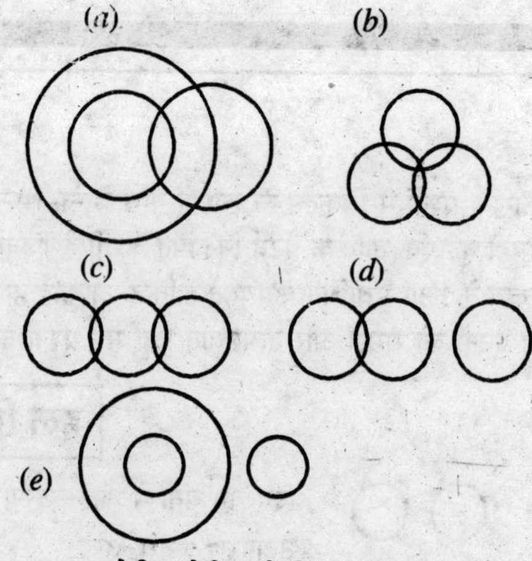

6. बहन, चचेरी-ममेरी-फुफेरी बहन, महिलाएँ
7. तारा, ग्रह, शनि
8. लोग, बुद्धिमान, धनी
9. पालतू पशु, बिल्लियाँ, कुत्ते
10. अभिनेता, मंच, फिल्म

व्याख्यात्मक उत्तर

1. (*a*) :

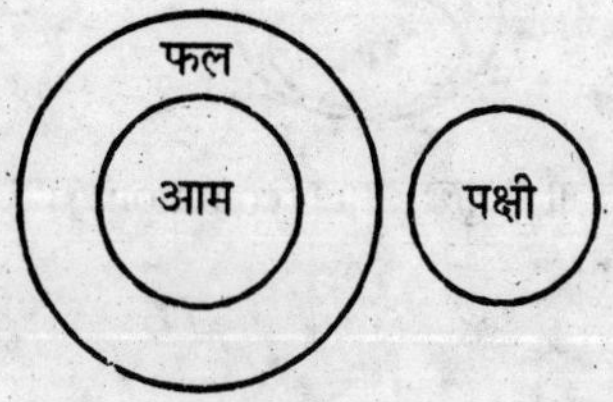

सभी आम फल हैं किंतु फल और आम में से कोई भी पक्षी नहीं है।

2. (*a*) :

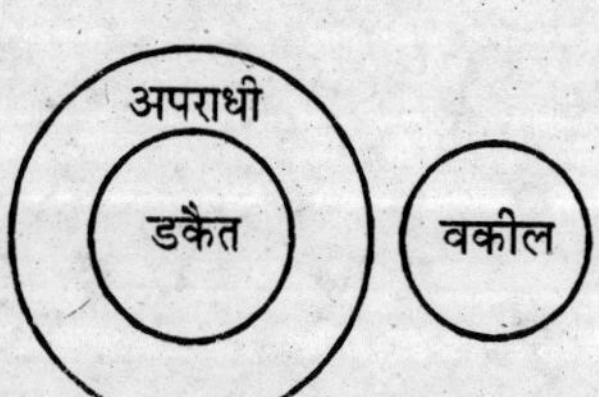

सभी डकैत अपराधी हैं किंतु अपराधी और डकैत में से कोई भी वकील नहीं हो सकता।

3. (*b*) :

सभी कुँआरे पुरुष होते हैं तथा कुछ पुरुष और कुँआरे तैराक हो सकते हैं।

4. (*c*) :

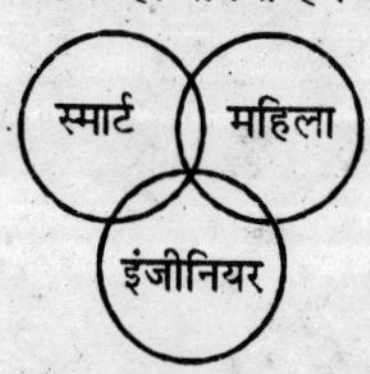

कुछ महिलाएँ स्मार्ट हो सकती हैं और कुछ महिलाएँ इंजीनियर हो सकती हैं तथा कुछ इंजीनियर स्मार्ट भी हो सकते हैं और महिला भी।

5. (*d*) :

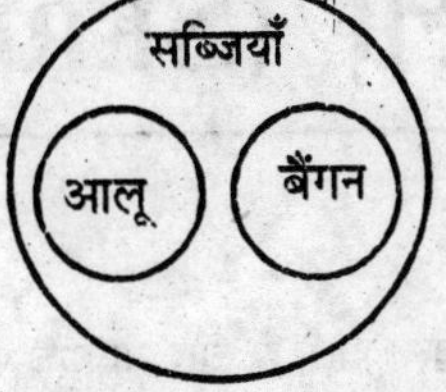

आलू और बैंगन दोनों सब्जियाँ हैं किंतु उनमें कोई समान गुण नहीं है। कुछ सब्जियाँ आलू हैं और कुछ बैंगन।

6. (*a*) :

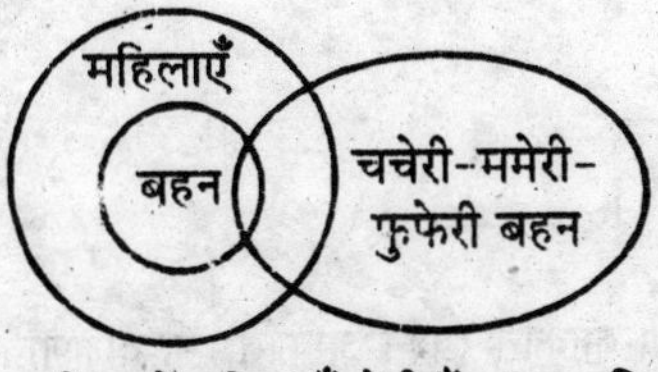

सभी बहनें महिलाएँ होती हैं। कुछ महिलाएँ जो बहनें हैं, चचेरी-ममेरी-फुफेरी बहनें हो सकती हैं या सभी जचेरी-ममेरी-फुफेरी बहनें कुछ महिलाएँ हैं।

7. (*e*) :

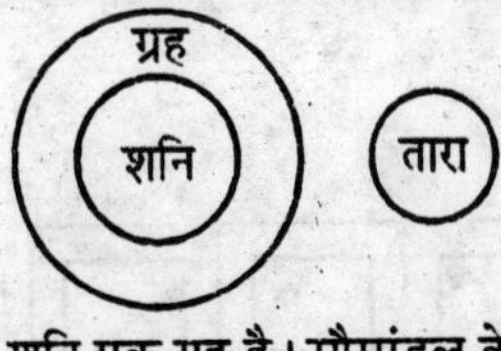

शनि एक ग्रह है। सौरमंडल के ग्रहों में एक ग्रह शनि है। तारा एक भिन्न वर्ग है।

8. (*b*) :

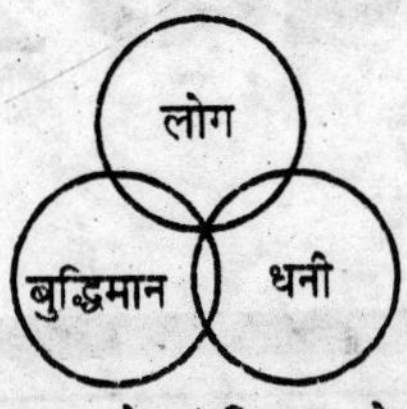

कुछ लोग बुद्धिमान हो सकते हैं और कुछ धनी हो सकते हैं तथा कुछ बुद्धिमान और धनी व्यक्ति लोगों की श्रेणी में शामिल हैं। कुछ बुद्धिमान धनी हो सकते हैं और कुछ बुद्धिमान व्यक्ति लोगों की श्रेणी में शामिल हैं या कुछ धनी बुद्धिमान हो सकते हैं और कुछ लोगों को बुद्धिमान कहा जा सकता है।

9. (*c*) :

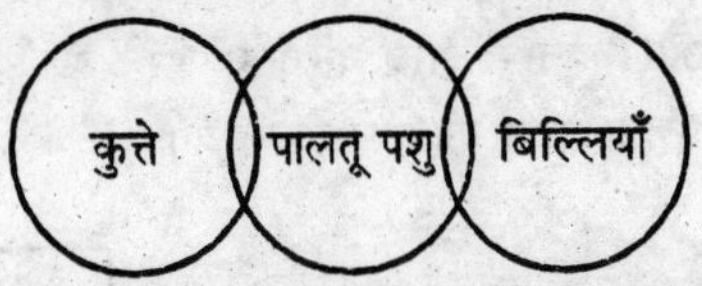

पालतू पशुओं में कुछ कुत्ते और कुछ बिल्लियाँ हो सकती हैं। कुछ कुत्ते और बिल्लियों को पालतू बनाया जा सकता है। किंतु कुत्ते और बिल्लियों का अलग-अलग वर्ग है।

10. (*b*) :

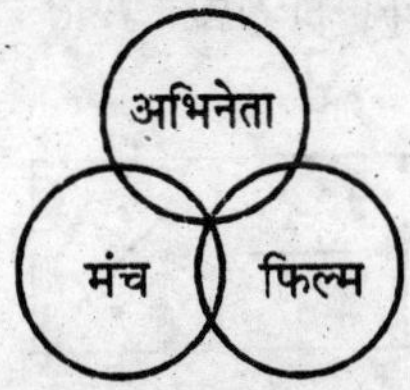

कुछ अभिनेता मंच से जुड़े होते हैं और कुछ फिल्मों से तथा मंच से जुड़े कुछ कलाकार और फिल्म से जुड़े कुछ कलाकार अभिनेता की श्रेणी में आते हैं।

अभाषिक

श्रृंखला (SERIES)

इस प्रकार की अभाषिक श्रृंखला (Non-Verbal Series) में, जो सर्वाधिक सामान्य प्रकार की श्रृंखला होती है, चार या पांच आनुक्रमिक प्रश्न आकृतियां एक निश्चित अनुक्रम निर्मित करते हैं और अभ्यर्थियों को दी गई उत्तर आकृतियों के सेट से उस एक आकृति का चयन करना होता है जिससे प्रश्न आकृतियों के समुच्चय की श्रृंखला सतत् हो जाए।

अभ्यर्थियों को प्रश्न आकृतियों के समुच्चय की श्रृंखला सतत् बनाने के लिए विभिन्न क्रियाएं, परिवर्तन, विस्थापन, क्रमावर्तन, पुनरावर्तन और बहुत से अन्य परिवर्तन करने की आवश्यकता होती है। निरंतर अभ्यास द्वारा श्रृंखला विषयक समस्याओं को हल करने में निपुणता प्राप्त की जा सकती है।

हल किए गए उदाहरण

नीचे पूछे गए प्रत्येक प्रश्न में उत्तर आकृतियों के समुच्चय से उस एक आकृति का चयन करें जिसे प्रश्न आकृतियों के बाद में रखने पर प्रश्न आकृतियों के समुच्चय की श्रृंखला सतत् हो जाए।

1. प्रश्न आकृतियां

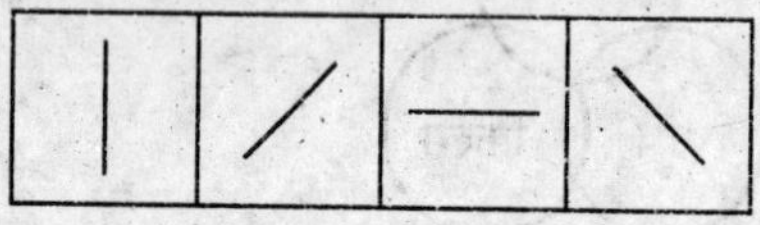

उत्तर आकृतियां

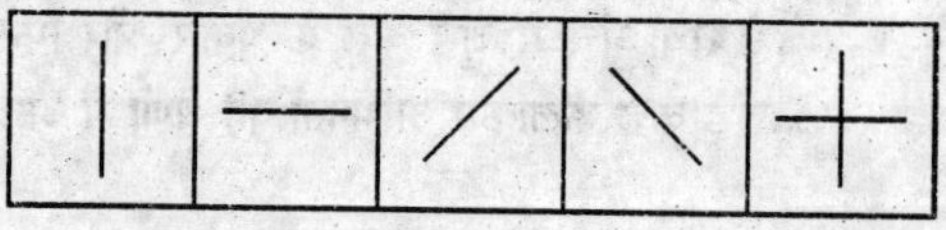

(*a*) (*b*) (*c*) (*d*) (*e*)

उत्तर (*a*): सभी आकृतियों में समान आकार की सीधी सरल रेखाएं दी गई हैं। उनकी दिशाएं और स्थिति परिवर्तित होती हैं। पहली आकृति में रेखा ऊर्ध्वाधर स्थिति में है। दूसरी आकृति में रेखा दक्षिणावर्त 45° के कोण से मुड़ जाती है और तीसरी आकृति में रेखा दक्षिणावर्त और 45° के कोण से मुड़ जाती है तथा चौथी आकृति में रेखा दक्षिणावर्त और 45° के कोण से मुड़ जाती है। अतः दो बातें स्पष्ट होती हैं: (i) रेखा दक्षिणावर्त घूमती है, और (ii) रेखा प्रत्येक चरण पर 45° के कोण से मुड़ती है।

अब चौथी आकृति (प्रश्न आकृति) भी दक्षिणावर्त 45° के कोण से मुड़नी चाहिए। अतः पांचवीं आकृति एक ऊर्ध्वाधर (उदग्र) रेखा होगी। इस प्रकार हमें ज्ञात होता है कि श्रृंखला को सतत् बनाने के लिए अगली आकृति एक ऊर्ध्वाधर या उदग्र सरल रेखा होगी।

2. प्रश्न आकृतियां

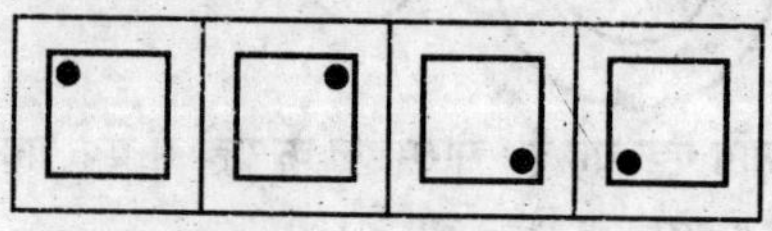

उत्तर आकृतियां

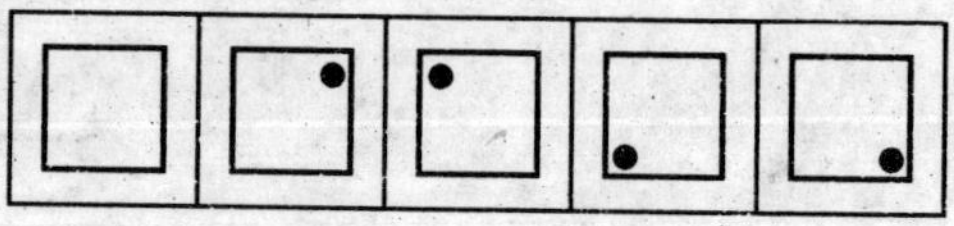

(*a*) (*b*) (*c*) (*d*) (*e*)

उत्तर (*c*): सभी चारों आकृतियां वर्ग हैं। जिनमें से प्रत्येक के भीतर एक काला बिंदु है। आकृतियों में वर्ग की अवस्थिति में परिवर्तन नहीं होता है बल्कि बिंदु की स्थिति परिवर्तित होती है। पहली आकृति में बिन्दु वर्ग के भीतर ऊपरी बाएं कोने पर अवस्थित है और दूसरी आकृति में बिन्दु वर्ग के भीतर ऊपरी दाएं

कोने पर पहुंच जाती है। तीसरी आकृति में बिन्दु निचले दाहिने कोने पर और चौथी आकृति में निचले बाएं कोने पर पहुंच जाती है। अतः दो तथ्यों का पता चलता हैः (i) बिन्दु की अवस्थिति बाएं से दाएं अर्थात् दक्षिणावर्त परिवर्तित होती है, और (ii) यह प्रत्येक चरण पर वर्ग के एक कोने से दूसरे कोने पर पहुंच जाती है।

चौथी आकृति (प्रश्न आकृति) में बिन्दु निचले बाएं कोने पर अवस्थित है। अगले चरण में यह दक्षिणावर्त अगले कोने पर अर्थात् ऊपरी बाएं कोने पर पहुंच जाएगी। अतः प्रश्न आकृति में दी गई शृंखला को सतत् बनाने के लिए शृंखला की अगली अर्थात् पांचवीं आकृति में एक वर्ग होगा जिसके ऊपरी बाएं कोने पर एक बिन्दु अवस्थित होगा।

अभ्यास

निर्देश (प्र.सं. 1–30): *नीचे के प्रत्येक प्रश्न में आकृतियों के दो समुच्चय दिए गए हैं जिनमें से एक समुच्चय को* **प्रश्न आकृतियों** *का समुच्चय और दूसरे समुच्चय को* **उत्तर आकृतियों** *का समुच्चय कहा गया है। प्रश्न आकृतियों के समुच्चय से किसी न किसी प्रकार से एक शृंखला बनती है। उत्तर आकृतियों के समुच्चय से उस एक आकृति का चयन करें जिससे प्रश्न आकृतियों के समुच्चय की शृंखला संतत हो जाए।*

1. प्रश्न आकृतियां

उत्तर आकृतियां

(*a*) (*b*) (*c*) (*d*)

2. प्रश्न आकृतियां

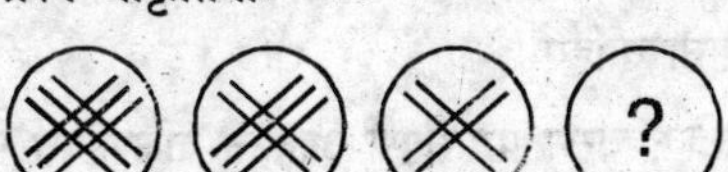

उत्तर आकृतियां

(*a*) (*b*) (*c*) (*d*)

3. प्रश्न आकृतियां

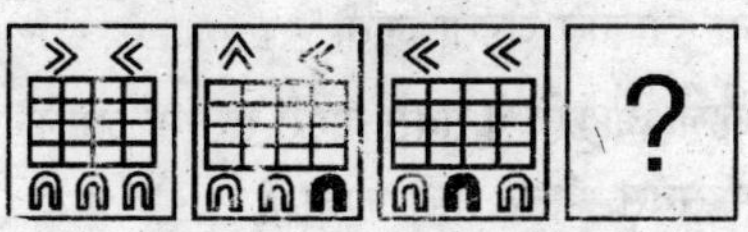

उत्तर आकृतियां

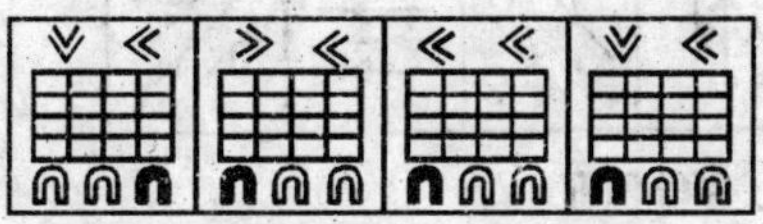

(*a*) (*b*) (*c*) (*d*)

4. प्रश्न आकृतियां

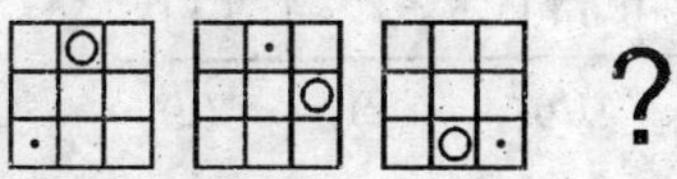

उत्तर आकृतियां

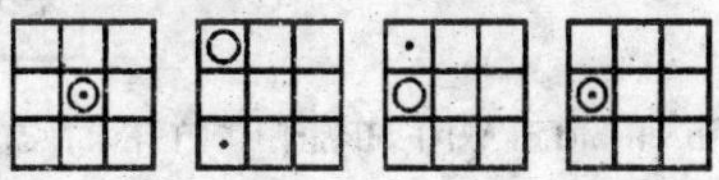

(*a*) (*b*) (*c*) (*d*)

5. प्रश्न आकृतियां

उत्तर आकृतियां

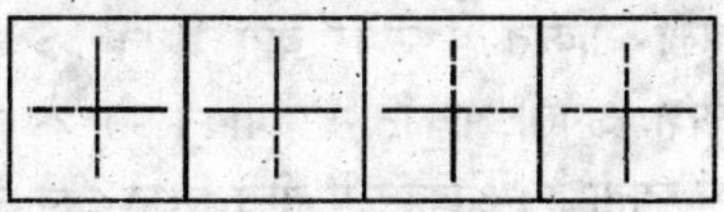

(*a*) (*b*) (*c*) (*d*)

6. प्रश्न आकृतियां

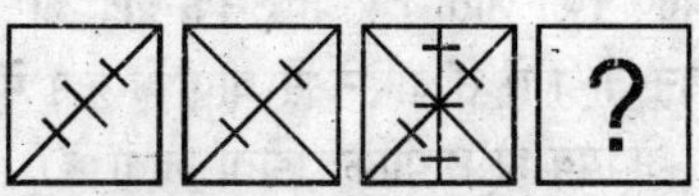

उत्तर आकृतियां

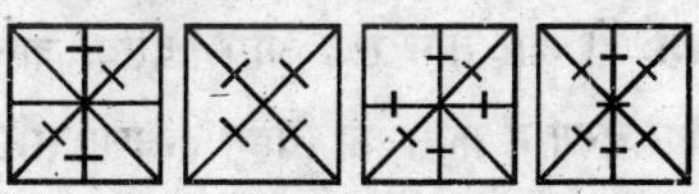

(*a*) (*b*) (*c*) (*d*)

7. प्रश्न आकृतियां

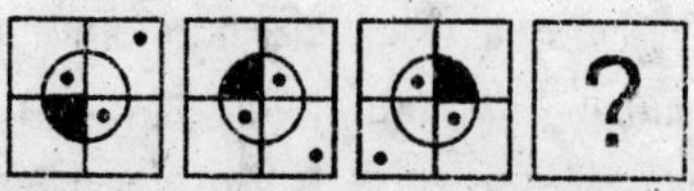

उत्तर आकृतियां

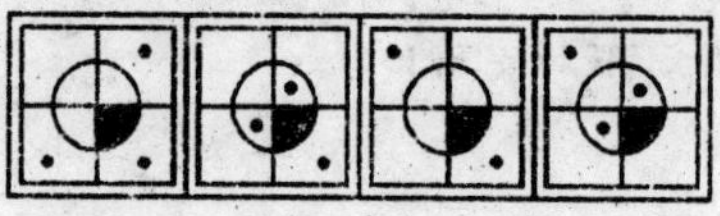

(*a*) (*b*) (*c*) (*d*)

8. प्रश्न आकृतियां

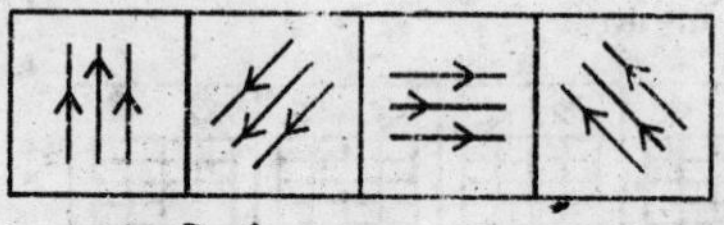

उत्तर आकृतियां

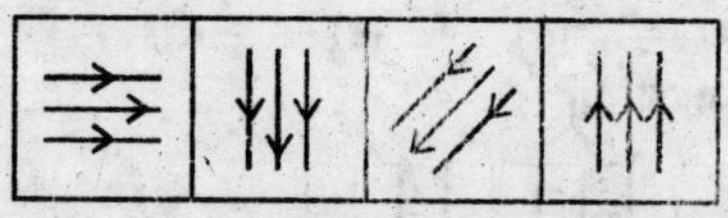

(*a*) (*b*) (*c*) (*d*)

9. प्रश्न आकृतियां

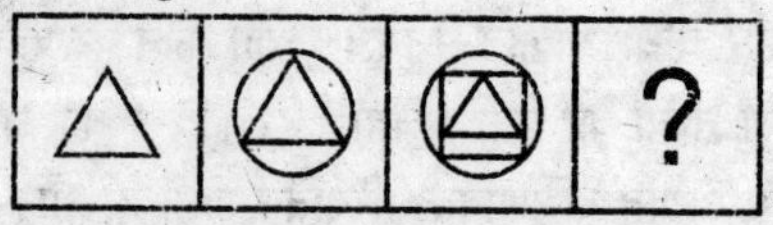

उत्तर आकृतियां

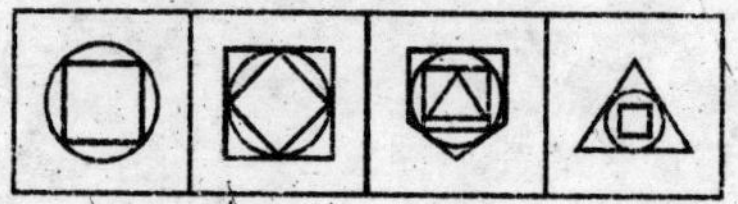

(*a*) (*b*) (*c*) (*d*)

10. प्रश्न आकृतियां

उत्तर आकृतियां

(*a*) (*b*) (*c*) (*d*)

व्याख्यात्मक उत्तर

1. (*c*) : एक आकृति से दूसरी आकृति में वृत्त क्रमशः दक्षिणावर्त 30° के कोण से घूम जाता है और प्रत्येक चरण में वृत्त के भीतर स्थित एक त्रिज्यीय रेखाखण्ड लुप्त होता जाता है।

2. (*d*) : तिरछे या विकर्णी रेखाखण्ड एक-एक करके एक निश्चित क्रम में लुप्त होते जाते हैं।

3. (*d*) : पहली आकृति में ऊपर बाएं स्थित >> अवयव क्रमशः अगली आकृति में वामावर्त 90° के कोण से घूम जाता है। आकृति में नीचे स्थित तीन अवयवों में से दाहिने ओर का एक अवयव दूसरी आकृति में छायांकित हो जाता है तथा उसके बाद की आकृति में इन तीनों में से दाहिने से बाएं के क्रम में केवल एक अवयव ही छायांकित होता जाता है।

4. (*d*) : वृत्त (गोल घेरा) और बिंदु अगली आकृति में दक्षिणावर्त क्रमशः दो और तीन खंड आगे खिसक जाते हैं।

5. (*a*) : प्रत्येक चरण में क्रॉस का चिह्न दक्षिणावर्त 90° के कोण से घूम जाता है।

6. (*a*) : पहली आकृति में विकर्ण पर बीच में स्थित रेखाखण्ड दूसरी आकृति में आगे बढ़कर वर्ग के सम्मुख कोनों को स्पर्श करता है। अगली आकृति में तीन रेखाखण्डों से युक्त एक नई रेखा जुड़ जाती है। शृंखला में निरंतरता स्थापित करने के लिए मध्यस्थ रेखाखण्ड को आगे बढ़ाकर वर्ग की भुजाओं से स्पर्श कराया जाना चाहिए।

7. (*d*) : प्रत्येक चरण पर संपूर्ण आकृति दक्षिणावर्त 90° के कोण से घूम जाती है।

8. (*b*) : एकांतर आकृतियों में तीर दक्षिणावर्त 90° के कोण से घूम जाते हैं और तीर के चिह्नों (वाणमुखों) की संस्थिति सामने से पीछे और पीछे से सामने होती जाती है।

9. (*c*) : प्रत्येक चरण पर पूर्ववर्ती आकृति-समुच्चय में एक नई आकृति जुड़ती जाती है।

10. (*a*) : पहली आकृति में सबसे बाहरी संरचना अगली आकृति में सबसे भीतर चली जाती है।

सादृश्य या संबंध

(ANALOGIES OR RELATIONSHIPS)

अभाषिक सादृश्य के प्रश्नों में दो प्रकार की आकृतियां दी जाती हैं जो (i) प्रश्न आकृतियां और (ii) उत्तर आकृतियां कहलाती हैं। प्रश्न आकृतियां दो भागों में विभाजित होती हैं। प्रश्न आकृतियों के नीचे उत्तर आकृतियां दी जाती है।

हल किए गए उदाहरण

1. प्रश्न आकृतियां

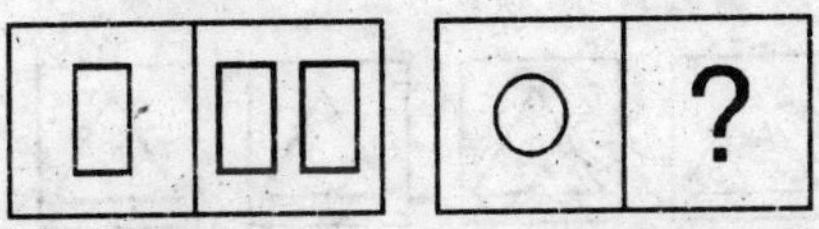

उत्तर आकृतियां

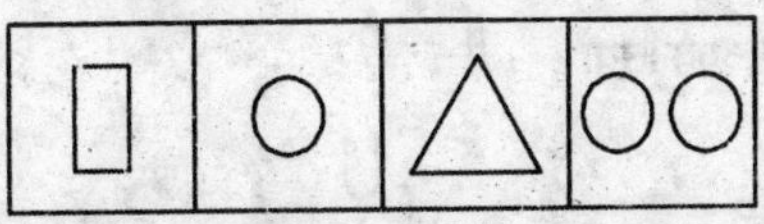

(*a*) (*b*) (*c*) (*d*)

उत्तर (*d*): ऊपर दी गई प्रश्न आकृतियों के दो भाग हैं। पहले भाग में दो आकृतियां हैं जबकि दूसरे भाग में एक आकृति दी गई है जिसके बाद एक प्रश्न चिह्न (?) है। पहले भाग की आकृतियों के बीच एक विशेष संबंध है जिसके आधार पर दूसरे भाग की आकृतियों के बीच संबंध स्थापित किया जाना है।

प्रश्न आकृतियों के पहले भाग की दो आकृतियों में क्रमशः एक और दो आयत निहित हैं। पहली आकृति में एक आयत है जबकि दूसरी आकृति में दो आयत हैं। इसका अर्थ है कि उनके बीच संबंध यह है कि दूसरी आकृति में पहली आकृति में निहित आयत की संख्या की दोगुनी संख्या में आयत हैं।

दूसरे भाग की दोनों प्रश्न आकृतियों के बीच भी ठीक उसी प्रकार का संबंध होना आवश्यक है जैसा संबंध पहले भाग की दो प्रश्न आकृतियों के बीच है अर्थात् इस सादृश्य के आधार पर जबकि दूसरे भाग में पहली प्रश्न आकृति एक वृत्त है तो दूसरी प्रश्न आकृति में वृत्तों की संख्या दोगुनी अर्थात् 2 होगी।

2. प्रश्न आकृतियां

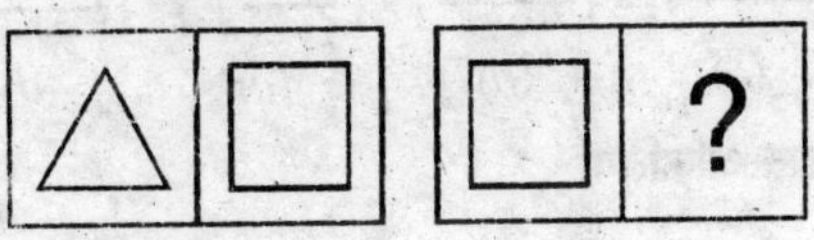

उत्तर आकृतियां

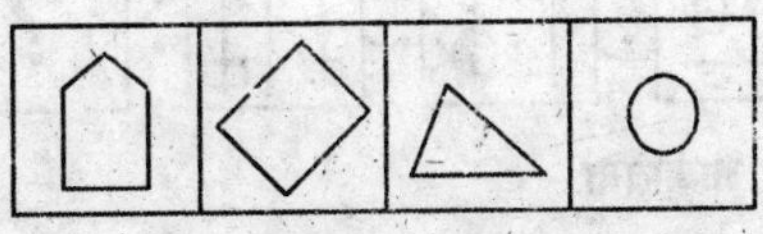

(*a*) (*b*) (*c*) (*d*)

उत्तर (*a*)**:** प्रश्न आकृतियों के पहले भाग में दी गई दोनों आकृतियों को देखें। पहली आकृति में एक त्रिभुज और दूसरी आकृति में एक वर्ग है। पहली आकृति (त्रिभुज) में तीन भुजाएं और तीन कोण हैं जबकि दूसरी आकृति (वर्ग) में चार भुजाएं और चार कोण हैं। इन दोनों आकृतियों के बीच संबंध यह है कि दूसरी आकृति में पहली आकृति की तुलना में एक भुजा और एक कोण अधिक है।

इस सादृश्य संबंध के आधार पर प्रश्न चिह्न (?) के स्थान पर रखी जाने वाली आकृति पाँच भुजाओं और पाँच कोणों वाली आकृति होनी चाहिए (जिसमें प्रश्न आकृतियों के दूसरे भाग की पहली आकृति से एक भुजा और एक कोण अधिक हो)।

अभ्यास

निर्देश (प्र.सं. 1–20): *प्रश्न आकृतियों में :: चिह्न के बाएं दी गई दो आकृतियों में से दूसरी आकृति का पहली आकृति के साथ एक विशेष संबंध है। :: चिह्न की दाईं ओर की दो आकृतियों के बीच भी ऐसा ही संबंध है। दिए गए विकल्पों से उस आकृति का चयन करें जिसे प्रश्न आकृतियों में प्रश्न चिह्न के स्थान पर रखा जा सकता है और जिसका :: चिह्न की दाईं ओर की पहली आकृति के साथ ठीक वैसा ही संबंध है जैसा कि :: चिह्न की बाईं ओर की दो आकृतियों के बीच है।*

1. प्रश्न आकृतियां

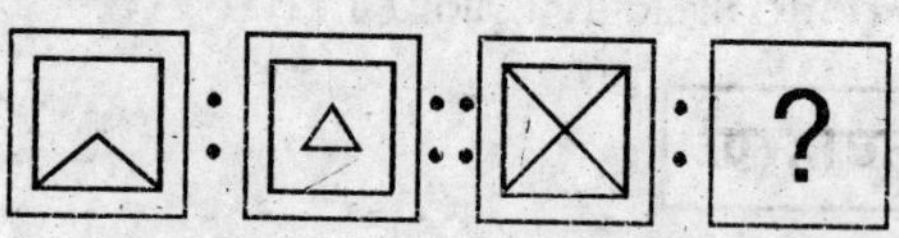

उत्तर आकृतियां

(*a*) (*b*) (*c*) (*d*)

2. प्रश्न आकृतियां

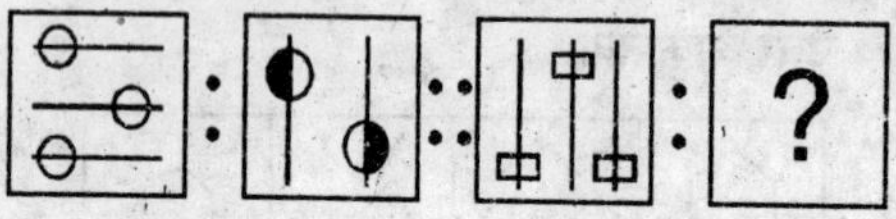

उत्तर आकृतियां

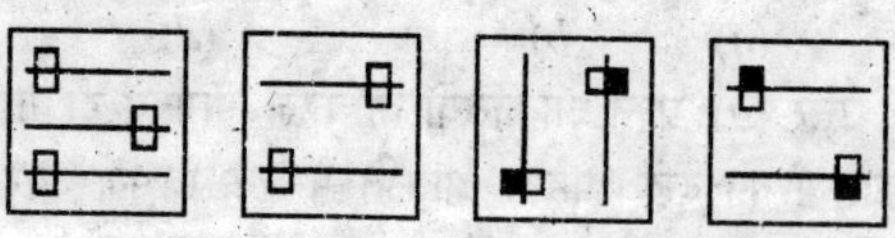

(*a*) (*b*) (*c*) (*d*)

3. प्रश्न आकृतियां

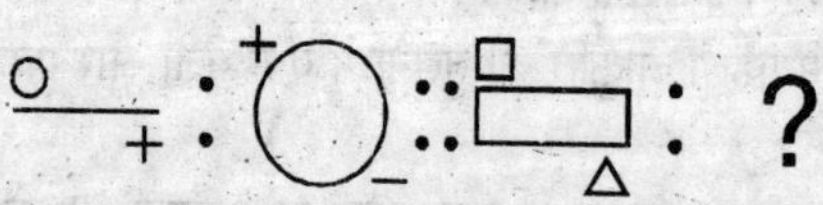

उत्तर आकृतियां

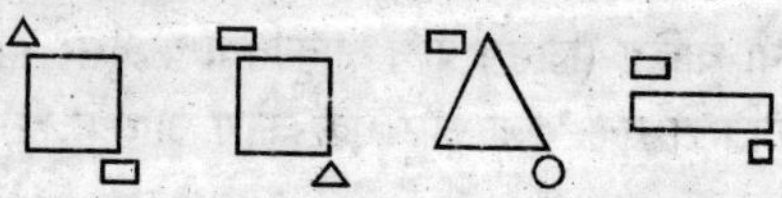

(*a*) (*b*) (*c*) (*d*)

4. प्रश्न आकृतियां

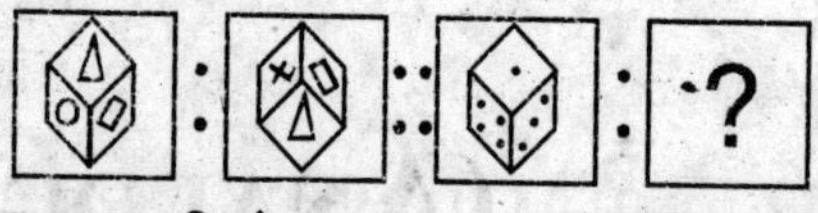

उत्तर आकृतियां

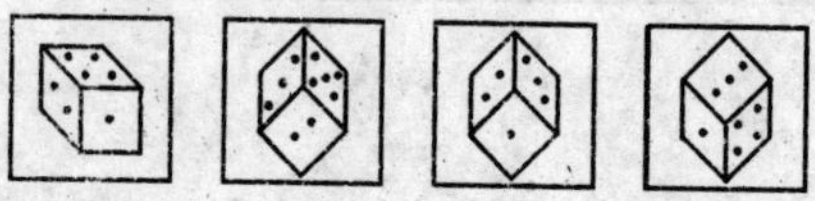

(*a*) (*b*) (*c*) (*d*)

5. प्रश्न आकृतियां

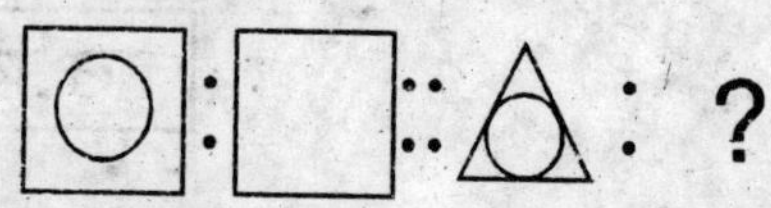

उत्तर आकृतियां

(*a*) (*b*) (*c*) (*d*)

6. प्रश्न आकृतियां

उत्तर आकृतियां

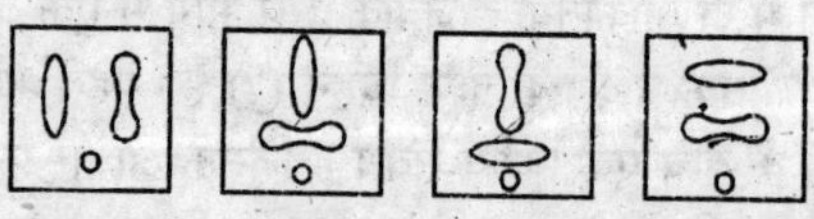

(*a*) (*b*) (*c*) (*d*)

7. प्रश्न आकृतियां

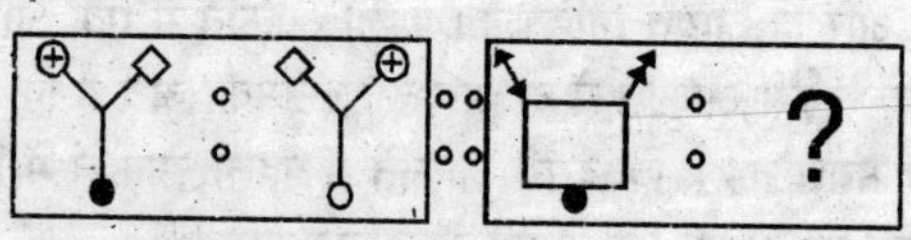

उत्तर आकृतियां

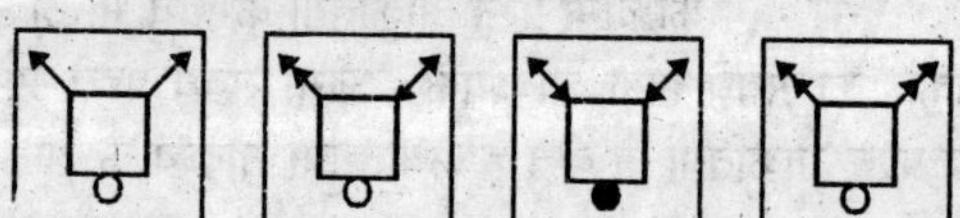

(*a*) (*b*) (*c*) (*d*)

8. प्रश्न आकृतियां

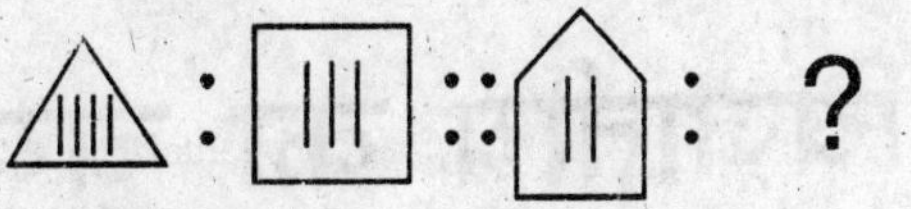

उत्तर आकृतियां

(*a*) (*b*) (*c*) (*d*)

9. प्रश्न आकृतियां

उत्तर आकृतियां

(*a*) (*b*) (*c*) (*d*)

10. प्रश्न आकृतियां

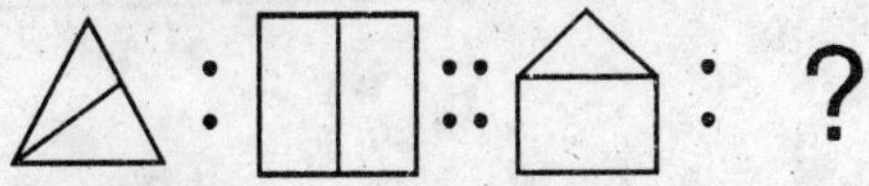

उत्तर आकृतियां

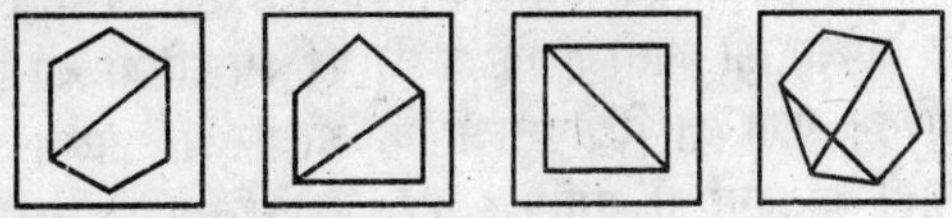

(*a*) (*b*) (*c*) (*d*)

व्याख्यात्मक उत्तर

1. (*d*) : पहली आकृति का त्रिभुज दूसरी आकृति में बीच में आ जाता है। इसी प्रकार शीर्ष पर जुड़े दो त्रिभुज भी उत्तर आकृति में बीच में आ जाते हैं।

2. (*d*) : पहली आकृति का संपूर्ण डिजाइन दूसरी आकृति में दक्षिणावर्त 90° के कोण से घूम जाता है और उसका एक अवयव लुप्त हो जाता है तथा रेखिका से जुड़े अवयव के परस्पर विपरीत दिशा वाले हिस्से छायांकित हो जाते हैं।

3. (*a*) : पहली आकृति से दूसरी आकृति में दाईं ओर नीचे का अवयव विकर्णतः सम्मुख कोने पर चला जाता है, बाईं ओर ऊपर का अवयव बड़ा हो जाता है और बीच में आ जाता है तथा बीच का अवयव छोटा होकर नीचे दाएँ कोने पर आ जाता है।

4. (*c*) : पहली आकृति से दूसरी आकृति में पाशे के फलक पर अंकित आकृति ऊपर से नीचे आ जाती है। दाहिनी ओर का डिजाइन अपरिवर्तित रहता है। जबकि बाईं ओर का डिजाइन बदल जाता है।

5. (*d*) : पहली आकृति में भीतर का अवयव दूसरी आकृति में लुप्त हो जाता है।

6. (*b*) : पहली आकृति के दो आधे अवयव दूसरी आकृति में ऊर्ध्वाधरतः पलट कर आपस में जुड जाते हैं और इस प्रकार निर्मित नया अवयव ऊपर शीर्ष पर पहुँच जाता है। पहली आकृति के दो क्षैतिजतः अवस्थित वक्र परस्पर जुड़कर एक नया अवयव निर्मित करते हैं और दूसरी आकृति में बीच में आ जाते हैं। पहली आकृति में दाएँ और बाएँ छोरों के दो सदृश अवयवों में से एक अवयव दूसरी आकृति में नीचे आ जाता है।

7. (*b*) : दूसरी आकृति में ऊपर के दो अवयव अपना स्थान बदल कर एक दूसरे के स्थान पर आ जाते हैं और वृत्त के भीतर का छायांकित भाग छायारहित हो जाता है।

8. (*a*) : पहली आकृति से दूसरी आकृति में एक ऊर्ध्वाधरतः रेखा कम हो जाती है और आकृति को निर्मित करने वाली रेखाओं की संख्या में एक की वृद्धि होती है।

9. (*a*) : पहली आकृति को वामावर्त 90° के कोण से घुमाने पर दूसरी आकृति प्राप्त होती है।

10. (*a*) : पहली आकृति से दूसरी आकृति में आकृति को निर्मित करने वाली रेखाओं की संख्या में एक की वृद्धि होती है।

विजातीय का चयन
(ODD-ONE OUT)

अभाषिक वर्गीकरण संबंधी तर्कबुद्धि परीक्षण विषयक प्रश्नों में आकृतियों का एक समूह दिया जाता है तथा अभ्यर्थियों से यह अपेक्षा की जाती है कि वे दी गई आकृतियों को उनके विशिष्ट गुणों या विशेषताओं के आधार पर अलग-अलग समूहों या वर्गों में वर्गीकृत करें। आकृतियों या मदों को उनकी बनावट, आकार, प्रतिरूप, संरचना, प्रकार, क्रम, रूप-रंग, कोटि, शैली, संघटक अवयवों और अन्य प्रकार की विशेषताओं में समानता के आधार पर समूहों या वर्गों में वर्गीकृत करना होता है और तत्पश्चात् उस समूह से भिन्न अर्थात् विजातीय आकृति की पहचान करनी होती है।

भाग–I

अभाषिक वर्गीकरण के इस प्रकार के प्रश्नों में प्रश्न आकृतियों और उत्तर आकृतियों के रूप में आकृतियों के दो समुच्चय नहीं दिए जाते बल्कि इनमें चार या पाँच आकृतियों का केवल एक ही समुच्चय दिया जाता है जिन्हें प्रश्न आकृतियाँ कहते हैं। इन प्रश्न आकृतियों में से एक आकृति शेष चार आकृतियों के समान या उनके सदृश नहीं होती। दूसरे शब्दों में तीन या चार आकृतियाँ किसी न किसी रूप में आपस में संबंधित होते हुए एक समूह बनाती हैं जबकि शेष केवल एक आकृति ही अन्यों से भिन्न अथवा विजातीय होता है जिसकी पहचान की जानी होती है।

हल किए गए उदाहरण

1. 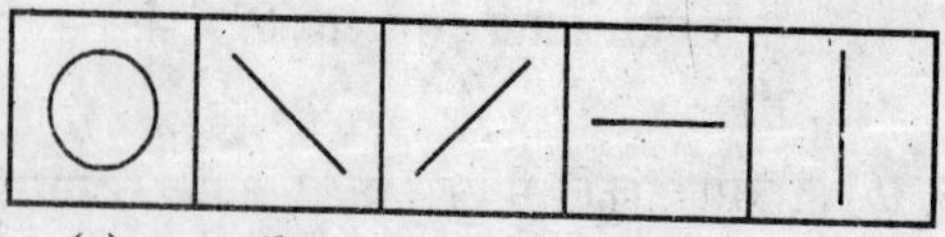

(*a*) (*b*) (*c*) (*d*) (*e*)

उत्तर (*a*): दी गई आकृतियों में (*a*) एक वृत्त है जबकि (*b*), (*c*), (*d*) और (*e*) भिन्न-भिन्न दिशाओं को इंगित करने वाली सरल रेखाएं हैं। यहाँ ध्यान दें कि दी गई पाँच आकृतियों में से चार आकृतियों (*b*), (*c*), (*d*) और (*e*) में से प्रत्येक में एक सामान्य (सर्वनिष्ठ) विशेषता यह है कि ये सभी सरल रेखाएं हैं जो भिन्न-भिन्न दिशाओं को इंगित करती हैं, अतः ये चारों आकृतियां एक समूह या वर्ग निर्मित करती हैं। इन आकृतियों के विपरीत (*a*) एक वृत्त है जो अन्य आकृतियों से भिन्न अथवा विजातीय है।

अतः आकृति (*a*) समूह में शामिल न होने वाली आकृति अर्थात् एक विजातीय आकृति है।

2. 

(*a*) (*b*) (*c*) (*d*) (*e*)

उत्तर (*e*): आकृति (*a*) एक मानव आकृति है, (*b*) एक चौपाया पशु की आकृति है, (*c*) एक कीट, (*d*) एक पेड़ और (*e*) एक त्रिभुज है। इन पाँच अवयवों में से चार में एक सर्वनिष्ठ विशेषता है और वह यह है कि (*a*), (*b*), (*c*) और (*d*) (मानव, पशु, कीट और पेड़) सजीव जगत् से संबंधित हैं।

आकृति (*e*) एक त्रिभुज है और यह सजीव जगत् से संबंधित नहीं है। अतः आकृति (*e*) इस समूह में शामिल नहीं है।

1701 (Reas.)–9-II

अभ्यास

निर्देश (प्र.सं. 1–20): *नीचे के प्रत्येक प्रश्न में एक आकृति को छोड़कर अन्य सभी आकृतियाँ किसी-न-किसी रूप में आपस में संबंधित हैं और इस कारण वे एक समूह बनाती हैं। प्रत्येक प्रश्न में उस एक भिन्न आकृति का चयन करें जो अन्यों से संबंधित नहीं है अर्थात् जो भिन्न अथवा विजातीय है।*

1. 

(a) (b) (c) (d)

2. 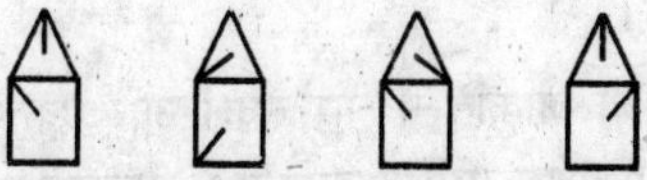

(a) (b) (c) (d)

3. 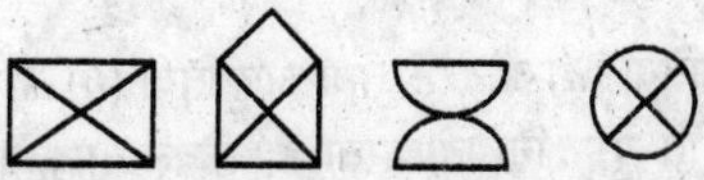

(a) (b) (c) (d)

4. 

(a) (b) (c) (d)

5. 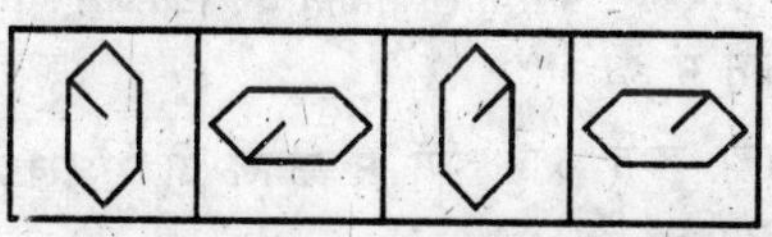

(a) (b) (c) (d)

6. 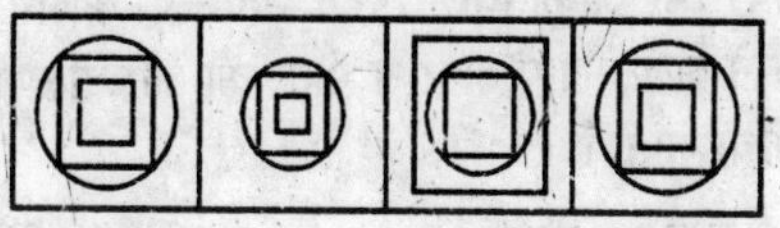

(a) (b) (c) (d)

7. 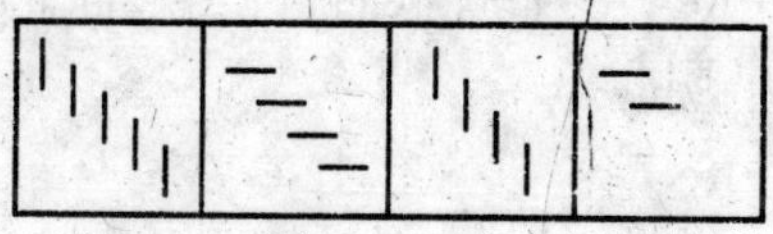

(a) (b) (c) (d)

8. 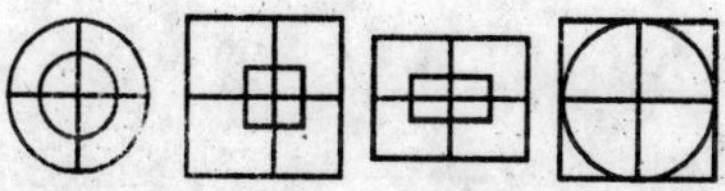

(a) (b) (c) (d)

9. 

(a) (b) (c) (d)

10. 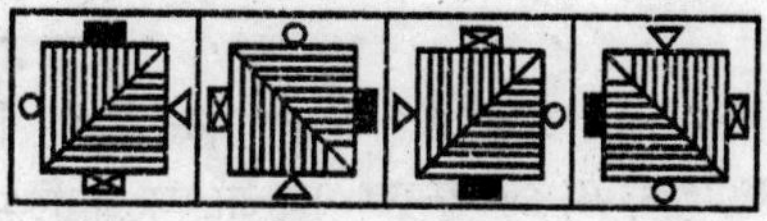

(a) (b) (c) (d)

11. 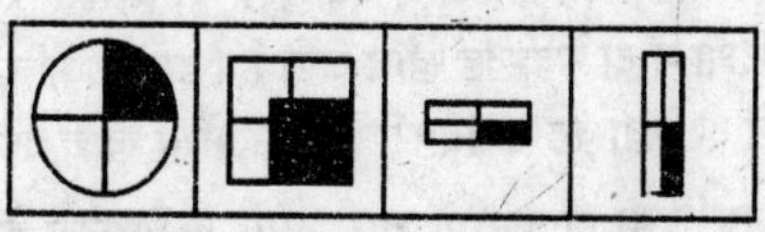

(a) (b) (c) (d)

12. 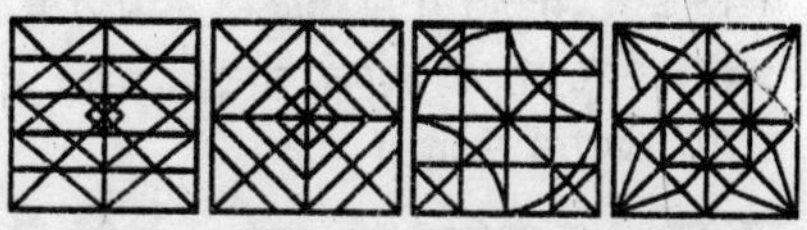

(a) (b) (c) (d)

13. 

(a) (b) (c) (d)

14. 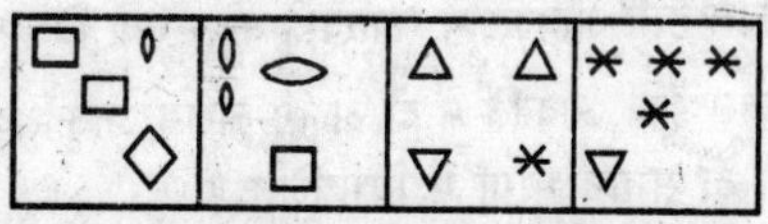

(a) (b) (c) (d)

15. 

(a) (b) (c) (d) (e)

16. 

(a) (b) (c) (d) (e)

17. 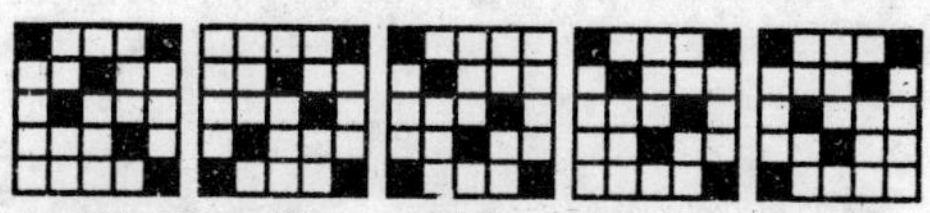

(a) (b) (c) (d) (e)

18. 

(a) (b) (c) (d) (e)

19. 

(a) (b) (c) (d) (e)

20. 

(a) (b) (c) (d) (e)

व्याख्यात्मक उत्तर

1. (c) : अन्य सभी आकृतियों में वृत्त युक्त रेखा और दो रेखाखंड वर्ग की सम्मुख भुजाओं पर अवस्थित हैं।

2. (c) : शेष सभी आकृतियों में एक रेखा के सिरों से एक ही दिशा में दो रेखाखंड खींचे जाते हैं। इस आकृति '(c)' में दो रेखाखंड दो विपरीत दिशाओं में खींचे जाते हैं।

3. (c) : शेष सभी आकृतियाँ चार भागों में विभक्त हैं।

4. (d) : केवल इसी आकृति में ही आकृति के मध्य में स्थित अवयव और दो अवयवों के बीच में स्थित अवयव परस्पर विपरीत दिशाओं में हैं।

5. (c) : शेष सभी आकृतियों को घुमा कर एक दूसरी आकृतियाँ प्राप्त की जा सकती हैं। इस आकृति में रेखाखंड गलत दिशा में है।

6. (c) : शेष सभी आकृतियों में बीच का और मध्यस्थ अवयव एक से हैं।

7. (a) : केवल इसी आकृति में रेखाखंडों की संख्या विषम है।

8. (d) : केवल इसी आकृति में दो अलग-अलग आकृतियाँ हैं जो दो समान भागों में विभाजित हैं।

9. (a) : केवल इसी आकृति में दो सदृश अवयव (वृत्त) निहित हैं।

10. (c) : शेष सभी आकृतियों को घुमाकर एक-दूसरी आकृतियाँ प्राप्त की जा सकती हैं।

11. (b) : शेष सभी आकृतियों में आकृति का केवल एक चौथाई भाग ही छायांकित है।

12. (c) : शेष सभी आकृतियों में वर्ग के सभी चारों खण्डों में एक जैसा पैटर्न है।

13. (a) : शेष सभी आकृतियों में वर्ग की दो भुजाओं पर कटान सदृश हैं।

14. (d) : केवल इसी आकृति में चार सदृश और एक भिन्न अवयव हैं। शेष सभी आकृतियों में तीन सदृश और एक भिन्न अवयव हैं।

15. (d) : आकृतियाँ (a) और (e) तथा आकृतियाँ (b) और (c) विपरीत युग्म निर्मित करती हैं। केवल आकृति (d) ही अकेला बचा रहता है।

16. (c) : अन्य सभी आकृतियाँ दक्षिणावर्त 90° के कोण से घूमी हुई रोमन संख्याएं हैं।

17. (d) : अन्य सभी आकृतियों में सदृश वर्ग ही छायांकित है। इस विकल्प में एक छायांकित वर्ग विकर्णतः सम्मुख कोने में है।

18. (a) : अन्य सभी आकृतियों में केवल दो रेखाखंड ही छायांकित हैं।

19. (d) : शेष सभी आकृतियों में पैटर्न (प्रतिरूप) को निर्मित करने वाली रेखाएं बाहर से भीतर की ओर दक्षिणावर्त खीची जाती हैं।

20. (c) : (a) और (d) तथा (b) और (e) आकृतियाँ सुमेलित विपरीत युग्म हैं। केवल आकृति (c) ही अकेली बच जाती है।

स्थान अवबोध

(SPACE VISUALIZATION)

इस प्रकार के प्रश्नों में एक पूर्ण आकृति के कटे हुए टुकड़े दिए जाते हैं जिनके साथ वह पूर्ण आकृति भी दी जाती है अर्थात् वह आकृति भी दी जाती है जिससे विभिन्न टुकड़े काटे गए हैं। कटे हुए टुकड़ों को देखकर यह पता लगाना होता है कि दिए गए टुकड़ों को मिलाकर कौन सी आकृति बनाई जा सकती है अर्थात् वह आकृति ज्ञात करनी होती हैं जिससे दिए गए टुकड़े काटे गए हैं। इस प्रकार के प्रश्नों को हल करने के लिए यह आवश्यक है कि अभ्यार्थी अपनी कल्पना शक्ति और स्थान बोध का भरपूर प्रयोग करें। प्रश्नों को हल करने की संपूर्ण प्रक्रिया एक मानसिक प्रक्रिया होती है, अतः अभ्यर्थियों के लिए यह आवश्यक है कि वे विभिन्न स्थानिक पैटर्नों को अपनी कल्पना की आँखों से निर्धारित करने में विशिष्ट निपुणता का प्रयोग करें। ऐसी विशिष्ट निपुणता किसी भी व्यक्ति के लिए तत्काल विकसित कर पाना संभव नहीं है किंतु यदि निरंतर सजग रहकर अभ्यास किया जाए तो निःसंदेह इसे प्राप्त किया जा सकता है।

हल किए गए उदाहरण

1. दी गई उत्तर-आकृतियों में से कौन-सी एक आकृति कागज के कटे हुए टुकड़ो का उपयोग करके बनाई जा सकती है।

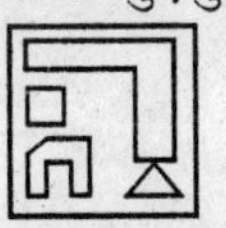

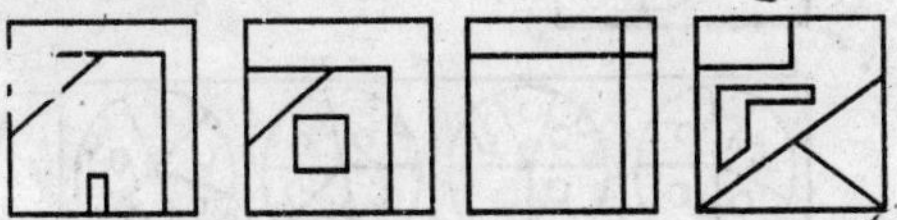

(a) (b) (c) (d)

उत्तर **A :** प्रश्न आकृतियों में कागज के दिए गए कटे हुए टुकड़ों को मिलाकर निम्नलिखित रूप में आकृति 'A' निर्मित की जा सकती है।

इन्हें व्यवस्थित करने पर नीचे दर्शाई गई आकृति प्राप्त होगीः

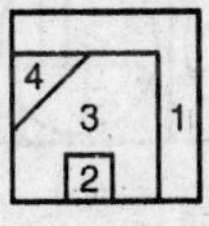

2. उत्तर-आकृतियों में दी गई कौन-सी आकृति प्रश्न में दी गई इस अनियमित आकृति को पूरा करेगी?

(a) (b) (c) (d)

उत्तर **B :** पूर्ण आकृति होगीः

3. नीचे पाँच रेखा-चित्र दिए गए हैं जिनमें से तीन को एक साथ मिलाकर एक समबाहु त्रिभुज बनाया जा सकता है। सही विकल्प ज्ञात करें।

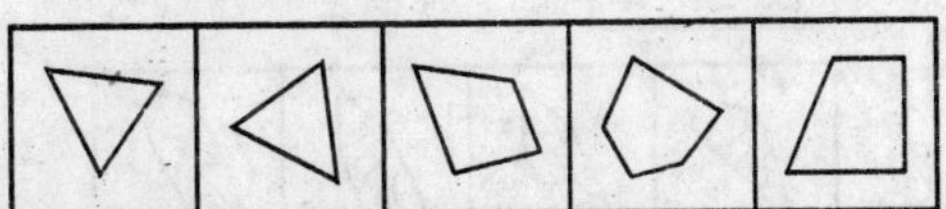

(a) (b) (c) (d) (e)

A. bca B. abc
C. cde D. bce

उत्तर B : विकल्प 'B' में दी गई आकृतियों को एक साथ मिलाकर नीचे दर्शाए गए अनुसार समबाहु त्रिभुज निर्मित किया जा सकता है।

4. नीचे पाँच रेखाचित्र दिए गए हैं जिनमें से तीन को एक साथ मिलाकर एक वर्ग बनाया जा सकता है। दिए गए विकल्पों में से सही विकल्प का चयन करें।

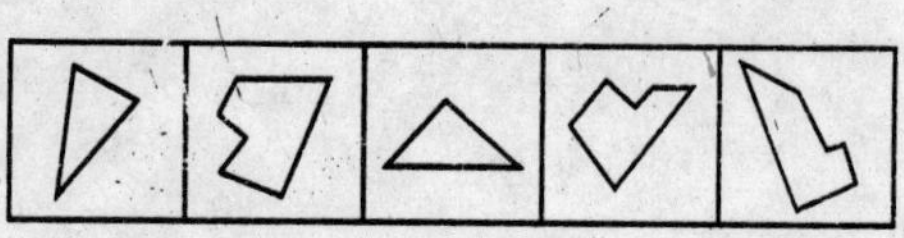

(*a*) (*b*) (*c*) (*d*) (*e*)

A. abc B. acd
C. ade D. abe

उत्तर D: विकल्प D में इंगित तीन रेखाचित्रों को निम्नवत् एक साथ रख कर वर्ग निर्मित किया जा सकता है।

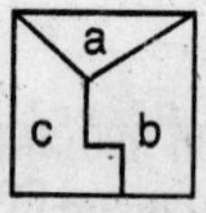

अभ्यास

निर्देश (प्रश्न 1 - 15) *प्रत्येक प्रश्न में बताएं कि प्रश्न आकृतियों के रूप में कागज के दिए गए सभी टुकड़ों को मिलाकर कौन-सी एक आकृति बनाई जा सकती है?*

1.

(*a*) (*b*) (*c*) (*d*)

2.

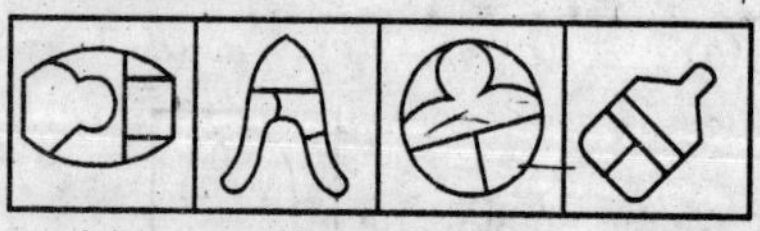

(*a*) (*b*) (*c*) (*d*)

3.

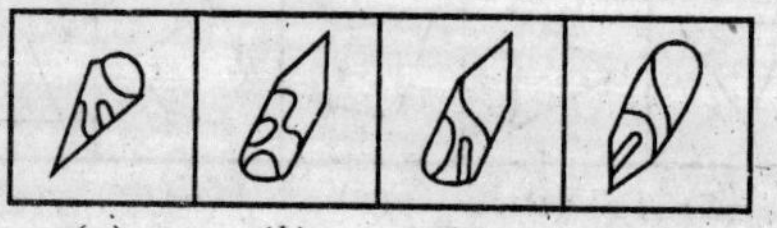

(*a*) (*b*) (*c*) (*d*)

4.

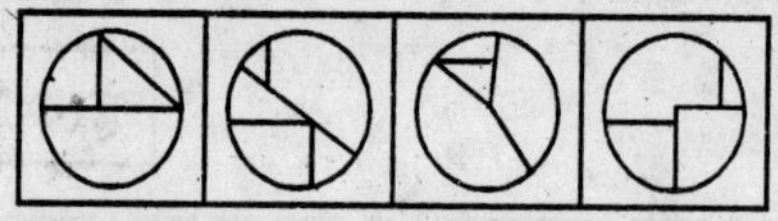

(*a*) (*b*) (*c*) (*d*)

5.

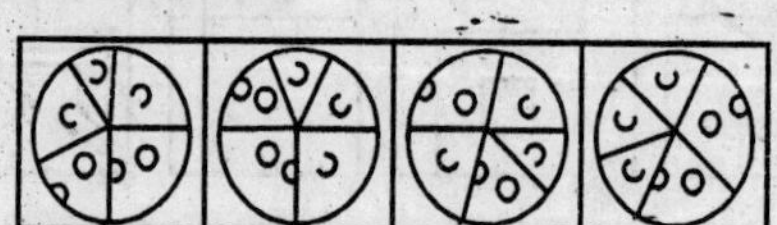

(*a*) (*b*) (*c*) (*d*)

6.

(*a*) (*b*) (*c*) (*d*)

7.

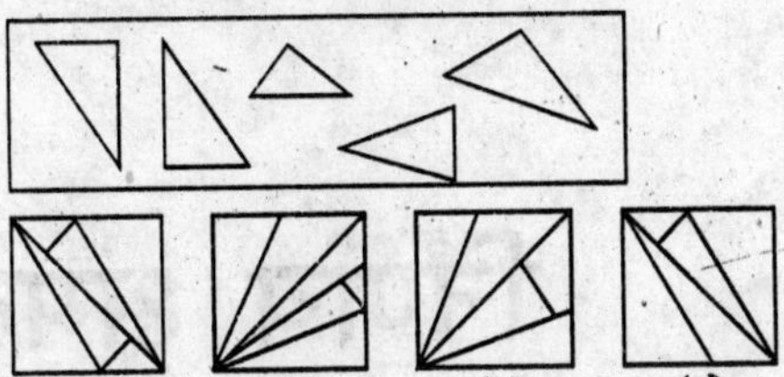

(a) (b) (c) (d)

8.

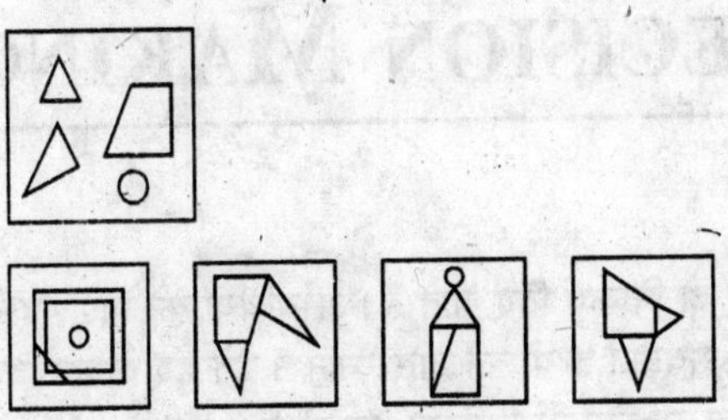

(a) (b) (c) (d)

9.

(a) (b) (c) (d)

10.

(a) (b) (c) (d)

निर्देश (प्रश्न 11 - 15) *नीचे के प्रत्येक प्रश्न में कागज के एक अनियमित टुकड़े को दो टुकडों में काटा गया है। जिनमें से एक टुकड़े को प्रश्न आकृति के रूप में दर्शाया गया है और उसके दूसरे लुप्त भाग को दी गई उत्तर आकृतियों में दर्शाया गया है। सभी उत्तर आकृतियों को ध्यान से देखें और दिए गए विकल्पों में से उस लुप्त भाग को ज्ञात करें:*

11.

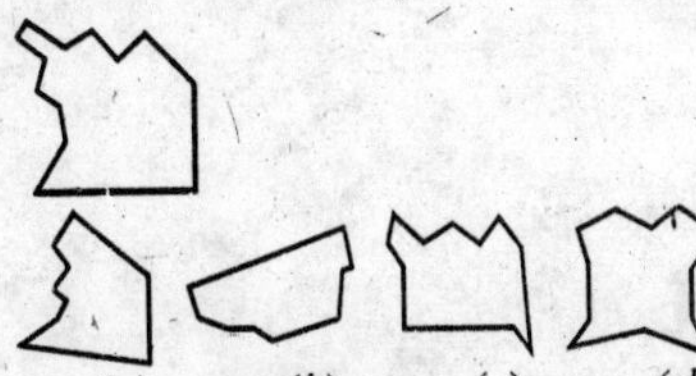

(a) (b) (c) (d)

12.

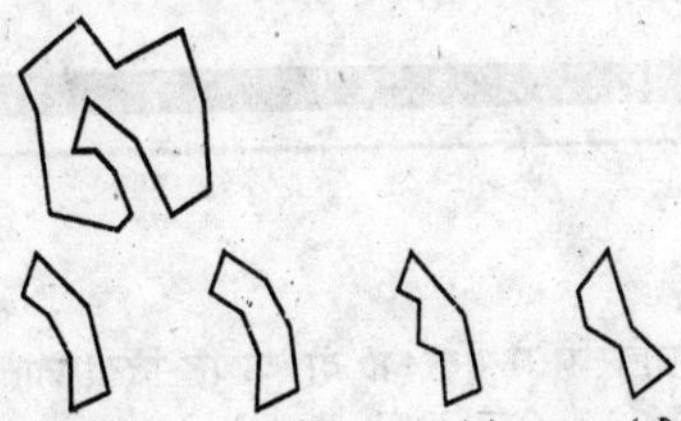

(a) (b) (c) (d)

13.

(a) (b) (c) (d)

14.

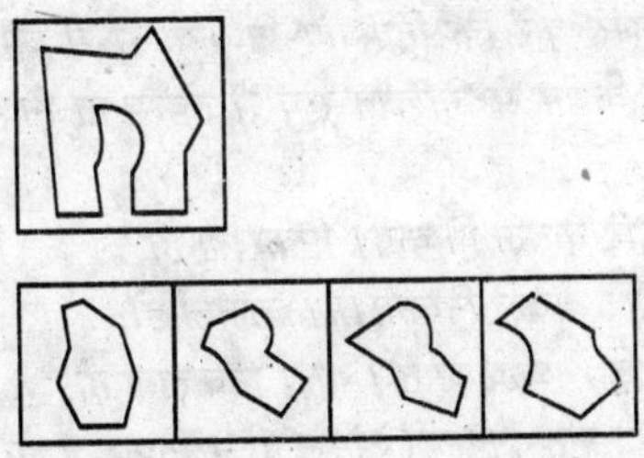

(a) (b) (c) (d)

15.

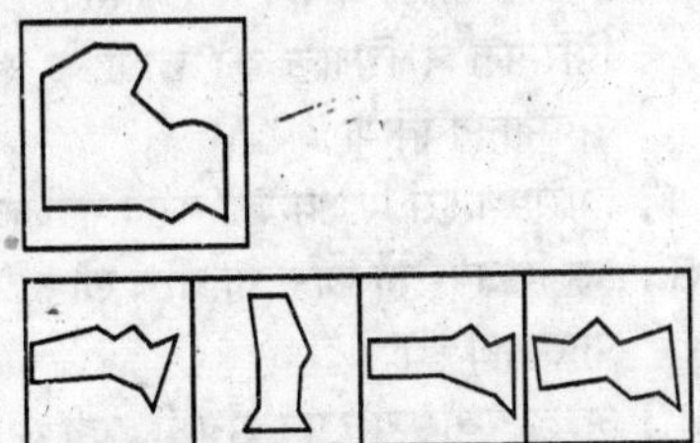

(a) (b) (c) (d)

उत्तरमाला

1	2	3	4	5	6	7	8	9	10
(b)	(d)	(c)	(a)	(b)	(a)	(d)	(c)	(d)	(d)
11	**12**	**13**	**14**	**15**					
(c)	(a)	(d)	(c)	(a)					

निर्णय क्षमता
(DECISION MAKING)

इस तार्किक प्रतिरूप में एक या दो कथन दिया जाता है जिसके साथ दो निष्कर्ष दिए जाते हैं। अभ्यर्थियों को दिए गए कथन को सत्य समझना है भले ही वे सर्वज्ञात तथ्यों से मेल न खाने वाले हों और सर्वज्ञात तथ्यों की ओर ध्यान न देते हुए केवल दिए गए कथन के आधार पर ही यह निर्णय करना है कि उन दो निष्कर्षों में से कौन सा निष्कर्ष निश्चित रूप से निकलता है या फिर क्या दोनों निष्कर्ष तर्कसंगत निकलते हैं अथवा कोई भी निष्कर्ष तर्कसंगत नहीं निकलता।

अभ्यास

निर्देश : *निम्नलिखित प्रश्नों में प्रत्येक प्रश्न में एक कथन दिया गया है जिसके बाद दो निष्कर्ष दिए गए हैं। दिए गए कथन को सत्य मानकर निर्णय करें कि दिए गए निष्कर्षों में से कौन सा निष्कर्ष दिए गए कथन से निश्चित रूप से तर्कसंगत निकलता है। अपना उत्तर*

(a) दीजिए यदि केवल निष्कर्ष I निकलता हो;
(b) दीजिए यदि केवल निष्कर्ष II निकलता हो;
(c) दीजिए यदि निष्कर्ष या तो I या II निकलता हो;
(d) दीजिए यदि न तो निष्कर्ष I और न ही II निकलता हो; और
(e) दीजिए यदि निष्कर्ष I और II दोनों निकलते हों।

1. कथन : प्रिंसिपल ने शिक्षक को छात्रों के सामने अपमानित किया।
निष्कर्ष I : प्रिंसिपल इस शिक्षक को पसंद नहीं करते।
II : इस शिक्षक को छात्रों के बीच लोकप्रियता प्राप्त नहीं है।

2. कथन : अच्छा स्वास्थ्य खाने संबंधी सही आदतों पर निर्भर करता है। अधिकतर लोग खाने के संबंध में किसी भी नियम का पालन नहीं करते।
निष्कर्ष I : अधिकतर लोगों का स्वास्थ्य निम्न कोटि का है।
II : लोग खाने संबंधी सही आदतों से परिचित नहीं हैं।

3. कथन : जब तक हमारे देश में आर्थिक समानता नहीं आती और लोगों को राजनीतिक स्वतंत्रता प्राप्त नहीं होती तब तक लोकतंत्र बेमानी है।
निष्कर्ष I : राजनीतिक स्वतंत्रता और लोकतंत्र के बीच चोली दामन का साथ है।
II : आर्थिक समानता से ही वास्तविक राजनीतिक स्वतंत्रता और लोकतंत्र की स्थापना हो सकती है।

4. कथन : आसमान में काले घने बादलों के छा जाने के बाद उन बादलों का गरजना शुरू होता है। वर्षा के बाद बादल गरजते हैं।
निष्कर्ष I : बादलों की गरजन वर्षा का कारण है।
II : काले-घने बादलों का छाना ही इनकी गरजन का कारण है।

5. कथन : 'पर उपदेश कुशल बहुतेरे।' अधिकांश चिकित्सक स्वयं अत्यधिक धूम्रपान करते हैं और दूसरों को धूम्रपान नहीं करने की सलाह देते हैं।

निष्कर्ष I : अधिकांश चिकित्सक लोगों को धूम्रपान नहीं करने की सलाह नहीं दे सकते।

II : चिकित्सक धूम्रपान को स्वास्थ्य के लिए हानिकारक नहीं मानते।

6. कथन : यदि श्रमिकों को कंपनियों के प्रबंधन में शामिल किया जाए तो वे अत्यधिक अभिप्रेरित होते हैं।

निष्कर्ष I : श्रमिकों को अधिक उत्पादन करने के लिए अभिप्रेरित किया जाना चाहिए।

II : श्रमिकों को कंपनियों के प्रबंधन में भाग लेने की अनुमति दी जानी चाहिए।

7. कथन : सर्वप्रथम यूरोप में शुरू हुए औद्योगिक आंदोलन से आधुनिक युग का सूत्रपात हुआ।

निष्कर्ष I : धनी और निर्धन के बीच असमानता क्रांति का कारण बनती है।

II : क्रांति समाज का कायापलट कर देती है।

8. कथन : अमेरिकी रक्षा मंत्री ने इस बात पर बल दिया कि वे पाकिस्तान को हथियारों की आपूर्ति जारी रखेंगे।

निष्कर्ष I : पाकिस्तान के पास हथियारों को निर्मित करने की क्षमता नहीं है।

II : इससे क्षेत्र में शांति स्थापित होगी।

9. कथन : धनवानों की तुलना में गरीब व्यक्ति अधिक विश्वास योग्य होता है। उन्हें यदि विश्वास में लिया जाए तो उपलब्धि आश्चर्यजनक हो सकती है।

निष्कर्ष I : गरीब लोग बहुत आश्चर्यजनक व्यक्तित्व के स्वामी होते हैं।

II : कुल मिलाकर धनी लोग विश्वास के योग्य नहीं होते।

10. कथन : सरकार ने अनेक उच्च स्तरीय वित्तीय संस्थाओं में निदेशक के पद पर नौकरशाहों की नियुक्ति करके इन संस्थाओं को लगभग बरबाद कर दिया है।

निष्कर्ष I : सरकार को वित्तीय संस्थानों में निदेशक के पद पर नियुक्ति संबंधित व्यक्ति की वित्त के क्षेत्र में विशेषज्ञता पर विचार करके करनी चाहिए।

II : वित्तीय संस्थानों के निदेशक को संस्थान द्वारा किए जाने वाले वित्तीय कार्य की अपेक्षाओं के अनुरूप विशेषज्ञता प्राप्त होनी चाहिए।

11. कथन I : सभी टमाटर लाल हैं।

II : सभी अंगूर टमाटर हैं।

निष्कर्ष I : सभी अंगूर लाल हैं।

II : कुछ टमाटर अंगूर हैं।

12. कथन I : सभी चित्रकार मुस्कराते हैं।

II : कुछ लेखक चित्रकार हैं।

निष्कर्ष I : सभी मुस्कराने वाले लेखक चित्रकार हैं।

II : कुछ लेखक मुस्कराते हैं।

13. कथन I : इस कार्यालय के सभी चपरासी दक्ष हैं।

II : रामू दक्ष नहीं है।

निष्कर्ष I : रामू इस कार्यालय का चपरासी नहीं है।

II : रामू को अधिक दक्ष होना चाहिए।

14. कथन I : सभी बुनकर कठोर परिश्रमी होते हैं।

II : कोई भी कठोर परिश्रमी मूर्ख व्यक्ति नहीं होता।

निष्कर्ष I : कोई भी बुनकर मूर्ख नहीं हैं

II : कुछ मूर्ख व्यक्ति बुनकर हैं।

15. कथन I : सभी मछलियां मोटरकार हैं।

II : सभी मोटरकार सब्जियां हैं।

निष्कर्ष I : कुछ सब्जियां मोटरकार हैं।

II : कुछ सब्जियां मछलियां हैं।

16. कथन I : कुछ कुत्ते पिल्ले हैं।

II : सभी घोड़े पिल्ले हैं।

निष्कर्ष I : कुछ कुत्ते घोड़े हैं।

II : कुछ घोड़े कुत्ते हैं।

17. कथन I : सभी सुंदर स्त्रियां माताएं हैं।

II : सभी माताएं समझदार हैं।

निष्कर्ष I : सभी सुंदर स्त्रियां समझदार हैं।

II : सभी माताएं सुंदर स्त्रियां हैं।

18. कथन I : कुछ खिलौने मेज हैं।

II : कोई भी मेज काला नहीं है।

निष्कर्ष I : कुछ खिलौने काले हैं।

II : कुछ खिलौने काले नहीं है।

19. कथन I : सभी नदियां पहाड़ हैं।

II : कुछ नदियां रेगिस्तान हैं।

निष्कर्ष I : कुछ पहाड़ रेगिस्तान हैं।

II : कुछ रेगिस्तान पहाड़ नहीं हैं।

20. कथन I : सभी पुरुष घोड़े हैं।

II : सभी घोड़े हाथी हैं।

निष्कर्ष I : सभी पुरुष हाथी हैं।

II : सभी हाथी पुरुष हैं।

उत्तरमाला

1	2	3	4	5	6	7	8	9	10
(a)	*(a)*	*(b)*	*(b)*	*(e)*	*(e)*	*(b)*	*(d)*	*(b)*	*(e)*

11. ***(e)* :** जबकि सभी टमाटर लाल हैं और सभी अंगूर टमाटर हैं तो सभी अंगूर लाल भी हैं। जबकि सभी अंगूर टमाटर हैं तो कुछ टमाटर निश्चित ही अंगूर हैं। अतः निष्कर्ष I और II दोनों सही हैं।

12. ***(b)* :** जबकि सभी चित्रकार मुस्कराते हैं और कुछ लेखक चित्रकार हैं, तो कुछ लेखक निश्चित ही मुस्कराते हैं, अतः केवल निष्कर्ष II सही है।

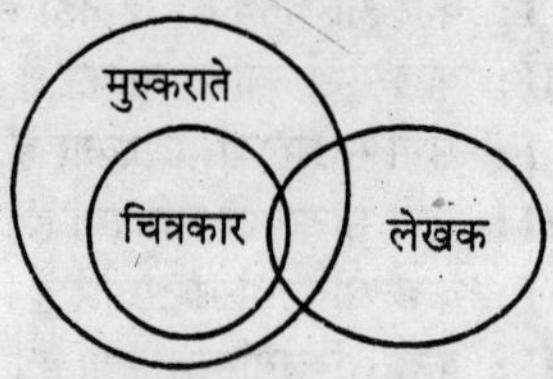

13. ***(a)* :** जबकि कार्यालय के सभी चपरासी दक्ष हैं, तो रामू इस कार्यालय का चपरासी नहीं हो सकता। अतः केवल निष्कर्ष I सही है।

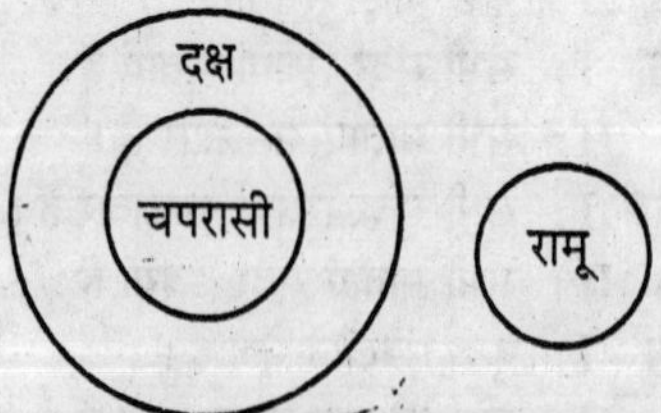

14. ***(a)* :** जबकि सभी बुनकर कठोर परिश्रमी हैं और कोई भी कठोर परिश्रमी व्यक्ति मूर्ख नहीं होता, तो कोई बुनकर मूर्ख नहीं है। अतः केवल निष्कर्ष I सही है।

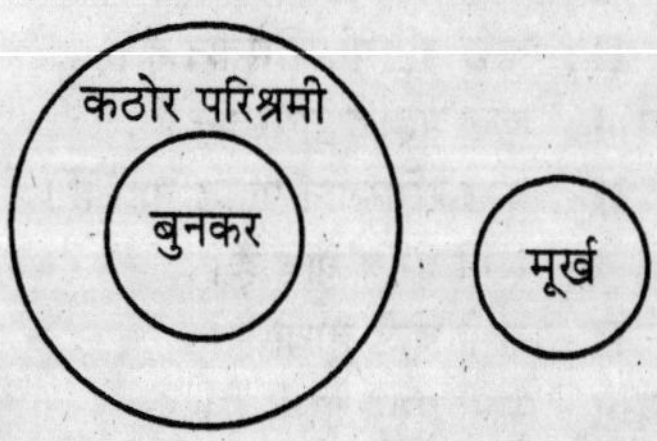

15. ***(e)* :**

16. ***(d)* :** दोनों कथनों में कोई संबंध स्थापित नहीं किया जा सकता। अतः न तो निष्कर्ष I और न ही निष्कर्ष II सही है।

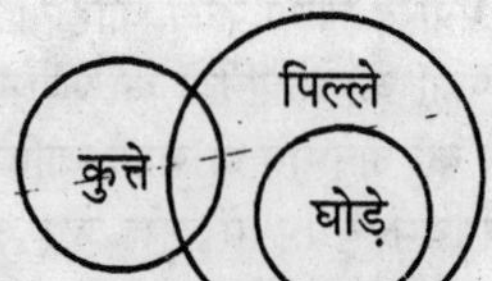

17. ***(a)* :**

18. ***(c)* :** जबकि कुछ खिलौने मेज हैं और कोई भी मेज काला नहीं है तो इससे यह सूचित होता है कि

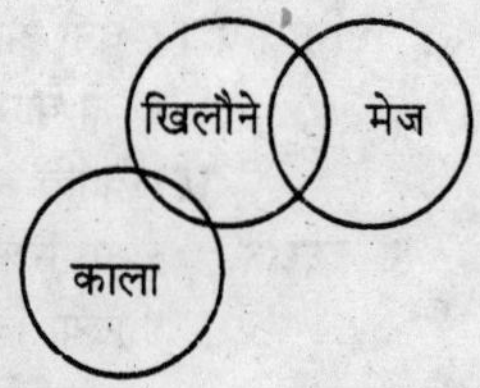

कुछ खिलौने काले हो सकते हैं क्योंकि सभी खिलौने मेज नहीं हैं। दूसरी ओर कुछ खिलौने काले नहीं भी हो सकते। अतः इस बात की संभावना है कि कुछ खिलौने काले हो भी सकते हैं और काले नहीं भी हो सकते। अतः निष्कर्ष I या निष्कर्ष II कोई भी सही हो सकता है।

19. ***(e)* :** जबकि सभी नदियां पहाड़ हैं और कुछ नदियां रेगिस्तान हैं, तो कुछ रेगिस्तान पहाड़ नहीं हो सकते और साथ ही कुछ पहाड़ रेगिस्तान नहीं हो सकते। अतः निष्कर्ष I और II दोनों सही हैं।

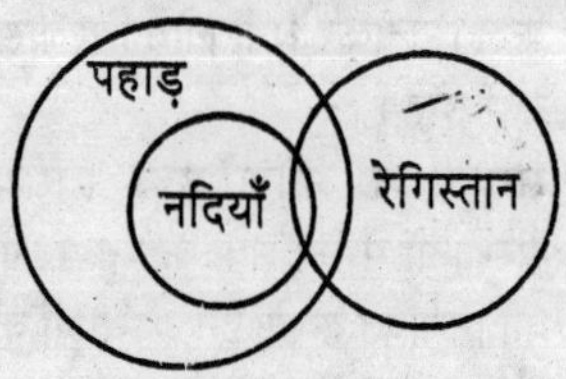

20. ***(a)* :** जबकि सभी पुरुष घोड़े हैं और सभी घोड़े हाथी हैं तो निश्चित ही सभी पुरुष हाथी हैं, किंतु सभी हाथी पुरुष ही होंगे, यह आवश्यक नहीं है। अतः केवल निष्कर्ष I सही है।

कथन पर्याप्तता
(DATA SUFFICIENCY)

इस प्रकार के प्रश्नों को हल करने के लिए एक सुव्यवस्थित दृष्टिकोण अपनाने की आवश्यकता है। इस प्रकार के परीक्षण में अभ्यर्थियों के लिए आवश्यक है कि वे दिए गए आंकड़ों या सूचनाओं का विश्लेषण करें और तत्पश्चात् यह निर्णय करें कि क्या दी गई सूचनाओं/आंकड़ों का प्रयोग करके प्रश्न का उत्तर ज्ञात किया जा सकता है।

अभ्यास

निर्देश : *नीचे के प्रत्येक प्रश्न में पहले एक प्रश्न दिया गया है और उसके नीचे कुछ सूचना प्रदान करने वाले I और II क्रमांकित दो कथन दिए गए हैं। आपको यह निर्णय करना है कि क्या कथन में दी गई सूचनाएं प्रश्न का उत्तर देने के लिए पर्याप्त हैं अथवा नहीं। दिए गए दोनों कथनों को सावधानीपूर्वक पढ़ें और अपना उत्तर निम्नवत् दें :*

उत्तर (*a*) दें यदि केवल कथन I में दी गई सूचना ही प्रश्न का उत्तर देने के लिए पर्याप्त हो जबकि केवल कथन II में दी गई सूचना प्रश्न का उत्तर देने के लिए पर्याप्त न हो।

उत्तर (*b*) दें, यदि केवल कथन II में दी गई सूचना ही प्रश्न का उत्तर देने के लिए पर्याप्त हो जबकि केवल कथन I में दी गई सूचना प्रश्न का उत्तर देने के लिए पर्याप्त न हो।

उत्तर (*c*) दें, यदि केवल कथन I या फिर केवल कथन II में दी गई सूचना प्रश्न का उत्तर देने के लिए पर्याप्त हो।

उत्तर (*d*) दें, यदि प्रश्न का उत्तर देने के लिए दोनों ही कथनों I और II में दी गई सूचनाएं पर्याप्त न हों, और

उत्तर (*e*) दें यदि दोनों कथनों I और II में दी गई सूचनाएं कथन का उत्तर देने के लिए अनिवार्य हों।

1. कमल के पिता कौन हैं ?
I. कमल और नवीन आपस में भाई हैं।
II. नवीन की मां अशोक के भाई की पत्नी है।

2. सुरेश के कितने पुत्र हैं ?
I. कमल और सुहांस माला के बच्चे हैं।
II. माला का विवाह सुरेश से हुआ है।

3. किसी विशेष कूटभाषा में '1 3' का अर्थ है 'धूम्रपान छोड़े' और '5 9' का अर्थ 'खतरनाक आदत' है। इस कूटभाषा में '9' और '5' का क्या अर्थ है ?
I. '1 5 7' का अर्थ है 'गंदी आदत छोड़ें'
II. '8 3 9' का अर्थ है 'धूम्रपान खतरनाक है'

4. इस वर्ष नारायण का जन्मदिन नवंबर में किस तारीख को है ?
I. उसका जन्मदिन 8 तारीख के बाद किंतु 11 तारीख से पहले है।
II. उसका जन्मदिन मंगलवार को है।

5. राकेश का मासिक वेतन 14,000 रु. है। अनिल का मासिक वेतन कितना है ?
I. अनिल का मासिक वेतन उसके स्वयं के और राकेश के औसत मासिक वेतन से 500 रु. अधिक है।
II. राकेश और अनिल का औसत मासिक वेतन 14,500 रु. है।

6. अतुल सप्ताह के किस दिन मुंबई पहुंचा ?
I. अतुल का भाई अतुल से एक दिन पहले मुंबई पहुंचा।
II. अतुल की मां अतुल के भाई के मुंबई पहुंचने के दो दिन बाद वृहस्पतिवार को मुंबई पहुंची।

7. किसी कमरे में रह रहे बच्चों में से कितने लड़के हैं ?
   I. 50% बच्चे सफेद ड्रेस में हैं।
   II. केवल लड़के ही सफेद ड्रेस में हैं।

8. चार मित्रों A, B, C और D, में से किसका वजन सबसे अधिक है ?
   I. B का वजन A से अधिक है किंतु D से कम है।
   II. C का वजन B से कम है।

9. मोहन ने कल कार्यालय में कितने कप चाय पी थी ? (यह मानें कि उसने जितने कप चाय पी थी उसके लिए स्वयं भुगतान भी किया था।)
   I. उसने उस दिन अपने चाय-नाश्ते पर 15 रु. खर्च किया।
   II. उसके कार्यालय में चाय 1 रु. प्रति कप है।

10. शीला, नुपुर, मोहिनी और चंदा में कौन सबसे अधिक लंबी है ?
   I. शीला, मोहिनी से अधिक लंबी है।
   II. चंदा, नुपुर से अधिक लंबी है।

व्याख्यात्मक उत्तर

1. (*e*) : कथन के अनुसार कमल और नवीन की मां अशोक के भाई की पत्नी है। इसका अर्थ है कि अशोक का भाई कमल का पिता है। अत: प्रश्न का उत्तर देने के लिए दोनों कथन अनिवार्य हैं।

2. (*d*) : दोनों कथनों से यह स्पष्ट है कि सुरेश के कमल और सुहास दो बच्चे हैं। किंतु इनमें से किसी भी बच्चे का लिंग ज्ञात नहीं है। अत: दोनों कथन एक साथ भी प्रश्न का उत्तर देने के लिए पर्याप्त नहीं हैं।

3. (*c*) : कथन I के अनुसार '157' का अर्थ 'गंदी आदत छोड़ें' है। कूट '59' का अर्थ 'खतरनाक आदत' है। यहां कूट '5' और 'आदत' उभयनिष्ठ हैं, अत: 'खतरनाक' शब्द के लिए कूट '9' का प्रयोग किया गया है। कथन II के अनुसार '839' का अर्थ है 'धूम्रपान खतरनाक है'। कूट '59' का अर्थ 'खतरनाक आदत' है। यहां कूट '9' और खतरनाक उभयनिष्ठ हैं, अत: 'आदत' के लिए कूट '5' का प्रयोग किया गया है। अत: दोनों में से कोई भी एक कथन प्रश्न का उत्तर देने के लिए पर्याप्त है।

4. (*d*) : कथन से यह स्पष्ट नहीं है कि मंगलवार को कौन सी तारीख पड़ती है। अत: कथन I और II दोनों में दी गई सम्मिलित सूचना भी प्रश्न का उत्तर देने के लिए पर्याप्त नहीं है।

5. (*c*) : कथन I के अनुसार अनिल का मासिक वेतन उसके और राकेश के औसत मासिक वेतन से 500 रु. अधिक अर्थात 4000 + 500 = 4500.

कथन II के अनुसार राकेश और अनिल का औसत मासिक वेतन 14,500 रु. है और कथन I के अनुसार अनिल का मासिक वेतन उसके स्वयं के और राकेश के औसत मासिक वेतन अर्थात 14,500 रु. से 500 अधिक (14,500 + 500) = 15,000 रु. हैं। अत: प्रश्न का उत्तर ज्ञात करने के लिए कथन I और II दोनों आवश्यक हैं।

6. (*e*) : अतुल की मां मुंबई बृहस्पतिवार को पहुंची और अतुल का भाई अपनी मां से दो दिन पहले अर्थात् मंगलवार को मुंबई पहुंचा। अतुल का भाई अतुल से एक दिन पहले मुंबई पहुंचा, अत: अतुल बुधवार को मुंबई पहुंचा। अत: उत्तर प्राप्त करने के लिए दोनों कथन आवश्यक हैं।

7. (*d*) : 50% बच्चे सफेद ड्रेस में हैं किंतु कमरे में लड़कों की संख्या ज्ञात नहीं की जा सकती। अत: दोनों कथन मिलकर भी प्रश्न का उत्तर नहीं दे सकते।

8. (*e*) : दोनों कथनों के अनुसार मित्रों का अवरोही क्रम D>B>A/C है। यहां D का वजन सबसे अधिक है। अत: प्रश्न का उत्तर देने के लिए दोनों कथन आवश्यक हैं।

9. (*d*) : चाय और नाश्ते दोनों पर 15 रु. खर्च किए गए। अत: दोनों कथनों का उपयोग करके भी प्रश्न का उत्तर ज्ञात नहीं किया जा सकता।

10. (*d*) : दोनों कथन आपस में संबंधित नहीं हैं, अत: दोनों कथनों से भी प्रश्न का उत्तर प्राप्त नहीं किया जा सकता।

GENERAL ENGLISH

CHAPTER-1

Nouns & Pronouns

NOUN

A word which denotes a place, a thing, an animal or a person is said to be a noun.

1. Note the plurals of the following nouns:

Singular	*Plural*	*Singular*	*Plural*
copy	copies	cry	cries
baby	babies	duty	duties
body	bodies	country	countries
family	families	diary	diaries
fly	flies	fairy	fairies
city	cities	spy	spies
army	armies	storey	storeys
bay	bays	monkey	monkeys

2. The following nouns do not undergo any change in plural form, in general.

Singular	*Plural*	*Singular*	*Plural*
deer	deer	sheep	sheep
thousand	thousand	pair	pair
hundred	hundred	score	score
dozen	dozen	gross	gross

Note: We can write—

(*a*) thousands of men; (*b*) two pairs of shoes; (*c*) dozens of mangoes; (*d*) scores of people. etc. But--

(*a*) two thousand rupees; (*b*) three hundred men; (*c*) five dozen eggs, etc.

3. The following nouns are usually used in plural forms. They take a plural verb after them—

eatables	fetters	surroundings
riches	alms	spectacles
trousers	pants	scissors
premises	thanks	annals
congratulations	goods	shorts
tongs	pains	arms
breeches	(for troubles)	

4. The following are the nouns which are plural in appearance but are usually used in singular number. They are followed by a singular verb—

news	politics	physics
mathematics	economics	ethics
politics	classics	gallows
statistics	athletics	innings
mechanics	swnmons	mumps

5. Collective nouns often used as plurals—

public	police	cattle
audience	clergy	folk
people	poultry	nation
elite	gentry	glitterati

6. The nouns that are usually used in singular forms—

advice	hair	rice

fuel	alphabet	machinery
offspring	issue	furniture
mischief	stationery	luggage
bedding	information	abuse

7. Material nouns are always used in singular number—

gold	copper	milk
water	silk	wool

Note: They may be used in plural with a different meaning.

copper coins (coppers), chains or fetters (irons), cans made of tin (tins).

Formation of Feminine Gender from Masculine Gender

- ❖ By adding 'ess'/ 'trix'/ 'a' / 'sne' etc. *e.g.,* lion into lioness
- ❖ Placement of a word before or after noun *e.g.,* Servant into Maid-Servant; Milkman into Milkmaid
- ❖ A masculine noun containing vowel *e.g.,* Actor Avoid vowel and add 'ess' *i.e.,* Actress
- ❖ No specific note will be applied in some nouns (while changing into feminine gender) *e.g.,* Monk into Nun, Drone into Bee, Drake into Duck, Dog into Bitch.

THE PRONOUN

A pronoun is a word which is used in place of noun.

Kinds of Pronouns

1. **Personal Pronoun:** I, we, my, mine, our, ours, you, he, she, they, him, her etc.
2. **Reflexive Pronoun:** Herself, himself, myself, yourself, themselves etc.
3. **Emphatic Pronoun:** I myself, we ourselves.
4. **Demonstrative Pronoun:** This, that, there, those etc.
5. **Indefinite Pronoun:** Somebody, nobody, many, none, someone, few etc.
6. **Interrogative Pronoun:** What, who, whose, which, whom etc.
7. **Distributive Pronoun:** Neither, each, either, every, none, both etc.
8. **Relative Pronoun:** Who, which, whom etc.

MULTIPLE CHOICE QUESTIONS

Directions (Qs. 1 to 30): *In the following questions choose the correct options to fill the blanks.*

1. The place was so dirty that ..... wished to run away from there.
A. everbody B. anybody
C. few D. some

2. ..... was there to help me.
A. somebody B. anything
C. anybody D. nobody

3. Is there .... to eat?
A. some B. something
C. any D. few

4. ..... of the students were making a great noise.
A. anyone B. somebody
C. many D. nobody

5. ..... of the students can solve this sum.
A. someone B. anybody
C. somebody D. none

6. ...... of us should try our best to make India a heaven.
A. any B. somebody
C. anybody D. all

7. ...... of us do not know the real meaning of our lives.
A. any B. something
C. several D. many

8. There are not many .... in your town.
A. gentries B. gentry
C. A and B D. any of these

9. Don't write ....
A. 3's like 8's B. 3s like 8s
C. A and B D. any of these

10. I gave him ....
A. three and a half rupees
B. three rupees and a half

C. A and B
D. any of these

11. What are the .... of this place doing?
A. people B. peoples
C. pupils D. any of these

12. Whose .... are these?
A. poultries B. poultry
C. A or B D. A and B both

13. Is it a .... college?
A. girls' B. girl's
C. A or B D. A and B both

14. It is ....
A. nice poetry B. a nice poem
C. a nice poetry D. A and B both

15. Rishav is looking for a good ....
A. job B. employment
C. either A or B D. both A and B

16. Slow and steady .... the race.
A. wins B. win
C. either A or B D. both A and B

17. The road is under ....
A. repairs B. repair
C. either A or B D. both A and D

18. I do no like the .... of cricket.
A. game B. play
C. either A or B D. both A and B

19. The earthquake caused ....
A. many damages B. much damage
C. only A D. all

20. One of my .... is mad.
A. friend B. friends
C. either A or B D. both A and B

21. Please put your .... there.
A. signature B. sign
C. any of these D. both A and B

22. No news .... good news.
A. were B. was
C. both A and B D. any of these

23. My .... black..
A. hairs are B. hair is
C. hairs shall D. hair will

24. She saw two .... on the last Sunday.
A. thiefs B. theifs
C. thieves D. theives

25. My sister is a ....
A. bacheloress B. bachelor
C. unmaried D. spinster

26. One is supposed to do ....
A. our duty B. their duty
C. one's duty D. his duty

27. Take anything .... you want.
A. that B. which
C. than D. then

28. I cannot tolerate ....
A. separated you
B. your separation
C. separation from you
D. you separated

29. He is .... faithful partner.
A. Yours B. You
C. Your D. Your's

30. Ajay is more smart than ....
A. her B. hers
C. herself D. she

ANSWERS

1	2	3	4	5	6	7	8	9	10
A	D	B	C	D	D	D	B	A	B
11	12	13	14	15	16	17	18	19	20
A	B	A	D	A	A	B	A	B	B
21	22	23	24	25	26	27	28	29	30
A	B	B	C	D	C	A	C	C	D

CHAPTER-2

Conjunctions

A word which joins either two or more than two words/sentences is known as conjunction.

Neither .... nor (in negative sense)
Either .... or (in affirmative sense)
Both .... and
Hardly .... when/before
No sooner .... than
Scarcely .... when/before
Though .... yet

Some illustrations based on above guidelines
Illustration:

1. Yashwant is **neither** good **nor** bad.
2. It is **both** cheap **and** good.
3. **No sooner** did Ashok see the police **than** he ran away.

'Both' and 'as well as' cannot be used together in the same sentence.

Illustration: Both Bangladesh and Bhutan are poor. (✓)
Bangladesh as well as Bhutan is poor. (✓)
Both Bangladesh as well as Bhutan are poor. (×)

Never use 'that' before who, whose, whom, where, when, what, which and why.
Illustration:

The director asked Mr. S.R. Kumar that why he was late. (×)
The director asked Mr. S.R. Kumar why he was late (✓)

Not only .... but also (verb will be according to second subject)
Either .... or (verb will be according to second subject)
Illustration:

Not only (he) but also [his friends] (are) going to see the movie.

S_1 S_2

'But' will be used in negative sense.
Illustration: She worked hard but failed in the examination.

S_1 + as well as + S_2

A sentence having above structure takes verb according to first subject (S_1).

Illustration: [He] [as well as] [his friends] [is] playing cricket.

S_1 Conjunction S_2

Use of as if (see illustration)
Illustration:
Mr. Raj Prakash behaves [as if] he [were] the president of India.

(Note : 'As if' takes always 'were')

If two subjects are combined with 'together with' then verb will be according to first subject.
Illustration:
The captain [together with] his players [were] present in the field. (×)

S_1 S_2 V

The captain [together with] his players [was] present in the field. (✓)

S_1 S_2 V

MULTIPLE CHOICE QUESTIONS

Directions (Qs. 1 to 30): *In the following questions choose the correct options to fill the blanks.*

1. Neither he .... his friend is good.
A. or B. and
C. but D. nor

2. The officer asked the peon .... why he was late.
A. that B. if
C. but D. no word

3. Both Ajay .... Bijay are intelligent.
A. or B. nor
C. and D. no word

4. No Sooner did the thief see the public .... he ran away.
A. then B. and
C. but D. than

5. Abhinav .... his brothers was going to Mumbai.
A. but B. yet
C. no word D. together

6. He behaves .... he were the captain of the team.
A. as if B. as
C. no word D. that

7. Either Rupali .... Sonali is going to attend the meeting.
A. and B. but
C. nor D. or

8. Neither Nirmal .... Ashwinee is going to listen the speech of A.B. Vajpayee.
A. and B. but
C. nor D. or

9. Ravi .... Prakash are going to Kolkata.
A. or B. nor
C. but D. and

10. Rice .... curry is my usual breakfast.
A. and B. but
C. then D. than

11. Hardly had he left .... his brother came.
A. then B. than
C. when D. that

12. I would rather have a copy .... a book.
A. then B. than
C. when D. that

13. He is no other .... my friend.
A. then B. than
C. when D. but

14. He saw a snake ....he awoke.
A. then B. when
C. than D. no word

15. Ten years have passed .... my grandmother died.
A. since B. when
C. then D. than

16. She is .... good .... bad.
A. either, not B. neither, or
C. neither, nor D. neither, than

17. The cellphone is both cheap .... best.
A. than B. and
C. then D. or

18. No sooner did the thief see the police .... he ran away.
A. then B. than
C. so D. because

19. Srishti will go .... Sanju goes.
A. if B. than
C. then D. although

20. She is wise .... timid.
A. and B. yet
C. but D. however

21. Make hay .... the sun shines.
A. though B. while
C. after D. before

22. He is so weak .... he cannot walk.
A. but B. that
C. then D. so

23. Although he is rich, ... he is unhappy.
A. but B. yet
C. so D. still

24. Wait here .... I come back.
A. till B. until
C. before D. after

25. He is my friend .... I shall help him.
A. so B. hence
C. that is why D. therefore

26. He must go away .... he will be beaten.
A. otherwise B. and
C. or D. else

27. God loves good men .... good men love God.
A. and B. or
C. that D. those

28. He was late .... he was not punished.
A. but B. yet
C. still D. therefore

29. Walk slowly ...., you may fall.
A. and B. or
C. so D. otherwise.

30. Work hard, ... you will fail.
A. and B. or
C. otherwise D. else

ANSWERS

1	2	3	4	5	6	7	8	9	10
D	D	C	D	D	A	D	C	D	A
11	12	13	14	15	16	17	18	19	20
C	B	B	B	A	C	B	B	A	C
21	22	23	24	25	26	27	28	29	30
B	B	B	A	B	C	A	C	D	D

CHAPTER-3

Synonyms and Antonyms

SYNONYMS

Directions (Qs. 1 to 30): *In the following questions choose the word which best expresses the meaning of the given word.*

1. INDICT
   A. Condemn B. Reprimand
   C. Accuse D. Allege
2. SCINTILLATING
   A. Smouldering B. Gilittering
   C. Touching D. Warming
3. REFECTORY
   A. Restaurant B. Parlour
   C. Living Room D. Dining Room
4. DISTINCTION
   A. Diffusion B. Disagreement
   C. Different D. Degree
5. IMPROVEMENT
   A. Advancement B. Betterment
   C. Promotion D. Preference
6. ADVERSITY
   A. Failure B. Helplessness
   C. Misfortune D. Crisis
7. TURN UP
   A. Land up B. Show up
   C. Crop up D. Come up
8. DEIFY
   A. Flatter B. Challenge
   C. Worship D. Face
9. ERROR
   A. Misadventure B. Misgiving
   C. Ambiguity D. Blunder
10. SHALLOW
    A. Artificial B. Superficial
    C. Foolish D. Worthless
11. MASSACRE
    A. Murder B. Stab
    C. Assissinate D. Slaughter
12. COMBAT
    A. Conflict B. Quarrel
    C. Feud D. Fight
13. VORACIOUS
    A. Wild B. Hungry
    C. Angry D. Quick
14. IMPROMPTU
    A. Offhand B. Unimportant
    C. Unreal D. Effective
15. RABBLE
    A. Mob B. Noise
    C. Roar D. Rubbish
16. TEPID
    A. Hot B. Warm
    C. Cold D. Boiling
17. MAYHEM
    A. Jubilation B. Havoc
    C. Excitement D. Defeat

18. TIMID
A. Fast B. Slow
C. Medium D. Shy

19. CANTANKEROUS
A. Quarrelsome B. Rash
C. Disrespectful D. Noisy

20. PRECARIOUS
A. Cautious B. Critical
C. Perilous D. Brittle

21. TACITURNITY
A. Dumbness B. Changeableness
C. Hesitation D. Reserve

22. INEBRIATE
A. Dreamy B. Stupefied
C. Unsteady D. Drunken

23. HARBINGER
A. Massenger B. Steward
C. Forerunner D. Pilot

24. INTIMIDATE
A. To hint B. Frighten
C. Bluff D. Harass

25. IRONIC
A. Inflexible
B. Bitter
C. Good-natured
D. Disguisedly sarcastic

26. STRINGENT
A. Tense B. Stringy
C. Strict D. Causing to shrink

27. ECSTATIC
A. Animated B. Bewildered
C. Enraptured D. Illful

28. COMMENSURATE
A. Measurable B. Proportionate
C. Beginning D. Appropriate

29. DESTITUTION
A. Humility B. Moderation
C. Poverty D. Beggary

30. ASCEND
A. Leap B. Grow
C. Deviate D. Mount

ANTONYMS

Directions (Qs. 1 to 30): *In the following questions choose the word which is the exact opposite of the given words.*

1. DEAR
A. Priceless B. Free
C. Worthless D. Cheap

2. FLAGITIOUS
A. Innocent B. Vapid
C. Ignorant D. Frivolous

3. LIABILITY
A. Property B. Assets
C. Debt D. Teasure

4. VIRTUOUS
A. Wicked B. Corrupt
C. Vicious D. Scandalous

5. ENCOURAGE
A. Dampen B. Disapprove
C. Discourage D. Warn

6. MORTAL
A. Divine B. Immortal
C. Spiritual D. Eternal

7. LEND
A. Borrow B. Cheat
C. Pawn D. Hire

8. COMIC
A. Emotional B. Tragic
C. Fearful D. Painful

9. ADDITION
A. Division B. Enumeration
C. Subtraction D. Multiplication

10. MINOR
A. Big B. Major
C. Tall D. Heavy

11. REPEL
A. Attend B. Concentrate
C. Continue D. Attract

12. ARTIFICIAL
A. Red B. Natural
C. Truthful D. Solid

13. CAPACIOUS
A. Limited B. Caring
C. Foolish D. Changeable

14. PROVOCATION
    A. Vocation B. Pacification
    C. Peace D. Destruction
15. METICULOUS
    A. Mutual B. Shaggy
    C. Meretricious D. Slovenly
16. ABLE
    A. Disable B. Inable
    C. Unable D. Misable
17. COMFORT
    A. Uncomfort B. Miscomfort
    C. Discomfort D. None of these
18. GAIN
    A. Loose B. Fall
    C. Lost D. Lose
19. SYNTHETIC
    A. Affable B. Natural
    C. Plastic D. Cosmetic
20. ACQUITTED
    A. Freed B. Burdened
    C. Convicted D. Entrusted
21. STRINGENT
    A. General B. Vehement
    C. Lenient D. Magnanimous
22. FLIMSY
    A. Frail B. Filthy
    C. Firm D. Flippant
23. BUSY
    A. Occupied B. Engrossed
    C. Relaxed D. Engaged
24. ADAPTABLE
    A. Adoptable B. Flexible
    C. Yielding D. Rigid
25. LOVE
    A. Villainy B. Hatred
    C. Compulsion D. Force
26. BALANCE
    A. Disbalance B. Misbalance
    C. Debalance D. Imbalance
27. RELINQUISH
    A. Abdicate B. Renounce
    C. Possess D. Deny
28. MOUNTAIN
    A. Plain B. Plateau
    C. Precipice D. Valley
29. FICKLE
    A. Courageous B. Sincere
    C. Steadfast D. Humble
30. PERENNIAL
    A. Frequent B. Regular
    C. Lasting D. Rare

ANSWERS

SYNONYMS

1	2	3	4	5	6	7	8	9	10
C	B	D	C	B	C	B	C	D	B
11	12	13	14	15	16	17	18	19	20
D	D	B	A	A	B	B	D	A	B
21	22	23	24	25	26	27	28	29	30
D	D	C	B	D	C	C	B	C	D

ANTONYMS

1	2	3	4	5	6	7	8	9	10
D	A	B	C	C	B	A	B	C	B
11	12	13	14	15	16	17	18	19	20
D	B	A	B	D	C	C	D	B	C
21	22	23	24	25	26	27	28	29	30
C	C	C	D	B	D	C	D	C	D

CHAPTER-4

Tenses & Verbs

Directions (Qs. 1 to 30): *Find the correct word(s) that correctly completes the sentence.*

1. A woman came in with a baby who, she said, ... a safety pin.
A. was just swallowing
B. swallowed
C. had just swallowed
D. just swallowed

2. The telephone ..... several times before I answered it.
A. was ringing B. has rung
C. had rung D. would ring

3. An employment advertisement should ..... the number of vacancies.
A. provide B. specify
C. contain D. declare

4. A crescendo of metallic thuds arose from the market, where the iron-smiths were ..... the pieces of metals.
A. flattening B. striking
C. hammering D. thrashing

5. Ambition is one of those ..... which are never satisfied.
A. ideas B. fancies
C. passions D. needs

6. The new education policy provides a useful ..... for the planners to remove illiteracy.
A. breakup B. breakthrough
C. breakaway D. break-in

7. The family gave father a gold watch on the ..... of his fiftieth birthday.
A. time B. event
C. occasion D. celebration

8. The passengers were afraid but the captain ..... them that there was no danger.
A. promised B. assured
C. advised D. counselled

9. It's very kind of you to ..... to speak at the meeting.
A. accept B. agree
C. comply D. concur

10. I haven't seen you ..... a week.
A. within B. since
C. for D. from

11. Besides other provisions, that shopkeeper deals ..... cosmetics too.
A. with B. in
C. at D. for

12. That rule is applicable ..... everyone.
A. to B. for
C. about D. with

13. I shall take revenge ..... you.
A. from B. with
C. on D. at

14. The ruling party will have to put its own house ..... order.
A. in B. on
C. to D. into

15. ..... all intents and purposes, the manager is the master of the firm.
A. in B. upon
C. with D. to

16. Like any other country India has its ..... share of superstitions.
A. proper B. abundant
C. fair D. peculiar

17. The miser gazed ..... at the pile of gold coins in front of him.
A. avidly B. admiringly
C. thoughtfully D. earnestly

18. The pilot had been warned about the storm before he .....
A. took away B. took up
C. took over D. took off

19. On account of the dearth of grass on the arid plains the cattle became .....
A. flippant B. jubilant
C. agitated D. emaciated

20. I saw a ..... of cows in the field.
A. group B. herd
C. swarm D. flock

21. He was sent to the prison for his .....
A. sin B. vice
C. crime D. guilt

22. ..... of old paintings is a job for the experts.
A. Resurrection
B. Retrieval
C. Restoration
D. Resumption

23. Once he has signed the agreement, he won't be able to .....
A. back up B. back in
C. back at D. back out

24. She ..... a brief appearance at the end of the party.
A. put on B. put in
C. put across D. put up

25. The battalion operating from the mountain was able to ..... three enemy divisions.
A. tie up B. tie down
C. tie on D. tie with

26. Do you know ..... ?
A. where she comes from
B. where does she come from
C. where from she comes
D. from where does she come

27. ..... works of reference are so valuable as the Encyclopaedia Britannica.
A. A few B. Few
C. The few D. Fewe

28. The paths of glory lead ..... to the grave.
A. straight B. but
C. in D. directly

29. Walking at three o'clock, I heard the ..... of thunder.
A. crackle B. rumble
C. ripple D. clank

30. The thief ..... all the money.
A. made up B. made off with
C. made do with D. made good

ANSWERS

1	2	3	4	5	6	7	8	9	10
C	C	B	C	C	B	C	B	B	C
11	12	13	14	15	16	17	18	19	20
B	A	C	A	D	C	A	D	D	B
21	22	23	24	25	26	27	28	29	30
C	C	D	B	B	A	B	B	B	B

CHAPTER-5

Prepositions

Directions (Qs. 1 to 40): *Tick the correct Preposition for the blank in each of the following sentences.*

1. He applied ...... the manager.
   A. for B. to
   C. with D. by
2. Trust ...... God and do the right.
   A. in B. for
   C. to D. with
3. She is worthy ...... a prize.
   A. with B. for
   C. to D. of
4. Mr. Gomes has no taste ...... music.
   A. of B. for
   C. with D. to
5. You are hard ...... hearing.
   A. at B. of
   C. with D. for
6. He is sure ...... his success
   A. for B. with
   C. on D. of
7. Preeti was warned ...... the danger ahead.
   A. for B. at
   C. of D. None of these
8. I am thankful ...... you for a good advice.
   A. for B. with
   C. to D. None of these
9. Deepak would not surrender ...... the police.
   A. with B. to
   C. for D. on
10. The small plant in your lawn is very sensitive ...... touch.
    A. on B. with
    C. to D. None of these
11. Divya was sure to succeed ...... the examination.
    A. for B. in
    C. to D. with
12. Geeta was jealous ...... Ravina's beauty.
    A. to B. with
    C. for D. None of these
13. He was ignorant ..... what was happening there.
    A. for B. of
    C. to D. with
14. Your pen is inferior ...... mine.
    A. than B. with
    C. from D. to
15. Reenu is no match ...... Kanu.
    A. to B. for
    C. with D. upon
16. It is necessary ...... you to apply for this job.
    A. on B. with
    C. for D. None of these
17. Be loyal ...... your country.
    A. for B. to
    C. on D. with
18. Mukesh is junior ...... me.
    A. than B. to
    C. from D. of

19. Deepika was innocent ...... the crime.
A. of B. with
C. from D. to

20. I am desirous.... joining the Indian cricket team.
A. for B. of
C. to D. on

21. Pradeep is not eligible ...... the post.
A. to B. on
C. upon D. for

22. Does she believe ...... God?
A. to B. for
C. in D. None of these

23. Mr. Posh was charged..... the murder of his aunt.
A. for B. with
C. on D. to

24. Tagore is famous (or popular) ...... Indians.
A. for B. with
C. to D. towards

25. Kalidasa is famous ...... his drama the *Shakuntalam*.
A. for B. with
C. on D. about

26. He applied ...... the post of a teacher.
A. to B. on
C. for D. None of these

27. I differ ...... you in this matter.
A. from B. with
C. for D. above

28. My pen differs ...... yours.
A. with B. from
C. for D. upon

29. The air escaped out ...... the balloon.
A. from B. of
C. to D. under

30. I am confident ...... success.
A. of B. to
C. from D. about

31. He was deprived ...... his share and property.
A. of B. with
C. from D. about

32. He complains ...... headache.
A. about B. to
C. of D. None of these

33. My father deals ...... sugar.
A. with B. to
C. in D. None of these

34. His services were dispensed ......
A. for B. to
C. with D. None of these

35. Mohinder was born ...... a noble famly.
A. with B. about
C. towards D. in

36. He was born ...... poor parents.
A. of B. to
C. in D. on

37. A son was born ...... him.
A. to B. for
C. in D. upon

38. I was aware ...... the matter.
A. to B. of
C. in D. upon

39. He was absorbed ...... study.
A. in B. into
C. of D. under

40. The boy jumped ...... the river.
A. in B. under
C. below D. into

ANSWERS

1	2	3	4	5	6	7	8	9	10
B	A	D	B	B	D	D	D	B	D
11	**12**	**13**	**14**	**15**	**16**	**17**	**18**	**19**	**20**
B	D	B	D	B	D	B	B	A	B
21	**22**	**23**	**24**	**25**	**26**	**27**	**28**	**29**	**30**
D	D	B	B	A	D	B	B	A	A
31	**32**	**33**	**34**	**35**	**36**	**37**	**38**	**39**	**40**
A	D	D	D	D	A	A	B	A	D

CHAPTER-6

Adjectives & Adverbs

Some words tell more about another word they are called *modifiers*. There are two main kinds of modifiers: *adjectives* and *adverbs*.

Adjectives

An *adjective* modifies—tells more about—a noun or pronoun. It tells *what kind, how many,* or *which one*.

Example: *beautiful* music, *blue* sky, *large* room.

Adjectives are usually found right before a noun, right after a noun, or after a linking verb.

Note: Some adjectives, such as articles, numbers, and possessive adjectives, usually come before the noun.

Examples:

(i) **before a noun:**

This *good-looking, economical* car is your best bet.

(ii) **after a noun:**

This car, *good-looking* and *economical,* is your best bet.

Adverb

An *adverb* modifies—tells more about—a verb, adjective, or another adverb. It tells *how, when, where,* or *to what extent.*

Comparison and Adjectives

Adjectives and adverbs have three forms that show a greater or lesser degree of the characteristic of the basic word: the positive, the comparative, and the superlatives. The basic word is called the positive. The comparative is used to refer to two persons, things or groups. The superlative is used to refer to more than two persons, things or groups; it indicates the greatest or least degree of the quality named. Most adjectives of one syllable become comparative by adding "-er" to the ending and become superlative by adding "-est" to the ending. In adjectives ending with "Y", the "Y" changes to "i" before adding the endings.

Use the comparative to compare two things:

1. Mary is the more lazy of the two.
2. I've tasted creamier cheese than this.
3. James is the shorter of the two boys.
4. Of the two, I like Gail better.
5. My teacher is kinder than yours.
6. This book is more interesting than that one.

Use the superlative to compare more than two things:

1. Mary is the laziest girl I know.
2. This is the creamiest cheese I've ever tasted.

3. James is the shortest boy in the class.
4. Of those five people, I liked Gail best.
5. My teacher is the kindest in the school.
6. This book is the most interesting of the three.

There are some words to which comparison does not apply, since they already indicate the highest degree of a quality.

Here are some examples:

Immediately	**Superlative**	**First**
Last	very	unique
Uniquely	universally	perfect
Perfectly	exact	complete
Correct	dead	deadly
Preferable	round	perpendicularly
Square	third	supreme
Totally	infinitely	immortal

Errors to Avoid in Comparison

Do not combine two superlatives:

Incorrect: That was the most bravest thing he ever did.

Correct: That was the bravest thing he ever did.

Incorrect: He grew up to be the most handsomest boy in the town.

Correct: He grew up to be the most handsome boy in the town.

Do not combine two comparatives:

Incorrect: Mary was more friendlier than Susan.

Correct: Mary was friendlier than Susan.

Incorrect: The puppy was more timider last week.

Correct: The puppy was more timid last week.

MULTIPLE CHOICE QUESTIONS

Directions (Qs. 1 to 25): *In the following questions choose the correct option to fill the blank.*

1. The girl whom you met is the .... sister of Ravi Tanti.
A. eldest B. elder
C. older D. oldest

2. The historical place is ....
A. seeing worth
B. worthy of seeing
C. worth seeing
D. either A or B

3. These flowers smell ....
A. sweet
B. sweetly
C. more sweetly
D. either B or C

4. .... aspirant can not pass the UPSC examination.
A. Each B. Every
C. All D. No.

5. Harivansh Rai .... second Shakespeare.
A. is a
B. is
C. the
D. either B or C

6. .... student in the class got prizes.
A. Each and every
B. Every and each
C. Every
D. Never

7. It is .... picture than the one we saw last Monday.
A. interesting
B. much interesting
C. more interesting
D. either A or B

8. She is clever ....
A. that her mother is
B. as her mother is
C. so her mother is
D. none

9. They will get ....
A. Red, green and black paper
B. Red, green black paper
C. Red and green and black paper
D. Either B or C

10. Health is .... wealth.
A. preferable to
B. more preferable than
C. more preferable to
D. most preferable then

11. .... water that was in the jug evaporated.
A. Little B. The little
C. Small D. A small

12. He has not sung .... songs.
A. much B. most
C. more D. many

13. Srishti has searched .... office.
A. whole the B. the whole
C. a whole D. some whole

14. K.R. Dhiraj was .... best and .... famous writer.
A. a, the most B. the, a most
C. the, more D. the, the most

15. Willam Shakespeare is famous as ....
A. a poet and a dramatist
B. a poet and dramatist
C. the poet and the dramatist
D. either A or C

16. What does .... leader suggest?
A. other B. another
C. others D. anothers

17. He .... money
A. has, few B. have, few
C. has, little D. have, little

18. The .... boys are rewarded.
A. first two B. two first
C. firsts two D. two's first

19. He is .... brave.
A. stronger than
B. stronger then
C. more strong then
D. more strong than

20. No sooner said ....
A. so done B. and done
C. then done D. but done

21. She returned .... than I had thought.
A. quickly B. more quicker
C. more quickly D. quicker

22. I am .... foolish person.
A. rather the B. a rather
C. rather a D. rather

23. This pen .... rupees.
A. costs twenty
B. twenty costs only
C. costs only twenty
D. only costs twenty

24. It is .... pride.
A. nothing else but
B. nothing else than
C. else nothing than
D. but

25. This tea is .... to drink.
A. too hot B. very hot
C. enough hot D. much hot

ANSWERS

1	2	3	4	5	6	7	8	9	10
A	C	A	B	A	C	C	C	A	A
11	12	13	14	15	16	17	18	19	20
B	D	B	D	B	B	C	A	D	C
21	22	23	24	25					
C	C	C	A	A					

सामान्य हिन्दी

1

समानार्थक शब्द

निर्देश (प्र.सं. 1 से 15 तक): *निम्नलिखित चार में से तीन समानार्थी शब्द हैं, जिस अक्षरांक में इनसे भिन्न शब्द दिया गया है, उसका चयन कीजिए।*

1. A. विघ्न B. बाधा C. अड़चन D. सुविधा

2. A. नासूर B. असुर C. दनुज D. दानव

3. A. यश B. कीर्ति C. निष्ठा D. गौरव

4. A. वृथा B. बेकार C. बेमतलब D. सार्थक

5. A. याचना B. जन्नत C. प्रार्थना D. विनती

6. A. चुस्त B. स्फूर्त C. सजग D. सतत

7. A. ध्वंस B. नाश C. क्षय D. निर्माण

8. A. परित्राण B. छुटकारा C. बंधन D. स्वातंत्र्य

9. A. घृणा B. प्रीति C. नफरत D. विरक्ति

10. A. आगाह B. निगाह C. नजर D. देखना

11. A. नजात B. मुक्ति C. परित्राण D. नकेल

12. A. निर्मोही B. निर्मम C. निर्दय D. सदय

13. A. दानव B. मनुज C. निशाचर D. असुर

14. A. नीरज B. राजीव C. कुंज D. नलिन

15. A. घन B. नभ C. अंबर D. आकाश

उत्तरमाला

1	2	3	4	5	6	7	8	9	10
D	A	C	D	B	D	D	C	B	D
11	**12**	**13**	**14**	**15**					
D	D	B	C	A					

2

समास

निर्देश (प्र.सं. 1 से 5 तक): *नीचे दिए गए शब्दों में प्रयुक्त समास के नाम का चयन कीजिए–*

1. पीताम्बर–
A. तत्पुरुष B. अव्ययीभाव
C. बहुब्रीहि D. द्विगु

2. चरणकमल–
A. तत्पुरुष B. कर्मधारय
C. बहुब्रीहि D. अव्ययीभाव

3. घुड़सवार–
A. द्विगु B. कर्मधारय
C. तत्पुरुष D. अव्ययीभाव

4. स्वर्गप्राप्त–
A. कर्म तत्पुरुष B. करण तत्पुरुष
C. सम्प्रदान तत्पुरुष D. अपादान तत्पुरुष

5. गर्वशून्य–
A. कर्म-तत्पुरुष B. संप्रदान-तत्पुरुष
C. करण-तत्पुरुष D. अपादान-तत्पुरुष

6. 'लम्बोदर' में कौन-सा समास है?
A. तत्पुरुष B. बहुब्रीहि
C. द्विगु D. कर्मधारय

7. 'देवालय' में कौन-सा समास है?
A. तत्पुरुष B. बहुब्रीहि
C. द्विगु D. इनमें से कोई नहीं

8. 'खरा खोटा' शब्द में कौन-सा समास है?
A. द्वंद्व B. द्विगु
C. कर्मधारय D. बहुब्रीहि

9. 'निर्विवाद' में कौन-सा समास है?
A. कर्मधारय B. अव्ययीभाव
C. तत्पुरुष D. बहुब्रीहि

10. 'दहीबड़ा' में कौन-सा समास है?
A. तत्पुरुष B. द्विगु
C. बहुब्रीहि D. द्वन्द्व

11. 'चौराहा' में समास है–
A. तत्पुरुष B. द्वन्द्व
C. कर्मधारय D. द्विगु

12. 'माता-पिता' शब्द में समास है–
A. द्वन्द्व B. द्विगु
C. तत्पुरुष D. कर्मधारय

13. 'वज्रपाणि' शब्द में कौन-सा समास है?
A. तत्पुरुष B. बहुब्रीहि
C. द्वन्द्व D. द्विगु

उत्तरमाला

1	2	3	4	5	6	7	8	9	10
C	B	C	A	C	B	A	A	B	A
11	**12**	**13**							
D	A	B							

3

वर्तनी की शुद्धता

निर्देश (प्र.सं. 1 से 49 तक): *नीचे के प्रश्नों में एक शब्द की चार अलग-अलग वर्तनियां दी हुई हैं। इनमें से सही वर्तनी छाँटकर उस पर निशान लगाइये:*

1. A. जयोत्स्ना B. ज्योत्स्ना
C. जोत्स्ना D. ज्योत्सना

2. A. कवयित्री B. कवियित्री
C. कवियत्री D. कवित्री

3. A. उत्ज्वल B. उज्जवल
C. ऊज्जवल D. उज्ज्वल

4. A. छः B. छह
C. छह् D. छै

5. A. जिजीविषा B. जिजीवषा
C. जजीवषा D. जिजिवीषा

6. A. दृश्य B. द्रश्य
C. दृष्य D. दृिश्य

7. A. इतिहासिक B. ऐतिहासिक
C. ऐतिहासीक D. ऐतीहासिक

8. A. वाङ्मय B. वाँङ्गमय
C. वांग्मय D. वांगमय

9. A. सौर्हाद्र B. सैहार्द
C. सैर्हाद D. सौहार्द

10. A. आर्शीवाद B. आशिर्वाद
C. आशीर्वाद D. आर्शिवाद

11. A. भूगोलिक B. भूगौलिक
C. भोगौलिक D. भौगोलिक

12. A. सन्कीर्णता B. सन्कीरणता
C. संकीर्णता D. संकीर्णता

13. A. परचन्ड B. प्रचण्ड
C. प्रचान्ड D. परचण्ड

14. A. तार्क्रिक B. तार्किक
C. ताकृिक D. तार्क्रिक

15. A. इर्षा B. ईर्षा
C. इर्ष्या D. ईर्ष्या

16. A. पूज्यनीय B. पुजनीय
C. पूजनीय D. पुज्यनीय

17. A. अधम्र B. अध्रम
C. अधर्म D. अधृम

18. A. अधिकृत B. अधिक्रित
C. अधिक्रित्त D. अधिर्कित

19. A. अनुकृम B. अनुक्रम
C. अनुकर्म D. अनुकम्र

20. A. अनवेषण B. अन्वेषण
C. अन्वेछण D. अन्वेशण

21. A. अभिशेक B. अभिषेख
C. अभिषेक D. अभीषेक

22. A. इच्छुक B. इक्षुक
C. इक्छुक D. इच्छिक

23. A. इन्र्दिय B. इन्द्रिय
C. इन्दिय D. इन्द्रिय

24. A. उतकण्ठा B. उत्कण्ठा
C. उत्क्णठा D. उत्तकन्ठा

25. A. उमृिला B. उम्रिला
C. उमिर्ला D. उर्मिला

26. A. रिपि B. ऋषि C. ऋिषि D. ऋशि

27. A. एकागृ B. एकाग्र C. एकार्ग D. एक्राग्र

28. A. ओजस्वि B. ओजस्वी C. ओजश्वी D. ओजष्वी

29. A. औशधी B. औषधी C. औषधि D. औष्धि

30. A. करम B. क्राम C. कम्र D. कर्म

31. A. ग्रिहीत B. ग्रहीत C. गृहीत D. गर्हित

32. A. कृतज्ञ B. क्रतज्ञ C. क्रितज्ञ D. क्रितग्य

33. A. चतुदर्श B. चर्तुदश C. चतुर्दश D. चतुद्रश

34. A. जर्जर B. जरर्जर C. जज्रर D. जरजर

35. A. जघ्नय B. जघ्रय C. जघ्न्य D. जघन्य

36. A. जेष्ठ B. ज्येश्ठ C. ज्येष्ठ D. ज्येस्ठ

37. A. तपस्वनी B. तपस्विनी C. तपिस्वनी D. तपिस्विनी

38. A. तादातमय B. तदात्म्य C. तादात्म्य D. तादात्यम

39. A. तृष्णा B. तिृष्णा C. त्रिष्णा D. तृश्णा

40. A. त्रिमूर्ती B. त्रिमुर्ति C. त्रिमूर्ति D. त्रृमूर्ति

41. A. दक्छ B. दक्च्छ C. दक्ष D. दज्ञ

42. A. द्रर्पन B. दर्पन C. दपर्ण D. दर्पण

43. A. दामपत्य B. दम्पत्य C. दाम्पत्य D. दाम्पत

44. A. दीप्पित B. दीपति C. दीप्ति D. दीप्ती

45. A. दीर्घायु B. दीरघायु C. दीघार्यु D. दीर्घियु

46. A. दुर्निती B. दुनीर्ति C. दुरनीति D. दुर्नीति

47. A. दुर्दषा B. दुहशा C. दुर्दशा D. दुद्रशा

48. A. दुर्योधन B. दुयोर्धन C. दूरयोधन D. द्रुयोधन

49. A. दुरबुद्धि B. दुर्बुधि C. दुबुद्धि D. दुर्बुद्धि

उत्तरमाला

1	2	3	4	5	6	7	8	9	10
B	A	D	B	A	A	B	A	D	C
11	**12**	**13**	**14**	**15**	**16**	**17**	**18**	**19**	**20**
D	D	B	B	D	C	C	A	B	B
21	**22**	**23**	**24**	**25**	**26**	**27**	**28**	**29**	**30**
C	A	D	B	D	B	B	B	C	D
31	**32**	**33**	**34**	**35**	**36**	**37**	**38**	**39**	**40**
C	A	C	A	D	C	B	C	A	C
41	**42**	**43**	**44**	**45**	**46**	**47**	**48**	**49**	
C	D	C	C	A	D	C	A	D	

4

विलोम

निर्देश (प्र.सं. 1 से 34 तक): *सही-सही विलोम शब्द चुनिए—*

1. अनादर
A. मान B. सम्मान
C. आदर D. सत्कार

2. अभिज्ञ
A. अज्ञानी B. अनभिज्ञ
C. अनिपुण D. मूर्ख

3. अथ
A. इति B. समाप्त
C. खत्म D. संपूर्ण

4. करुण
A. कठोर B. निष्ठुर
C. निर्दय D. कोमल

5. ऋजु
A. सीधा B. सरल
C. तिर्यक् D. वक्र

6. मौन
A. मुखर B. मूक
C. वाचाल D. प्रगल्भ

7. निर्दय
A. निर्भय B. सहृय
C. सभय D. सदय

8. तिमिर
A. प्रकाश्य B. आलोक
C. ज्योतिर्मय D. आभास

9. तीक्ष्ण
A. मंद B. तीव्र
C. प्रखर D. क्षीण

10. कृत्रिम
A. प्राकृतिक B. स्वनिर्मित
C. स्वाभाविक D. स्वचालित

11. उदात्त
A. उद्धत B. दानशील
C. अनुदात्त D. क्षमावान्

12. उदार
A. कठोर B. निर्भय
C. अपव्यय D. अनुदार

13. शुक्ल
A. काला B. कृष्ण
C. असित D. श्यामल

14. प्रस्थान
A. आगमन B. गमनागमन
C. निगम D. निर्गम

15. शूल
A. मूल B. धूल
C. फूल D. तूल

16. अपेक्षा
A. कामना B. भावना
C. अभीप्सा D. उपेक्षा

17. निरक्षर
A. शिक्षित B. अशिक्षित
C. साक्षर D. अक्षर

18. प्रकट
A. गुप्त B. लुप्त
C. सुप्त D. विलुप्त

19. उर्वर
A. उपजाऊ B. बंजर
C. गत्वर D. शस्यश्यामल

20. संधि
A. अनुग्रह B. ग्रह
C. विच्छेद D. मैत्री

21. संयोग
A. प्रयोग B. सुयोग
C. नियोग D. वियोग

22. विकास
A. सीमा B. ह्रास
C. दुबला D. नीचा

23. उत्थान
A. नमन B. पतन
C. उदय D. ध्वंस

24. क्षुद्र
A. क्षुद्रतर B. महान्
C. तुच्छ D. अवमान

25. इहलोक
A. उपकार B. पाताल
C. आदि D. परलोक

26. ज्योति
A. पुंज B. दीपक
C. तम D. रोशनी

27. यथार्थ
A. मनोवांछित B. अनुमानित
C. कल्पित D. सत्य

28. अमर
A. देवता B. मरणशील
C. मर्त्य D. दानव

29. आघात
A. अनाघात B. विस्तीर्ण
C. स्निग्ध D. डरपोक

30. व्यष्टि
A. सृष्टि B. वृष्टि
C. समष्टि D. इनमें से कोई नहीं

31. सज्जन
A. चापलूस B. व्यभिचारी
C. सहयोगी D. दुर्जन

32. उत्कर्ष
A. अपकर्ष B. परामर्श
C. संघर्ष D. विमर्श

33. क्षुधा
A. तृषा B. तृष्ण
C. तृप्ति D. मृगतृष्णा

34. सुबह
A. प्रातः B. शाम
C. रात D. दिन

उत्तरमाला

1	2	3	4	5	6	7	8	9	10
C	B	A	B	D	A	D	A	A	A
11	12	13	14	15	16	17	18	19	20
C	D	B	A	C	D	C	A	B	C
21	22	23	24	25	26	27	28	29	30
D	B	B	B	D	C	C	C	A	C
31	32	33	34						
D	A	C	B						

5

पर्यायवाची शब्द

1. 'कमल' शब्द का पर्यायवाची होगा–
A. कन्दर्प B. अनंग
C. घनेश D. इन्दीवर

2. 'क्रोध' के लिए इन दिए गए पर्यायवाची शब्दों में एक गलत शब्द है, उसे चयनित कीजिए–
A. रोष B. अमर्ष
C. स्वत्व D. कोप

3. निम्नलिखित पर्यायवाची शब्दों में से जो एक शब्द 'मोर' का पर्यायवाची नहीं है, उसे चिन्हित कीजिए–
A. केकी B. कीश
C. शिखी D. शिखण्डी

4. इनमें से कौन-सा शब्द 'कृष्णा' का पर्यायवाची है?
A. राधा B. रुक्मिणी
C. द्रोपदी D. यशोदा

5. इनमें से एक श.ब्द 'बैल' का पर्यायवाची नहीं है, उसे चयनित कीजिए–
A. अश्म B. बृषभ
C. बलीवर्द D. गो

6. निम्नलिखित में से जो शब्द 'सौन्दर्य' का पर्यायवाची नहीं है, उसे चयनित कीजिए–
A. सुषमा B. शोभा
C. सुन्दरता D. रमणी

7. निम्नलिखित विकल्पों में से एक शब्द 'नदी' का पर्यायवाची नहीं है, उसे चयनित कीजिए–
A. तरंगिणी B. तटिनी
C. तरिणी D. सरिता

8. नीचे दिए गए विकल्पों में से एक शब्द 'घर' का पर्यायवाची नहीं है, उसे चयनित कीजिए–
A. भवन B. भुवन
C. निकेतन D. सदन

9. इनमें से कौन-सा शब्द 'पार्थ' का पर्यायवाची है?
A. भीष्म B. श्रीकृष्ण
C. युधिष्ठिर D. अर्जुन

10. 'दुःख' का पर्यायवाची शब्द निम्नलिखित में से कौन-सा है?
A. व्यथा B. पीड़ा
C. वेदना D. ये सभी पर्याय हैं

11. नीचे दिए गए शब्दों में से एक शब्द 'गीदड़' का पर्यायवाची नहीं है, उसका चयन कीजिए–
A. खगेश B. शृंगाल
C. सियार D. जम्बुक

12. निम्न में से कौन चन्द्रमा का पर्यायवाची नहीं है?
A. शशि B. हिमकर
C. शशांक D. रूपक

13. निम्न में से कौन गाय का पर्यायवाची नहीं है?
A. हेरम्ब B. गौरी
C. भद्रा D. धेनु

14. कुत्ता का पर्यायवाची शब्द निम्नलिखित में से कौन-सा है?
A. सारमेय B. क्रमेलक
C. कीर D. नागान्तक

15. आनंद का पर्यायवाची नहीं है–
A. हर्ष B. उल्लास
C. चाह D. आह्लाद

16. 'कृशानु' का पर्यायवाची शब्द है–
A. अनल B. पवन
C. दोहित्री D. अनिल

17. 'द्रौपदी' का पर्याय नहीं है–

A. द्रुपदसुता B. याज्ञसेनी
C. पांचाली D. रमणी

18. 'महादेव' का पर्यायवाची शब्द चुनिए–

A. गरुड़ध्वज B. नारायण
C. चन्द्रशेखर D. विश्वम्भर

19. 'चन्द्रमा' का पर्यायवाची शब्द चुनिए–

A. निशाकर B. निशाचर
C. तरणि D. कृशानु

20. 'धन' का पर्यायवाची जो शब्द नहीं है, उसे चुनिए–

A. द्रव्य B. द्रव
C. सम्पदा D. दौलत

21. 'पुत्री' का पर्यायवाची शब्द नहीं है–

A. तनय B. सुता
C. आत्मजा D. दुहिता

22. निम्नलिखित में से कौन-सा शब्द 'कमल' का पर्यायवाची शब्द नहीं है?

A. सरोज B. अरविन्द
C. सलिल D. पंकज

23. निम्नलिखित किस समूह में सभी शब्द 'कामदेव' के पर्यायवाची हैं?

A. कंदर्प, मदन, मनसिज, मारक
B. मदन, मन्मथ, अनंग, कंदर्प
C. मान, त्रिपुर, मन्मथ, अनंग
D. मन्मथ, मनसिज, त्रिपुर, अनंग

24. कौन-सा शब्द जंगल शब्द का पर्यायवाची नहीं है?

A. अटवी B. कान्ता
C. कान्तार D. कानन

25. कौन-सा शब्द 'अम्बर' का पर्यायवाची है?

A. आकाश B. अवनि
C. मेघ D. बादल

26. कौन-सा शब्द 'मित्र' का पर्याय नहीं है?

A. अलि B. सखा
C. सुहृद D. मीत

27. निम्नांकित में किस शब्द का अर्थ कमल होता है?

A. उत्पल B. उपल
C. जलद D. नीरद

28. निम्नलिखित में 'पुत्री' शब्द के पर्यायवाची शब्द-समूह कौन हैं?

A. भार्या, कान्ता, अबला, वनिता
B. लड़की, बेटी, अचला, वसुधा
C. सुता, धरा, वसुमती, अचला
D. तनया, आत्मजा, दुहिता, तनुजा

29. निम्नलिखित शब्द-समूह में 'बिजली' के पर्यायवाची कौन हैं?

A. ज्योति, रोशनी, चमक, प्रभा
B. विद्युत, तड़ित, चपला, दामिनी
C. उजाला, प्रभंजन, विहग, निशापति
D. मंदाकिनी, अश्म, प्रस्तर, प्रभा

30. 'जलधि' शब्द का पर्यायवाची क्या है?

A. नहर B. नाव
C. नदी D. समुद्र

31. 'पंकज' शब्द का पर्यायवाची क्या है?

A. सूर्य B. कमल
C. चन्द्रमा D. अमृत

32. 'तरकश' का पर्यायवाची शब्द है–

A. तीर B. धनुष
C. प्रत्यंचा D. निषंग

उत्तरमाला

1	2	3	4	5	6	7	8	9	10
D	C	D	D	A	D	C	B	D	D
11	12	13	14	15	16	17	18	19	20
A	D	A	A	C	A	D	C	A	B
21	22	23	24	25	26	27	28	29	30
A	C	B	B	A	A	A	D	B	D
31	32								
B	D								

6

संधि-विच्छेद

1. 'मृत्यु + उपरांत' में संधि करने से एक शब्द होगा–
A. मृत्यूपरांत B. मृत्योपरांत
C. मृत्युपर्यन्त D. मर्त्योपरांत

2. 'अनधिकृत' शब्द का संधि-विग्रह होगा–
A. अन + अधिकृत B. अन् + अधिकृत
C. अन्य + अधिकृत D. अन्नधि + कृत

3. 'कपि + ईश' का सही संधि-संयोजन कीजिए–
A. कपिश B. कपीश
C. कपेश D. कपिशि

4. विसर्ग के साथ स्वर अथवा व्यंजन के संयोग से जो विकार उत्पन्न होता है, उसे किस संधि के नाम से जानते हैं?
A. स्वर संधि B. व्यंजन संधि
C. विसर्ग संधि D. इनमें से कोई नहीं

5. 'परोपकार' शब्द का संधि-विच्छेद होगा–
A. परा + उपकार B. परो + पकार
C. परोप + कार D. पर + उपकार

6. 'मनः + रमा' में संधि करने से जो शब्द बनेगा, उसका सम्बन्ध किस संधि से होगा?
A. विसर्ग संधि B. स्वर संधि
C. व्यंजन संधि D. भाव संधि

7. 'चन्द्रोदय' में कौन-सी संधि है?
A. यण संधि B. दीर्घ संधि
C. वृद्धि संधि D. गुण संधि

8. निम्नलिखित में से 'वृद्धि स्वर संधि' किस शब्द में है?
A. रजनीश B. महौषध
C. यतीन्द्र D. शोधार्थी

9. 'सदाशय' का सही संधि-विच्छेद होगा–
A. सद + आशय B. सतत + आशय
C. सत् + आशय D. सदा + आशय

10. 'सन्मार्ग' में कौन-सी संधि है?
A. स्वर संधि B. व्यंजन संधि
C. विसर्ग संधि D. इनमें से कोई नहीं

11. 'ज्ञानोदय' में कौन-सी संधि है?
A. स्वर संधि B. व्यंजन संधि
C. विसर्ग संधि D. इनमें से कोई नहीं

12. 'निराधार' में कौन-सी संधि है?
A. स्वर संधि B. व्यंजन संधि
C. विसर्ग संधि D. इनमें से कोई नहीं

13. निम्नलिखित शब्दों में से किसमें विसर्ग संधि है?
A. अतएव B. नरेन्द्र
C. सज्जन D. सदैव

उत्तरमाला

1	2	3	4	5	6	7	8	9	10
A	A	B	C	D	A	D	B	C	B
11	**12**	**13**							
A	C	A							

7

अनेकार्थी शब्द

1. निम्नलिखित में से कौन एक शब्द अनेकार्थी नहीं है?
   A. पत्र B. मुद्रा
   C. दंड D. पुस्तक
2. कौन-सा शब्द 'अर्क' का अनेकार्थी नहीं है?
   A. सूर्य B. प्रकाश किरण
   C. आक का पेड़ D. ज्वाला
3. कौन-सा शब्द 'पत्र' शब्द का अनेकार्थी नहीं है?
   A. पत्ता B. चिट्ठी
   C. कागज D. पुष्प
4. निम्नलिखित में कौन-सा शब्द 'फल' शब्द का अनेकार्थी शब्द नहीं है?
   A. परिणाम B. हल्का
   C. प्रभाव D. रसयुक्त
5. निम्नलिखित में एक शब्द 'घन' का अनेकार्थी शब्द नहीं है–
   A. बादल B. घना
   C. घनिष्ठ D. हथौड़ा
6. निम्न में से कौन-सा शब्द 'रस' का अनेकार्थी शब्द नहीं है?
   A. रूप B. स्वाद
   C. पानी D. पारा
7. निम्नलिखित शब्दों में कौन एक 'वर' का अनेकार्थी नहीं है?
   A. श्रेष्ठ B. वरदान
   C. पति D. सुवर्ण
8. निम्नलिखित शब्दों में कौन-सा शब्द 'द्विज' का अनेकार्थी नहीं है?
   A. चन्द्रमा B. पक्षी
   C. दाँत D. सिंह
9. इनमें से कौन-सा शब्द 'अम्बर' का अनेकार्थी है?
   A. गगन B. पृथ्वी
   C. चन्द्रमा D. वायु
10. निम्नलिखित विकल्पों में से 'मत्सर' शब्द का अनेकार्थी रूप चुनिए–
    A. क्रोध B. राग
    C. द्वेष D. ईर्ष्या

निर्देश (प्र.सं. 11 से 13 तक): *इन प्रश्नों में प्रत्येक में चार शब्द दिए गए हैं जिनमें से तीन अनेकार्थक शब्द की श्रेणी में आते हैं। जो शब्द इस श्रेणी में नहीं आता है, उसका चयन कीजिए–*

11. A. अम्बर B. वस्त्र
    C. आकाश D. किरण
12. A. मधु B. शहद
    C. दूध D. शराब
13. A. इन्द्र B. सिंह
    C. ब्राह्मण D. सूर्य

उत्तरमाला

1	2	3	4	5	6	7	8	9	10
D	C	D	B	C	A	D	D	A	A
11	**12**	**13**							
B	C	B							

४

शब्दार्थ

निर्देश (प्र.सं. 1 से 32 तक): *नीचे दिए गए शब्दों के अर्थ को व्यक्त करने वाले सही विकल्प का चयन कीजिए–*

1. वलय
A. वृक्ष की छाल B. मृग छाल
C. घेरा D. आवरण

2. सम्पुट
A. मिश्रण B. बंधी हुई अंजलि
C. पिटारी D. मन्जूषा

3. प्रभंजन
A. अंजन B. तोड़-फोड़
C. खण्ड-खण्ड D. तेज वायु

4. पुष्कल
A. जायफल B. पुण्यफल
C. बहुत-सा D. हरा-भरा

5. प्रत्यागमन
A. परिक्रमा करना B. प्रतिरोध करना
C. बार-बार आना D. वापस आना

6. परिवाद
A. विवाद B. सम्वाद
C. निन्दा D. परिवारवाद

7. शबनम
A. शीत B. ओस
C. पाला D. कोहरा

8. नैसर्गिक
A. प्राकृतिक B. स्वर्गिक
C. पारम्परिक D. स्वर्णिम

9. अस्मिता
A. आत्म प्रशंसा B. अहंता
C. स्वार्थ D. स्वाभिमान

10. कष्ट
A. खेद B. शारीरिक असुविधा
C. दुःख D. शोक

11. कतिपय
A. अनेक B. शायद
C. थोड़ा D. कुछ

12. अपेक्षाकृत
A. अपेक्षा करके
B. किसी से अपेक्षा न करके
C. किसी से अपेक्षा करके
D. तुलना

13. अनल
A. आग B. पानी
C. धरती D. हवा

14. अनुगृहीत
A. कृपा का आभार मानने वाला
B. कृपा का आभार न मानने वाला
C. जो कृपा का पात्र न हो
D. जो सबसे कृपा का व्यवहार करे

15. उऋण
A. ऋणी B. कर्जदार
C. ऋणमुक्त D. इनमें से कोई नहीं

16. उर्मि
A. लहर B. भ्रांति
C. समूह D. वेदना

17. रज्जु
A. मछली B. मेंढक
C. रस्सी D. घोड़ा

18. सतीर्थ्य

A. सतीत्व B. तीर्थसहित
C. तीर्थ के योग्य D. सहपाठी

19. चन्द्रहास

A. चाँदनी के समान ह्रास वाला
B. तलवार
C. उदीयमान चन्द्र
D. चन्द्र का उपहास

20. वर्णिलिंगी

A. वर्ण एवं लिंग
B. वर्ण एवं लिंग वाला
C. ब्रह्मचारी के वेशवाला
D. शिव

21. कृतान्त

A. जिसका अन्त कर दिया गया
B. जिसने अन्त कर दिया
C. कृतार्थ
D. दैव

22. कृतघ्न

A. जो उपकार नहीं करता
B. जो किए हुए उपकार को नहीं मानता
C. जो शत्रु को जीत लेता है
D. जो मित्रता को नहीं मानता

23. गतानुगतिक

A. प्राचीन आदर्श के अनुसार चलने वाला
B. पीछे चलने वाला
C. अनुसरण करने वाला
D. गत को नहीं मानने वाला

24. अद्रि

A. दुःख B. गीला
C. व्यर्थ D. पर्वत

25. ऐहिक

A. दीवाना B. सांसारिक
C. एक रोग D. पागल

26. जिजीविषा

A. आय का स्रोत B. जीवित रहने की इच्छा
C. किसी से प्रेम करना D. किसी से घृणा करना

27. आभ्यांतर

A. किसी वस्तु की आभा
B. किसी वस्तु का बाहरी भाग
C. किसी वस्तु का भीतरी भाग
D. किसी वस्तु से भिन्न

28. निर्वात

A. भ्रम B. विवाद रहित
C. बिना हवा वाला D. बुराई

29. आवर्त

A. गोल B. ढक्कन
C. चाँदनी D. भँवर

30. अधिरथ

A. रथ हाँकने वाला B. रथ बनाने वाला
C. कोषाध्यक्ष D. चौकीदार

31. प्लवग

A. बन्दर B. मेंढक
C. पक्षी D. पानी

32. स्वयंभू

A. स्वावलम्बी B. स्वतः उत्पन्न
C. सर्वश्रेष्ठ D. सर्वोपरि

उत्तरमाला

1	2	3	4	5	6	7	8	9	10
C	B	D	C	D	C	B	A	B	B
11	**12**	**13**	**14**	**15**	**16**	**17**	**18**	**19**	**20**
D	D	A	A	C	A	C	D	B	C
21	**22**	**23**	**24**	**25**	**26**	**27**	**28**	**29**	**30**
B	B	B	D	B	B	C	C	D	A
31	**32**								
A	B								

9

संज्ञा, सर्वनाम, विशेषण

1. 'सभी श्रोता **यथास्थान** बैठे थे।' व्याकरण की दृष्टि से इस वाक्य में गहरा छपा पद 'यथास्थान' क्या है?
   A. अव्यय B. संज्ञा
   C. क्रिया विशेषण D. विशेषण

2. जिन शब्दों में एक ही प्रकार की वस्तुओं अथवा व्यक्तियों का बोध हो, उन्हें कहते हैं–
   A. समूहवाचक संज्ञा B. व्यक्तिवाचक संज्ञा
   C. जातिवाचक संज्ञा D. भाववाचक संज्ञा

3. निम्नलिखित में कौन-सा शब्द पुल्लिंग है?
   A. शिक्षा B. चर्चा
   C. अर्चना D. पर्चा

4. क्रिया के रूप हैं–
   A. अनुकर्मक व अकर्मक
   B. अकर्मक व अभिकर्मक
   C. अनुकर्मक व अभिकर्मक
   D. सकर्मक व अकर्मक

5. स्त्रीलिंग शब्द है–
   A. पुराण B. पोथी
   C. काव्य D. ग्रंथ

6. 'हृदय' का विशेषण है–
   A. हृदयेश B. हार्दिक
   C. हृदयी D. इनमें से कोई नहीं

7. 'बुढ़ापा' शब्द व्याकरण के किस संज्ञा भेद से संबद्ध है?
   A. जातिवाचक संज्ञा B. भाववाचक संज्ञा
   C. व्यक्तिवाचक संज्ञा D. इनमें से कोई नहीं

8. सर्वनाम के भेद हैं–
   A. छः B. पाँच
   C. तीन D. आठ

9. जो विशेषण किसी वस्तु की मात्रा, वजन, नाप-तौल का बोध कराते हैं, उन्हें कहते हैं–
   A. सार्वनामिक विशेषण
   B. गुणवाचक विशेषण
   C. परिमाणवाचक विशेषण
   D. संख्यावाचक विशेषण

10. 'ब्राह्मणत्व' शब्द है–
    A. जातिवाचक संज्ञा B. भाववाचक संज्ञा
    C. समूहवाचक संज्ञा D. इनमें से कोई नहीं

11. संज्ञा या सर्वनाम के जिस रूप से क्रिया करने वाले का बोध हो वह है–
    A. अधिकरण कारक B. कर्त्ताकारक
    C. सम्बोधन कारक D. कर्मकारक

12. ''यह काम मैं आप कर लूँगा'' पंक्तियों में 'आप' है–
    A. सम्बन्धवाचक सर्वनाम
    B. निजवाचक सर्वनाम
    C. निश्चयवाचक सर्वनाम
    D. पुरुषवाचक सर्वनाम

13. निम्नलिखित में से कौन-सा स्त्रीलिंग में प्रयुक्त होता है?
    A. ऋतु B. पंडित
    C. हंस D. आचार्य

14. निम्नलिखित में से स्पर्श व्यंजन है–
    A. श B. छ
    C. ल D. ह

15. सर्वनाम में किस कारक का प्रयोग नहीं होता है?
    A. सम्बन्ध B. सम्बोधन
    C. सम्प्रदान D. अपादान

16. "तुम्हारे घर उस दिन, जिसे मैंने देखा, वह कौन था?" इस वाक्य में प्रश्नवाचक सर्वनाम है–

A. उस | B. जिसे
C. कौन | D. तुम्हारे

17. 'में' विभक्ति किस कारक की है?

A. सम्बोधन | B. अधिकरण
C. सम्बन्ध | D. कर्म

18. 'प्रशंसा' शब्द व्याकरणिक पद की दृष्टि से है–

A. गुणवाचक विशेषण
B. भाववाचक संज्ञा
C. जातिवाचक विशेषण
D. व्यक्तिवाचक संज्ञा

19. निम्न विकल्पों में से सकर्मक क्रिया का चयन कीजिए–

A. लेटना | B. छूटना
C. पिघलना | D. तड़पना

20. 'मानव' शब्द के लिए उपयुक्त भाववाचक संज्ञा का चयन कीजिए–

A. मनस्वी | B. मानवता
C. मनुष्यत्व | D. आदमीयत

21. निम्नलिखित में से कौन एक संयुक्त व्यंजन नहीं है?

A. क्ष | B. ष
C. त्र | D. ज्ञ

22. सम्बन्ध कारक का चिह्न है–

A. में, पर | B. के लिए
C. -रा, -रे, -री | D. से

23. तालव्य व्यंजन है–

A. च, छ, ज, झ | B. ट, ठ, ड, ढ
C. त, थ, द, ध | D. प, फ, ब, भ

24. य, र, ल, व – किस वर्ग के व्यंजन हैं?

A. तालव्य | B. ऊष्म
C. अन्तःस्थ | D. ओष्ठ्य

25. निम्न में से कौन जातिवाचक संज्ञा का उदाहरण है?

A. मालिनी | B. स्त्री
C. सेना | D. बचपन

26. "जो जैसा करेगा, वह वैसा भरेगा" वाक्य का सम्बन्ध किस सर्वनाम से है?

A. निजवाचक | B. सम्बन्धवाचक
C. निश्चयवाचक | D. पुरुषवाचक

27. 'ओ, औ' किस प्रकार के अर्थ हैं?

A. तालव्य | B. मूर्धन्य
C. दन्तोष्ठय | D. कंठोष्ठय

28. निम्नलिखित ईकारान्त शब्दों में एक पुल्लिंग है, उसे चयनित कीजिए–

A. पानी | B. नदी
C. रोटी | D. बकरी

29. 'लृट्' लकार किस काल का बोधक है?

A. वर्तमान काल का | B. भूतकाल का
C. भविष्यत् काल का | D. किसी काल का नहीं

30. निम्नलिखित शब्दों में किस एक का लिंग परिवर्तन हिन्दी भाषा में प्रचलित नहीं है?

A. चाचा | B. बहन
C. कोयल | D. भैंसा

उत्तरमाला

1	2	3	4	5	6	7	8	9	10
A	C	D	D	B	B	B	A	C	B
11	**12**	**13**	**14**	**15**	**16**	**17**	**18**	**19**	**20**
B	B	A	B	B	C	B	A	B	B
21	**22**	**23**	**24**	**25**	**26**	**27**	**28**	**29**	**30**
B	C	A	C	B	B	D	A	C	C

10

वर्तनी की त्रुटियाँ

निर्देशः *नीचे प्रत्येक प्रश्न में A, B और C अक्षरांक में तीन शब्द दिए गए हैं। जिनमें से एक में वर्तनी सम्बन्धी त्रुटि हो सकती है। उस त्रुटियुक्त शब्द का अक्षरांक ही आपका उत्तर होगा। यदि तीनों शब्दों की वर्तनी सही है तो उत्तर दीजिए D अर्थात् 'सभी सही हैं'।*

1. A. अप्रयुक्त B. अतीषयोक्ति
C. अशोध्य D. सभी सही हैं

2. A. अभ्युक्ति B. इष्टतम
C. अपुरित D. सभी सही हैं

3. A. उत्तरजिवीता B. प्रारक्षित
C. क्षैतिज D. सभी सही हैं

4. A. आस्थगित B. आतिथ्य
C. अंतरिम D. सभी सही हैं

5. A. किफायत B. परिस्थिति
C. असिंचीत D. सभी सही हैं

6. A. तात्पर्य B. महोत्सव
C. कृशक D. सभी सही हैं

7. A. लक्षण B. व्यंजन
C. पगडंडी D. सभी सही हैं

8. A. स्थानापन्न B. व्यावशयिक
C. कोशिका D. सभी सही हैं

9. A. दांडधिकारी B. प्राधिकरण
C. आदित्य D. सभी सही हैं

10. A. गोपनीयता B. कार्यवाही
C. उत्रदायित्व D. सभी सही हैं

11. A. चूल्लु B. जीविका
C. ठिठोली D. सभी सही हैं

12. A. नजरिया B. पंडीताइ
C. फरियादी D. सभी सही हैं

13. A. प्रकाशकीय B. फाल्गुन
C. भोतिक D. सभी सही हैं

14. A. हौसला B. स्वीकृति
C. व्यवासायिक D. सभी सही हैं

15. A. फलित B. बटोही
C. भजनीक D. सभी सही हैं

16. A. अनामिष B. अपरिहार्य
C. किफायती D. सभी सही हैं

17. A. गोधुलि B. चांचल्य
C. जिजीविषु D. सभी सही हैं

18. A. तितिक्षा B. दखलंदाजी
C. दिप्ति D. सभी सही हैं

19. A. नजदिकी B. नियोक्ता
C. परिणीता D. सभी सही हैं

20. A. पुनीत B. प्रख्यापीत
C. फरोख्त D. सभी सही हैं

21. A. अद्भुत B. व्यंग्य
C. अदृश्य D. सभी सही हैं

22. A. लक्षण B. महात्मन
C. कर्तज्ञ D. सभी सही हैं

23. A. गझिन B. आशय
C. निशपादन D. सभी सही हैं

24. A. उत्तरीय B. स्थान्नापन
C. कुंभ D. सभी सही हैं

25. A. न्ययाधिश B. पुरस्कृत
C. वारिद D. सभी सही हैं

26. A. चिनाई B. तंबूल
C. ठिठोली D. सभी सही हैं

27. A. अगड़ाइ B. गठीला
C. खिलाफ D. सभी सही हैं

28. A. सूरत B. वैधव्य
C. लतीका D. सभी सही हैं

29. A. इति B. अखिलेश
C. खेरात D. सभी सही हैं

30. A. चमत्कृत B. जिल्द
C. तमोली D. सभी सही हैं

31. A. प्रहसन B. तात्पर्य
C. पाणिगृहण D. सभी सही हैं

32. A. मस्तिष्क B. प्रोत्साहन
C. क्रियाविधि D. सभी सही हैं

33. A. विचारणीय B. क्रन्दन
C. पर्यावर्ण D. सभी सही हैं

34. A. विसतृत B. वाग्विलास
C. तात्कालिक D. सभी सही हैं

35. A. दृष्टांत B. रूढ़ि
C. सूचि D. सभी सही हैं

उत्तरमाला

1	2	3	4	5	6	7	8	9	10
B	C	A	A	C	C	D	B	A	C
11	12	13	14	15	16	17	18	19	20
A	B	C	C	C	A	A	C	A	B
21	22	23	24	25	26	27	28	29	30
D	C	C	B	A	B	A	C	C	D
31	32	33	34	35					
C	D	C	A	C					

कम्प्यूटर ज्ञान

कम्प्यूटर की आधारभूत संरचना

कम्प्यूटर इतिहास (Computer History)

1. जे. पी. एकर्ट व जॉन मुचली ने सन् 1946 में सेना के लिये एक इलेक्ट्रॉनिक कम्प्यूटर बनाया जिसका नाम था–
A. UNIVAC (यूनिवेक)
B. EDSAC (एडसेक)
C. ENIAC (एनिएक)
D. MARK – I (मार्क–I)

2. एनिएक का वजन था–
A. 10 टन B. 20 टन
B. 30 टन D. 40 टन

3. सन् 1991 में जनगणना हेतु अमेरिकन ब्यूरो के द्वारा खरीदा गया कम्प्यूटर था–
A. UNIVAC – I B. MARK – I
C. EDRAC D. ALTAIR – 8800

4. मिनी कम्प्यूटर का उदय हुआ–
A. प्रथम पीढ़ी में B. द्वितीय पीढ़ी में
C. तृतीय पीढ़ी में D. चतुर्थ पीढ़ी में

5. सबसे पहले माइक्रोप्रोसेसर, जिसे सन् 1970 में तैयार किया गया था, का नाम था–
A. System/360
B. Intel – 4004
C. Intel Pentium
D. IBM – 4004

6. बेसिक कम्प्यूटर भाषा का उद्भव हुआ–
A. प्रथम पीढ़ी में B. द्वितीय पीढ़ी में
C. तृतीय पीढ़ी में D. चतुर्थ पीढ़ी में

7. ENIAC प्रथम पीढ़ी के कम्प्यूटर में किस तकनीकी का उपयोग किया गया था?
A. Vacuum Tube B. Transistor
C. VLSI D. LSI

8. सबसे पहला संग्रहित प्रोग्राम कम्प्यूटर था–
A. EDSAC B. ENIAC
C. MARK – I D. EDRAC

9. निम्नलिखित में से किस कम्प्यूटर को व्यापार में अनुप्रयोग के लिये तैयार किया गया था?
A. UNIVAC B. ENIAC
C. EDSAC D. MARK – I

10. कम्प्यूटर के द्वितीय पीढ़ी में किस तकनीकी का उपयोग किया गया?
A. वैक्यूम ट्यूब B. ट्रांजिस्टर
C. माइक्रो चिप D. इनमें से कोई भी नहीं

11. निम्न में से कौन-सा माइक्रो चिप नहीं है?
A. VLSI B. LSI
C. MSI D. Vacuum Tube

12. IBM कंपनी का गठन कब हुआ था?
A. 1924 में B. 1929 में
C. 1919 में D. 1923 में

डाटा (DATA)

13. असिद्ध तथ्य, अंक और सांख्यिकी पर प्रक्रिया होने से प्राप्त होता है–

A. डाटा B. सूचना
C. प्रक्रिया D. ई. डी. पी.

14. किसी विद्यार्थी का नाम या परीक्षा में प्राप्तांक है?

A. सूचना B. अर्थपूर्ण सूचना
C. डाटा D. जानकारी

15. प्रोसेसिंग में समावेश होता है–

A. गणना का
B. तुलना और तर्क का
C. निर्णय लेने का
D. उपरोक्त सभी का

16. कम्प्यूटर की सहायता से दस्तावेजों में त्रुटियाँ ढूँढना, लिपि को व्यवस्थित करना, आदि कहलाता है–

A. सूचना B. प्रणाली
C. जानकारी D. प्रक्रिया

हार्डवेयर (Hardware)

17. कम्पाइलर निम्नलिखित में से क्या है–

A. कम्प्यूटर हार्डवेयर का समूह
B. एक Translator जो एसेम्बली लेंग्वेज में परिवर्तित करता है
C. एक Program जो उच्च लेवल को मशीन लेंग्वेज में ट्रांसलेट करता है
D. इनमें से कोई नहीं

18. CD ROM ड्राइव में किस टेक्नॉलाजी का उपयोग किया गया है?

A. मैकेनिकल B. इलेक्ट्रो मैकेनिकल
C. ऑप्टिकल D. फाइबर ऑप्टिकल

19. MOS क्या है?

A. मेटल ऑक्साइड सेमीकंडक्टर
B. मोस्ट ऑफन स्टोर
C. मेथड ऑर्गनाइज्ड स्टेक
D. इनमें से कोई भी नहीं

20. MTBF का अर्थ है–

A. मीन टाईम विफोर फेल्योर
B. मास्टर टाइम विफोर फीचर
C. मोस्ट थ्रेटेंड विफोर टाईम
D. मास्टर टेस्ट ब्रोड फीचर

21. ROM में जो प्रोग्राम स्टोर होता है, उसे क्या कहते हैं?

A. हार्डवेयर B. फर्मवेयर
C. सॉफ्टवेयर D. इनमें से कोई नहीं

22. KIDS का उपयोग इनमें से किसे मापने के लिये किया जाता है?

A. प्रोसेसर के गति को
B. डिस्क ड्राइब को
C. प्रिंटर के गति को
D. टेप ड्राइब की गति को

23. IC का विभाजन किस आधार पर किया गया है?

A. मेन्यूफेक्चरिंग कंपनी
B. कम्प्यूटर के प्रकार
C. ट्रांजिस्टर के संख्या के आधार पर
D. इनमें से कोई भी नहीं

24. पर्सनल कम्प्यूटर के CPU की गति होती है–

A. 32 KBPS B. 100 KBPS
C. 1 MBPS D. इनमें से कोई नहीं

25. वह प्रोग्राम जो ROM में स्थायी रूप से स्टोर होता है, कहलाता है–

A. हार्डवेयर B. सॉफ्टवेयर
C. फर्मवेयर D. ROM वेयर

26. माइक्रो मीडिया निम्नलिखित में से किससे संबंधित हैं?

A. हार्डवेयर B. सॉफ्टवेयर
C. कम्प्यूटर पार्ट D. सेवा

27. IBM के द्वारा तैयार की गई लैप टॉप की सीरीज का क्या नाम है?

A. लैप टॉप B. थींक पैड
C. एक्टिवा D. नोट पैड

28. इनमें से कौन-सी कंपनी SCO कोड Unix के लिये उपयोग करती है?

A. Red Hat B. SUSE
C. IBM D. माइक्रोसाफ्ट

29. BSD UNIX के संस्थापक कौन हैं?

A. बिल गेट्स B. डेनिस रिंची
C. विल जॉय D. लिनेक्स टोर वेल्ड

30. AMD के द्वारा तैयार किये गये 64–वीट माइक्रो प्रोसेसर का नाम क्या है?

A. ऑप्ट्रॉन (Opteron) B. RIC – 9000
C. IMAC D. एथलोन

31. किस कम्प्यूटर पार्ट तैयार करने वाली कंपनी ने "इम्प्रूविंग योर पी.सी." का विचार दिया?

A. कैनन B. एपसन
C. मरक्यूरी D. सैमसंग

32. नॉरटल निम्नलिखित में से क्या तैयार करता है?

A. सॉफ्टवेयर B. प्रोसेसर
C. केबल D. नेटवर्क का पार्ट

33. इनमें से कौन-सी कंपनी ताइवान की है जो कम्प्यूटर बनाती है?

A. सोनी B. IBM
C. सैमसंग D. एसर

34. SCSI निम्नलिखित में से किससे जुड़ा है?

A. स्टोरेज
B. नेटवर्क डाटा ट्रांसफर
C. की-स्ट्रोक रेट
D. पिक्चर रिजॉल्यूसन

इनपुट एवं आउटपुट (Input and Output)

35. ग्राफिकल यूजर इन्वायरमेंट में किस डिवाइस का उपयोग स्टैंडर्ड प्वाइंटिंग डिवाइस के रूप में होता है?

A. की बोर्ड B. माउस
C. जॉय–स्टिक D. ट्रेकवॉल

36. प्रिंटर की गति को मापने के लिये निम्न में से किसका उपयोग किया जाता है?

A. CPM B. DPI
C. PPM D. BIT

37. कम्प्यूटर का गुण नहीं है–

A. तेज गति B. स्वचालित होना
C. अर्न्तज्ञान D. संग्रह

38. कम्प्यूटर को शिक्षक का रूप देने वाला सॉफ्टवेयर है–

A. CAT B. CAI
C. CMI D. फोटो शॉप

39. इलेक्ट्रॉन विश्वविद्यालय है–

A. CMI B. CAD
C. MIT D. डार्टमाउथ

40. कम्प्यूटर का अंतर्राष्ट्रीय संजाल है–

A. सर्च इंजन B. WWW
C. याहू D. इनमें से कोई नहीं

41. WWW संबंधित है–

A. चिकित्सा से B. व्यापार से
C. इन्टरनेट से D. शिक्षा से

42. बायोमैट्रिक प्रणाली संबंधित है–

A. चिकित्सा से
B. शिक्षा से
C. व्यापार से
D. पहचान एवं सुरक्षा प्रणाली से

43. प्रोसेसिंग सम्पन्न होती है–

A. की-बोर्ड पर B. सिस्टम यूनिट में
C. मॉनिटर पर D. प्रिंटर पर

44. पी. सी. में विद्युत सप्लाई को विभिन्न उपकरणों में बाँटने का कार्य करता है–

A. C.P.U. B. मॉडेम
C. ALU D. SMPS

45. इनपुट डिवाइस है–

A. सी. पी. यू. B. एस. एम. पी. एस.
C. माउस D. मॉनीटर

46. एक बाइट में होते है–

A. 1024 बिट B. 8 बिट
C. 1024 किलो बाइट D. 1 मेगा बाइट

47. पी. सी. एवं टेलीफोन के मध्य लगाया जाने वाला उपकरण है–

A. मॉडेम B. एस. एम. पी. एस.
C. की-बोर्ड D. मेमोरी

48. कम्प्यूटर एवं मानव के मध्य संपर्क स्थापित करते हैं–

A. मेमोरी और सी. पी. यू.
B. इनपुट डिवाइसेज
C. आउटपुट डिवाइसेज
D. (B) एवं (C) दोनों

49. किसी कागज पर प्रिंटर द्वारा छपा हुआ आउटपुट कहलाता है—
A. हार्ड कॉपी
B. सॉफ्ट कॉपी
C. माइक्रो फिल्म
D. इनपुट कॉपी

50. की बोर्ड की कुंजी दबाने पर डाटा को 8 बीट (0 एवं 1) के कोड में बदलने का कार्य करता है—
A. की-बोर्ड डीकोडर
B. की-बोर्ड एनकोडर
C. की-बोर्ड कोडर
D. की-बोर्ड कोडिंग मशीन

51. टाईप मैटिक की दर होती है—
A. 100 बार/सेकण्ड
B. 10 बार/सेकण्ड
C. 1 बार/सेकण्ड
D. 5 बार/सेकण्ड

52. < और # करेक्टर की कुंजियां होती हैं—
A. यूमेरिक की पैड में
B. फंक्शन-की में
C. अतिरिक्त कुंजियों में
D. एल्फान्यूमेरिक कुंजियों में

53. माउस क्या है?
A. ऑन लाइन डिवाइस
B. पाँइटिंग डिवाइस
C. इनपुट डिवाइस
D. अल्फान्यूमेरिक कुंजी में

54. OMR का पूर्ण नाम है—
A. Optical Mark Reader
B. Optical Marker Recognition
C. Optical Mark Resolution
D. Optical Magnetic Reader

55. OMR की डाटा स्थानान्तरण दर होती हैं—
A. 200 से 2000 पृष्ठ/मिनट
B. 250 से 2000 पृष्ठ/मिनट
C. 200 से 250 पृष्ठ/मिनट
D. 200 से 250 पृष्ठ/सेकण्ड

56. OCR के अधिक लोकप्रिय फॉन्ट हैं—
A. OCR – A और OCR – C
B. OCR – A और OMR – B
C. OCR – A और OMR – A
D. OCR – A और OCR – B

57. OCR की सामान्य गति है—
A. 15 से 30 अक्षर/मिनट
B. 1500 से 3000 अक्षर/मिनट
C. 1500 से 3000 अक्षर/सेकण्ड
D. 150 से 300 अक्षर/सेकण्ड

58. बैंकिंग में अधिक उपयोग किये जाते हैं—
A. OMR
B. MICR
C. OCR
D. OCR – A और OCR – B

59. स्कैनर है—
A. आउटपुट डिवाइस
B. इनपुट डिवाइस
C. इनपुट/आउटपुट डिवाइस
D. स्टोरेज डिवाइस

60. डिस्पले डिवाइस का महत्वपूर्ण लक्षण है—
A. टैक्स्ट
B. रेजोल्यूशन
C. इनपुट
D. सी. पी. यू.

61. ग्राफिक्स आउटपुट डिस्प्ले करने के लिये तकनीक होती है—
A. टैक्स्ट
B. ग्राफिक्स
C. बिट मैपिंग
D. रेजोल्यूशन

62. कम्प्यूटर में रिफ्रेश रेट की दर क्या है?
A. 10 बार/सेकण्ड
B. 20 बार/सेकण्ड
C. 30 बार/सेकण्ड
D. 50 बार/सेकण्ड

63. कलर मॉनिटर होता है—
A. RGB प्रकार का
B. CMYK प्रकार का
C. Lab Color का
D. इनमें से कोई नहीं

64. कम्प्यूटर में पर्याप्त रैम के उपलब्ध होने पर कलर मॉनिटर में रंग डिस्प्ले किये जा सकते हैं—
A. 256
B. 8 से 256
C. 8 से 16000000
D. 8 से 160000

65. मॉनिटर की वह तकनीक जो सस्ती एवं उत्तम रंगीन आउटपुट देने में सक्षम है—
A. FPD (फ्लैट पैनल डिस्प्ले)
B. CRT (कैथोड रे ट्यूब)

C. LCD (लिक्विड क्रिस्टल डिस्प्ले)
D. GPD (गैस प्लाज्मा डिस्प्ले)

66. EL का पूर्ण नाम है–
A. Electronic Line
B. Electrolumine scent
C. Electromagnetic
D. Electronic Lumeno

67. LCD से अधिक रेजोल्यूशन वाली तकनीक है–
A. GPD और CRT B. GPD और EL
C. GPD और FDD D. GPD और PTE

68. लैप टॉप कम्प्यूटरों में डिस्प्ले डिवाइस प्रयुक्त होती है–
A. CRT (Cathode Ray Tube)
B. FPD (Flat Panel Display)
C. FDP (Flat Display Panel)
D. FDD (Flat Display Device)

69. CRT की आंतरिक सतह पर लेपित रहता है–
A. कैल्शियम पदार्थ
B. फास्फोरस पदार्थ
C. क्रिस्टल पदार्थ
D. पिक्सेल पदार्थ

70. प्रिंटिंग की जो तकनीक टाइपराइटर की तकनीक के समान होती है, वह है–
A. टाइपमैट्रिक B. इम्पैक्ट प्रिंटिंग
C. नॉन-इम्पैक्ट प्रिंटिंग D. लेजर प्रिंटिंग

71. इलेक्ट्रोथर्मल प्रिंटिंग है–
A. नॉन-इम्पैक्ट प्रिंटिंग B. इम्पैक्ट प्रिंटिंग
C. उपरोक्त दोनों D. पेज प्रिंटिंग

72. इनमें से कौन-सा आउटपुट डिवाइस नहीं है?
A. स्कैनर B. प्रिंटर
C. फ्लैट स्क्रीन D. टच पैड

ग्राफिक्स (Graphics)

73. डायरेक्ट एक्स (Direct X) है–
A. कम्प्यूटर का एक पार्ट
B. एक सॉफ्टवेयर जो ग्राफिक हार्डवेयर को चलाता है
C. एक यूजर इन्टरफ्रेश
D. इनमें से कोई नहीं

74. पिक्सल एक–
A. कम्प्यूटर प्रोग्राम है जो पिक्चर बनाता है
B. पिक्चर है जो सेकेन्डरी मेमोरी में स्टोर होता है
C. पिक्चर का सबसे छोटा पार्ट है
D. इनमें से कोई नहीं

मेमोरी (Memory)

75. हाई रेजोल्यूशन मोड में, एक लाइन में कितने डॉट होते हैं?
A. 320 B. 640
C. 760 D. 900

76. कौन-सा डिवाइस डाटा एवं प्रोग्राम के बीच अन्तर प्रदर्शित करता है?
A. इनपुट डिवाइस B. आउटपुट डिवाइस
C. मेमोरी D. माइक्रो प्रोसेसर

77. एक RAM में कितने साइकल राईट हो सकते हैं?
A. 1 B. 10
C. 100 D. 1000

78. एक EP-ROM में कितने साइकल (Cycle) राईट हो सकते हैं?
A. 1 B. 10
C. 100 D. 1000

79. किस स्टोरेज डिवाइस को रील (Reel) में लपेट कर रखा जाता है?
A. फ्लॉपी डिस्क B. हार्ड डिस्क
C. मैग्नेटिक टेप D. सी. डी. रोम

80. इनमें से कौन-सा तथ्य सही है–
A. कैश मेमोरी RAM से बड़ा होता है
B. कैश मेमोरी RAM से छोटा होता है
C. ROM, RAM से तेज होता है
D. ROM में इन्फॉर्मेसन यूजर के द्वारा लिखा जा सकता है

81. एक पी. सी. में प्राइमरी मेमोरी के Size (साईज) की रेंज क्या हो सकती है?
A. 2 KB से 8 KB
B. 64 KB से 256 KB
C. 256 KB से 640 KB
D. इनमें से कोई नहीं

82. मेमोरी डाटा रजिस्टर इनमें से किसे होल्ड कर (पकड़ कर) अपने पास रखता है?
A. सिगमेंट नम्बर
B. मेमोरी लोकेशन का एड्रेस
C. ट्रांजिस्टर का नम्बर
D. इनमें से कोई नहीं

83. यूजर के द्वारा Input की गई सूचना इनमें से कहाँ जमा होती है?
A. डाटा मेमोरी रजिस्टर
B. मेमोरी एड्रेस रजिस्टर
C. मेमोरी एक्सेस रजिस्टर
D. मेमोरी एरिथमेटिक रजिस्टर

84. मेमोरी यूनिट इनमें से किसका एक भाग है?
A. इनपुट डिवाइस
B. कंट्रोल यूनिट
C. आउटपुट डिवाइस
D. डाटा प्रोसेसिंग यूनिट

85. एल्गोरिथम (Algorithm) एवं फ्लो चार्ट का उपयोग निम्न में से किसके लिये किया जाता है?
A. मेमोरी के कैपेसिटी को जानने के लिये
B. नम्बर सिस्टम के आधार को जानने के लिये
C. प्रिंटर से डायरेक्ट आउटपुट लेने के लिये
D. प्रॉब्लम को स्पष्ट एवं पूर्ण रूप में जानने के लिए

86. किस डिवाइस का उपयोग अधिक-से-अधिक डाटा को स्टोर करने के लिये किया जाता है एवं जिसे Carry (कैरी) करने में भी आसानी होती है?
A. फ्लॉपी डिस्क B. हार्ड डिस्क
C. CD-ROM D. जिप डिस्क

87. इनमें से कौन-सा फ्लॉपी डिस्क का स्टोरेज साइज नहीं है?
A. 360 KB B. 720 KB
C. 1.24 MB D. 1.44 MB

88. कम्प्यूटर में सूचना निम्नलिखित में से किस रूप में जमा होती है?
A. फाइल B. डायरेक्ट्रीज
C. फ्लॉपी D. मैटर

89. इनमें से किस आकार की फ्लॉपी उपलब्ध नहीं है?
A. 8 इंच B. 5 ¼ इंच
C. 3 ½ इंच D. 5 ½ इंच

90. मेमोरी निम्न में से किसका समूह है?
A. तारों (Wires) का समूह
B. सर्किट का समूह
C. सेल (Cell) का समूह
D. उपरोक्त सभी का

91. प्राइमरी मेमोरी निम्न में से क्या जमा करता है?
A. डाटा B. प्रोग्राम
C. रिजल्ट D. उपरोक्त सभी को

92. EPROM का उपयोग किस कार्य के लिये किया जाता है?
A. ROM के कंटेंट को हटाने में
B. ROM के कंटेंट को पुनः तैयार करने में
C. ROM के कंटेंट को पुनः तैयार करने एवं मिटाने में
D. ROM को कॉपी करने में

नेटवर्क बेसिक्स (Network Basics)

93. कम्प्यूटर को नेटवर्क से जोड़ने के लिये जिस एड्रेस का उपयोग किया जाता है, वह है–
A. सिस्टम एड्रेस B. SYSID
C. प्रोसेस ID D. IP एड्रेस

94. इनमें से कौन-सा Logic Gate नहीं है?
A. AND B. OR
C. NOT D. NAT

95. LAN कार्ड का दूसरा नाम क्या है?
A. NIC
B. Network कनेक्टर
C. मॉडेम (MODEM)
D. इन्टरनेट कार्ड

96. इनमें से किस केबल का उपयोग उच्च गति से आँकड़े परिवर्तित करने के लिये किया जाता है?
A. कोएक्सिल केबल (Coaxial Cable)
B. ऑप्टिक फायबर केबल (Optic Fiber Cable)
C. ट्विस्टेड पेयर केबल (Twisted Pair Cable)
D. यू. टी. पी. केबल (U.T.P. Cable)

आपरेटिंग सिस्टम

बेसिक्स ऑफ OS (Basics of OS)

1. Operating system का मुख्य कार्य–
   A. फाईल सेव करना
   B. Hardware एवं Software part को control करना
   C. सभी फाईल एवं फोल्डर को व्यवस्थित करना
   D. दोनों (B) एवं (C)

2. इसमें से कौन-सा OS नहीं है–
   A. DOS B. MUS
   C. UNIX D. उपरोक्त में कोई नहीं

3. इसमें कौन-सा Multiprocessing system है–
   A. MVS B. OS/2
   C. UNIX D. उपरोक्त सभी

4. Disk एवं File Maintenance किसका भाग है–
   A. Presentation Software
   B. OS Software
   C. Spreadsheet Chart
   D. Multiplatform Environment

5. किसका उपयोग दूसरे software को रन कराने के लिये उपयोग किया जाता है–
   A. Operating System
   B. Application Software
   C. System Software
   D. उपरोक्त में से कोई भी नहीं

6. Computer एवं User के बीच लेयर का काम कौन करता है–
   A. Operating environment
   B. Operating system
   C. System environment
   D. उपरोक्त में कोई भी नहीं

7. Operating system का मुख्य कार्य क्या है–
   A. Computer hardware को अधिक उपयोगी बनाना
   B. लोगो को computer उपयोग करने की अनुमति प्रदान करना
   C. फाईल को सजाना
   D. उपरोक्त सभी

8. एक Interface से दूसरे Interface में भेजने के लिये किसका उपयोग होता है–
   A. Programme
   B. Software
   C. Data
   D. उपरोक्त में से कोई भी नहीं

9. सीधे hardware से कौन जुड़ा होता है–
   A. वातावरण
   B. सिस्टम
   C. ऑपरेटिंग सिस्टम
   D. उपरोक्त में से कोई भी नहीं

10. Multiprogramming system-
    A. Single programming system से आसान है
    B. सभी कार्य तेजी से करने वाली मशीन हैं
    C. एक समय में एक से अधिक कार्य करने का माध्यम हैं
    D. उपरोक्त सभी हैं

11. जब स्वीच ऑन होता है तब सर्वप्रथम कौन-सा प्रोग्राम रन होता है–
    A. System Software
    B. Application Software
    C. Operating System
    D. उपरोक्त सभी

12. Programme, Counter, Interface and Terminal सभी सीधे जुड़े होते है–
    A. Hardware से B. Software से
    C. Data से D. उपरोक्त सभी से

13. Hardware एवं Software दोनों के साथ अपने गुणों को share करता है–
    A. Operating Software
    B. Software
    C. Data
    D. उपरोक्त में कोई भी नहीं

सिस्टम स्ट्रक्चर (System Structure)

14. Mechanism को policy से अलग करने के लिये निम्न में से किसका उपयोग किया जाता है?
A. Single level implementation
B. Double level implementation
C. Multi level implementation
D. उपरोक्त में से कोई भी नहीं

15. Physical computer से OS के द्वारा क्या तैयार किया जाता है?
A. Virtual Space
B. Virtual Computer
C. Virtual Device
D. उपरोक्त में से कोई भी नहीं

16. स्वेपिंग क्या है–
A. अलग-अलग भाग में काम करना
B. एक से अधिक प्रोग्राम को मेमोरी उपयोग करने का आदेश देना
C. प्रत्येक प्रोग्राम को मेमोरी उपयोग करने एवं मेमोरी से बाहर भेजने का एक तरीका
D. उपरोक्त में से कोई भी नहीं

17. इसमें कौन सही रूप से Multi tasking नहीं है–
A. Windows 98 B. Windows NT
C. Window XP D. DOS

18. जब computer start होता है तब एक विशेष लोडर कार्य करता है, वह हैं–
A. Compiler B. Boot loader
C. Bootstrap loader D. Relating loader

19. Poor response time इसमें से किसके लिए होता है–
A. Process busy
B. Hard input/output rate
C. Hard processing rate
D. उपरोक्त सभी के लिए

20. इसमें किस प्रोग्राम की उपयोगिता नहीं है–
A. Debugger B. Editor
C. Spooler D. उपर्युक्त सभी

21. को-प्रोसेसर क्या है?
A. यह Software को आसान उपयोग के लिये support करता है
B. सभी process को बराबर function support देता है
C. किसी application के साथ कार्य करता है
D. उपरोक्त सभी

22. Client server application के लिये कौन-सा operating system उपयुक्त है–
A. Windows 98 B. Windows NT
C. Window XP D. उपरोक्त सभी

23. Operating system manage करता है--
A. Memory B. Process
C. Disk and I/O device D. उपरोक्त सभी

एम एस–डॉस (MS-DOS)

24. MS-DOS किसके द्वारा बनाया गया है?
A. Microsoft
B. IBM
C. Apple talk
D. उपरोक्त में से किसी के भी द्वारा नहीं

25. MS-DOS को develop करने वाला programmer कौन था?
A. R. Jhon
B. Bill Gates
C. Dennis Ritchi
D. उपरोक्त में कोई नहीं

26. MS-DOS का अंतिम version कौन-सा है?
A. 5.0 B. 6.0
C. 6.11 D. 6.22

27. DOS में कौन File Internal Command को लोड करता है–
A. Io.sys B. MsDos.sys
C. Command.com D. Config.sys

28. जब DOS boot होता है तब batch file स्वतः रन करता है। उस batch file का नाम क्या है–
A. Run.bat B. Config.sys
C. Config.sys D. Autorun.bat

29. Additional file को चलाने के लिये किस प्रकार के command की जरूरत होती है–
A. Internal Command
B. External Command
C. Batch Command
D. Redirectories

30. Time command का उपयोग होता है–
A. System के time को डिस्पले करने में
B. US time को डिस्पले करने में
C. Julian time को डिस्पले करने में
D. उपरोक्त संभी में

31. DIR के साथ किस स्वीच का उपयोग सभी फाईल एवं डायरेक्ट्री देखने में होता है?
A. /p B. /w
C. /s D. /<

32. Disk पर Error fix करने का सबसे अच्छा tool है–
A. Fdisk B. Scandisk
C.Chkdsk D. Fixdsk

33. Copy command file को copy करता है। इसको निश्चित करने के लिये किस command का उपयोग होगा?
A. /A B. /C
C. /S D. /V

34. निम्न command prompt का उत्तर क्या होगा–
$< $p $g?
A. <C:\>? B. <TD>
C. C:\> D. C::\>

35. किस command का उपयोग disk में track एवं sector को पुनः तैयार करने में होता है–
A. Fdisk B. Format disk
C. Chkdsk D. ATTRIB

36. Disk copy के लिये कौन-सा कथन सत्य है–
A. Copy एवं Disk copy दोनों समान है
B. disk copy हार्ड डिस्क पर उपयोग होता है
C. यह DOS का प्रारंभिक command है
D. यह floppy एवं हार्ड डिस्क पर उपयोग होगा

37. FAT का पूरा नाम है–
A. File accommodation table
B. File access type
C. File allocation table
D. File activity table

38. DOS version को जानने के लिये किस command का उपयोग होता है–
A. VERSION B. VERIFY
C. VER D. VERSN

39. इसमें कौन-सा file name गलत है–
A. Myfile.dos B. Check$.(1)
C. Verified.# # # D. Qwerty.113

40. Virus का पूरा नाम क्या है–
A. Very important resource under search
B. Virtual information resource under seize
C. Verify interchange result until source
D. Very important record user searched

41. अचानक deleted file को किस command के द्वारा recover किया जायेगा–
A. UNDELETE
B. DELETE/CANCEL
C. RESTORE
D. RECOVER

42. Disk का नाम set करने के लिए किस command का उपयोग होता है–
A. VOLUME B. VOL
C. LABEL D. DISKLABEL

43. किस command का उपयोग file को sorted order में display करने के लिये होता है–
A. DIR/N B. DIR/SO
C. DIR/AN D. DIR/AH

44. किस command को पहले से उपयोग किये गये command को देखने के लिये किया जाता है–
A. COMMAND/ALL B. KEYDOS
C. DOSKEY D. DIR/ALL

45. Single Binary Bit store करने के लिये किसका उपयोग किया जाता है–
A. CAPACITOR B. FLIP-FLOP
C. REGISTER D. INDICATOR

मेमोरी स्टोरेज (Memory Storage)

46. जब एक से अधिक Flip-flop का समूह होता है, तब वह कहलाता है–
A. Counter
B. Adder
C. Register
D. उपरोक्त में से कोई भी नहीं

47. सबसे अच्छा यूनिट कौन-सा है जो storage के external device को support करता है–
A. Bits B. Bytes
C. Hertz D. Clock Cycles

48. अलग-अलग read/write हेड का उपयोग किस memory scheme के लिये किया जाता है–
A. Random Access
B. Sequential Access
C. Direct Access
D. उपरेक्त में से कोई भी नहीं

49. Operation को allow करने के लिए जिस रजिस्टर का उपयोग होता है, वह कहलाता है–
A. Counter B. Loader
C. Adder D. Shift register

50. निम्न में cost को ध्यान में रखकर सबसे सस्ता memory device कौन-सा है–
A. Conductor memory B. Magnetic Disk
C. Magnetic Tape D. Compact Disk

51. इसमें सबसे अधिक तेज गति से access करने का device कौन-सा है–
A. Magnetic Disk
B. Semiconductor memory
C. Magnetic Tape
D. Compact Disk

52. निम्न में कौन सेमी कंडक्टर मेमोरी है–
A. Dynamic B. Static
C. Bubble D. दोनों (A) एवं (B)

53. इसमें कौन-सा Read only memory storage device है–
A. Floppy
B. Hard Disk
C. CDRom
D. उपरोक्त में से कोई भी नहीं

मल्टी टास्किंग (Multi Tasking)

54. एक ही समय में एक से अधिक यूजर का प्रोग्राम रन कराने मे कौन मदद करता है–
A. Multi User
B. Multi tasking
C. Multi processing
D. उपरोक्त में से कोई भी नहीं

55. Multi Programming, एक ही समय में, एक से अधिक निम्नलिखित में से किस को support करता है–
A. Process
B. User
C. Hardware
D. उपरोक्त में से कोई भी नहीं

56. Preemptive एवं cooperative दोनों प्रकार है–
A. Multiprogramming के
B. Multitasking
C. Multi User
D. उपरोक्त में किसी के भी नहीं

57. Macintosh computer किस प्रकार का multitasking computer है–
A. Pre-emptive
B. Co-operative
C. Multiprogramming
D. उपरोक्त में से कोई भी नहीं

58. UNIX किस तरह का Multitasking उपयोग करता है--
A. Pre-emptive B. Co-operative
C. Multiprogramming D. कोई भी नहीं

59. जब डाटा एक साथ ग्रुप में process करता है, तो वह कहलाता है–
A. Batch processing
B. Group Processing

C. Time sharing
D. उपरोक्त में से कोई भी नहीं

60. Micro computer में किस operating system का उपयोग होता है?
A. UNIX
B. LINUX
C. WINDOWS
D. उपरोक्त सभी

61. निम्नलिखित में कौन-सा operating system का function नहीं है?
A. Batch processing
B. Multiprocessing
C. Top management
D. Virtual Storage

62. निम्न में रियल टाईम ऑपरेटिंग सिस्टम कौनसा है–
A. Phillips-P-855
B. Vista
C. XP
D. Linux

63. Operating system का प्रारंभिक उपयोग क्या है–
A. उत्पादकता बढ़ाना
B. Testing
C. Loading
D. Maintenance

64. MVS का पूरा नाम है–
A. Many very (large) system
B. Multiple virtual storage
C. Multi value system
D. उपरोक्त में से कोई भी नहीं

65. इनमें कौन-सा रियल टाईम ऑपरेटिंग सिस्टम है–
A. BLMX
B. CTOS
C. CCP
D. DOS

66. Batch processing को किस नाम से जाना जाता है?
A. Serial
B. Sequential
C. Off line processing
D. उपरोक्त सभी

67. Control statement के लेंग्वेज में लिखने के लिये किस स्टेटमेंट का उपयोग किया जाता है?
A. Preemptive
B. Co-operative
C. Multiprogramming
D. उपरोक्त में से कोई भी नहीं

68. Commercial data processing के लिये उपयोग किया गया programme जो अधिक से अधिक मात्रा में डाटा को पढ़ता है, कहलाता है–
A. I/O bound programme
B. Multi programming
C. Multitasking
D. उपरोक्त में से कोई भी नहीं

69. MFT का पूरा नाम हैं–
A. Multi programming (for) tasking
B. Multi fixed tasking
C. Multiprogramming with fixed tasking
D. उपरोक्त में से कोई भी नहीं

70. MVT का पूरा नाम है–
A. Multi variant tasking
B. Multiple variant tasking
C. Multiprogramming variable tasking
D. उपरोक्त में से कोई भी नहीं

71. Programme का सबसे popular stage जो main memory पर कार्य करता है, क्या कहलाता है–
A. Running
B. Ready
C. Block
D. कोई भी नहीं

टाइम शेयरिंग सिस्टम (Time Sharing System)

72. किसी resource को समय के अनुसार अलग-अलग प्रोग्राम में बाँटा जाये तो वह क्या कहलाता है–
A. Multi tasking
B. Multi user
C. Time Sharing
D. उपरोक्त में से कोई भी नहीं

73. Time sharing का सिद्धांत है–
A. अधिक से अधिक यूजर डायरेक्ट कम्प्यूटर से डाटा आदान-प्रदान कर सके एवं प्रॉब्लम हल कर सके
B. फाईल विभाग करना
C. (A) एवं (B) दोनों
D. उपरोक्त में से कोई भी नहीं

74. यूजर CUP पर केंद्रित होता है जिसमें कुछ समय निर्धारित होता है। वह समय कहलाता है–
A. Time slice
B. Multi programming

C. Question time
D. उपरोक्त में से कोई भी नहीं

75. Time sharing system में जो यूजर central system से डाटा आदान प्रदान करता है, वह कहलाता है–
A. Interactive computing
B. Conversation computing
C. (A) एवं (B) दोनों
D. उपरोक्त में से कोई भी नहीं

76. एक प्रोसेस जब अधिक गति में जब डाटा या फाइल का लेन-देन करता है तब सिस्टम अधिक प्रभावित रूप से कार्य करता है, यह कहलाता है–
A. Real time system
B. Time sharing system
C. उपरोक्त दोनों
D. उपरोक्त में से कोई भी नहीं

77. Booting process का extension नाम क्या है–
A. confic.sys
B. command.com
C. autoexe.bat
D. उपरोक्त में से कोई भी नहीं

78. Command. com file एक–
A. Programme file हैं
B. Hidden file हैं
C. Executable file है
D. उपरोक्त में से कोई भी नहीं

79. Hidden file है–
A. Io.sys
B. Msdos.sys
C. दोनों (A) एवं (B)
D. उपरोक्त में से कोई भी नहीं

80. Booting process रन कराता है–
A. config.sys file
B. aurtiexec.bat file
C. command.com
D. उपरोक्त में से कोई भी नहीं

81. Booting process में कौन-सी फाईल हार्डवेयर को चेक करती है–
A. common.file
B. config.sys
C. autoexec.bat
D. उपरोक्त में से कोई भी नहीं

82. Booting process में config.sys क्या प्रदान करता है–
A. मेमोरी की खाली जगह
B. मेमोरी की भरी हुई जगह
C. मेमोरी की फाईल
D. उपरोक्त में से कोई भी नहीं

83. Booting process कौन-सी फाईल स्वतः रन करता है–
A. command.com B. config.sys
C. autoexec.bat D. io.sys

84. Booting process के दौरान कौन सी फाईल command फाईल को संग्रहित करता है–
A. command.com
B. config.sys
C. io.sys
D. उपरोक्त में कोई भी नहीं

85. Command.com को क्या कहा जाता है?
A. Shell
B. Console command process
C. दोनों (A) एवं (B)
D. उपरोक्त में से कोई भी नहीं

यूनिक्स OS (UNIX OS)

86. Unix programming को किस language में लिखा गया है?
A. C++ B. C
C. Java D. Visual Basic

87. Unix किस प्रकार की Operating है?
A. Multiuser
B. Time Sharing system
C. दोनों (A) एवं (B)
D. उपरोक्त में से कोई भी नहीं

88. DOS एक किस प्रकार का Operating system है–
A. Single user

B. Double user

C. Multi user

D. उपरोक्त में कोई भी नहीं

89. Booting process में कितना समय अधिकतम लगता है–

A. 10 सेकण्ड B. 20 सेकण्ड

C. 18 सेकण्ड D. 30 सेकण्ड

90. Real time sharing को किसे control करने के लिये उपयोग किया जाता है–

A. Physical system

B. Logical system

C. दोनों (A) एवं (B)

D. उपरोक्त में से कोई भी नहीं

नेटवर्किंग

डिवाइस (Device)

1. कंपनी का एक बड़ा network है जिसको छोटे–छोटे भाग में बाँटा गया है । किस device का उपयोग कर LAN को अलग-अलग भागों में बाँटा जा सकता है?

A. एक इंटरनल फायरवॉल

B. सबनेट के बीच रूटर

C. विभाग के लिए अलग–अलग स्वीच

D. उपरोक्त सभी के द्वारा

2. ईथरनेट के लिये कौन-से कंपोनेन्ट LAN में उपयोग किये जाते है?

A. COAX B. FIBER

C. STP D. उपरोक्त सभी

3. किस डिवाइस को पैकेट ऐड्रेस के द्वारा पैकेट भेजने के लिये डिजाइन किया गया है?

A. स्पेसिलिटी हब B. स्वीचिंग हब

C. पोर्ट हब D. फिल्टरिंग हब

फायरवॉल्स (Firewalls)

4. कंपनी गेटवे या नेटवर्क सर्वर के द्वारा इंटरनेट ऐक्सेस करता है । इसमें किस डिवाइस का उपयोग LAN एवं resource को सुरक्षा प्रदान करने के लिये किया जाता है?

A. D.S.L. Modem

B. एक मल्टीहोम फायरवॉल

C. VLAN

D. एक ब्राउजर

5. LAN के लिये फायरवॉल उपयोग करने से यह लाभ है–

A. Message को एक्सेस करने में मदद करता है

B. अलग–अलग resource को अनुशासित रूप से control करना

C. LAN के लिये सुरक्षा प्रदान करना

D. दोनों (B) एवं (C)

6. फायरबॉल के लिये निम्न में कौन-सा कथन सत्य है?

A. नेटवर्क ट्रॉफिक का फिल्टर करना

B. हार्डवेयर एवं सॉफ्टवेयर को सुरक्षा प्रदान करना

C. रूल का अनुसरण करना

D. उपरोक्त सभी

7. जब रूटर पर स्टेटिक पैकेट फिल्टरिंग उपयोग किया जाता है तब निम्न में से कौन-सा कथन सत्य साबित होगा?

A. यह कम सुरक्षा प्रदान करता है

B. यह पैकेट फिल्टरिंग प्रॉक्सी सर्वर से कम सुरक्षित है

C. यह डायनामिक से अधिक सुरक्षित है

D. दोनों (B) एवं (C)

8. पॉकेट फिल्टरिंग फायरवॉल किस OSI लेयर पर कार्य करता है?

A. एप्लिकेशन लेयर पर B. ट्रांसपोर्ट लेयर पर

C. नेटवर्क लेयर पर D. दोनों (B) एवं (C)

9. फायरवॉल को किस कार्य के लिये डिजाइन किया गया है?

A. सिक्यूरिटी एक्सपोजर का सीमित है

B. इंटरनेट एक्टिविटी पर लॉग-इन होना

C. ऑर्गनाईजेशन की सिक्यूरिटी में मदद करना

D. वायरस से बचाने में

10. स्टेटफुल फायरवॉल कनेक्शन ओरिएंटेड पैकेट को छानता है। निम्नलिखित में से कौन-सा स्टेटफुल पैकेट है?

A. UDP B. TCP

C. IP D. ICMP

11. निम्नलिखित में कौन-सा सिस्टम एप्लिकेशन लेयर पर प्रॉक्सी सॉफ्टवेयर का उपयोग कर रन करता है?

A. प्रॉक्सी NAT B. प्रॉक्सी क्लाइंट

C. क्लाइंट 32 D. प्रॉक्सी सर्वर

12. निम्न में से कौन रूटर का उपयोग पैकेट फिल्टरिंग के साथ करता है?

A. एप्लिकेशन लेयर फायरवॉल

B. पैकेट फिल्टरिंग फायरवॉल

C. रूटर इनहैन्स फायरवॉल

D. IP इनेबल फायरवॉल

13. निम्नलिखित में से कौन फायरवॉल कनेक्शन स्टेट का ट्रैक रखता है?

A. एप्लिकेशन लेयर फायरवॉल

B. रूटर इनहैन्स फायरवॉल

C. स्टेटफुल पैकेट फिल्टरिंग फायरवॉल

D. पैकेट फिल्टरिंग फायरवॉल

रूटर (Router)

14. निम्न में कौन-सा डिवाइस मल्टीकास्ट एवं यूनिकास्ट पैकेट में अंतर बताता है?

A. Multicast Switch B. Wicast Switch

C. Wicast Router D. Multicast Router

15. LAN security के लिये किस सबनेट का उपयोग internal network में स्थायीतत्व लाने के लिये होता है?

A. Static Router B. Dynamic Router

C. Static Switch D. Dynamic Switch

16. निम्न में सबसे अधिक कठिन एवं सुरक्षित डिवाइस कौन-सा है जिसे LAN उपयोग करता है?

A. Static Router

B. IP Enabled Router

C. Dynamic Router

D. RIP Enabled Router

17. Router एवं ब्रीच के लिये कौन-सा कथन सत्य है–

A. ब्रीच दो नेटवर्क को डाटा लिंक लेयर पर जोड़ता है

B. Router अधिक उपयोगी होता है

C. Router दो नेटवर्कों को Network layer पर जोड़ता है

D. दोनों (A) एवं (C)

18. Router किस OSI layer पर कार्य करता है?

A. Transport B. Network

C. Presentation D. Session

स्विच, वॉयरलेस (Switch, Wireless)

19. किसी नेटवर्क का उपयोग कर cost को कम एवं चेकर को रोकने का काम किया जाता है?

A. Hub B. Switch

C. Router D. Firewall

20. जब LAN में स्वीच का उपयोग किया जाता है तब किस स्टेटमेंट को सिक्यूरिटी के लिये चुना जाता है?

A. SSH का उपयोग कर Interface को manage करता है

B. Switch telnet एवं HTTP का उपयोग करता है

C. Switch firewall के पीछे रखा जाता है

D. दोनों (B) एवं (C)

21. किस Hub का उपयोग पैकेट को भेजने के लिये किया जाता है?

A. Smart Hub B. Switching Hub

C. Routing Hub D. Porting Hub

22. निम्न में कौन-सा critical (जटिल) wireless device है?
A. AP B. WAP
C. WEP D. WLAN

23. निम्न में कौन-सा कथन मोडेम के लिये सत्य है–
A. Modem telephone line उपयोग करता है
B. Modem Modular एवं Demodular है
C. Modem का उपयोग security के लिये किया जाता है
D. दोनों (A) एवं (B)

24. सबसे अधिक सुरक्षित रिस्क क्या है जब Modem network के साथ कार्य कर रहा है?
A. बिना नेटवर्क एडमिनिस्ट्रेटर के ज्ञान का रिमोर्ट एक्सेस करना
B. LAN बिना एडमिनिस्ट्रेटर को एक्सेस करना
C. Client बिना एडमिनिस्ट्रेटर को एक्सेस करना
D. Server बिना एडमिनिस्ट्रेटर को एक्सेस करना

RAS, टेलीकॉम / PBX, VPN

25. RAS क्या है?
A. Remote access security
B. Random access security
C. Random access service
D. Remote access service

26. RAS एक Dialup network है। कौन-सा कनेक्शन RAS connection है?
A. ISDN B. VPN
C. DSL D. ALL

27. निम्न में कौन-सा कथन PBX से जुड़ा है?
A. PBX (Private Branch Exchange)
B. PBX High Speed Date transfer के लिये उपयोग होता है
C. दोनों (A) एवं (B)
D. PBX analog message को transfer करता है

28. दो साइट के बीच private communication encryption एवं अधिपत्य देता है। निम्न में कौन-सा सबसे उत्तम इस नेटवर्क के लिये है?
A. MODEM B. FIREWALL
C. VPN D. HOST

29. किस पद्धति का उपयोग मजबूत अधिपत्य के लिये होता है?
A. DES
B. BLOCK CHIPER
C. STREAM CHIPER
D. DEFFIE-HELLMAN

30. अधिक तेज गति से डाटा encryption के लिये किसका उपयोग किया जाता है?
A. STREAM CHIPER B. RSA
C. DES D. IPSEC

31. VPN connection के security के लिये किसका उपयोग किया जाता है?
A. TLS B. IPSeC
C. L2TP D. दोनों (B) एवं (C)

IDS

32. IDS का पूरा नाम हैं–
A. Intrusion Detection System
B. Indian Develop System
C. Integrated Disk System
D. उपरोक्त में से कोई भी नहीं

33. किस डिवाइस का उपयोग नेटवर्क ट्रैफिक की देख-रेख के लिये किया जाता है?
A. नेटवर्क आधारित Intrusion detection system
B. होस्ट आधारित transfer system
C. रूटर पर आधारित network system
D. उपरोक्त में से कोई भी नहीं

34. किस डिवाइस का उपयोग खोज में अधिक, रोकथाम में कम किया जाता है?
A. IDS B. DMZ
C. NAT D. PROXY

35. नेटवर्क डिवाइस की देखरेख के लिये किसका उपयोग किया जाता है?
A. SMTP B. SNMP
C. RIP D. OSPF

36. ईथरनेट पैकेट की देखरेख के लिये नेटवर्क मॉनिटर एवं प्रोटोकॉल एनलाइजर का उपयोग किया जाता है। जब IP हेडर के द्वारा "1" मैसेज भेजा जाता

है तब किस प्रकार का error या protocol निर्धारित होता है?

A. UDP B. ICMP
C. IGMP D. TCP

37. ईथरनेट पैकेट की देखरेख के लिये नेटवर्क मॉनिटर एवं प्रोटोकॉल एनलाइजर का उपयोग किया जाता है। जब IP हेडर के द्वारा "6" मैसेज भेजा जाता है तब किस प्रकार का error या protocol निर्धारित होता है?

A. UDP B. ICMP
C. IGMP D. TCP

वर्क स्टेशन, सर्वर, मोबाइल डिवाइस (Work Station, Server, Mobile Device)

38. LAN device के लिये सामान्यतः किस source एवं security का उपयोग पेयर से पेयर को जोड़ने एवं फाईलोयर करने के लिये होता है?

A. SQL Server B. Routers
C. Switches D. Workstations

39. जब यूजर के software download करने पर रोक लगाई जाती है तब वह क्या कहलाता है–

A. Desktop Lockup
B. Desktop Lookup
C. Desktop Lockdown
D. Desktop Lookdown

40. जब स्वतंत्र सर्वर को एक ग्रुप में रखा जाता है एवं ग्रुप एक सर्वर की तरह कार्य करता है, तो वह क्या कहलाता है–

A. Proxy Server
B. SQL Server
C. Server Array
D. Server Cluster

41. निम्न में किस डिवाइस की file sharing, network connection के लिए एक जैसी सुरक्षा प्रदान की जाती है?

A. Switch B. Workstation
C. Server D. दोनों (B) एवं (C)

42. किस डिवाइस का उपयोग मोबाईल को नेटवर्क के साथ जोड़ने के लिये उपयोग किया जाता है?

A. PDR B. PDA
C. PAGER D. दोनों (B) एवं (C)

43. निम्नलिखित में कौन-सा छोटा नेटवर्क डिवाइस है?

A. WORKSTATION B. SERVER
C. MOBILE DEVICE D. VPN

मीडिया UTP, STP

44. निम्न में कौन-सा नेटवर्क केबलिंग का एक प्रकार है?

A. Twisted Pair Wire B. Fiber Optic
C. Coaxial D. उपरोक्त सभी

45. निम्न में कौन-सी cross over effective (प्रभावित) केबल है–

A. मोडेम एवं नेटवर्क के बीच
B. हब एवं कंप्यूटर के बीच
C. दो कंम्प्यूटरो के बीच
D. स्वीच एवं रूटर के बीच .

46. CSMA क्या है?

A. Carrier Sensing Minimal Access
B. Carrier Sensing Multiple Access
C. Carrier Sense Multiple Access
D. उपरोक्त में कोई भी नहीं

47. निम्न में Coaxial केबल ट्रांसमिशन पद्धति कौन-सी है?

A. Baseband B. Broadband
C. दोनों (A) एवं (B) D. CSMA/CA

48. Coaxial केबल की मुख्य विशेषता क्या है?

A. High Security
B. Physical Dimension
C. Long Distance
D. Easily taped

49. किस coaxial केबल में दो आउटर कंडक्टर होते है?

A. STP Coax

B. Dual-Shield Coax
C. Multi-Shielded Coax
D. Bi-Coax

50. निम्न में किसका उपयोग 16MBPS से अधिक स्पीड से डाटा भेजने के लिये होता है?
A. 1 UTP B. 2 UTP
C. 3 UTP D. कैटगोरी 4 UTP

51. निम्न में कौन-सी twisted pair-cabling की property नहीं है?
A. 10w गति से ट्रांसमिशन होता है
B. Wires शील होता है
C. वायर बंद नहीं होते
D. Twisted एक ही लाइट वेब को भेजता है

52. Local network के installation के लिये किस मिडिया का उपयोग होता है?
A. Fiber B. CAT3
C. CAT5 D. Thin net

फाइबर (Fiber)

53. निम्न में कौन-सी फाइबर केबलिंग प्रॉपर्टी नहीं है?
A. Copper cable से अधिक गति से डाटा भेजना
B. Copper cable से आसानी से तरंग capture करना
C. घनत्व कम होना
D. Signal light के रूप में भेजना

54. Fiber में data transit के लिये किसका उपयोग किया जाता है?
A. Vibration B. Sound
C. बिजली का करंट D. प्रकाश

55. कोलाहल पूर्ण माहौल में किस नेटवर्क cable का उपयोग किया जाता है?
A. Fiber B. STP
C. Coax D. UTP

56. Radio frequency को सुरक्षा प्रदान करने के लिये किस मिडिया का उपयोग किया जाता है?
A. UTP B. STP
C. Coax D. Fiber

57. कौलाहलपूर्ण माहौल एवं electrical trouble मे किस media का उपयोग डाटा भेजने में होता है?
A. STP B. UDP
C. Coax D. Fiber

58. Modulated light को भेजने में किस केबल का उपयोग किया जाता है?
A. Category 3 UTP
B. Category 5 UTP
C. Fiber
D. Coax

59. निम्न में कौन-सा सबसे अधिक खर्चीला होता है?
A. Fiber Optic B. Coaxial Cable
C. कैटेगोरी 4 UTP D. कैटेगोरी 5 UTP

रिमूवेबल मिडिया, टेप, CD-R

60. Catastrophic data के खोने की क्षतिपूर्ति को किस मिडिया के द्वारा कम किया जा सकता है–
A. डाटा की बैकअप कॉपी तैयार कर रखना
B. डाटा को डिस्क में save करना
C. CD-R में डाटा बैकअप रखना
D. Virus को चेक करना

61. Magnetic storage media का कौन-सा उदाहरण है?
A. Zip B. CD-ROM
C. Floppy Disk D. दोनों (A) एवं (C)

62. किस डिवाइस की स्टोरेज जगह अधिक है, जहाँ से डाटा हटा भी सकते है?
A. Floppy Disk B. CD-ROM
C. DVD D. बाटा हुआ मेमोरी

63. जब tape में डाटा तैयार हो तब कौन-सा कथन सत्य होगा–
A. यूजर डाटा को दुबारा उपयोग कर सकता है ।
B. अगर डाटा खराब हो जाये, तो पुनः डाटा डाला जा सकता है
C. Restore के समय data transfer speed slow हो जाती है
D. दोनों (B) एवं (C)

64. सबसे पुराना स्टोरेज डिवाइस कौन-सा है?
A. Magnetic tape B. Laptop
C. High Drive D. CD-R

65. वह नया मीडिया कौन-सा है जिसका डाटा स्टोर करने में उपयोग किया जाता है?
A. Magnetic tape B. Laptop
C. High Drive D. CD-R

66. Fault tolerant RAID arrays के लिये किस माध्यम का उपयोग किया जाता है?
A. Magnetic Device B. Laptop
C. High Drive D. CD-R

67. निम्न में कौन-सा एक वायरस आने का एक सोर्स है तथा यह एक प्रकार का मीडिया है, जिसे एक computer से दूसरे में डाटा भेजने में उपयोग होता है–
A. Hard Drive B. Smartcard
C. Flash card D. Diskette

68. किस डिवाइस का नाम मेमोरी सीक्स भी है?
A. Flash card B. Hard Drive
C. CD-R D. Diskette

स्मार्ट कार्ड, सिक्योरिटी टोपोलाजी (Smart Card, Security Topology)

69. किस डिवाइस का उपयोग मोबाईल स्टोरेज को सुरक्षा प्रदान करने के लिये किया जाता है?
A. Flash card B. Smart card
C. पब्लिक–की D. उपरोक्त सभी

70. निम्न में कौन-सा dependable tool है?
A. Flashcard B. Smartcard
C. Memory card D. अधिपत्य कार्ड

71. IANA के अनुसार निम्न में किसे रजिस्टर पोर्ट के नाम से जाना जाता है?
A. Port 1 से 255
B. Port 255 से 1024
C. Port 1024 से 49151
D. उपरोक्त सभी को

72. निम्न में किसे सिक्यूरिटी जोन के रूप में देखा जा सकता है?
A. INTRANET B. INTERNET
C. DMZ D. उपरोक्त सभी को

73. किस सिक्यूरिटी जोन को प्राइवेट कंपनी चलाती है?
A. FORWARD LOOKUP ZONE
B. INTERNET LOOKUP ZONE
C. INTRANET
D. INTERNET

74. किस सिक्यूरिटी जोन को एक कंपनी से दूसरे को जोड़ने के लिये डिजाइन किया गया है?
A. INTRANET B. DMZ
C. IMTRANET D. INTERNET

75. निम्न में किसका उपयोग एक नए स्टेशन को दूसरे के साथ जोड़ने के लिये होता है?
A. VPN B. VLAN
C. RADIUS D. NAT

76. LAN area के लिये प्राइवेट एड्रेस स्कीम का उपयोग कब होता है?
A. NAT
B. HONEY PORT
C. IDS
D. PROXY SERVER

77. प्राइवेट IP address के कारण निम्न में कौन-सा प्रॉक्सी सर्वर से अधिक सुरक्षित है?
A. RADIUS B. ICMP
C. NAT D. IRDP

78. Network address translation का प्रारंभिक कार्य है–
A. एक से अधिक यूजर का शेयर
B. इंटरनेट का IP address छिपाना
C. IP address को दिखाना
D. उपरोक्त में से कोई भी नहीं

79. निम्न में कौन प्राइवेट IP address का उदाहरण है–
A. 10.13.40.15

B. 311.10.42.5

C. 11.50.11

D. उपरोक्त में से कोई भी नहीं

80. निम्न में कौन निजी IP address का उदाहरण है जिसे इंटरनेट में उपयोग नहीं किया जाता–

A. 11.55.88.5 B. 22.82.84

C. 11.88.77 D. 172.16.12.5

टन्नलिंग, फाईल सिस्टम (Tunneling, File System)

81. निम्न में कौन-सा Tunneling network का उदाहरण है?

A. प्राइवेट नेटवर्क डाटा इनकैप्सूलेटेड होता है

B. प्राइवेट डाटा पब्लिक नेटवर्क पर ट्रांसमिट होता है

C. उपरोक्त में से कोई भी नहीं

D. उपरोक्त दोनों (A) एवं (B)

82. निम्न में कौन-सा VPN remote computing tunneling protocol है?

A. L2F B. L2TP

C. PPTP D. उपरोक्त सभी

83. निम्न में कौन-सा रजिस्टर पोर्ट IANA के अनुसार है–

A. Port 1 to 255

B. Port 256 to 1024

C. Port 1024 to 49151

D. Port 1028 to 68536

84. निम्न मे कौन-सा File एवं Folder को access करने का अधिकार देता है?

A. FAT B. FAT16

C. FAT32 D. NTFS

85. किस कमांड का उपयोग Folder अनुमति बदलने के लिये Linux में किया जाता है?

A. chmod B. IS

C. IS-I D. Top

86. किसका उपयोग फायरवॉल के द्वारा पास कराने के लिये किया जाता है?

A. TCP B. IP

C. IPX/SPX D. NET BEUI

87. किस हार्डनिंग पद्धति का एक कंप्यूटर के द्वारा IP address एवं नाम के लिये उपयोग किया जाता है?

A. NTFS

B. IFS

C. PKI

D. ACCESS CONTROL LIST

88. E-mail traffic के लिये किस protocol का उपयोग होता है?

A. ARP B. DMS

C. SMTP D. IM

89. E-mail message में किस function का उपयोग relay agent के रूप में होता है?

A. SMT B. SNMP

C. S/MME D. LDAP

90. E-mail server की सुरक्षा के लिये किस protocol का उपयोग होता है?

A. SMTP Relay Setting

B. Antivirus Software

C. Access Control

D. उपरोक्त सभी का

91. FTP Server का प्रारंभिक कार्य क्या है?

A. Storage File

B. Backup Storage File

C. Transfer File

D. उपरोक्त सभी

92. किसका उपयोग Text base file एवं message प्राप्त करने के लिये किया जाता है?

A. FTP B. TFTP

C. FFTP D. TTF

93. DNS Server का प्रारंभिक कार्य क्या है?

A. 32 Bit address को सुधारना

B. दूसरा DNA address खोजना

C. पुन: IP address एवं Domain name को सुधारना

D. उपरोक्त सभी

94. निम्न में कौन Server High Volume network traffic को allow करता है?

A. FTP Server

B. NNTP Server

C. DSM Server

D. उपरोक्त सभी

95. बड़े डाटा रिपोजिटरी के लिये निम्न में किसका उपयोग किया जाता है?

A. SAM

B. NAS

C. DEN

D. उपरोक्त सभी का

सॉफ्टवेयर इंजीनियरिंग

बेसिक्स (Basics)

1. सपोर्ट सिस्टम, कस्टमर एवं सप्लायर के बीच कम्यूनिकेशन बनाता है, जिसे कहते है–

A. TPS

B. ऑफिस सपोर्ट सिस्टम

C. डिसिजन सपोर्ट सिस्टम

D. कम्यूनिकेशन सपोर्ट सिस्टम

2. प्राबलम सॉल्विंग का एनालिस्ट एप्रोच क्या हैं?

A. Cost एवं रिसर्च प्रॉबलम को हल करना

B. Possible हल को तैयार करना

C. प्रॉबलम सॉल्विंग का काम देखना एवं प्रॉबलम को हल करने के लिये जरूरी tool पूरा करना

D. उपरोक्त सभी

3. प्रोजेक्ट फेज का एक उदाहरण है–

A. यूजर की जरूरत के अनुसार सूचना संग्रहित करना

B. Cost (कीमत) एवं लाभ को खोजना

C. प्लान तैयार करना

D. उपरोक्त में कोई भी नहीं

4. यूजर किन दो प्रोजेक्ट फेज में अधिक व्यस्त होता है?

A. एनॉलेसिस एवं डिजाइन

B. डिजाइन एवं इम्पलीमेंटेशन

C. प्लानिंग एवं एनालेसिस

D. एनालेसिस एवं इम्पलीमेंटेशन

5. निम्न में एक स्थल वर्ल्ड का महत्वपूर्ण पहलू है?

A. मेथोडोलॉजी B. तकनीकी

C. टूल D. मॉड्ल

6. निम्न में किसका उपयोग डैवलपर को प्रोत्साहित करने एवं XP को UP में जोड़ने के लिये किया जाता है–

A. रिस्क मॉडल B. एक्सट्रीम मॉडल

C. एनिल मॉडलिंग D. स्पाइरस मॉडल

7. निम्न किस कार्य को सावधानीपूर्वक प्रत्येक स्टाफ के सहयोग से किया जाता है?

A. DFD

B. प्रोजेक्ट को देखना एवं मूल्यांकन

C. चार्ट

D. WBS

8. किसके द्वारा करेंट डेट एवं पूर्ण किया हुआ कार्य प्रतिशत में दिखाया जाता है?

A. दाम एवं लाभ का मूल्यांकन

B. Work ब्रेक डाऊन स्ट्रक्चर

C. क्रिटिकल पाथ

D. ट्रैनिंग ग्रांड चार्ट

प्रोजेक्ट प्लानिंग (Project Planning)

9. प्रोजेक्ट के दाम से उसकी वेल्यू अधिक होता है। यह फिजिविलटी के किस भाग में आता है?

A. टेक्निक्स B. कल्चरल

C. आर्थिक D. कंपनी

10. एक प्रश्न जिसका उत्तर कम समय में जल्दी दिया जाये तो वह प्रश्न किस प्रकार का होगा?

A. ओपिनीयन B. ओपन-एण्डेड
C. क्लोज एण्डेड D. मल्टीपल च्वाइस

11. फिजिविलटी को जाँच करने के लिये व्यापार के किस एप्रोच का उपयोग किया जाता है?

A. फंक्शनल B. वर्कफलो
C. डिस्कवरी D. लॉजिकल

12. निम्नलिखित में कौन-सा सही कथन है–

A. प्रश्नोत्तर के द्वारा सीमित डाटा संग्रहित किया जा सकता है
B. स्टेक होल्डर प्रश्न भी देता है
C. Case टूल का उपयोग नहीं होता है
D. प्रश्नोत्तर सही होना चाहिये

13. टेक्निकल पहलू को परिभाषित करने के फॉर्मूला की श्रृंखला निम्न में कौन-सी है?

A. Concrete B. Graphical
C. Descriptive D. Mathematical

14. मेमो, रिपोर्ट एवं लिस्ट के लिये निम्न में किसका उपयोग किया जाता है?

A. Descriptive B. Graphical
C. Mathematical D. उपरोक्त सभी

15. किसी सिस्टम के एक सतह को कवर करने के लिये मॉडल का उपयोग किया जाता है, जो है–

A. लॉजिकल B. मैथमेटिकल
C. ग्राफिकल D. उपरोक्त सभी

16. वह जो सुरक्षा एवं जाँच सिस्टम के लिये उपयोगी है, एवं जिसे निम्न में से किससे जोड़ा जा सकता है–

A. परफैक्ट तकनिकी B. रिस्क कंट्रोल
C. सिस्टम कंट्रोल D. उपरोक्त सभी

17. निम्न में किसे ऑब्जेक्ट ओरियेंटेड प्रोग्राम के लिये भी उपयोग किया जाता है?

A. रिलेशनसिप (संबंध) B. Multiplicity
C. यूनरी रिलेशनसिप D. क्लास

18. एक ऐसी प्रोसेस या फाइल जिसका केवल इनपुट से ही उपयोग किया जाता है?

A. ब्लैक होल B. फ्रेगमेंट
C. इन्फॉरमेशन ओवरलोड D. कंटेक्ट डायग्राम

19. निम्न में कौन-सा मॉडल डिजाइन का एक रूल है जिसकी कनेक्शन लिमिट नौ कंपोनेट है?

A. मिनिमाइजेशन इनटरफेश
B. Value of 7±2
C. बैलेन्शिग का रूल
D. ब्लैक होल

20. निम्न में कौन-सा रिलेशन प्रोसेस एवं लोकेशन के बीच बनाता है?

A. लोकेशन डायग्राम
B. ब्लैक होल
C. एक्टिविटी लोकेशन मैट्रिक
D. उपरोक्त में कोई भी नहीं

21. निम्न में कौन-सा डायग्राम या मैप लोकेशन के संबंध को बताता है?

A. ब्लैक होल
B. लोकेशन डायग्राम
C. एक्टिविटी लोकेशन डायग्राम
D. एक्टिविटी डाटा मैट्रिक

22. निम्न में किसको इवेन्ट टेबल डिजाइन करने के पश्चात डिजाइन किया जाता है?

A. DFD डायग्राम
B. Class diagram
C. सिस्टम सिक्वेंश डायग्राम
D. यूज केस

23. जैम्स मार्टिन के द्वारा इनमें से क्या विकसित किया गया?

A. इन्फॉरमेशन इंजीनियरिंग
B. मिनीमाइजेशन
C. CRUD
D. उपरोक्त में से कोई भी नहीं

24. ट्रेडिशनल सिस्टम का कम्पोनेण्ट कौन-सा है?

A. यूज केश B. प्रोसेस डेफिनेशन
C. ऑब्जेक्ट D. डिसिजन टेबल

25. फैक्ट फांइडिग एक्टिविटी को निम्न में किससे जोड़ा जा सकता है?

A. खोज कार्य B. सिक्वेंश एक्टिविटी
C. इन्टरएक्सन एक्टिविटी D. मैसेजिंग

26. यूज केश डायग्राम किस में बाँटा जा सकता है?
A. क्लास डायग्राम
B. सिक्वेंश डायग्राम
C. इवेन्ट टेबल
D. कंटेक्सट डायग्राम

27. निम्न में कौन-सा इनपुट/आउटपुट को परिभाषित करता है, जब यूज केस उत्पन्न होता है?
A. सिस्टम सिक्वेंश डायग्राम
B. डाटा फलो डेफिनेशन
C. कंटेन्ट कंटेक्सट डायग्राम
D. DFD फ्रेगमेंट

28. सिस्टम सिक्वेंश डायग्राम में किसका अर्थ मल्टिप्लिसिटी होता है?
A. { }
B. *
C. ()
D.]

29. जब सिस्टम टेकओवर होता है तो प्रोसेसिंग फंक्शन का ________ उच्च हो जाता है?
A. स्कोप का लेवल
B. बिजनेस प्रोसेस रिइंजीनियरिंग
C. लेवल स्टेटजिंक प्लानिंग का
D. ऑटोमेशन का लेवल

कंपोनेंट (Requirement of Component for automation)

30. स्कोप क्रीप निम्न में क्या करता है?
A. फंक्शन के महत्व को दिखाता है
B. कुछ फंक्शन को बाद में परिभाषित करता है
C. प्रत्येक फंक्शन की प्रायरिटी निर्धारित करता है
D. नये फंक्शन जोड़ने के लिये आग्रह करता है

31. "Overview of Need" में किसे जोड़ा जा सकता है जो प्रपोजल के लिये आग्रह करता है?
A. एक्सपेक्टेड व्यापार लाभ
B. कंपनी का बैकग्राऊण्ड
C. परफॉरमेन्श रिक्वायरमेंट
D. मैनटेन एवं सपोर्ट

32. RFP प्रपोजल में किसे "Introduction and background" में जोड़ा जा सकता है?
A. रिक्वेस्ट फॉर स्टेटमेंट
B. प्राइमरी कार्य के लिये निर्देश
C. इन्डस्ट्री बिजनेस का मुख्य आधार
D. डाक्यूमेंट एवं ट्रेनिंग

33. निम्न में किस का उपयोग Cost के आधार पर रिक्स मैनेज करने के लिये किया जाता है?
A. दाम + कमीशन
B. दाम + प्रतिशत
C. दाम
D. फिक्स डॉलर

34. "Description of technical requirements" में किसे जोड़ा जा सकता है?
A. व्यापार जरूरत की व्याख्या
B. हार्डवेयर व्याख्या
C. देख-रेख एवं सहायक
D. कंपनी का बैकग्राऊण्ड

35. उच्च तकनीकी का डिजाइन जिसे पूरा स्ट्रक्चर डिजाइन करने के लिये उपयोग किया जाता है, कहलाता है–
A. सिस्टम
B. नोडल
C. आर्किटेक्चर
D. फंक्शनल

डिजाइन (Design)

36. कम्प्यूटर एवं प्रोग्राम के बीच Hierarchy मॉडल के द्वारा रिलेशन बनाया जाता है, वह है–
A. एक सिस्टम फलो चार्ट
B. डिजाइन क्लास डायग्राम
C. डाटा फलो डायग्राम
D. स्ट्रक्चर चार्ट

37. ट्रांजेक्शन में उपयोग किया जाने वाला आउटपुट डाटा फलो का सेट निम्न में कौन-सा है?
A. आउटपुट सिस्टम
B. अफेंट डाटा फलो
C. इफेन्ट डाटा फलो
D. प्राइमरी सूचनाओं का बहाव

38. Poor कोहेन का मॉडल High reflect _____ करता है–
A. Data Flow
B. कपलिंग
C. आइटरेशन
D. प्रोग्राम कॉल

39. सॉफ्टवेयर डेवलपमेंट मे डिटेल डिजाइन किसके द्वारा बनाई जाती है?

A. बिजनेस ऐनालेसिस
B. प्रोजेक्ट मैनेजर
C. सॉफ्टवेयर डिजाइन विशेषज्ञ
D. सिस्टम का यूजर

40. सभी हस्ताक्षर पद्धतियां किस डायग्राम के द्वारा परिभाषित की जाती है?
A. पैकैज
B. इन्टरएक्सन
C. डोमेन
D. डिजाईन क्लास

क्वालिटी टेस्टिंग (Quality Testing)

41. इसमें कौन-सा क्वालिटी नहीं देता है?
A. Transcendent
B. Product-based
C. Transbulent
D. उपरोक्त में से कोई भी नहीं

42. निम्न में कौन Deming's it प्वाइंट मैनेजमैंट नहीं है?
A. मोबाइलटी मैनेजमेंट
B. नया कार्य अपनाना
C. उपरोक्त दोनों
D. उपरोक्त में से कोई भी नहीं

43. डेवलपमेंट सायकल की स्टेज कौन-सी है?
A. रिक्वायरमेंट
B. एनालेसिस डिजाइन
C. कंसट्रक्सन
D. इम्पलीमेंटेशन

44. रिव्यु किस दाम एवं गुणवत्ता की श्रेणी है?
A. प्रिवेन्टीव
B. एप्रेजल
C. उपरोक्त दोनों
D. उपरोक्त में से कोई भी नहीं

45. व्यवहार में बदलाव से पहले किस प्रकार के बदलाव की जरूरत होती है?
A. लाइफ स्टाइल
B. इन्टरनल
C. मैनेजमेंट
D. उपरोक्त में कोई भी नहीं

46. टेस्टेवल सॉफ्टवेयर का क्या गुण है?
A. Observability
B. Simplicity
C. Stability
D. उपरोक्त सभी

47. टेस्टिंग तकनीकी को डिवाइजिंग तकनीकी में प्रत्येक फंक्शन को कार्य संम्पादित करने के लिये जाँच करने का प्रोसेस क्या कहलाता है?
A. ब्लैक बॉक्स टेस्टिंग
B. ग्लास बाक्स टेस्टिंग
C. ग्रे बॉक्स टेस्टिंग
D. ह्वाइट बॉक्स टेस्टिंग

48. सॉफ्टवेयर का इन्टरनल माड्यूल एवं लॉगिक टेस्ट करने का प्रोसेस है–
A. ब्लैक बॉक्स टेस्टिंग
B. ग्लास बॉक्स टेस्टिंग
C. हवाइट बॉक्स टेस्टिंग
D. उपरोक्त में कोई भी नहीं

विविध प्रश्न

1. डेस्कटॉप पर टाईम एक आइकॉन जहाँ दिखता है, वह कहलाता है–
A. टॉस्कबार
B. डेस्कटॉप
C. सिस्टम ट्रे
D. उपरोक्त में से कोई भी नहीं

2. शार्टकट तैयार होने पर कितना स्पेस लेता है?
A. 1 kb
B. 2 kb
C. 4 kb
D. 20 kb

3. 1 मेगा बाइट में कितना किलोबाइट होता है?
A. 1000
B. 1024
C. 1040
D. 1050

4. गीगा बाइट निम्न में से किसका समूह है?
A. किलोबाइट
B. मेगाबाइट
C. टेराबाइट
D. बाइट

5. एक बाईट में कितने केरेक्टर होते है?
A. 8
B. 64
C. 84
D. 1024

6. 1 टेरा में कितना गीगा बाइट होता है?
A. 1024 B. 2040
C. 1120 D. 11000

7. क्विक लाँच टूल बार कहाँ डिस्पले होता है?
A. डेस्कटॉप
B. टाइटल बार
C. टास्क बार
D. उपरोक्त में से कही भी नहीं

8. My Computer में क्या नहीं होता है?
A. Drive B. कंट्रोल पेनल
C. नेटवर्क नेबरहुड D. फोल्डर

9. शटडाउन करने के लिये किन keys का उपयोग किया जाता है?
A. Alt + F2
B. Alt + F3
C. Alt + F4
D. उपरोक्त में कोई नहीं

10. कॉपी करने के लिए किस कमांड का उपयोग होता है?
A. Ctrl + C
B. Alt + C
C. Alt + P
D. उपरोक्त में कोई नहीं

11. निम्न में से Text को सिलेक्ट करने के लिए कौन-सी Key है?
A. Select B. Alt + A
C. Ctrl + A D. उपरोक्त सभी

12. पेस्ट करने के लिये किस Shortcut Key का उपयोग किया जाता है?
A. Ctrl + V B. Ctrl + X
C. Ctrl + T D. उपरोक्त सभी

13. फाइल एवं फोल्डर को डिलीट करने के लिए Shortcut Key कौन-सी है?
A. Shift + Del B. Ctrl + Del
C. Alt + Del D. उपरोक्त सभी

14. विण्डो को बड़ा करने के लिए किस Shortcut Key का उपयोग किया जाता है?
A. Alt + Enter B. Ctrl + Enter
C. Alt + Space D. उपरोक्त सभी

15. विण्डो को बंद करने के लिये किस Key का उपयोग किया जाता है?
A. Alt + F4
B. Alt + Spacebar
C. उपरोक्त दोनों (A) एवं (B)
D. उपरोक्त में से कोई भी नहीं

16. MS-Excel के XP Version में कितनी Rows होती है?
A. 65000
B. 65536
C. 30420
D. उपरोक्त में से कोई भी नहीं

17. MS-Excel के XP Version में कितने Columns होते है?
A. 256 B. 364
C. 400 D. 40

18. MS-Word में Superscript (पावर) के लिये किस Shortcut Key का प्रयोग किया जाता है?
A. Ctrl + Alt + '+'
B. Ctrl + '+'
C. उपरोक्त दोनों (A) एवं (B)
D. उपरोक्त में से कोई भी नहीं

19. Spell Checking के लिये Shortcut Key क्या है?
A. F7 B. F3
C. F4 D. F6

20. Format Painter के लिए किस शार्टकट key का उपयोग किया जाता है?
A. Alt + Shift + C B. Ctrl + Shift + C
C. Shift + C D. उपरोक्त सभी

21. Hyperlink के लिये किस key का उपयोग होता है?
A. Alt + T B. Alt + P
C. Alt + K D. Ctrl + K

22. Print के लिए किस शार्टकट key का उपयोग किया जाता है?
A. Ctrl + T
B. Ctrl + V
C. Ctrl + P
D. उपरोक्त में कोई नहीं

23. फाइल को खोलने की Shortcut key क्या है?
A. Ctrl + O B. Ctrl + S
C. Ctrl + W D. Ctrl + N

24. निम्न में कौन-सी Spreadsheets है?
A. Word B. Excel
C. Power Point D. उपरोक्त सभी

25. एक वर्क बुक में by default कितनी सीटे होती है?
A. एक B. दो
C. तीन D. पाँच

26. MS-Excel में जिस Cell पर कर्सर कार्य करता है, वह Cell क्या कहलाता है?
A. Del Cell B. Open Cell
C. Active Cell D. उपरोक्त सभी

27. कम्प्यूटर का जनक किसे कहा जाता है?
A. बिल गेट्स B. माइक्रोसॉफ्ट
C. चार्लस बेबेज D. रिल जॉन

28. TCP / IP क्या है?
A. Text Control Protocol/Internet Protocol
B. Transfer Control Protocol/Internet Protocol
C. Transfer Control Protocol/Intranet Protocol
D. Transfer Control Protocol/Increment Protocol

29. WWW है–
A. World Wide Web B. Wide World Web
C. World Web Wide D. Web World Wide

30. वेब साइट निम्न में से किसका समूह है?
A. सर्च इंजिन का B. सर्वर का
C. वेब पेज का D. उपरोक्त सभी का

31. याहू कब बना था?
A. 1994 B. April 1994
C. August 1993 D. 1993

32. Internet में POP क्या है?
A. Post of Post
B. Post Office Protocol
C. Protocol Office Post
D. Protocol of Post

33. .Net डोमेन निम्न में से किसे परिभाषित करता है?
A. Network resources
B. Internet Service Provider
C. Army
D. उपरोक्त में से कोई भी नहीं

34. India का डोमेन नेम क्या है?
A. IN
B. Hindustan
C. India
D. उपरोक्त में से कोई भी नहीं

35. फोन्ट के साइज को बढ़ाने के लिये निम्न में किस Shortcut Key का उपयोग किया जाता है?
A. Ctrl + Shift + >
B. Ctrl + Shift + <
C. उपरोक्त दोनों (A) एवं (B)
D. उपरोक्त में से कोई भी नहीं

36. फोन्ट के साइज को घटाने के लिये किस टैग का यूज किया जाता है?
A. Ctrl + Shift + >
B. Ctrl + Shift + <
C. Alt + Shift + =
D. उपरोक्त में से कोई भी नहीं

37. डेसिमल नम्बर का आधार कितना होता है?
A. 2 B. 10
C. 100 D. 1000

38. बाइनरी नम्बर का आधार कितना होता है?
A. 2 B. 4
C. 8 D. 10

39. ऑक्टल नम्बर का आधार कितना होता है?
A. 4 B. 8
C. 16 D. 2

40. हेक्सा डेसिमल नम्बर का आधार कितना होता है?
A. 2 B. 8
C. 16 D. 10

41. कैरेक्टर मैप की executable file का नाम क्या है?
A. Charmap.exe

B. Charamp.

C. Charmap.exe

D. उपरोक्त में कोई नहीं

42. विंडो की executable file का नाम क्या है?

A. Win.exe

B. Window.exe

C. Mswin.exe

D. उपरोक्त में कोई नही

43. फंक्शन Keys कितनी होती है?

A. F1 से F12 B. F1 से F11

C. F1 से F10 D. F1 से F13

44. निम्न में कौन-सा मॉनिटर का एक प्रकार नहीं है?

A. VGA B. SVGA

C. ANALOG D. LRT

45. सॉफ्टवेयर के प्रकार निम्न में कौन-से है?

A. एप्लिकेशन सॉफ्टवेयर

B. सिस्टम सॉफ्टवेयर

C. उपरोक्त दोनों (A) एवं (B)

D. उपरोक्त में से कोई भी नहीं

46. RTF का पूरा नाम है–

A. Remote Text File

B. Rich Text File

C. Ritch Text File

D. उपरोक्त में से कोई भी नहीं

47. नई खाली फाईल को खोलने के लिये शॉर्टकट key क्या है?

A. Ctrl + L B. Ctrl + N

C. Ctrl + X D. Ctrl + T

48. निम्न में किस शार्टकट key का उपयोग पावर प्वाइंट में नयी स्लाइड डालने के लिये उपयोग किया जाता हैं?

A. Ctrl + N B. Ctrl + M

C. Ctrl + X D. Ctrl + T

49. सहायता के लिये किस key का उपयोग किया जाता है?

A. F1 B. F2

C. F3 D. F4

50. MS-Excel का एक्सटेंशन नाम है–

A. .XLS B. .XEL

C. .XLC D. .XELC

51. गुगल निम्न में से क्या है?

A. सर्च इंजन B. वेबसाइट

C. वेब पेज D. उपरोक्त सभी

52. निम्न में ग्राफिक इंटरचेंज फॉरमेट फाईल कौन-सी है?

A. .GIS

B. .GIF

C. उपरोक्त दोनों (A) एवं (B)

D. उपरोक्त में से कोई भी नहीं

53. निम्न में कौन-से डोमेन नेम मिलेट्री या एयरफोर्स की वेबसाइट के लिये उपयोग किए जाते हैं?

A. MIL B. .Aair

C. MILATRY D. उपरोक्त सभी

54. यूनिवर्सिटी एवं स्कूल के लिये किस डोमेन नाम का उपयोग किया जाता है?

A. .university B. .Edu

C. .Ptv D. उपरोक्त सभी

55. NCST क्या है?

A. National Software for Software Technology

B. National Syos for Software Technology

C. National Center for Software Technology

D. उपरोक्त में कोई भी नहीं

56. ALTA VISTA निम्न में से क्या है?

A. पब्लिक सर्च इंडेक्स B. सर्च फाईल

C. इंडेक्स D. उपरोक्त सभी

57. निम्न में कौन–सा जावा का पैकेज नहीं है?

A. Blue B. Applet

C. Java script D. .Net

58. A का ASCII Code क्या है?

A. 10100001

B. 10010101

C. 11000111

D. उपरोक्त में कोई नहीं

59. BCD कोड का पूरा नाम है–

A. Binary Code of Decimal

B. Binary coded Decimal

C. Big Code Decimal

D. उपरोक्त में से कोई भी नहीं

60. एक्टिव मेमोरी लोकेशन का एड्रेस कहाँ स्टोर होता है?
A. मेमोरी एड्रेस रजिस्टर B. एड्रेस रजिस्टर
C. रजिस्टर D. मेमोरी

61. नये निर्देश को मेमोरी में स्टोर करने का कार्य निम्न में से कौन करता है?
A. PC
B. MBR
C. MAR
D. ACCUMULATOR

62. एलगोरिदम को ग्राफ में प्रदर्शित करने के लिये किस का उपयोग किया जाता है?
A. फ्लो B. चार्ट
C. फ्लोचार्ट D. सूडोकोड

63. निम्न में कौन-सी कंप्यूटर लेंग्वेज नहीं है?
A. High Level Language
B. Low Level Language
C. Assembly Level Language
D. C++

64. Low Language का दूसरा नाम क्या है?
A. Machine Level Language
B. Binary Language
C. Machine Code
D. उपरोक्त सभी

65. High Level को machine language में बदलने का कार्य निम्न में से कौन करता है?
A. ASSEMBLER B. COMPILER
C. INTERPRETER D. उपरोक्त सभी

66. 0 एवं 4 किस लेंग्वेज को कहते है?
A. Machine Language
B. Low Level Language
C. उपरोक्त दोनों (A) एवं (B)
D. High Level Language

67. जहाँ चिन्ह् एवं स्पेशल कोड संग्रहित होता है, उस लैंग्वेज को क्या कहते है?
A. High Level Language
B. Assembly Language
C. Low Level Language
D. उपरोक्त सभी

68. Assembly Language को हार्ड मशीन लेंग्वेज में बदलने का कार्य निम्न में से कौन करता है?
A. ASSEMBLER B. COMPILER
C. INTERPRETER D. उपरोक्त सभी

69. High Language को मशीन एवं मशीनी को High language में निम्न में से कौन बदलता है–
A. COMPILER B. ASSEMBLER
C. INTERPRETER D. उपरोक्त सभी

70. Basic को कब डेवलप किया गया था?
A. 1954 B. 1972
C. 1964 D. 1974

71. LOGO क्या है?
A. Language of Operation
B. Language of Graphic
C. List of Graphic Operation
D. उपरोक्त में कोई भी नहीं

72. CAI का पूरा नाम क्या है?
A. Computer Aided Instruction
B. Computer Aided Information
C. Company Aided Instance
D. उपरोक्त में से कोई भी नहीं

73. Processing की गति को बढ़ाने के लिये किस मेमोरी का उपयोग किया जाता है?
A. Hard Disk
B. Cache Memory
C. Primary Memory
D. उपरोक्त में कोई भी नहीं

74. COBOL का पूरा नाम क्या है?
A. Cost of Business Oriented Language
B. Common Business Oriented Language
C. (A) एवं (B) दोनों
D. उपरोक्त में से कोई भी नहीं

75. COM का पूरा नाम क्या है?
A. Computer Output Manufacturing
B. Computer Output Microfilm
C. Common Output Microfilm
D. उपरोक्त में से कोई भी नहीं

76. लॉजिक गेट का समूह क्या कहलाता है?
A. Circuit

B. Combinational Circuit
C. Common Circuit
D. उपरोक्त में से कोई भी नहीं

77. CRT Technology का पूरा नाम है–
A. Cost Reduce Test
B. Cathode Ray Tube
C. Common Ray Tube
D. उपरोक्त में से कोई भी नहीं

78. Raw Material का समूह क्या कहलाता है?
A. Data B. Information
C. Matter D. उपरोक्त सभी

79. सूचनाओं का समूह जिसे डाटा से अर्थपूर्ण डाटा में बदला जाता है, क्या कहलाता है?
A. डाटा प्रोसेसिंग
B. डाटा एंट्री
C. डाटा विभाजन
D. उपरोक्त में से कोई भी नहीं

80. प्रोग्राम की गलतियों को खोजना एवं सुधारना क्या कहलाता है?
A. Correcting
B. Debugging
C. Verify
D. उपरोक्त में से कोई भी नहीं

81. DDP का पूरा नाम है–
A. Data Disk Process
B. Distributed Data Processing
C. उपरोक्त दोनों (A) एवं (B)
D. उपरोक्त में से कोई भी नहीं

82. वह टेबल जिसके द्वारा प्रोग्राम लॉजिक को प्रदर्शित किया जाता है, क्या कहलाता है?
A. Table
B. Decision
C. Decision Table
D. उपरोक्त में से कोई नहीं

83. EDVAC कंप्यूटर कब बनाया गया था?
A. 1952 में B. 1958 में
C. 1962 में D. 1994 में

84. EMIAC कंप्यूटर कब बनाया गया था?
A. 1952 में
B. 1946 में
C. 1958 में
D. उपरोक्त में से कोई नहीं

85. FORTRON का पूरा नाम है–
A. Formula Transaction
B. Formula Transfer
C. Formula Transistor
D. Formula Transmission

86. Hexa Decimal में 10 को किस अक्षर से दर्शाते है?
A. A B. B
C. C D. D

87. Hexa Decimal का अधिकतम शेषफल क्या हो सकता है?
A. 1 B. 7
C. 15 D. 22

88. Kilo को किसके द्वारा प्रदर्शित किया जा सकता है?
A. 210
B. 1024
C. (A) एवं (B) दोनों
D. उपरोक्त में से कोई भी नहीं

89. लाइट पेन क्या है?
A. Output Device B. Input Device
C. Display Device D. उपरोक्त सभी

90. LAN क्या है?
A. Topology B. Network
C. Technique D. Internet

91. एक सर्किट में जोड़ा गया कम्प्यूटर किस टोपोलॉजी का होता है?
A. Star
B. Mash
C. Ring
D. उपरोक्त में से कोई नहीं

92. सभी सिस्टम का एक-दूसरे के साथ कनेक्शन किस टोपोलॉजी में होता है?

A. Ring　　B. Mash
C. Tree　　D. उपरोक्त सभी

93. इंटरनेट के लिये किस टोपोलॉजी का उपयोग होता है?
A. Mash　　B. Star
C. Tree　　D. उपरोक्त सभी का

94. CD में स्टोर किया गया डाटा निम्न में से क्या है?
A. Hard Copy　　B. Soft Copy
C. Store Copy　　D. उपरोक्त सभी

95. ऑप्टिकल बार कोड रिडर के लिये निम्न में से किसका उपयोग किया जाता है?
A. UPC　　B. SPC
C. LAC　　D. उपरोक्त सभी का

96. WAN है–
A. Wide Area Network
B. Network of Network
C. नेटवर्क का जाल
D. उपरोक्त सभी

उत्तरमाला

कम्प्यूटर की आधारभूत संरचना

1	2	3	4	5	6	7	8	9	10
C	C	C	C	D	C	A	A	A	B
11	**12**	**13**	**14**	**15**	**16**	**17**	**18**	**19**	**20**
D	A	A	C	D	D	C	C	A	A
21	**22**	**23**	**24**	**25**	**26**	**27**	**28**	**29**	**30**
B	D	C	B	C	B	C	D	C	A
31	**32**	**33**	**34**	**35**	**36**	**37**	**38**	**39**	**40**
C	D	D	A	C	D	C	B	A	B
41	**42**	**43**	**44**	**45**	**46**	**47**	**48**	**49**	**50**
C	D	B	D	C	A	A	D	A	B
51	**52**	**53**	**54**	**55**	**56**	**57**	**58**	**59**	**60**
A	D	C	B	C	D	C	B	B	B
61	**62**	**63**	**64**	**65**	**66**	**67**	**68**	**69**	**70**
C	C	A	C	B	B	B	A	B	B
71	**72**	**73**	**74**	**75**	**76**	**77**	**78**	**79**	**80**
A	D	B	C	B	D	A	D	C	B
81	**82**	**83**	**84**	**85**	**86**	**87**	**88**	**89**	**90**
C	C	A	D	D	D	C	A	B	C
91	**92**	**93**	**94**	**95**	**96**				
D	C	D	D	A	B				

आपरेटिंग सिस्टम

1	2	3	4	5	6	7	8	9	10
D	B	D	B	A	B	A	B	C	C
11	**12**	**13**	**14**	**15**	**16**	**17**	**18**	**19**	**20**
C	A	A	B	A	C	D	C	D	C

21	22	23	24	25	26	27	28	29	30
A	C	D	B	B	D	C	D	B	A
31	32	33	34	35	36	37	38	39	40
C	B	D	A	B	D	C	C	D	B
41	42	43	44	45	46	47	48	49	50
A	C	C	C	B	C	B	D	D	D
51	52	53	54	55	56	57	58	59	60
B	D	C	A	A	B	B	A	A	A
61	62	63	64	65	66	67	68	69	70
B	D	A	B	D	D	D	A	C	C
71	72	73	74	75	76	77	78	79	80
D	C	A	D	C	A	C	A	C	B
81	82	83	84	85	86	87	88	89	90
B	A	C	A	C	B	C	A	D	A

नेटवर्किंग

1	2	3	4	5	6	7	8	9	10
D	D	B	B	D	D	D	D	D	B
11	12	13	14	15	16	17	18	19	20
D	B	D	D	A	A	D	B	B	A
21	22	23	24	25	26	27	28	29	30
B	A	D	A	D	D	C	C	D	C
31	32	33	34	35	36	37	38	39	40
D	A	A	A	B	B	D	D	C	D
41	42	43	44	45	46	47	48	49	50
D	D	C	D	C	C	C	C	C	D
51	52	53	54	55	56	57	58	59	60
D	C	B	D	A	D	D	C	C	A
61	62	63	64	65	66	67	68	69	70
D	C	D	A	D	C	D	D	B	B
71	72	73	74	75	76	77	78	79	80
C	D	C	C	B	A	C	B	A	D
81	82	83	84	85	86	87	88	89	90
D	D	D	D	A	C	D	C	A	D
91	92	93	94	95					
C	B	C	B	D					

सॉफ्टवेयर इंजीनियरिंग

1	2	3	4	5	6	7	8	9	10
D	C	C	D	D	C	B	D	C	C
11	12	13	14	15	16	17	18	19	20
C	D	D	A	C	C	B	A	B	B
21	22	23	24	25	26	27	28	29	30
B	A	A	B	A	C	A	B	D	D
31	32	33	34	35	36	37	38	39	40
A	C	D	B	C	D	C	B	C	B
41	42	43	44	45	46	47	48		
C	A	B	B	B	D	A	C		

विविध प्रश्न

1	2	3	4	5	6	7	8	9	10
C	A	B	B	B	A	C	D	C	C
11	12	13	14	15	16	17	18	19	20
C	A	A	C	C	B	A	C	A	B
21	22	23	24	25	26	27	28	29	30
D	C	A	B	C	C	C	B	A	C
31	32	33	34	35	36	37	38	39	40
B	B	A	A	A	B	B	A	B	C
41	42	43	44	45	46	47	48	49	50
C	A	A	D	C	B	B	B	A	A
51	52	53	54	55	56	57	58	59	60
A	B	A	B	C	A	D	A	B	A
61	62	63	64	65	66	67	68	69	70
A	C	D	A	B	C	B	A	A	C
71	72	73	74	75	76	77	78	79	80
B	A	B	B	B	B	B	A	A	B
81	82	83	84	85	86	87	88	89	90
B	C	A	D	A	A	C	C	B	B
91	92	93	94	95	96				
C	B	C	B	A	D				

सामान्य ज्ञान

(वस्तुनिष्ठ प्रश्न)

I. भारत के संबंध में जानकारी

1. राष्ट्रीय प्रतीक

1. भारत के राष्ट्रीय ध्वज में केसरिया, सफेद और हरे रंग की तीनः

A. आड़ी पट्टियां हैं

B. खड़ी पट्टियां हैं

C. एक दूसरे को काटती हुई पट्टियां हैं

D. तिरछी पट्टियां हैं

2. हमारे राष्ट्रीय ध्वज की लम्बाई और चौड़ाई का अनुपातः

A. 2 : 3 है B. 3 : 4 है

C. 4 : 3 है D. 3 : 2 है

3. भारत के राष्ट्रीय ध्वज में बीच में एक गोल चक्र है। यह चक्रः

A. तीनों रंग की पट्टियों पर है

B. केसरिया रंग की पट्टी पर है

C. सफेद रंग की पट्टी पर है

D. हरे रंग की पट्टी पर है

4. हमारे राष्ट्रीय ध्वज में बीच में जो चक्र है, उसमें कुल कितनी तीलियां हैं?

A. 20 B. 28

C. 24 D. 32

5. हमारे राष्ट्रीय ध्वज में तीन पट्टियां हैं। उनमें सबसे नीचे वाली पट्टी किस रंग की है?

A. केसरिया B. सफेद

C. हरे D. इनमें से कोई नहीं

6. हमारे राष्ट्रगान 'जन-गण-मन' में कुल कितने पद (Stanza) हैं?

A. तीन B. पांच

C. चार D. दो

7. राष्ट्रीय गीत 'वन्देमातरम्' 'आनंदमठ' नामक ग्रंथ से लिया गया है, जिसके लेखक हैं:

A. बंकिम चन्द्र चटर्जी B. रवीन्द्र नाथ टैगोर

C. व्योमेश चन्द्र बनर्जी D. सुरेन्द्रनाथ बनर्जी

8. हमारे राष्ट्रीय चिन्ह (National symbol) में ऊपर तीन सिंह बनें हैं और उनके नीचे देवनागरी लिपि में 'सत्यमेव जयते' लिखा है। यह 'सत्यमेव जयते' कहां से उद्धृत किया गया है?

A. भागवतगीता से B. मुण्डक उपनिषद से

C. ऋग्वेद से D. स्कन्द पुराण से

9. भारत का राष्ट्रीय पंचांग (National Calender):

A. शक् संवत् पर आधारित है

B. हिजरी संवत् पर आधारित है

C. विक्रमी संवत् पर आधारित है

D. विक्रमांक-चालुक्य संवत् पर आधारित है

10. भारत का राष्ट्रीय पशु है:

A. गाय B. हाथी

C. अश्व D. टाइगर

11. भारत का राष्ट्रीय पक्षी है:

A. हंस B. कबूतर

C. तोता D. मोर

12. भारत का राष्ट्रीय पुष्प है:

A. गुलाब B. चमेली

C. कमल D. सूरजमुखी

13. हमारे राष्ट्र गान 'जन-गण-मन' के रचयिता हैं:

A. अवनीन्द्रनाथ टैगोर B. सुधीन्द्रनाथ टैगोर

C. रवीन्द्रनाथ टैगोर D. व्योमेशचन्द्र टैगोर

14. हमारे राष्ट्रीय ध्वज के डिजाइन को कब और किसने मंजूरी प्रदान की थी?

A. संविधान सभा ने 22 जुलाई, 1947 को

B. संविधान सभा ने 15 अगस्त, 1947 को
C. कांग्रेस पार्टी ने 15 अगस्त, 1947 को
D. भारत सरकार ने 15 अगस्त, 1947 को

15. हमारे देश में राष्ट्रीय पंचांग को कब अंगीकार किया गया?
A. 15 अगस्त, 1947 B. 26 जनवरी, 1950
C. 22 मार्च, 1957 D. 30 जनवरी, 1948

16. हमारे राष्ट्रीय पंचांग का पहला महीना है:
A. कार्तिक B. श्रावण
C. चैत्र D. फाल्गुन

2. राज्यों के बारे में जानकारी

17. कवारत्ती राजधानी है:
A. गोवा की B. मिजोरम की
C. लक्षद्वीप की D. अंडमान-निकोबार की

18. ओंगी आदिवासी किस स्थान के निवासी हैं?
A. ओडिशा B. त्रिपुरा
C. मध्य प्रदेश D. अंडमान-निकोबार

19. उत्तर प्रदेश सबसे अधिक जनसंख्या वाला राज्य है। जनसंख्या की दृष्टि से उत्तर प्रदेश के बाद किस राज्य का नम्बर है?
A. महाराष्ट्र B. मध्य प्रदेश
C. बिहार D. प. बंगाल

20. भारत में जनगणना कितने वर्षों बाद होती है?
A. हर पांचवें वर्ष B. हर दसवें वर्ष
C. हर बीसवें वर्ष D. हर पन्द्रहवें वर्ष

21. भारत का कौन-सा राज्य ऐसा है, जिसमें स्त्रियों की जनसंख्या पुरुषों की जनसंख्या से अधिक है?
A. नगालैंड B. केरल
C. ओडिशा D. कर्नाटक

22. मांडवी नदी किस राज्य में है?
A. मध्य प्रदेश B. गोवा
C. बिहार D. ओडिशा

23. मधुबनी पेंटिंग का संबंध किस राज्य से है?
A. हिमाचल प्रदेश B. कर्नाटक
C. बिहार D. उत्तर प्रदेश

24. नागार्जुन सागर बांध किस राज्य में है?
A. कर्नाटक B. गुजरात
C. आन्ध्र प्रदेश D. केरल

25. केसर मुख्यतः किस राज्य/ केन्द्र शासित प्रदेश में पैदा होता है?
A. जम्मू और कश्मीर B. सिक्किम
C. आन्ध्र प्रदेश D. हिमाचल प्रदेश

26. हमारे देश में प्राकृतिक रबर का सबसे बड़ा उत्पादक कौन-सा राज्य है?
A. आन्ध्र प्रदेश B. तमिलनाडु
C. केरल D. असम

27. किस राज्य में चंदन के वृक्ष बहुतायत से हैं?
A. असम B. अरुणाचल प्रदेश
C. आन्ध्र प्रदेश D. कर्नाटक

28. पोर्ट ब्लेयर किसकी राजधानी है?
A. अंडमान निकोबार द्वीप समूह
B. पुडुचेरी
C. लक्षद्वीप
D. सिक्किम

29. चेरापूंजी किस राज्य में है?
A. सिक्किम B. मेघालय
C. हिमाचल प्रदेश D. असम

30. हमारे देश में शहरों में लगभग कितनी प्रतिशत जनसंख्या रहती है?
A. 45 प्रतिशत B. 31 प्रतिशत
C. 50 प्रतिशत D. 80 प्रतिशत

31. साक्षरता की दृष्टि से केरल राज्य सबसे आगे है। उसके बाद किस राज्य का नम्बर है?
A. मिजोरम B. मध्य प्रदेश
C. महाराष्ट्र D. मणिपुर

32. नासिक शहर किस नदी के तट पर है?
A. नर्मदा
B. गोदावरी
C. महानदी
D. उपरोक्त में से कोई भी नहीं

33. कश्मीर में श्रीनगर शहर किस नदी के तट पर बसा हुआ है?

A. रावी
B. झेलम
C. व्यास
D. उपरोक्त में से कोई भी नहीं

34. कौन-सा राज्य चारों ओर से भूमि से घिरा हुआ है?
A. प. बंगाल B. मध्य प्रदेश
C. आन्ध्र प्रदेश D. गुजरात

35. किस राज्य का समुद्रतट सबसे लम्बा है?
A. तमिलनाडु B. ओडिशा
C. गुजरात D. केरल

36. किस राज्य में अनुसूचित जनजातियों की संख्या सबसे अधिक है?
A. राजस्थान B. मध्य प्रदेश
C. गुजरात D. बिहार

37. निम्नलिखित स्थानों में से कौन-सा स्थान राजस्थान में है?
A. थुम्बा B. श्रीहरिकोटा
C. पोखरन D. चिल्का

38. कलपक्कम आणविक बिजलीघर किस राज्य में है?
A. गुजरात B. मणिपुर
C. हिमाचल प्रदेश D. तमिलनाडु

39. सांभर झील किस राज्य में है?
A. जम्मू और कश्मीर B. ओडिशा
C. राजस्थान D. आन्ध्र प्रदेश

40. तंजौर का बृहदेश्वर मंदिर किस राज्य में है?
A. केरल B. तमिलनाडु
C. आन्ध्र प्रदेश D. कर्नाटक

41. चम्बल नदी किन-किन राज्यों से होकर बहती है?
A. उत्तर प्रदेश – मध्य प्रदेश
B. गुजरात – राजस्थान
C. गुजरात – मध्य प्रदेश
D. बिहार – उत्तर प्रदेश

3. भूगोल

42. क्षेत्रफल की दृष्टि से भारत का सबसे बड़ा राज्य है:
A. राजस्थान B. उत्तर प्रदेश
C. बिहार D. महाराष्ट्र

43. जनसंख्या की दृष्टि से भारत का सबसे बड़ा राज्य है:
A. मध्य प्रदेश B. उत्तर प्रदेश
C. बिहार D. महाराष्ट्र

44. क्षेत्रफल की दृष्टि से भारत का सबसे छोटा राज्य है:
A. सिक्किम B. हिमाचल प्रदेश
C. गोवा D. हरियाणा

45. जनसंख्या की दृष्टि से भारत का सबसे छोटा राज्य है:
A. मिजोरम B. अरुणाचल प्रदेश
C. गोवा D. सिक्किम

46. जनसंख्या की दृष्टि से विश्व में भारत का कौन-सा स्थान है?
A. पहला B. दूसरा
C. तीसरा D. चौथा

47. भारत में सबसे अधिक साक्षर राज्य है:
A. केरल B. नागालैंड
C. हरियाणा D. प. बंगाल

48. केन्द्रशासित प्रदेश लद्दाख की राजधानी है :
A. करगिल B. लेह
C. पुंछ D. डोडा

49. भारत कितनी ओर से समुद्र से घिरा हुआ है?
A. चार B. तीन
C. दो D. एक

50. निम्नलिखित में से कौन-सा बंदरगाह भारत के पूर्वी तट पर है?
A. पारादीप B. चेन्नई
C. विशाखापटनम D. उपरोक्त तीनों

51. निम्नलिखित में से कौन-सा बंदरगाह भारत के पश्चिमी तट पर है?
A. तूतीकोरिन
B. श्यामा प्रसाद मुखर्जी (कोलकाता)
C. दीनदयाल (कांडला)
D. मछलीपटनम

52. भारत की कौन-सी नदी अरब सागर में गिरती है?
A. महानदी B. कृष्णा
C. कावेरी D. नर्मदा

53. निम्नलिखित में कौन-सा कथन सही नहीं है?
A. पूर्वी तटीय मैदान पश्चिमी तटीय मैदान से अधिक चौड़ा है
B. पूर्वी तटीय मैदान बहुत उपजाऊ
C. पूर्वी तटीय मैदान का दक्षिणी भाग 'मालाबार' कहलाता है
D. पूर्वी तटीय मैदान में पश्चिमी तटीय मैदान की तुलना में कम बर्फ होती है।

54. भारत में सबसे अधिक वर्षा किस स्थान पर होती है?
A. दार्जिलिंग B. त्रिवेन्द्रम
C. मासिनराम D. कोचीन

55. भारत में कपास की उपज के लिए उत्तम काली मिट्टी कहां पाई जाती है?
A. दक्षिणी प्रायद्वीप के उत्तरी-पश्चिमी भाग में
B. पूर्वी तटीय मैदान में
C. पश्चिमी तटीय मैदान में
D. ब्रह्मपुत्र की घाटी में

56. पूर्वी तटीय मैदान की प्रमुख खाद्यान्न फसल कौन ा है?
A. गेहूँ B. मक्का
C. चावल D. बाजरा

57. हमारे देश के किस भाग में अक्टूबर से दिसम्बर तक पश्चिमी-पश्चिमी मानसून की वापसी से वर्षा होती है?
A. गुजरात
B. महाराष्ट्र-कर्नाटक
C. आन्ध्र प्रदेश-तमिलनाडु
D. गोवा

58. निम्नलिखित में से किस राज्य में वन क्षेत्रफल सबसे ज्यादा है?
A. अरुणाचल प्रदेश B. मध्य प्रदेश
C. छत्तीसगढ़ D. उत्तर प्रदेश

59. निम्नलिखित में से किस राज्य में चाय नहीं पैदा होती?
A. असम B. प. बंगाल
C. केरल D. गुजरात

60. दक्षिण भारत में सिंचाई का प्रमुख साधन है:
A. नहरें और नदियां
B. तालाब और जलाशय
C. कुएं और नदियां
D. जलाशय और कुएं

4. खनिज उद्योग

61. कर्नाटक की कोलार की खानों से क्या निकलता है?
A. अभ्रक B. तांबा
C. सोना D. हीरा

62. निम्नलिखित में से किस स्थान पर लोहे की खानें हैं?
A. क्योंझर B. सिंहभूमि
C. मयूरभंज D. उपरोक्त सभी

63. निम्न में सबसे अधिक अभ्रक (कच्चा) किस राज्य में निकलता है?
A. ओडिशा B. तमिलनाडु
C. आन्ध्र प्रदेश D. राजस्थान

64. हमारे देश में सबसे अधिक बाक्साइट किस राज्य में विद्यमान है?
A. बिहार B. प. बंगाल
C. मध्य प्रदेश D. ओडिशा

65. राजस्थान में खेतड़ी किस उद्योग के लिए विख्यात है?
A. इस्पात उद्योग
B. तांबा उद्योग
C. उर्वरक उद्योग
D. रेशमी वस्त्र उद्योग

66. लोहे और इस्पात के निम्नलिखित कारखानों में से कौन-सा कारखाना छत्तीसगढ़ में है?
A. राउरकेला B. भिलाई
C. बोकारो D. दुर्गापुर

67. निम्नलिखित में से किस स्थान पर तेलशोधक कारखाना नहीं है?
A. हल्दिया B. बरौनी
C. मथुरा D. बेंगलुरु

68. निम्नलिखित स्थानों में से किस स्थान पर एण्टीबायोटिक दवाओं का कारखाना है?
A. सिन्दरी B. गंजाम
C. नैनी D. पिम्परी

69. रेल के डीजल इंजन बनाने का कारखाना कहां है?
A. पेराम्बूर
B. चितरंजन
C. वाराणसी
D. कपूरथला

70. उत्तर प्रदेश में फिरोजाबाद किस उद्योग के लिए विख्यात है?
A. सीमेंट उद्योग
B. चमड़ा उद्योग
C. चीनी उद्योग
D. शीशे की चूड़ियों का उद्योग

71. कलोल का उर्वरक कारखाना किस राज्य में है?
A. राजस्थान
B. बिहार
C. गुजरात
D. असम

72. पेराम्बूर (चेन्नई) में कौन-सा सरकारी उद्योग है?
A. चमड़ा उद्योग
B. डी.डी.टी. कारखाना
C. रेल के डिब्बे बनाने का कारखाना
D. अखबारी कागज बनाने का कारखाना

73. गुजरात में अंकलेश्वर में:
A. तेलशोधक कारखाना है
B. टैंक बनाने का कारखाना है
C. विस्फोटक बनाने का कारखाना है
D. तेल का कुआं है

74. ओडिशा में दामनजोड़ी किस उद्योग का केन्द्र है?
A. एल्युमीनियम
B. इस्पात
C. कालीन
D. दियासलाई

75. असम में नूनममाटी में:
A. तेलशोधक कारखाना है
B. ताप विद्युत परियोजना है
C. पेपर उद्योग है
D. मशीन टूल्स कारखाना है

76. झारखंड के जादूगोड़ा में:
A. हैवी इलेक्ट्रिकल उद्योग है
B. अणु बिजलीघर है
C. यूरेनियम कारखाना है
D. पेट्रो-रसायन उद्योग है

77. कौन-सा स्थान पेट्रो-रसायन उद्योग से जुड़ा हुआ है?
A. नंगल
B. कांडला
C. कोयना
D. कोयाली

78. कौन-सा स्थान उर्वरक उद्योग से जुड़ा हुआ है?
A. नंगल (पंजाब)
B. सिन्दरी (झारखंड)
C. मीठापुर (गुजरात)
D. उपरोक्त तीनों

79. होजरी वस्त्रों के लिए विख्यात स्थान है:
A. सूरत
B. लुधियाना
C. मिर्जापुर
D. शोलापुर

80. मुर्शिदाबाद और शिवकाशी किन उद्योगों के लिए विख्यात है?
A. सिल्क वस्त्र और आतिशबाजी
B. कपास व्यापार और कागज उद्योग
C. चमड़ा उद्योग और सीमेंट उद्योग
D. पेट्रोरसायन उद्योग और चीनी उद्योग

81. मोनाजाइट फैक्टरी और ताप बिजलीघर के लिए विख्यात नेवेली किस राज्य में है?
A. महाराष्ट्र
B. हिमाचल प्रदेश
C. तमिलनाडु
D. ओडिशा

82. प. बंगाल में टीटागढ़ किस उद्योग के लिए विख्यात है?
A. उर्वरक
B. जूट
C. कागज
D. सीमेंट

83. स्थान-उद्योग के निम्नलिखित जोड़ों में से कौन-सा जोड़ा सही नहीं है:
A. कटनी (मध्य प्रदेश) – सीमेंट
B. भिलाई (छत्तीसगढ़) – इस्पात
C. नेपानगर (मध्य प्रदेश) – उर्वरक
D. रेणुकूट (उत्तर प्रदेश) – एल्युमीनियम

84. गोंडवाना कोयला खानें किस राज्य में हैं?
A. ओडिशा
B. कर्नाटक
C. छत्तीसगढ़
D. प. बंगाल

85. निम्नलिखित में से कौन-सा राज्य कोयला खनिज में सम्पन्न नहीं है?
A. झारखंड
B. पं. बंगाल
C. हरियाणा
D. ओडिशा

86. किस राज्य में मछली पालन उद्योग सबसे अधिक विकसित है?

A. महाराष्ट्र B. हिमाचल प्रदेश
C. उत्तर प्रदेश D. प. बंगाल

87. भारत में लौह अयस्क किस राज्य में सबसे ज्यादा निकलता है?

A. मध्य प्रदेश B. गोवा
C. झारखंड D. ओडिशा

88. नेवेली किस धातु की खानों के लिए विख्यात है?

A. बाक्साइट B. लिग्नाइट
C. झारखंड D. ओडिशा

5. नदी घाटी परियोजनायें

89. भारत की सबसे बड़ी बहुप्रयोजनीय परियोजना कौन-सी है?

A. नागार्जुनसागर B. महानदी
C. भाखड़ा D. हीराकुड

90. भाखड़ा बांध किस नदी पर है?

A. सतलज नदी
B. व्यास नदी
C. झेलम नदी
D. उपरोक्त में से कोई भी नहीं

91. फरक्का बांध किस राज्य में है?

A. राजस्थान B. गुजरात
C. पश्चिम बंगाल D. ओडिशा

92. निम्नलिखित में जोड़ा मिलाइये:

(*a*) हीराकुड योजना 1. प. बंगाल
(*b*) दामोदर नदी घाटी परियोजना 2. केरल
(*c*) तावा परियोजना 3. आन्ध्र प्रदेश
(*d*) परियार घाटी योजना 4. मध्य प्रदेश
5. ओडिशा

	(*a*)	(*b*)	(*c*)	(*d*)
A.	4	2	1	3
B.	5	3	4	1
C.	5	1	4	2
D.	5	2	3	4

93. थीन बांध परियोजना किस राज्य की है?

A. केरल B. प. बंगाल
C. गुजरात D. पंजाब

94. कोलकाता बंदरगाह को बचाने और हुगली में नौवहन जारी रखने हेतु निर्मित योजना का नाम है:

A. दामोदर घाटी योजना
B. मयूराक्षी परियोजना
C. कागसबाती परियोजना
D. फरक्का बांध योजना

95. निम्नलिखित में से कौन-सी योजना हरियाणा, पंजाब और राजस्थान की मिली-जुली परियोजना है?

A. थीन परियोजना B. दुलाहस्ती परियोजना
C. व्यास परियोजना D. सलाल परियोजना

96. राजस्थान नहर परियोजना के माध्यम से किस बांध का पानी राजस्थान में सिंचाई के लिए उपलब्ध होगा?

A. पोंग बांध
B. थीन बांध
C. नंगल बांध
D. उपरोक्त में से कोई नहीं

97. पराम्बीकुलम अलियार परियोजना किन राज्यों की मिली-जुली परियोजना है?

A. महाराष्ट्र और कर्नाटक
B. ओडिशा और आन्ध्र प्रदेश
C. केरल और तमिलनाडु
D. केरल और महाराष्ट्र

98. निम्नलिखित में से कौन-सी परियोजना कर्नाटक में है?

A. माल प्रभा B. तुंगभद्रा
C. ऊपरी कृष्णा D. उपरोक्त तीनों

99. आन्ध्र प्रदेश की पोचमपाड परियोजना किस नदी पर है?

A. गोदावरी B. कृष्णा
C. इन्द्रावती D. बन्दिया नदी

100. गुजरात की उकई परियोजना किस नदी पर है?

A. माही B. ताप्ती
C. पानम D. साबरमती

101. कोनार, तिलैया, मैथान और पंचेट बांध किस परियोजना के अंग हैं?

A. दामोदर घाटी परियोजना
B. फरक्का बांध परियोजना
C. मयूराक्षी परियोजना
D. उपरोक्त में से कोई भी नहीं

102. बहुउद्देश्यीय परियोजनाओं का लाभ है:
A. सिंचाई B. बाढ़ नियंत्रण
C. विद्युत उत्पादन D. उपरोक्त तीनों

103. कोसी बहुप्रयोजनीय परियोजना से किसे लाभ होगा?
A. उत्तर प्रदेश – बिहार
B. बिहार – प. बंगाल
C. बिहार – नेपाल
D. बिहार – उत्तर प्रदेश – नेपाल

6. आर्थिक विषयों से सम्बन्धित प्रश्न

104. योजना आयोग की जगह पर किसका गठन किया गया है?
A. नियम आयोग B. नियंता आयोग
C. निर्धारक आयोग D. नीति आयोग

105. पंचवर्षीय योजना को अन्तिम मंजूरी कौन देता है?
A. संसद B. प्रधानमंत्री
C. राष्ट्रपति D. राष्ट्रीय विकास परिषद्

106. पहली पंचवर्षीय योजना का कार्यकाल था:
A. 1952-1957 B. 1955-1960
C. 1953-1958 D. 1951-1956

107. हमारे देश में कागजी मुद्रा का नियंत्रण कौन करता है?
A. भारत सरकार
B. वित्त मंत्रालय
C. रिजर्व बैंक ऑफ इण्डिया
D. स्टेट बैंक ऑफ इण्डिया

108. एक रुपये का नोट कौन जारी करता है?
A. वित्त मंत्रालय
B. रिजर्व बैंक ऑफ इण्डिया
C. स्टेट बैंक ऑफ इण्डिया
D. उपरोक्त में से कोई भी नहीं

109. कौन-सा भारतीय बैंक विश्व के 50 शीर्ष बैंकों में शामिल हो गया है?
A. आईसीआईसीआई B. एचडीएफसी
C. पीएनबी D. एसबीआई

110. हमारे देश में बैंकों का राष्ट्रीयकरण कब हुआ?
A. 1961 B. 1969
C. 1959 D. 1975

111. 1969 में सरकार ने कितने बैंकों का राष्ट्रीयकरण किया?
A. 10 B. 15
C. 12 D. 14

112. ₹ 10, ₹ 50 और ₹ 100 के नोट कहां छपते हैं?
A. नासिक B. होशंगाबाद
C. देवास D. हैदराबाद

113. हमारे देश में सिक्कों की दाशमिक प्रणाली कब शुरू हुई?
A. 1949 B. 1951
C. 1965 D. 1957

114. क्षेत्रीय ग्रामीण बैंकों (रीजनल रूरल बैंकों) की शुरुआत कब हुई?
A. 1969 B. 1975
C. 1980 D. 1982

115. भारतीय जीवन बीमा निगम की स्थापना कब हुई थी?
A. 1949 B. 1956
C. 1970 D. 1973

116. यूनिट ट्रस्ट ऑफ इण्डिया की स्थापना कब हुई थी?
A. 1954 B. 1956
C. 1974 D. 1984

117. ₹ 100 के नोट पर किसके हस्ताक्षर होते हैं?
A. वित्त मंत्री
B. चेयरमैन, स्टेट बैंक ऑफ इण्डिया
C. गवर्नर, रिजर्व बैंक ऑफ इण्डिया
D. वित्त सचिव

118. भारत में सिक्के ढालने की टकसाल कहां है?
A. मुम्बई B. कोलकाता
C. हैदराबाद D. उपरोक्त तीनों

119. नोट छापने का कागज सेक्युरिटी पेपर मिल में बनता है। यह मिल कहां है?
A. नासिक B. बेंगलुरु
C. पूना D. होशंगाबाद

120. नीति आयोग का अध्यक्ष कौन होता है?
A. राष्ट्रपति B. योजना मंत्री
C. प्रधानमंत्री D. वित्त मंत्री

121. राष्ट्रीय विकास परिषद का अध्यक्ष कौन होता है?
A. राष्ट्रपति B. प्रधानमंत्री
C. योजना मंत्री D. वित्त मंत्री

122. 'राष्ट्रीय ग्रामीण रोजगार योजना' कब आरंभ हुई?
A. 1989 B. 1980
C. 1983 D. 1976

123. समेकित ग्रामीण विकास कार्यक्रम कब आरंभ किया गया?
A. 1978 B. 1983
C. 1985 D. 1988

7. ऐतिहासिक घटनायें, तिथियां और विभूतियां

124. भारत की सिन्धु घाटी सभ्यता के बारे में सबसे पहले कब पता लगा?
A. 1922-23 में B. 1911-12 में
C. 1948 में D. 1908 में

125. आर्यों ने भारत में किस दिशा से प्रवेश किया?
A. उत्तर की ओर से
B. पूर्वोत्तर की ओर से
C. पश्चिमोत्तर की ओर से
D. अरब सागर के समुद्री मार्ग से

126. कौन सबसे प्राचीन है?
A. वैदिक सभ्यता
B. महाजनपद कालीन सभ्यता
C. हड़प्पा सभ्यता
D. बुद्धकालीन सभ्यता

127. नीचे दिये गये स्थानों में से कौन-सा स्थान सिन्धु घाटी सभ्यता से जुड़ा नहीं है?
A. मोहनजोदड़ो B. हड़प्पा
C. कालीनबंगन D. पाटलिपुत्र

128. सिन्धु घाटी सभ्यता मूलतः एकः
A. ग्रामीण सभ्यता थी
B. शहरी सभ्यता थी
C. आदिवासी सभ्यता थी
D. प्रकृतिपूजक सभ्यता थी

129. बौद्ध धर्म और जैन धर्म का उदय कब हुआ?
A. आज से सात सौ वर्ष पहले
B. छटी शताब्दी ईसा पूर्व
C. भारत पर सिकन्दर के आक्रमण के बाद
D. चन्द्रगुप्त मौर्य की मृत्यु के बाद

130. अशोक के शासन काल की सबसे महत्त्वपूर्ण घटना थीः
A. भारत पर सिकन्दर का आक्रमण
B. फाह्यान की भारत यात्रा
C. भारत पर शकों का आक्रमण
D. कलिंग युद्ध

131. किस काल को भारत के प्राचीन इतिहास का स्वर्णकाल कहा जाता है?
A. मौर्यकाल B. गुप्तकाल
C. हर्ष का काल D. उत्तर वैदिक काल

132. पोरस को हराने के बाद सिकन्दर गंगा के मैदान को जीतना चाहता था किन्तु उसके थके हुए सैनिकों ने आगे बढ़ने से इनकार कर दिया। यदि यह विजय अभियान के लिए आगे बढ़ता, तो उसे किससे टक्कर लेनी पड़ती?
A. गुप्त सम्राट् से B. नंद सम्राट् से
C. अशोक से D. चन्द्रगुप्त मौर्य से

133. कला की गांधार शैली का विकास किस काल में हुआ?
A. मौर्य काल B. वैदिक काल
C. कुषाण काल D. गुप्त काल

134. निम्नलिखित विशेषताएं किस काल की थीं?
(*i*) नालंदा, तक्षशिला, सारनाथ और उज्जैन में विख्यात विश्वविद्यालय थे
(*ii*) हिन्दू धर्म उन्नति के चरम उत्कर्ष पर था
(*iii*) जैन धर्म और बौद्ध धर्म भी उन्नत अवस्था में थे
(*iv*) शासक धर्म सहिष्णु थे
A. मौर्य काल B. गुप्त काल
C. सातवाहन काल D. शुंग काल

135. चीनी यात्री ह्वेनसांग किसके शासन काल में भारत आया था?

A. चन्द्रगुप्त द्वितीय　B. कनिष्क
C. हर्ष　D. महापद्मनन्द

136. हर्षवर्द्धन दक्षिण भारत की विजय के लिए निकला था, पर उसेः
A. पुलकेशिन ने हरा दिया
B. यशोवर्मन ने हरा दिया
C. विनयादित्य ने हरा दिया
D. कीर्तिवर्मन ने हरा दिया

137. निम्नलिखित में से किसकी राजधानी थानेश्वर थी?
A. समुद्रगुप्त　B. कनिष्क
C. कुमारगुप्त　D. हर्ष

138. अजन्ता और एलोरा के गुफा मंदिरों का निर्माण किस काल में हुआ?
A. भगवान बुद्ध के काल में
B. गुप्त सम्राटों के काल में
C. हर्षवर्धन के काल में
D. मौर्य काल में

139. निम्नलिखित में से किसने अश्वमेध यज्ञ किया था?
A. हर्षवर्द्धन　B. अशोक
C. पुष्यमित्र शुंग　D. कनिष्क

140. अशोक के लेख किस लिपि में हैं?
A. देवनागरी
B. ब्राह्मी
C. खरोष्ट्री
D. ब्राह्मी और खरोष्ट्री दोनों में

141. 'त्रिरत्न' किस धर्म में मोक्ष का आधार है?
A. हिन्दू धर्म　B. बौद्ध धर्म
C. जैन धर्म　D. उपरोक्त तीनों

142. सिन्धु घाटी सभ्यता के लोग पूजा करते थेः
A. ब्रह्मा की　B. विष्णु की
C. मातृ देवी की　D. गणेश की

143. भगवान बुद्ध ने अपना पहला उपदेश कहां दिया था?
A. लुम्बिनी वन में　B. बोध गया में
C. कुशीनगर (कसया) में　D. सारनाथ में

144. भगवान बुद्धः
A. वेदों में आस्था रखते थे
B. वैदिक संस्कारों के पोषक थे
C. यज्ञ बलि में विश्वास रखते थे
D. कठोर तप और घोर विलास दोनों के विरोधी थे

145. आगे चलकर बौद्धधर्म दो सम्प्रदायों– हीनयान और महायान– में बंट गया। हीनयान सम्प्रदायः
A. भगवान बुद्ध को ईश्वर मानकर उनकी पूजा को मान्यता देता है
B. निर्वाण में विश्वास नहीं करता
C. बुद्ध को अवतार मानता है
D. अष्टांगिक मार्ग में विश्वास करता है

146. अजन्ता की गुफाओं में किन कथाओं का अंकन है?
A. रामायण की कथाओं का
B. जातक की कथाओं का
C. महाभारत की कथाओं का
D. पौराणिक कथाओं का

147. कौन-सा वेद सबसे प्राचीन माना जाता है?
A. यजुर्वेद　B. अथर्ववेद
C. सामवेद　D. ऋग्वेद

148. 'अर्थशास्त्र' का लेखक कौन था?
A. मेगस्थनीज　B. फाह्यान
C. ह्वेनसांग　D. कौटिल्य

149. 'साक्य मुनि' किसे कहा जाता है?
A. महावीर स्वामी को　B. तिस्स मोग्गलिपुत्र को
C. भद्रबाहु को　D. गौतम बुद्ध को

150. महान आयुर्वेदाचार्य 'चरक' किसका समकालीन था?
A. अशोक का　B. समुद्रगुप्त का
C. हर्षवर्द्धन का　D. कनिष्क का

151. भारत के किस वैज्ञानिक ने कोपरनिकस से बहुत पहले इस बात का पता लगाकर घोषणा कर दी थी कि पृथ्वी सूर्य की परिक्रमा करती है?
A. आर्यभट्ट　B. ब्रह्मगुप्त
C. वराहमिहिर　D. वाग्भट्ट

152. कौन-सा विदेशी यात्री सातवीं शताब्दी में भारत यात्रा पर आया था?
A. मेगस्थनीज　B. ह्वेनसांग
C. फाह्यान　D. इत्सिंग

153. निम्नलिखित में से कौन सा स्थान हड़प्पा सभ्यता का स्थान नहीं था?

A. चन्दुहडो B. लोथल

C. पाटलिपुत्र D. रोपड़

154. मोहनजोदड़ो की खुदाई में दायें पैर पर खड़ी नर्तकी की जो मूर्ति मिली है, वह किस धातु की बनी हुई है?

A. सोने की

B. लोहे की

C. प्लास्टर ऑफ पेरिस की

D. कांसे की

155. आर्यो की वैदिक सभ्यता के काल में जाति-प्रथा व वर्ण व्यवस्थाः

A. कठोर थी

B. नहीं थी

C. अत्याचारपूर्ण थी

D. उपरोक्त में से कोइ भा नहीं

156. जैनधर्म के संस्थापक महावीर स्वामी

A. कर्मकाण्डों में विश्वास नहीं करते थे

B. आत्मा और प्रकृति को पृथक-पृथक मानते थे

C. ईश्वर के अस्तित्व को नहीं मानते थे

D. उपरोक्त सभी

157. बौद्ध धर्म के चार महासम्मेलनों का उल्लेख मिलता है। पहला सम्मेलन कहां हुआ था?

A. वैशाली में B. काश्मीर में

C. राजगृह में D. बोध गया में

158. मगध का कौन-सा शासक भगवान बुद्ध का समकालीन था और उससे भगवान बुद्ध की भेंट भी हुई थी?

A. अशोक B. बिम्बिसार

C. प्रसेनजित D. शिशुनाग

159. अशोक ने धर्म महामात्र नियुक्त किये थे, जिनका काम था:

A. बौद्धधर्म का प्रचार करना

B. बौद्धधर्म की शिक्षा देना

C. यह देखना कि जनता बौद्धधर्म का पालन करती है

D. उपरोक्त तीनों

160. भारत में शकों, पार्थियनों और कुषाणों का आगमनः

A. मौर्य शासकों के बाद हुआ

B. जैनधर्म और बौद्धधर्म के जन्म से पहले हुआ

C. सातवाहनों के उदय के बाद हुआ

D. गुप्तों के पराभव के बाद हुआ

161. कनिष्क के शासनकाल में कला की गांधार शैली का विकास हुआ। गांधार शैली की मूर्तियों में:

A. भाव यूनानी और अवयव भारतीय हैं

B. भाव और अवयव व वेश-भूषा सभी यूनानी हैं

C. भाव और अवयव व वेश-भूषा सभी भारतीय हैं

D. भाव भारतीय हैं पर अवयव व वेश-भूषा यूनानी हैं

162. जन्म-पत्री बनाने की कला भारतीयों ने किससे सीखी?

A. शकों से B. अरबों से

C. मिस्रवासियों से D. यूनानियों से

163. निम्नलिखित में से किस लेख से गुप्त शासकों के बारे में जानकारी मिलती है?

A. प्रयाग प्रशस्ति लेख

B. दिल्ली में कुतुबमीनार के निकट लौहस्तम्भ पर अंकित विजय प्रशस्ति

C. एरण का लेख

D. उपरोक्त सभी

164. किस गुप्त शासक को 'भारत का नेपोलियन' कहा जाता है?

A. चन्द्रगुप्त B. समुद्रगुप्त

C. चन्द्रगुप्त द्वितीय D. स्कन्दगुप्त

165. गुप्त वंश के किस शासक ने अश्वमेध यज्ञ किया और 'अश्वमेध पराक्रम' शब्दों से अंकित सिक्के चलाये?

A. रामगुप्त B. चन्द्रगुप्त द्वितीय

C. समुद्रगुप्त D. पुरुगुप्त

166. प्रयाग प्रशस्ति का लेखक हरिषेण किसके दरबार में था?

A. हर्षवर्द्धन B. अजातशत्रु

C. खारवेल D. समुद्रगुप्त

167. किस विदेशी यात्री के यात्रा-विवरण से हमें गुप्तकालीन अवस्था के संबंध में जानकारी प्राप्त होती है?

A. ह्वेनसांग B. फाह्यान
C. इत्सिंग D. मेगस्थनीज

168. दशमलव प्रणाली का आविष्कार किसने किया था?
A. यूनानियों ने B. अरबों ने
C. रोमवासियों ने D. भारतीयों ने

169. सातवीं शताब्दी में किस स्थान पर एक विश्वविख्यात विश्वविद्यालय था?
A. प्रयाग B. उज्जयिनी
C. वैशाली D. नालंदा

170. आर्य
A. मूर्तिपूजक थे B. प्रकृतिपूजक थे
C. पत्थरपूजक थे D. उपरोक्त सभी

171. वैदिक काल में 'सभा' और 'समिति' नामक संस्थायें:
A. राजा के शासन पर अंकुश रखती थीं
B. राजा को मात्र सलाह देने के लिए थीं
C. राज्य की विदेश नीति का निर्धारण करती थीं
D. राज्य के सैन्य संगठन की देखरेख करती थीं

172. उत्तर वैदिक काल में ब्राह्मणों और पुरोहितों का प्रभुत्व बढ़ गया था क्योंकि:
A. शासक दुर्बल हो गये थे
B. यज्ञों और बलि का महत्व बढ़ गया था
C. ब्राह्मणों और पुरोहितों के शक्तिशाली संगठन बन गए थे
D. समाज में धर्म का महत्व बढ़ गया था

173. उत्तर वैदिक काल समाप्त होते-होते उपनिषदों ने:
A. यज्ञ-हवन और कर्मकाण्डों पर जोर दिया
B. यज्ञ और बलि की निस्सारता पर जो दिया
C. कर्मकाण्डों को बहुत जटिल बना दिया
D. वर्ग-संघर्ष तेज कर दिया

174. खजुराहो के सुन्दर मन्दिरों का निर्माण किसने कराया था?
A. चौहान शासकों ने B. परमार शासकों ने
C. चन्देल शासकों ने D. बुन्देला शासकों ने

175. सिन्ध पर अरबों की विजय (आठवीं शताब्दी के आरंभ में) स्थायी नहीं हो पाई क्योंकि:
A. अरबों में शासन-योग्यता की कमी थी
B. अरब अपने व्यवहार से भारतीयों को अपना नहीं बना पाये
C. शासन सैनिक बल पर निर्भर था
D. उपरोक्त तीनों

176. भारत में गुलाम वंश का संस्थापक कौन था?
A. अलाउद्दीन खिलजी B. अल्तमश
C. मुहम्मद तुगलक D. कुतुबुद्दीन ऐबक

177. रजिया बेगम दिल्ली की सुल्तान बनने वाली प्रथम मुस्लिम महिला थी। वह:
A. बलबन की बेगम थी
B. अल्तमश की बेटी थी
C. रुकमुद्दीन की मां थी
D. बहराम की बेटी थी

178. किस शासक ने सुल्तान के पद की गरिमा बढ़ाई थी?
A. बलबन B. रजिया बेगम
C. अल्तमश D. बहराम

179. अपनी सल्तनत को मंगोलों के आक्रमण से बचाने के लिए बलबन ने:
A. उन्हें धन-दौलत देकर सन्तुष्ट कर दिया
B. उन्हें सीमावर्ती इलाकों में बसने की अनुमति दे दी
C. अपनी सेना और सीमावर्ती किलों को सुदृढ़ बनाया
D. स्वयं मंगोलों पर आक्रमण कर दिया

180. गुलाम वंश के किस शासक ने 'तलवार और खून' की नीति अपनाई थी?
A. कुतुबुद्दीन ऐबक B. अल्तमश
C. रजिया बेगम D. बलबन

181. गुलाम वंश का शासन समाप्त होने के बाद दिल्ली सल्तनत पर किसका कब्जा हो गया?
A. तुगलकों का B. लोदियों का
C. खिलजियों का D. सैय्यदों का

182. किस शासक ने बाजार और वस्तुओं की कीमतें निर्धारित कर दी थीं और कीमत बढ़ाने पर रोक लगा दी थी?
A. मुहम्मद तुगलक B. बलबन
C. अलाउद्दीन खिलजी D. फिरोज तुगलक

183. किस मुस्लिम शासक का कहना था, "मैं सैनिक हूँ: मुझे नियम वगैरह का ज्ञान नहीं है। मेरे लिए राज्य का हित सर्वोपरि है। मैं वही करता हूँ, जो राज्य के कल्याण के लिए उचित समझता हूँ।"

A. जलालुद्दीन खिलजी B. बलबन
C. अल्तमश D. अलाउद्दीन खिलजी

184. मलिक काफूर किसका सेनापति था?

A. फिरोज तुगलक B. अलाउद्दीन खिलजी
C. दौलत खां लोदी D. मुबारक शाह

185. निम्नलिखित लक्षण किस शासक के थे?

(*i*) जल्दबाज
(*ii*) अदूरदर्शी
(*iii*) विश्वविजयी बनने का स्वप्न देखने वाला
(*iv*) विरोधी तत्वों का सम्मिश्रण

A. अलाउद्दीन खिलजी B. हुमायूँ
C. मुहम्मद तुगलक D. बहादुरशाह

186. दक्षिण में विजय नगर साम्राज्य की स्थापना किसके शासन काल में हुई?

A. सिकन्दर लोदी B. अलाउद्दीन खिलजी
C. मुहम्मद तुगलक D. ग्यासुद्दीन तुगलक

187. तैमूर ने भारत पर आक्रमण क्यों किया था?

A. दिल्ली की गद्दी पर कब्जा करने के लिए
B. भारत में अपना राज्य स्थापित करने के लिए
C. तुगलक सुल्तान से बदला लेने के लिए
D. धन लूटने के लिए

188. वाक्पति मुंज किस वंश का शासक था?

A. चन्देल B. चौहान
C. पारमार D. तोमर

189. राजपूतकालीन समाज के बारे में कौन-सी बात सही नहीं है?

A. सती प्रथा प्रचलित थी
B. 'जौहर' को गरिमामय माना जाता था
C. अन्तर्जातीय विवाहों को बुरा नहीं माना जाता था
D. उपरोक्त सभी

190. 'गंगैकोंडचोलपुरम' की उपाधि किस शासक ने धारण की थी?

A. शैलेन्द्र B. राजेन्द्र प्रथम
C. कुलोतुंग प्रथम D. परान्तक

191. चोल शासन व्यवस्था की विशिष्ट विशेषता थी:

A. राजा के जन कल्याणकारी कार्य
B. सुव्यवस्थित स्थानीय स्वशासन
C. राज्य की उत्कृष्ट न्याय व्यवस्था
D. भूमि सुधारों का प्रयास

192. 'नयनार' और 'अलवार':

A. तमिल ग्रंथ थे B. विख्यात मूर्तिकार थे
C. संत थे D. कलाकार थे

193. दिल्ली की कुतुबमीनार का निर्माता कौन था?

A. मुहम्मद गोरी B. जलालुद्दीन खिलजी
C. कुतुबुद्दीन ऐबक D. दरवेश सिद्दी मौला

194. अलाउद्दीन खिलजी ने दक्षिण भारत के राज्यों को जीतकर:

A. उन्हें अपने साम्राज्य का अंग बना लिया
B. विद्रोहियों को कुचल दिया
C. उनसे धन-सम्पत्ति लेकर उन्हें छोड़ दिया
D. उन्हें उनका राज्य लौटाकर उनसे मित्रता कर ली

195. विजयनगर साम्राज्य की स्थापना कब हुई थी?

A. दसवीं शताब्दी में B. बारहवीं शताब्दी में
C. चौदहवीं शताब्दी में D. ग्यारहवीं शताब्दी में

196. तालीकोट के युद्ध ने:

A. दक्षिण में मुस्लिम शक्ति की नींव हिला दी
B. विजय नगर साम्राज्य की शक्ति अति क्षीण कर दी
C. दक्षिण में बहमनी राज्य की स्थापना का मार्ग प्रशस्त कर दिया
D. विजय नगर की उन्नति के लिए अनुकूल वातावरण पैदा कर दिया

197. अलाउद्दीन खिजली ने जागीर प्रथा बंद कर दी, उसे बाद में किस सुल्तान ने पुनः शुरू किया?

A. शहाबुद्दीन B. इब्राहिम लोदी
C. मुहम्मद तुगलक D. फिरोज तुगलक

198. निम्नलिखित में से कौन सूफी संतों की विशेषता नहीं थी?

A. ढोंग व आडम्बर का विरोध
B. सर्वधर्म समभाव
C. धार्मिक प्रतिबद्धता
D. सत्य की खोज

199. निम्नलिखित में से कौन-सा तत्व भक्ति आन्दोलन के मूल में था?
A. एकेश्वरवाद और आत्मा की शुद्धता
B. धर्म का प्रचार
C. प्राचीन धर्म को पुनर्जीवित करना
D. धर्म की रक्षा

200. चैतन्य महाप्रभुः
A. राम के उपासक थे
B. कृष्ण के उपासक थे
C. सत्य नाम के उपासक थे
D. उपरोक्त तीन के बीच समन्वयकर्ता थे

201. निम्नलिखित में से किस शहर के बारे में अब्दुर्रज्जाक ने लिखा है कि, "यह ऐसा बेजोड़ शहर है, जो दुनिया में किसी ने न तो देखा होगा और न सुना होगा।"
A. माण्डू B. जौनपुर
C. विजय नगर D. गुलबर्गा

202. सल्तनत काल में सुल्तानों द्वारा बनवाई गई इमारतों की एक विशेषता थीः
A. महराबें B. गुम्बद
C. ऊंची मीनारें D. उपरोक्त सभी

203. अलाउद्दीन के समय में बनी इमारतों की एक विशेषता उनकी :
A. मजबूती है B. सादगी है
C. बारीक सजावट है D. भव्यता है

204. निम्नलिखित में से किस शासक ने भारत में मुस्लिम साम्राज्य स्थापित करने के उद्देश्य से भारत पर आक्रमण किया था?
A. महमूद गजनवी B. मोहम्मद गोरी
C. तैमूर D. चंगेज खां

205. फिरदौसी किसका दरबारी कवि था?
A. मुहम्मद गोरी B. बलबन
C. फिरोज तुगलक D. महमूद गजनवी

206. पानीपत की पहली लड़ाई में बाबर ने किसको हराया था?
A. इब्राहिम लोदी
B. राणा सांगा
C. सिकन्दर लोदी
D. उपरोक्त में से किसी को नहीं

207. बाबर ने अपनी जीवनी 'बाबरनामा' किस भाषा में लिखी?
A. अरबी B. फारसी
C. तुर्की D. उर्दू

208. सुमेल कीजिए

(*i*) कुतुबमीनार	1. अकबर
(*ii*) गोल गुम्बद	2. मुहम्मद आदिलशाह
(*iii*) बुलंद दरवाजा	3. औरंगजेब
(*iv*) मोती मस्जिद	4. कुतुबुद्दीन ऐबक

	(*i*)	(*ii*)	(*iii*)	(*iv*)
A.	4	1	2	3
B.	4	2	1	3
C.	4	3	1	2
D.	1	2	4	3

209. निम्नलिखित में से कौन-सी घटना और उसका वर्ष दोनों सही हैं?
A. महमूद गजनवी का सोमनाथ मंदिर पर आक्रमण –1014 ई.
B. रजिया सुल्तान की हत्या–1240 ई.
C. अलाउद्दीन खिलजी का राज्यारोहण–1316 ई.
D. भारत पर तैमूर का आक्रमण–1598 ई.

210. अकबर का जन्म कहां हुआ था?
A. काबुल B. आगरा
C. पानीपत D. अमरकोट

211. हुमायूं को किसने हराकर भारत से बाहर भागने पर विवश कर दिया?
A. राजपूतों ने
B. शेरशाह सूरी ने
C. माण्डू के शासक बाजबहादुर ने
D. उपरोक्त में से किसी ने भी नहीं

212. अमीर खुसरो नामक कवि को किसका राज्याश्रय प्राप्त था?

A. मुहम्मद तुगलक B. अलाउद्दीन खिलजी
C. बहलोल लोदी D. अकबर

213. तराइन की दूसरी लड़ाई कब हुई थी?
A. 1190 ई. B. 1191 ई.
C. 1192 ई. D. 1193 ई.

214. ग्रैंड ट्रंक रोड का निर्माण किसने कराया था?
A. अकबर B. शेरशाह सूरी
C. औरंगजेब D. शाहजहां

215. कौन-सा मुगल बादशाह ऐसा था, जिसे 15 वर्षों तक भारत से निर्वासित रहना पड़ा था?
A. अकबर B. शाहजहां
C. हुमायूं D. बाबर

216. निम्नलिखित में से किस युद्ध में बाबर ने राणा सांगा को हराया था?
A. पानीपत की लड़ाई B. हल्दीघाटी की लड़ाई
C. चित्तौड़ की लड़ाई D. खानवा की लड़ाई

217. 'दीन इलाही'
A. औरंगजेब द्वारा बनवाई गई एक मस्जिद का नाम है
B. अकबर द्वारा चलाये गए धर्म का नाम है
C. शाहजहां धारण की गई एक उपाधि का नाम है
D. अबुलफजल द्वारा लिखे गये एक ग्रंथ का नाम है

218. मुगल शासकों में कौन-सा शासक अपने न्याय के लिए विख्यात था?
A. हुमायूँ B. अकबर
C. जहांगीर D. शाहजहां

219. किस मुगल शासक ने मनसबदारी प्रथा आरंभ की थी?
A. औरंगजेब B. हुमायूँ
C. जहांगीर D. अकबर

220. वैदिक सभ्यता किस नदी के तट पर विकसित हुई थी?
A. माही B. ब्रह्मपुत्र
C. सरस्वती D. यमुना

221. किस मुगल शासक को बाग लगवाने का अत्यधिक शौक था?
A. हुमायूँ B. अकबर
C. औरंगजेब D. शाहजहां

222. फतेहपुर सीकरी को भव्य इमारतों से किसने सजाया था?
A. शाहजहां B. जहांगीर
C. अकबर D. बाबर

223. बैरम खां मुगल सेनापति था। उसने किन दो मुगल शासकों की सेवा की थी?
A. बाबर और हुमायूँ
B. हुमायूँ और अकबर
C. अकबर और जहांगीर
D. अकबर और शाहजहां

224. किस मुगल शासक ने हिन्दुओं पर से जजिया कर हटा दिया था?
A. शाहजहां B. हुमायूं
C. जहांगीर D. अकबर

225. अकबर ने राजपूतों से मैत्री संबंध क्यों स्थापित किया था?
A. वह राजपूतों से भयभीत था
B. वह राजपूतों की वीरता की इज्जत करता था
C. वह राजपूतों की सहानुभूति के बल पर अपना साम्राज्य सुदृढ़ करना चाहता था
D. उपरोक्त तीनों

226. पानीपत की दूसरी लड़ाई में 1556 में अकबर ने किसे पराजित किया था?
A. इब्राहिम लोदी को
B. राणा सांगा को
C. हेमू को
D. उपरोक्त में से किसी को नहीं

227. नूरजहां किसकी बेगम थी?
A. अकबर B. औरंगजेब
C. जहांगीर D. शाहजहां

228. किस मुगल सम्राट् ने तख्ते ताऊस बनवाया था?
A. अकबर B. जहांगीर
C. औरंगजेब D. शाहजहां

229. किस मुगल शासक ने आगरे से हटाकर दिल्ली को राजधानी बनाया था?

A. अकबर B. शाहजहां
C. जहांगीर D. औरंगजेब

230. कौन-सा मुगल बादशाह अपने जीवन के अन्तिम वर्षों में जेल में बंदी रहा और वहीं उसकी मृत्यु हो गई?
A. औरंगजेब B. हुमायूं
C. जहांगीर D. शाहजहां

231. किस मुगल शासक ने गुरु तेग बहादुर को मरवाया था?
A. शाहजहां B. औरंगजेब
C. जहांगीर D. मुअज्जम

232. औरंगजेब की कौन-सी नीति मुगल साम्राज्य के लिए सबसे घातक हुई?
A. राजपूतों का विश्वास न करना
B. सिखों को नाराज करना
C. मराठों से झगड़ा मोल लेना
D. हिन्दुओं को दबाने-सताने का निर्णय करना

233. 'चौथ' और 'सरदेशमुखी' नामक कर कौन वसूल करते थे?
A. राजपूत B. सिख
C. मुगल D. मराठे

234. 1761 में हुई पानीपत की तीसरी लड़ाई में किसकी विजय हुई थी?
A. मुगलों की
B. मराठों की
C. अहमदशाह अब्दाली की
D. नादिरशाह दुर्रानी की

235. 'आइने-अकबरी' और 'अकबरनामा' का लेखक कौन था?
A. फैजी B. बैरम खां
C. अबुलफजल D. आधम खां

236. किस शासक ने सबसे पहले लगान निर्धारण की वैज्ञानिक विधि अपनाई?
A. अकबर B. शाहजहां
C. शेरशाह D. बाबर

237. सहसराम (बिहार) में किसका मकबरा है?
A. हुमायूं B. आसफजाह
C. शेरशाह D. हेमू

238. 'दीन इलाही' धर्म अकबर ने चलाया था। उसने इस धर्म को :
A. अपना राज्य धर्म बना दिया था
B. देश-विदेश में फैलाया
C. मानने के लिए किसी को बाध्य नहीं किया
D. अपनाने वालों को अनेक ऊंचे पद दिये

239. नूरजहां का असली नाम था :
A. अर्जमंदबानू बेगम B. जहांनारा
C. हमीदाबानू D. मेहरुन्निसा

240. निम्नलिखित में से कौन-सी इमारत अकबर ने नहीं बनवाई थी?
A. गोल गुम्बद
B. बुलन्द दरवाजा
C. पंचमहल
D. सलीम चिश्ती की दरगाह

241. चांद बीबी कहां की शासक थी?
A. अहमद नगर B. असीरगढ़
C. गोलकुंडा D. बीजापुर

242. मुगल काल में मुस्लिम धार्मिक शिक्षा की दृष्टि से कौन-सा शहर सबसे विख्यात था?
A. अहमदाबाद B. दिल्ली
C. लाहौर D. जौनपुर

243. एकमात्र मुगल शासक जो स्वयं एक चित्रकार था और जिसे चित्रकला की सूक्ष्म परख थी:
A. हुमायूं B. अकबर
C. शाहजहां D. जहांगीर

244. 'अष्टप्रधान' का संबंध किससे था?
A. राजा मानसिंह B. राजा रणजीत सिंह
C. राजा छत्रसाल D. शिवाजी

245. किस मुगल शासक के समय में सतनामियों का विद्रोह हुआ था?
A. अकबर B. औरंगजेब
C. जहांगीर D. मुहम्मद शाह

246. भारत में किस यूरोपीय देश के व्यापारी व्यापार करने हेतु सबसे पहले आये?
A. अंग्रेज B. फ्रांसीसी
C. डच D. पुर्तगाली

247. प्लासी की लड़ाई (1757 ई.) के बाद कौन बंगाल का गवर्नर बना?
A. मीरा जाफर B. मीर कासिम
C. सिराजुद्दौला D. अलीवर्दी खां

248. किस युद्ध के फलस्वरूप अंग्रेज भारत में बंगाल, बिहार और ओडिशा के स्वामी बन गए?
A. बक्सर का युद्ध B. कासिमबाजार की लड़ाई
C. प्लासी की लड़ाई D. चन्द्रनगर की लड़ाई

249. दक्षिण भारत में एक दूसरे को परास्त करने हेतु अंग्रेजों और फ्रांसीसियों के बीच तीन युद्ध (1746 से 1760 तक) हुए। इन्हें कौन-सा युद्ध कहा जाता है?
A. मैसूर की लड़ाइयां
B. अर्कार की लड़ाइयां
C. कर्नाटक की लड़ाइयां
D. त्रिचनापल्ली की लड़ाइयां

250. निम्नलिखित में से कौन-सी लड़ाई अंग्रेजों के लिए सबसे अधिक लाभदायक सिद्ध हुई?
A. प्लासी की लड़ाई B. कर्नाटक की लड़ाइयां
C. बान्दीवाश की लड़ाई D. बक्सर की लड़ाई

251. 'बंगाल का दोहरा शासन (द्वैध शासन)' के अधीन :
A. बंगाल का नवाब अंग्रेजों के अधीन था
B. आधे बंगाल में अंग्रेजों का शासन था और आधे में नवाब का
C. शासन व न्याय नवाब के अधीन था और कर इकट्ठा करने का काम अंग्रेजों के हाथ में था
D. शासक नवाब ही था पर अंग्रेजों की सहमति के बिना कुछ नहीं कर सकता था

252. भारत में पहला ब्रिटिश गवर्नर जनरल कौन था?
A. क्लाइव B. कार्नवालिस
C. वारेन हेस्टिंग्ज D. लार्ड हेस्टिंग्ज

253. हैदरअली कहां का शासक था?
A. कर्नाटक B. मैसूर
C. त्रिचनापल्ली D. अर्काट

254. किस ब्रिटिश गवर्नर जनरल ने 'सहायक संधि' चलाई थी?
A. डलहौजी B. विलियम बैंटिंग
C. वारेन हेस्टिंग्ज D. बेलेजली

255. रेग्युलेटिंग ऐक्ट किस सन् में पास हुआ था?
A. 1773 ई. B. 1784 ई.
C. 1757 ई. D. 1764 ई.

256. देशी रियासतों के शासक की मृत्यु पर उत्तराधिकारी न होने की स्थिति में उस रियासत को अंग्रेजी राज्य में मिलाने की नीति (देशी रियासतों को हड़पने की नीति) किस गवर्नर जनरल ने अपनाई थी?
A. वेलेजली B. कार्नवालिस
C. मिन्टो D. डलहौजी

257. लार्ड डलहौजी ने 1852 में अवध को अंग्रेजी राज्य में मिला लिया। उसने किस बहाने से ऐसा किया?
A. उत्तराधिकारी न होना
B. खराब शासन प्रबन्ध व प्रजा की दुर्दशा
C. सहायक संधि की शर्तों का उल्लंघन
D. नवाब की उपाधि को मान्यता न देना

258. किस गवर्नर जनरल ने बंगाल में भूमि का स्थायी बन्दोबस्त किया था?
A. वारेन हेस्टिंग्ज B. क्लाइव
C. विलियम बैंटिंग D. कार्नवालिस

259. भूमि के स्थायी बन्दोबस्त से किसको लाभ हुआ?
A. किसानों को
B. अंग्रेजों को
C. जमींदारों को
D. किसानों और जमींदारों को

260. भारत में विलियम बैंटिंग के शासन काल में 1829 ई. में सती प्रथा पर रोक लगा दी गई। इस सुधार के पीछे किसकी कोशिशें थीं?
A. मैकाले B. राजा राममोहन राय
C. ईश्वरचन्द्र विद्यासागर D. श्रीमती एनी बेसेण्ट

261. आर्य समाज के संस्थापक कौन थे?
A. विवेकानंद B. दयानंद
C. श्रद्धानंद D. चिन्मयानंद

262. 1857 का सैनिक विद्रोह किस स्थान से आरंभ हुआ?
A. दिल्ली B. झांसी
C. मेरठ D. लखनऊ

263. 1857 के संघर्ष के लिए किस सेनानी को फांसी की सजा दी गई?
A. झांसी की रानी लक्ष्मीबाई
B. नाना साहब
C. तात्या टोपे
D. कुंवर सिंह

264. 1883 में पेश किया गया इलबर्ट बिल
A. भारतीय समाचार-पत्रों पर अंकुश लगाने वाला था
B. भारतीय राष्ट्रीयता की भावनाओं को दबाने के लिए था
C. न्याय के मामले में जातीय भेदभाव समाप्त करने के लिया था
D. भारतीयों की शिक्षा को बढ़ावा देने के लिए था

265. इण्डियन नेशनल कांग्रेस की स्थापना कब हुई थी?
A. 1885 ई. B. 1875 ई.
C. 1857 ई. D. 1851 ई.

266. निम्नलिखित नेताओं में से कौन तीन बार इण्डियन नेशनल कांग्रेस का अध्यक्ष रहा?
A. व्योमेश चन्द्र बनर्जी B. मदनमोहन मालवीय
C. दादा भाई नौरोजी D. मोतीलाल नेहरू

267. बंगाल का विभाजन किस सन् में हुआ था?
A. 1905 ई. B. 1911 ई.
C. 1909 ई. D. 1906 ई.

268. निम्नलिखित में से कौन भारत के उग्र-राष्ट्रवादी आन्दोलन का प्रमुख नेता नहीं था?
A. लाला लाजपत राय B. बाल गंगाधर तिलक
C. विपिनचन्द्र पाल D. मोतीलाल नेहरू

269. किस गवर्नर जनरल ने भारत की राष्ट्रीय एकता को खण्डित करने के लिए 1905 में बंगाल का विभाजन किया था?
A. लार्ड इर्विन B. लार्ड कर्जन
C. लार्ड मिन्टो D. लार्ड एलशिन द्वितीय

270. 1919 में गवर्नमेण्ट ऑफ इण्डिया ऐक्ट ने
A. भारत के प्रान्तों में द्वैध शासन की व्यवस्था की
B. मुसलमानों के लिए पृथक चुनाव क्षेत्र की व्यवस्था की
C. प्रान्तों को स्वायत्तता प्रदान की
D. उपरोक्त में से कोई भी नहीं

271. आरंभ में इण्डियन नेशनल कांग्रेस कैसी संस्था थी?
A. क्रांतिकारी B. समाज सुधारक
C. उदारवादी D. उग्र राष्ट्रीयतावादी

272. मुस्लिम लीग की स्थापना कब हुई?
A. 1906 ई. B. 1909 ई.
C. 1919 ई. D. 1907 ई.

273. होम रूल लीग की स्थापना किसने की थी?
A. लोकमान्य तिलक B. महात्मा गांधी
C. लाला लाजपत राय D. दादाभाई नौरोजी

274. अमेरिका में गदर पार्टी की स्थापना किसने की थी?
A. लाला हरदयाल B. मैडम कामा
C. अजीत सिंह D. श्यामजी कृष्ण वर्मा

275. गांधीजी ने भारत में पहला सत्याग्रह आन्दोलन कहां किया था?
A. साबरमती B. बारदोली
C. दाण्डी D. चम्पारन

276. साइमन कमीशन कब भारत आया था?
A. 1919 में B. 1928 में
C. 1930 में D. 1920 में

277. खिलाफत आन्दोलन कब हुआ था?
A. 1920 में B. 1907 में
C. 1942 में D. 1918 में

278. जलियांवाला बाग हत्याकाण्ड कब हुआ था?
A. 1942 में B. 1919 में
C. 1920 में D. 1922 में

279. चौरी-चौरा काण्ड में:
A. अंग्रेजों ने सत्याग्रहियों पर गोली चलवा दी थी
B. उत्तेजित भीड़ ने पुलिस थाने पर हमला करके सिपाहियों और थानेदार को जला दिया था
C. पुलिस ने शान्त सभा पर गोली चलाई थी
D. धरने पर बैठे शान्त लोगों को गिरफ्तार करके जेल में डाल दिया गया था

280. चितरंजन दास का नाम किससे जुड़ा हुआ है?
A. स्वराज्य दल की स्थापना

B. होम रूल लीग
C. बारदोली सत्याग्रह
D. बंगाल का विभाजन

281. प्रथम विश्वयुद्ध काल में कांग्रेस के उदारवादी नेताओं ने:
A. अंग्रेज सरकार को भरभूर सहयोग दिया
B. अंग्रेजी सरकार के विरोध में खिलाफत आन्दोलन शुरू किया
C. कांग्रेस की गतिविधियां बंद कर दी थीं
D. होम रूल लीग की स्थापना की

282. कांग्रेस ने भारत की पूर्ण स्वतंत्रता का प्रस्ताव कब पास किया था?
A. 1930 में B. 1929 में
C. 1928 में D. 1931 में

283. भारत के राजनैतिक स्वरूप पर बात करने के लिए गोलमेज सम्मेलन कहां हुए थे?
A. दिल्ली में B. शिमला में
C. लंदन में D. पूना में

284. किसके प्रयत्नों से 1906 में मुस्लिम लीग की स्थापना हुई?
A. मोहम्मद अली जिन्ना B. सर सैयद अहमद खां
C. सलीमुल्ला D. अजमल खां

285. निम्नलिखित में से कौन इण्डियन नेशनल कांग्रेस की प्रथम महिला अध्यक्ष थीं?
A. श्रीमती सरोजिनी नायडू
B. श्रीमती विजयलक्ष्मी पंडित
C. श्रीमती एनी बेसेण्ट
D. श्रीमती नेल्ली सेनगुप्ता

286. बारदोली सत्याग्रह का नेता कौन था?
A. विट्ठल भाई पटेल
B. सरदार वल्लभ भाई पटेल
C. चिमनभाई पटेल
D. मणिबेन पटेल

287. खिलाफत आन्दोलन :
A. अली बन्धुओं ने शुरू किया था
B. को कांग्रेस ने समर्थन दिया था
C. अंग्रेजों के विरुद्ध भारत के मुसलमानों के असंतोष का प्रतीक था
D. उपरोक्त सभी

288. 1931 में गांधी-इर्विन समझौता हो जाने पर किसे स्थगित कर दिया गया?
A. असहयोग आन्दोलन
B. गोलमेज सम्मेलन
C. सर्वदलीय सम्मेलन
D. सविनय अवज्ञा आन्दोलन

289. निम्नलिखित क्रान्तिकारियों में से किसे अंग्रेजों ने फांसी की सजा नहीं दी थी?
A. भगत सिंह B. राजगुरु
C. सुखदेव D. गणेश शंकर विद्यार्थी

290. 1939 में द्वितीय विश्व युद्ध आरंभ होने के बाद भारत में प्रान्तों की कांग्रेस सरकारों ने त्यागपत्र दे दिया क्योंकि:
A. वायसराय ने उनसे ऐसा करने का निवेदन किया था
B. अंग्रेजों ने विश्वयुद्ध के तत्काल बाद भारत को स्वाधीन कर देने की घोषणा कर दी थी
C. वायसराय ने भारतीयों की सहमति के बिना भारत को युद्ध में शामिल करने की घोषणा कर दी थी
D. प्रान्तों के अंग्रेज गवर्नर प्रान्तों की कांग्रेसी सरकार के रोजमर्रा के कामों में अनुचित हस्तक्षेप करने लगे थे

291. रौलट ऐक्ट पास हुआ था:
A. 1921 ई. में B. 1917 ई. में
C. 1919 ई. में D. 1927 ई. में

292. मुस्लिम लीग की स्थापना 1906 ई. में हुई थी। भारत में सबसे पहले पाकिस्तान की मांग कब रखी गई?
A. 1919 ई. में B. 1940 ई. में
C. 1937 ई. में D. 1942 ई. में

293. 'भारत छोड़ो' आन्दोलन किस दिन शुरू हुआ था?
A. 12 अगस्त, 1942 B. 5 मार्च, 1931
C. 8 अगस्त, 1942 D. 7 अप्रैल, 1942

294. गांधीजी ने 'करो या मरो' का नाम कब दिया था?
A. व्यक्तिगत सत्याग्रह (अगस्त, 1940) के दौरान

B. लाहौर अधिवेशन (दिसम्बर, 1929) के समय
C. 'भारत छोड़ो' आन्दोलन (अगस्त, 1942) के समय
D. दाण्डी मार्च (अप्रैल, 1930) के समय

295. कैबिनेट मिशन कब भारत आया था?
A. मार्च, 1946 में B. मार्च, 1947 में
C. मार्च, 1945 में D. सितम्बर, 1946 में

296. भारत में जवाहरलाल नेहरू के नेतृत्व में अन्तरिम सरकार का गठन कब हुआ?
A. 15 अगस्त, 1947 को
B. 2 सितम्बर, 1946 को
C. 23 मार्च, 1947 को
D. 20 फरवरी, 1947 को

297. भारत के लिए संविधान बनाने हेतु संविधान सभा का निर्माण हुआः
A. कैबिनेट मिशन प्लान के अन्तर्गत
B. वेवल योजना के अन्तर्गत
C. माउण्टबेटन योजना के अन्तर्गत
D. भारतीय स्वतंत्रता ऐक्ट, 1947 के अन्तर्गत

298. निम्नलिखित में से किसके बारे में गांधीजी ने "एक दिवालिया बैंक के नाम भविष्य की तिथि का चेक" कहा था?
A. क्रिप्स मिशन प्रस्ताव
B. गोलमेज सम्मेलन
C. वेवल योजना
D. साइमन कमीशन

8. भारत का संविधान

299. स्वतंत्र भारत का संविधान कब स्वीकृत हुआ?
A. 26 जनवरी, 1949 B. 26 अगस्त, 1949
C. 26 नवम्बर, 1949 D. 26 नवम्बर, 1947

300. स्वतंत्र भारत का नया संविधान कबसे लागू हुआ?
A. 15 अगस्त, 1947 B. 26 जनवरी, 1947
C. 26 जनवरी, 1950 D. 26 जनवरी, 1951

301. स्वतंत्र भारत के संविधान में इस समय कुल कितनी अनुसूचियां हैं?
A. 8 B. 9
C. 10 D. 12

302. निम्नलिखित में से कौन-सा कथन सही है?
A. भारत का संविधान भारतीय नागरिकों को इकहरी नागरिकता प्रदान करता है
B. संसद नागरिकों के मूल अधिकारों में संशोधन कर सकती है
C. हमारे संविधान में नागरिकों के मूल कर्त्तव्य बाद में जोड़े गए हैं
D. उपरोक्त सभी

303. हमारे देश में चुनावों में वोट देने के लिए (इस समय) क्या आयु है?
A. कम-से-कम 21 वर्ष
B. कम-से-कम 18 वर्ष
C. 18 से 21 वर्ष के बीच
D. 21 वर्ष से अधिक

304. भारत एक गणराज्य है। इसका अर्थ है किः
A. भारत कई राज्यों का संघ है
B. भारत में लोकतंत्री शासन व्यवस्था है
C. भारत का राष्ट्राध्यक्ष निर्वाचित व्यक्ति होगा
D. भारत का राष्ट्रपति भारतीय सेनाओं का सर्वोच्च कमाण्डर है

305. संविधान में दिये गये 'राज्य के नीति निदेशक तत्वों' का क्या महत्व है?
A. ये मूल अधिकारों के समान हैं
B. ये कार्यपालिका और विधानमंडल के लिए निर्देश हैं कि वे इन्हें ध्यान में रखते हुए कानून बनायें और नीति निर्धारित करें
C. सरकार इनमें संशोधन नहीं कर सकती
D. सरकार से इनका पालन करवाने के लिए न्यायपालिका की सहायता ली जा सकती है

306. केन्द्र-राज्य संबंध किस अनुसूची में है?
A. छठी
B. आठवीं
C. नौवीं
D. सातवीं

307. हमारे देश के संविधान में कौन संशोधन कर सकता है?
A. राष्ट्रपति B. प्रधानमंत्री
C. केन्द्रीय मंत्रिमंडल D. संसद

308. राष्ट्रपति पद का चुनाव लड़ने हेतु उम्मीदवार की आयु कितनी होनी चाहिए?

A. अधिक-से-अधिक 70 वर्ष
B. कम-से-कम 25 वर्ष
C. कम-से-कम 35 वर्ष
D. कम-से-कम 30 वर्ष

309. राष्ट्रपति को कौन चुनता है?

A. लोकसभा के चुने हुए सदस्य
B. राज्यसभा के चुने हुए सदस्य
C. राज्यों की विधान सभाओं के चुने हुए सदस्य
D. उपरोक्त तीनों

310. राष्ट्रपति का कार्यकाल साधारणतया कितना होता है?

A. दस वर्ष
B. पांच वर्ष
C. लोकसभा के कार्यकाल के बराबर
D. उपरोक्त में से कोई भी नहीं

311. राष्ट्रपति को उसके पद से कौन हटा सकता है?

A. प्रधानमंत्री B. केन्द्रीय मंत्रिपरिषद
C. लोकसभा D. संसद

312. राष्ट्रपति अध्यादेश जारी कर सकता है यदि

A. संसद का अधिवेशन हो रहा हो
B. संसद का अधिवेशन न हो रहा हो
C. प्रधानमंत्री देश के बाहर गया हुआ हो
D. संसद राष्ट्रपति से ऐसा करने का अनुरोध करे

313. यदि राष्ट्रपति देश के बाहर गया हुआ हो, या बीमार हो और अपने पद का काम करने में समर्थ न हो, तो ऐसी स्थिति में राष्ट्रपति के पद का कार्यभार कौन संभालता है?

A. उच्चतम न्यायालय का मुख्य न्यायाधीश
B. प्रधानमंत्री
C. उपराष्ट्रपति
D. लोकसभा अध्यक्ष

314. मंत्रिपरिषद् (सरकार) के विरुद्ध अविश्वास प्रस्ताव कौन पास कर सकता है?

A. संसद
B. राज्यसभा
C. लोकसभा
D. लोकसभा और राज्यसभा दोनों संयुक्त रूप से

315. मंत्रिपरिषद् के सदस्यों की नियुक्ति राष्ट्रपति करता है पर किसे-किसे नियुक्त किया जाये, इस बात का निर्णय कौन करता है?

A. लोकसभा B. संसद
C. प्रधानमंत्री D. लोकसभा अध्यक्ष

316. प्रधानमंत्री किसका नेता होता है?

A. लोकसभा में बहुमत दल का
B. मंत्रिपरिषद् का
C. लोकसभा का
D. उपरोक्त तीनों का

317. प्रधानमंत्री का कार्यकाल:

A. 5 वर्ष होता है
B. राष्ट्रपति जब तक चाहे, तब तक होता है
C. तब तक होता है, जब तक उसे लोकसभा में बहुमत का विश्वास प्राप्त रहे
D. उपरोक्त तीनों का

318. भारत की संसद में किसे सम्मिलित माना जाता है?

A. लोकसभा और राज्यसभा
B. लोकसभा और मंत्रिपरिषद्
C. राष्ट्रपति, लोकसभा और राज्यसभा
D. प्रधानमंत्री, लोकसभा और राज्यसभा

319. लोकसभा की बैठक कौन बुलाता है?

A. प्रधानमंत्री B. लोकसभा अध्यक्ष
C. राष्ट्रपति D. मंत्रिपरिषद्

320. राष्ट्रपति राज्यसभा में कितने सदस्य नामजद कर सकता है?

A. दो B. सात
C. बारह D. पांच

321. लोकसभा को कौन भंग कर सकता है?

A. प्रधानमंत्री B. अध्यक्ष, लोकसभा
C. राष्ट्रपति D. मंत्रिपरिषद्

322. भारतीय संविधान का कौन-सा अनुच्छेद नागरिकों के लिए एक समान सिविल संहिता से संबंधित है?

A. 44 B. 42
C. 46 D. 48

323. कोई भी बिल तभी ऐक्ट बन सकता है जबः
A. लोकसभा उसे पास कर दे
B. लोकसभा और राज्यसभा दोनों उसे पास कर दें
C. लोकसभा और राज्यसभा दोनों उसे पास कर दें और राष्ट्रपति उसे अपनी स्वीकृति प्रदान कर दे
D. लोकसभा और राज्यसभा दोनों उसे पास कर दें और प्रधानमंत्री उसे अपनी स्वीकृति प्रदान कर दे

324. वित्त संबंधी विधेयक (बिल):
A. केवल लोकसभा में ही पेश किया जा सकता है
B. केवल वित्त मंत्री ही पेश कर सकता है
C. केवल बजट अधिवेशन में ही पेश किया जा सकता है
D. लोकसभा अध्यक्ष की अनुमति से ही पेश किया जा सकता है

325. लोकसभा द्वारा पास किये गये वित्त विधेयक को राज्यसभा को कितने दिनों के अंदर लोकसभा के पास वापस भेजना जरूरी होता है?
A. उसी अधिवेशन के दौरान
B. केवल 7 दिनों के अंदर
C. केवल 14 दिनों के अंदर
D. एक महीने के अंदर

326. संसद की अनुमति के बिना सरकारः
A. कोई नया कर नहीं लगा सकती
B. सरकारी कोष से कोई धन खर्च नहीं कर सकती
C. किसी लागू कर की दरों में वृद्धि नहीं कर सकती
D. उपरोक्त सभी

327. वर्ष के दौरान सामान्यतया संसद के कितने अधिवेशन होते हैं?
A. पांच B. दो
C. तीन D. चार

328. राज्यसभा की बैठकों का सभापतित्व कौन करता है?
A. राष्ट्रपति B. उप-राष्ट्रपति
C. प्रधानमंत्री D. संसदीय कार्यमंत्री

329. सरकार अर्थात् मंत्रिपरिषद् किसके प्रति उत्तरदायी है?
A. संसद B. राज्यसभा
C. राष्ट्रपति D. लोकसभा

330. यदि किसी बिल पर संसद की दोनों सभाओं के बीच मतभेद हो और बिल पास न हो पाया हो, तो उस पर विचार करने हेतु दोनों सभाओं की संयुक्त बैठक बुलाई जा सकती है। निम्नलिखित में से कौन संयुक्त बैठक बुला सकता है?
A. राष्ट्रपति
B. प्रधानमंत्री
C. लोकसभा अध्यक्ष और राज्यसभा के सभापति मिलकर
D. संसदीय कार्यमंत्री

331. यदि यह प्रश्न उठे कि कोई विधेयक धन-विधेयक है या नहीं, तो इसका अन्तिम निर्णय कौन करता/कर सकता है?
A. वित्तमंत्री B. प्रधानमंत्री
C. राष्ट्रपति D. लोकसभा अध्यक्ष

332. लोकसभा और राज्यसभा में पास हो जाने के बाद कोई धन विधेयक राष्ट्रपति के पास मंजूरी के लिए भेजा जाता है। ऐसी अवस्था में राष्ट्रपतिः
A. चाहे तो उस पर अपनी मंजूरी न दे
B. चाहे तो अपने सुझाव सहित उसे संसद के पास पुनर्विचार के लिए भेज दे
C. को उस पर अपनी मंजूरी देने ही होती है
D. उपरोक्त सभी

333. निम्नलिखित में से किस मद के खर्च की राशि पर संसद में बहस तो हो सकती है पर मतदान नहीं होता?
A. मंत्रियों के वेतन और भत्ते
B. राष्ट्रपति का वेतन
C. रक्षा मंत्रालय के खर्च
D. चुनाव आयोग के खर्च

334. मुख्य चुनाव आयुक्त को उसके पद से कौन हटा सकता है?
A. राष्ट्रपति B. प्रधानमंत्री
C. संसद D. मंत्रिपरिषद्

335. लोकसभा की बैठकों के लिए कोरम क्या है?
A. कुल सदस्यों का 1/5
B. कुल सदस्यों का 1/10
C. कुल सदस्यों का 1/15
D. केवल 25 सदस्य

336. सर्वोच्च न्यायालय के न्यायाधीश कितनी आयु पर रिटायर हाते हैं?
A. 58 वर्ष B. 60 वर्ष
C. 62 वर्ष D. 65 वर्ष

337. वित्त आयोग की नियुक्ति कौन करता है?
A. राष्ट्रपति B. प्रधानमंत्री
C. संसद D. लोकसभा

338. भारत की राजभाषा है:
A. हिन्दी
B. देवनागरी लिपि में लिखी गई हिन्दी
C. किसी भी लिपि में लिखी गई हिन्दी
D. अंग्रेजी और हिन्दी दोनों

339. चुनाव में किसी उम्मीदवार की जमानत तब जब्त हो जाती है, जब उसे चुनाव में डाले गये कुल मतों:
A. में से 1/4 भाग से भी कम मत मिले हों
B. में से 1/6 भाग से भी कम मत मिले हों
C. में से 1/5 भाग से भी कम मत मिले हों
D. में से 1/10 भाग से भी कम मत मिले हों

340. हमारे संविधान की धारा 356 का संबंध किस विषय से है?
A. संविधान में संशोधन
B. राज्यों में राष्ट्रपति शासन लगाना
C. नागरिकों के मूल अधिकारों को स्थगित करना
D. दल-बदल पर अंकुश लगाना

341. किसी राज्य का नाम बदलने के लिए संसद संविधान में संशोधन कर सकती है:
A. सभा के उपस्थित सदस्यों के दो-तिहाई बहुमत और कुल सदस्यों के बहुमत से प्रस्ताव पास करके
B. दोनों सभाओं के सदस्यों की संयुक्त बैठक में साधारण बहुमत से प्रस्ताव पास करके
C. सभा में साधारण बहुमत से प्रस्ताव पास करके
D. सभा में उपस्थित सदस्यों के दो-तिहाई बहुमत से प्रस्ताव पास करके और उसके बाद आधे राज्यों के विधानमंडलों की मंजूरी मिलने पर

342. उपराष्ट्रपति के चुनाव में कौन वोट देता है?
A. लोकसभा और राज्यसभा के सदस्य
B. केवल राज्यसभा के सदस्य
C. राज्यसभा के सदस्य और राज्यों की विधानसभाओं के निर्वाचित सदस्य
D. राज्यसभा के सदस्य और राज्यों की विधान परिषदों के सदस्य

343. राज्यसभा के सदस्यों को कौन चुनकर भेजता है?
A. जनता
B. राज्यों की विधासभाओं के सदस्य
C. राज्यों की विधान परिषदों के सदस्य
D. राज्य के विधान मंडलों के निर्वाचित सदस्य

344. भारत की पहली महिला राष्ट्रपति कौन हैं?
A. प्रतिभा पाटिल B. मोहसिना किदवई
C. सुषमा स्वराज D. मार्गेट अल्वा

345. 1992 में संविधान में 71वां संशोधन करके इसकी आठवीं अनुसूची में तीन और भाषायें सम्मिलित कर दी गईं। इन भाषाओं के नाम हैं:
A. डोगरी, नेपाली, कोंकणी
B. नेपाली, कोंकणी और सिन्धी
C. भोजपुरी, नेपाली और कोंकणी
D. मणिपुरी, नेपाली और कोंकणी

346. हर दो वर्ष बाद राज्यसभा के कितने सदस्य रिटायर हो जाते हैं?
A. एक-चौथाई B. एक-तिहाई
C. दो-तिहाई D. 1/6

347. संविधान की दसवीं अनुसूची किस विषय के बारे में है?
A. केन्द्र सरकार और राज्य सरकारों के बीच शासन के विषयों का बंटवारा
B. ऐसे कानून, जिन्हें अदालतों में चुनौती नहीं दी जा सकती
C. दल-बदल रोक कानून
D. केन्द्र-राज्य संबंध

348. भारतीय संविधान के किस अनुच्छेद में मौलिक कर्तव्यों की चर्चा की गई है?

A. 42 B. 67
C. 82 D. 51A

349. निम्नलिखित में से किसको संसद की दोनों सभाओं की कार्यवाही में भाग लेने का अधिकार तो है, पर इन सभाओं में वोट देने का अधिकार नहीं है?

A. अटार्नी-जनरल
B. चुनाव आयुक्त
C. नियंत्रक महालेखा परीक्षक
D. राज्यों के गवर्नर

350. भारत का राष्ट्रपति तीन प्रकार के आपातकाल की घोषणा कर सकता है। इनमें से दो हैं: *(i)* युद्ध, आक्रमण या देश के भीतर सशस्त्र विद्रोह, *(ii)* राज्यों में संवैधानिक व्यवस्था का टूट जाना। इनके अलावा तीसरी प्रकार का आपातकाल है:

A. दो या दो से अधिक राज्यों के बीच जटिल विवाद से उत्पन्न आपातकाल
B. चुनावों में किसी दल को बहुमत न मिलने पर सरकार बनाने की असफलता से उत्पन्न आपातकाल
C. आर्थिक अस्थिरता से उत्पन्न आपातकाल
D. न्यायपालिका और संसद के बीच टकराव होने से उत्पन्न आपातकाल

351. राज्यों के गवर्नरों को कौन नियुक्त करता है?

A. गृहमंत्री B. प्रधानमंत्री
C. संसद D. राष्ट्रपति

352. निम्नलिखित में से कौन-सा अनुच्छेद अल्पसंख्यकों के हितों की सुरक्षा से संबंधित है?

A. अनुच्छेद 42 B. अनुच्छेद 18
C. अनुच्छेद 29 D. अनुच्छेद 24

353. हमारे संविधान की प्रस्तावना में 1976 में संशोधन किया गया था। इस संशोधन द्वारा संविधान की प्रस्तावना में क्या शब्द जोड़ा गया?

A. 'समाजवादी'
B. 'धर्मनिरपेक्ष'
C. 'लोकतंत्रात्मक'
D. केवल उपरोक्त A और B

354. निम्नलिखित में से किस समिति में राज्यसभा के सदस्य नहीं होते हैं?

A. लोक लेखा समिति
B. प्राक्कलन समिति
C. सरकारी उपक्रम संबंधी समिति
D. एससी-एसटी के कल्याण से संबंधित समिति

355. संसद की सभाओं के दो अधिवेशनों के बीच अधिक-से -अधिक कितने समय का अन्तर हो सकता है?

A. चार महीना B. पांच महीना
C. छ महीना D. आठ महीना

356. संविधान की सातवीं अनुसूची में समवर्ती सूची के अधीन जो विषय गिनाये गये हैं, उन पर कौन कानून बना सकता है?

A. संघ संसद
B. राज्य विधान मंडल
C. उपरोक्त दोनों
D. उपरोक्त में से कोई भी नहीं

357. जब किसी राज्य में राष्ट्रपति शासन लागू कर दिया जाता है, तो उस राज्य का वार्षिक बजट कौन पास करता है?

A. राज्य का गवर्नर B. राष्ट्रपति
C. उपराष्ट्रपति D. संसद

358. आपातकाल की घोषणा करने का अधिकार राष्ट्रपति को प्राप्त है। वह ऐसी घोषणा:

A. स्वविवेक से कर सकता है
B. प्रधानमंत्री के कहने पर कर सकता है
C. मंत्रिमंडल के कहने पर कर सकता है
D. मंत्रिमंडल की लिखित प्रार्थना पर कर सकता है

359. जनता के मूल अधिकारों की रक्षा कौन करता है?

A. राष्ट्रपति B. संसद
C. न्यायपालिका D. प्रधानमंत्री

360. राज्यसभा के सदस्यों का कार्यकाल कितने वर्ष का होता है?

A. छ वर्ष B. पांच वर्ष
C. तीन वर्ष D. नौ वर्ष

361. यदि किसी नागरिक के मूल अधिकार का उल्लंघन हो, तो वह उसकी रक्षा के लिए:

A. प्रधानमंत्री से अपील कर सकता है

B. राष्ट्रपति से प्रार्थना कर सकता है
C. सुप्रीम कोर्ट से अपील कर सकता है
D. उपरोक्त में से किसी भी एक से प्रार्थना कर सकता है

362. 42वें संविधान संशोधन द्वारा संविधान में नागरिकों के मौलिक कर्त्तव्य जोड़े गये थे। वर्तमान में ये कर्त्तव्य कितने हैं?
A. ग्यारह B. सात
C. इक्कीस D. बारह

363. क्या राष्ट्रपति मंत्रिपरिषद् द्वारा दी गई सलाह को मानने के लिए बाध्य है?
A. हां, केवल उस समय जब देश में आपातकाल लागू हो
B. हां, केवल उस समय जब केन्द्र में मिली-जुली सरकार हो
C. हां, सदैव
D. हां, यदि राष्ट्रपति द्वारा मांगे जाने पर सलाह दी गई हो

364. उपराष्ट्रपति को उसके कार्यकाल के दौरान उसके पद से कैसे हटाया जा सकता है?
A. संसद में महाभियोग चलाकर
B. राज्यसभा द्वारा पूर्ण बहुमत से इस आशय का प्रस्ताव पास करके
C. राज्यसभा द्वारा पूर्ण बहुमत से इस आशय का प्रस्ताव पास करने के बाद लोकसभा द्वारा उस प्रस्ताव का अनुमोदन प्राप्त करके
D. राज्यसभा द्वारा पास इस आशय के प्रस्ताव पर राष्ट्रपति की मंजूरी प्राप्त करके

365. निम्नलिखित में से कौन-सा मूल अधिकार नहीं है?
A. कानून के समक्ष समानता का अधिकार
B. भाषण देने और संगठन बनाने का अधिकार
C. इच्छानुसार धर्म का पालन और प्रचार करने का अधिकार
D. रोजगार का अधिकार

366. नीति आयोग का गठन किस वर्ष हुआ?
A. 2013 B. 2014
C. 2015 D. 2016

367. राष्ट्रपति
A. संसद का एक सदस्य होता है
B. संसद का एक अभिन्न अंग होता है
C. संसद का अध्यक्ष होता है
D. उपरोक्त सभी

368. यदि प्रधानमंत्री किसी ऐसे व्यक्ति को अपनी मंत्रिपरिषद में सम्मिलित कर ले, जो संसद का सदस्य न हो, तो उस व्यक्ति को कितने समय के अन्दर संसद की सदस्यता प्राप्त करना जरूरी होता है?
A. एक वर्ष B. छः महीने
C. चार महीने D. नौ महीने

369. राष्ट्रपति को व्यापक अधिकार प्राप्त हैं। वह किसकी सलाह से अपने अधिकारों का इस्तेमाल करता है?
A. अपने सहयोगी उपराष्ट्रपति की सलाह से
B. अपनी संसद की सलाह से
C. उच्चतम न्यायालय की सलाह से
D. मंत्रिपरिषद की सलाह से

370. यदि राष्ट्रपति अपने पद से त्यागपत्र देना चाहे, तो वह त्यागपत्र किसके पास भेजेगा?
A. प्रधानमंत्री
B. उच्चतम न्यायालय के मुख्य न्यायाधीश
C. उपराष्ट्रपति
D. संसद

371. निम्नलिखित में से कौन-सी संस्था सांविधिक नहीं है?
A. निर्वाचन आयोग B. वित्त आयोग
C. नीति आयोग D. A और B दोनों

372. किसी राज्य में राष्ट्रपति शासन लागू करके राष्ट्रपति निम्नलिखित कार्यों में से कौन-सा कार्य नहीं कर सकता?
A. राज्य की विधानसभा को भंग करना
B. राज्य के विधानमंडल को बर्खास्त करना
C. राज्य का वैधानिक कार्य संसद को सौंपना
D. राज्य के उच्च न्यायालय के अधिकार सर्वोच्च न्यायालय को सौंपना

373. हमारे संविधान के प्रावधानों के अनुसार राज्यों की विधान सभाओं में:
A. अधिक से अधिक 500 और कम-से-कम 50 सदस्य होंगे

B. अधिक से अधिक 400 और कम-से-कम 75 सदस्य होंगे
C. अधिक से अधिक 500 और कम-से-कम 60 सदस्य होंगे
D. अधिक से अधिक 400 और कम-से-कम 60 सदस्य होंगे

374. निम्नलिखित कथनों में से कौन-सा कथन सही नहीं है?
A. राज्य विधान परिषद् का सदस्य चुने जाने के लिए उम्मीदवार की न्यूनतम आयु 30 वर्ष होनी चाहिए
B. यदि राज्य में विधानसभा और विधान परिषद् के बीच किसी बिल पर मतभेद हो, तो दोनों सभाओं की संयुक्त बैठक बुलाकर निर्णय किया जा सकता है
C. राज्य विधान परिषद् के एक-तिहाई सदस्य हर दो वर्ष बाद रिटायर होते रहते हैं
D. राज्य की मंत्रिपरिषद् सामूहिक रूप से राज्य विधानसभा के प्रति उत्तरदायी होती है

375. हमारा संविधान
A. संघीय है
B. एकात्मक है
C. शान्तिकाल में एकात्मक और आपातकाल में संघीय बन जाता है
D. शान्तिकाल में संघीय और आपातकाल में एकात्मक बन जाता है

376. यदि दो या दो से अधिक राज्यों के बीच कोई सीमा विवाद हो, तो उसका निर्णय कौन करेगा?
A. राष्ट्रपति — B. प्रधानमंत्री
C. संसद — D. उच्चतम न्यायालय

377. यदि संसद का अधिवेशन न हो रहा हो, तो राष्ट्रपति जरूरत के अनुसार अध्यादेश जारी कर सकता है। बाद में इस अध्यादेश पर:
A. प्रधानमंत्री की मंजूरी लेनी पड़ती है
B. मंत्रिपरिषद् की मंजूरी लेनी पड़ती है
C. संसद की मंजूरी लेनी पड़ती है
D. लोकसभा की मंजूरी लेनी पड़ती है

378. 'शिक्षा' किस सूची का विषय है?
A. संघ सूची
B. राज्य सूची
C. समवर्ती सूची
D. उपरोक्त में से कोई भी नहीं

9. अंतरिक्ष ज्ञान

379. थुम्बा राकेट लांचिंग स्टेशन किस राज्य में है?
A. ओडिशा — B. आन्ध्र प्रदेश
C. केरल — D. पोखरन

380. भारत का भू-उपग्रह उड़ान केन्द्र (सेटेलाइट लांचिंग स्टेशन) कहां है?
A. ऊटी — B. थुम्बा
C. श्रीहरिकोटा — D. बेंगलुरु

381. भारत ने 1975 में अपना पहला उपग्रह छोड़ा था, जिसका नाम था:
A. भास्कर — B. आर्यभट्ट
C. रोहिणी — D. गरुड़

382. हमारे सौर परिवार में कुल कितने ग्रह हैं?
A. 5 — B. 7
C. 8 — D. 11

383. हमारे सौर मंडल का सबसे बड़ा ग्रह कौन-सा है?
A. शनि — B. मंगल
C. बृहस्पति — D. शुक्र

384. निम्नलिखित में से कौन ग्रह नहीं है?
A. शनि — B. सूर्य
C. बृहस्पति — D. बुध

385. किस ग्रह के चारों ओर चमकीली मेखलायें हैं?
A. मंगल — B. बुध
C. शुक्र — D. शनि

386. चांद (चन्द्रमा):
A. ग्रह है
B. पृथ्वी का उपग्रह है
C. आकाशगंगा का सबसे बड़ा तारा है
D. आकार में सभी ग्रहों से बड़ा है

387. विश्व का प्रथम अन्तरिक्ष यात्री कौन था?
A. नील आर्मस्ट्रांग — B. एडविन आल्ड्रिन
C. सैली राइड — D. यूरी गगारिन

388. चन्द्रमा के धरातल पर गुरुत्वाकर्षण पृथ्वी के धरातल के गुरुत्वाकर्षण काः
A. लगभग 2/3 भाग है B. 1/6 भाग है
C. 1/4 भाग है D. 1/2 भाग है

389. निम्नलिखित में से कौन-सा स्पेस शटल नहीं है?
A. डिस्कवरी B. चैलेन्जर
C. कोलम्बिया D. मेगेलन

390. भारत का पहला उपग्रह आर्यभट्ट 1975 में किस देश की धरती से अन्तरिक्ष में छोड़ा गया था?
A. अमेरिका B. भारत
C. सोवियत रूस D. फ्रेंच गुयाना

391. भारत का प्रथम अन्तरिक्ष यात्री कौन है?
A. रमेश शर्मा
B. राजेश शर्मा
C. राकेश शर्मा
D. उपरोक्त में से कोई भी नहीं

392. हैली पुच्छल तारा कितने वर्षों के बाद धरती से देखा जा सकता है?
A. 16 B. 100
C. 75 D. 50

393. निम्नलिखित में से कौन सबसे पहले चांद की धरती पर उतरा था?
A. यूरी गगारिन B. एडविन आल्ड्रिन
C. एम. कालिन्स D. नील आर्मस्ट्रांग

10. सांस्कृतिक तथ्य

394. अजंता और एलोरा की गुफायें किस राज्य में हैं?
A. आन्ध्र प्रदेश B. मध्य प्रदेश
C. महाराष्ट्र D. कर्नाटक

395. अयोध्या नगर किस नदी के तट पर है?
A. गोमती B. वरना
C. सरयू D. गंगा

396. लिंगराज मन्दिर किस राज्य में है?
A. ओडिशा B. आन्ध्र प्रदेश
C. मध्य प्रदेश D. तमिलनाडु

397. स्वामी विवेकानन्द द्वारा स्थापित मठ कहां है?
A. अरोविले B. दिलवाड़ा
C. हम्पी D. बेलूर

398. राणा कुम्भा द्वारा बनवाया गया 'विजय स्तम्भ' कहां है?
A. अजमेर B. चित्तौड़
C. जयपुर D. जैसलमेर

399. राजस्थान का कौन-सा शहर झीलों और जलमहलों के लिए विख्यात है?
A. भरतपुर B. झालावाड़
C. बूंदी D. उदयपुर

400. तिरुपति का विख्यात मंदिर किस राज्य में है?
A. आन्ध्र प्रदेश B. तमिलनाडु
C. कर्नाटक D. महाराष्ट्र

401. भगवान बाहुबली गोमतेश्वर की विशाल प्रतिमा किस राज्य में है?
A. कर्नाटक B. आन्ध्र प्रदेश
C. ओडिशा D. राजस्थान

402. पुरी का जगन्नाथ मंदिर किस राज्य में है?
A. उत्तर प्रदेश B. बिहार
C. ओडिशा D. आन्ध्र प्रदेश

403. माउंट आबू किस राज्य में है?
A. हिमाचल प्रदेश B. राजस्थान
C. गुजरात D. मध्य प्रदेश

404. निम्नलिखित में से कौन-सा नृत्य गुजरात का है?
A. पंगी B. गिद्धा
C. गरबा D. बिहू

405. कौन-सा नृत्य ओडिशा का है?
A. कथकली B. छाऊ
C. लावनी D. रास

406. सांची (मध्य प्रदेश) किसके लिए विख्यात है?
A. बौद्ध स्तूपों के लिए
B. गुफा मंदिरों के लिए
C. राष्ट्रीय पशु-पक्षी उद्यान के लिए
D. भगवान बाहुबली की विशाल पत्थर की मूर्ति के लिए

407. भरहुत का स्तूप किस राज्य में है?
A. गुजरात B. महाराष्ट्र
C. मध्य प्रदेश D. ओडिशा

408. महान संत मोइनुद्दीन चिश्ती की दरगाह कहां है?
A. करनाल B. जैसलमेर
C. अजमेर D. जयपुर

409. खजुराहो अपने मंदिरों के लिए विख्यात है। यहां का सबसे विख्यात मंदिर कौन-सा है?
A. मीनाक्षी मंदिर
B. ब्रह्मा का मंदिर
C. कंडरिया महादेव का मंदिर
D. दुर्गा का मंदिर

410. मोहिनीअट्टम किस राज्य का नृत्य है?
A. तमिलनाडु B. कर्नाटक
C. केरल D. आन्ध्र प्रदेश

11. रक्षा संबंधी प्रश्न

411. भारत की सशस्त्र रक्षा सेनायें कितने भागों (विंगों) में गठित हैं?
A. चार B. पांच
C. तीन D. छः

412. भारत की सशस्त्र रक्षा सेनाओं का सर्वोच्च सेनापति कौन है?
A. रक्षा मंत्री B. स्थल सेनाध्यक्ष
C. प्रधानमंत्री D. राष्ट्रपति

413. स्थल सेना कितनी कमानों में गठित है?
A. तीन B. दो
C. चार D. सात

414. कोस्ट गार्ड की स्थापना कब की गई थी?
A. 1980 B. 1978
C. 1985 D. 1963

415. भारत की वायुसेना कितने कमानों में गठित है?
A. दो B. तीन
C. चार D. पांच

416. होम गार्ड का गठन कब हुआ था?
A. 1972 B. 1962
C. 1968 D. 1965

417. स्थल सेना के निम्नलिखित पदों में सबसे छोटा कौन-सा है?
A. लेफ्टीनेंट B. ब्रिगेडियर
C. कर्नल D. कैप्टन

418. प्रादेशिक सेना का गठन कब हुआ था?
A. 1949 B. 1957
C. 1962 D. 1972

419. भारत के पहले चीफ ऑफ डिफेंस स्टाफ (सीडीएस) कौन थे?
A. जन. डी.एस. सुहाग B. जन. बिक्रम सिंह
C. जन. बिपिन रावत D. जन. वी.के. सिंह

420. एन.सी.सी. में कितने डिवीजन हैं?
A. चार B. पांच
C. तीन D. दो

421. एयरफोर्स अकादमी कहां है?
A. बेलगांव B. कोयम्बटूर
C. हैदराबाद D. सिकन्दराबाद

422. भारतीय नौ सेना कितने बेड़ों में गठित है?
A. पांच B. चार
C. तीन D. दो

423. हर साल 7 दिसम्बर को भारत में मनाया जाता है:
A. वायु सेना दिवस B. झंडा दिवस
C. नौसेना दिवस D. कोस्ट गार्ड दिवस

424. भारत में नौसेना दिवस किस दिन मनाया जाता है?
A. 8 अक्टूबर B. 15 जनवरी
C. 21 दिसम्बर D. 7 दिसम्बर

425. भारत की सेना के प्रथम भारतीय सेनापति थे:
A. जनरल के.एम. करियप्पा
B. फील्ड मार्शल मानेकशा
C. जनरल राजेन्द्र सिंह
D. उपरोक्त में से कोई भी नहीं

426. भारत में वीरता का सबसे बड़ा पदक है:
A. अशोक चक्र
B. परम विशिष्ट सेवा मेडल
C. महावीर चक्र
D. परमवीर चक्र

427. सेना के पदक को सैनिक कहां लटकाते हैं?
A. कन्धे पर B. दाईं ओर छाती पर
C. बांईं ओर छाती पर D. गले में

428. सैनिकों के अदम्य साहसपूर्ण कार्य के लिए 'परमवीर चक्र' दिया जाता है। इस पदक पर:
A. बाघ (शेर) का चित्र बना होता है
B. अशोक चक्र का चित्र बना होता है
C. इन्द्र के वज्र का चित्र बना होता है
D. कमल के फूल के चित्र बने होते हैं

12. परिवहन-संचार

429. भारत की सबसे तेज रफ्तार वाली गाड़ी कौन-सी है?
A. राजधानी एक्सप्रेस B. वंदे भारत एक्सप्रेस
C. सर्वोदय एक्सप्रेस D. ग्रैंड ट्रंक एक्सप्रेस

430. भारत में सबसे पहली रेलगाड़ी बम्बई और थाना के बीच चलाई गई थी:
A. 1858 में B. 1895 में
C. 1953 में D. 1835 में

431. भारत में सबसे लम्बा प्लेटफार्म कहां है?
A. हुब्बल्लि (कर्नाटक) B. सोनपुर
C. दरियापुर D. कानपुर

432. भारत में पहली मैट्रो रेलवे कहां शुरू हुई है?
A. दिल्ली में B. मुम्बई में
C. कोलकाता में D. चेन्नई में

433. भारत में निर्मित प्रथम यात्री जलपोत का नाम है:
A. वसुन्धरा B. जलसम्राट
C. हर्षवर्धन D. मत्स्यकन्या

434. इन्दिरा गांधी राष्ट्रीय उड़ान अकादमी कहां है?
A. डुमरियागंज B. फुरसतगंज
C. ओलनगंज D. मोहनलाल गंज

435. जी.टी. रोड (ग्रैंड ट्रंक रोड) का निर्माण किसने कराया था?
A. शेरशाह सूरी ने B. अकबर ने
C. अलाउद्दीन खिलजी ने D. लार्ड डलहौजी ने

436. सरकार ने प्राइवेट विमान सेवा और विमान सेवा कम्पनियों का राष्ट्रीयकरण कब किया था?
A. 1953 में B. 1969 में
C. 1948 में D. 1961 में

437. कोचीन शिपयार्ड में क्या काम होता है?
A. जहाज ठहरते हैं
B. जहाज पर माल चढ़ाया-उतारा जाता है
C. जहाज बनते हैं
D. जहाज के इंजीनियरों की ट्रेनिंग होती है

438. भारत में कब से आल इण्डिया रेडियो को आकाशवाणी नाम दिया गया?
A. 1947 B. 1957
C. 1967 D. 1977

439. आकाशवाणी पर नेशनल चैनल की शुरुआत कब हुई?
A. मई, 1988 B. फरवरी, 1980
C. मार्च, 1978 D. नवम्बर, 1976

440. दूरदर्शन पर राष्ट्रीय कार्यक्रम कब से आरंभ हुआ?
A. 1976 B. 1980
C. 1988 D. 1984

441. पिन-कोड प्रणाली कब आरंभ की गई?
A. 1980 B. 1975
C. 1972 D. 1970

442. डाक विभाग ने स्पीड पोस्ट सेवा कब शुरू की थी?
A. 1990 B. 1986
C. 1988 D. 1982

12. भारत में प्रथम, अन्तिम, सबसे बड़ा, सबसे छोटा

443. निम्नलिखित में से कौन प्रथम भारतीय नोबेल पुरस्कार प्राप्तकर्त्ता था?
A. मदर टेरेसा
B. रवीन्द्रनाथ टैगोर
C. डॉ. सी.वी. रमन
D. उपरोक्त में से कोई नहीं

444. भारत रत्न से सम्मानित प्रथम भारतीय महिला थीं:
A. श्रीमती विजयलक्ष्मी पंडित
B. श्रीमती इन्दिरा गांधी
C. श्रीमती सरोजिनी नायडू
D. उपरोक्त में से कोई नहीं

445. भारतीय गणराज्य के प्रथम राष्ट्रपति थे:
A. महात्मा गांधी
B. सर्वपल्ली राधाकृष्णन
C. सरदार पटेल
D. डा. राजेन्द्र प्रसाद

446. एवरेस्ट शिखर पर चढ़ने वाली प्रथम भारतीय महिला:
A. कु. बचेन्द्रीपाल
B. कु. ममता बनर्जी
C. कु. दीपू शर्मा
D. कु. राधा देवी

447. भारत में मीठे पानी की सबसे बड़ी झील कौन-सी है?
A. डल झील
B. नैनीताल की झील
C. वुलर झील
D. जय समंद झील

448. भारत में सबसे बड़ा पशु मेला कहां लगता है?
A. बटेश्वर में
B. सोनपुर में
C. तकिया में
D. कुरुक्षेत्र में

449. स्वतंत्र भारत के प्रथम और अंतिम भारतीय गवर्नर जनरल थे:
A. चक्रवर्ती राजगोपालाचारी
B. डा. राजेन्द्र प्रसाद
C. सर तेज बहादुर सप्रू
D. मौलाना अबुल कलाम आजाद

450. भारत का प्रथम आणविक बिजलीघर कहां बना?
A. कलपक्कम में
B. राणा प्रताप सागर में
C. तारापुर में
D. नरौरा में

451. भारत में सबसे ऊँची मीनार कौन-सी है?
A. चांद मीनार
B. चार मीनार
C. कुतुब मीनार
D. उपरोक्त में से कोई नहीं

452. भारत के स्वाधीनता आन्दोलन में सबसे बड़ा जन आन्दोलन था:
A. 1921 में खिलाफत व असहयोग आन्दोलन
B. 1942 का भारत छोड़ो आन्दोलन
C. 1905 का बंग-भंग विरोधी आन्दोलन
D. स्वदेशी और बहिष्कार आन्दोलन

453. लोकमान्य तिलक का पूरा नाम था:
A. राममोहन तिलक
B. बाल गंगाधर तिलक
C. महादेव गोविन्द तिलक
D. विनायक दामोदर तिलक

454. निम्नलिखित में से किसे 'भारत का लौहपुरुष' कहा जाता है?
A. महात्मा गाँधी
B. लाला लाजपतराय
C. सुभाषचन्द्र बोस
D. सरदार वल्लभ भाई पटेल

455. निम्नलिखित में से किसे 'नेताजी' कहा जाता है?
A. आचार्य कृपलानी
B. श्री चन्द्रशेखर सिंह
C. सुभाषचन्द्र बोस
D. डा. राजेन्द्र प्रसाद

456. रवीन्द्रनाथ टैगोर का लोकप्रिय नाम था:
A. देशबन्धु
B. बंगाल केसरी
C. गुरुजी
D. गुरुदेव

457. 'पंडितजी' के नाम से कौन लोकप्रिय था?
A. गोविन्द वल्लभ पंत
B. जवाहरलाल नेहरू
C. मोतीलाल नेहरू
D. डा. सम्पूर्णानन्द

458. भारतीय स्वतंत्रता संग्राम के दौरान तीन नेता 'बाल-पाल-लाल' के नाम से विख्यात थे। इनमें बाल गंगाधर तिलक 'बाल' थे; विपिन चन्द्र पाल 'पाल' थे। बताइये 'लाल' कौन थे?
A. मोती लाल नेहरू
B. लाला लाजपत राय
C. मदन मोहन मालवीय
D. दादा भाई नौरोजी

459. 'राष्ट्रपिता' किसे कहा जाता है?
A. जवाहरलाल नेहरू
B. महात्मा गांधी
C. रवीन्द्रनाथ टैगोर
D. डा. राजेन्द्र प्रसाद

460. निम्नलिखित में से किसे 'पंजाब केसरी' कहा जाता है?
A. भगत सिंह
B. लाला लाजपतराय
C. ऊधम सिंह
D. डा. सत्यपाल

461. निम्नलिखित में से किसे 'भारत कोकिला' कहा जाता था?
A. श्रीमती राजकुमारी अमृत कौर
B. श्रीमती सुचेता कृपलानी
C. श्रीमती विजयलक्ष्मी पंडित
D. श्रीमती सरोजनी नायडू

462. निम्नलिखित में से किसे 'महामना' कहा जाता था?
A. बाल गंगाधर तिलक
B. गोपाल कृष्ण गोखले
C. मदनमोहन मालवीय
D. चितरंजन दास

उत्तरमाला

1	2	3	4	5	6	7	8	9	10
A	D	C	C	C	B	A	B	A	D
11	**12**	**13**	**14**	**15**	**16**	**17**	**18**	**19**	**20**
D	C	C	A	C	C	C	D	A	B
21	**22**	**23**	**24**	**25**	**26**	**27**	**28**	**29**	**30**
B	B	C	C	A	C	D	A	B	B
31	**32**	**33**	**34**	**35**	**36**	**37**	**38**	**39**	**40**
A	B	B	B	C	B	C	D	C	B
41	**42**	**43**	**44**	**45**	**46**	**47**	**48**	**49**	**50**
A	A	B	C	D	B	A	B	B	D
51	**52**	**53**	**54**	**55**	**56**	**57**	**58**	**59**	**60**
C	D	C	C	A	C	C	B	D	B
61	**62**	**63**	**64**	**65**	**66**	**67**	**68**	**69**	**70**
C	D	C	D	B	B	D	D	C	D
71	**72**	**73**	**74**	**75**	**76**	**77**	**78**	**79**	**80**
C	C	D	A	A	C	D	D	B	A
81	**82**	**83**	**84**	**85**	**86**	**87**	**88**	**89**	**90**
C	C	C	C	C	D	D	B	C	A
91	**92**	**93**	**94**	**95**	**96**	**97**	**98**	**99**	**100**
C	C	D	D	C	A	C	D	A	B
101	**102**	**103**	**104**	**105**	**106**	**107**	**108**	**109**	**110**
A	D	C	D	D	D	C	A	D	B
111	**112**	**113**	**114**	**115**	**116**	**117**	**118**	**119**	**120**
D	C	D	B	B	B	C	D	D	C
121	**122**	**123**	**124**	**125**	**126**	**127**	**128**	**129**	**130**
B	B	A	A	C	C	D	B	B	D
131	**132**	**133**	**134**	**135**	**136**	**137**	**138**	**139**	**140**
B	B	C	B	C	A	D	B	C	D
141	**142**	**143**	**144**	**145**	**146**	**147**	**148**	**149**	**150**
C	C	D	D	D	B	D	D	D	D
151	**152**	**153**	**154**	**155**	**156**	**157**	**158**	**159**	**160**
A	D	C	D	B	D	C	B	D	A
161	**162**	**163**	**164**	**165**	**166**	**167**	**168**	**169**	**170**
D	D	D	B	C	D	B	D	D	B
171	**172**	**173**	**174**	**175**	**176**	**177**	**178**	**179**	**180**
A	B	B	C	D	D	B	A	C	D
181	**182**	**183**	**184**	**185**	**186**	**187**	**188**	**189**	**190**
C	C	D	B	C	C	D	C	C	B

191	**192**	**193**	**194**	**195**	**196**	**197**	**198**	**199**	**200**
B	C	C	C	C	B	D	C	A	B
201	**202**	**203**	**204**	**205**	**206**	**207**	**208**	**209**	**210**
C	D	B	B	D	A	C	B	B	D
211	**212**	**213**	**214**	**215**	**216**	**217**	**218**	**219**	**220**
B	B	B	B	C	D	B	C	D	C
221	**222**	**223**	**224**	**225**	**226**	**227**	**228**	**229**	**230**
D	C	B	D	C	C	C	D	B	D
231	**232**	**233**	**234**	**235**	**236**	**237**	**238**	**239**	**240**
B	D	D	C	C	C	C	C	D	A
241	**242**	**243**	**244**	**245**	**246**	**247**	**248**	**249**	**250**
A	D	D	D	B	D	A	A	C	D
251	**252**	**253**	**254**	**255**	**256**	**257**	**258**	**259**	**260**
C	C	B	D	A	D	B	D	C	B
261	**262**	**263**	**264**	**265**	**266**	**267**	**268**	**269**	**270**
B	C	C	C	A	C	A	D	B	A
271	**272**	**273**	**274**	**275**	**276**	**277**	**278**	**279**	**280**
C	A	A	A	D	B	A	B	B	A
281	**282**	**283**	**284**	**285**	**286**	**287**	**288**	**289**	**290**
A	B	C	C	C	B	D	D	D	C
291	**292**	**293**	**294**	**295**	**296**	**297**	**298**	**299**	**300**
C	B	C	C	A	B	A	A	C	C
301	**302**	**303**	**304**	**305**	**306**	**307**	**308**	**309**	**310**
D	D	B	C	B	D	D	C	D	B
311	**312**	**313**	**314**	**315**	**316**	**317**	**318**	**319**	**320**
D	B	C	C	C	D	C	C	C	C
321	**322**	**323**	**324**	**325**	**326**	**327**	**328**	**329**	**330**
C	A	C	A	C	D	C	B	D	A
331	**332**	**333**	**334**	**335**	**336**	**337**	**338**	**339**	**340**
D	C	B	C	B	D	A	B	B	B
341	**342**	**343**	**344**	**345**	**346**	**347**	**348**	**349**	**350**
C	A	B	A	D	B	C	D	A	C
351	**352**	**353**	**354**	**355**	**356**	**357**	**358**	**359**	**360**
D	C	D	B	C	C	D	D	C	A
361	**362**	**363**	**364**	**365**	**366**	**367**	**368**	**369**	**370**
C	A	C	C	D	C	B	B	D	C
371	**372**	**373**	**374**	**375**	**376**	**377**	**378**	**379**	**380**
C	D	C	B	D	D	C	C	C	C
381	**382**	**383**	**384**	**385**	**386**	**387**	**388**	**389**	**390**
B	C	C	B	D	B	D	B	D	C

391	392	393	394	395	396	397	398	399	400
C	C	D	C	C	A	D	B	D	A
401	**402**	**403**	**404**	**405**	**406**	**407**	**408**	**409**	**410**
A	C	B	C	B	A	C	C	C	C
411	**412**	**413**	**414**	**415**	**416**	**417**	**418**	**419**	**420**
C	D	D	B	D	B	A	A	C	C
421	**422**	**423**	**424**	**425**	**426**	**427**	**428**	**429**	**430**
C	D	B	C	A	D	C	C	B	C
431	**432**	**433**	**434**	**435**	**436**	**437**	**438**	**439**	**440**
A	C	C	B	A	A	C	B	A	D
441	**442**	**443**	**444**	**445**	**446**	**447**	**448**	**449**	**450**
C	B	B	B	D	A	C	B	A	C
451	**452**	**453**	**454**	**455**	**456**	**457**	**458**	**459**	**460**
C	B	B	D	C	D	B	B	B	B
461	**462**								
D	C								

II. विश्व

1. विश्व संगठन

1. संयुक्त राष्ट्र संघ की स्थापना कब हुई थी?

A. प्रथम विश्व युद्ध के बाद

B. 1945 ई. में

C. 1985 ई. में

D. 1955 ई. में

2. इस समय संयुक्त राष्ट्र संघ के सदस्यों की संख्या कितनी है?

A. एक सौ B. एक सौ से कम

C. एक सौ तिरानवे D. दो सौ से अधिक

3. संयुक्त राष्ट्र संघ का स्थापना दिवस प्रति वर्ष किस तारीख को मनाया जाता है?

A. 24 अक्टूबर B. 24 जून

C. 14 नवम्बर D. 16 अक्टूबर

4. सुरक्षा परिषद् में कुल कितने सदस्य हैं?

A. 5 B. 10

C. 15 D. 20

5. निम्नलिखित में से कौन-सा देश सुरक्षा परिषद के पांच स्थायी सदस्यों में नहीं है?

A. अमेरिका B. रूस

C. ब्रिटेन D. जर्मनी

6. सुरक्षा परिषद् का मुख्य कार्य है:

A. झगड़ा न होने देना

B. झगड़ों को शान्तिपूर्ण ढंग से सुलझाना

C. आक्रमण न होने देना

D. उपरोक्त सभी

7. संयुक्त राष्ट्र संघ के कितने प्रमुख अंग हैं?

A. 6 B. 5

C. 4 D. 7

8. वीटो का अधिकारः

A. संयुक्त राष्ट्र संघ के सभी सदस्यों को प्राप्त है

B. सुरक्षा परिषद के सभी सदस्यों को प्राप्त है

C. सुरक्षा परिषद के सभी स्थायी सदस्यों को प्राप्त है

D. सुरक्षा परिषद के सभी अस्थायी सदस्यों को प्राप्त है

9. संयुक्त राष्ट्र संघ का मुख्यालय कहां है?

A. वाशिंगटन B. न्यूयार्क

C. बोस्टन D. शिकागो

10. संयुक्त राष्ट्र संघ का ध्वज किस रंग का है?

A. हल्के नीले रंग का

B. हल्के गुलाबी रंग का

C. गहरे केसरिया रंग का

D. आधा हल्के रंग का और आधा केसरिया रंग का

11. संयुक्त राष्ट्र संघ की बैठकों में आमतौर से काम-काज किस भाषा में होता है?

A. अंग्रेजी B. रूसी

C. फ्रेंच D. अंग्रेजी और फ्रेंच

12. अन्तर्राष्ट्रीय न्यायालय का मुख्यालय कहां है?

A. हेग B. जेनेवा

C. रोम D. बर्न

13. राष्ट्रमंडल के सदस्य वे देश हैं, जो:

A. ब्रिटेन के अधीन हैं

B. ब्रिटेन से आर्थिक सहायता पाते हैं

C. पहले ब्रिटेन के अधीन थे किन्तु अब स्वाधीन हैं

D. ब्रिटेन से अस्त्र-शस्त्र प्राप्त करते हैं

14. सार्क (दक्षिण एशियाई क्षेत्रीय सहयोग संगठन) में कितने देश सदस्य हैं?

A. पांच B. छः

C. आठ D. सात

15. निम्नलिखित देशों में से कौन-सा देश सार्क (SAARC) का सदस्य नहीं है?
A. भारत　B. पाकिस्तान
C. बंगलादेश　D. म्यांमार

16. पहला गुट निरपेक्ष सम्मेलन कब हुआ था?
A. 1955 में　B. 1961 में
C. 1983 में　D. 1976 में

17. गुट निरपेक्ष आन्दोलन के सदस्य देश:
A. शक्तिशाली देशों के गुटों से दूर रहते हैं
B. परस्पर एक दूसरे की रक्षा के लिए वचनबद्ध हैं
C. एक दूसरे को सैनिक सहायता देते हैं
D. एक सैनिक संधि के सदस्य हैं

18. कौन-सा भारतीय अन्तर्राष्ट्रीय न्यायालय के अध्यक्ष पद पर रह चुका है?
A. लक्ष्मीमल सिंघवी　B. डा. नगेन्द्र सिंह
C. हंसराज भारद्वाज　D. गोपालस्वरूप पाठक

19. भारत सदस्य है:
A. राष्ट्रमंडल का
B. सार्क का
C. गुट निरपेक्ष आन्दोलन का
D. उपरोक्त तीनों का

2. कुछ देशों की मुद्रायें

20. जापान में प्रचलित मुद्रा का नाम है?
A. पौण्ड　B. डालर
C. मार्क　D. येन

21. बंगलादेश की मुद्रा का नाम है?
A. रुपया　B. डालर
C. दीनार　D. टका

22. किस देश की मुद्रा का नाम 'युआन' है?
A. कम्बोडिया　B. कोरिया
C. मलेशिया　D. चीन

23. म्यांमार (बर्मा) की मुद्रा का नाम है?
A. क्रोन　B. क्याल
C. क्यात　D. दिरहम

24. संयुक्त राज्य अमेरिका की मुद्रा का नाम है:
A. डालर　B. पौण्ड
C. एस्क्युडो　D. रूबल

25. रूबल (Ruble) किस देश की मुद्रा है?
A. लीबिया　B. रूस
C. नार्वे　D. जर्मनी

26. किन देशों की मुद्रा का नाम 'रुपया' है?
A. भारत, पाकिस्तानं, अफगानिस्तान, इण्डोनेशिया
B. श्रीलंका, मलेशिया, नेपाल, भारत
C. पाकिस्तान, नेपाल, श्रीलंका, बर्मा
D. नेपाल, श्रीलंका, पाकिस्तान, भारत

27. ब्रिटेन की मुद्रा का नाम है:
A. डालर　B. पौण्ड
C. दीनार　D. फ्रैंक

28. जर्मनी की मुद्रा का नाम है:
A. यूरो　B. दिरहम
C. डालर　D. मार्क

29. इण्डोनेशिया की मुद्रा का नाम है:
A. रुपया　B. रुपैय्या
C. रैंड　D. फ्रैंक

3. पुस्तकें-लेखक : नारे और उद्धरण

30. 'अर्थशास्त्र' नामक प्राचीन ग्रंथ का लेखक कौन है?
A. मेगस्थनीज　B. अशोक
C. चाणक्य (कौटिल्य)　D. हर्षवर्द्धन

31. 'पंचतंत्र' किसकी रचना है?
A. विष्णु शर्मा　B. जयदेव
C. प्रेमचन्द　D. कें.एम. मुंशी

32. 'गीत गोविन्द' और 'गीतांजलि' के लेखक हैं:
A. बाणभट्ट – रवीन्द्रनाथ टैगोर
B. रामधारी सिंह 'दिनकर' – जयदेव
C. जयदेव – रवीन्द्रनाथ टैगोर
D. जैनेन्द्र कुमार – रवीन्द्रनाथ टैगोर

33. 'महाभारत' के रचयिता हैं–
A. सूरदास　B. भरतमुनि
C. वेदव्यास　D. वाल्मीकि

34. कौन-सी पुस्तक मुंशी प्रेमचंद की नहीं है?
A. प्रेम पचीसी B. गोदान
C. गबन D. गोरा

35. 'माई एक्सपेरिमेन्ट्स विद ट्रुथ' नामक पुस्तक का लेखक कौन है?
A. विनोबा भावे B. महात्मा गांधी
C. डा. राजेन्द्र प्रसाद D. जवाहरलाल नेहरू

36. 'डिस्कवरी ऑफ इण्डिया' का लेखक कौन है?
A. जयप्रकाश नारायण
B. जवाहरलाल नेहरू
C. मौलाना अबुल कलाम आजाद
D. इन्दिरा गांधी

37. निम्नलिखित में से किस पुस्तक के लेखक मौ. अबुल कलाम आजाद हैं?
A. अनहैपी इण्डिया
B. इण्डिया विन्स फ्रीडम
C. आई फालो दि महात्मा
D. इण्डिया टुडे

38. 'आइने अकबरी' का लेखक है :
A. बीरबल B. फैजी
C. अबुलफजल D. बैरम खां

39. 'आनंदमठ' किसकी रचना है?
A. प्रेमचन्द B. बंकिमचन्द्र
C. कृष्णचन्दर D. शरतचन्द्र

40. 'विनय-पत्रिका' किसकी रचना है?
A. सूरदास B. कबीरदास
C. तुलसीदास D. चैतन्य

41. 'सत्यार्थ प्रकाश' का लेखक है :
A. शिवानंद B. स्वामी दयानंद
C. रामानंद D. भाई परमानंद

42. 'रामचरित मानस' का लेखक कौन है?
A. वाल्मीकि B. मैथिलीशरण गुप्त
C. तुलसीदास D. जयदेव

43. निम्नलिखित पुस्तकों में से कौन-सी पुस्तकें कालिदास द्वारा रचित हैं?
A. शकुन्तला, कादम्बरी, कुमारसंभव
B. मेघदूत, पद्मावत, कामायनी, कुमारसंभव
C. कुमारसंभव, उर्वशी, मेघदूत, कादम्बरी
D. ऋतुसंहार, शकुन्तला, कुमारसंभव, मेघदूत

44. 'कामायनी' किसकी कृति है?
A. सूर्यकान्त त्रिपाठी 'निराला'
B. जयशंकर प्रसाद
C. सुमित्रानंदन पंत
D. रामधारी सिंह दिनकर

45. बाणभट्ट की विख्यात रचना है :
A. कादम्बरी B. कादम्बिनी
C. वैशाली की नगरवधू D. मुद्राराक्षस

46. 'साकेत' का लेखक कौन है?
A. जयशंकर प्रसाद B. रामधारी सिंह 'दिनकर'
C. मैथिलीशरण गुप्त D. सियारामशरण गुप्त

47. निम्नलिखित में से कौन-सी पुस्तक एडम स्मिथ की है?
A. दास कैपिटल B. वेल्थ ऑफ नेशन्स
C. दि प्रिन्स D. रिपब्लिक

48. 'शाहनामा' किसकी कृति है?
A. फिराक गोरखपुरी B. फिरदौसी
C. इब्नबतूता D. बहादुरशाह जफर

49. 'रिपब्लिक' का लेखक है :
A. अरस्तू B. प्लेटो
C. जॉन मिल्टन D. होमर

50. बहुचर्चित पुस्तक 'सैटेनिक वर्सेज' का लेखक है :
A. सलमान रुशदी B. सेमूर एम. हर्ष
C. जार्ज आर्वेल D. जे.एम. वेरी

51. निम्नलिखित पुस्तकों में से कौन-सी पुस्तक शेक्सपीयर की है?
A. ट्वेल्फ्थ नाइट
B. मर्चेण्ट ऑफ वेनिस
C. ए मिडसमर नाइट्स ड्रीम
D. उपरोक्त सभी

52. 'मदर' किसकी विख्यात रचना है?
A. होमर B. जॉन मिल्टन
C. मैक्सिम गोर्की D. मैथ्यु आरनाल्ड

53. 'जय जवान, जय किसान' का नारा किसने दिया था?
A. चौधरी चरण सिंह B. जवाहरलाल नेहरू
C. लाल बहादुर शास्त्री D. इन्दिरा गांधी

54. 'दिल्ली चलो' का नारा किसने दिया था?
A. जवाहरलाल नेहरू B. महात्मा गांधी
C. सुभाषचन्द्र बोस D. डॉ. राजेन्द्र प्रसाद

55. 'आजादी मेरा जन्मसिद्ध अधिकार है और मैं इसे लेकर रहूंगा'', यह कथन किसका है?
A. महात्मा गांधी
B. जवाहर लाल नेहरू
C. नेताजी सुभाष चन्द्र बोस
D. लोकमान्य बाल गंगाधर तिलक

56. ''तुम मुझे खून दो, मैं तुम्हें आजादी दूंगा'', यह किसका कथन है?
A. सरदार भगत सिंह
B. नेताजी सुभाषचन्द्र बोस
C. बाबा साहेब अम्बेडकर
D. जवाहरलाल नेहरू

57. 'गरीबी हटाओ' नारा किसने दिया था?
A. जवाहरलाल नेहरू B. लाल बहादुर शास्त्री
C. राजीव गांधी D. इन्दिरा गांधी

4. पुरस्कार और सम्मान

58. नोबेल पुरस्कार हर वर्ष कितने विषयों में सराहनीय योगदान के लिए दिये जाते हैं?
A. 4 B. 10
C. 6 D. 5

59. अन्तर्राष्ट्रीय सद्भाव के लिए नेहरू पुरस्कार कब से आरंभ हुआ था?
A. 1972 B. 1964
C. 1980 D. 1984

60. ऑस्कर पुरस्कारों का संबंध किस क्षेत्र से है?
A. खेल-कूद B. साहित्य
C. विश्व शान्ति D. फिल्म

61. दादा साहेब फाल्के पुरस्कार किस क्षेत्र में विशिष्ट योगदान के लिए दिया जाता है?
A. विज्ञान B. नैतिकता
C. खेल-कूद D. फिल्म

62. अर्जुन पुरस्कार किसे दिये जाते हैं?
A. पहलवानों को
B. तीरन्दाजों को
C. खेल-कूद में उत्कृष्ट प्रदर्शन करने वालों को
D. साहस और वीरता का प्रदर्शन करने वालों को

63. ज्ञानपीठ पुरस्कार किसको दिया जाता है?
A. सर्वोत्कृष्ट लेखक को
B. हिन्दी के सर्वोत्कृष्ट लेखक को
C. भारतीय भाषाओं के सर्वोत्कृष्ट लेखक को
D. सर्वोत्कृष्ट अध्यापक को

64. कबीर सम्मान, कालिदास सम्मान और तानसेन सम्मान किसकी ओर से दिये जाते हैं?
A. उत्तर प्रदेश सरकार B. भारत सरकार
C. मध्य प्रदेश सरकार D. तीनों के सहयोग से

65. द्रोणाचार्य पुरस्कार किसे दिये जाते हैं?
A. विद्वान अध्यापकों को
B. श्रेष्ठ खिलाड़ियों को
C. खेल-कूद का प्रशिक्षण देने में महत्वपूर्ण योगदान करने वालों को
D. सर्वश्रेष्ठ क्रिकेट खिलाड़ी को

66. बोरलॉग पुरस्कार किस क्षेत्र में श्रेष्ठ उपलब्धि पर दिया जाता है?
A. चिकित्सा विज्ञान B. पर्यावरण परिरक्षण
C. पत्रकारिता D. कृषि

67. निम्नलिखित में से कौन-सा पुरस्कार यूनेस्को की ओर से दिया जाता है?
A. द्रोणाचार्य पुरस्कार
B. अन्तर्राष्ट्रीय सद्भाव के लिए नेहरू पुरस्कार
C. कलिंग पुरस्कार
D. मैगसेसे पुरस्कार

68. भटनागर पुरस्कार किस क्षेत्र में विशिष्ट योगदान के लिए दिये जाते हैं?
A. कृषि B. समाज सेवा
C. जनसंख्या नियंत्रण D. विज्ञान

69. निम्नलिखित में से किसे पहला राजीव गांधी खेल रत्न पुरस्कार (अब मेजर ध्यानचंद खेल रत्न पुरस्कार) दिया गया?
A. अजहरुद्दीन
B. ग्रैंड मास्टर विश्वनाथ आनंद
C. मोनिका नाथ
D. लियेंडर पेस

70. अध्यापकों को राष्ट्रीय पुरस्कार प्रतिवर्ष किस तारीख को दिये जाते हैं?
A. 26 जनवरी B. 15 अगस्त
C. 2 अक्टूबर D. 5 सितम्बर

71. 'गोपाल रत्न' पुरस्कार किसे दिये जाते हैं?
A. उन लोगों को, जो दुग्ध डेरियों का अधिकतम दूध सप्लाई करते हैं
B. उन लोगों को जो उत्तम नस्ल के दुधारू पशु रखते हैं
C. उन लोगों को जो पशुओं को बूचड़खाने जाने से रोकते हैं
D. उपरोक्त सभी को

5. खेल-कूद

72. ओलम्पिक खेल :
A. हर पांच वर्ष बाद होते हैं
B. हर चार वर्ष बाद होते हैं
C. हर चौथे वर्ष होते हैं
D. उपरोक्त में से कोई भी नहीं

73. 'आइरन' शब्द किस खेल से संबद्ध है?
A. कराटे B. बेसबॉल
C. गोल्फ D. नौकायन

74. टेस्ट क्रिकेट में 800 विकेट पूरा करने वाला खिलाड़ी है :
A. हरभजन सिंह B. ब्रेट ली
C. सनत जयसूर्या D. मुरलीधरन

75. एशियाई खेल भारत में कब हुए थे?
A. 1990 में B. 1986 में
C. 1982 में D. 1978 में

76. एशियाई खेल हर :
A. पांचवें वर्ष होते हैं
B. तीसरे वर्ष होते हैं
C. पांच वर्ष बाद होते हैं
D. चौथे वर्ष होते हैं

77. 'बटरफ्लाई' शब्द किस खेल से संबंधित है?
A. बैडमिंटन B. तैराकी (स्वीमिंग)
C. भारोत्तोलन D. खो-खो

78. ऑस्ट्रेलिया का राष्ट्रीय खेल है :
A. फुटबॉल B. हॉकी
C. कबड्डी D. क्रिकेट

79. 'गैम्बिट' शब्द किस खेल से जुड़ा है?
A. कैरम B. ब्रिज
C. बिलियड्र्स D. शतरंज

80. भारत में किस दिन राष्ट्रीय खेल दिवस मनाया जाता है?
A. 29 जून B. 29 मई
C. 29 अगस्त D. 29 सितम्बर

81. रोवर्स कप किस खेल से सम्बन्धित है?
A. हॉकी B. क्रिकेट
C. फुटबॉल D. शतरंज

82. नॉक-डाउन किस खेल से जुड़ा शब्द है?
A. कुश्ती B. फुटबॉल
C. हॉकी D. बॉक्सिंग

83. शीशमहल ट्रॉफी किस खेल से सम्बन्धित है?
A. गोल्फ B. क्रिकेट
C. फुटबॉल D. हॉकी

84. भारत के प्रथम क्रिकेट कप्तान कौन थे?
A. डी.बी. देवधर B. लाला अमरनाथ
C. सी.के. नायडू D. विजय हजारे

85. निम्नलिखित में से कौन-सा शब्द टेनिस से जुड़ा हुआ है?
A. हीट्स B. सीड
C. रिंग D. पुशस्ट्रोक

86. नीचे कुछ खिलाड़ियों के नाम और उनसे जुड़े खेलों के नामों के जोड़े दिये हुए हैं। इनमें कौन-सा जोड़ा गलत है?

खिलाड़ी	खेल
A. गीत सेठी	बिलियर्ड्स
B. परगट सिंह	हॉकी
C. आनंद अमृतराज़	बैडमिंटन
D. भाग्यश्री साठे	शतरंज

87. टाइगर वुड्स किस खेल से संबंधित प्रसिद्ध खिलाड़ी है?

A. हॉकी B. फुटबॉल
C. गोल्फ D. वाटर पोलो

88. साइना नेहवाल का नाम किस खेल से जुड़ा हुआ है?

A. टेनिस B. शतरंज
C. बैडमिंटन D. बॉक्सिंग

89. कौन-सी ट्रॉफी क्रिकेट से सम्बन्धित है?

A. रणजी ट्रॉफी B. संतोष ट्रॉफी
C. वर्दवान ट्रॉफी D. रंगास्वामी ट्रॉफी

90. इंग्लैंड में लीड्स, लॉड्स और ओवल नामक स्थान किस खेल से सम्बन्धित हैं?

A. स्केटिंग B. घुड़दौड़
C. टेनिस D. क्रिकेट

91. टोक्यो ओलंपिक 2020 में किस भारतीय खिलाड़ी ने स्वर्ण पदक जीता है?

A. सुशील कुमार B. नीरज चोपड़ा
C. विजेन्द्र कुमार D. अखिल कुमार

उत्तरमाला

1	2	3	4	5	6	7	8	9	10
B	C	A	C	D	D	A	C	B	A
11	**12**	**13**	**14**	**15**	**16**	**17**	**18**	**19**	**20**
D	A	C	C	D	B	A	B	D	D
21	**22**	**23**	**24**	**25**	**26**	**27**	**28**	**29**	**30**
D	D	C	A	B	D	B	A	B	C
31	**32**	**33**	**34**	**35**	**36**	**37**	**38**	**39**	**40**
A	C	C	D	B	B	B	C	B	C
41	**42**	**43**	**44**	**45**	**46**	**47**	**48**	**49**	**50**
B	C	D	B	A	C	B	B	B	A
51	**52**	**53**	**54**	**55**	**56**	**57**	**58**	**59**	**60**
D	C	C	C	D	B	D	C	B	D
61	**62**	**63**	**64**	**65**	**66**	**67**	**68**	**69**	**70**
D	C	C	C	C	D	C	D	B	D
71	**72**	**73**	**74**	**75**	**76**	**77**	**78**	**79**	**80**
B	C	C	D	C	D	B	D	D	C
81	**82**	**83**	**84**	**85**	**86**	**87**	**88**	**89**	**90**
C	D	B	C	B	C	C	C	A	D
91									
B									

III. सामान्य विज्ञान या दैनिक विज्ञान

1. सामान्य विज्ञान

1. हमारी पृथ्वी का कितना भाग पानी से भरा हुआ है?
A. लगभग आधा B. लगभग दो-तिहाई
C. लगभग एक-चौथाई D. लगभग 1/10 भाग

2. चन्द्रमा पर :
A. हवा नहीं है
B. पानी नहीं है
C. दिन में तारे दिखाई पड़ते हैं
D. उपरोक्त सभी

3. पृथ्वी पर जीव (जीवन) का प्रथम रूप क्या था?
A. विशालकाय पक्षी B. समुद्री घोड़े
C. काई और सेवार D. चमगादड़

4. चांद
A. अपने प्रकाश से चमकता है
B. में अपना प्रकाश नहीं है
C. सूर्य के प्रकाश से चमकता है
D. उपरोक्त B और C दोनों सही हैं

5. वेल्डिंग में कौन-सी गैस प्रयोग में लाई जाती है?
A. ऑक्सीजन B. इथेन
C. नाइट्रोजन D. एसिटिलीन

6. ध्वनि की रफ्तार (गति) प्रति सेकेण्ड अनुमानतः कितनी है?
A. 331 मीटर प्रति सेकेण्ड
B. 200 मीटर प्रति सेकेण्ड
C. 1000 मीटर प्रति सेकेण्ड
D. 630 मीटर प्रति सेकेण्ड

7. सबसे हल्का अणु कौन-सा है?
A. हाइड्रोजन B. ऑक्सीजन
C. नाइट्रोजन D. कार्बन डाइऑक्साइड

8. न्यूजीलैंड में किवी पक्षी की एक विशेषता यह है कि वह :
A. पानी से डरता है
B. केवल रात में भोजन करता है
C. उड़ नहीं पाता
D. रात में अधिक साफ देख सकता है

9. भोजन में किस तत्व की कमी से घेघा/कंठमाला (goitre) रोग हो जाता है?
A. कैल्सियम B. विटामिन C
C. आयोडीन D. प्रोटीन

10. रेफ्रीजरेटर में किस गैस द्रव का प्रयोग किया जाता है?
A. अमोनिया B. कार्बन डाइऑक्साइड
C. क्लोरीन D. हाइड्रोजन

11. कपूर कहां से प्राप्त होता है?
A. एक पेड़ के फूल से
B. एक पेड़ की पत्तियों से
C. एक पेड़ की लकड़ी से
D. एक पेड़ की जड़ से

12. निम्नलिखित में से कौन-सा जल सबसे शुद्ध होता है?
A. समुद्र का जल B. झरने का जल
C. वर्षा का जल D. नदी का जल

13. निम्नलिखित में से कौन-सी गैस हमारे वायुमंडल में नहीं पाई जाती?
A. नाइट्रोजन B. ऑक्सीजन
C. कार्बन डाइऑक्साइड D. हाइड्रोजन

14. कुनैन किससे प्राप्त होती है?
A. सिनकोना
B. सर्पगंधा
C. चारकोल
D. उपरोक्त में से कोई भी नहीं

15. तम्बाकू से कौन-सा नशीला पदार्थ प्राप्त होता है?
A. कैफीन
B. निकोटिन
C. कोकीन
D. उपरोक्त में से कोई भी नहीं

16. रिक्टर स्केल क्या नापते हैं?
A. भूकंप की तीव्रता B. भूकंप का केन्द्र
C. भूकंप का कारण D. उपरोक्त तीनों

17. हमारी पृथ्वी के चारों ओर वायुमंडल फैला हुआ है। यह किसके कारण टिका हुआ है?
A. पृथ्वी की गति
B. पृथ्वी का गुरुत्वाकर्षण
C. पृथ्वी पर वायु का दबाव
D. उपरोक्त तीनों

18. वायुमंडल में कार्बन डाइऑक्साइड की मात्रा बढ़ने के फलस्वरूप पृथ्वी का :
A. तापमान घट सकता है
B. तापमान बढ़ सकता है
C. आयतन घट सकता है
D. आयतन बढ़ सकता है

19. दूध में जो मीठा तत्व (शर्करा) विद्यमान होती है, उसे क्या कहते हैं?
A. डेक्ट्रोज B. सुक्रोज
C. लेक्टोज D. फ्रक्टोज

20. किसकी रफ्तार (गति) सबसे अधिक होती है?
A. वायु B. ध्वनि
C. प्रकाश D. जल

21. किसी क्षेत्र में बाढ़ आने के बाद वहां कौन-सी महामारी फैलने की आशंका रहती है?
A. हैजा B. टायफाइड
C. पीलिया D. उपरोक्त तीनों

22. पेड़-पौधे दिन के समय कौन-सी गैस छोड़ते हैं?
A. नाइट्रोजन
B. ऑक्सीजन
C. कार्बन डाइऑक्साइड
D. उपरोक्त में से कोई भी नहीं

23. 'पैश्चुराइज्ड दूध' से क्या आशय होता है?
A. चिकनाईयुक्त दूध
B. ठंडा किया गया दूध
C. सूक्ष्म जीवाणुरहित दूध
D. बलवर्द्धक शुद्ध दूध

24. निम्नलिखित पदार्थों में से किसमें सबसे अधिक प्रोटीन होता है?
A. दालों B. मूंगफली
C. दूध D. सोयाबीन

25. संतरे और नींबू में कौन-सा विटामिन प्रचुर मात्रा में पाया जाता है?
A. D B. A
C. B D. C

26. चुम्बक को गर्म करने से उसका चुम्बकत्व :
A. बढ़ जाता है B. घट जाता है
C. प्रभावित नहीं होता D. नष्ट हो जाता है

27. मधुमेह (डायबिटीज) के रोगी को क्या नहीं खाना चाहिए?
A. प्रोटीन B. चीनी
C. अचार D. उपरोक्त तीनों

28. बिजली के वल्ब के भीतर लगा तार किस धातु का होता है?
A. टंगस्टन B. तांबा
C. नाइक्रोम D. चांदी

29. घरेलू बिजली के मीटर में बिजली की खपत नापने की इकाई है :
A. वोल्ट B. एम्पीयर
C. किलोवाट आवर D. ओम

30. द्रव्य उसे (उस वस्तु को) कहते हैं, जो :
A. स्थान घेरती है
B. जिसमें भार होता है
C. जिसे हम ज्ञानेन्द्रियों द्वारा जान सकते हैं
D. उपरोक्त तीनों गुणों वाली वस्तुएं द्रव्य हैं

31. निम्नलिखित में कौन-सा विटामिन रक्तस्राव को रोकता है?
A. विटामिन K B. विटामिन C
C. विटामिन B_{12} D. विटामिन D

32. एस्कॉर्बिक एसिड (ascorbic acid) किस विटामिन का दूसरा नाम है?

A. विटामिन A B. विटामिन C
C. विटामिन K D. मिटामिन B_{12}

33. दूध में कौन-सा विटामिन नहीं पाया जाता?

A. विटामिन A B. विटामिन C
C. विटामिन B D. विटामिन D

34. यदि बेरोमीटर में वायुमंडलीय दाब अचानक कम हो जाये, तो यह किस बात का संकेत है?

A. मौसम साफ रहेगा
B. तूफान आयेगा
C. गर्मी बढ़ जायेगी
D. उपरोक्त में से कोई भी नहीं

35. यदि हम एक पौधा लगा गमला खिड़की के पास रख दें, तो कुछ दिनों में :

A. पौधा सूख जायेगा
B. पौधा प्रकाश वाली दिशा की ओर झुक जायेगा
C. पौधा प्रकाश वाली दिशा के विपरीत ओर झुक जायेगा
D. पौधे की पत्तियां झड़ जायेंगी

36. हॉकी या क्रिकेट की गेंद का व्यास नापने हेतु आप किस उपकरण का प्रयोग करेंगे?

A. धागे का
B. साधारण कैलीपर्ज का
C. सरकने वाले कैलीपर्ज का
D. सेक्स्टैंट का

37. यदि किसी वस्तु को पृथ्वी के भीतर केन्द्र पर ले जाकर उसका वजन लिया जाये, तो वजन :

A. पृथ्वी पर उसके वजन के बराबर ही होगा
B. पृथ्वी पर उसके वजन से आधा होगा
C. शून्य होगा
D. पृथ्वी पर उसके वजन से अधिक होगा

38. द्रव्य :

A. का कोई विशेष आकार नहीं होता
B. को जिस बर्तन में रखा जाये, उसी का आकार ग्रहण कर लेता है
C. के आयतन को घटाया-बढ़ाया नहीं जा सकता
D. उपरोक्त सभी

39. किसी पात्र में भरा हुआ द्रव :

A. केवल नीचे की ओर दबाव डालता है
B. केवल बगल की ओर दबाव डालता है
C. केवल ऊपर की ओर दबाव डालता है
D. चारों ओर दबाव डालता है

40. बिजली का वल्ब अन्दर से वायुरहित (वैक्यूम) क्यों रखा जाता है?

A. वैक्यूम से होकर बाहर आने वाला प्रकाश तेज दिखाई पड़ता है
B. वैक्यूम से वल्ब का वजन कम रहता है
C. वैक्यूम से उसका फिलामेंट जंग से बचा रहता है
D. वैक्यूम की वजह से वल्ब का शीशा जल्दी टूटता नहीं

41. यदि किसी लोहे की कील में जंग लग जाये, तो उस कील का वजन :

A. घट जायेगा B. बढ़ जायेगा
C. न घटेगा, न बढ़ेगा D. उपरोक्त सभी

42. नाखून हमारे शरीर का अंग है, पर नाखून काटने पर हमें पीड़ा (दर्द) नहीं होती क्योंकि :

A. नाखून बेजान होता है
B. नाखून में स्नायु सेल नहीं होते
C. नाखून सूखा होता है
D. नाखून में रक्त नहीं होता

43. सबसे अधिक दहनशील गैस कौन-सी है?

A. ऑक्सीजन B. नाइट्रोजन
C. हाइड्रोजन D. कार्बन डाइऑक्साइड

44. लकड़ी पानी में तैरती है क्योंकि :

A. लकड़ी सूखी होती है
B. लकड़ी पानी से हल्की होती है
C. लकड़ी का विशिष्ट गुरुत्व पानी के विशिष्ट गुरुत्व से कम होता है
D. उपरोक्त तीनों

45. पेड़ की पत्तियों का रंग पीला कब दिखाई पड़ता है?

A. जब पेड़ को पर्याप्त पानी नहीं मिलता

B. जब उनमें क्लोरोफिल बनना कम हो जाता है
C. जब पत्तियां अपना रंग बदलने लगती हैं
D. जब पेड़ में लगे फल पकने लगते हैं

46. निम्नलिखित में से कौन-सी धातु विद्युत (बिजली) की सबसे अच्छी चालक (कंडक्टर) है?
A. लोहा
B. एल्युमीनियम
C. इस्पात
D. तांबा

47. बिजली के वल्ब के भीतर का फिलामेंट (तार) टंगस्टन का क्यों होता है?
A. टंगस्टन बिजली का अच्छा चालक है
B. टंगस्टन में जल्दी जंग नहीं लगती
C. टंगस्टन में उच्च प्रतिरोध (रेजिस्टेंस) होता है
D. टंगस्टन बहुलता से उपलब्ध और सस्ता है

48. गुब्बारे को उड़ाने के लिए उसमें कौन-सी गैस भरी जाती है?
A. ऑक्सीजन
B. कार्बन डाइऑक्साइड
C. नाइट्रोजन
D. हाइड्रोजन

49. कौन-सा कपड़ा देर से जलेगा?
A. नायलॉन का
B. सूती
C. ऊनी
D. रेयान का

50. किसी ग्लास भरे पाने में बर्फ का एक टुकड़ा पड़ा है। धीरे-धीरे बर्फ का टुकड़ा पिघल गया। बर्फ के पिघलने से ग्लास के पानी के तल (level) पर क्या प्रभाव पड़ेगा?
A. पानी का तल ऊपर उठ जायेगा
B. पानी का तल नीचे गिर जायेगा
C. पानी का तल न ऊपर उठेगा और न नीचे गिरेगा
D. उपरोक्त में से कोई भी नहीं

51. जब कोई वस्तु ऊपर से पृथ्वी की ओर गिरती है, तो उसकी गति (speed) :
A. आरंभ में कम होती है
B. प्रति सेकेण्ड बढ़ जाती है
C. आरंभ से अंत तक समान होती है
D. उपरोक्त A और B दोनों

52. किसी वस्तु का भार :
A. पृथ्वी के केन्द्र से उसकी दूरी पर निर्भर करता है
B. उसके आयतन पर निर्भर होता है
C. उसकी संरचना पर निर्भर होता है
D. उपरोक्त तीनों

53. जब पानी जम कर बर्फ बन जाता है, तो उसका परिमाण (volume) :
A. घट जाता है
B. बढ़ जाता है
C. न घटता है और न बढ़ता है
D. उपरोक्त में से कोई भी नहीं

54. शीशे को गर्म किया जाये, तो वह चटक जाता है क्योंकि :
A. उसमें लोच नहीं होती
B. वह नाजुक होता है
C. वह ऊष्मा का सुचालक नहीं है
D. अधिक ऊष्मा बर्दाश्त नहीं कर पाता

55. यदि साइकिल ट्यूब में खूब हवा भर कर उसे धूप या गर्मी में रख दिया जाये, तो साइकिल ट्यूब बर्स्ट हो जाता है। क्यों?
A. गर्मी की वजह से ट्यूब फट जाती है
B. गर्मी के कारण ट्यूब के अन्दर की हवा के आयतन में वृद्धि हो जाती है और बढ़े हुए आयतन के लिए ट्यूब के अन्दर पर्याप्त स्थान नहीं होता, अतः हवा ट्यूब को फाड़कर बाहर निकल जाती है
C. गर्मी के कारण ट्यूब पर बाहर से दबाव बहुत बढ़ जाता है। इससे ट्यूब फट जाती है
D. उपरोक्त में से कोई भी नहीं

56. गर्मी की किरणों का एक स्थान से दूसरे स्थान को जाना :
A. संवहन (कन्वेक्शन) कहलाता है
B. विकिरण (रेडिएशन) कहलाता है
C. चालन (कन्डक्शन) कहलाता है
D. प्रज्वलन (इग्नीशन) कहलाता है

57. आग की भट्टियों में बड़ी-बड़ी ऊंची चिमनियां लगाई जाती हैं ताकि :
A. भट्टी का धुआं बाहर निकलता रहे
B. भट्टी को जलने के लिए बाहर से ताजी हवा मिलती रहे

C. भट्टी की गर्मी से इमारत को कोई क्षति न पहुंचे
D. उपरोक्त सभी

58. बर्फ पर नमक डाल दिया जाये, तो वह देर से पिघलेगी, क्योंकि :
A. नमक गर्म नहीं होता
B. नमक जल्दी गलता नहीं
C. नमक डालने से बर्फ का गलनांक गिर जाता है
D. उपरोक्त सभी

59. सर्दियों में तालाबों और झीलों का पानी जम जाता है। ऐसी स्थिति में तालाब की मछलियां जीवित रह पाती हैं, क्योंकि :
A. मछलियां बर्फ में जमने पर भी मरती नहीं।
B. तालाबों और झीलों के पानी का ऊपरी भाग ही जमता है। नीचे का भाग जमता नहीं। मछलियां उसी भाग में जीवित रहती हैं।
C. मछलियों के शरीर में एक गर्म द्रव्य होता है, जो उनके आसपास के पानी को जमने नहीं देता।
D. मछलियां अपने शरीर की हड्डी और कांटों से बर्फ को काटती/तोड़ती रहती हैं।

60. किसी वृक्ष की आयु कैसे जानी जा सकती है?
A. उसकी ऊंचाई नापकर
B. उसके तने के घेरे को नापकर
C. उसकी शाखाओं की संख्या और मोटाई देखकर
D. उसके तने की लकड़ी में बने छल्लों की गणना करके

61. प्रकाश संश्लेषण की क्रिया कब होती है?
A. शीत ऋतु में
B. केवल रात्रि के समय
C. केवल दिन के समय
D. सूर्यास्त के बाद

62. एक चलती बस जब अचानक रुकती है, तो बस में खड़ा व्यक्ति :
A. आगे की ओर गिरता है
B. पीछे की ओर गिरता है
C. दाईं ओर गिरता है
D. बाईं ओर गिरता है

63. सूर्य की ऊष्मा (गर्मी) हमारे पास किस माध्यम से पहुंचती है?
A. संवहन B. चालन
C. विकिरण D. प्रज्वलन

64. पानी का आयतन बढ़ता है :
A. गर्म करने पर B. भाप बनने पर
C. ठंडा होने पर D. जमने पर

65. सोडा वाटर की बोतल में कौन-सी गैस होती है?
A. ऑक्सीजन B. कार्बन डाइऑक्साइड
C. नाइट्रोजन D. हाइड्रोजन

66. निम्नलिखित रोगों में से कौन-सा रोग साइरस से उत्पन्न होता है?
A. चेचक B. मधुमेह
C. पायरिया D. मलेरिया

67. निम्नलिखित में से कौन मिश्रण (मिक्स्चर) नहीं है?
A. शीशा B. दूध
C. वायु D. जल

68. पानी हाइड्रोजन और ऑक्सीजन का यौगिक (कम्पाउंड) है। इसमें हाइड्रोजन और ऑक्सीजन के भार का अनुपात होता है :
A. 2 : 1 B. 1 : 2
C. 1 : 8 D. 8 : 1

69. हमारे शरीर में पित्त रस (bile) कौन पैदा करता है?
A. यकृत B. पैंक्रियाज
C. तिल्ली D. गुर्दे

70. डायलिसिस से इलाज किया जाता है, उस रोगी का जिसका :
A. यकृत खराब हो जाता है
B. फेफड़ा खराब हो जाता है
C. गुर्दा खराब हो जाता है
D. मस्तिष्क विकृत हो जाता है

71. लौह (आयरन) प्राप्त करने का मुख्य स्रोत है :
A. दूध B. अण्डा
C. गाजर D. हरी सब्जियां

72. बिजली के मिस्त्री बिजली का काम करते समय रबर के दस्ताने पहनते हैं, क्योंकि :

A. इससे उनके हाथ गंदे नहीं होते
B. दस्ताने पहनकर प्लास और क्रू-ड्राइवर इस्तेमाल करने में सुविधा रहती है
C. रबर बिजली का असंवाहक होती है
D. रबर के दस्ताने पहनने से बारीक से बारीक काम भी सुविधापूर्वक हो जाता है

73. निम्नलिखित में से कौन-सा पानी सबसे देर में जमेगा?
A. समुद्र का पानी
B. वर्षा का पानी
C. नदी का पानी
D. आसवित पानी (distilled water)

74. रेगिस्तानी प्रदेशों में दिन अत्यन्त गर्म और रातें अत्यन्त ठंडी होती हैं, क्योंकि :
A. रेत की विशिष्ट ऊष्मा अधिक होती है
B. रेत की विशिष्ट ऊष्मा कम होती है
C. यहां वृक्ष बहुत कम होते हैं
D. धरती के नीचे जल बहुत गहराई पर मिलता है

75. जब हम गर्म पानी और ठंडा पानी मिलाते हैं, तो
A. गर्म पानी अपनी ठंडक ठंडे पानी को देकर ठंडा हो जाता है
B. ठंडे पानी की ठंडक गर्म पानी को ठंडा कर देती है
C. गर्म पानी की गर्मी ठंडे पानी में जाती है और ठंडे पानी की ठंडक गर्म पानी में जाती है
D. उपरोक्त में से कोई भी नहीं

76. गर्मी या ऊष्मा की इकाई क्या होती है?
A. वॉट B. तापमान
C. कैलोरी D. वोल्ट

77. पानी अपेक्षाकृत :
A. देर से गर्म होता है और जल्दी ठंडा हो जाता है
B. देर से ठंडा और जल्दी गर्म हो जाता है
C. देर से गर्म और देर से ही ठंडा होता है
D. जल्दी गर्म और जल्दी ठंडा हो जाता है

78. सुराहियों में रखा गया पानी ठंडा क्यों हो जाता है?
A. सुराही मिट्टी की बनी होती है
B. सुराही के भीतर गर्मी जाने का मार्ग नहीं होता
C. पानी सुराही के सूक्ष्म रन्ध्रों के माध्यम से वायु के सम्पर्क में आता है और उसका वाष्पन होता रहता है
D. जिस मिट्टी से सुराही बनती है, उसमें रेत काफी मात्रा में मिली होती है

79. छाया की तुलना में धूप में गीले कपड़े जल्दी क्यों सूखते हैं?
A. धूप में कपड़ों पर विकिरण अधिक पड़ता है
B. धूप में कपड़ों को गर्मी अधिक मिलती है
C. धूप में वाष्पन अधिक होता है
D. धूप में हवा में आर्द्रता नहीं होती

80. रात में ओस पड़ती है जब :
A. आकाश में घने बादल हों
B. आकाश में बादल न हों
C. तेज हवा चल रही हो
D. उपरोक्त तीनों

81. सूर्यग्रहण सदा :
A. एकादशी को पड़ता है
B. अष्टमी को पड़ता है
C. अमावस्या को पड़ता है
D. पूर्णिमा को पड़ता है

82. यदि शरीर में रक्त की कमी हो, तो मनुष्य को किस रोग से पीड़ित माना जाता है?
A. इन्सोमनिया B. हीमोग्लोबिन
C. अनीमिया D. अनलजेसिया

83. जब दिल्ली में दो बजे दोपहर का समय होगा, उस समय लन्दन में अन्दाजन क्या समय होगा?
A. 8.30 बजे सुबह B. 8.30 बजे रात
C. 6.00 बजे शाम D. 2.30 बजे रात

84. एक स्वस्थ वयस्क मनुष्य की नाड़ी की सामान्य गति क्या होती है?
A. प्रति मिनट 100 टिक (धड़कन)
B. प्रति मिनट 30-40 टिक (धड़कन)
C. प्रति मिनट 72-75 टिक (धड़कन)
D. प्रति मिनट 120-125 टिक (धड़कन)

85. चाय में कौन-सा तत्व विद्यमान होता है?
A. टैनिन B. कैफीन
C. कोकीन D. उपरोक्त तीनों

86. कौन-सी बीमारी पानी के दूषण से नहीं फैलती?

A. पेचिश B. हैजा

C. टाइफाइड D. मलेरिया

87. डॉक्टर किस बात की जांच करने के लिए मरीज की नब्ज देखता है?

A. हृदय गति

B. सांस की गति

C. नाड़ी की धड़कन की गति

D. बुखार

88. कैलोरी किसकी इकाई है?

A. ऊष्मा (गर्मी) B. ऊर्जा

C. तापमान D. विद्युत

89. साधारण सर्दी-जुकाम का क्या कारण होता है?

A. बैक्टीरिया B. वाइरस

C. प्रोटोजोआ D. फंगस

90. 'ट्रिपल एन्टीजन' से किस रोग से उन्मुक्ति मिलती है?

A. टेटनस B. डिप्थीरिया

C. काली खांसी D. उपरोक्त तीनों से

91. गर्मियों में सफेद कपड़े आरामदेह होते हैं, क्योंकि :

A. वे हल्के होते हैं

B. वे गर्मी के विकिरण को अधिक ग्रहण करते हैं

C. वे गर्मी के विकिरण को कम ग्रहण करते हैं

D. सफेद रंग ठंडक प्रदान करता है

92. ऑक्सीजन की उपस्थिति में मोमबत्ती की लौ :

A. बुझ जायेगी

B. मंद हो जायेगी

C. तेज हो जायेगी

D. उपरोक्त में से कुछ भी नहीं होगा

93. वर्षा के बाद क्षितिज पर इन्द्रधनुष तभी बनता और दिखाई देता है, जब :

A. आगे अधिक वर्षा होने वाली होती है

B. बादल हटने लगते हैं और सूर्य की धूप फैलने लगती है

C. वायुमंडल में पानी की छोटी-छोटी बूंदें लटकी रह जाती हैं

D. बादलों का सारा जल समाप्त हो जाता है

94. फॉस्फोरस को पानी में क्यों रखते हैं?

A. यदि इसे पानी से बाहर रखा जाये, तो तत्काल जलने लगता है

B. पानी में रखने से इसका वाष्पन नहीं होता

C. यदि इसे पानी से बाहर रखा जाये, तो यह घुल जाता है

D. यदि इसे पानी से बाहर रखा जाये, तो इसका वाष्पन हो जाता है

95. यदि किसी वस्तु का पृथ्वी पर भार 60 किलोग्राम है तो चांद पर उसका भार कितना होगा?

A. 360 किलोग्राम B. 10 किलोग्राम

C. 6 किलोग्राम D. 1 किलोग्राम

96. ऊंची इमारतों पर लाइटनिंग कंडक्टर क्यों लगाए जाते हैं?

A. इमारत को भूकंप से होने वाली क्षति से बचाने के लिए

B. इमारत को तड़ित से होने वाली क्षति से बचाने के लिए

C. ताकि हवाई जहाज इन्हें देखकर इनसे टकराने से बच जायें

D. उपरोक्त तीनों

97. एक सीधी छड़ी के एक सिरे का कुछ भाग पानी में डुबा दिया जाये, तो पानी में डूबा हुआ भाग :

A. बिल्कुल सीधा दिखेगा

B. थोड़ा टेढ़ा दिखेगा

C. लहरियादार दिखेगा

D. थोड़ा मोटा दिखेगा

98. खराब अंडा :

A. पानी में डूब जायेगा

B. पानी में फट जायेगा

C. पानी में तैरता रहेगा

D. पानी सोख लेगा

99. लोहे के जंग लगने के लिए :

A. हवा जरूरी है

B. नमी जरूरी है

C. दोनों जरूरी हैं

D. दोनों में से कोई जरूरी नहीं है

100. बंद कमरे में कोयले की अंगीठी जलाकर सोना हानिकारक है, क्योंकि :

A. दहकते कोयले से मोनो ऑक्साइड गैस निकलती है, जो बेहद जहरीली होती है

B. बंद कमरे में सारी ऑक्सीजन अंगीठी में जल जायेगी और हमें ऑक्सीजन नहीं मिलेगी

C. बंद कमरे में ताजी हवा न आने से अंगीठी की आग बहुत तेजी से जलेगी और कमरे की सभी वस्तुएं जल जायेंगी

D. उपरोक्त तीनों

101. बर्फ पानी पर तैरती है क्योंकि उसका :

A. आपेक्षित घनत्व कम हो जाता है

B. आपेक्षित घनत्व बढ़ जाता है

C. आयतन कम हो जाता है

D. आपेक्षित घनत्व बढ़ जाता है पर आयतन कम हो जाता है

102. खारे पानी का घनत्व स्वच्छ पानी के घनत्व :

A. से अधिक होता है

B. से कम होता है

C. के बराबर होता है

D. उपरोक्त में से कोई भी नहीं

103. धातु के बर्तनों में प्रायः चाय पीने का रिवाज नहीं है, क्योंकि :

A. इन बर्तनों में चाय रखने से ये बर्तन इतने गर्म हो जाते हैं कि चाय पीने से ओठ जल जाते हैं

B. इन बर्तनों में चाय जल्दी ठंडी हो जाती है क्योंकि चाय की ऊष्मा बर्तन से होकर बाहर निकल जाती है

C. धातु के बर्तन बहुत महँगे पड़ते हैं

D. उपरोक्त तीनों

104. वस्तु का प्रतिबिम्ब हमारे आंख के किस भाग पर बनता है?

A. पुतली B. कोर्निया

C. रेटिना D. उपरोक्त सभी

105. साधारण दियासलाई की तीली में लगा मसाला किस धातु से बनता है?

A. सोडियम

B. पोटेशियम

C. लाल फॉस्फोरस

D. उपरोक्त तीनों के मिश्रण से

106. कौन-सा पदार्थ पानी मिलते ही कड़ा हो जाता है?

A. चूना

B. सिलिका

C. प्लास्टर ऑफ पेरिस

D. उपरोक्त में से कोई भी नहीं

107. अन्तरिक्ष में ओजोन गैस :

A. वायुमंडल में ऑक्सीजन की मात्रा बनाये रखती है

B. पृथ्वी पर वर्षा लाने में मदद करती है

C. पृथ्वी के जीवों को अल्ट्रावॉयलेट किरणों से बचाती है

D. उपरोक्त सभी

108. कौन-सा विटामिन पानी में घुल जाता है?

A. C B. A

C. B D. K

109. किस धातु में सबसे जल्दी जंग लगता है?

A. तांबा B. पीतल

C. लोहा D. चांदी

110. कई घड़ियों के डायल पर अंकित अंक रात के अंधेरे में चमकते हैं। इनमें क्या लगा होता है?

A. पारा B. सल्फर

C. अभ्रक D. फॉस्फोरस

111. मनुष्य के शरीर में रक्त में हिमोग्लोबिन कहां होता है?

A. प्लाज्मा में

B. लाल रक्त कणिकाओं में

C. श्वेत रक्त कणिकाओं में

D. उपरोक्त तीनों में

112. समुद्र के पानी में तैरना अपेक्षाकृत :

A. कठिन होता है

B. बहुत कठिन होता है

C. आसान होता है

D. न कठिन होता है और न आसान होता है

113. मोती कहाँ से प्राप्त होता है?

A. समुद्र तल से B. सीपी से

C. घोंघा से D. शंख से

114. डॉक्टरों वाले थर्मामीटर में पारा क्यों भरा जाता है?
A. यह सफेद होने के कारण साफ दिखाई पड़ता है
B. यह थर्मामीटर की अंदर की दीवारों से चिपकता नहीं
C. यह काफी हल्का होता है
D. उपरोक्त तीनों

115. यदि हम गीले कपड़े पहन लें, तो हमें ठंड क्यों लगने लगती है?
A. गीले कपड़े हमारे शरीर को ठंडा कर देते हैं
B. गीले कपड़े ठंडे होते हैं और उनकी ठंडक हमारे शरीर में व्याप्त हो जाती है
C. गीले कपड़ों के स्पर्श से हमारे शरीर की ऊष्मा निकलकर गीले कपड़ों में पहुंचने लगती है और शरीर की ऊष्मा कम होने से हमें ठंड लगने लगती है
D. उपरोक्त तीनों

116. यदि उबलते पानी में नमक डाल दिया जाये, तो वह पानी :
A. अधिक गर्म हो जायेगा
B. जल्दी ठंडा हो जायेगा
C. देर तक गर्म बना रहेगा
D. उपरोक्त में से कोई भी नहीं

117. कौन-सा कथन सही है?
A. मनुष्य के शरीर में दो फेफड़े होते हैं
B. दाहिना फेफड़ा बाएं फेफड़े से कुछ बड़ा होता है
C. बायां फेफड़ा दाएं फेफड़े से कुछ छोटा होता है
D. उपरोक्त तीनों

118. बच्चे के हृदय की धड़कन की दर वयस्क के हृदय की धड़कन की दर से :
A. कम होती है
B. न कम होती है, न ज्यादा होती है
C. ज्यादा होती है
D. उपरोक्त सभी

119. दूध में कौन-सा तत्व नहीं होता?
A. प्रोटीन B. वसा
C. लौह लवण D. कार्बोहाइड्रेट्स

120. जो सांस हम अपने शरीर से बाहर निकालते हैं, उसमें :
A. ऑक्सीजन बिल्कुल नहीं होती
B. कार्बन डाइऑक्साइड ही होती है
C. न ऑक्सीजन होती है और न कार्बन डाइऑक्साइड होती है
D. ऑक्सीजन अधिक और कार्बन डाइऑक्साइड कम होती है

121. पानी कितने तापमान पर जमता है?
A. 100°C B. 0°C
C. 4°C D. – 4°C

122. निम्नलिखित में से कौन-सी वस्तु पौधे (पेड़) से प्राप्त की जाती है?
A. इन्सुलिन
B. एस्प्रिन
C. कुनैन
D. उपरोक्त में से कोई भी नहीं

123. वायुमंडल की हवा में लगभग कितनी ऑक्सीजन होती है?
A. 3/5 भाग B. 1/2 भाग
C. 1/5 भाग D. 3/4 भाग

124. कौन-सा द्रव्य बर्तन को गीला नहीं करता?
A. अल्कोहल
B. पारा
C. उपरोक्त दोनों
D. उपरोक्त दोनों में से कोई नहीं

125. बिजली का बल्व टूटने पर आवाज क्यों होती है?
A. क्योंकि शीशा टूटने पर आवाज होती ही है
B. क्योंकि बल्व के भीतर हवा होती है
C. बल्व के भीतर के शून्य (वैक्यूम) को भरने के लिए बाहर की हवा तेजी से उसकी ओर भागती है
D. बल्व के भीतर भरी गैस बाहर की हवा से मिल कर विस्फोट करती है

126. किसी सर्कस में रॉड, तार या रस्से पर चलने का खेल दिखाने वाला व्यक्ति अपने हाथ में छतरी क्यों लिए होता है?
A. ताकि यदि वह संयोग से नीचे गिर जाये, तो जमीन पर छतरी टेक ले

B. ताकि उसके दोनों हाथ खाली न रहें

C. ताकि दर्शकों में से कोई उसे ईंट-पत्थर मारे, तो वह उसे छतरी से रोक ले

D. ताकि यदि उसके शरीर का संतुलन बिगड़े, तो छतरी की मदद से वह उसे संतुलित कर ले

127. चलती बस से उतरते समय :

A. उस ओर मुंह करके उतरना चाहिए जिस ओर बस जा रही हो

B. उस ओर मुंह करके नहीं उतरना चाहिए जिस ओर बस जा रही हो

C. किसी भी ओर मुंह हो सकता है

D. उपरोक्त में से कोई भी नहीं

128. एक बस खड़ी हुई है। उसमें एक यात्री खड़ा हुआ है। गाड़ी अचानक आगे की ओर चल पड़ती है। वह यात्री

A. आगे की ओर गिरेगा

B. पीछे की ओर गिरेगा

C. दाईं ओर गिरेगा

D. बाईं ओर गिरेगा

129. रेल की पटरियों को जोड़ते समय उनके बीच बहुत थोड़ा-सा फासला क्यों छोड़ दिया जाता है?

A. ताकि उसमें से हवा गुजर सके और जंग न लगे

B. ताकि उनमें परस्पर रगड़ न लगे और वे घिसें नहीं

C. ताकि वे गर्मियों में फैलकर टेढ़ी न हो जायें

D. उपरोक्त सभी

130. काले रंग की वस्तुएं :

A. अधिक गर्मी सोखती हैं

B. गर्मी नहीं सोखतीं

C. गर्मी के प्रति उदासीन होती हैं

D. जल्दी गर्म नहीं होतीं

131. किसी शीशे की बोतल के गले में फंसी कार्क को निकालने के लिए क्या करना चाहिए?

A. बोतल को बर्फ के पानी में डाल देना चाहिए

B. बोतल को उबलते पानी में डाल देना चाहिए

C. बोतल की पेंदी को हल्का-सा गर्म करना चाहिए

D. बोतल के गले को हल्का-सा गर्म करना चाहिए

132. जब बर्फ को हाथ पर रखो, तो हाथ में ठंडक लगती है, क्योंकि :

A. बर्फ ठंडी होती है

B. उसकी ठंड हाथ में घुस जाती है

C. वह पिघलने के लिए हमारे हाथ से गर्मी लेती और गर्मी निकलने से हाथ में ठंडक लगती है

D. उपरोक्त सभी

133. गर्मी के मौसम में गीले कपड़े जल्दी सूख जाते हैं, क्योंकि :

A. सूर्य की कड़ी गर्मी पड़ती है

B. हवा गर्म होती है

C. हवा में नमी लेने की क्षमता बहुत अधिक होती है

D. उपरोक्त A और B दोनों

134. जब वायुमंडल में आर्द्रता अधिक होती है, तब :

A. हमें पसीना नहीं आता

B. हमारा पसीना तुरन्त सूख जाता है

C. हमारा पसीना जल्दी नहीं सूखता

D. उपरोक्त सभी

135. उत्तल लेन्स (lens) :

A. किनारों पर पतला होता है

B. बीच में से मोटा होता है

C. A और B दोनों

D. उपरोक्त में से कोई भी नहीं

136. पानी का आयतन बढ़ जाता है :

A. उसे गर्म करने पर

B. उसके जम जाने पर

C. उसके ठंडा होने पर

D. उपरोक्त में से किसी भी अवस्था में नहीं

137. यदि शून्य (वैक्यूम) में कागज के एक टुकड़े और क्रिकेट की गेंद को एक निश्चित ऊंचाई से एक साथ पृथ्वी पर गिराया जाये तो :

A. दोनों एक साथ जमीन पर गिरेंगे

B. दोनों अधर में ही लटके रह जायेंगे

C. दोनों एक-दूसरे की परिक्रमा करने लग जायेंगे

D. कागज का टुकड़ा पहले जमीन पर आ जायेगा और गेंद बाद में जमीन पर आयेगी

138. यदि हमें पसीना आ रहा हो, तो पंखा चलने से हमारे शरीर को ठंडक मिलती है। ऐसा क्यों होता है?
A. पंखा चलने से हमें ताजी हवा मिलती है, जो शरीर को ठंडक पहुंचाती है
B. पंखा चलने से आर्द्रता बढ़ जाती है, जो शरीर को ठंडक प्रदान करती है
C. पंखा चलने से पसीने का तेजी से वाष्पीकरण होता है, जिसके परिणामस्वरूप हमारे शरीर को ठंडक महसूस होती है
D. पंखे की हवा कमरे की गर्म हवा को बाहर निकाल देती है। गर्म हवा बाहर निकलते ही हमारे शरीर को ठंडक मिलने लगती है

139. थर्मस फ्लास्क के अन्दर रखी गई गर्म वस्तु गर्म बनी रहती है और ठंडी वस्तु ठंडी रहती है। इसका क्या कारण है?
A. थर्मस फ्लास्क अंदर से चमकदार शीशे का बना होता है
B. थर्मस फ्लास्क के अन्दर चमकदार शीशे की दो दीवारें होती हैं
C. थर्मस फ्लास्क के भीतर शीशे की दो दीवारों के बीच शून्य (वैक्यूम) होता है। इस शून्य के कारण बाहर की गर्मी और सर्दी का प्रभाव अन्दर रखी गई वस्तु पर नहीं पड़ता
D. उपरोक्त सभी

140. हाइड्रोजन गैस :
A. जलने में सहायता देती है
B. स्वयं नहीं जलती
C. आसानी से जलने लगती है
D. जलती हुई आग को बुझा देती है

141. भोजन का कौन-सा अंश शरीर की कोशिकाओं का निर्माण करता है?
A. वसा　B. कार्बोहाइड्रेट
C. प्रोटीन　D. विटामिन

142. आकाश में बिजली की चमक हमें पहले दिखाई पड़ती है; उसके बाद बिजली की कड़क सुनाई देती है। क्यों?
A. बिजली चमकती पहले है और कड़कती बाद में है
B. प्रकाश की गति ध्वनि की गति से तीव्र होती है
C. प्रकाश हमारे पास सीधे आता है जबकि कड़क शून्य में गूंजने के बाद हमारे पास आती है
D. प्रकाश सीधी लाइन में चलता है जबकि ध्वनि गोलाई में चक्कर काटती हुई चलती है

143. वनस्पति घी के निर्माण में कौन-सी प्रक्रिया अपनाई जाती है?
A. संपीड़न
B. संघनन
C. हाइड्रोजनीकरण
D. उपरोक्त तीनों

144. एक बढ़ते हुए बच्चे को सबसे अधिक आवश्यकता है?
A. विटामिनों की
B. प्रोटीनों की
C. वसा की
D. कार्बोहाइड्रेट्स की

145. पायरिया किस अंग की बीमारी है?
A. दांतों की　B. मुँह की
C. मसूढ़ों की　D. दाढ़ों की

146. गैस एजेन्सी से प्राप्त कुकिंग गैस सिलेण्डरों में क्या होता है?
A. द्रव　B. गैस
C. घोल　D. ठोस

147. कच्चे फलों को पकाने के लिए किस गैस का इस्तेमाल किया जाता है?
A. इथिलीन
B. क्लोरीन
C. एसीटिलिन
D. ब्रोमीन

148. किस ताप पर सेन्टीग्रेड और फारेनहाइट थर्मामीटर की रीडिंग समान होती है?
A. 40°　B. 60°
C. –40°　D. –60°

149. तीन मूल रंग कौन-से हैं?
A. लाल, हरा और नीला
B. हरा, पीला और नीला
C. लाल, पीला और नीला
D. नारंगी, पीला और नीला

150. पदार्थ कितनी अवस्थाओं में पाया जाता है?
A. केवल एक
B. दो
C. तीन
D. अनगिनत

2. सौरमण्डल

151. हमारे सौरमंडल में कितने ग्रह हैं?
A. दस
B. पांच
C. सात
D. आठ

152. सूर्य :
A. एक तारा (star) है
B. एक ग्रह (planet) है
C. एक उपग्रह (satellite) है
D. उपरोक्त में से कोई भी नहीं

153. कौन-सा ग्रह सूर्य के सबसे निकट है?
A. मंगल
B. बृहस्पति
C. शुक्र
D. बुध

154. चन्द्रमा :
A. एक तारा (star) है
B. एक ग्रह (planet) है
C. एक उपग्रह (satellite) है
D. उपरोक्त में से कोई भी नहीं

155. हमारे सौरमंडल का सबसे बड़ा ग्रह कौन-सा है?
A. मंगल
B. पृथ्वी
C. शनि
D. बृहस्पति

156. सभी ग्रह :
A. परस्पर एक दूसरे के चारों ओर चक्कर काटते रहते हैं
B. सूर्य के चारों ओर अपने-अपने मार्ग पर चक्कर काटते रहते हैं
C. पृथ्वी और सूर्य के बीच चक्कर काटते रहते हैं
D. स्थिर हैं और सूर्य उनके चारों ओर चक्कर काटता है

157. चन्द्रमा के धरातल पर गुरुत्वाकर्षण पृथ्वी के धरातल पर गुरुत्वाकर्षण के लगभग :
A. 1/10 भाग के बराबर है
B. 1/2 भाग के बराबर है
C. 1/6 भाग के बराबर है
D. 1/16 भाग के बराबर है

158. सूर्य का प्रकाश पृथ्वी तक पहुंचने में लगभग कितना समय लगता है?
A. 1 मिनट
B. 4 मिनट
C. 8 मिनट
D. 12 मिनट

159. सूर्य :
A. स्थिर है
B. अपने अक्ष पर घूमता रहता है
C. धधकता हुआ प्रकाशमान तारा है
D. उपरोक्त B और C दोनों

160. हमारे सौर परिवार का सबसे चमकीला ग्रह कौन-सा है?
A. मंगल
B. बुध
C. चन्द्रमा
D. शुक्र

3. वैज्ञानिक खोज और आविष्कार

161. डीजल इंजन का आविष्कारक कौन था?
A. रूडोल्फ डीजल
B. थामस आल्वा एडीसन
C. रिचर्ड ट्रेविथिक
D. डेविड बुशनेल

162. अल्फ्रेड नोबेल ने किसका आविष्कार किया था?
A. डायनमो
B. डायनामाइट
C. ग्लाइडर
D. लेंथ

163. 1928 में एलेक्जेंडर फ्लेमिंग ने निम्नलिखित में से किसकी खोज की थी?
A. रेडियम
B. यूरेनियम
C. पेनिसिलिन
D. इन्सुलिन

164. चेचक के टीके की खोज किसने की थी?
A. बेन्जामिन फ्रेंकलिन
B. जोनास साल्क
C. लुई पास्चर
D. एडवर्ड जेनर

165. टैंक का आविष्कारक था :
A. अर्नेस्ट स्विंटन B. सैमुअल कोल्ट
C. जॉर्ज केली D. रिचर्ड गैटलिंग

166. फोनोग्राफ का आविष्कारक थाः
A. बेंजामिन फ्रेंकलिन
B. एलेक्जेंडर ग्राह्म बेल
C. विलियम शाकले
D. थामस आल्वा एडीसन

167. थर्मामीटर का आविष्कारक कौन था?
A. गैलीलियो गलिली B. फ्रैंक ह्विटिल
C. आइजक न्यूटन D. जोसफ प्रोस्टले

168. दक्षिणी ध्रुव की खोज किसने की थी?
A. रोबर्ट पियरी
B. रोआल्ड अमुण्डसन
C. क्रिस्टोफर कोलम्बस
D. जॉन कैबट

169. आइजक न्युटन के नाम से जुड़ा कौन-सा नियम है?
A. वंशानुगत गुणों का नियम
B. विद्युत संवहन का नियम
C. ग्रहों की गति का नियम
D. गुरुत्वाकर्षण का नियम

170. निम्नलिखित में से कौन टेलीफोन का आविष्कारक था?
A. सैमुअल मोर्स
B. एलेक्जेंडर ग्राह्म बेल
C. माइकल फराडे
D. थामस आल्वा एडीसन

171. दूरबीन की खोज किसने की थी?
A. गैलीलियो
B. न्यूटन
C. बेन्जामिन फ्रैंकलिन
D. उपरोक्त में से कोई भी नहीं

4. वैज्ञानिक उपकरण

172. बैरोमीटर से क्या नापते हैं?
A. वायु का वेग
B. वायु की आर्द्रता
C. वायुमंडल का दबाव
D. वायुमंडल में प्रदूषण

173. डायनमो की सहायता से :
A. मैकेनिकल ऊर्जा को इलेक्ट्रिकल ऊर्जा में बदला जाता है
B. इलेक्ट्रिकल ऊर्जा को मैकेनिकल ऊर्जा में बदला जाता है
C. इंजन की इलेक्ट्रिकल शक्ति को नापा जाता है
D. बिजली की करन्ट (धारा) को नियंत्रित किया जाता है

174. गैस (गैसों) के दबाव को किस उपकरण से नापते हैं?
A. ओडोमीटर
B. पाइरोमीटर
C. क्रोनोमीटर
D. मैनोमीटर

175. सीजमोग्राफ नामक उपकरण से किस बात का पता लगाया जाता है?
A. आकाश से ग्रहों की दूरी
B. भूकम्प के झटके
C. वायुमंडल की आर्द्रता
D. ध्वनि की तीव्रता

176. लाई डिटेक्टर मशीन का प्रयोग किस प्रयोजन के लिए किया जाता है?
A. इस बात की जांच करने के लिए कि कोई अपराधी सच बोल रहा है या नहीं
B. इस बात की पुष्टि करने के लिए कि कोई व्यक्ति अपराधी वृत्ति का है या नहीं
C. इस बात की जानकारी प्राप्त करने हेतु कि अपराधी में अपराध-भाव है या नहीं
D. यह जानने के लिए कि अपराधी के मन में पश्चाताप का भाव है या नहीं

177. दूध शुद्ध है या उसमें पानी मिलाया गया है; इस बात की जांच किस उपकरण से करते हैं?

A. माइक्रोमीटर B. लैक्टोमीटर

C. हाइड्रोमीटर D. माइक्रोस्कोप

178. डेसिबल किसकी इकाई है?

A. वाहन की गति की

B. आवाज की प्रचण्डता (शोर) की

C. वायुमंडल में प्रदूषण की मात्रा की

D. वायु की गति की

179. कम्पास में सुई किस ओर होती है?

A. उत्तर की ओर B. पूर्व की ओर

C. पूर्वोत्तर की ओर D. पश्चिम की ओर

5. शरीर विज्ञान-स्वास्थ्य विज्ञान

180. मनुष्य का शरीर :

A. ऊतकों (tissues) से बना है

B. कोशिकाओं (cells) से बना है

C. हड्डी और रक्त से बना है

D. उपरोक्त तीनों से बना है

181. मनुष्य के शरीर में कितने प्रतिशत जल है?

A. लगभग 35%

B. लगभग 45%

C. लगभग 55%

D. लगभग 65%

182. मनुष्य के शरीर में सबसे बड़ा ग्लैंड कौन-सा है?

A. लिवर (liver)

B. पैंक्रियाज (pancreas)

C. तिल्ली (spleen)

D. थाइराइड (thyroid)

183. सामान्य वयस्क के हृदय की धड़कन एक मिनट में कितनी बार होती है?

A. 100 बार B. 25-30 बार

C. 70-75 बार D. 100-120 बार

184. शरीर के बढ़ने (growth of body) में कौन सहायता देता है?

A. विटामिन B. प्रोटीन

C. वसा D. खनिज लवण

185. विटामिन B की कमी से कौन-सा रोग हो सकता है?

A. कैंसर B. रिकेट्स

C. स्कर्वी D. बेरी-बेरी

186. किस विटामिन की कमी से रतौंधी (रात में दिखाई न पड़ना) रोग उत्पन्न हो सकता है?

A. ए B. बी

C. सी D. के

187. पीलिया रोग में शरीर का कौन-सा अंग प्रभावित होता है?

A. रक्त B. आंखें

C. जिगर (लीवर) D. गुर्दा (किडनी)

188. किस रक्त वर्ग (ब्लड ग्रुप) वाले मनुष्य का रक्त सभी रक्त-वर्गों के लोगों को दिया जा सकता है?

A. A B. AB

C. O D. B

189. निम्नलिखित में से कौन रोगाणुओं को नष्ट करता है?

A. रक्त की लाल कोशिकायें (red blood cells)

B. हिमोग्लोबिन (heomoglobin)

C. विटामिन सी

D. रक्त की सफेद कोशिकायें (white blood cells)

190. सामान्य वयस्क मनुष्य के शरीर का तापमान कितना होता है?

A. 98.4

B. 94.8

C. 37.4

D. उपरोक्त में से कोई भी नहीं

191. निम्नलिखित में से कौन कार्बोहाइड्रेट है?

A. गेहूं B. चावल

C. आलू D. उपरोक्त तीनों

192. जो लोग अंडा, मांस और मछली नहीं खाते, उन्हें प्रोटीन की पूर्ति के लिए अपने भोजन में क्या खाना चाहिए?

A. हरी सब्जियाँ B. मक्खन

C. दालें D. मौसम के फल

193. मधुमेह (डायबिटीज) के रोगी किस दवा का प्रयोग करते हैं?

A. पेनिसिलीन B. आयोडिन
C. इन्सुलिन D. डाईजिन

194. वाइरस का प्रजनन (संतानवृद्धि) केवल :

A. गंदे पानी में होता है
B. पदार्थ के सड़ने से होता है
C. जीवित कोशिका में होता है
D. शीतकाल में ही होता है

195. हड्डियों और दांतों के लिए कौन-सा विटामिन उपयोगी है?

A. A B. C
C. D D. K

196. एक साधारण व्यक्ति के शरीर में रक्त की मात्रा कितनी होती है?

A. शरीर के वजन का लगभग 7 प्रतिशत
B. शरीर के वजन का लगभग 3 प्रतिशत
C. शरीर के वजन का लगभग 15 प्रतिशत
D. शरीर के वजन का लगभग 20 प्रतिशत

उत्तरमाला

1	2	3	4	5	6	7	8	9	10
B	D	C	D	D	A	A	C	C	A
11	**12**	**13**	**14**	**15**	**16**	**17**	**18**	**19**	**20**
C	C	D	A	B	A	B	B	C	C
21	**22**	**23**	**24**	**25**	**26**	**27**	**28**	**29**	**30**
D	B	C	D	D	B	B	A	C	D
31	**32**	**33**	**34**	**35**	**36**	**37**	**38**	**39**	**40**
A	B	B	B	B	C	C	D	D	C
41	**42**	**43**	**44**	**45**	**46**	**47**	**48**	**49**	**50**
B	B	C	C	B	D	C	D	C	C
51	**52**	**53**	**54**	**55**	**56**	**57**	**58**	**59**	**60**
C	A	B	C	B	B	B	C	B	D
61	**62**	**63**	**64**	**65**	**66**	**67**	**68**	**69**	**70**
C	A	C	D	B	A	D	C	A	C
71	**72**	**73**	**74**	**75**	**76**	**77**	**78**	**79**	**80**
D	C	A	B	A	C	C	C	C	B
81	**82**	**83**	**84**	**85**	**86**	**87**	**88**	**89**	**90**
C	C	A	C	B	D	C	A	B	D
91	**92**	**93**	**94**	**95**	**96**	**97**	**98**	**99**	**100**
C	C	C	A	B	B	B	C	C	A
101	**102**	**103**	**104**	**105**	**106**	**107**	**108**	**109**	**110**
A	A	B	C	C	C	C	A	C	D
111	**112**	**113**	**114**	**115**	**116**	**117**	**118**	**119**	**120**
B	C	B	B	C	C	D	C	C	D
121	**122**	**123**	**124**	**125**	**126**	**127**	**128**	**129**	**130**
B	C	C	B	C	D	A	B	C	A

131	132	133	134	135	136	137	138	139	140
D	C	C	C	C	B	A	C	C	C
141	**142**	**143**	**144**	**145**	**146**	**147**	**148**	**149**	**150**
C	B	C	B	C	A	A	C	A	C
151	**152**	**153**	**154**	**155**	**156**	**157**	**158**	**159**	**160**
D	A	D	C	D	B	C	C	D	D
161	**162**	**163**	**164**	**165**	**166**	**167**	**168**	**169**	**170**
A	B	C	D	A	D	A	B	D	B
171	**172**	**173**	**174**	**175**	**176**	**177**	**178**	**179**	**180**
A	C	A	D	B	A	B	B	A	B
181	**182**	**183**	**184**	**185**	**186**	**187**	**188**	**189**	**190**
D	A	C	B	D	A	C	C	D	A
191	**192**	**193**	**194**	**195**	**196**				
D	C	C	C	C	A				

IV. कम्प्यूटर ज्ञान

1. कम्प्यूटर :
A. एक उपकरण है, जो गणितीय तार्किक संक्रियायें सम्पन्न करता है
B. एक उपकरण है, जो केवल गणितीय संक्रियायें सम्पन्न करता है
C. एक स्मृति उपकरण है
D. एक गणना उपकरण है

2. 'PC' का अर्थ है :
A. प्राइवेट कम्प्यूटर B. पर्सनल कैल्कुलेटर
C. पर्सनल कम्प्यूटर D. प्रोफेशनल कम्प्यूटर

3. 'बाइनरी अंक प्रणाली' में अधिकतम अंक (Digit) कितने होते हैं?
A. 1 B. 10
C. 2 D. 4

4. निम्नलिखित में से कौन-सा 'इनपुट' उपकरण है?
A. मॉनीटर B. प्रिंटर
C. प्लॉटर D. माउस

5. CPU का पूरा नाम है :
A. सेन्ट्रल प्रोग्रामिंग यूनिट
B. सेन्ट्रल प्रोसेसिंग यूनिट
C. सेन्ट्रल प्रोग्रामिंग अण्डरस्टैंडिंग
D. सेन्ट्रल प्रोसेसिंग अण्डरस्टैंडिंग

6. गणना हेतु प्रयोग में लाया गया पहला उपकरण था :
A. ENIAC B. ABACUS
C. एनालिटिकल इंजन D. EDSAC

7. ABACUS का प्रयोग कब शुरू हुआ था?
A. 250 ई॰ B. 450 ई॰
C. 1200 ई॰पू॰ D. 1200 ई॰

8. किस अंग्रेज को 'कम्प्यूटर का जनक' कहा जाता है?
A. ब्लेज पास्कल B. लेबनित्ज
C. चार्ल्स बैबेज D. जे॰पी॰ एकर्ट

9. निम्नलिखित में से कौन-सी कम्प्यूटर की सेकेण्डरी मेमोरी है?
A. RAM B. ROM
C. रजिस्टर्स D. फ्लॉपी

10. निम्नलिखित में से कौन पैकेज नहीं है?
A. BASIC B. dBASE
C. वर्ड परफेक्ट D. पेज मेकर

11. कौन-सा बेमेल है?
A. वर्ड स्टार B. वर्ड परफेक्ट
C. DOS Editor D. विण्डो

12. डाटा के समुच्चय (Set) को क्या कहते हैं?
A. फील्ड B. रेकार्ड
C. फाइल D. इनमें से कोई नहीं

13. IBM का पूरा नाम क्या है?
A. इण्टरनेशनल बिजनेस मशीन
B. इण्टर बिजनेस मैकेनिज्म
C. इण्टरनेशनल बिजनेस मैनेजमेंट
D. उपरोक्त में से कोई भी नहीं

14. प्रिन्टर :
A. आउटपुट यूनिट है
B. इनपुट यूनिट है
C. उपरोक्त दोनों हैं
D. उपरोक्त में से कोई भी नहीं है

15. फ्लॉपी :
A. इनपुट यूनिट है
B. आउटपुट यूनिट है
C. इनपुट यूनिट और आउटपुट यूनिट दोनों है
D. उपरोक्त में से कोई भी नहीं है

16. कम्प्यूटर की विशेषतायें हैं :
1. तेज रफ्तार 2. स्वचालन
3. कार्यशीलता 4. परिवर्तनशीलता

निम्नलिखित में से कौन-सी विशेषता सही है?

A. 1 और 2 सही हैं

B. 1, 2 और 4 सही हैं

C. 1, 2 और 3 सही हैं

D. उपरोक्त सभी सही हैं

17. 1 बाइट बराबर है :

A. 8 बिट B. 16 बिट

C. 36 बिट D. 64 बिट

18. असंसाधित (Unprocessed) तथ्य को क्या कहा जाता है?

A. डाटा B. डाटम

C. फाइल D. फील्ड

19. कम्प्यूटर :

A. सूचना ग्रहण करता है

B. सूचना को निर्दिष्ट प्रयोजन के लिए अनुकूल बनाता है

C. परिणाम प्रदर्शित करता है

D. उपरोक्त सभी बातें सही हैं

20. डाटा क्या है?

A. संसाधित तथ्य

B. असंसाधित तथ्य

C. अंक और अक्षर

D. उपरोक्त में से कोई भी नहीं

21. निर्देशों के समुच्चय को क्या कहते हैं?

A. प्रोग्राम B. प्रोसीजर

C. अलगोरिथम D. फ्लो चार्ट

22. 'रेकाड्र्स के समूह' को क्या कहा जाता है?

A. फाइल B. डाटा

C. फील्ड D. डाटम

23. लेज़र प्रिन्टर की गति (स्पीड) :

A. DPM में नापी जाती है

B. CPS में नापी जाती है

C. DPS में नापी जाती है

D. PPM में नापी जाती है

24. BASIC :

A. एक भाषा है

B. एक पैकेज है

C. एक संक्रिया है

D. उपरोक्त में से कोई भी नहीं है

25. निम्नलिखित में से कौन भाषा नहीं है?

A. बेसिक B. कोबोल

C. यूनिक्स D. पास्कल

26. RAM का पूरा नाम है :

A. रेन्डम एक्सेस मेमोरी

B. रीड एक्सेस मेमोरी

C. रीड अरिथमेटिक मेमोरी

D. उपरोक्त में से कोई नहीं

27. चार्ल्स बैबेज ने जो टेबुलेटिंग मशीन बनाई थी, उसका नाम था :

A. एनालिटिकल कैलेण्डर

B. बैबेज मशीन

C. एनालिटिकल मशीन

D. एनालिटिकल इंजन

28. 'BASIC' शब्द का अर्थ है :

A. बिगनर्स ऑटोमेटेड स्टैंडर्डाइज इंसट्रक्शन कोड

B. बेसिक एण्ड एडवांस्ड सिस्टम इनसाइड कोड

C. बिगनर्स ऑल-परपज सिमबलिक इंस्ट्रक्शन कोड

D. बाइट एड्रैस सिम्बलिक इंटेलिजेन्स कम्प्यूटर

29. लेज़र प्रिन्टर :

A. अक्षर प्रिन्टर है B. लाइन प्रिन्टर है

C. पेज प्रिन्टर है D. उपरोक्त सभी

30. बाइनरी अंक पद्धति में कौन-से अंक इस्तेमाल होते हैं?

A. 0, 1 B. 1, 2

C. 1, –1 D. 0, 2

31. कम्प्यूटर की कार्य क्षमतायें :

A. असीमित हैं

B. सीमित हैं

C. बिल्कुल सीमित हैं

D. उपरोक्त में से कोई भी नहीं

32. कम्प्यूटर की अपनी :

A. स्वाधीन बुद्धि होती है

B. स्वाधीन बुद्धि नहीं होती

C. स्वाधीन बुद्धि आधी होती है

D. उपरोक्त में से कोई भी नहीं

33. कम्प्यूटर निम्नलिखित कार्य कर सकता है?

A. जोड़ना, घटाना, गुणा करना और भाग करना

B. दो मूल्यों के बीच तुलना करना

C. सूचना (जानकारी) का संग्रह करना और मांगने पर सूचना (जानकारी) प्रस्तुत करना

D. उपरोक्त सभी कार्य

34. कम्प्यूटर निम्नलिखित कार्य कर सकता है?

A. जोड़ना, घटाना, गुणा करना और भाग करना

B. दो मूल्यों के बीच तुलना करना

C. सूचना (जानकारी) का संग्रह करना और मांगने पर सूचना (जानकारी) प्रस्तुत करना

D. उपरोक्त सभी कार्य

35. लगभग सभी छोटे-बड़े उपक्रमों, संगठनों में कम्पयूटरों का अधिकाधिक प्रयोग होने लगा है क्योंकि :

A. मानव श्रम का खर्च निरन्तर बढ़ता जा रहा है

B. कम्प्यूटरों की कीमत घट रही है

C. कम्प्यूटरों का इस्तेमाल करना अत्यन्त आसान होता जा रहा है

D. उपरोक्त सभी

36. कम्प्यूटरों द्वारा डाटा का संसाधन (Processing of Data) :

A. शत-प्रतिशत शुद्ध होता है और उसमें कोई गलती नहीं होती

B. सारतः शुद्ध होता है और उसमें कोई गलती नहीं होती

C. सारतः शुद्ध होता है किन्तु फिर भी उसमें गलती हो सकती है

D. शत्-प्रतिशत शुद्ध होता है किन्तु फिर भी उसमें गलती हो सकती है

37. आधुनिक कम्प्यूटर :

A. एक समय में केवल एक निर्देश का पालन कर सकते हैं

B. एक समय में सैंकड़ों निर्देशों का पालन कर सकते हैं

C. एक समय में हजारों निर्देशों का पालन कर सकते हैं

D. एक समय में लाखो-करोड़ों निर्देशों का पालन कर सकते हैं

38. DOS में कॉपी :

A. इन्टरनल कमाण्ड है

B. एक्सटरनल कमाण्ड है

C. बेसिक कमाण्ड है

D. तीनों में से कोई नहीं

39. पर्सनल, कम्प्यूटर सिस्टम में, फाइलों को स्टोर किया जा सकता है :

A. केवल डिस्केटों पर

B. केवल हार्ड डिस्क पर

C. डिस्केटों और हार्ड डिस्क पर

D. उपरोक्त में से कोई भी नहीं

40. निर्देशों के सेट (Set of instructions) या प्रोग्राम को सामान्यतया क्या नाम दिया जाता है?

A. हार्डवेयर　　B. सॉफ्टवेयर

C. फर्म वायर　　D. लाइव वायर

41. 'वर्डस्टार' में सॉफ्टवेयर पैकेज 'ओपनिंग मीनू' :

A. फर्स्ट लेवल पर होता है

B. सेकेण्ड लेवल पर होता है

C. थर्ड लेवल पर होता है

D. फोर्थ लेवर पर होता है

42. 'वर्डस्टार' के सॉफ्टवेयर पैकेज में स्पेल चेकर में :

A. लगभग 1000 शब्द होते हैं

B. लगभग 20000 शब्द होते हैं

C. लगभग 50000 शब्द होते हैं

D. लगभग 100000 शब्द होते हैं

43. फ्लोचार्ट में प्रोसेस सिम्बल :

A. समचतुर्भुज आकार का होता है

B. आयताकार होता है

C. वृत्ताकार होता है

D. दीर्घ आयताकार होता है

44. BASIC, एक :

A. समस्या-उन्मुख भाषा है

B. प्रक्रिया-उन्मुख भाषा है

C. इन्टरऐक्टिव प्रोग्रामिंग भाषा है
D. उपरोक्त में से कोई भी नहीं है

45. किस भाषा को माइक्रो कम्प्यूटरों की भाषा माना जाता है?

A. ADA B. APL
C. ALGOL D. BASIC

46. मॉनीटर स्क्रीन पर जो झिलमिलाता हुआ बिन्दु/सिम्बल होता है, उसे क्या कहते हैं?

A. CHARACTER B. MENU
C. CURSOR D. RULER LINE

47. जिस की (Key) पर होम (HOME) लिखा होता है, उसे दबा देने पर कर्सर कहां पहुंच जायेगा?

A. लाइन के शुरू में B. पृष्ठ के मध्य में
C. पूर्ववर्ती अक्षर पर D. पृष्ठ के प्रारंभ में

48. जिस की (Key) पर एण्ड (END) लिखा होता है, उसे दबा देने पर कर्सर कहां पहुंच जाएगा?

A. पृष्ठ के अन्त में B. लाइन के अन्त में
C. शब्द के अन्त में D. पूरे टेक्स्ट के अन्त में

49. वर्ड प्रोसेसर में फाइल के नाम में अधिक-से-अधिक कितने अक्षर/अंक हो सकते हैं?

A. 3 B. 5
C. 8 D. 12

50. कर्सर को तेज गति से और ठीक स्थान पर ले जाने/पहुंचाने के लिए हम किसकी सहायता लेते हैं?

A. कर्सर कन्ट्रोल की
B. माउस की
C. की-बोर्ड की
D. उपरोक्त में से कोई भी नहीं

उत्तरमाला

1	2	3	4	5	6	7	8	9	10
A	C	C	D	B	B	A	C	D	A
11	**12**	**13**	**14**	**15**	**16**	**17**	**18**	**19**	**20**
D	A	A	A	C	D	A	B	D	B
21	**22**	**23**	**24**	**25**	**26**	**27**	**28**	**29**	**30**
A	A	D	A	C	A	D	C	C	A
31	**32**	**33**	**34**	**35**	**36**	**37**	**38**	**39**	**40**
C	B	D	D	C	A	A	C	B	A
41	**42**	**43**	**44**	**45**	**46**	**47**	**48**	**49**	**50**
B	B	C	D	C	D	A	C	B	B

हरियाणा सामान्य ज्ञान

हरियाणा : एक दृष्टि में

राज्य	हरियाणा
स्थापना दिवस	1 नवम्बर, 1966
क्षेत्रफल	44,212 वर्ग किमी.
स्थिति	भारत का उत्तर–पश्चिमी राज्य
भौगोलिक स्थिति	27°39′ से 30°55′5" उत्तरी अक्षांश तथा 74°27′8" से 77°36′5" पूर्वी देशान्तर
सीमावर्ती राज्य	उत्तर–हिमाचल प्रदेश, दक्षिण और दक्षिण-पश्चिम–राजस्थान, पूर्व—उत्तर प्रदेश, उत्तराखंड और दिल्ली, उत्तर-पश्चिम–पंजाब और चण्डीगढ़

प्रशासनिक ढांचा (जनवरी 2025 तक)

मण्डल (डिवीजन)	6 (अम्बाला, हिसार, गुरुग्राम, रोहतक, करनाल, फरीदाबाद)
जिले	22
उप-मण्डल	80
तहसीलें	94
उप-तहसीलें	49
खण्ड (ब्लॉक)	143
गाँव (गैर आबाद सहित)	6,841
ग्राम पंचायत	6,083
उच्च न्यायालय	पंजाब और हरियाणा उच्च न्यायालय (चण्डीगढ़)
विधानमण्डल	एक सदनात्मक (विधानसभा)
विधानसभा सदस्यों की संख्या	90
लोकसभा सदस्यों की संख्या	10
राज्यसभा सदस्यों की संख्या	05
प्रथम राज्यपाल	धर्मवीर
प्रथम मुख्यमंत्री	भगवत दयाल शर्मा
क्षेत्रफल की दृष्टि से देश के राज्यों में स्थान (2021)	20वाँ
सर्वाधिक क्षेत्रफल वाला जिला	सिरसा (4277 वर्ग किमी.) (भिवानी से अलग होकर चरखी दादरी के नया जिला बन जाने के बाद अब सिरसा सबसे बड़ा जिला बन गया है)
सबसे कम क्षेत्रफल वाला जिला	फरीदाबाद (741 वर्ग किमी.)

- जनसंख्या (जनगणना 2011 के अनुसार) : 25,351,462
- पुरुष : 13,494,734
- महिलाएं : 11,856,728
- जनसंख्या की दृष्टि से भारत में स्थान (2011) : 18वाँ
- भारत की कुल जनसंख्या का प्रतिशत : 2 प्रतिशत
- सबसे अधिक जनसंख्या वाला जिला : फरीदाबाद (18,09,733)
- सबसे कम जनसंख्या वाला जिला : पंचकुला (5,61,293)
- पन्द्रह लाख से अधिक जनसंख्या वाले जिले : 4 (करनाल, हिसार, गुरुग्राम, फरीदाबाद)
- दस लाख से अधिक जनसंख्या वाले जिले : 15 (अम्बाला, सिरसा, जींद, करनाल, सोनीपत, भिवानी, फरीदाबाद, गुरुग्राम, यमुनानगर, हिसार, पलवल, कैथल, पानीपत, रोहतक, नूंह)
- 0-6 वर्ष आयु वर्ग के बच्चों की जनसंख्या : 33,80,721 (13.3 प्रतिशत)
- 0-6 वर्ष आयु वर्ग के बालक शिशुओं की जनसंख्या : 18,43,109
- 0-6 वर्ष आयु वर्ग के बालिका शिशुओं की जनसंख्या : 15,37,612
- दशकीय जनसंख्या वृद्धि दर (2001-2011) : 19.90 प्रतिशत
- सबसे अधिक जनसंख्या वृद्धि दर वाला जिला : गुरुग्राम (73.14 प्रतिशत)
- सबसे कम जनसंख्या वृद्धि दर वाला जिला : झज्जर (8.73 प्रतिशत)
- साक्षर व्यक्तियों की जनसंख्या : 16,598,988

  साक्षर पुरुषों की जनसंख्या : 9,794,067

  साक्षर महिलाओं की जनसंख्या : 6,804,921
- साक्षरता प्रतिशत : 75.6 प्रतिशत

  पुरुष : 84.1 प्रतिशत

  महिलाएं : 65.9 प्रतिशत
- साक्षरता की दृष्टि से भारत के राज्यों/केन्द्र शासित प्रदेश में स्थान (2011) : 22वाँ
- सबसे अधिक साक्षरता दर वाला जिला : गुरुग्राम (84.7 प्रतिशत)
- सबसे कम साक्षरता दर वाला जिला : नूंह (54.1 प्रतिशत)
- राज्य में कार्य सहभागिता दर : 29.62 प्रतिशत
- राजकीय खेल : कुश्ती
- राजकीय पशु : काला मृग

- राजकीय पक्षी : काला तीतर
- मुख्य भाषाएं : हिन्दी व हरियाणवी
- हरियाणवी भाषा में लिखा गया प्रथम उपन्यास : झाड़ूफिरी
- हरियाणा केसरी : पं. नेकीराम शर्मा
- हरियाणा के प्रथम राज्य कवि : उदयभान हंस
- पहली हरियाणवी फिल्म : चन्द्रावल (निर्मात्री–सौभाग्य देवी शंकर)
- राज्य में स्त्री-पुरुष अनुपात (लिंगानुपात) : 879 महिलाएं प्रति हजार पुरुष
- सबसे अधिक लिंगानुपात वाला जिला : नूंह (1000:907)
- सबसे कम लिंगानुपात वाला जिला : गुरुग्राम (1000:854)
- जनसंख्या घनत्व : 573 व्यक्ति प्रति वर्ग किमी.
- सबसे अधिक जनसंख्या घनत्व वाला जिला : फरीदाबाद (2442)
- सबसे कम जनसंख्या घनत्व वाला जिला : सिरसा (303)
- जनसंख्या घनत्व की दृष्टि से भारत के राज्यों/केन्द्रशासित प्रदेशों में स्थान (2011) : 11वाँ
- हवाई अड्डे : भिवानी, नारनौल, करनाल, हिसार, पिंजौर
- पर्वत : उत्तर में शिवालिक पहाड़ियाँ तथा दक्षिण-पश्चिम में अरावली पर्वत श्रेणियाँ
- प्रमुख त्योहार/पर्व : लोहड़ी तथा टिक्का
- भारत का 'बुनकरों का शहर' : पानीपत
- 'पहाड़ियों की रानी' के नाम से प्रसिद्ध : मोरनी हिल्स
- प्रमुख झीलें : बड़खल, दमदमा, खलीलपुर, सुल्तानपुर, कोटला
- प्रमुख नदियाँ : यमुना, घग्घर, मारकण्डा
- सबसे बड़ा पशु-फार्म : हिसार
- नेशनल डेयरी रिसर्च इन्सटीट्यूट : करनाल
- प्रतिव्यक्ति आय (2024-25) : ₹ 3,53,182 (वर्तमान मूल्यों के आधार पर द्रुत अनुमान)
- महाभारत कालीन कौरव-पांडव युद्ध मैदान : कुरुक्षेत्र
- प्रमुख पर्यटन स्थल : राज्य में 44 पर्यटक परिसर (टूरिस्ट कॉम्पलेक्स) हैं, जिनमें 857 रिहायशी कमरे हैं। हरियाणा में 70 लाख से ज्यादा पर्यटक प्रतिवर्ष आते हैं। इन पर्यटन केन्द्रों में प्रमुख हैः पिंजौर गार्डन (पिंजौर), फ्लेमिंगों (हिसार), मैना (रोहतक), रेड बिशप (पंचकुला), दमदमा (गुरुग्राम), सुल्तानपुर पक्षी विहार (गुरुग्राम), चीड़ वन के लिए प्रसिद्ध मोरनी हिल्स, सूरजकुंड और बड़खल झील (फरीदाबाद), दबचिक (होडल), जंगल बबलर (धारुहेड़ा), कर्णझील (उचाना), काला तीतर (अबूशहर), ब्लू बर्ड (हिसार), राजहंस (सूरजकुंड), मैगपाई (फरीदाबाद), किंगफिशर (अम्बाला), गौरैया (बहादुरगढ़), शमा (गुरुग्राम), स्काईलार्क (पानीपत), सोहना, ब्लूजे (समालखा), चक्रवर्ती लेक और ओआसिस (उचाना) और पैराकीट (पीपली)।

हरियाणा के जिले : संक्षिप्त परिचय

अम्बाला

जिले के रूप में विकसित : 1 नवम्बर, 1966

मुख्यालय : अम्बाला

क्षेत्रफल : 1574 वर्ग किमी.

उप-मण्डल : अम्बाला, नारायणगढ़, बराडा, अम्बाला छावनी

तहसील : अम्बाला, बराड़ा, नारायणगढ़, अम्बाला कन्टोनमैंट

उप-तहसील : मुलाना, साहा, शहजादपुर।

खण्ड : अम्बाला-I, अम्बाला-II, बराड़ा, नारायणगढ़, शहजादपुर, साहा।

विधानसभाई क्षेत्र : नारायणगढ़, मुलाना (अ.जा.), अम्बाला छावनी, अम्बाला शहर।

पर्यटन स्थल : किंगफिशर

जनसंख्या (2011) : 11,28,350

पुरुष : 5,98,703

महिलाएँ : 5,29,647

दशकीय वृद्धि दर (2001-2011) : 11.23 प्रतिशत

जनसंख्या घनत्व : 717 व्यक्ति प्रति वर्ग किमी.

लिंग अनुपात : 885 महिलाएं (1000 पुरुषों पर)

साक्षरता दर : 81.7 प्रतिशत

पुरुष : 87.3 प्रतिशत

महिला : 75.5 प्रतिशत

नगरीय जनसंख्या (2011) : 44.38 प्रतिशत

प्रमुख नगर : अम्बाला, अम्बाला कैंट, नारायणगढ़, बरियाल, करधन

नदियाँ : मारकण्डा, डागरी, घग्घर व उनकी सहायक नदियाँ

प्रमुख खनिज : चूना पत्थर

प्रमुख उद्योग धन्धे : चीनी, सीमेंट, सिलाई मशीन, कृषि यन्त्र, वैज्ञानिक उपकरण इलेक्ट्रॉनिक एवं विद्युत उपकरण, हैण्डलूम वस्त्र आदि।

पंचकुला

जिले के रूप में विकसित : 15 जनवरी, 1995

मुख्यालय : पंचकुला

क्षेत्रफल : 898 वर्ग किमी.

उप-मण्डल : पंचकुला, कालका

तहसील : पंचकुला, कालका, रायपुर रानी

उप-तहसील : बरवाला, मोरनी

खण्ड : बरवाला, पिंजौर, मोरनी, रायपुर रानी।

विधानसभाई क्षेत्र : कालका, पंचकुला

पर्यटन स्थल : यादवेन्द्र गार्डन पिन्जौर, मोरनी हिल्स

जनसंख्या (2011) : 5,61,293

पुरुष : 2,99,679

महिलाएँ : 2,61,614

दशकीय वृद्धि दर : (2001-2011) 19.83 प्रतिशत

जनसंख्या घनत्व : 625 व्यक्ति प्रति वर्ग किमी.

लिंग अनुपात : 873 महिलाएं (1,000 पुरुषों पर)

साक्षरता दर : 81.9 प्रतिशत

पुरुष : 87.0 प्रतिशत

महिला : 76.0 प्रतिशत

नगरीय जनसंख्या (2011) : 54.86 प्रतिशत

प्रमुख नगर : पिन्जौर, एच.एम.टी., कालका, पंचकुला नगरीय क्षेत्र, रायपुर रानी

नदी : घग्घर

प्रमुख खनिज : चूना पत्थर

प्रमुख उद्योग धन्धे : पिन्जौर एवं सूरजपुर औद्योगिक क्षेत्र इलेक्ट्रॉनिक उपकरण।

यमुनानगर

जिले के रूप में विकसित : 1 नवम्बर, 1989

मुख्यालय : यमुनानगर

क्षेत्रफल : 1,768 वर्ग किमी.

उप-मण्डल : जगाधरी, बिलासपुर, रादौर

तहसील : जगाधरी, छछरौली, बिलासपुर, रादौर

उप-तहसील : सढ़ौरा, सरस्वती नगर, खिजराबाद

खण्ड : बिलासपुर, छछरौली, जगाधरी, रादौर, सढ़ौरा प्रतापनगर, सरस्वती नगर

विधानसभाई क्षेत्र : जगाधरी, रादौरा, यमुनानगर, सढ़ौरा (अ.जा.

पर्यटन स्थल : पंचमुखी हनुमान मंदिर, छछरौली, चित्रा मंदिर, श्री कालेश्वर महादेवमठ यमुनानगर, गुरुद्वारा कपाल मोचन बिलासपुर, पोण्टा सहिब यमुनानगर, हथिनीकुण्ड।

जनसंख्या (2011) : 12,14,205

पुरुष : 6,46,718

महिलाएँ : 5,67,487

दशकीय वृद्धि दर : (2001-2011) 16.57 प्रतिशत

जनसंख्या घनत्वः 687 व्यक्ति प्रति वर्ग किमी.

लिंग अनुपातः 877 महिलाएं (1,000 पुरुषों पर)

साक्षरता दर : 78.0 प्रतिशत

पुरुष : 83.8 प्रतिशत

महिला : 71.4 प्रतिशत

नगरीय जनसंख्या (2011) : 38.93 प्रतिशत

अनुसूचित जाति जनसंख्या (2011) : 3,06,743

प्रमुख नगर : यमुनानगर, जगाधरी, ससौली, जगाधरी रेलवे कारखाना, सढ़ौरा, बिलासपुर, राठौर, फरखपुर, कान्सेणुर, छछरौली।

नदी : यमुना

प्रमुख उद्योग-धन्धे : कागज, चीनी, फर्नीचर, पीतल के बर्तन, रोलिंग मिल, स्टार्च, शराब, चीनी बनाने की मशीनें आदि।

कुरुक्षेत्र

जिले के रूप में विकसित : 23 जनवरी, 1973

मुख्यालय : कुरुक्षेत्र

क्षेत्रफल : 1,530 वर्ग किमी.

उप-मण्डल : थानेसर, पेहोवा, शाहबाद, लाडवा

तहसील : थानेसर, पेहोवा, शाहबाद, लाडवा

उप-तहसील : इस्माइलाबाद, बबैन

खण्ड : लाडवा, पेहोवा, शाहबाद, थानेसर, बबैन, इस्माइलाबाद, पिपली

विधानसभाई क्षेत्र : लाडवा, शाहबाद (अ.जा.), थानेसर, पेहोवा

पर्यटन स्थल : (360 तीर्थ), ब्रह्म सरोवर, ज्योतिसर, कमली वाले बाबा का डेरा, कपाल मोचन, बिरला मंदिर, थानेश्वर महादेव मंदिर, महाकाली मंदिर, लक्ष्मी नारायण मंदिर, पेहोवा, पंचवटी, चन्द्ररूप, गीता भवन, वाल्मीकि आश्रम, कमलनमा तीर्थ, कालेश्वर तीर्थ, प्राची, कुबेर तीर्थ, नरकातरी कमोदा, कुरुक्षेत्र महाभारत युद्ध एवं श्रीमद्भगवद् गीता का जन्म स्थल के रूप में प्रसिद्ध।

जनसंख्या (2011) : 9,64,655

पुरुष : 5,10,976

महिलाएँ : 4,53,679

दशकीय वृद्धि दर : (2001-2011) 16.86 प्रतिशत

जनसंख्या घनत्वः 630 व्यक्ति प्रति वर्ग किमी.

लिंग अनुपात : 888 महिलाएं (1,000 पुरुषों पर)

साक्षरता दर : 76.3 प्रतिशत

पुरुष : 83.0 प्रतिशत

महिला : 68.8 प्रतिशत

अनुसूचित जाति जनसंख्या (2011): 2,15,128

पुरुष : 1,13,311

महिला : 1,01,817

नगरीय जनसंख्या (2011) : 28.92 प्रतिशत

प्रमुख नगर : थानेसर, रतगल, पेहोवा, लाडवा, शाहबाद

नदी : सरस्वती

प्रमुख उद्योग धन्धे : हथकरघा उद्योग, चीनी, कृषि उपकरण, खाद्य उत्पाद, जलभरण।

कैथल

जिले के रूप में विकसित : 1 नवम्बर, 1989

मुख्यालय : कैथल

क्षेत्रफल : 2,317 वर्ग किमी.

उप-मण्डल : कैथल, गुहला, कलायत

तहसील : कैथल, गुहला, फतेहपुर पुण्डरी, कलायत

उप-तहसील : सीवन, राजौंद, ढाण्ड

खण्ड : गुहला स्थित चीका, कैथल, पुण्डरी, कलायत, राजौंद सीवन, ढाण्ड

विधानसभाई क्षेत्र : कलायत, कैथल, गुहला (अ.जा.), पुण्डरी

पर्यटन स्थल : गुरुद्वारा नीम साहिब, गुरुद्वारा मनजी साहिब नवग्रह कुण्ड, बाबा लडाना, मेला पुण्डरक।

जनसंख्या (2011) : 10,72,861

पुरुष : 5,70,595

महिलाएँ : 5,02,266

दशकीय वृद्धि दर : (2001-2011) 13.3 प्रतिशत

नगरीय जनसंख्या (2011) : 21.96 प्रतिशत

जनसंख्या घनत्व : 464 व्यक्ति प्रति वर्ग किमी.

लिंग अनुपात : 881 महिलाएं (1,000 पुरुषों पर)

साक्षरता दर : 69.2 प्रतिशत

पुरुष : 78.0 प्रतिशत

महिला : 59.2 प्रतिशत

अनुसूचित जाति जनसंख्या (2011): 2,47,513

पुरुष : 1,31,486

महिला : 1,16,027

प्रमुख नगर : कैथल, चीका, कलायत, पुण्डरी

नदियाँ : घग्घर व सरस्वती

प्रमुख उद्योग धन्धे : हथकरघा, चीनी, कृषि उपकरण आदि।

रोहतक

जिले के रूप में विकसित : 1 नवम्बर, 1966

मुख्यालय : रोहतक

क्षेत्रफल : 1,745 वर्ग किमी.

उप-मण्डल : रोहतक, महम, सांपला

तहसील : रोहतक, महम, सांपला, कलानौर

उप-तहसील : लाखन माजरा

खण्ड : कलानौर, लाखन माजरा, महम, रोहतक, सांपला

विधानसभाई क्षेत्र : गढ़ी सांपला किलोई, रोहतक, महम, कलानौर (अ.जा.)

पर्यटन स्थल : तिलयार झील, मैना और नौरंग (महम), शिवालय (चिपलगांव), गुरु कर्ण तालाब, दिनी मस्जिद, शीशे वाली मस्जिद, लाल मस्जिद आदि।

जनसंख्या (2011) : 10,61,204

पुरुष : 5,68,479

महिलाएँ : 4,92,725

जनसंख्या घनत्व : 608 व्यक्ति प्रति वर्ग किमी.

लिंग अनुपात : 867 महिलाएं (1,000 पुरुषों पर)

दशकीय वृद्धि दर : (2001-2011) 12.88 प्रतिशत

नगरीय जनसंख्या (2011) : 42.01 प्रतिशत

प्रमुख नगर : रोहतक, महम, कलानौर, एच.बी. कालोनी

साक्षरता दर : 80.2 प्रतिशत

पुरुष : 87.7 प्रतिशत

महिला : 71.7 प्रतिशत

अनुसूचित जाति जनसंख्या (2011) : 2,16,889

पुरुष : 1,15,573

महिला : 1,01,316

प्रमुख उद्योग धन्धे : खाद्य उत्पाद, कपास गिनिंग, चीनी, पॉवर लूम।

करनाल

जिले के रूप में विकसित : 1 नवम्बर, 1966

मुख्यालय : करनाल

क्षेत्रफल : 2,520 वर्ग किमी.

उप-मण्डल : करनाल, असन्ध, इन्द्री, घरौंडा, नीलोखेड़ी

तहसील : करनाल, असन्ध, नीलोखेड़ी, इन्द्री, घरौंडा

उप-तहसील : निसिंग, बल्लाह, निगधु

खण्ड : घरौंडा, इन्द्री, करनाल, नीलोखेड़ी, निसिंग स्थित चीड़ाओं, असन्ध, मुनक, कुंजपुरा

विधानसभाई क्षेत्र : इन्द्री, नीलोखेड़ी (अ.जा.), करनाल, घरौंडा, असन्ध

पर्यटन स्थल : कर्ण झील, ओसिस (ऊचाना), पुण्का पुल मजार।

जनसंख्या (2011) : 15,05,324

पुरुष : 7,97,712

महिलाएँ : 7,07,612

दशकीय वृद्धि दर : (2001-2011) 18.14 प्रतिशत

जनसंख्या घनत्व : 597 व्यक्ति प्रति वर्ग किमी.

लिंग अनुपात : 887 महिलाएं (1,000 पुरुषों पर)

साक्षरता दर : 74.7 प्रतिशत

पुरुष : 81.8 प्रतिशत

महिला : 66.8 प्रतिशत

अनुसूचित जाति जनसंख्या (2011): 3,39,604

पुरुष : 1,79,681

महिला : 1,59,923

नगरीय जनसंख्या (2011) : 30.27 प्रतिशत

प्रमुख नगर : करनाल, नीलोखेड़ी, तारौरी, इन्द्री, ऊंच सिवान, असन्ध, घरोंडा

प्रमुख खनिज : शोरा

नदी : यमुना

प्रमुख उद्योग धन्धे : चीनी, जूता, वनस्पति घी आदि।

पानीपत

जिले के रूप में विकसित : 1 नवम्बर, 1989

मुख्यालय : पानीपत

क्षेत्रफल : 1,268 वर्ग किमी.

उप-मण्डल : पानीपत, समालखा, इसराना

तहसील : पानीपत, समालखा, इसराना, बापौली, मडलौडा

उप-तहसील : –

खण्ड : पानीपत, इसराना, मडलौडा, समालखा, बापौली, सनौली खुर्द

विधानसभाई क्षेत्र : पानीपत ग्रामीण, पानीपत सिटी, इसराना (अ.जा.), समालखा।

पर्यटन स्थल : स्काई लार्क, काला अम्ब, ब्लू खे (समालखा), शिव मंदिर।

जनसंख्या (2011) : 12,05,437

पुरुष : 6,46,857

महिलाएँ : 5,58,580

दशकीय वृद्धि दर : (2001-2011) : 24.60 प्रतिशत

जनसंख्या घनत्व : 951 व्यक्ति प्रति वर्ग किमी.

लिंग अनुपात : 864 महिलाएं (1,000 पुरुषों पर)

साक्षरता दर : 75.9 प्रतिशत

पुरुष : 83.7 प्रतिशत

महिला : 67.0 प्रतिशत

अनुसूचित जाति जनसंख्या (2011): 2,06,213

पुरुष : 1,09,695

महिला : 96,518

नगरीय जनसंख्या (2011) : 45.97 प्रतिशत

प्रमुख नगर : पानीपत, असन खुर्द, समालखा

प्रमुख खनिज : गन्धक

नदी : यमुना

प्रमुख उद्योग धन्धे : सूती तथा ऊनी वस्त्र, विद्युत उपकरण, चीनी, पेट्रोलियम रासायनिक पदार्थ, कालीन

सोनीपत

जिले के रूप में विकसित : 22 दिसम्बर, 1972

मुख्यालय : सोनीपत

क्षेत्रफल : 2,122 वर्ग किमी.

उप-मण्डल : सोनीपत, गोहाना, गन्नौर, खरखौदा

तहसील : सोनीपत, गन्नौर, गोहाना, खरखौदा

उप-तहसील : खानपुर कलां, राई

खण्ड : गन्नौर, खरखौदा, राई, सोनीपत, मुण्डलाना, कथूरा, गोहाना, मुरथल

विधानसभाई क्षेत्र : गन्नौर, खरखौदा (अ.जा.), सोनीपत, राई, बड़ौदा, गोहाना

पर्यटन स्थल : चकौर

जनसंख्या (2011) : 14,50,001

पुरुष : 7,81,299

महिलाएँ : 6,68,702

दशकीय वृद्धि दर : (2001-2011) : 13.35 प्रतिशत

जनसंख्या घनत्व : 683 व्यक्ति प्रति वर्ग किमी.

लिंग अनुपात : 856 महिलाएं (1,000 पुरुषों पर)

साक्षरता दर : 79.1 प्रतिशत

पुरुष : 87.2 प्रतिशत

महिला : 69.8 प्रतिशत

अनुसूचित जाति जनसंख्या (2011) : 2,69,935

पुरुष : 1,44,516

महिला : 1,25,419

नगरीय जनसंख्या (2011) : 30.51 प्रतिशत

प्रमुख नगर : सोनीपत, कबीरपुर, बन्देपुर, सादीपुर, लहरारा, गोहाना, गन्नौर, खरखौदा

नदी : यमुना नदी

प्रमुख उद्योग धन्धे : साइकिल, मशीनी उपकरण, सूती वस्त्र, हौजरी, चीनी, सिलाई मशीन, कालीन, हैण्डलूम वस्त्र, हस्तशिल्प उद्योग, ताबें के बर्तन।

झज्जर

जिले के रूप में विकसित : 15 जुलाई, 1997

मुख्यालय : झज्जर

क्षेत्रफल : 1,834 वर्ग किमी.

उप-मण्डल : झज्जर, बहादुरगढ़, बेरी, बादली

तहसील : झज्जर, बहादुरगढ़, बेरी, मातनहैल, बादली

उप-तहसील : साल्हावास

खण्ड : झज्जर, बहादुरगढ़, बेरी, साल्हावास, मातनहेल, बादली, मछरौली

विधानसभाई क्षेत्र : बेरी, झज्जर (अ.जा.), बादली, बहादुरगढ़

पर्यटन स्थल : ठाकुरद्वारा

जनसंख्या (2011) : 9,58,405

पुरुष : 5,14,667

महिलाएँ : 4,43,738

दशकीय वृद्धि दर : (2001-2011) : 8.90 प्रतिशत

जनसंख्या घनत्व : 523 व्यक्ति प्रति वर्ग किमी.

लिंग अनुपात : 862 महिलाएं (1,000 पुरुषों पर)

साक्षरता दर : 80.6 प्रतिशत

पुरुष : 89.3 प्रतिशत

महिला : 70.7 प्रतिशत

अनुसूचित जाति जनसंख्या (2011): 1,70,448

पुरुष : 90,856

महिला : 79,592

नगरीय जनसंख्या (2011) : 25.39 प्रतिशत

प्रमुख नगर : परनाला, झज्जर, बहादुरगढ़, हसनपुर, सांखोल, बेरी तथा लाडरावास

प्रमुख उद्योग धन्धे : मशीनी उपकरण, ऑटोमोबाईल पार्ट्स, डीजल इंजन, विद्युत पम्प, कम्प्यूटर स्टेशनरी, सिरेमिक तथा इस्पात पाइप।

फरीदाबाद

जिले के रूप में विकसित : 2 अगस्त, 1979

मुख्यालय : फरीदाबाद

क्षेत्रफल : 743 वर्ग किमी.

उप-मण्डल : फरीदाबाद, बल्लभगढ़, बडखल

तहसील : फरीदाबाद, बल्लभगढ़, बडखल

उप-तहसील : मोहना, तिगांव, धोज, दयालपुर, गौंच्छी

खण्ड : फरीदाबाद, बल्लभगढ़, तिगांव

विधानसभाई क्षेत्र : पृथला, फरीदाबाद नीट, बडखल, तिगांव, फरीदाबाद, बल्लभगढ़

पर्यटन स्थल : राजा नाहरसिंह का किला (बल्लभगढ़)

जनसंख्या (2011) : 18,09,733

पुरुष : 9,66,110

महिलाएँ : 8,43,623

दशकीय वृद्धि दर : (2001-2011) : 32.54 प्रतिशत

जनसंख्या घनत्व : 2442 व्यक्ति प्रति वर्ग किमी.

लिंग अनुपात : 873 महिलाएं (1,000 पुरुषों पर)

साक्षरता दर : 81.7 प्रतिशत

पुरुष : 88.6 प्रतिशत

महिला : 73.8 प्रतिशत

अनुसूचित जाति जनसंख्या (2011): 2,23,799

पुरुष : 1,19,495

महिला : 1,04,304

नगरीय जनसंख्या (2011) : 79.44 प्रतिशत

प्रमुख नगर : फरीदाबाद, तिलपत

नदी : यमुना

प्रमुख उद्योग धन्धे : मशीन उपकरण, ट्रैक्टर, मोटर साइकिल, इस्पात, ट्यूब, पावरलूम, रासायनिक पदार्थ तथा औषधि।

गुरुग्राम

जिले के रूप में विकसित : 1 नवम्बर, 1966

मुख्यालय : गुरुग्राम

क्षेत्रफल : 2,714 वर्ग किमी.

उप-मण्डल : गुरुग्राम, सोहना, पटौदी, बादशाहपुर, मानेसर

तहसील : गुरुग्राम, पटौदी, सोहना, फरुख नगर, मानेसर, वजीराबाद

उप-तहसील : बादशाहपुर, कड़ीपुर, हरसारू

खण्ड : फरूख नगर, गुरुग्राम, पटौदी, सोहना

विधानसभाई क्षेत्र : सोहना, गुरुग्राम, पटौदी (अ.जा.), बादशाहपुर

पर्यटन स्थल : शामा, सुल्तानपुर पक्षी विहार, माता शीतला देवी मंदिर, सराय अलावर्दी मस्जिद, सोहना का किला।

जनसंख्या (2011) : 15,14,432

पुरुष : 8,16,690

महिलाएँ : 6,97,742

दशकीय वृद्धि दर : (2001-2011) 73.14 प्रतिशत

जनसंख्या घनत्व : 1204 व्यक्ति प्रति वर्ग किमी.

लिंग अनुपात : 854 महिलाएं (1,000 पुरुषों पर)

साक्षरता दर : 84.7 प्रतिशत

पुरुष : 90.5 प्रतिशत

महिला : 78.0 प्रतिशत

अनुसूचित जाति जनसंख्या (2011) : 1,97,937

पुरुष : 1,04,332

महिला : 93,605

नगरीय जनसंख्या (2011) : 68.82 प्रतिशत

प्रमुख नगर : गुरुग्राम, सिलोखरा, झारसा, सुखराली, हेलीमण्डी, पटौदी

नदी : साहिबी

प्रमुख उद्योग धन्धे : वस्त्र उद्योग, पावरलूम वस्त्र उद्योग, कृषि उपकरण, मारुति कार आदि।

रेवाड़ी

जिले के रूप में विकसित : 1 नवम्बर, 1989
मुख्यालय : रेवाड़ी
क्षेत्रफल : 1,594 वर्ग किमी.
उप-मण्डल : रेवाड़ी, कोसली, बावल
तहसील : रेवाड़ी, बावल, कोसली
उप-तहसील : धारूहेड़ा, डहीना, मनेठी, नाहड़, पहलावास
खण्ड : रेवाड़ी, खोल स्थित रेवाड़ी, जाटुसाना, नाहड़, बावल, डहीना, धारूहेड़ा
विधानसभाई क्षेत्र : कोसली, रेवाड़ी, बावल (अ.जा.)
पर्यटन स्थल : जंगल, बाब्लर, (धारूहेड़ा) सेन्ड पाइपर, रावतेज सिंह तालाब, बागवाला तालाब, रेड मस्जिद, हनुमान मंदिर, घण्टेश्वर मंदिर।
जनसंख्या (2011) : 9,00,332
पुरुष : 4,74,335
महिलाएँ : 4,25,997
दशकीय वृद्धि दर : (2001-2011) : 17.64 प्रतिशत
जनसंख्या घनत्व : 565 व्यक्ति प्रति वर्ग किमी.
लिंग अनुपात : 898 महिलाएं (1,000 पुरुषों पर)
साक्षरता दर : 81 प्रतिशत
पुरुष : 91.4 प्रतिशत
महिला : 69.6 प्रतिशत
अनुसूचित जाति जनसंख्या (2011) : 1,82,606
पुरुष : 95,571
महिलाएँ : 87,035
नगरीय जनसंख्या (2011) : 25.82 प्रतिशत
प्रमुख नगर : रेवाड़ी, धारूहेड़ा, बावल, रेवाड़ी (ग्रा.)
नदी : साहिबी
प्रमुख उद्योग धन्धे : दाल तथा तेल मिलें, धातु उद्योग।

महेन्द्रगढ़

जिले के रूप में विकसित : 1 नवम्बर, 1966
मुख्यालय : नारनौल
क्षेत्रफल : 1899 वर्ग किमी.
उप-मण्डल : महेन्द्रगढ़, नारनौल, कनीना, नांगल चौधरी
तहसील : महेन्द्रगढ़, नारनौल, नांगल चौधरी, अटेली, कनीना
उप-तहसील : सतनाली
खण्ड : अटेली नांगल, कनीना, महेन्द्रगढ़, नांगल चौधरी, नारनौल, सिहमा, निजामपुर, सतनाली
विधानसभाई क्षेत्र : महेन्द्रगढ़, अटेली, नारनौल, नांगल चौधरी
पर्यटन स्थल : धोसी तीर्थस्थल, माधोवाल मंदिर, चामुण्डा देवी मंदिर, भगवान शिव मंदिर, दरगाह हमजापीर आदि।
जनसंख्या (2011) : 9,22,088
पुरुष : 4,86,665
महिलाएँ : 4,35,423
दशकीय वृद्धि दर : (2001-2011) : 13.48 प्रतिशत
जनसंख्या घनत्व : 486 व्यक्ति प्रति वर्ग किमी.
लिंग अनुपात : 895 महिलाएं (1,000 पुरुषों पर)
साक्षरता दर : 77.7 प्रतिशत
पुरुष : 89.7 प्रतिशत
महिला : 64.6 प्रतिशत
अनुसूचित जाति जनसंख्या (2011): 1,56,314
पुरुष : 82,420
महिला : 73,894
नगरीय जनसंख्या (2011) : 14.42 प्रतिशत
प्रमुख नगर : महेन्द्रगढ़, फनीना, नारनौल, नांगल चौधरी, अटेली
नदी : दोहन नदी
खनिज : लौह अयस्क, चूना पत्थर, संगमरमर, एस्बेस्टस, स्लेट
प्रमुख उद्योग धन्धे : खनन उद्योग

नूंह

जिले के रूप में विकसित : 4 अप्रैल, 2005
मुख्यालय : नूंह
क्षेत्रफल : 1,874 वर्ग किमी.
उप-मण्डल : नूंह, फिरोजपुर झिरका, पुन्हाना, तावडू
तहसील : फिरोजपुर झिरका, पुन्हाना, नूंह, तावडू
उप-तहसील : नगीना, इन्द्री
खण्ड : फिरोजपुर झिरका, पुन्हाना, नगीना, नूंह, तावडू, इन्द्री, पिंगवां
विधानसभाई क्षेत्र : फिरोजपुर झिरका, नूंह, पुन्हाना
जनसंख्या (2011) : 10,89,263
पुरुष : 5,71,162
महिलाएँ : 5,18,101
ग्रामीण जनसंख्या (2011) : 88.61 प्रतिशत
नगरीय जनसंख्या (2011) : 11.38 प्रतिशत
साक्षरता दर : 54.1 प्रतिशत

पुरुष : 69.9 प्रतिशत
महिला : 36.0 प्रतिशत
अनुसूचित जाति जनसंख्या (2011) : 75,251
पुरुष : 39,743
महिला : 35,508

हिसार

जिले के रूप में विकसित : 1 नवम्बर, 1966
मुख्यालय : हिसार
क्षेत्रफल : 3,983 वर्ग किमी.
उप-मण्डल : हिसार, हांसी, बरवाला, नारनौंद
तहसील : हिसार, आदमपुर, हांसी, नारनौंद, बरवाला, बास
उप-तहसील : उकलाना मण्डी, बालसमन्द, खेरी जलाब
खण्ड : आदमपुर, बरवाला, हांसी-I, हांसी-II, हिसार-I, हिसार-II, नारनौंद, अग्रोहा, उकलाना
विधानसभाई क्षेत्र : उकलाना (अ.जा.), नालवा, बरवाला, नारनौंद, हांसी, हिसार, आदमपुर
पर्यटन स्थल : ब्लूबर्ड
विश्वविद्यालय : चौधरी चरणसिंह कृषि विश्व- विद्यालय, गुरू जम्बेश्वर विश्वविद्यालय
राष्ट्रीय संस्थान : राष्ट्रीय अश्व शोध केन्द्र, केन्द्रीय भैंस शोध संस्थान
जनसंख्या (2011) : 17,43,931
पुरुष : 9,31,562
महिलाएँ : 8,12,369
दशकीय वृद्धि दर : (2001-2011) : 13.45 प्रतिशत
जनसंख्या घनत्व : 438 व्यक्ति प्रति वर्ग किमी.
लिंग अनुपात : 872 महिलाएं (1,000 पुरुषों पर)
साक्षरता दर : 72.9 प्रतिशत
पुरुष : 82.2 प्रतिशत
महिलाएँ : 62.3 प्रतिशत
अनुसूचित जाति जनसंख्या (2011): 4,08,785
पुरुष : 2,17,338
महिला : 1,91,447
नगरीय जनसंख्या (2011) : 31.73 प्रतिशत
प्रमुख नगर : नारनौंद, हांसी, हिसार, उलखना मण्डी, बरवाला
प्रमुख उद्योग धन्धे : कृषि यन्त्र, सिलाई मशीन, हैण्डलूम वस्त्र, कपास छंटाई

भिवानी

जिले के रूप में विकसित : 22 दिसम्बर, 1972
मुख्यालय : भिवानी
क्षेत्रफल : 3,283 वर्ग किमी.
उप-मण्डल : भिवानी, तोशाम, लोहारू, सिवानी
तहसील : भिवानी, बवानी खेड़ा, तोशाम, लोहारू, सिवानी
उप-तहसील : बेहल
खण्ड : भिवानी, बवानी खेड़ा, लोहारू, तोशाम, कैरू, सिवानी, बेहल
पर्यटन स्थल : तोशाम के पंचतीर्थ, रेड-रोबिन, दरांगो
जनसंख्या (2011) : 16,34,445 (चरखी–दादरी जिले की भी जनसंख्या शामिल है)
पुरुष : 8,66,672
महिलाएँ : 7,67,773
दशकीय वृद्धि दर : (2001-2011) : 14.70 प्रतिशत
जनसंख्या घनत्व : 342 व्यक्ति प्रति वर्ग किमी.
लिंग अनुपात : 886 महिलाएं (1,000 पुरुषों पर)
साक्षरता दर : 75.2 प्रतिशत
पुरुष : 85.6 प्रतिशत
महिलाएँ : 63.5 प्रतिशत
अनुसूचित जाति जनसंख्या (2011): 3,41,162
पुरुष : 1,81,475
महिलाएँ : 1,59,687
नगरीय जनसंख्या (2011) : 19.80 प्रतिशत
प्रमुख नगर : भिवानी खेड़ा, भिवानी, तोशाम, सिवानी, लोहारू
प्रमुख उद्योग धन्धे : वस्त्र उद्योग, कपास छंटाई व दबाई, हल्के निर्माण उद्योग, तेल मिल

फतेहाबाद

जिले के रूप में विकसित : 15 जुलाई, 1997
मुख्यालय : फतेहाबाद
क्षेत्रफल : 2,538 वर्ग किमी.
उप-मण्डल : फतेहाबाद, टोहाना, रतिया
तहसील : फतेहाबाद, टोहाना, रतिया
उप-तहसील : भूना, भट्टूकलां, जाखल, कूलां
खण्ड: फतेहाबाद, टोहाना, रतिया, भट्टूकलां, भूना, जाखल, नागपुर
विधानसभाई क्षेत्र : टोहाना, रतिया (अ.जा.), फतेहाबाद
जनसंख्या (2011) : 9,42,011

पुरुष : 4,95,360

महिलाएँ : 4,46,651

दशकीय वृद्धि दर : (2001-2011) : 16.85 प्रतिशत

जनसंख्या घनत्व : 371 व्यक्ति प्रति वर्ग किमी.

लिंग अनुपात : 902 महिलाएं (1,000 पुरुषों पर)

साक्षरता दर : 67.9 प्रतिशत

पुरुष : 76.1 प्रतिशत

महिलाएँ : 58.9 प्रतिशत

अनुसूचित जाति जनसंख्या (2011) : 2,84,357

पुरुष : 1,49,111

महिलाएँ : 1,35,246

नगरीय जनसंख्या (2011) : 19.04 प्रतिशत

प्रमुख नगर : फतेहाबाद, तोहाना, रतिया, जाखल मण्डी

प्रमुख उद्योग धन्धे : सूती धागा

सिरसा

जिले के रूप में विकसित : 26 अगस्त, 1975

मुख्यालय : सिरसा

क्षेत्रफल : 4,277 वर्ग किमी.

उप-मण्डल : सिरसा, डबवाली, ऐलनाबाद, कलांवाली

तहसील : सिरसा, डबवाली, ऐलनाबाद, रानिया, नाथूसारी चौपटा, कलावली

उप-तहसील : गौरीवाला

खण्ड : डबवाली, बढ़ागुढ़ा, ऐलनाबाद, रानिया, सिरसा, ओढ़ां, नाथूसारी चौपटा

विधानसभाई क्षेत्र : कालांवली (अ.जा.), राविया, ऐलनाबाद, सिरसा, डबवाली

पर्यटन स्थल : काला तीतर

जनसंख्या (2011) : 12,95,189

पुरुष : 6,82,582

महिलाएँ : 6,12,607

दशकीय वृद्धि दर : (2001-2011) : 15.99 प्रतिशत

जनसंख्या घनत्व : 303 व्यक्ति प्रति वर्ग किमी.

लिंग अनुपात : 897 महिलाएं (1,000 पुरुषों पर)

साक्षरता दर : 68.8 प्रतिशत

पुरुष : 76.4 प्रतिशत

महिला : 60.4 प्रतिशत

अनुसूचित जाति जनसंख्या (2011): 3,87,381

पुरुष : 2,02,430

महिलाएँ : 1,84,951

नगरीय जनसंख्या (2011) : 24.74 प्रतिशत

प्रमुख नगर : कलांवाली, रानिया, सिरसा, मण्डी डबवाली, ऐलनाबाद

नदी : घग्घर नदी

प्रमुख उद्योग धन्धे : कपास छंटाई, कागज उद्योग, पावरलूम

जींद

जिले के रूप में विकसित : 1 नवम्बर, 1966

मुख्यालय : जींद

क्षेत्रफल : 2,702 वर्ग किमी.

उप-मण्डल : जींद, सफीदों, नरवाना, उचाना, जुलाना

तहसील : जींद, सफीदों, नरवाना, जुलाना, उचाना, अलेवा

उप-तहसील : पिल्लूखेड़ा

खण्ड : जींद, जुलाना, पिल्लूखेड़ा, सफीदों, उचाना, नरवाना, अलेवा, उझाना

विधानसभाई क्षेत्र : नरवाना (अ.जा.), उचाना कलां, जींद, जुलाना, सफीदों

पर्यटन स्थल : हरियल (नरवाना), बुलबुल (जींद), पाण्डू-पिण्डारा, प्राचीन धर्म स्थल– पुष्कर तीर्थ, बराह, धामतन साहिब, जमनी, हत्केश्वर, हन्सडेसर आदि।

जनसंख्या (2011) : 13,34,152

पुरुष : 7,13,006

महिलाएँ : 6,21,146

दशकीय वृद्धि दर : (2001-2011) : 12.13 प्रतिशत

जनसंख्या घनत्व : 494 व्यक्ति प्रति वर्ग किमी.

लिंग अनुपात : 871 महिलाएं (1,000 पुरुषों पर)

साक्षरता दर : 71.4 प्रतिशत

पुरुष : 80.8 प्रतिशत

महिला : 60.8 प्रतिशत

अनुसूचित जाति जनसंख्या (2011): 2,82,351

पुरुष : 1,50,940

महिलाएँ : 1,31,411

नगरीय जनसंख्या (2011) : 22.81 प्रतिशत

प्रमुख नगर : जींद, नरवाना, उचाना, जुलाना, साफीडोंन आदि

प्रमुख उद्योग धन्धे : चीनी, सूती वस्त्र, कपास गिनिंग, इस्पात रिंरोलिंग, पावरलूम वस्त्र उद्योग, इस्पात ट्यूब आदि।

पलवल

जिले के रूप में विकसित : 13 अगस्त, 2008
मुख्यालय : पलवल
क्षेत्रफल : 1,368 वर्ग किमी.
उप-मण्डल : पलवल, होडल, हथीन
तहसील : पलवल, होडल, हथीन
उप-तहसील : हसनपुर, बहीन
खण्ड : पलवल, होडल, हसनपुर, हथीन, पृथला, बडोली
विधानसभाई क्षेत्र : हथीन, होडल (अ.जा.), पलवल
जनसंख्या (2011) : 10,42,708
पुरुष : 5,54,497
महिलाएँ : 4,88,211
दशकीय वृद्धि दर : (2001-2011) : 25.76 प्रतिशत
जनसंख्या घनत्व : 762 व्यक्ति प्रति वर्ग किमी.
लिंग अनुपात : 880 महिलाएं (1,000 पुरुषों पर)
साक्षरता दर : 69.3 प्रतिशत
पुरुष : 82.7 प्रतिशत
महिला : 54.2 प्रतिशत
नगरीय जनसंख्या (2011) : 22.64 प्रतिशत
पर्यटन स्थल : पंचवटी मंदिर, दबचिक, सती का स्थान
अनुसूचित जाति जनसंख्या (2011): 2,03,123
पुरुष : 1,07,741
महिलाएँ : 95,382

चरखी दादरी

जिले के रूप में विकसित : 1 दिसम्बर, 2016
मुख्यालय : दादरी
क्षेत्रफल : 1,370.11 वर्ग किमी.
उप मंडल : चरखी दादरी, बादड़ा
तहसील : चरखी दादरी, बादड़ा
उप तहसील : बौंदकला
खण्ड : चरखी दादरी, बादड़ा, बौंदकला, झोंजू

जनसंख्या (2011 के अनुसार)

2011 की जनगणना के अनुसार हरियाणा की कुल जनसंख्या 2,53,51,462 है। प्रदेश की कुल जनसंख्या में 1,34,94,734 पुरुष और 1,18,56,728 महिलायें हैं।

प्रदेश में 2011 में जनसंख्या का घनत्व 573 व्यक्ति प्रति कि॰मी॰ हो गया है जबकि 2001 में यह 478 व्यक्ति प्रति कि॰मी॰ था। 2001 में हरियाणा की जनसंख्या 2,11,44,564 थी और 2011 में बढ़कर 2,53,51,462 हो गई। इस प्रकार 2001 और 2011 के बीच राज्य की जनसंख्या में 19.90 प्रतिशत की वृद्धि हुई।

इस प्रदेश की कुल जनसंख्या भारत की कुल जनसंख्या की लगभग 2.09 प्रतिशत है। प्रदेश की लगभग तीन-चौथाई जनसंख्या गाँवों में रहती है। सिरसा क्षेत्रफल की दृष्टि से तथा फरीदाबाद जनसंख्या की दृष्टि से सबसे बड़े ज़िले हैं।

हरियाणा प्रदेश में जनसंख्या का घनत्व सम्पूर्ण देश के जनसंख्या के घनत्व की तुलना में अधिक है। सम्पूर्ण देश में जनसंख्या का औसत घनत्व 382 है, जबकि हरियाणा में जनसंख्या का घनत्व 573 है। प्रदेश के अम्बाला, सोनीपत, पानीपत और फरीदाबाद जिलों में अन्य जिलों की अपेक्षा जनसंख्या का घनत्व अधिक है। जबकि प्रदेश के भिवानी, हिसार, सिरसा और फतेहाबाद जिलों में जनसंख्या का घनत्व कम है।

जनगणना 2011 : एक दृष्टि में (CENSUS 2011 : AT A GLANCE)

- **जनसंख्या** : 2,53,51,462
- **पुरुष जनसंख्या** : 1,34,94,734
- **महिला जनसंख्या** : 1,18,56,728
- **जनसंख्या घनत्व** : 573 (प्रति वर्ग किमी.)
- **दशकीय वृद्धि दर** (2001-2011) : 19.90%
- **लिंगानुपात** : 879
- **साक्षरता दर** : 75.6%
- **पुरुष साक्षरता** : 84.1%
- **महिला साक्षरता** : 65.9%
- **साक्षर (कुल)** : 1,65,98,988
- **साक्षर पुरुष** : 97,94,067
- **साक्षर महिला** : 68,04,921
- **सर्वाधिक जनसंख्या वाला जिला** : फरीदाबाद (18,09,733)

- **सबसे कम जनसंख्या वाला जिला** : पंचकुला (5,61,293)
- **दस लाख से अधिक जनसंख्या वाले जिलों की संख्या** : 15
- **सर्वाधिक दशकीय वृद्धि दर वाला जिला** : गुरुग्राम (+73.14)
- **सबसे कम दशकीय वृद्धि दर वाला जिला** : झज्जर (+8.90)
- **सर्वाधिक जनसंख्या घनत्व वाला जिला** : फरीदाबाद (2442)
- **सबसे कम जनसंख्या घनत्व वाला जिला** : सिरसा (303)
- **सर्वाधिक लिंगानुपात वाला जिला** : नूंह (907)
- **सबसे कम लिंगानुपात वाला जिला** : गुरुग्राम (853)
- **सर्वाधिक साक्षरता वाला जिला** : गुरुग्राम (84.7%)
- **सबसे कम साक्षरता वाला जिला** : नूंह (54.1%)
- **सर्वाधिक पुरुष साक्षरता वाला जिला** : रेवाड़ी (91.4%)
- **सबसे कम पुरुष साक्षरता वाला जिला** : नूंह (69.9%)
- **सर्वाधिक स्त्री साक्षरता वाला जिला** : गुरुग्राम (78.0%)
- **सबसे कम स्त्री साक्षरता वाला जिला** : नूंह (36.6%)

प्रदेश की जिलेवार जनसंख्या (2011)
(प्रतिशत दशकीय वृद्धि दर, लिंगानुपात एवं जनसंख्या घनत्व)

राज्य/ जिला	2011 में जनसंख्या			प्रतिशत दशकीय वृद्धि दर		स्त्री-पुरुष अनुपात		जनसंख्या घनत्व	
	व्यक्ति	पुरुष	स्त्री	1991-01	2001-11	2001	2011	2001	2011
हरियाणा	**2,53,51,462**	**1,34,94,734**	**1,18,56,728**	**28.43**	**19.90**	**861**	**879**	**478**	**573**
पंचकुला	5,61,293	2,99,679	2,61,614	50.91	19.83	823	873	522	625
अम्बाला	11,28,350	5,98,703	5,29,647	25.78	11.23	868	885	644	717
यमुनानगर	12,14,205	6,46,718	5,67,487	29.19	16.57	862	877	589	687
कुरुक्षेत्र	9,64,655	5,10,976	4,53,679	23.32	16.86	866	888	540	630
कैथल	10,74,304	5,71,003	5,03,301	21.02	13.55	853	881	408	464
करनाल	15,05,324	7,97,712	7,07,612	23.06	18.14	865	887	506	597
पानीपत	12,05,437	6,46,857	5,58,580	38.58	24.60	829	864	763	951
सोनीपत	14,50,001	7,81,299	6,68,702	22.39	13.35	839	856	603	683
जींद	13,34,152	7,13,006	6,21,146	21.36	12.13	852	871	440	494
फतेहाबाद	9,42,011	4,95,360	4,46,651	24.76	16.85	884	902	318	371
सिरसा	12,95,189	6,82,582	6,12,607	23.59	15.99	882	897	261	303
हिसार	17,43,931	9,31,562	8,12,369	27.11	13.45	851	872	386	438
भिवानी*	16,34,445	8,66,672	7,67,773	22.49	14.70	879	886	298	342
रोहतक	10,61,204	5,68,479	4,92,725	21.00	12.88	847	867	539	608
झज्जर	9,58,405	5,14,667	4,43,738	23.06	8.90	847	862	480	523
महेन्द्रगढ़	9,22,088	4,86,665	4,35,423	19.16	13.48	918	895	428	486
रेवाड़ी	9,00,332	4,74,335	4,25,997	25.34	17.64	899	898	480	565
गुरुग्राम	15,14,432	8,16,690	6,97,742	44.15	73.14	850	854	717	1204
नूंह	10,89,263	5,71,162	5,18,101	45.67	38.65	899	907	526	729
फरीदाबाद	18,09,733	9,66,110	8,43,623	58.88	32.54	826	873	1744	2442
पलवल	10,42,708	5,54,497	4,88,211	34.21	25.76	862	880	606	766

**चरखी दादरी जिले के आंकड़े भी शामिल हैं।*

हरियाणा : जिलेवार धर्मानुसार जनसंख्या (2011)

जिला	हिन्दू	सिख	मुस्लिम	अन्य धर्म	जोड़
अम्बाला	9,55,096	1,38,202	22,143	12,909	11,28,350
पंचकुला	4,90,702	40,951	23,451	6,189	5,61,293
यमुनानगर	9,84,929	84,455	1,38,569	6,252	12,14,205
कुरुक्षेत्र	8,05,175	1,40,395	15,970	3,115	9,64,655
कैथल	9,74,520	87,558	8,232	3,994	10,74,304
करनाल	13,41,002	1,26,207	31,650	6,462	15,05,324
पानीपत	10,83,936	25,064	86,622	9,815	12,05,437
सोनीपत	13,90,149	4,484	45,100	10,268	14,50,001
रोहतक	10,43,887	3,916	8,185	5,216	10,61,204
झज्जर	9,45,693	1,042	8,247	3,423	9,58,405
फरीदाबाद	15,88,407	34,572	1,61,680	25,074	18,09,733
पलवल	8,26,342	3,971	2,08,566	3,829	10,42,708
गुरुग्राम	14,08,801	15,097	70,842	19,692	15,14,432
नूंह	2,21,846	592	8,62,647	4,178	10,89,263
रेवाड़ी	8,89,133	1,804	5,713	3,682	9,00,332
महेन्द्रगढ़	9,13,251	1,737	5,660	1,440	9,22,088
भिवानी	16,11,031	2,401	15,515	5,498	16,34,445
जींद	12,76,669	29,103	23,016	5,364	13,34,152
हिसार	17,01,061	12,270	21,650	8,950	17,43,931
फतेहाबाद	7,79,243	1,50,969	8,360	3,439	9,42,011
सिरसा	9,40,255	3,38,962	9,524	6,448	12,95,189
जोड़	2,21,71,128	12,43,752	17,81,342	1,55,240	2,53,51,462

हरियाणा : अनुसूचित जातियों की संख्या (2011)

क्र.	जिला	कुल	पुरुष	स्त्रियां
1.	पंचकुला	101830	53868	47962
2.	अम्बाला	296246	156874	139372
3.	यमुनानगर	306743	163200	143543
4.	कुरुक्षेत्र	215128	113311	101817
5.	कैथल	247513	131486	116027
6.	करनाल	339604	179681	159923
7.	पानीपत	206213	109695	96518
8.	सोनीपत	269935	144516	125419
9.	जींद	282351	150940	131411
10.	सिरसा	387381	202430	184951
11.	हिसार	408785	217338	191447
12.	भिवानी*	341162	181475	159687
13.	रोहतक	216889	115573	101316
14.	झज्जर	170448	90856	79592
15.	महेंद्रगढ़	156314	82420	73894
16.	रेवाड़ी	182606	95571	87035
17.	गुरुग्राम	197937	104332	93605
18.	नूंह	75251	39743	35508
19.	फरीदाबाद	223799	119495	104304
20.	पलवल	203123	107741	95382
21.	फतेहाबाद	284357	149111	135246
	कुल	5113615	2709656	2403959

** चरखी दादरी जिले के आंकड़े भी शामिल हैं।*

हरियाणा : ग्रामीण तथा नगरीय जनसंख्या : 2011

		ग्रामीण			नगरीय		
	जिला	कुल	पुरुष	स्त्रियाँ	कुल	पुरुष	स्त्रियाँ
1.	पंचकुला	248063	133153	114910	313230	166526	146704
2.	अम्बाला	627576	331703	295873	500774	267000	233774
3.	यमुनानगर	741376	393957	347419	472829	252761	220068
4.	कुरुक्षेत्र	685430	361020	324410	279225	149956	129269
5.	कैथल	838293	445931	392362	236011	125072	110939
6.	करनाल	1050514	557110	493404	454810	240602	214208
7.	पानीपत	650352	349642	300710	555085	297215	257870
8.	सोनीपत	996637	538750	457887	453364	242549	210815
9.	जींद	1028569	550519	478050	305583	162487	143096
10.	फतेहाबाद	762423	400814	361609	179588	94546	85042
11.	सिरसा	975941	514177	461764	319248	168405	150843
12.	हिसार	1190443	634139	556304	553488	297423	256065
13.	भिवानी*	1313123	696212	616911	321322	170460	150862
14.	रोहतक	615040	332034	283006	446164	236445	209719
15.	झज्जर	715066	384219	330847	243339	130448	112891
16.	महेन्द्रगढ़	789233	416358	372875	132855	70307	62548
17.	रिवाड़ी	666902	349710	317192	233430	124625	108805
18.	गुरुग्राम	472179	251462	220717	1042253	565228	477025
19.	नूंह	965157	506086	459071	124106	65076	59030
20.	फरीदाबाद	370878	198103	172775	1438855	768007	670848
21.	पलवल	806164	428907	377257	236544	125590	110954
	हरियाणा	**16509359**	**8774006**	**7735353**	**8842103**	**4720728**	**4121375**

** चरखी दादरी जिले के आंकड़े भी शामिल हैं।*

पुरस्कार व सम्मान

हरियाणा सरकार द्वारा विभिन्न क्षेत्रों में दिए जाने वाले पुरस्कार निम्नलिखित हैं–

साहित्य पुरस्कार

सूर सम्मानः सूर सम्मान सन्त कवि सूरदास के नाम पर दिया जाता है। 5 लाख रुपए का यह हरियाणा का सर्वोच्च साहित्य सम्मान है जो प्रतिवर्ष प्रदान किया जाता है।

महर्षि वेद व्यास पुरस्कार, बाबू बालमुकुन्द पुरस्कार, महान लोककवि 'पंडित लख्मीचन्द पुरस्कार' एवं 'पंडित माधव प्रसाद मिश्र पुरस्कार' आदि अन्य महत्वपूर्ण साहित्यिक पुरस्कार हैं।

महर्षि वाल्मीकि पुरस्कारः यह पुरस्कार प्रतिवर्ष संस्कृति अकादमी प्रदान करती है। इसके अन्तर्गत एक संस्कृत विद्वान को प्रतिवर्ष 1.5 लाख रुपए के पुरस्कार से सम्मानित किया जाता है।

हाली पुरस्कारः हरियाणा उर्दू साहित्य अकादमी राष्ट्रीय स्तर पर 1 लाख रुपए का 'हाली पुरस्कार' व दो अन्य महत्वपूर्ण क्षेत्रीय पुरस्कार प्रदान करती है।

शिक्षा पुरस्कार

राज्य शिक्षक पुरस्कारः राज्य सरकार उत्कृष्ट प्रदर्शन करने वाले शिक्षकों को प्रतिवर्ष 'राज्य शिक्षक पुरस्कार' प्रदान करती है।

खेल पुरस्कार

भीम पुरस्कारः 'भीम अवार्ड' हरियाणा का सर्वोच्च खेल पुरस्कार है। इस पुरस्कार के अन्तर्गत 5 लाख रुपए नकद, प्रशस्ति प्रमाण-पत्र, रॉल ऑफ ऑनर आदि प्रदान किए जाते हैं।

कृषि पुरस्कार

जननायक देवीलाल पुरस्कारः यह पुरस्कार कृषि क्षेत्र का सबसे महत्वपूर्ण पुरस्कार है। कृषि पैदावार के क्षेत्र में जिला स्तर पर उत्कृष्ट स्थान प्राप्त करने वाले किसान को और राज्य स्तर पर उत्कृष्ट स्थान प्राप्त करने वाले किसान को 'जननायक चौधरी देवीलाल पुरस्कार' से पुरस्कृत किया जाता है।

उद्योग पुरस्कार

मुख्यमंत्री पुरस्कारः राज्य श्रम कल्याण बोर्ड द्वारा प्रतिवर्ष कर्मठ एवं प्रवीण श्रमिकों को राज्य स्तर पर एक लाख रुपए की राशि का 'मुख्यमंत्री रत्न अवार्ड' और 50-50 हजार रुपए के दो 'मुख्यमंत्री भूषण अवार्ड' दिए जाते हैं। प्रत्येक जिले में 25,000 रुपए का 'मुख्यमंत्री श्रम वीर अवार्ड' तथा 20-20 हजार रुपए के 'मुख्यमंत्री श्रम देवी/श्रम वीर' अवार्ड दिए जाते हैं।

वस्तुनिष्ठ प्रश्नोत्तर

1. प्राचीन काल में हरियाणा राज्य अन्य किस नाम से जाना जाता था?
A. ब्रह्मावर्त प्रदेश B. ब्रह्मर्षि प्रदेश
C. ब्रह्मा की उत्तरवेदी D. सभी से

2. किस भरतवंशी शासक ने हरियाणा प्रदेश से अपना विजय अभियान शुरू किया था?
A. सुदास B. अर्जुन
C. भरत D. भीष्म

3. महाभारत का प्रसिद्ध युद्ध प्रदेश में किस स्थान पर लड़ा गया था?
A. पानीपत B. कुरुक्षेत्र
C. झज्जर D. बल्लभगढ़

4. मुगलकाल में इस प्रदेश में जनपदों का स्थान किसने लिया था?
A. गण संघ ने B. गण-व्यवस्था ने
C. खापों ने D. पंचायत ने

5. बौद्धकाल के किन महाजनपदों में आधुनिक हरियाणा के भाग शामिल थे?
A. कुरु और पांचाल B. कौशल और वज्जी
C. सूरसेन और अवन्ती D. अस्सक और वत्स

6. प्रदेश का कौन-सा स्थान, अग्रेयगण की राजधानी था?
A. रिवाड़ी B. सिरसा
C. हांसी D. अग्रोहा

7. महमूद गजनवी ने थानेश्वर पर कब आक्रमण किया था?
A. 1013 ई० में B. 1014 ई० में
C. 1016 ई० में D. 1017 ई० में

8. प्रदेश का थानेश्वर नामक नगर किस प्रसिद्ध राजा की राजधानी था?
A. हर्षवर्धन B. अशोक
C. चन्द्रगुप्त विक्रमादित्य D. कनिष्क

9. बारहवीं शताब्दी में किस चौहान शासक ने हरियाणा प्रदेश पर आक्रमण कर तोमरों को पराजित किया था?
A. विग्रहराज VI B. विग्रहराज II
C. अर्णोराजा D. पृथ्वीराज चौहान

10. गुलाम वंश के शासक बलबन ने हरियाणा के शक्तिशाली मेवों की शक्ति को नष्ट करने का प्रयास कब किया था?
A. 1260 ई० में B. 1265 ई० में
C. 1266 ई० में D. 1267 ई० में

11. तुगलक शासक फिरोज तुगलक ने निम्न में से कौन-सा नगर बसाया था?
A. टोहाना B. हांसी
C. सिवानी D. फतेहाबाद

12. निम्नलिखित में से प्रदेश के किस नगर पर तैमूर ने आक्रमण किया था?
A. सिरसा B. फतेहाबाद
C. हिसार D. सभी पर

13. 1526 ई॰ में हरियाणा में किस स्थान पर बाबर और इब्राहीम लोदी के बीच प्रसिद्ध युद्ध हुआ था?
A. पानीपत B. कुरुक्षेत्र
C. तावडू D. जीन्द

14. प्रसिद्ध मुगल शासक अकबर के समय में रिवाड़ी का शासक कौन था?
A. तुलाराम B. कर्णसिंह
C. हेमचन्द्र (हेमू) D. फूलसिंह

15. अकबर और हेमचन्द्र (हेमू) के बीच पानीपत का प्रसिद्ध द्वितीय युद्ध कब लड़ा गया था?
A. 1550 ई॰ में B. 1552 ई॰ में
C. 1554 ई॰ में D. 1556 ई॰ में

16. मराठों और अहमदशाह अब्दाली के बीच प्रदेश में कौन-सा प्रसिद्ध युद्ध लड़ा गया था?
A. पानीपत का तृतीय युद्ध
B. पानीपत का द्वितीय युद्ध
C. पानीपत का प्रथम युद्ध
D. कोई नहीं

17. प्रदेश के किस स्थान को जार्ज टॉमस ने अपनी राजधानी बनाया था?
A. रानिया B. टोहाना
C. हांसी का दुर्ग D. बहरामपुर

18. 1802 ई॰ में जार्ज टॉमस की मृत्यु प्रदेश में किस स्थान पर हुई थी?
A. महेन्द्रगढ़ B. बहरामपुर
C. नारनौल D. बावल

19. सन् 1809-10 में समस्त हरियाणा किसके अधिकार में था?
A. मराठों के B. सतनामियों के
C. मुगलों के D. अंग्रेजों के

20. आधुनिक हरियाणा राज्य का निर्माण कब किया गया था?
A. 1 नवम्बर, 1966
B. 5 जनवरी, 1967
C. 1 नवम्बर, 1958
D. 15 अगस्त 1947

21. प्राग्हड़प्पा, हड़प्पा, परवर्ती हड़प्पा आदि संस्कृतियों के प्रमाण हरियाणा में किस स्थान से प्राप्त हुए हैं?
A. वणावली B. सोसवाल
C. मिर्जापुर D. सभी से

22. महाभारत-काल से शताब्दियों पूर्व हुए आर्यवंशी कुरुओं ने इस प्रदेश में किस युग का प्रारम्भ किया था?
A. कृषि-युग B. ताम्र-युग
C. लोह-युग D. धातु-युग

23. भगवान श्रीकृष्ण द्वारा विश्व प्रसिद्ध गीता का उपदेश हरियाणा में किस स्थान पर दिया गया था?
A. रेवाड़ी B. पेहवा
C. कुरुक्षेत्र D. पानीपत

24. यौधेय-काल में हरियाणा प्रदेश को निम्नलिखित में से किस नाम की संज्ञा दी गई?
A. यौधेय गणराज्य B. बहुधान्यक-प्रदेश
C. मत्स्य प्रदेश D. गण-प्रदेश

25. प्रसिद्ध चीनी यात्री ह्वेनसांग ने अपनी पुस्तक में हरियाणा के किस नगर के वैभव और समृद्धि का वर्णन किया है?
A. स्थाण्वीश्वर (थानेश्वर) B. पानीपत
C. रोहतक D. अम्बाला

26. तोमर शासकों के शासनकाल में हरियाणा में व्यापार, कला व संस्कृति की उन्नति की जानकारी किस ग्रन्थ से मिलती है?
A. तहकीक-ए-हिन्द B. हर्षचरित
C. कादम्बरी D. यशस्तिलक चम्पू

27. 1526-27 में बाबर के आक्रमण के समय तावडू के परगने का शासक कौन था?
A. हसन खाँ B. मोहन सिंह मंढार
C. फैजल खाँ D. जलाल खाँ

28. निम्नलिखित कथनों पर विचार कीजिए :
(*a*) नडा साहिब गुरुद्वारा अम्बाला में है।
(*b*) नडा साहिब गुरुद्वारा घग्गर नदी के तट पर है।
उपर्युक्त में से कौन–सा/से कथन सही है/हैं?
A. केवल (*b*)
B. (*a*) और (*b*) दोनों
C. न तो (*a*) और न ही (*b*)
D. केवल (*a*)

29. 1756-57 में हरियाणा निम्नलिखित में से किसके अधिकार क्षेत्र में रहा?
A. मुगलों के B. सिक्खों के
C. मराठों के D. सतनामियों के

30. अहमदशाह अब्दाली ने अपने देश लौटते समय हरियाणा का उत्तरी भाग (अम्बाला, जीन्द, कुरुक्षेत्र, करनाल जिला) किसको सौंप दिया?
A. मुगलों को
B. सिक्खों को
C. सरहिन्द के गवर्नर जैन खाँ को
D. दुर्रानी के गवर्नर गेन खाँ को

31. 1857 के मेरठ-विद्रोह में जिन सैनिकों ने भाग लिया था उनमें से अधिकतर हरियाणा के किस जिले से सम्बन्धित थे?
A. गुरुग्राम B. रोहतक
C. हिसार D. सभी से

32. हरियाणा का कौन वीर सेनानी मेरठ क्रान्ति के समय मेरठ का नायब कोतवाल था?
A. अब्दुस समद खान B. विक्रमसिंह
C. रावकृष्ण गोपाल D. रामेश्वर दयाल

33. नारनौल के समीप नसीबपुर नामक गांव में लड़े गये (स्वाधीनता-संग्राम के) युद्ध में अंग्रेजों ने किन तीन शक्तियों को नष्ट किया था?
A. रिवाड़ी, झज्जर और जोधपुर
B. गुरुग्राम, रिवाड़ी और जोधपुर
C. जींद, जगादरी और पेहवा
D. पानीपत, झज्जर और तावडू

34. प्रथम स्वाधीनता संग्राम में बल्लभगढ़ के किस राजा ने दिल्ली में क्रान्तिकारी सेनाओं का नेतृत्व किया था?
A. राजा कर्णसिंह B. राजा नाहन सिंह
C. राजा सूरजभान D. राजा सत्यपाल

35. निम्नलिखित में से प्रदेश की किस रियासत ने 1857 की जन-क्रान्ति में अंग्रेजों को महत्त्वपूर्ण सहयोग दिया था?
A. बहादुरगढ़ B. तावडू
C. झज्जर D. जींद

36. कांग्रेस के दूसरे 1886 के कलकत्ता अधिवेशन में हरियाणा का प्रतिनिधित्व किसने किया था?
A. पं॰ दीनदयाल शर्मा B. लाला मुरलीधर
C. बालमुकन्द गुप्त D. सभी ने

37. लाला लाजपत राय ने हरियाणा के किस स्थान को अपना राजनीतिक और सामाजिक, कार्य-क्षेत्र बनाया था?
A. हिसार B. सोनीपत
C. गुरुग्राम D. नूह

38. सन् 1888 में इलाहाबाद में आयोजित हुए कांग्रेस के चौथे अधिवेशन में किस महत्त्वपूर्ण राष्ट्र नेता ने जिला हिसार के प्रतिनिधि के रूप में भाग लिया था?
A. लाला सुल्तान सिंह B. बलदेव सिंह
C. लाला लाजपत राय D. बैनी सिंह

39. 8 अप्रैल, 1919 के दिन गांधी जी हरियाणा में कहां से गिरफ्तार हुए थे?
A. कैथल B. पलवल
C. गुहला D. अम्बाला

40. रोहतक में पं॰ रामभजदत्त की अध्यक्षता में सम्मेलन का आयोजन कब हुआ था, जिसमें गांधीजी के असहयोग आन्दोलन को कार्यरूप देने का निर्णय लिया गया था?
A. जनवरी, 1919 में B. नवम्बर, 1919 में
C. नवम्बर, 1920 में D. सितम्बर, 1921 में

41. कांग्रेस के नागपुर में हुए वार्षिक अधिवेशन में हरियाणा प्रान्त का प्रतिनिधित्व किसने किया था?
A. सरदार बूटा सिंह B. लाला उग्रसेन
C. बाबू श्याम लाल D. पं॰ नेकीराम शर्मा

42. पंजाब प्रदेश-कांग्रेस के आदेश पर पूरे हरियाणा में स्वतंत्रता दिवस कब मनाया गया?
A. 12 जनवरी, 1932 B. 10 दिसम्बर, 1932
C. 15 अगस्त, 1935 D. 26 जनवरी, 1932

43. हरियाणा में कांग्रेस की स्वर्ण-जयन्ती कब मनाई गई थी?
A. 18 अगस्त, 1930 को
B. 30 जनवरी, 1935 को
C. 28 दिसम्बर, 1935 को
D. 10 दिसम्बर, 1936 को

44. आजाद हिन्द फौज से सम्बन्धित हरियाणा का वह शूरवीर कौन था, जिसने मणिपुर की भूमि पर सबसे पहले तिरंगा फहराया था?

A. मेजर प्रतापसिंह B. मेजर सूरजमल
C. दरबारा सिंह D. भजनलाल

45. हरियाणवी क्षेत्रों में यूनियनिस्ट पार्टी को लोकप्रिय बनाने के लिए चौधरी छोटूराम ने जोरदार अभियान चलाया। प्रदेश में इसे किस नाम से पुकारा जाता था?
A. 'जमींदारी लीग' B. जमींदारी प्रथा
C. हिन्दू-मुस्लिम D. कोई नहीं

46. सन् 1916 में चौधरी छोटूराम ने रोहतक में किस साप्ताहिक का संपादन शुरू किया था?
A. हिन्दू गजट B. सिख गजट
C. जाट गजट D. कोई नहीं

47. श्री फजली हुसैन के साथ मिलकर चौधरी छोटूराम ने पंजाब में यूनियनिस्ट पार्टी की स्थापना कब की थी?
A. 1919 में B. 1921 में
C. 1922 में D. 1923 में

48. पटियाला, जींद और नाभा रियासतों में राजनैतिक गतिविधियों पर अंकुश रखने के लिए संवत् 1988 विक्रमी में एक कानून लागू किया गया था, उसका नाम क्या रखा गया था?
A. हिदायत संवत B. हिजरी संवत
C. विक्रम संवत D. शक संवत

49. सन् 1938 में जींद प्रजामण्डल की नींव जींद की राजधानी संगरूर में किस प्रसिद्ध देशभक्त ने डाली थी?
A. राजेन्द्र कुमार जैन ने B. साधूराम ने
C. हंसराज रहबर ने D. नन्दकिशोर ने

50. गांधी जी पलवल में कब गिरफ्तार हुए थे?
A. 5 जनवरी, 1919 में B. 8 मई, 1920 में
C. 8 अप्रैल, 1919 में D. 17 अप्रैल, 1921 में

51. सनातन धर्म को पूरे उत्तर भारत में लोकप्रिय बनाने में महत्त्वपूर्ण योगदान देने वाले पं० दीनदयाल शर्मा हरियाणा में कहाँ के रहने वाले थे?
A. झज्जर B. कैथल
C. हिसार D. जीन्द

52. सन् 1892 के लाहौर अधिवेशन में हिसार का प्रतिनिधित्व किस प्रसिद्ध जन नेता ने किया था?
A. बालमुकुन्द गुप्त
B. लाला मुरलीधर
C. लाला लाजपत राय
D. पं० दीनदयाल शर्मा

53. लाला लाजपतराय और सरदार अजीतसिंह को ब्रिटिश सरकार द्वारा गिरफ्तार करके मांडले जेल में कब भेजा गया था?
A. सन् 1907 में B. सन् 1895 में
C. सन् 1902 में D. सन् 1896 में

54. महात्मा गांधी, मुहम्मद अली तथा शौकत अली के साथ रोहतक कब आये थे?
A. 10 जनवरी, 1919 को
B. 8 अक्टूबर, 1920 को
C. 1 अक्टूबर, 1920 को
D. 18 मार्च, 1920 को

55. अम्बाला मण्डल की डिवीजनल पोलिटिकल कान्फ्रेंस, जिसमें महात्मा गांधी अली भाइयों के साथ आये थे, भिवानी में कब हुई थी?
A. मार्च 1918 में B. जून 1920 में
C. अक्टूबर 1919 में D. अक्टूबर 1920 में

56. 1947 में भारत के स्वतन्त्र होने के पश्चात तक हरियाणा किस प्रान्त का भाग था?
A. दिल्ली B. पंजाब
C. उत्तर प्रदेश D. राजस्थान

57. 1955 में भारत सरकार द्वारा गठित राज्य पुनर्गठन आयोग ने किन दो स्थानों को हरियाणा क्षेत्र में शामिल करने की सिफारिश की थी?
A. महेन्द्रगढ़ व जीन्द
B. पटियाला व हिसार
C. पानीपत व कैथल
D. रोहतक व गुरुग्राम

58. हरियाणा राज्य की स्थापना कब हुई?
A. 10 नवम्बर, 1966 में
B. 26 जनवरी, 1966 में
C. 1 नवम्बर, 1966 में
D. 5 जून, 1966 में

59. हरियाणा के प्रथम राज्यपाल कौन बनाये गये?
A. श्री सत्यपाल B. श्री धर्मवीर
C. श्री देवीलाल D. श्री बंसीलाल

60. 24 मार्च, 1967 को बने हरियाणा के प्रथम गैर-कांग्रेसी मुख्यमंत्री का नाम बताइये।
A. चौधरी भजनलाल B. देवीलाल
C. बंसीलाल D. राव वीरेन्द्र सिंह

61. प्रदेश के किस प्रसिद्ध प्राचीन नगर की विस्तार से जानकारी चीनी यात्री ह्यूनसांग के वृत्तान्त से मिलती है?

A. रोहतक B. अम्बाला
C. थानेश्वर D. भिवानी

62. प्रदेश के थानेश्वर नगर की प्रसिद्धि निम्नलिखित में से किस काल में सर्वाधिक थी?

A. वर्धनकाल में B. गुप्तकाल में
C. शुंगकाल में D. मौर्यकाल में

63. 1526 ई॰ में बाबर और इब्राहिम लोदी के बीच युद्ध हरियाणा में किस स्थान पर लड़ा गया था?

A. झज्जर B. कुरुक्षेत्र
C. रोहतक D. पानीपत

64. पानीपत नगर को जिले का दर्जा कब मिला था?

A. 1 जनवरी, 1988 को B. 1 नवम्बर, 1989 को
C. 1 दिसम्बर, 1990 को D. 1 अगस्त, 1991 को

65. रेवाड़ी जिला कब बना था?

A. 10 जून, 1977 को B. 5 फरवरी, 1979 को
C. 1 नवम्बर, 1989 को D. 17 जून, 1980 को

66. हिसार नगर निम्नलिखित में से किस प्रसिद्ध शासक की जन्मभूमि है?

A. शेरशाह सूरी B. अकबर
C. मुहम्मद तुगलक D. फिरोज तुगलक

67. वर्तमान समय में प्रदेश के किस नगर में राज्य का सबसे बड़ा पशुधन फार्म स्थित है?

A. नारनौल B. हिसार
C. पानीपत D. करनाल

68. सन् 1354 में किस प्रसिद्ध मध्यकालीन शासक ने हिसार की एक दुर्ग के रूप में स्थापना की थी?

A. मुहम्मद तुगलक B. बलबन
C. फिरोज तुगलक D. अलाउद्दीन खिलजी

69. प्रदेश का महेन्द्रगढ़ नामक नगर प्राचीन काल में निम्नलिखित में से किस नाम से जाना जाता था?

A. जानोवा B. कर्णपुर
C. महिपगढ़ D. कानौड

70. बल्लभगढ़ के अन्तिम राजा का नाम बताइये जो कि सन् 1857 के स्वतंत्रता संग्राम में शहीद हुआ था?

A. नाहर सिंह B. विजय सिंह
C. प्रताप सिंह D. महर सिंह

71. बल्लभगढ़ नामक नगर प्रदेश के किस जिले के अंतर्गत आता है?

A. रोहतक B. फरीदाबाद
C. गुरुग्राम D. करनाल

72. पलवल किस जिले से अलग होकर नया जिला बना है?

A. जींद B. हिसार
C. फरीदाबाद D. करनाल

73. प्रसिद्ध गुलाम शासिका रज़िया सुल्ताना की कब्र प्रदेश के किस जिले में स्थित है?

A. कैथल B. गुरुग्राम
C. अम्बाला D. फरीदाबाद

74. प्रदेश का कौन-सा नगर विश्व के मानचित्र में "धान का कटोरा" तथा "हरियाणा का पैरिस" जैसे उपमानों से जाना जाता है?

A. रोहतक B. सोनीपत
C. फरीदाबाद D. करनाल

75. 1607 ई॰ में फरीदाबाद नगर की स्थापना किसके द्वारा की गई थी?

A. फिरोजशाह B. मुबारकशाह
C. बाबा फरीद D. मनसूब अली

76. महाभारत काल में सिरसा किस नाम से जाना जाता था?

A. शिषिरा B. शैरीषकम
C. सोरीश D. सिरसा

77. गोहाना नगर प्राचीनकाल में किस नाम से जाना जाता था?

A. गवभभवाना B. गढ़ना
C. गपत जमाना D. इनमें से कोई नहीं

78. प्राचीनकाल में बहादुरगढ़ नामक नगर किस नाम से जाना जाता था?

A. बहावलगढ़ B. शफीराबाद
C. शरफाबाद D. बलरामगढ़

79. अंग्रेजों ने बहादुरगढ़ को सिन्धिया राजा से छीन कर झज्जर के नवाब के भाई को कब जागीर के रूप में दिया था?

A. 1800 ई॰ में B. 1801 ई॰ में
C. 1805 ई॰ में D. 1803 ई॰ में

80. प्रदेश के किस नगर की स्थापना 14वीं शताब्दी में अम्बा नामक राजपूत द्वारा की गई थी?
A. झज्जर B. रोहतक
C. अम्बाला D. भिवानी

81. अब्दुररहमान खाँ, जिसने अंग्रेजों से टक्कर लेते हुए देश प्रेम के लिए अपना बलिदान दिया था, हरियाणा में किस नगर का नवाब था?
A. कुरुक्षेत्र B. झज्जर
C. फर्रुखनगर D. रेवाड़ी

82. फर्रुखनगर की स्थापना किस बिलोच शासक द्वारा की गई थी?
A. दलेल खाँ (फौजदार खाँ)
B. शफूद्दीन खाँ
C. बदरखाँ
D. जमालुद्दीन खाँ

83. बिलोच शासक दलेल खां (फौजदार खां) ने किस बादशाह के नाम पर फर्रुखनगर नगर बसाया था?
A. फखरुद्दीन अहमद B. फारूख अली
C. फिरोजशाह तुगलक D. फर्रुखसीयर

84. महर्षि वेदव्यास द्वारा अमर काव्य "महाभारत" की रचना हरियाणा के किस नगर में की गई थी?
A. पानीपत B. रेवाड़ी
C. कुरुक्षेत्र D. हिसार

85. शक्तिशाली वर्धन वंश का उदय हरियाणा में कहां पर हुआ था?
A. थानेसर (स्थाण्वीश्वर) B. रोहतक
C. पानीपत D. कुरुक्षेत्र

86. 1556 ई. में अकबर और रेवाड़ी के हेमचन्द्र (हेमू) के मध्य हरियाणा में किस स्थान पर प्रसिद्ध युद्ध हुआ था?
A. रेवाड़ी B. जीन्द
C. कुरुक्षेत्र D. पानीपत

87. 1761 ई. में पानीपत का तीसरा युद्ध किनके मध्य हुआ था?
A. बाबर और इब्राहिम लोदी के मध्य
B. अकबर और हेमचन्द्र (हेमू) के मध्य
C. अहमद शाह अब्दाली और मराठों के मध्य
D. अंग्रेजों और सिक्खों के मध्य

88. पानीपत नगर 31 अक्टूबर, 1989 तक हरियाणा के किस जिले के अन्तर्गत था?
A. रेवाड़ी B. अम्बाला
C. करनाल D. हिसार

89. निम्नलिखित में से प्रदेश का कौन-सा जिला 1989 से पूर्व गुरुग्राम और महेन्द्रगढ़ जिलों के अन्तर्गत था?
A. महेन्द्रगढ़ B. फरीदाबाद
C. जीन्द D. रेवाड़ी

90. जीन्द को जिले का दर्जा कब मिला?
A. 1966 में B. 1972 में
C. 1968 में D. 1975 में

91. हरियाणा का ऐसा कौन-सा जिला है जिसका जिला मुख्यालय नारनौल नगर में स्थित है?
A. हिसार B. फरीदाबाद
C. महेन्द्रगढ़ D. करनाल

92. सन् 1818 में राजा अनुरूप सिंह की विधवा ने अपने पति की स्मृति में कहाँ पर एक छतरी व पक्के तालाब का निर्माण करवाया था?
A. करनाल B. बल्लभगढ़
C. सोनीपत D. कैथल

93. पलवल को जिले का दर्जा किस वर्ष मिला?
A. 2006 में B. 2005 में
C. 2008 में D. 2007 में

94. महाभारत काल में राजा युधिष्ठिर द्वारा निम्नलिखित में से कौन-सा स्थान अपने धर्मगुरु द्रोणाचार्य को उपहार स्वरूप दिया गया था?
A. गुरुग्राम गांव B. कैथल
C. होडल D. सिरसा

95. 1857 के स्वतंत्रता संग्राम के समय गुड़गांव (गुरुग्राम) के कलेक्टर का नाम क्या था?
A. हेनरी B. सर हेली
C. जान मार्शल D. श्री फोर्ड

96. 1858 ई. में हरियाणा का कौन-सा जिला पंजाब प्रान्त में सम्मिलित कर दिया गया था?
A. फरीदाबाद B. गुरुग्राम
C. हिसार D. महेन्द्रगढ़

97. फरीदाबाद हरियाणा के 12वें जिले के रूप में कब अस्तित्व में आया?
A. 15 अगस्त, 1970 को
B. 15 अगस्त, 1979 को

C. 26 जनवरी, 1979 को
D. 8 मार्च, 1982 को

98. बहादुरगढ़ नगर हरियाणा के किस जिले के अन्तर्गत आता है?

A. झज्जर B. करनाल
C. यमुनानगर D. फरीदाबाद

99. गोहाना नामक ऐतिहासिक कस्बा हरियाणा के किस जिले में स्थित है?

A. पानीपत B. सिरसा
C. सोनीपत D. रेवाड़ी

100. हरियाणा का 22वाँ जिला कौन-सा है?

A. लोहारू B. चरखी दादरी
C. तोशाम D. बादड़ा

101. चरखी दादरी का नाम सन् 1939 में डालमिया दादरी रखा गया, इस कस्बे का नाम पुनः चरखी दादरी कब पड़ा?

A. सन् 1940 में B. सन् 1946 में
C. सन् 1958 में D. सन् 1968 में

102. जिला भिवानी में स्थित तोशाम नामक कस्बे को उपमण्डल का दर्जा कब मिला?

A. 27 अप्रैल, 1993 को B. 10 जून, 1995 को
C. 5 मार्च, 1997 को D. 27 अप्रैल, 1998 को

103. पूर्वी हरियाणा और उत्तर प्रदेश की सीमा पर निम्न में से कौन-सी नदी बहती है?

A. गंगा नदी B. सरस्वती नदी
C. घग्घर नदी D. यमुना नदी

104. हरियाणा प्रदेश भारत के उत्तर-पश्चिम में 27° 39' से 30° 55' उत्तर अक्षांश पर स्थित है। बताइये कि वह कितने पूर्व रेखांश के बीच स्थित है?

A. 74° 28' से 77° 36' B. 65° 33' से 77° 28'
C. 50° 28' से 64° 36' D. 84° 42' से 89° 41'

105. हरियाणा के उत्तर में निम्नलिखित में से कौन-सा प्रदेश स्थित है?

A. उत्तर प्रदेश B. पंजाब
C. हिमाचल प्रदेश D. राजस्थान

106. हरियाणा के पश्चिम में निम्नलिखित में से कौन-सा प्रदेश स्थित है?

A. पंजाब B. राजस्थान
C. उत्तर प्रदेश D. हिमाचल प्रदेश

107. हरियाणा में 1 नवम्बर किस रूप में मनाया जाता है?

A. गरीबी उन्मूलन दिवस
B. हरियाणा दिवस
C. हरियाणा स्वतंत्रता दिवस
D. हरियाणा पर्यावरण दिवस

108. निम्नलिखित प्रदेशों में से कौन-सा प्रदेश क्षेत्रफल की दृष्टि से हरियाणा से बड़ा नहीं है?

A. मेघालय B. बिहार
C. हिमाचल प्रदेश D. पंजाब

109. हरियाणा की आबादी निम्नलिखित में से किस प्रदेश से अधिक है?

A. अरुणाचल प्रदेश B. सिक्किम
C. नगालैंड D. सभी से

110. हरियाणा का मैदानी भाग समुद्रतल से कितनी ऊँचाई पर स्थित है?

A. 700 से 900 फीट B. 750 से 880 फीट
C. 800 से 1000 फीट D. 900 से 1100 फीट

111. हरियाणा के किस भाग में शिवालिक पर्वत श्रेणियां स्थित हैं?

A. उत्तर-पश्चिमी B. उत्तरी-पूर्वी
C. दक्षिणी-पश्चिमी D. दक्षिणी-पूर्वी

112. शिवालिक की पहाड़ियों से हरियाणा प्रदेश की कौन-सी नदी निकलती है?

A. घग्घर B. मारकण्डा
C. टांगरी D. सभी

113. हरियाणा का निम्नलिखित में से कौन-सा प्राकृतिक भाग सबसे बड़ा है?

A. शिवालिक का पहाड़ी भाग
B. रेतीला भाग
C. मैदानी भाग
D. अरावली की पहाड़ियों का शुष्क मैदानी भाग

114. प्रसिद्ध वीवीपुर व नजफगढ़ नामक झीलें हरियाणा के किस प्राकृतिक क्षेत्र में स्थित हैं?

A. मैदानी क्षेत्र
B. रेतीला क्षेत्र
C. शिवालिक का पहाड़ी क्षेत्र
D. अरावली की पहाड़ियों का शुष्क मैदानी क्षेत्र

115. हरियाणा की जलवायु है :

A. महाद्वीपीय प्रकार

B. अल्पार्द्र शीतोष्णीय प्रकार

C. उपोष्णीय शुष्क महाद्वीपीय प्रकार

D. अल्पार्द्र उपोष्णीय प्रकार

116. हरियाणा के किस भाग में वर्षा अधिक होती है?

A. दक्षिण-पश्चिमी भाग B. उत्तरी-पूर्वी भाग

C. उत्तरी-पश्चिमी भाग D. दक्षिणी-पूर्वी भाग

117. प्रदेश के क़िस भाग में वर्षा कम होती है?

A. उत्तरी-पूर्वी भाग B. दक्षिणी-पूर्वी भाग

C. उत्तरी-पश्चिमी भाग D. दक्षिणी-पश्चिमी भाग

118. प्रदेश में मोरनी की पहाड़ियों पर किस प्रकार की मिट्टी पाई जाती है?

A. रेतीली मिट्टी B. भूरे रंग की मिट्टी

C. पथरीली मिट्टी D. बलुई दोमट मिट्टी

119. हरियाणा के मैदानी भाग में अधिकांशतः किस प्रकार की मिट्टी पाई जाती है?

A. पीले भूरे रंग की उपजाऊ मिट्टी

B. पथरीली मिट्टी

C. रेतीली मिट्टी

D. बलुई दोमट मिट्टी

120. हरियाणा के निम्नलिखित में से किस जिले में लाल चैसटनट मिट्टी पाई जाती है?

A. रोहतक जिले में B. सिरसा जिले में

C. यमुनानगर जिले में D. भिवानी जिले में

121. प्रदेश की कौन-सी नदी मुलाना के समीप मारकण्डा नदी में मिलती है?

A. साहिबी नदी B. टांगरी नदी

C. कृष्णावती नदी D. दोहन नदी

122. हरियाणा की सबसे प्राचीन व प्रमुख नहर कौन-सी है?

A. गुरुग्राम नहर B. भिवानी नहर

C. भाखड़ा नहर D. पश्चिमी यमुना नहर

123. प्रदेश की कौन-सी नहर जगाधरी-पोंटा सड़क पर स्थित ताजेवाला नामक स्थान से यमुना नदी से निकलती है?

A. भाखड़ा नहर

B. पश्चिमी व पूर्वी यमुना नहर

C. जवाहर लाल नेहरू नहर

D. कोई नहीं

124. हरियाणा की जवाहर लाल नेहरू नहर किस नहर से निकाली गई है?

A. भाखड़ा नहर से B. भिवानी नहर से

C. गुरुग्राम नहर से D. यमुना नहर से

125. निम्नलिखित में से कौन-सी झील हरियाणा में स्थित है?

A. दमदमा झील B. कोटला झील

C. खलीलपुर झील D. सभी

126. प्रदेश के फरुखनगर खण्ड में निम्नलिखित में से कौन-सी झील स्थित है?

A. सुल्तानपुर झील B. दमदमा झील

C. खलीलपुर झील D. कोटला झील

127. प्रसिद्ध बड़खल झील हरियाणा के किस जिले में स्थित है?

A. गुरुग्राम B. भिवानी

C. फरीदाबाद D. रोहतक

128. हरियाणा की कौन-सी नहर दिल्ली में ओखला नामक स्थान से यमुना नदी से निकाली गई है?

A. भाखड़ा नहर B. गुरुग्राम नहर

C. पूर्वी यमुना नहर D. कोई नहीं

129. भाखड़ा नहर द्वारा प्रदेश के किस जिले में सिंचाई कार्य किया जाता है?

A. सिरसा B. हिसार

C. रोहतक D. सभी में

130. 'ओटू' बांध हरियाणा में किस नदी पर है?

A. साहिबा B. टांगरी

C. घग्गर D. यमुना

131. प्रदेश में भिवानी नहर किस नहर से निकाली गई है?

A. भाखड़ा नहर से

B. गुरुग्राम नहर से

C. पश्चिमी यमुना नहर से

D. पूर्वी यमुना नहर से

132. हरियाणा की प्रसिद्ध बड़खल झील का निर्माण कब किया गया था?

A. वर्ष 1940 में B. वर्ष 1950 में

C. वर्ष 1974 में D. वर्ष 1947 में

133. हरियाणा का कुल क्षेत्रफल कितने वर्ग कि॰मी॰ है?

A. 38,150 वर्ग कि॰मी॰ B. 44,212 वर्ग कि॰मी॰

C. 50,210 वर्ग कि॰मी॰ D. 52,300 वर्ग कि॰मी॰

134. हरियाणा को कुल कितने मण्डलों में बांटा गया है?
A. 6 B. 5
C. 4 D. 8

135. हरियाणा प्रदेश में जनवरी, 2025 तक कुल उप-मण्डल कितने हैं?
A. 35 B. 37
C. 40 D. 80

136. हरियाणा में जनवरी, 2025 तक कुल कितनी तहसीलें हैं?
A. 94 B. 68
C. 77 D. 85

137. हरियाणा प्रदेश में जनवरी, 2025 तक उप-तहसीलों की कुल संख्या कितनी है?
A. 30 B. 31
C. 49 D. 40

138. हरियाणा प्रदेश में जनवरी, 2025 तक कुल कितने खण्ड हैं?
A. 95 B. 143
C. 115 D. 145

139. सम्पूर्ण हरियाणा में गाँव कितने हैं?
A. 4,390 B. 4,950
C. 5,845 D. 6,841

140. 2011 की जनगणना के अनुसार हरियाणा की कुल जनसंख्या कितनी है?
A. 2,53,51,462 B. 2,40,55,400
C. 2,25,83,912 D. 2,62,27,650

141. किस शहर को "हरियाणा का दिल" कहा जाता है?
A. अंबाला B. गुरुग्राम
C. जींद D. पंचकुला

142. हरियाणा के किस जिले में तेल शोधक कारखाना स्थित है?
A. रोहतक B. पानीपत
C. रेवाड़ी D. अम्बाला

143. जिला महेन्द्रगढ़ में निम्नलिखित में से कौन-सा खनिज पदार्थ अधिक मात्रा में मिलता है?
A. चूने का पत्थर B. चीनी मिट्टी
C. तांबा D. उपरोक्त सभी

144. जिला रेवाड़ी में किस स्थान पर स्लेट-पत्थर बहुत मात्रा में मिलता है?
A. कुण्ड नामक स्थान पर
B. बावल नामक स्थान पर
C. कुसल नामक स्थान पर
D. खोल नामक स्थान पर

145. वह कौन-सा खनिज पदार्थ है जो भारत में सिर्फ जिला चरखी दादरी के गांव कलियाणा में उपलब्ध होता है?
A. स्लेट का पत्थर B. रेत
C. हिलना पत्थर D. क्वार्ट्ज

146. जिला भिवानी में किस स्थान पर 'ग्रेनाइट' नामक पत्थर मिलता है?
A. गांव निगाणाकलां B. देल्हेड़ी
C. रिवासा D. उपरोक्त सभी में

147. हरियाणा में राष्ट्रीय मधुमक्खी पालन एवं शहद मिशन (NBHM) योजना की शुरुआत किस वर्ष में हुई?
A. 2020 B. 2018
C. 2019 D. 2017

148. हरियाणा के कितने प्रतिशत भू-भाग में वन क्षेत्र हैं?
A. 2.54 प्रतिशत B. 3.65 प्रतिशत
C. 5 प्रतिशत D. 6.58 प्रतिशत

149. किस वर्ष मॉडल के रूप में हरियाणा प्रदेश में "ग्रीनिंग ऑफ हरियाणा" नाम से वृक्षारोपण की व्यापक योजना शुरू की गई थी?
A. वर्ष 1982-83 में B. वर्ष 1985-86 में
C. वर्ष 1989-90 में D. वर्ष 1994-95 में

150. हरियाणा प्रदेश के किस जिले में सबसे ज्यादा वन हैं?
A. पंचकुला B. हिसार
C. रोहतक D. जीन्द

151. प्रदेश के किस जिले में 'चौधरी देवीलाल प्राकृतिक पार्क' विकसित किया गया है?
A. भिवानी B. रोहतक
C. पानीपत D. यमुनानगर

152. रणदीप हुड्डा की ख्याति किस विधा के कारण है?
A. अभिनय B. सांग परम्परा
C. खेलकूद D. समाज सेवा

153. निम्नलिखित में से कौन–सा वृक्ष हरियाणा का राज्य वृक्ष है?

A. पवित्र अंजीर B. आम का वृक्ष
C. साल का वृक्ष D. बरगद का वृक्ष

154. हरियाणा में राष्ट्रीय खाद्य सुरक्षा योजना के तहत 'दाल-रोटी' योजना की शुरुआत किस वर्ष की गई?

A. वर्ष 2011 में B. वर्ष 2013 में
C. वर्ष 2010 में D. वर्ष 2012 में

155. जिला हिसार व करनाल में निम्नलिखित में से कौन-सा खनिज पदार्थ उपलब्ध होता है?

A. कच्चा लोहा B. अभ्रक
C. शोरा D. संगमरमर

156. जिला रोहतक में निम्नलिखित में से कौन-सा खनिज पदार्थ पाया जाता है?

A. चूना B. तांबा
C. मैंगनीज़ D. अभ्रक

157. हरियाणा के जीन्द जिले में निम्नलिखित में से कौन-से वृक्ष अधिक मात्रा में पाये जाते हैं?

A. शीशम B. कीकर
C. सफेदा D. उपरोक्त सभी

158. हरियाणा प्रदेश के कृषि विश्वविद्यालय हिसार में 'धान' पर शोधकार्य कब शुरू किया गया?

A. 1966 में B. 1970 में
C. 1974 में D. 1989 में

159. हरियाणा में सरस्वती वन्यजीव अभ्यारण्य किस जिले में स्थित है?

A. गुरुग्राम B. रेवाड़ी
C. जीन्द D. कैथल

160. हरियाणा का कौन-सा जिला खुम्बी की फसल के उत्पादन में भारत में अग्रणी है?

A. अम्बाला B. सिरसा
C. सोनीपत D. यमुनानगर

161. जिला रोहतक में प्रमुख रूप से किस चीज की खेती की जाती है?

A. बाजरा B. ज्वार
C. गन्ना D. उपरोक्त सभी की

162. कुरुक्षेत्र में किस स्थान पर गन्ना मिल है?

A. पेहवा B. शाहबाद मारकण्डा
C. लाडवा D. बबैन

163. हरियाणा के किस जिले को बासमती चावल के उत्पादन में विश्व प्रसिद्ध होने के कारण ''धान का कटोरा'' नाम से जाना जाता है?

A. हिसार B. कुरुक्षेत्र
C. करनाल D. जीन्द

164. निम्नलिखित में से कौन हरियाणा के प्रमुख कपास उत्पादक जिलों में से एक नहीं है?

A. सोनीपत B. अम्बाला
C. रेवाड़ी D. सिरसा

165. हरियाणा का निम्नलिखित में से कौन–सा जिला अपनी सीमा किसी अन्य राज्य के साथ साझा नहीं करता?

A. चरखी दादरी B. गुरुग्राम
C. पलवल D. जींद

166. हरियाणा में किस फसल का उत्पादन सबसे ज्यादा होता है?

A. चावल B. गेहूँ
C. चना D. सरसों

167. हरियाणा की सबसे ऊँची पहाड़ी श्रृंखला मोरनी हिल्स अवस्थित है :

A. अम्बाला में B. जींद में
C. यमुनानगर में D. पंचकुला में

168. निम्नलिखित कथनों पर विचार कीजिए :

(*a*) सोनीपत और झज्जर की सीमा दिल्ली के साथ लगती है।

(*b*) रोहतक की सीमा दिल्ली से नहीं लगती है।

उपर्युक्त में से कौन–सा/से कथन सही है/हैं?

A. केवल (*b*)
B. (*a*) और (*b*) दोनों
C. न तो (*a*) और न ही (*b*)
D. केवल (*a*)

169. प्रदेश में जिला अम्बाला में नहरी सिंचाई सुविधा किस सिंचाई परियोजना के बनने से उपलब्ध हुई है?

A. नंगल उठान सिंचाई परियोजना
B. हथनी कुण्ड बैराज परियोजना
C. जवाहरलाल नेहरू सिंचाई परियोजना
D. सेवानी लिफ्ट सिंचाई परियोजना

170. हरियाणा के रेतीले भाग में सिंचाई का साधन क्या है?

A. नहरों द्वारा
B. कुओं द्वारा
C. नलकूप की सहायता से फव्वारों द्वारा
D. वर्षा द्वारा

171. पश्चिमी यमुना नहर द्वारा हरियाणा के निम्नलिखित में से किस जिले में सिंचाई की जाती है?

A. करनाल
B. सोनीपत
C. रोहतक
D. उपरोक्त सभी जिलों में

172. गुरुग्राम के अतिरिक्त किस जिले में "गुरुग्राम नहर" द्वारा सिंचाई की जाती है?

A. पानीपत B. फरीदाबाद
C. सोनीपत D. कैथल

173. हथनी कुण्ड बैराज परियोजना हरियाणा के किस जिले से सम्बन्धित है?

A. यमुनानगर B. गुरुग्राम
C. रोहतक D. फरीदाबाद

174. महेन्द्रगढ़ जिले में कृषि की उन्नति के लिए कौन-सी सिंचाई परियोजना चलाई गई?

A. लोहारू लिफ्ट सिंचाई परियोजना
B. पश्चिमी यमुना नहर योजना
C. जे॰एल॰एन॰उठान सिंचाई परियोजना
D. हथनी कुण्ड बैराज परियोजना

175. हरियाणा की कौन-सी नहर दिल्ली में ओखला नामक स्थान से यमुना नदी से निकाली गई है?

A. गुड़गाँव नहर B. भाखड़ा नहर
C. पूर्वी यमुना नहर D. इनमें से कोई नहीं

176. हरियाणा की किस सिंचाई योजना द्वारा स्वरूप कलौदा, खुर्ल कलां, भीखेवाला, खरडवाला नेहरा, फुलिया कलां आदि गांवों को सिंचाई सुविधा प्राप्त हुई थी?

A. झज्जर उत्थान सिंचाई योजना
B. नखाना की सिंचाई परियोजना
C. नंगल उठान सिंचाई परियोजना
D. जवाहरलाल नेहरू सिंचाई योजना

177. हरियाणा के अहरिवाल क्षेत्र में सिंचाई सुविधा के अन्तर्गत निम्न में कौन-सी सिंचाई स्कीम प्रारम्भ की गई है?

A. रेवाड़ी लिफ्ट सिंचाई स्कीम
B. हथनी-कुण्ड बैराज़ सिंचाई स्कीम
C. मेवात उठान सिंचाई स्कीम
D. भाखड़ा नहर सिंचाई स्कीम

178. हरियाणा का सबसे बड़ा पशु-फॉर्म कहाँ पर स्थित है?

A. रोहतक B. हिसार
C. पंचकुला D. जीन्द

179. हरियाणा की किस नस्ल की भैंसे सारे भारत में प्रसिद्ध हैं?

A. मुर्रा B. तुरा
C. पुस्प D. चस्सा

180. हरियाणा में निम्नलिखित में से किस स्थान पर सहकारी दूध संयन्त्र खुले हुए हैं?

A. अम्बाला
B. भिवानी
C. जीन्द
D. उपरोक्त सभी स्थानों पर

181. निम्नलिखित कथनों पर विचार कीजिए :

(*a*) रोहतक में पुलिस आयुक्तालय स्थित है।
(*b*) सोनीपत में पुलिस आयुक्तालय स्थित है।

उपर्युक्त में से कौन–सा/से कथन सही है/हैं?

A. केवल (*b*)
B. (*a*) और (*b*) दोनों
C. न तो (*a*) और न ही (*b*)
D. केवल (*a*)

182. हरियाणा में नीलोखेड़ी के अतिरिक्त निम्नलिखित में से किस स्थान पर पोल्ट्री का प्रशिक्षण दिया जाता है?

A. अम्बाला B. करनाल
C. हिसार D. कैथल

183. जिला फतेहाबाद में कहाँ पर अश्व स्टेलियन केन्द्र कार्यरत है?

A. टोहाना B. रतिया
C. भट्टूकलां D. जाखल

184. जिला भिवानी में सघन पशु विकास परियोजना कब आरम्भ की गई थी?

A. वर्ष 1966 में B. वर्ष 1970 में
C. वर्ष 1972 में D. वर्ष 1978 में

185. जिला महेन्द्रगढ़ में किस स्थान पर एक वीर्य बैंक स्थित है जहाँ पर तरल नाइट्रोजन प्लांट लगा हुआ है?

A. अटेली B. नारनौल
C. नांगल चौधरी D. महेन्द्रगढ़

186. जिला भिवानी में पशु रोगों के निदान हेतु, जिला ग्रामीण विकास निकाय द्वारा, ''पशु रोग निदान प्रयोगशाला' की स्थापना कब की गई?

A. 1978 में B. 1980 में
C. 1984 में D. 1990 में

187. निम्न में कौन हरियाणा के मुख्यमंत्री नहीं रहे?

A. बंसीलाल B. देवीलाल
C. भजनलाल D. श्रीचन्द

188. कालका तहसील किस जिले में स्थित है?

A. पंचकुला B. अम्बाला
C. कैथल D. करनाल

189. हरियाणा में पहली स्थायी लोक अदालत की स्थापना कब हुई?

A. 17 जनवरी, 1955
B. 10 मई, 2005
C. 1 नवम्बर, 1966
D. 7 अगस्त, 1998

190. 2010 में किस भाषा को हरियाणा की दूसरी राजभाषा का दर्जा दिया गया?

A. अंग्रेजी B. उर्दू
C. हरियाणवी D. पंजाबी

191. सरस्वती शुगर मिल, हरियाणा के किस जिले में स्थित है?

A. रोहतक B. पानीपत
C. यमुनानगर D. फरीदाबाद

192. यमुनानगर में यमुना गैसेस लि० की स्थापना कब की गई?

A. 1973 में B. 1975 में
C. 1980 में D. 1981 में

193. यमुनानगर में यमुना गैसेस लि० कम्पनी को गैसों के उत्पादन में अग्रणी स्थान प्राप्त करने का गौरव कब मिला?

A. वर्ष 1969 में B. वर्ष 1973 में
C. वर्ष 1972 में D. वर्ष 1975 में

194. भारत स्टॉर्च कैमिकल लि० की स्थापना यमुनानगर में कब हुई थी?

A. 1929 में B. 1932 में
C. 1938 में D. 1948 में

195. यमुनानगर की टिम्बर मार्किट (मण्डी) वर्ष 1947 से पूर्व किस नाम से प्रसिद्ध थी?

A. अब्दुल्लापुर मण्डी
B. सादापुर मण्डी
C. यमुनानगर मण्डी
D. यमुनापुर मण्डी

196. जिला सोनीपत का एटलस साइकिल उद्योग विश्व के कितने प्रमुख साइकिल निर्माण प्रतिष्ठानों में से एक है?

A. तीन B. पाँच
C. सात D. नौ

197. हरियाणा में ''भिवानी टैक्सटाइल मिल'' की स्थापना कब हुई थी?

A. 1930 में B. 1937 में
C. 1942 में D. 1950 में

198. हरियाणा साहित्य अकादमी का मुख्यालय कहाँ है?

A. चण्डीगढ़ B. गुरुग्राम
C. रोहतक D. अम्बाला

199. गुरुग्राम महानगरीय विकास प्राधिकरण की स्थापना कब की गई थी?

A. वर्ष 2014 में B. वर्ष 2015 में
C. वर्ष 2016 में D. वर्ष 2017 में

200. हरियाणा की सन् 1939 में चरखी दादरी स्थित सीमेंट फैक्टरी का निर्माण जर्मन-इंजीनियरों के सहयोग से किसके द्वारा किया गया था?

A. सेठ सिंघानिया
B. सेठ करोड़ीमल
C. सेठ रामकृष्ण डालमिया
D. सेठ रामकुमार बिड़ला

201. हरियाणा के चरखी दादरी स्थित, सीमेंट फैक्टरी के भारत सरकार के उपक्रम भारतीय सीमेंट निगम ने अपने अधिकार में कब लिया था?

A. 5 अप्रैल, 1980 को
B. 23 जून, 1981 को
C. 10 जून, 1984 को
D. 23 जून, 1988 को

202. जिला पानीपत में उत्पादित बासमती चावल किस देश में निर्यात किया जाता है?

A. कनाडा

B. आस्ट्रेलिया

C. अरेबियन देशों में

D. उपरोक्त सभी देशों में

203. हरियाणा के निम्नलिखित में से किस जिले में कैप्टिव विद्युत संयंत्र की स्थापना की गई है?

A. पानीपत में B. हिसार में

C. रोहतक में D. करनाल में

204. जिला पानीपत के बाहौली क्षेत्र में कौन-सा कारखाना स्थापित किया गया है?

A. कपड़े बनाने का कारखाना

B. कृषि यन्त्र बनाने का कारखाना

C. तेल शोधक कारखाना

D. हवाई चप्पल बनाने का कारखाना

205. हरियाणा के निम्नलिखित में से किस जिले में "अमोनिया प्लांट" स्थापित है?

A. पानीपत B. कैथल

C. गुरुग्राम D. करनाल

206. जिला महेन्द्रगढ़ का किस चीज के उत्पादन में हरियाणा राज्य में प्रथम स्थान है?

A. चावल के उत्पादन में

B. बर्तनों के उत्पादन में

C. सरसों के उत्पादन में

D. साइकिलों के उत्पादन में

207. हरियाणा के किस जिले की सीमा अन्य राज्यों से नहीं लगती?

A. रेवाड़ी B. रोहतक

C. अम्बाला D. फरीदाबाद

208. रेवाड़ी जिले का निम्नलिखित में से कौन-सा उद्योग भारत भर में प्रसिद्ध है?

A. तिल्ला जूती उद्योग

B. पीतल बर्तन उद्योग

C. हीरो होण्डा मोटर साइकिल फैक्टरी

D. उपरोक्त सभी

209. जीन्द जिले में साइकिल बनाने के अतिरिक्त अन्य किस चीज का कारखाना स्थित है?

A. बर्तन बनाने का कारखाना

B. कपड़ों का कारखाना

C. चीनी बनाने का कारखाना

D. चमड़े के जूते बनाने का कारखाना

210. हरियाणा शब्द किस कृति में प्राप्त हुआ है?

A. पासणा हचरिउ

B. महापुराण

C. A और B

D. इनमें से कोई नहीं

211. जिला फतेहाबाद में लकड़ी का विकल्प तैयार करने वाला, "न्यूवुड लकड़ी उद्योग" कहाँ पर स्थापित है?

A. रतिया में B. टोहाना में

C. भूना में D. जाखल में

212. करनाल जिले में निर्मित किस वस्तु का विदेशों में भी निर्यात किया जाता है

A. लिबर्टी जूतों का

B. पेंट का

C. लकड़ी के फर्नीचर का

D. स्टील के फर्नीचर का

213. जिला कुरुक्षेत्र की शाहबाद सहकारी चीनी मिल की स्थापना कब की गई थी?

A. 1976-77 में B. 1984-85 में

C. 1991-92 में D. 1994-95 में

214. जिला फरीदाबाद में निम्नलिखित में से किस चीज का कारखाना स्थापित है?

A. ट्रैक्टर B. रेफ्रीजरेटर

C. रबड़ टायर D. उपरोक्त सभी

215. 2015 में रिलीज की गई किस हरियाणवी फिल्म को दो राष्ट्रीय पुरस्कार प्रदान किए गए?

A. पगड़ी B. बीरा शेरा

C. चाँद चकोरी D. वीर घटोत्कच

216. मारुति कारों का निर्माण कार्य हरियाणा में कहां पर होता है?

A. गुरुग्राम B. अम्बाला

C. फरीदाबाद D. हिसार

217. दिव्यावदान में किन नगरों का उल्लेख हुआ है?

A. रोहतक B. अग्रोहा

C. A और B D. सोनीपत

218. हरियाणा सरकार द्वारा स्वतंत्रता सेनानियों को सम्मानित करने का निर्णय किस वर्ष लिया गया था?
A. वर्ष 1980 में B. वर्ष 1981 में
C. वर्ष 1985 में D. वर्ष 1997 में

219. 'खोड़िया नृत्य' हरियाणा में किस अवसर पर किया जाता है?
A. शादी के अवसर पर
B. होली के अवसर पर
C. तीज के अवसर पर
D. गोगा नवमी के अवसर पर

220. प्रदेश में परमवीर चक्र प्राप्त सैनिकों को कितनी धनराशि एकमुश्त प्रदान की जाती है?
A. ₹ 1 करोड़ B. ₹ 3 करोड़
C. ₹ 2 करोड़ D. ₹ 5 करोड़

221. युद्ध सेवा मैडल प्राप्त करने वाले सैनिकों को नकद राशि, वार्षिकी और भूमि के बदले नकद राशि देने की स्कीम 1988 में बंद कर दी गई थी, उसे बंसी लाल की सरकार द्वारा पुनः कब चालू किया गया?
A. अप्रैल, 1995 में B. अप्रैल 1997 में
C. अप्रैल, 1996 में D. अप्रैल, 1998 में

222. किस वेद में हरियाणा की दो प्राचीन नदियों का उल्लेख है जो आज लुप्त हैं?
A. सामवेद B. यजुर्वेद
C. अथर्ववेद D. ऋग्वेद

223. अशोक का तोपरा स्तम्भ किस जिले में प्राप्त हुआ है?
A. अम्बाला B. रोहतक
C. सोनीपत D. हिसार

224. हरियाणा में दिसम्बर, 2024 तक कितने वृद्ध नागरिकों को वृद्धावस्था सम्मान भत्ता दिया जा रहा है?
A. 12,60,090 B. 13,08,045
C. 20,85,967 D. 25,18,145

225. 'इंदिरा गांधी सुपर थर्मल शक्ति परियोजना हरियाणा के किस जिले में स्थित है?
A. झज्जर B. यमुनानगर
C. फरीदाबाद D. भिवानी

226. प्रदेश में अस्वच्छ व्यवसाय में लगे अनुसूचित जाति के बच्चों के लिए किस स्थान पर छात्रावास है?
A. करनाल B. फरीदाबाद
C. अम्बाला D. सभी में

227. विमुक्त जाति के बच्चों के लिए प्रदेश में किस स्थान पर छात्रावास खोला गया है?
A. रोहतक B. जीन्द
C. फरीदाबाद D. गुरुग्राम

228. हरियाणा में शराबबन्दी कानून कब लागू किया गया था?
A. 1 दिसम्बर, 1991 में
B. 1 जून, 1993 में
C. 1 जुलाई, 1996 में
D. 1 मई, 1997 में

229. प्रदेश सरकार द्वारा शराबबन्दी कानून कब समाप्त किया गया?
A. 1 मार्च, 1996 में
B. 1 मई, 1997 में
C. 1 फरवरी, 1996 में
D. 1 अप्रैल, 1998 में

230. निम्नलिखित में से कौन-सी बाल विकास परियोजना हरियाणा राज्य से सम्बन्धित है?
A. समेकित बाल विकास परियोजना
B. बाल स्वास्थ्य परियोजना
C. शिशु पोषण परियोजना
D. असहाय बाल विकास परियोजना

231. हरियाणा में गरीब लड़कियों के कल्याण हेतु निम्नलिखित में से कौन-सी परियोजना चलाई जा रही है?
A. पराया धन पराई बेटी
B. अपनी बेटी पराया धन
C. अपनी बेटी अपना धन
D. कोई नहीं

232. हरियाणा में रैपिड मेट्रो की शुरुआत सर्वप्रथम किस शहर में हुई?
A. फरीदाबाद B. गुरुग्राम
C. पानीपत D. सोनीपत

233. हरियाणा राज्य में प्रत्येक गांव में बिजली पहुँचाने का कार्य कब पूर्ण किया गया?
A. 10 जून, 1966 को
B. 25 मार्च, 1971 को
C. 15 अप्रैल, 1968 को
D. 29 नवम्बर, 1970 को

234. हरियाणा में दिसम्बर, 2024 तक विद्युत उपभोक्ताओं की कुल संख्या कितनी थी?

A. 81.34 लाख B. 85 लाख

C. 90 लाख D. 95 लाख

235. अशोक के स्तम्भ लेख की लिपि कौन-सी थी?

A. फारसी B. देवनागरी

C. ब्राह्मी D. इनमें से कोई नहीं

236. इंदिरा गांधी अति ऊष्मीय शक्ति परियोजना हरियाणा के किस जिले में है?

A. सिरसा B. हिसार

C. जिंद D. झज्जर

237. हरियाणा में निम्नलिखित में से किस तरल स्थान पर आधारित 25-25 मैगावाट के बिजली संयन्त्र की स्थापना की गई है।

A. गुरुग्राम में

B. फरीदाबाद में

C. करनाल में

D. रोहतक में

238. हरियाणा में अपने बिजली उत्पादन संयन्त्रों से बिजली का उत्पादन वर्तमान समय में लगभग कितने मेगावाट है?

A. 1500 मेगावाट B. 1800 मेगावाट

C. 2582.4 मेगावाट D. 3000 मेगावाट

239. किसानों की मांग पर नलकूपों की गहराई के आधार पर बिजली की कौन-सी प्रणाली पूरे प्रदेश में लागू की गई है?

A. स्टैव प्रणाली

B. विद्युत नापन प्रणाली

C. टैस्ट प्रणाली

D. इनमें से कोई नहीं

240. हरियाणा में निम्नलिखित में से किस स्थान पर ताप बिजलीघर स्थित है?

A. हिसार B. कैथल

C. जीन्द D. फरीदाबाद

241. प्रदेश में एन॰टी॰पी॰सी॰ द्वारा गैस पर आधारित 432 मैगावाट का पावर प्लान्ट कहाँ पर लगाया गया?

A. गुरुग्राम B. फरीदाबाद

C. पानीपत D. करनाल

242. हरियाणा में नवम्बर, 2024 तक सड़कों की कुल लम्बाई किलोमीटर में कितनी है?

A. 33,543 कि॰मी॰ B. 24,065 कि॰मी॰

C. 25,074 कि॰मी॰ D. 40,500 कि॰मी॰

243. प्रदेश में बड़े परिवहन बस डिपो की संख्या कितनी है?

A. 12 B. 13

C. 24 D. 30

244. हरियाणा का निम्नलिखित में से कौन–सा शहर राष्ट्रीय राजधानी क्षेत्र का हिस्सा नहीं है?

A. सोनीपत B. फरीदाबाद

C. हिसार D. गुरुग्राम

245. हरियाणा सरकार द्वारा यात्री-परिवहन का सम्पूर्ण राष्ट्रीयकरण कब किया गया?

A. सन् 1972 में B. सन् 1976 में

C. सन् 1980 में D. सन् 1985 में

246. हरियाणा को किस साल खुले में शौच मुक्त घोषित किया गया?

A. 2014 B. 2015

C. 2016 D. 2017

247. किस वर्ष हरियाणा विधानसभा की अधिकतम कुल संख्या 90 की गई?

A. 1977 B. 1967

C. 1971 D. 1985

248. दिल्ली से फिरोजपुर राष्ट्रीय मार्ग पर यात्रा करने पर हरियाणा का कौन-सा प्रमुख नगर पड़ता है?

A. रोहतक B. सिरसा

C. हिसार D. उपरोक्त सभी

249. हरियाणा में राष्ट्रीय राजमार्गों की कुल लम्बाई नवम्बर, 2024 तक कितने किमी है?

A. 1900 किमी B. 1200 किमी

C. 1600 किमी D. 3391 किमी

250. निम्नलिखित में से किस स्थान पर हरियाणा सिविल विमानन संस्थान का फ्लाइंग प्रशिक्षण केन्द्र स्थित है?

A. करनाल

B. पिंजौर

C. A और B दोनों जगह

D. इनमें से कोई नहीं

251. निम्नलिखित में से किस स्थान पर सिविल विमानन विभाग हरियाणा की सिविल हवाई पट्टी स्थित है?

A. करनाल B. पिंजौर

C. हिसार D. उपरोक्त सभी जगह

252. कलेसर राष्ट्रीय उद्यान अवस्थित है :

A. यमुनानगर जिले में B. कुरुक्षेत्र जिले में

C. अंबाला जिले में D. पंचकुला जिले में

253. हरियाणा में भारी वाहन चालक प्रशिक्षण संस्थान निम्नलिखित में से किस स्थान पर स्थित है?

A. मुरथल B. चरखी दादरी

C. अम्बाला D. तावडू

254. हरियाणा की शिवालिक पहाड़ियों में पिंजौर-कालका के निकट किस काल के उपकरण प्राप्त हुए हैं?

A. पाषाण काल B. उत्तरवैदिक काल

C. हड़प्पा काल D. पूर्ववैदिक काल

255. मानव-जाति के जनक माने जाने वाले वैवस्त मनु को ''अवन्ति सुन्दरी कथा'' नामक ग्रन्थ में, किस स्थान का निवासी माना गया है?

A. पानीपत B. रोहतक

C. स्थाण्वीश्वर D. पंचकुला

256. हरियाणा के वणावली, सीसवाल, कुणाल, मिर्जापुर, दौलतपुर और भगवानपुरा नामक स्थानों के उत्खननों से किस काल की संस्कृतियों के प्रमाण मिले हैं?

A. आद्यैतिहासकालीन-प्राग्हड़प्पा

B. हड़प्पा

C. परवर्ती हड़प्पा

D. उपरोक्त सभी कालों के

257. हरियाणा में पुरातात्विक अन्वेषण, सर्वप्रथम किसने आरम्भ किया था?

A. जॉनसर

B. एलेक्जेण्डर कनिंघम

C. लार्ड मुनरो

D. जॉन मार्शल

258. हरियाणा में पुरातात्विक अन्वेषण का आरम्भ कब हुआ?

A. 1862 ई. में B. 1892 ई. में

C. 1900 ई. में D. 1905 ई. में

259. डॉ सूरजभान के निर्देशन में हरियाणा में किस स्थान की खुदाई से महत्त्वपूर्ण ऐतिहासिक सामग्री प्राप्त हुई है?

A. मिथाथल (जिला भिवानी)

B. दादरी (जिला चरखी दादरी)

C. ऐलनाबाद (जिला सिरसा)

D. सफीदों (जिला जीन्द)

260. हरियाणा में हड़प्पा परवर्ती संस्कृति व चित्रित स्लेटी पात्र सभयताओं के लोगों के साथ-साथ रहने का सर्वप्रथम प्रमाण कहाँ मिला है?

A. नारनौल B. भगवानपुरा

C. सिरसा D. महेन्द्रगढ़

261. हरियाणा में हड़प्पा संस्कृति का एक विराट टीला जीन्द के समीप किस स्थान पर है?

A. सफीदों B. उचाना

C. नरवाना D. राखीगढ़ी

262. जगाधरी से तीन कि.मी. पूर्व की ओर चनेती में एक स्तूप के अवशेष मिले हैं, इस स्तूप की ऊँचाई 8 मीटर है। बताइये इसकी परिधि कितने मीटर है?

A. 20 मीटर B. 30 मीटर

C. 45 मीटर D. 50 मीटर

263. आमीन जिला कुरुक्षेत्र से प्राप्त दो स्तम्भ किस काल की कला को दर्शाते हैं?

A. मौर्यकाल B. वर्धनकाल

C. गुप्तकाल D. शुंगकाल

264. संमुद्रगुप्त का एक परशु प्रकार का सोने का सिक्का हरियाणा में कहाँ पर मिला है?

A. कोसली (रेवाड़ी) B. हांसी (हिसार)

C. मिथाथल (भिवानी) D. रानिया (सिरसा)

265. हरियाणा के किस इलाके में तीसरी शताब्दी में यौधेयों का बोलबाला था?

A. पानीपत के इलाके मे

B. रोहतक के इलाके में

C. हिसार के इलाके में

D. अम्बाला के इलाके में

266. जगाधरी से किस शासक की सोने की मुद्रा प्राप्त हुई है?

A. कनिष्क B. कुमारगुप्त

C. पुष्पमित्रशुंग D. समुद्रगुप्त

267. हरियाणा के किस स्थान से हर्षवर्धन की तांबे की मुद्रा मिली है जिसमें थानेश्वर के पुष्पमूर्ति वंशावली का वृत्तान्त मिलता है?

A. सोनीपत B. सिरसा
C. गुरुग्राम D. कैथल

268. भारतीय पुरातत्व सर्वेक्षण के एच.एल. श्रीवास्तव द्वारा हिसार में किस स्थान पर खुदाई कार्य करवाया गया था?

A. उकलाना B. बरवाला
C. अग्रोहा D. आदमपुर

269. हरियाणा प्रदेश में वर्ष 2023-24 तक मान्यता प्राप्त प्राथमिक/पूर्व प्राथमिक स्कूलों की संख्या कितनी है?

A. 9,872 B. 9,399
C. 11,582 D. 8,780

270. प्रदेश में वर्ष 2023-24 तक मान्यता प्राप्त माध्यमिक स्कूलों की संख्या कितनी है?

A. 1,215 B. 2,312
C. 5,640 D. 3,850

271. हरियाणा में वर्ष 2023-24 तक मान्यता प्राप्त उच्च/वरिष्ठ माध्यमिक विद्यालयों की संख्या कितनी है?

A. 3,780 B. 9,354
C. 5,940 D. 3,460

272. हरियाणा में वर्ष 2023-24 तक मान्यता प्राप्त इंजीनियरिंग महाविद्यालयों की संख्या कितनी है?

A. 94 B. 250
C. 305 D. 410

273. प्रदेश में वर्ष 2023-24 तक कला तथा विज्ञान महाविद्यालयों की संख्या कितनी है?

A. 190 B. 200
C. 400 D. 374

274. हरियाणा प्रदेश में वर्ष 2022-23 तक कितने मान्यता प्राप्त अध्यापक प्रशिक्षण महाविद्यालय हैं?

A. 489 B. 400
C. 300 D. 297

275. प्रदेश में कुल साक्षर जनसंख्या कितनी है?

A. 1,66,25,728 B. 1,65,98,988
C. 78,10,882 D. 1,32,58,652

276. प्रदेश में वर्ष 2023-24 तक मान्यता प्राप्त कितने विश्वविद्यालय हैं?

A. 58 B. 40
C. 35 D. 38

277. प्रदेश में निम्नलिखित में से किस स्थान पर नवोदय विद्यालय स्थित है?

A. तितरम B. ओढ़ा
C. देवराला D. उपरोक्त सभी में

278. हरियाणा सरकार द्वारा किस वर्ष 10+2+3 शिक्षा प्रणार्ल लागू की गई?

A. 1980-81 में B. 1976-77 में
C. 1988-89 में D. 1985-86 में

279. "महर्षि दयानन्द विश्वविद्यालय" हरियाणा के किस नगर में स्थित है?

A. रोहतक B. हिसार
C. फरीदाबाद D. रेवाड़ी

280. "चौधरी चरणसिंह कृषि विश्वविद्यालय" प्रदेश के किस नगर में स्थित है?

A. जीन्द B. गुरुग्राम
C. हिसार D. कुरुक्षेत्र

281. हरियाणा में पंजाबी भाषा को बढ़ावा देने के उद्देश्य से पंजाबी भाषा को किस स्थान पर रखा गया है?

A. प्रथम B. द्वितीय
C. तृतीय D. चतुर्थ

282. हरियाणा में चौधरी देवीलाल विश्वविद्यालय निम्नलिखित में से किस स्थान पर स्थित है?

A. कुरुक्षेत्र B. हिसार
C. रोहतक D. सिरसा

283. हरियाणा में खेलों को बढ़ावा देने के उद्देश्य से प्रदेश सरकार द्वारा कौन-सी महत्त्वपूर्ण योजना चलाई जा रही है?

A. खेल संस्थाओं को अनुदान
B. प्रशिक्षण योजना
C. खेल स्टेडियम
D. उपरोक्त सभी

284. खिलाड़ियों को आधुनिक और वैज्ञानिक ढंग से प्रशिक्षण देने के लिए हरियाणा में किस स्थान पर खेल छात्रावास की स्थापना की गई है?

A. गुरुग्राम में B. रोहतक में
C. फरीदाबाद में D. पानीपत में

285. हरियाणा के सोनीपत जिले के राई नामक स्थान पर एक खेलकूद स्कूल है, उसका नाम बताइये?

A. जवाहरलाल नेहरू खेलकूद स्कूल
B. इन्दिरा गांधी खेलकूद स्कूल
C. मोतीलाल नेहरू खेलकूद स्कूल
D. राजीव गांधी खेलकूद स्कूल

286. सोनीपत जिले के राई नामक स्थान पर स्थित मोतीलाल नेहरू खेलकूद स्कूल में स्थित कमला नेहरू नामक स्कूल की स्थापना कब की गई थी?

A. वर्ष 1970 में B. वर्ष 1974 में
C. वर्ष 1982 में D. वर्ष 1986 में

287. सुश्री सोनिया लाठेर किस खेल से संबंधित हैं?

A. कुश्ती B. कबड्डी
C. एथलेटिक्स D. मुक्केबाजी

288. टोक्यो ओलंपिक 2020 में हरियाणा के किस पहलवान ने रजत पदक प्राप्त किया था?

A. बजरंग पुनिया B. विनेश फोगाट
C. रवि कुमार दहिया D. बबिता कुमारी

289. जुलाई–अगस्त 2022 में बर्मिंघम में हुए 22वें राष्ट्रमंडल खेलों में हरियाणा के खिलाड़ियों ने कितने पदक प्राप्त किए थे?

A. 24 B. 12
C. 15 D. 20

290. हरियाणा के प्रसिद्ध खिलाड़ी नीरज चोपड़ा किस खेल से संबंधित हैं?

A. जिमनास्टिक B. भाला फेंक
C. बैडमिंटन D. टेनिस

291. पेरिस ओलंपिक 2024 में कांस्य पदक जीतने वाली मनु भाकर का सम्बन्ध किस खेल से है?

A. निशानेबाजी B. कबड्डी
C. जूडो D. हैंडबाल

292. हिन्दी के प्रसिद्ध कहानीकार श्री विशम्भरनाथ कौशिक का जन्म हरियाणा में कहा पर हुआ था?

A. अम्बाला छावनी में B. सिरसा में
C. पंचकूला में D. रोहतक में

293. हरियाणा के प्रसिद्ध लेखक पं॰ नेकीराम शर्मा ने भिवानी से कौन-सा पत्र हिन्दी में प्रकाशित किया था?

A. संवाहक B. सन्देश
C. निवारण D. वाणी

294. निम्नलिखित में से भारतीय क्रिकेट का कौन-सा पूर्व खिलाड़ी हरियाणा से सम्बन्धित है?

A. कपिल देव B. सुनील गावस्कर
C. अजय जडेजा D. अजहरुद्दीन

295. हरियाणा के किस जिले में कालेसर वन्यजीव अभयारण्य स्थित है?

A. फरीदाबाद B. नूंह
C. यमुनानगर D. गुरुग्राम

296. पेरिस ओलंपिक 2024 में निम्न में से हरियाणा के किस खिलाड़ी ने शूटिंग में कांस्य पदक जीता?

A. रमेश अवाना
B. सरबजोत सिंह
C. राजेश कुमार
D. मनदीप सिंह

297. टोक्यो ओलंपिक 2020 में हरियाणा के किस खिलाड़ी ने स्वर्ण पदक जीता था?

A. बजरंग पुनिया B. बबिता कुमारी
C. जितेन्द्र कुमार D. नीरज चोपड़ा

298. निम्नलिखित में से किस प्रमुख आदिकवि को हरियाणा का माना जाता है?

A. गोस्वामी तुलसीदास B. कबीरदास
C. कवि चन्दबरदाई D. रहीम दास

299. निम्नलिखित में से हरियाणा के किस मुस्लिम संत ने हिन्दी साहित्य के विकास में महत्त्वपूर्ण योगदान दिया?

A. शेख-यू-अलीशाह कलन्दर
B. सन्त सादुल्ला
C. शेख बहाउद्दीन चिश्ती
D. उपरोक्त सभी ने

300. निम्नलिखित में से कौन-सा प्राचीन कवि हरियाणा से सम्बन्धित नहीं है?

A. वीरभान B. महात्मा हरिदास
C. बनारसीदास D. नरोत्तम दास

301. हरियाणा राज्य को पूर्ण राज्य का दर्जा कब मिला?

A. 1 नवम्बर, 1964 को
B. 10 दिसम्बर, 1965 को
C. 1 नवम्बर, 1966 को
D. 15 जून, 1968 को

302. हरियाणा की राजधानी कौन-सा नगर है?

A. चण्डीगढ़ B. रोहतक
C. करनाल D. यमुनानगर

303. राज्यपाल जिलाधीश की नियुक्ति करता है–

A. केन्द्रीय सरकार की सलाह पर
B. राज्य की मंत्रिपरिषद की सलाह पर
C. राष्ट्रपति की सलाह पर
D. प्रधानमंत्री की सलाह पर

304. वर्तमान समय में हरियाणा में कितने जिले हैं?

A. 16 B. 17
C. 18 D. 22

305. प्रसिद्ध भोंडसी आश्रम हरियाणा के किस जिले में स्थित है?

A. पानीपत B. फतेहाबाद
C. गुरुग्राम D. कैथल

306. 'नरवाना' विधान सभा क्षेत्र किस जिले में स्थित है?

A. जींद B. फरीदाबाद
C. नूंह D. गुरुग्राम

307. 'किलोई' विधान सभा क्षेत्र किस जिले में स्थित है?

A. सोनीपत B. पानीपत
C. रोहतक D. करनाल

308. हरियाणा का 22वाँ जिला कौन सा है?

A. डबवाली B. चरखी दादरी
C. होडल D. नरवाना

309. निम्न में से कौन लोकसभा क्षेत्र अनुसूचित जाति के लिए आरक्षित हैं?

A. अम्बाला B. भिवानी
C. फरीदाबाद D. हिसार

310. निम्न में से कौन लोकसभा क्षेत्र अनुसूचित जाति के लिए आरक्षित हैं?

A. सोनीपत B. महेन्द्रगढ़
C. रोहतक D. सिरसा

311. हरियाणा प्रदेश में पुरुषों द्वारा पहनी जाने वाली पगड़ी क्या कहलाती है?

A. खंडवा B. पग्गड़
C. तोडा D. पगड़ी

312. प्रदेश में राजपूती ढंग की बड़ी पगड़ी को क्या कहते हैं?

A. साफा B. टोपी
C. पाग D. दोहरा

313. हरियाणा में चार नीले तथा चार लाल धागों की बुनाई वाले खद्दर से बना बिना कली का घाघरा क्या कहलाता है?

A. धारणा B. खारा
C. थारा D. कचारा

314. हरियाणा में महिलाओं द्वारा बुजली गहना शरीर के किस भाग में पहना जाता है?

A. माथा B. पैर
C. नाक D. कान

315. प्रदेश में निम्नलिखित में से कौन-सा आभूषण मुंह और सिर पर पहना जाता है?

A. सिंगार पट्टी B. तग्गा
C. बेस्सर D. उपरोक्त सभी

316. प्रदेश में प्रचलित आभूषणों में निम्नलिखित में से कौन-सा आभूषण नाक में नहीं पहना जाता है?

A. नांथ B. पुरली
C. ढेडे D. कोक्का

317. प्रदेश में प्रचलित निम्नलिखित में से कौन-सा आभूषण हाथों में नहीं पहना जाता है?

A. पौहची B. कडूल्ला
C. पछेल्ली D. बांकड़ी

318. प्रदेश में प्रचलित शकुन-अपशकुनों में निम्नलिखित में से किसे शकुन माना जाता है?

A. पानी भरा घड़ा B. हिरण दर्शन
C. मेहतर (झाडू लिए हुए) D. उपरोक्त सभी

319. प्रदेश में प्रचलित शकुन-अपशकुनों में निम्नलिखित में से किसे अपशकुन माना जाता है?

A. खाली घड़ा
B. दूब का दर्शन
C. पैर का खुजाना
D. भिस्ती का जल लिए मिलना

320. प्रदेश में पारम्परिक आभूषणों में निम्नलिखित में से कौन-सा आभूषण पुरुषों द्वारा पहना जाता है?

A. गोफ B. तागड़ी
C. नाड़ा D. कड़ी

321. हरियाणा में निम्नलिखित में से किस धार्मिक स्थान पर सूर्य ग्रहण के अवसर पर भारत भर से लाखों यात्री स्नान व धर्मानुष्ठान के लिए आते हैं?

A. गुरुग्राम B. कुरुक्षेत्र
C. जगाधरी D. इनमें से कोई नहीं

322. गुरुग्राम जिले में इस्लामपुर नामक स्थान पर भादों मास के नौवें दिन कौन-सा मेला लगता है?
A. गूगा नौमी B. नागपूजा
C. यमुना स्नान D. शिव मेला

323. गुरुग्राम में चैत्र व आषाढ़ मास में प्रत्येक सोमवार व मंगलवार को निम्नलिखित में से कौन सा प्रसिद्ध मेला लगता है?
A. बुद्धो माता का मेला B. शिवजी का मेला
C. शीतला माता का मेला D. मेला बाबा बूढ़ा

324. हरियाणा के किस जिले में रामसराय और भूतेश्वर के प्रसिद्ध मेले लगते हैं?
A. फरीदाबाद जिले में B. जीन्द जिले में
C. रोहतक जिले में D. झज्जर जिले में

325. रोहतक के अस्थल बोहर में मठ में फरवरी-मार्च के महीने में कौन-सा मेला लगता है?
A. बाबा मस्तनाथ का मेला
B. कपाल मोचन का मेला
C. देवी मेला
D. पाथरी माता का मेला

326. जगाधरी के समीप बिलासपुर नामक स्थान पर कार्तिक पूर्णिमा के दिन कौन-सा मेला लगता है?
A. आदि बद्री मेला B. मेला काली माई
C. कपाल मोचन का मेला D. पंचमुखी मेला

327. रोहतक जिले में लाखन माजरा नामक स्थान पर "मंजी साहब का गुरुद्वारा" स्थित है यहां पर निम्नलिखित में से कौन-सा त्यौहार मनाया जाता है?
A. मेला सत्वा तीज
B. मोहोला हल्ला का त्योहार
C. बावन द्वादशी
D. माणु मेला

328. जिला पानीपत के पाथरी नामक स्थान पर चैत्र व आषाढ़ मास के हर बुधवार को कौन-सा मेला लगता है?
A. माता का मेला
B. शिव मेला
C. मेला देहाती
D. पाथरी माता का मेला

329. जीन्द जिले के खरक रामजी नामक स्थान पर होली के दिन कौन-सा मेला लगता है?
A. माता का मेला
B. नागदेवता का मेला
C. बाबा भालूनाथ का मेला
D. मेला सच्चा सौदा

330. रोहतक जिले के दुबलधन माजरा नामक स्थान पर फाल्गुन सुदी द्वादशी (फरवरी- मार्च) को कौन-सा मेला लगता है?
A. मेला माता B. मेला देवी
C. मेला श्यामजी D. मेला बाबा बूढ़ा

331. जिला गुरुग्राम के खोरी नामक स्थान पर अप्रैल, मई में कौन-सा मेला लगता है?
A. शाहचोखा खोरी मेला
B. शिव का मेला
C. नागपूजा मेला
D. बाबा मस्तनाथ का मेला

332. जिला सोनीपत में किस स्थान पर फाल्गुन सुदी-9 (फरवरी, मार्च) में डेरा नग्न बालकनाथ का मेला लगता है?
A. बेगा (तहसील सोनीपत)
B. मेहरीपुर (तहसील सोनीपत)
C. रभड़ा (तहसील गोहाना)
D. चुलकाना (तहसील सोनीपत)

333. जिला सोनीपत के खुबडु नामक स्थान पर फाल्गुन की पूर्णमासी (फरवरी, मार्च) को कौन-सा मेला लगता है?
A. सतकुम्भा मेला
B. मेला बाबा शमकशाह
C. मेला सांझी
D. देवी मेला

334. फरीदाबाद जिले के अलावलपुर नामक स्थान पर स्थित बाबा उदासनाथ की समाधि पर मेला कब लगता है?
A. भादों सुदी नवमी को
B. चैत्र बदी दूज को
C. लगते फाल्गुन बदी चौदस को
D. फाल्गुन बदी अमावस्या को

335. जिला भिवानी में किस स्थान पर रक्षा बंधन के दिन बाबा खेडेवाला का मेला लगता है?

A. नौरंगाबाद B. खरक कलां
C. रिवासा D. तोशाम

336. हरियाणा प्रदेश में मंगलमय "पीलिया" लोकगीत किस अवसर पर गाया जाता है?
A. सावन के महीने पर
B. पुत्र-जन्म के अवसर पर
C. विवाह के अवसर पर
D. फागुन के महीने में

337. हरियाणा प्रदेश में निम्नलिखित में से किस अवसर पर लोकगीत गाये जाते हैं?
A. पुत्र जन्म के समय
B. सावन के महीने में
C. पर्व-त्यौहार के अवसर पर
D. उपरोक्त सभी अवसरों पर

338. प्रदेश में पुरुषों द्वारा बीनों, खंजरी, तुम्बे, बांसुरी, खड़ताल पर, चांदनी रात में खुले मैदान में निम्नलिखित में से कौन-सा नृत्य किया जाता है?
A. धमाल नृत्य B. मंजीरा नृत्य
C. लूर नृत्य D. डमरु नृत्य

339. हरियाणा के मेवात क्षेत्र में बड़े-बड़े नक्कारों, डफ और मंजीरों के साथ निम्नलिखित में से कौन-सा नृत्य प्रचलित है?
A. घोड़ा नृत्य B. धमाल नृत्य
C. मंजीरा नृत्य D. छठी नृत्य

340. हरियाणा के बागर क्षेत्र में होली के मौसम में निम्नलिखित में से कौन-सा नृत्य किया जाता है?
A. डमरु नृत्य B. मंजीरा नृत्य
C. घोड़ा नृत्य D. लूर नृत्य

341. हरियाणा में प्रचलित घोड़ा लोकनृत्य का आयोजन प्रमुख रुप से किस अवसर पर किया जाता है?
A. विवाह के अवसर पर B. फागुन माह में
C. पुत्र-जन्म के अवसर पर D. सावन माह में

342. प्रदेश में भादों के महीने की नौमी के दिन गुग्गापीर की पूजा के बाद निम्नलिखित में से कौन-सा नृत्य किया जाता है?
A. धमाल नृत्य B. छड़ी नृत्य
C. लूर नृत्य D. डमरु नृत्य

343. प्रदेश में प्रचलित लोकनृत्यों में से कौन-सा नृत्य स्त्रियों द्वारा किया जाता है?
A. तीज नृत्य B. धमाल नृत्य
C. डमरु नृत्य D. मंजीरा नृत्य

344. प्रदेश में प्रचलित लोक नृत्यों में से कौन-सा नृत्य पुरुषों द्वारा किया जाता है?
A. छठी नृत्य B. तीज का नृत्य
C. डमरु नृत्य D. खोडिया नृत्य

345. हरियाणा में प्रचलित लोकनृत्यों में से कौन-सा नृत्य स्त्री-पुरुष दोनों के द्वारा किया जाता है?
A. तीज नृत्य B. लूर नृत्य
C. खोडिया नृत्य D. फाग नृत्य

346. हरियाणा के कैथल नगर में प्रताप गेट के निकट निम्नलिखित में से कौन-सा गुरुद्वारा स्थित है?
A. गुरुद्वारा नीम साहिब
B. गुरुद्वारा नौवीं पातशाही
C. रागधार गुरुद्वारा
D. गुरुद्वारा छठी पातशाही

347. गुरुद्वारा मंजी साहिब हरियाणा के किस नगर में स्थित है?
A. करनाला B. पानीपत
C. कैथल D. अम्बाला

348. हरियाणा में किस स्थान को, "नवग्रह कुण्डों" के स्थित होने के कारण "छोटी काशी" भी कहा जाता है?
A. नारनौल को B. कैथल को
C. गुरुग्राम को D. कुरुक्षेत्र को

349. हरियाणा में कैथल से कुछ दूरी पर किस महापुरुष की समाधि स्थित है, जिस पर प्रत्येक वर्ष दशहरे से अगले दिन भारी मेला लगता है?
A. बाबा काली कमली वाले की
B. बाबा हरिदास की
C. बाबा लदाना की
D. बाबा रामदास की

350. कुरुक्षेत्र में थानेसर सिटी स्टेशन के समीप निम्नलिखित में से कौन-सा प्रसिद्ध तीर्थ स्थल है?
A. ब्रह्म सरोवर B. हटकेश्वर
C. ढोसी तीर्थ स्थल D. पूण्डरीक सरोवर

351. कुरुक्षेत्र रेलवे स्टेशन के समीप कुरुक्षेत्र-पेहवा रोड पर निम्नलिखित में से कौन-सा तीर्थ स्थल स्थित है, जिसे भगवान विष्णु का स्थाई निवास स्थल माना जाता है?

A. ब्रह्म सरोवर B. कालेश्वर तीर्थ
C. सन्निहित तीर्थ D. मारकाण्डेय तीर्थ

352. जिला कुरुक्षेत्र में किस तीर्थ स्थान पर श्रीकृष्ण ने अर्जुन को गीता का उपदेश दिया था?
A. ब्रह्म सरोवर B. कमल नाभ तीर्थ
C. प्राचीतीर्थ D. ज्योतिसर सरोवर

353. जिला कुरुक्षेत्र में स्थित ज्योतिसर सरोवर के समीप स्थित अक्षयवट के चारों ओर पक्के चबूतरे का निर्माण महाराज दरभंगा द्वारा कब करवाया गया था?
A. सन् 1924 में B. सन् 1930 में
C. सन् 1932 में D. सन् 1949 में

354. जिला कुरुक्षेत्र में स्थित ज्योतिसर सरोवर के निकट एक कृष्ण-अर्जुन रथ तथा शंकराचार्य के मन्दिर का निर्माण किसने करवाया था?
A. महाराज दरभंगा ने
B. कामकोटि पीठ के शंकराचार्य ने
C. कश्मीर के राजा ने
D. स्वामी विशुद्धानन्द महाराज ने

355. जिला कुरुक्षेत्र में स्थित प्रसिद्ध तीर्थ ज्योतिसर सरोवर की लम्बाई कितनी है?
A. 1000 फुट B. 1500 फुट
C. 2000 फुट D. 2500 फुट

356. जिला कुरुक्षेत्र में स्थित ''बाबा काली कमली वाले का डेरा' नामक धार्मिक स्थल के संस्थापक कौन थे?
A. स्वामी रामतीर्थ
B. श्री स्वामी विशुद्धानन्द महाराज
C. कामकोटि पीठ के शंकराचार्य
D. स्वामी परमानन्द महाराज

357. भक्तिकाल से सम्बन्धित गौड़ीय मठ नामक धार्मिक स्थल हरियाणा के किस जिले में स्थित है?
A. अम्बाला जिले में B. जीन्द जिले में
C. कुरुक्षेत्र जिले में D. महेन्द्रगढ़ जिले में

358. कुरुक्षेत्र जिले में वह कौन-सा धार्मिक स्थल है जहां पर बाबा लक्ष्मण गिरि महाराज द्वारा जीवित समाधि ली गई थी?
A. बाण गंगा B. प्राची तीर्थ
C. गौड़ीय मठ D. बाल्मिकि आश्रम

359. राजघाट गुरुद्वारा हरियाणा में कहाँ पर स्थित है?
A. कुरुक्षेत्र में B. यमुनानगर में
C. कैथल में D. भिवानी में

360. निम्नलिखित में से कौन-सा तीर्थस्थल हरियाणा के जिला कुरुक्षेत्र में स्थित नहीं है?
A. कालेश्वर तीर्थ B. प्राची तीर्थ
C. ढोसी तीर्थ D. कुबेर तीर्थ

361. जिला कुरुक्षेत्र के कुरुक्षेत्र विश्वविद्यालय के उत्तर-पश्चिम में एक कि॰मी॰ की दूरी पर से कौन-सा प्राचीन तीर्थ स्थल स्थित है?
A. मारकाण्डेय तीर्थ
B. नरकातारी (अनरक तीर्थ)
C. प्राची तीर्थ
D. कुबेर तीर्थ

362. हरियाणा में थानेसर से 25 कि॰मी॰ पश्चिम में कौन-सा महत्त्वपूर्ण तीर्थ स्थल स्थित है जिसको हरियाणा और उसके समीपवर्ती क्षेत्रों में वही स्थान प्राप्त है जो पूर्व में गया तीर्थ को है?
A. पेहोवा B. पंचवटी
C. सफीदों D. पाण्डू-पिण्डारा

363. ज़िला पलवल के होडल क्षेत्र में निम्नलिखित में से कौन-सा धार्मिक स्थल स्थित है?
A. पंचवटी
B. रामराय
C. सती का स्थान
D. कालेश्वर महादेव मठ

364. 'पंचवटी' नामक तीर्थस्थल कहां पर स्थित है?
A. बल्लभगढ़ में B. मोहाना में
C. तिगांव में D. पलवल में

365. जिला जीन्द के समीप जीन्द-गोहाना मार्ग पर कौन-सा प्राचीन धर्म-स्थल है जहां पर प्रत्येक वर्ष सोमवती अमावस्या के दिन मेला लगता है?
A. पाण्डू-पिण्डारा
B. सफीदों
C. हंसडैहर
D. उपरोक्त में से कोई नहीं

366. थानेसर नगर से कुछ दूर स्थित स्थानेश्वर महादेव मन्दिर का निर्माण सम्राट हर्षवर्धन के किस पूर्वज राजा द्वारा करवाया गया था?

A. पुष्यभूति
B. आधित्यवर्धन
C. नरवर्धन
D. प्रभाकरवर्धन

367. महमूद गजनवी अपने भारत आक्रमण के दौरान हरियाणा के निम्नलिखित में से किस प्राचीन मन्दिर की मूर्ति को अपने साथ गजनी ले गया था?
A. दुखभंजनेश्वर मन्दिर (कुरुक्षेत्र)
B. भगवान शिव मन्दिर (नारनौल)
C. सर्वेश्वर महादेव मन्दिर (कुरुक्षेत्र)
D. स्थानेश्वर महादेव मन्दिर (थानेसर)

368. हरियाणा के स्थानेश्वर मन्दिर का पुनर्निर्माण निम्नलिखित में से किसके द्वारा करवाया गया था?
A. मराठा सदाशिव राव द्वारा
B. चन्द्रगुप्त विक्रमादित्य द्वारा
C. हर्षवर्धन द्वारा
D. नरवर्धन द्वारा

369. देवीकूप (भद्रकाली मन्दिर) भारत के 51 शक्तिपीठों में से एक है यह मन्दिर प्रदेश में कहाँ पर स्थित है?
A. रोहतक
B. कुरुक्षेत्र
C. पानीपत
D. थानेसर

370. कुरुक्षेत्र में सन्निहित सरोवर के समीप निम्नलिखित में से कौन-सा मन्दिर स्थित नहीं है?
A. नारायण मन्दिर
B. लक्ष्मी नारायण मन्दिर
C. दुखभंजनेश्वर मन्दिर
D. बिरला मन्दिर

371. कुरुक्षेत्र का निम्नलिखित में से कौन-सा मन्दिर गिरि सम्प्रदाय के सिद्ध फकीर बाबा शिव गिरि महाराज द्वारा बनवाया गया था?
A. सर्वेश्वर महादेव मन्दिर
B. नारायण मन्दिर
C. लक्ष्मी नारायण मन्दिर
D. दुखभंजनेश्वर मन्दिर

372. कुरुक्षेत्र के प्रसिद्ध 'सर्वेश्वर महादेव मन्दिर' को किसने बनवाया था?
A. बाबा श्रवण नाथ ने
B. बाबा शिवगिरि ने
C. बाबा तारकनाथ ने
D. श्री जुगल किशोर बिरला ने

373. कुरुक्षेत्र-पेहोवा मार्ग पर स्थित बिरला मन्दिर को श्री जुगल किशोर बिरला द्वारा कब बनवाया गया था?
A. 1950 में
B. 1955 में
C. 1965 में
D. 1978 में

374. ग्यारह रुद्री शिव मन्दिर हरियाणा के किस नगर में स्थित है?
A. जीन्द
B. पानीपत
C. हिसार
D. कैथल

375. मराठा सरदार मंगल रघुनाथ जी ने पानीपत की तीसरी लड़ाई के बाद पानीपत में निम्नलिखित में से कौन-सा मन्दिर बनवाया था?
A. देवी तालाब का शिव मन्दिर
B. हनुमान मन्दिर
C. देवी मन्दिर
D. रुद्र मन्दिर

376. अमीन नामक गांव में निम्नलिखित में से कौन-सा प्राचीन मन्दिर स्थित है?
A. पंचवटी मन्दिर
B. शिव मन्दिर
C. अदिति का मन्दिर
D. दाऊ जी का मन्दिर

377. फरीदाबाद से लगभग 55 कि॰मी॰ की दूरी पर स्थित वंचारी गांव में निम्नलिखित में से कौन-सा प्राचीन मन्दिर स्थित है?
A. दाऊजी का मन्दिर
B. अदिति का मन्दिर
C. पंचवटी मन्दिर
D. चामुण्डा देवी का मन्दिर

378. माता शीतला देवी का प्रसिद्ध और प्राचीन मन्दिर हरियाणा में कहां पर स्थित है?
A. रेवाड़ी में
B. गुरुग्राम में
C. नारनौल में
D. जीन्द में

379. गुरुग्राम ग्राम में स्थित माता शीतला देवी का मन्दिर महाराज भरतपुर द्वारा कब बनवाया गया था?
A. सन् 1620 में
B. सन् 1645 में
C. सन् 1648 में
D. सन् 1650 में

380. प्राचीन शिव मन्दिर जहां पर बाबा ठण्डीपुरी की समाधि भी है प्रदेश में कहां स्थित है?
A. पूण्डरीक तीर्थ
B. गुरुग्राम
C. हिसार
D. रोहतक

381. पिंजोर की प्राचीन विरासत को बढ़ावा देने के लिए प्रतिवर्ष दो महोत्सव मनाए जाते हैं, एक त्योहार तो पिंजोर विरासत महोत्सव है; दूसरा महोत्सव कौन–सा है?

A. खजूर महोत्सव B. आम महोत्सव
C. नींबू महोत्सव D. संतरा महोत्सव

382. झज्जर जिले में स्थित बेरी गांव के लाल रूढ़मल मन्दिर में स्थित शिवालय की ऊँचाई कितनी है?

A. 116 फुट B. 122 फुट
C. 132 फुट D. 140 फुट

383. झज्जर जिले के बेरी गांव के लाल रूढ़मल मन्दिर में स्थित शिवालय का निर्माण कब करवाया गया था?

A. सन् 1842 में B. सन् 1850 में
C. सन् 1892 में D. सन् 1899 में

384. झज्जर जिले में स्थित बेरी गांव के लाल रूढ़मल मन्दिर के शिवालय का पहली बार जीर्णोद्धार कब करवाया गया था?

A. सन् 1943 में B. सन् 1945 में
C. सन् 1950 में D. सन् 1953 में

385. नारनौल नगर में स्थित चामुण्डा देवी के मन्दिर का निर्माण व जीर्णोद्धार किसके द्वारा करवाया गया था?

A. राजा परीक्षत द्वारा B. राजा दिलीप द्वारा
C. राजा नूरकरण द्वारा D. पांडवों द्वारा

386. हरियाणा में चिश्ती सम्प्रदाय की स्थापना किसके द्वारा की गई थी?

A. बू अलीशाह कलंदर
B. शेख फरीद (फरीदुद्दीन शकरगंज)
C. अल्ताफ हुसैन
D. इब्राहिम अबीदुल्ला

387. चिश्ती सम्प्रदाय के प्रमुख सूफी संत बू अलीशाह कलंदर ने प्रदेश में किस स्थान को अपनी साधना का प्रमुख केन्द्र बनाया था?

A. पानीपत B. रोहतक
C. सोनीपत D. गुरुग्राम

388. सूफी संत अल्ताफ हुसैन हाली की दरगाह हरियाणा में कहां पर स्थित है?

A. झज्जर B. रेवाड़ी
C. पानीपत D. रोहतक

389. पानीपत की किस दरगाह पर श्रद्धालुओं द्वारा माथा टेकने पर ही अजमेर के ख्वाजा का उर्स पूरा होता है? ऐसी धारणा है–

A. ख्वाजा शम्सुद्दीन मख्दूम जलालुद्दीन की दरगाह
B. शेख उसमान जिंदापीर की दरगाह
C. गौस अलीशाह की दरगाह
D. बू अलीशाह कलंदर की दरगाह

390. नारनौल से करीब दस कि॰मी॰ दूर गांव धरसूं में किस प्रसिद्ध संत की दरगाह स्थित है?

A. हजरत शाह कलमुद्दीन हमज़ापीर हुसैन
B. मीर शाह (बाबा शाहखान)
C. शेख निजामुद्दीन
D. शेख जुनैद

391. फतेहाबाद में स्थित किस सूफी संत की मज़ार के प्रांगण में एक पत्थर पर बादशाह हुमायूं का अभिलेख उत्कीर्ण है?

A. मीरतकी खान
B. मीर जुनैदी
C. शेख निज़ामुद्दीन
D. मीरशाह (बाबा शाहखान)

392. हरियाणा के किस मकबरे को पुरातत्वीय स्थल और अवशेष अधिनियम, 1958 के अधीन राष्ट्रीय महत्त्व का स्मारक घोषित किया गया है?

A. शेख चेहली
B. बू अलीशाह कलंदर
C. शेख फरीद (फरीदुद्दीन शकरगंज)
D. पीर जमाल

393. बाबा शाह कमाल की मज़ार प्रदेश में कहां पर स्थित है?

A. गोहाना में B. फतेहाबाद में
C. कैथल में D. रोहतक में

394. प्रदेश में किस स्थान पर निम्नलिखित चार सूफी संतों (कुतुबशेख जमालुद्दीन अहमद, कुतुब मौलाना, बसोहद्दीन सूफी कुतुबद्दीन मन्नवर, कुतुब नुरुद्दीन) की मज़ार एक स्थान पर स्थित है?

A. करनाल में B. हिसार में
C. पलवल में D. हांसी में

395. शाहाबाद और अम्बाला के बीच किसकी मज़ार है, जिस पर मनोकामना पूरी होने पर घड़ी चढ़ाई जाती है?

A. पीर नागौजी B. हमज़ा पीर

C. पीर नौगज़ा D. इब्राहिम अबीदुल्ला

396. रोहतक में स्थित किस मस्जिद को, जो पहले मन्दिर था, औरंगजेब के शासनकाल में मस्जिद का रूप दिया गया था?

A. काज़ी की मस्जिद B. दीनी मस्जिद

C. लाल मस्जिद D. इनमें कोई नहीं

397. रोहतक में स्थित लाल मस्जिद को प्रसिद्ध व्यापारी हाजी आशिक अली द्वारा कब बनवाया गया था?

A. सन् 1930 में B. सन् 1931 में

C. सन् 1935 में D. सन् 1939 में

398. गुरुग्राम जिले में स्थित सराय अलावरदी गांव की मस्जिद किस शासक के काल में बनवायी गई थी?

A. बाबर B. जहाँगीर

C. शाहजहाँ D. अलाउद्दीन खिलजी

399. झज्जर जिले के गांव दुजाना में कौन-सी प्राचीन, ऐतिहासिक मस्जिद स्थित है?

A. लाल मस्जिद B. काजी की मस्जिद

C. करीम जी की मस्जिद D. जामा मस्जिद

400. रेवाड़ी की प्रसिद्ध ऐतिहासिक लाल मस्जिद किस मुगल शासक के काल में बनवाई गई थी?

A. बाबर B. हुमायूं

C. अकबर D. जहाँगीर

401. नारनौल, पानीपत, अम्बाला के अतिरिक्त सूफी संतों ने हरियाणा के किस नगर को सूफी विचारधारा का इस्लाम प्रचार केन्द्र बनाया?

A. कैथल B. थानेसर

C. करनाल D. सोनीपत

402. हरियाणा में रहकर सूफी मत का प्रचार करने वाले अधिकांश सूफी संत निम्नलिखित में से किस सम्प्रदाय के थे?

A. चिश्ती B. नक्शबंदी

C. कादरी D. उपरोक्त सभी

403. हरियाणा का ताजमहल कहा जाने वाला, प्रसिद्ध सूफी संत शेख चेहली का मकबरा किस नगर में स्थित है?

A. हिसार B. फतेहाबाद

C. थानेसर D. पानीपत

404. चरखी दादरी जिले के कलियाणा गांव में किस संत की दरगाह स्थित है, जिस पर प्रत्येक बुधवार को मेला लगता है?

A. पीर मुबारकशाह

B. शेख उसमान जिंदापीर

C. शेख निज़ामुद्दीन

D. मुहम्मद अफज़ल

405. मीरां साहब का मकबरा हरियाणा के किस नगर में स्थित है?

A. अम्बाला B. पानीपत

C. करनाल D. कैथल

406. भगवान कृष्ण ने अर्जुन को गीता का प्रेरणादायक संदेश हरियाणा में किस स्थान पर दिया था?

A. पानीपत B. कुरुक्षेत्र

C. होडल D. थानेश्वर

407. प्रदेश का निम्नलिखित में से कौन-सा नगर प्राचीन काल में श्रीकंठ जनपद की राजधानी था?

A. थानेश्वर B. चण्डीगढ़

C. रोहतक D. गुरुग्राम

408. यमुनानगर जिले में स्थित 'सढौरा' नामक ऐतिहासिक कस्बे में निम्नलिखित में से कौन-सा प्रसिद्ध मन्दिर है?

A. मनोकामना B. गागरवाला

C. तोरांवाला D. उपरोक्त तीनों

409. जिला यमुनानगर के किस ऐतिहासिक कस्बे में 'पीर बुद्धुशाह' का गुरुद्वारा है, जिन्होंने भागनी युद्ध में गुरु गोविन्द सिंह की सहायता की थी?

A. सढौरा B. रादौर

C. बिलासपुर D. छछरौली

410. हरियाणा के बहादुरगढ़ नामक ऐतिहासिक कस्बे का प्राचीन नाम क्या था?

A. चरखाबाद B. हसीनपुर

C. शरफाबाद D. बेतवाबाद

411. महम नामक ऐतिहासिक कस्बा प्रदेश के किस जिले में स्थित है?

A. भिवानी जिले में B. रोहतक जिले में

C. यमुनानगर जिले में D. झज्जर जिले में

412. जिला रोहतक में स्थित महम नामक कस्बे का पुनः निर्माण बनिया जाति के पेशोरा नामक व्यक्ति द्वारा कब करवाया गया था?

A. सन् 1266 में B. सन् 1295 में
C. सन् 1298 में D. सन् 1299 में

413. जिला सिरसा में स्थित ऐलनाबाद नामक कस्बा पहले किस नाम से जाना जाता था?

A. एलिसाबाद B. चाविपुर
C. कलिसाबाद D. खड़ियल

414. सिरसा जिले में स्थित 'रानियां' नामक ऐतिहासिक कस्बे का प्राचीन नाम क्या था?

A. राजबपुर B. साजूपुर
C. रजिपुर D. रतिपुर

415. जिला अम्बाला में स्थित किस कस्बे को सिरमौर (हिमाचल प्रदेश) के राजा लक्ष्मी नारायण ने बसाया था?

A. बराड़ा B. मुलाना
C. नारायणगढ़ D. रायपुर रानी

416. सोनीपत जिले में स्थित किस प्राचीन ऐतिहासिक कस्बे में की गई खुदाई से महाभारत कालीन मिट्टी के बर्तन प्राप्त हुए हैं?

A. राई B. खेड़ी गुज्जर
C. गन्कौर D. गोहाना

417. आदि बद्री नामक पौराणिक गांव किस जिले में स्थित है?

A. यमुनानगर B. भिवानी
C. सिरसा D. रेवाड़ी

418. जिला यमुनानगर में स्थित किस ऐतिहासिक गांव का सम्बन्ध महाभारत कालीन राजा शान्तनु से माना जाता है?

A. छछरौली B. आदिबद्री
C. बसन्तर D. किसी का नहीं

419. 'जननायक देवीलाल पुरस्कार' का संबंध है–

A. पशुधन विकास B. कृषि पैदावार
C. उद्योग D. शिक्षा

420. जिला करनाल के अन्तर्गत आने वाले किस स्थान को पानीपत के तीसरे युद्ध से पूर्व अहमदशाह अब्दाली ने अपने सरदारों के लिए एक शक्तिशाली केन्द्र बनाया था?

A. घरौडा B. नील्पेखेड़ी
C. असन्ध D. कुन्जपुरा

421. जिला करनाल में स्थित किस स्थान पर मध्यकाल में सन् 1191 व 1192 में मुहम्मद गौरी व पृथ्वीराज चौहान के बीच युद्ध हुआ था?

A. तरावड़ी B. निसिंग
C. असन्ध D. घरौड़ा

422. फरीदाबाद के निकट स्थित 'गांव सीही' किस प्रसिद्ध भक्त कवि की जन्म स्थली माना जाता है?

A. रामदास B. रैदास
C. सूरदास D. तुलसीदास

423. गुरुग्राम के समीप स्थित 'सराय अलावरदी' नामक गांव में किस मुस्लिम शासक के काल की मस्जिद विद्‌यमान है?

A. अलाउद्दीन खिलजी B. बाबर
C. फिरोजतुगलक D. हुमायूं

424. निम्नलिखित में से हरियाणा की कौन–सी नृत्य शैली मेवाती जनजाति से सम्बद्ध है?

A. रटवई B. फाग
C. गुग्गा D. धमाल

425. यमुनानगर के समीप स्थित बूड़िया नामक प्राचीन कस्बे का सम्बन्ध अकबर कालीन किस प्रसिद्ध व्यक्ति से माना जाता है?

A. बीरबल B. टोडरमल
C. मानसिंह D. तानसेन

426. निम्नलिखित में से किसने हरियाणा की ओर से रणजी ट्रॉफी में नहीं खेला था?

A. कपिल देव B. राजिन्दर गोयल
C. सरकार तलवार D. मनिन्दर सिंह

427. बेरी नामक प्राचीन कस्बा हरियाणा के किस जिले में स्थित है?

A. यमुनानगर B. कुरुक्षेत्र
C. झज्जर D. करनाल

428. महाभारत काल से सम्बन्धित अमीन नामक प्राचीन गांव किस जिले में स्थित है?

A. फरीदाबाद जिले में B. पानीपत जिले में
C. सोनीपत जिले में D. कुरुक्षेत्र जिले में

429. हरियाणा के किस नगर में इब्राहिम लोदी का मकबरा स्थित है?

A. गुरुग्राम B. पानीपत
C. जीन्द D. फरीदाबाद

430. पानीपत में इब्राहिम लोदी और बाबर के बीच प्रसिद्ध युद्ध कब हुआ था जिसमें इब्राहिम लोदी पराजित होकर मारा गया था?

A. 1526 B. 1527
C. 1528 D. 1530

431. पानीपत के समीप वह कौन-सा स्थान है जहाँ पर सन् 1761 ई॰ में पानीपत का तीसरा युद्ध हुआ था?

A. समालखा B. बापौली
C. काला अम्ब D. इसराना

432. पानीपत के समीप किस स्थान को 'वार-हीरो मैमोरियल' के रूप में विकसित किया गया है?

A. इसराना B. काला अम्ब
C. मडलौडा D. समालखा

433. पानीपत के निकट बाबर ने अपनी प्रिय रानी मुसम्मत काबुली बेगम की याद में और पानीपत के प्रथम युद्ध में विजय की खुशी में किस चीज का निर्माण करवाया था?

A. काबुली बाग B. मदरसा
C. मस्जिद D. किला

434. सलारगंज गेट हरियाणा के किस नगर में स्थित है?

A. रोहतक B. पानीपत
C. हिसार D. अम्बाला

435. होडल में भरतपुर के राजा सूरजमल ने निम्नलिखित में से किस चीज का निर्माण करवाया था?

A. तालाब B. सराय
C. बावड़ी D. उपरोक्त सभी का

436. मुगलकालीन 'मटिया किला' हरियाणा में कहाँ पर स्थित है?

A. पलवल B. रेवाड़ी
C. गुरुग्राम D. फरीदाबाद

437. पलवल जिले के गांव मूलवाना में स्थित 'मीनार' किस प्रसिद्ध मुस्लिम शासक के काल में बनवाई गई थी?

A. बाबर B. हुमायूं
C. शेरशाह सूरी D. मुहम्मद तुगलक

438. बल्लभगढ़ के राजा अनुरूप सिंह की विधवा ने अपने पति की स्मृति में एक तालाब व छतरी का निर्माण कब करवाया था?

A. सन् 1810 में B. सन् 1818 में
C. सन् 1824 में D. सन् 1835 में

439. फरीदाबाद जिले में किस स्थान पर तीन सौ वर्ष से ज्यादा पुरानी एक सराय स्थित है?

A. गांव सराय ख्वाजा B. हसनपुर
C. हथीन D. बल्लभगढ़

440. जिला पलवल के किस नगर में किशोरी महल स्थित है, जिसका निर्माण 1754 से 1764 में कराया गया था?

A. पृथला B. हसनपुर
C. होडल D. हथीन

441. जिला करनाल में किस स्थान पर छोटी-छोटी ईंटों से बना हुआ एक किला है जहां पर अब सैनिक स्कूल चल रहा है?

A. कुन्जपुरा B. इन्द्री
C. नीलोखेड़ी D. चीड़ाओं

442. जिला गुरुग्राम में स्थित सोहना नगर 18वीं शताब्दी में किसके द्वारा बसाया गया था?

A. गजपत सिंह द्वारा
B. राजा सूरजमल द्वारा
C. शेरशाह सूरी द्वारा
D. राजा सोहनसिंह द्वारा

443. हरियाणा के जीन्द नगर को जीतकर गजपत सिंह द्वारा एक विशाल किले का निर्माण कब करवाया गया?

A. सन् 1725 में B. सन् 1775 में
C. सन् 1788 में D. सन् 1995 में

444. पुरानी तहसील कार्यालय रेवाड़ी के समीप स्थित बांगवाला तालाब का निर्माण किसने करवाया था?

A. राव गूजरमल के पुत्र नन्दराम अहीर ने
B. रावतेज सिंह ने
C. सोहन सिंह ने
D. गजपत सिंह ने

445. रेवाड़ी के पुराने टाऊन हॉल के समीप स्थित 'राव तेज सिंह तालाब' का निर्माण कब करवाया गया था?

A. सन् 1802 से 1805 के बीच
B. सन् 1825 से 1830 के बीच

C. सन् 1810 से 1815 के बीच
D. सन् 1840 से 1845 के बीच

446. कैथल नगर के निकट बाबालदाना रोड पर गुलामवंश के किस प्रसिद्ध शासक का मकबरा स्थित है?
A. रजिया सुल्तान B. इल्तुतमिश
C. बलवन D. रूकनुद्दीन

447. नारनौल नगर के समीप जलमहल नामक ऐतिहासिक स्मारक का निर्माण नारनौल के जागीरदार शाह कुली खान द्वारा कब करवाया गया था?
A. सन् 1530 में B. सन् 1591 में
C. सन् 1598 में D. सन् 1600 में

448. रायमुकन्द दास का छत्ता (बीरबल का छत्ता) नामक ऐतिहासिक स्मारक का निर्माण दीवान राय मुकन्द दास ने हरियाणा के किस नगर में करवाया?
A. पानीपत B. करनाल
C. कैथल D. नारनौल

449. श्रीकृष्ण संग्रहालय हरियाणा में कहाँ पर स्थित है?
A. कुरुक्षेत्र में B. रोहतक में
C. पानीपत में D. फरीदाबाद में

450. श्रीकृष्ण संग्रहालय की स्थापना कुरुक्षेत्र में कब की गई थी?
A. सन् 1970 में B. सन् 1987 में
C. सन् 1989 में D. सन् 1995 में

451. श्रीकृष्ण संग्रहालय भवन का कुल क्षेत्रफल कितने वर्गमीटर है?
A. 8764 वर्ग मीटर B. 8129 वर्ग मीटर
C. 8885 वर्ग मीटर D. 8649 वर्ग मीटर

452. राजा नाहर सिंह का किला हरियाणा में कहां पर स्थित है?
A. महेन्द्रगढ़ में B. रोहतक में
C. यमुनानगर में D. बल्लभगढ़ में

453. गऊकर्ण नामक तालाब किस जिले में स्थित है?
A. रोहतक जिले में B. झज्जर जिले में
C. सोनीपत जिले में D. रेवाड़ी जिले में

454. पानीपत से 18 कि॰मी॰ की दूरी पर समालखा नगर में कौन-सा पर्यटक स्थल स्थित है?
A. ब्लूजे B. स्काई लॉर्क
C. पैराकीट D. शमा

455. पानीपत के समीप सनौली रोड पर कौन-सा पर्यटक स्थल स्थित है?
A. ज्योतिसर B. दमदमा झील
C. काला अम्ब D. किंग फिशर

456. कर्णझील तथा ओयसिस नामक पर्यटक स्थल प्रदेश के किस जिले में स्थित हैं?
A. जिला पानीपत B. जिला करनाल
C. जिला सोनीपत D. जिला रेवाड़ी

457. कुरुक्षेत्र रेलवे स्टेशन से कुछ दूर पेहोवा मार्ग पर निम्नलिखित में से कौन-सा पर्यटक स्थल स्थित है?
A. ज्योतिसर B. कर्णझील
C. ब्लूजे D. ऑसिस

458. पिपली नगर के मुख्य केन्द्र तथा कुरुक्षेत्र जाने वाले मार्ग पर कौन-सा पर्यटक स्थल है?
A. दमदमा झील B. ऑसिस
C. किंग फिशर D. पैराकीट

459. 'शमा' नामक पर्यटक केन्द्र हरियाणा के किस नगर में स्थित है?
A. फरीदाबाद B. कैथल
C. गुरुग्राम D. जीन्द

460. गुरुग्राम-फरुखनगर मार्ग पर हरियाणा का कौन-सा पर्यटक स्थल स्थित है?
A. डबचिच
B. सुल्तानपुर पक्षी विहार
C. ऑसिस
D. रैड रोबिन

461. गुरुग्राम-फरुखनगर मार्ग पर स्थित हरियाणा के सुल्तानपुर पक्षी विहार की खोज किसने की थी?
A. पीटर जैक्सन B. थामस रो
C. सर जॉन मार्शल D. रोबिन हुड

462. दिल्ली-अलवर मार्ग पर अरावली की पहाड़ियों के मध्य हरियाणा का कौन-सा प्रसिद्ध पर्यटक स्थल है?
A. शमा B. ब्लूज़े
C. सोहना D. डैरगों

463. फरीदाबाद के पश्चिम में फैले विशाल चट्टानी क्षेत्र के मध्य दिल्ली-मथुरा राष्ट्रीय राजमार्ग के समीप कौन-सा पर्यटक स्थल है?
A. दमदमा झील B. बड़खल झील
C. किंग फिशर D. डबचिक

464. दिल्ली से लगभग 20 कि॰मी॰ की दूरी पर हरियाणा का कौन-सा प्रसिद्ध पर्यटक स्थल स्थित है?

A. सूरजकुण्ड B. रैड रोबिन
C. पैराकोट D. दमदमा झील

465. ऑसिस नामक पर्यटक स्थल हरियाणा में कहाँ पर स्थित है?

A. फरीदाबाद B. भिवानी
C. उच्छाना D. रेवाड़ी

466. हरियाणा के बहादुरगढ़ नामक कस्बे में निम्नलिखित में से कौन-सा पर्यटक स्थल स्थित है?

A. डैरंगों पर्यटक स्थल
B. गोरैया पर्यटक स्थल
C. जल तरंग
D. तिलियर पर्यटक स्थल

467. 'ताजेवाला हैडवर्क्स' नामक प्रसिद्ध पर्यटक स्थल हरियाणा के किस जिले में स्थित है?

A. रोहतक जिले में B. फरीदाबाद जिले में
C. गुरुग्राम जिले में D. यमुनानगर जिले में

468. तिलियर नामक पर्यटक स्थल हरियाणा के किस जिले में स्थित है?

A. जिला जीन्द B. जिला महेन्द्रगढ़
C. जिला रोहतक D. जिला कैथल

469. श्रीकंठ जनपद किस जिले को कहा जाता था?

A. अम्बाला B. महेन्द्रगढ़
C. कुरुक्षेत्र D. सोनीपत

470. सतनामियों का विद्रोह कब हुआ था?

A. 1672 ई. में B. 1675 ई. में
C. 1680 ई. में D. 1690 ई. में

471. पानीपत की तीसरी लड़ाई में किसकी जीत हुई थी?

A. जाट B. मराठे
C. अहमदशाह अब्दाली D. इनमें से कोई नहीं

472. राज्य सरकार का संवैधानिक प्रधान होता है–

A. राज्यपाल B. मुख्यमंत्री
C. मुख्यन्यायाधीश D. इनमें से कोई नहीं

473. प्राचीन कला केन्द्र नामक संस्था कहाँ पर है?

A. चण्डीगढ़ B. अम्बाला
C. हिसार D. यमुनानगर

474. जीन्द का प्राचीन नाम क्या था?

A. जीन नगर B. जयन्तपुरी
C. जयन्तीगढ़ D. इनमें से कोई नहीं।

475. गुड़गांव जिले का नया नाम क्या है?

A. गुड़पुर B. गुरुपुर
C. गुरुनगर D. गुरुग्राम

476. हरियाणा में किस धर्म के लोग सबसे ज्यादा रहते हैं?

A. हिन्दू B. मुस्लिम
C. सिख D. ईसाई

477. हरियाणा विधान सभा का प्रथम अध्यक्ष कौन था?

A. शन्नो देवी B. राव वीरेन्द्र सिंह
C. श्रीचन्द D. मनफूल सिंह

478. हरियाणा का सर्वोच्च पुरस्कार कौन-सा है?

A. सूर पुरस्कार B. हंस पुरस्कार
C. व्यास पुरस्कार D. ज्ञान पुरस्कार

479. हरियाणा के राज्य पक्षी का क्या नाम है?

A. तोता B. मोर
C. काला तीतर D. कौआ

480. कैथल का प्राचीन नाम क्या था ?

A. कलासल B. कलायत
C. कपिलस्थल D. कपिलभूमि

481. वह नगर कौन-सा है जिसका नामकरण फकीर पर हुआ है ?

A. महेन्द्रगढ़ B. झज्जर
C. दुजाना D. फर्रुखनगर

482. अग्रोहा का संबंध किस जाति से है?

A. गुर्जर B. जाट
C. ब्राहमण D. अग्रवाल

483. भारतीय संविधान के किस अनुच्छेद में प्रान्तीय लोक सेवा आयोग की व्यवस्था का प्रावधान है?

A. अनुच्छेद 317 B. अनुच्छेद 315
C. अनुच्छेद 319 D. अनुच्छेद 323

484. हरियाणा के प्रथम हिन्दी समाचार-पत्र का क्या नाम है?

A. जाट समाचार B. जैन प्रकाश
C. हरियाणा तिलक D. संदेश

485. हरियाणा के प्रथम हिंदी संपादक व पत्रकार कौन थे?

A. नेकीराम B. कन्हैया लाल
C. जियालाल जैन D. श्रीराम शर्मा

486. हरियाणा साहित्य अकादमी की मुख्य पत्रिका कौन-सी है?

A. हरियाणा निधि B. हरिभूमि

C. हरिगन्धा D. हरियाणा सन्देश

487. हरियाणा की प्रथम महिला अन्तरिक्ष यात्री का क्या नाम है?

A. कल्पना चावला B. सुनीता देवी

C. दीपिका चौहान D. इनमें से कोई नहीं

488. राज्य विधान मण्डल में अगले वर्ष का बजट किसके नाम से पेश किया जाता है?

A. मुख्यमंत्री B. विधानसभा अध्यक्ष

C. राज्यपाल D. इनमें से कोई नहीं

489. हरियाणा में पहली बार राष्ट्रपति शासन कब लागू हुआ?

A. 21 नवम्बर, 1967 को B. 30 अप्रैल, 1977 को

C. 2 दिसम्बर, 1989 को D. 6 अप्रैल, 1991 को

490. हरियाणा विधान सभा में कुल कितनी सीटें हैं?

A. 70 B. 80

C. 90 D. 100

491. हरियाणा में लोक सभा में कुल कितनी सीटें आवंटित हैं?

A. 5 B. 10

C. 15 D. 20

492. हरियाणा में राज्य सभा में कुल कितनी सीटें आवंटित है?

A. 5 B. 7

C. 2 D. 4

493. राज्यपाल निम्न में से किसकी नियुक्ति नहीं कर सकता है?

A. महाधिवक्ता

B. राज्य उच्च न्यायालय के न्यायाधीश

C. राज्य लोक सेवा आयोग के सदस्य

D. मुख्यमंत्री

494. हरियाणवी भाषा में लिखा गया प्रथम उपन्यास कौन-सा है?

A. झाड़ूफिरी B. सुरही गइया

C. हीरू के कहिनी D. दानलीला

495. राज्य लोक सेवा आयोग के अध्यक्ष की नियुक्ति कौन करता है?

A. राज्यपाल B. मुख्यमंत्री

C. राष्ट्रपति D. प्रधानमंत्री

496. हरियाणा के राज्य विधानसभा में धन विधेयक किसकी पूर्व मंजूरी पर पेश होता है?

A. मुख्यमंत्री B. अध्यक्ष

C. राष्ट्रपति D. राज्यपाल

497. हरियाणा की सीमा किस केन्द्रशासित राज्य की सीमाओं को स्पर्श करती है?

A. नई दिल्ली

B. लक्षद्वीप

C. पुडूचेरी

D. इनमें से कोई नहीं

498. हरियाणा राज्य भारत का

A. दक्षिणी-पूर्वी राज्य है B. पूर्वी राज्य है

C. उत्तर-पश्चिमी राज्य है D. दक्षिणी राज्य है

499. 2011 की जनसंख्या के अनुसार हरियाणा के किस जिले की जनसंख्या का घनत्व सर्वाधिक है?

A. फरीदाबाद B. गुरुग्राम

C. पानीपत D. पंचकुला

500. 2011 की जनगणना के अनुसार हरियाणा के किस जिले की जनसंख्या का घनत्व सबसे कम है?

A. रेवाड़ी B. झज्जर

C. सिरसा D. करनाल

501. हरियाणा के किस शहर को 'बुनकरों का शहर' कहा जाता है?

A. पानीपत B. करनाल

C. फतेहाबाद D. महेन्द्रगढ़

502. हरियाणा कितने राज्यों की सीमाओं को स्पर्श करता है?

A. 2 B. 3

C. 4 D. 5

503. हरियाणा में दरी बनाने का केन्द्र कहाँ है?

A. पिंजौर B. सिरसा

C. पानीपत D. झज्जर

504. हरियाणा तिलक का संस्थापक कौन था?

A. सेठ महेश चन्द्र B. मांगेराम वत्स

C. पं. श्रीराम शर्मा D. नेकीराम शर्मा

505. हरियाणा का प्रथम राजकवि होने का श्रेय किसको जाता है?

A. उदयभानु हंस B. कृष्ण चन्द्र

C. धर्मवीर सिंह D. हेमचन्द निर्मम

506. साप्ताहिक पत्रिका 'भारत निर्माण' के संपादक कौन थे?

A. छोटूराम B. चन्द्रभान गुप्ता

C. पं॰ श्रीराम शर्मा D. कन्हैया लाल

507. 'ग्रिनिंग ऑफ हरियाणा' के अन्तर्गत क्या किया जा रहा है?

A. धान लगाना B. वृक्षारोपण

C. हरा चारा उत्पादन D. मछली पालन

508. 'जाट गजट' समाचार-पत्र किसने निकाला था?

A. कन्हैया लाल B. पं॰ श्रीराम शर्मा

C. बालमुकुन्द गुप्त D. छोटूराम

509. सर छोटूराम को किस वर्ष 'सर' की उपाधि मिली थी?

A. 1937 B. 1938

C. 1939 D. 1940

510. हरियाणा में सर्वाधिक जनसंख्या वाला जिला कौन-सा है?

A. महेन्द्रगढ़ B. हिसार

C. फरीदाबाद D. रोहतक

उत्तरमाला

1	2	3	4	5	6	7	8	9	10
D	A	B	C	A	D	B	A	C	B
11	**12**	**13**	**14**	**15**	**16**	**17**	**18**	**19**	**20**
D	D	A	C	D	A	C	B	D	A
21	**22**	**23**	**24**	**25**	**26**	**27**	**28**	**29**	**30**
D	A	C	B	A	D	D	A	C	C
31	**32**	**33**	**34**	**35**	**36**	**37**	**38**	**39**	**40**
D	C	A	B	D	D	A	C	B	C
41	**42**	**43**	**44**	**45**	**46**	**47**	**48**	**49**	**50**
D	A	C	B	A	C	D	A	C	C
51	**52**	**53**	**54**	**55**	**56**	**57**	**58**	**59**	**60**
A	C	A	B	D	B	A	C	B	D
61	**62**	**63**	**64**	**65**	**66**	**67**	**68**	**69**	**70**
C	A	D	B	C	A	B	C	D	A
71	**72**	**73**	**74**	**75**	**76**	**77**	**78**	**79**	**80**
B	C	A	D	C	B	A	C	D	C
81	**82**	**83**	**84**	**85**	**86**	**87**	**88**	**89**	**90**
B	A	D	C	A	D	C	C	D	A
91	**92**	**93**	**94**	**95**	**96**	**97**	**98**	**99**	**100**
C	B	C	A	D	B	B	A	C	B
101	**102**	**103**	**104**	**105**	**106**	**107**	**108**	**109**	**110**
C	A	D	A	C	A	B	A	D	A
111	**112**	**113**	**114**	**115**	**116**	**117**	**118**	**119**	**120**
B	D	C	A	C	B	D	C	A	C
121	**122**	**123**	**124**	**125**	**126**	**127**	**128**	**129**	**130**
B	D	B	A	D	A	C	B	D	C

131	132	133	134	135	136	137	138	139	140
A	D	B	A	D	A	C	B	D	A
141	142	143	144	145	146	147	148	149	150
C	B	D	A	C	D	A	B	C	A
151	152	153	154	165	156	157	158	159	160
D	A	A	B	C	A	D	B	D	C
161	162	163	164	165	166	167	168	169	170
A	B	C	B	A	B	D	B	A	C
171	172	173	174	175	176	177	178	179	180
D	B	A	C	A	B	A	B	A	D
181	182	183	184	185	186	187	188	189	190
A	B	A	C	B	A	D	A	D	D
191	192	193	194	195	196	197	198	199	200
C	A	D	C	A	A	B	A	D	C
201	202	203	204	205	206	207	208	209	210
B	D	A	C	A	C	B	D	C	A
211	212	213	214	215	216	217	218	219	220
B	A	B	D	A	A	C	B	A	C
221	222	223	224	225	226	227	228	229	230
B	D	A	C	A	D	B	C	D	A
231	232	233	234	235	236	237	238	239	240
C	B	D	A	C	D	A	C	A	D
241	242	243	244	245	246	247	248	249	250
B	A	C	C	A	D	A	D	D	C
251	252	253	254	255	256	257	258	259	260
D	A	A	A	C	D	B	A	A	B
261	262	263	264	265	266	267	268	269	270
D	A	D	C	B	D	A	C	A	C
271	272	273	274	275	276	277	278	279	280
B	A	D	A	B	A	D	D	A	C
281	282	283	284	285	286	287	288	289	290
B	D	D	A	C	B	D	C	A	B
291	292	293	294	295	296	297	298	299	300
A	A	B	A	C	B	D	C	D	D
301	302	303	304	305	306	307	308	309	310
C	A	B	D	C	A	C	B	A	D
311	312	313	314	315	316	317	318	319	320
A	C	B	D	D	C	D	D	A	A
321	322	323	324	325	326	327	328	329	330
B	A	C	B	A	C	B	D	C	C

331	332	333	334	335	336	337	338	339	340
A	C	B	D	A	B	D	A	C	D
341	**342**	**343**	**344**	**345**	**346**	**347**	**348**	**349**	**350**
A	B	A	C	D	A	C	B	C	A
351	**352**	**353**	**354**	**355**	**356**	**357**	**358**	**359**	**360**
C	D	A	B	A	B	C	D	A	C
361	**362**	**363**	**364**	**365**	**366**	**367**	**368**	**369**	**370**
B	A	C	D	A	A	D	A	B	D
371	**372**	**373**	**374**	**375**	**376**	**377**	**378**	**379**	**380**
C	A	B	D	A	C	A	B	D	A
381	**382**	**383**	**384**	**385**	**386**	**387**	**388**	**389**	**390**
B	A	C	D	C	B	A	C	D	A
391	**392**	**393**	**394**	**395**	**396**	**397**	**398**	**399**	**400**
D	A	C	D	C	B	D	D	B	C
401	**402**	**403**	**404**	**405**	**406**	**407**	**408**	**409**	**410**
B	D	C	A	C	B	A	D	A	C
411	**412**	**413**	**414**	**415**	**416**	**417**	**418**	**419**	**420**
B	A	D	A	C	B	A	C	B	D
421	**422**	**423**	**424**	**425**	**426**	**427**	**428**	**429**	**430**
A	C	A	A	A	D	C	D	B	A
431	**432**	**433**	**434**	**435**	**436**	**437**	**438**	**439**	**440**
C	B	A	B	D	A	C	B	A	C
441	**442**	**443**	**444**	**445**	**446**	**447**	**448**	**449**	**450**
A	D	B	A	C	A	B	D	A	B
451	**452**	**453**	**454**	**455**	**456**	**457**	**458**	**459**	**460**
C	D	A	A	C	B	A	D	C	B
461	**462**	**463**	**464**	**465**	**466**	**467**	**468**	**469**	**470**
A	C	B	A	C	B	D	C	C	A
471	**472**	**473**	**474**	**475**	**476**	**477**	**478**	**479**	**480**
C	A	A	B	D	A	A	A	C	C
481	**482**	**483**	**484**	**485**	**486**	**487**	**488**	**489**	**490**
C	D	B	B	C	C	A	C	A	C
491	**492**	**493**	**494**	**495**	**496**	**497**	**498**	**499**	**500**
B	A	B	A	A	D	A	C	A	C
501	**502**	**503**	**504**	**505**	**506**	**507**	**508**	**509**	**510**
A	D	C	C	A	B	B	D	A	C

सामान्य सचेतता
(General Awareness)

हमारा भारत

भारत एक दृष्टि में

- **राजधानी-**नई दिल्ली
- **क्षेत्रफल-**32,87,263 वर्ग कि.मी.
- **क्षेत्रफल की दृष्टि से विश्व में स्थान-**सातवां
- **स्थित-**भूमध्य रेखा के उत्तर में 8°4′ और 37°6′ उत्तरी अक्षांश और 68°7′ तथा 97°25′ पूर्वी देशांतर के मध्य
- **विस्तार-**उत्तर से दक्षिण तक 3,214 किमी., पूर्व से पश्चिम तक 2,933 किमी.
- **भूमि सीमा-**15,200 किमी.
- **समुद्री तट-**7,516.6 किमी.
- **सीमावर्ती देश-**उत्तर-पश्चिम में पाकिस्तान और अफगानिस्तान, उत्तर में चीन, नेपाल और भूटान, पूर्व में म्यांमार और बंगलादेश, दक्षिण में मन्नार की खाड़ी और पाक-जलडमरूमध्य श्रीलंका से अलग करते हैं।
- **प्राकृतिक संरचना-**मुख्य भूमि चार भागों में विभक्त– विस्तृत पर्वतीय क्षेत्र, सिंधु और गंगा के मैदान, रेगिस्तानी क्षेत्र, दक्षिणी प्रायद्वीप
- **प्रमुख नदियाँ**–(क) हिमालय समूह : गंगा, यमुना, सिन्धु तथा ब्रह्मपुत्र; (ख) दक्षिणी नदियाँ : कृष्णा, कावेरी, गोदावरी, महानदी, दामोदर, भरतपुझा, नर्मदा, ताप्ती, पम्बा, पेरियार, पेन्नार, शरावती, नेत्रवती
- **जलवायु-**ऊष्ण कटिबंधीय चार ऋतुएँ–शीत ऋतु, ग्रीष्म ऋतु, वर्षा ऋतु, शरद ऋतु
- **जीव-जंतु-**लगभग 89,451 किस्म के
- **राष्ट्रीय उद्यान-**106 (मार्च 2025)
- **वन्य जीव अभ्यारण्य-**573 (मार्च 2025)
- **राजभाषा-**हिन्दी
- **उच्च न्यायालयों की संख्या-**25

भारत की जनगणना 2011

भारत में जनगणना का विधिवत् कार्य 1881 में आरम्भ हुआ। 2011 की जनगणना (अंतिम) के अनुसार भारत की कुल जनसंख्या 121,08,54,977 थी। जबकि 10 वर्ष पूर्व 2001 में कुल जनसंख्या 102,70,15,247 थी। वर्ष 2011 की जनगणना के प्रमुख तथ्य निम्नलिखित हैं:

- **कुल जनसंख्या-**121,08,54,977
- **पुरुष-**62,32,70,258
- **महिला-**58,75,84,719
- **कुल जनसंख्या में पुरुषों का प्रतिशत-**51.53%
- **कुल जनसंख्या में महिलाओं का प्रतिशत-**48.46%
- **भारत की जनसंख्या का विश्व जनसंख्या में भाग-**17.5%
- **दशकीय वृद्धि दर (2001-2011)-**17.7%
- **सर्वाधिक वृद्धि दर-**मेघालय 27.9%
- **न्यूनतम वृद्धि दर-**नगालैंड–0.6%
- **सर्वाधिक जनसंख्या वाला राज्य-**उत्तर प्रदेश (19,98,12,341)
- **न्यूनतम जनसंख्या वाला राज्य-**सिक्किम (6,10,577)
- **स्त्री-पुरुष अनुपात-**943 : 1000
- **सर्वाधिक लिंगानुपात-**केरल, 1084 : 1000
- **न्यूनतम लिंगानुपात-**हरियाणा 879 : 1000
- **जनसंख्या घनत्व-**382 व्यक्ति प्रति वर्ग किलोमीटर
- **सर्वाधिक घनत्व-**बिहार (1,106)
- **न्यूनतम घनत्व-**अरुणाचल प्रदेश (17)
- **केन्द्रशासित प्रदेशों में सर्वाधिक घनत्व-**दिल्ली (11,320)
- **केन्द्रशासित प्रदेशों में न्यूनतम घनत्व-**अण्डमान निकोबार द्वीप समूह (46)
- **साक्षरता प्रतिशत-**73%
- **पुरुष साक्षरता-**80.9%
- **महिला साक्षरता-**64.6%
- **सर्वाधिक साक्षरता-**केरल (94%)
- **न्यूनतम साक्षरता-**बिहार (61.8%)

भारत के प्रमुख पर्यटन स्थल

पर्यटन स्थल	स्थान एवं राज्य
कन्हेरी की गुफाएँ	मुम्बई (महाराष्ट्र)
एलीफेण्टा की गुफाएँ	मुम्बई (महाराष्ट्र)
अजन्ता की गुफाएँ	छत्रपति संभाजीनगर (महाराष्ट्र)
एलोरा की गुफाएँ	छत्रपति संभाजीनगर (महाराष्ट्र)
कन्दरिया महादेव मन्दिर	खजुराहो (मध्य प्रदेश)
मृगनयनी का महल	ग्वालियर (मध्य प्रदेश)
गोलकुण्डा का किला	हैदराबाद (तेलंगाना)
जूनागढ़ किला	बीकानेर (राजस्थान)
ताजमहल	आगरा (उत्तर प्रदेश)
हजरतबल मस्जिद	श्रीनगर (जम्मू और कश्मीर)
जन्तर-मन्तर	जयपुर (राजस्थान)
नाहरगढ़ का किला	जयपुर (राजस्थान)
भरतपुर का किला	भरतपुर (राजस्थान)
हवा महल	जयपुर (राजस्थान)
उम्मेद भवन महल	जोधपुर (राजस्थान)
आराम बाग	आगरा (उत्तर प्रदेश)
लाल किला	दिल्ली
हुमायूँ का मकबरा	दिल्ली
शालीमार बाग	श्रीनगर
सेंट जॉर्ज किला	चेन्नई (तमिलनाडु)
शेरशाह का मकबरा	सासाराम (बिहार)
फतेहपुर सीकरी	आगरा (उत्तर प्रदेश)
आगरा फोर्ट	आगरा (उत्तर प्रदेश)
पुराना किला	दिल्ली
जहाँगीर महल	आगरा फोर्ट (उत्तर प्रदेश)
अकबर का मकबरा	सिकन्दरा (उत्तर प्रदेश)
अकबर का किला	प्रयागराज (उत्तर प्रदेश)
विजय स्तम्भ	चित्तौड़गढ़ (राजस्थान)
कुतुबमीनार	दिल्ली
अढ़ाई दिन का झोपड़ा	अजमेर (राजस्थान)
प्रिन्स ऑफ वेल्स म्यूजियम	मुम्बई (महाराष्ट्र)
फिरोज शाह कोटला	दिल्ली
बूँदी का किला	बूँदी (राजस्थान)
पिछोला झील	उदयपुर (राजस्थान)
काकरिया झील	अहमदाबाद (गुजरात)
दरगाह अजमेर शरीफ	अजमेर (राजस्थान)
जोधपुर दुर्ग	जोधपुर (राजस्थान)
निशात बाग	जम्मू और कश्मीर
फतेह सागर	उदयपुर (राजस्थान)
जय समन्द	उदयपुर (राजस्थान)
शीश महल	आगरा (उत्तर प्रदेश)

पर्यटन स्थल	स्थान एवं राज्य
खास महल	आगरा (उत्तर प्रदेश)
दीवाने खास	आगरा फोर्ट (उत्तर प्रदेश)
नाखुदा मस्जिद	कोलकाता (प. बंगाल)
बड़ा इमामबाड़ा	लखनऊ (उत्तर प्रदेश)
टीपू का महल	मैसूर (कर्नाटक)
गोलघर	पटना (बिहार)
कोणार्क मन्दिर	पुरी (ओडिशा)
जगन्नाथ मन्दिर	पुरी (ओडिशा)
चौंसठ योगिनी मन्दिर	खजुराहो (मध्य प्रदेश)
चेन्ना केशव मन्दिर	वैलूर (कर्नाटक)
लक्ष्मण मन्दिर	छतरपुर (मध्य प्रदेश)
दिलवाड़ा का जैन मन्दिर	माउण्ट आबू (राजस्थान)
हर मन्दिर	पटना (बिहार)
स्वर्ण मन्दिर	अमृतसर (पंजाब)
काली का मन्दिर	कोलकाता (प. बंगाल)
बाँके बिहारी मन्दिर	वृन्दावन (उत्तर प्रदेश)
लक्ष्मी नारायण मन्दिर	दिल्ली
द्वारकाधीश का मन्दिर	मथुरा (उत्तर प्रदेश)
शेरशाही मस्जिद	पटना (बिहार)
मक्का मस्जिद	हैदराबाद (तेलंगाना)
चरार-ए-शरीफ	श्रीनगर (जम्मू और कश्मीर)
पत्थर मस्जिद	जम्मू और कश्मीर
जामा मस्जिद	दिल्ली
मोती मस्जिद	दिल्ली
विलियम फोर्ट	कोलकाता (प. बंगाल)
बीबी का मकबरा	छत्रपति संभाजीनगर (महाराष्ट्र)
चश्मा शाही	जम्मू और कश्मीर
एतमादुद्दौला का मकबरा	आगरा (उत्तर प्रदेश)
कोच्चि का किला	केरल
सफदरजंग का मकबरा	दिल्ली
जन्तर-मन्तर	दिल्ली
विवेकानन्द रॉक मैमोरियल	कन्याकुमारी (तमिलनाडु)
वैलूर मठ	कोलकाता (प. बंगाल)
लक्ष्मण झूला	ऋषिकेश (उत्तराखंड)
शान्ति निकेतन	पश्चिम बंगाल
साबरमती आश्रम	अहमदाबाद (गुजरात)
गेटवे ऑफ इंडिया	मुम्बई (महाराष्ट्र)
जिम कार्बेट पार्क	नैनीताल (उत्तराखंड)
विक्टोरिया मैमोरियल	कोलकाता
सनसेट प्वॉइण्ट	माउण्ट आबू (राजस्थान)
चार मीनार	हैदराबाद (तेलंगाना)
काँचीपुरम का मन्दिर	चेन्नई (तमिलनाडु)
सहेलियों की बाड़ी	उदयपुर (राजस्थान)

विभिन्न राज्यों/संघ शासित प्रदेशों में मिलने वाली जनजातियां

प्रदेश	जनजातियां
उत्तर प्रदेश, उत्तराखंड	बुक्सा, थारू, बिड़कोल, भोटिया, खरवार, जौनसारी, राजी
पश्चिम बंगाल, बिहार, झारखंड	संथाल, भुइया, कोरबा, उरांव, हो, विरहोर, असुर, मुंडा, कोल
राजस्थान	मीणा, भील, गरासिया, सहरिया, सांसी, दमोर, मेव, मेरात, कोली
अण्डमान-निकोबार द्वीप समूह	ओंग, सोपन, आरबा, अण्डमानी, निकोबारी
हिमाचल प्रदेश, जम्मू एवं कश्मीर, लद्दाख	बकरवाल, गद्दी, गुर्जर, लाहौल लांबा, पंगवाला, किन्नर
असम, अरुणाचल प्रदेश, नगालैंड, मेघालय, मणिपुर	गुरूंग, रियांग, चकमा, मिनीपोंग, पासी, ग्लोंग, सिंगपो, रेंगमा, सेंगमा, यांग, नागा, गारो
मिजोरम	खासी
गुजरात	टोड़िया, भील, डाफर, रैवारी, पटेलिया, डूबला, कथोड़ी, सिद्दीस
केरल	कडर, इरुला, मुथुवन, कनिक्कर, मलनकुरावन, मलयारायन, मलावेतन, मलायन, मन्नान, उल्लातन, यूराली, पनियां, पुलायन, मल्लार, कुरुम्बा
तमिलनाडु, ओडिशा	जुवांग, खोंड, गोंड, बड़गा, बोंडो, जुआंग, परजा, भूमिज
महाराष्ट्र, आन्ध्र प्रदेश, तेलंगाना	भील, गोंड, अगरिया, असुरा, भारिया, कोया, वर्ली, कोली, डुका, बैगा, गडावास, कामर, खड़िया, खोंडा, कोल, कोलम, कोरबा, मुन्डा
मध्य प्रदेश, छत्तीसगढ़	कोरकू, भील, बैगा, गोंड, अगरिया, भारिया, कोरबा, कोल, उरांव, प्रधान, नगेशिया, हल्वा, भतरा, माड़िया, सहरिया, कमार, कंवर
त्रिपुरा	लुभाई, माग, हलम, खशिया, भूटिया, मुन्डा, संथाल, भील, जमनिया, रियांग, उचाई
कर्नाटक	गौडालू, हक्की, पिक्की, इरुगा, जेनु, कुरुव, मलाईकुड, भील, गोंड, टोडा, वर्ली, चेन्चू, कोया, अर्नादन, चेरवा, होलेया, कोरमा
पंजाब	गद्दी, स्वांगला, भोट

विशेष दर्जा प्राप्त राज्य

राज्य	विशेष दर्जा प्राप्त करने का वर्ष	राज्य	विशेष दर्जा प्राप्त करने का वर्ष
असम	1969	त्रिपुरा	1972
नगालैंड	1969	सिक्किम	1975-76
हिमाचल प्रदेश	1971	मिजोरम	1986-87
मणिपुर	1972	अरुणाचल प्रदेश	1986-87
मेघालय	1972	उत्तराखंड	2001-02

भारत में प्रथम

नोबेल पुरस्कार प्राप्तकर्ता	**1. साहित्यः** रवीन्द्रनाथ टैगोर (1913) **2. भौतिकीः** सी॰वी॰ रमन (1930) **3. शान्तिः** मदर टेरेसा (1979) **4. अर्थशास्त्रः** अमर्त्य सेन (1998)

स्वतंत्र भारत के प्रथम एवं अंतिम भारतीय गवर्नर जनरल	चक्रवर्ती राजगोपालाचारी
महिला राष्ट्रपति	प्रतिभा पाटिल
महिला राज्यपाल	श्रीमती सरोजिनी नायडू
सुप्रीम कोर्ट की महिला न्यायाधीश	श्रीमती मीरा साहिब फातिमा बीबी
महिला प्रधानमंत्री	श्रीमती इंदिरा गांधी
महिला मुख्यमंत्री	श्रीमती सुचेता कृपलानी
संयुक्त राष्ट्र महासभा की महिला अध्यक्ष	श्रीमती विजयालक्ष्मी पंडित (1954)
अंतर्राष्ट्रीय न्यायालय के भारतीय अध्यक्ष	डॉ॰ नगेन्द्र सिंह
इंगलिश चैनल तैरकर पार करने वाली भारतीय महिला	आरती गुप्ता
इंगलिश चैनल तैरकर पार करने वाला भारतीय पुरुष	मिहिर सेन
ब्रिटिश पार्लियामेंट के भारतीय सदस्य	दादा भाई नौरोजी
फील्ड मार्शल	एस॰एच॰एफ॰जे॰ मानेकशा
विक्टोरिया क्रॉस विजेता	खुदादाद खां
एवरेस्ट शिखर पर चढ़ने वाला भारतीय	शेरपा तेंजिंग (29 मई, 1953)
एवरेस्ट पर चढ़ने वाली भारतीय महिला	कु॰ बचेन्द्रीपाल (23 मई, 1984)
एवरेस्ट पर दो बार विजय प्राप्त करने वाली भारतीय महिला	संतोष यादव (10 मई, 1992; 10 मई, 1993)
भारतीय अंतरिक्ष यात्री (पुरुष)	राकेश शर्मा (3 अप्रैल, 1984)
भारतीय अंतरिक्ष यात्री (महिला)	कल्पना चावला (19 नवम्बर, 1997)
भारत रत्न से विभूषित महिला	श्रीमती इंदिरा गांधी
संयुक्त राष्ट्र संघ की महासभा में हिन्दी में भाषण देने वाला प्रथम भारतीय	अटल बिहारी वाजपेयी
भारतीय महिला मिस यूनिवर्स	कु॰ सुष्मिता सेन
भारतीय महिला मिस वर्ल्ड	रीता फारिया
समाचार-पत्र	बंगाल गजट (27 जनवरी, 1780)
डाक टिकट	1852
तार लाइन	1851 (कलकत्ता-डायमंड हार्बर)
रेल	16 अप्रैल, 1853 (बम्बई-थाणे)
विद्युत रेल	1925 (बम्बई-कुर्ला)
उपग्रह	आर्यभट्ट (1975)
रॉकेट	रोहिणी (1967)
आणविक रियेक्टर	अप्सरा (1956)
आणविक बिजलीघर	तारापुर आणविक बिजलीघर (1969)
भारतीय वायु सेना की महिला पायलट	हरित कौर देओल
फास्ट ब्रीडर आणविक रियेक्टर	कलपक्कम
बिना ऑक्सीजन एवरेस्ट की चोटी पर पहुंचने वाला भारतीय	फु दोरजी (1987)
मेट्रो रेलवे	कोलकाता (1984)

फिल्म (मूक)	राजा हरिश्चन्द्र (1913)
फीचर फिल्म (बोलती हुई)	आलम आरा (1931)
इंडियन नेशनल कांग्रेस की प्रथम महिला अध्यक्ष	श्रीमती एनी बेसेंट
इंडियन नेशनल कांग्रेस के प्रथम अध्यक्ष	व्योमेशचन्द्र बनर्जी (1888)
आई॰सी॰एस॰ में सफल होने वाला प्रथम भारतीय	सत्येन्द्र नाथ टैगोर
चीफ ऑफ डिफेंस स्टाफ (CDS)	जनरल बिपिन रावत

भारत में सबसे बड़ा/लम्बा/ऊँचा आदि

सबसे ऊंची चोटी*-के-2

सर्वाधिक आबादी वाला शहर-मुम्बई

सबसे लम्बी नदी-गंगा (2525 कि॰मी॰)

सबसे बड़ा राज्य (क्षेत्रफल में)-राजस्थान

सबसे बड़ा राज्य (आबादी में)-उत्तर प्रदेश

सबसे लम्बा पुल (सड़क)-असम में लोहित नदी पर भूपेन हजारिका सेतु (9.15 कि॰मी॰)

सर्वाधिक जनसंख्या घनत्व वाला राज्य-बिहार (1,106 प्रति वर्ग कि॰मी॰)

सर्वाधिक साक्षर राज्य-केरल (साक्षरता लगभग 94%)

सबसे बड़ा अजायबघर-इण्डिया म्यूजियम, कोलकाता

सबसे लम्बा बांध-हीराकुड (ओडिशा)

सबसे लम्बी सुरंग (सड़क)-डॉ. श्यामा प्रसाद मुखर्जी सुरंग (जम्मू–कश्मीर 9.28 किमी.)

सबसे लम्बी सुरंग (रेलवे)-जम्मू–कश्मीर में खारी और सम्बेर सेक्शन के मध्य T-50 सुरंग (12.77 किमी.)

सबसे बड़ा चिड़ियाघर-अरिगनार अन्ना जूलॉजिकल पार्क, चेन्नई, तमिलनाडु

सबसे लम्बी सड़क-राष्ट्रीय राजमार्ग (NH)-44 (3745 किमी.)

सबसे ऊंची मीनार-कुतुबमीनार, दिल्ली (72.5 मी॰)

सबसे बड़ी मस्जिद-जामा मस्जिद, दिल्ली

बहादुरी के लिए सबसे बड़ा पुरस्कार-परमवीर चक्र

सबसे बड़ा रेगिस्तान-थार (राजस्थान)

सबसे बड़ा डेल्टा-सुन्दरवन डेल्टा, (75,000 वर्ग कि॰मी॰)

सबसे बड़ा गुम्बज-गोल गुम्बज (बीजापुर-42 मी॰ व्यास)

सबसे ऊँचा दरवाजा-बुलंद दरवाजा (फतेहपुर सीकरी : 176 फीट)

सबसे बड़ी मीठे पानी की झील-वुलर झील (जम्मू–कश्मीर)

सबसे लम्बा प्लेटफार्म-श्री सिद्धारूढ़ा स्वामी जी रेलवे स्टेशन (हुब्बल्लि, कर्नाटक 1507 मी. लम्बा)

सर्वाधिक वर्षा (वार्षिक औसत)-चेरापूंजी के निकट मासिनराम (12,000 मि॰मी॰)

झरना, सबसे ऊँचा-कुंचिकल (कर्नाटक : 455 मी.)

सबसे बड़ा पशुओं का मेला-सोनपुर (बिहार)

सबसे बड़ा गुफा मंदिर-कैलाश मंदिर (एलोरा)

सबसे अधिक वन क्षेत्रफल वाला राज्य-मध्य प्रदेश

सबसे बड़ी कृत्रिम झील-गोविन्द सागर (भाखड़ा)

* विश्व की सबसे ऊंची चोटी मांउट एवरेस्ट है जो नेपाल में है। के-2 विश्व की दूसरी सबसे ऊँची और भारत की सबसे ऊँची (8611 मी॰) चोटी है।

◇◇◇◇◇

राष्ट्रीय प्रतीक

राष्ट्रीय ध्वज

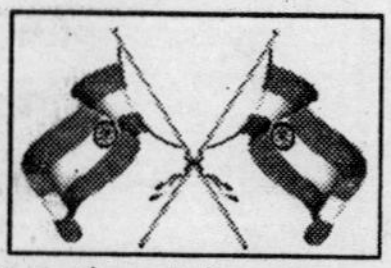

भारत का राष्ट्रीय ध्वज **तिरंगा** है। यह आयताकार तीन पट्टियों से बना है। इसमें सबसे ऊपर केसरिया, मध्य में श्वेत और नीचे हरा रंग है। केसरिया शक्ति, श्वेत शांति और हरा समृद्धि का प्रतीक माना जाता है। झण्डे की लम्बाई-चौड़ाई का अनुपात 3 : 2 है। श्वेत पट्टी के मध्य नीले रंग का एक चक्र है। चक्र में 24 तीलियाँ हैं। झण्डा फहराने के संबंध में भारत सरकार ने कुछ नियम बनाए हैं जिनका पालन करना अति आवश्यक है। संविधान सभा ने इसे 22 जुलाई 1947 को अंगीकार किया था।

राजचिह्न

भारत का राजचिह्न सारनाथ में अशोक निर्मित सिंह स्तम्भ की अनुकृति है। इस चिह्न में चार सिंह हैं, जो एक दूसरे के विपरीत दिशा में घूम कर बैठे हुए हैं। इन चार में से केवल तीन सिंह दिखाई देते हैं, चौथा पीछे की ओर छिपा हुआ है और दिखाई नहीं देता। नीचे चौरस पट्टी के मध्य में उभरी हुई नक्काशी में एक चक्र है, जिसके दाईं ओर एक सांड़ और बाईं ओर एक घोड़ा है। नीचे मुण्डकोपनिषद से लिया गया सूत्र 'सत्यमेव जयते' देवनागरी लिपि में लिखा गया है। इसका अर्थ है 'सत्य की ही विजय होती है'। सरकार ने राजचिह्न को 26 जनवरी 1950 को स्वीकृत किया।

राष्ट्र गीत

श्री बंकिम चन्द्र चटर्जी द्वारा रचित गीत 'वन्दे मातरम्' को राष्ट्र गान के समकक्ष स्थान दिया गया है। उनके विख्यात उपन्यास 'आनन्द मठ' से उदधृत यह गीत राष्ट्रीय आन्दोलन में एक महान प्रेरणा-स्रोत रहा है। इस गीत को सबसे पहले 1896 में भारतीय राष्ट्रीय कांग्रेस के अधिवेशन में गाया गया था।

राष्ट्र गान

रवीन्द्र नाथ टैगोर के गीत 'जन गण मन' को 24 जनवरी, 1950 को राष्ट्र गान के रूप में स्वीकार किया गया। यह गीत 'भारत-विधाता' शीर्षक से सर्वप्रथम 'तत्व-बोधिनी' पत्रिका के जनवरी 1912 के अंक में प्रकाशित हुआ था। यह गीत पहली बार 27 दिसम्बर 1911 को भारतीय कांग्रेस के कलकत्ता (कोलकाता) अधिवेशन में गाया गया था। पूरे गीत के 5 पद हैं। इसमें से प्रथम पद को राष्ट्र गान स्वीकार किया गया है। इसे गाने का निर्धारित समय लगभग 52 सेकण्ड है।

राष्ट्रीय पंचांग

सरकारी कार्यों में प्रयोग हेतु राष्ट्रीय पंचांग 22 मार्च, 1957 से अपनाया गया है। यह पंचांग शक संवत् पर आधारित है। 78 ई. में प्रारम्भ हुए शक संवत् का पहला महीना चैत्र है और वर्ष 365 दिन का है। इस पंचांग के दिन स्थायी रूप से ग्रेगेरियन कैलेंडर से सम्बद्ध दिनों के अनुरूप बैठते हैं। इस प्रकार सामान्य वर्षों में इस पंचांग का पहला दिन 22 मार्च के दिन आता है और लौंद (लीप) वर्ष में 21 मार्च के दिन।

राष्ट्रीय पंचांग के माह इस प्रकार हैं: 1. चैत्र, 2. बैशाख, 3.ज्येष्ठ, 4. आषाढ़, 5. श्रावण, 6. भाद्रपद, 7. आश्विन, 8. कार्तिक, 9. मार्गशीर्ष, 10. पौष, 11. माघ, 12. फाल्गुन।

राष्ट्रीय पशु : बाघ (पैंथरा टाइग्रिस-लिन्नायस)

राष्ट्रीय पक्षी : मोर (पावो क्रिस्टेटस)

राष्ट्रीय पुष्प : कमल

◇◇◇◇◇

हमारी पृथ्वी

पृथ्वी सूर्य के अलावा आठ अन्य ग्रहों बुध, शुक्र, पृथ्वी, मंगल, बृहस्पति, शनि, यूरेनस और नेपच्यून वाले सौर मण्डल का एक सदस्य ग्रह है। ग्रहों के पास अपना स्वयं का प्रकाश नहीं होता और शुक्र और यूरेनस के अलावा सभी ग्रह अपनी धुरी पर पश्चिम से पूर्व की ओर परिक्रमा करते हैं। अनेक उपग्रह संबंधित ग्रह की परिक्रमा करते हैं। अंतरिक्ष में हजारों पुच्छल तारे और करोड़ों उल्काएं भी मौजूद हैं। पृथ्वी का एक ही उपग्रह है 'चन्द्रमा'। बुध और शुक्र का कोई भी उपग्रह नहीं है। सूर्य से पृथ्वी की औसत दूरी $1,496 \times 10^8$ कि.मी. है। पृथ्वी सूर्य का तीसरा सबसे निकट और पांचवाँ सबसे बड़ा ग्रह है।

पृथ्वी : तथ्य और आँकड़े

पृथ्वी का द्रव्यमान	5.882×10^{21} टन
पृथ्वी का घनत्व	पानी की अपेक्षा 5.517 गुणा
पृथ्वी का आयतन	1.083×10^{11} घन किमी.
भूमध्यरेखीय परिधि	4.007×10^4 किमी.
ध्रुवीय व्यास	12,714 किमी.
विषुवतीय व्यास	12,756 किमी.
ध्रुवीय परिधि	4.0×10^4 किमी.
अनुमानित आयु	लगभग 4600 करोड़ वर्ष
भू-पृष्ठ	148,951,000 वर्ग किमी.
जलीय सतह	361,150,000 वर्ग किमी.
भू-सतह का सबसे उच्च बिन्दु	माउंट एवरेस्ट (8,848 मीटर)
भू-सतह का सबसे निम्न बिन्दु	मृत सागर का तट (समुद्र तल से 396 मीटर नीचे)
महासागर की सर्वाधिक गहराई	फिलीपींस के पूर्व में प्रशान्त महासागर में मेरियाना ट्रेंच (समुद्र तल से 11,033 मीटर नीचे)

सौरमण्डल

सबसे बड़ा ग्रह	बृहस्पति (Jupiter)
सबसे छोटा ग्रह	बुध (Mercury)
पृथ्वी का उपग्रह	चन्द्रमा (Moon)
सूर्य के सबसे निकट ग्रह	बुध (Mercury)
सूर्य से सबसे दूर स्थित ग्रह	वरुण (Neptune)
पृथ्वी के सबसे निकट स्थित ग्रह	शुक्र (Venus)
सबसे अधिक चमकीला ग्रह	शुक्र (Venus)
सबसे अधिक चमकीला तारा	साइरस (Dog Star)
सबसे अधिक ठण्डा ग्रह	वरुण (Neptune)
सबसे अधिक गर्म ग्रह	शुक्र (Venus)
रात्रि में लाल दिखाई देने वाला ग्रह	मंगल (Mars)
सबसे बड़ा उपग्रह.	गैनीमेड (Gannymede)
सबसे छोटा उपग्रह	डिमोस (Deimos)
नीला ग्रह	पृथ्वी (Earth)
भोर का तारा	शुक्र (Venus)
साँझ का तारा	शुक्र (Venus)
पृथ्वी की बहन	शुक्र (Venus)
हरा ग्रह	वरुण (Neptune)
विशाल लाल धब्बे वाला ग्रह	बृहस्पति (Jupiter)

पृथ्वी का आकार : पृथ्वी का आकार पूर्णरूप से वृत्तीय नहीं है बल्कि अंडाकार है। ऐसा इस वजह से है क्योंकि यह ध्रुवों पर चपटी और विषुवत पर उभरी हुई है। पृथ्वी का ध्रुवीय व्यास विषुवतीय व्यास से 42 किलोमीटर छोटा है। अत: पृथ्वी अंडाकार है।

पृथ्वी की गतियाँ : पृथ्वी अपनी धुरी पर किसी लट्टू की भांति घूमती है और 24 घंटे में एक चक्कर पूरा कर लेती है जबकि सूर्य की परिक्रमा करने में उसे 365 दिन, 5 घंटे, 45 मिनट और 46 सेकेंड लगते हैं। पृथ्वी की दैनिक गति के कारण रात और दिन होते हैं जबकि वार्षिक गति (परिक्रमा) के कारण ऋतु परिवर्तन होता है। पृथ्वी गैर-ज्योतिर्मय वृत्त है। पृथ्वी का जो भाग सूर्य के सामने आ जाता है वहाँ दिन होता है और जो भाग सूर्य के सामने नहीं होता वहाँ रात होती है। पृथ्वी का आवर्तन पश्चिम से पूर्व की तरफ होता है। इसी कारणवश हमें यह प्रतीत होता है कि सूर्य, चन्द्रमा और तारे विपरीत दिशा में घूम रहे हैं।

आवर्तन के प्रभाव : (क) दिन और रात होते हैं। (ख) देशांतर और समय में अंतर आ जाता है। (ग) वायु और तरंगों की दिशा में परिवर्तन होता है। (घ) दिन में दो बार समुद्र में लहरें उठती हैं।

परिक्रमा के प्रभाव : पृथ्वी दीर्घवृत्तीय कक्षा में सूर्य की परिक्रमा करती है। पृथ्वी को एक बार सूर्य का चक्कर लगाने में 365.25 दिन लग जाते हैं। एक सामान्य वर्ष 365 दिन का होता है जबकि चार वर्षों में 5 घंटे 45 मिनट और 46 सेकेंड एक दिन बना देते हैं और हर चौथा वर्ष अधि वर्ष (लीप ईयर) बन जाता है, जिसमें 366 दिन होते हैं। ऋतु में परिवर्तन मुख्यत: परिक्रमण की वजह से ही होता है।

21 जून : इस समय उत्तरी गोलार्द्ध में ग्रीष्मकाल होता है जबकि दक्षिणी गोलार्द्ध में शरदकाल होता है। दोपहर में सूर्य की सीधी किरणें कर्क रेखा पर पड़ती हैं।

22 दिसम्बर : इस समय उत्तरी गोलार्द्ध में शरदकाल और दक्षिणी गोलार्द्ध में ग्रीष्मकाल होता है। दोपहर में सूर्य की सीधी किरणें मकर रेखा पर पड़ती हैं।

सम्पात : 21 मार्च और 23 सितम्बर को पृथ्वी का प्रत्येक भाग सूर्य के सामने आ जाता है और सूर्य ठीक भूमध्य रेखा के ऊपर होता है। इन अवस्थाओं में पृथ्वी के प्रत्येक भाग में रात और दिन बराबर होते हैं। 21 मार्च को वसन्त सम्पात (Vernal equinox) और 23 सितम्बर को शरद सम्पात (Autumnal equinox) कहते हैं।

चट्टानों का रूपान्तरण

मूल चट्टान	रूपान्तरित चट्टान
शैल	स्लेट
चूना पत्थर	संगमरमर
चॉक तथा डोलोमाइट	संगमरमर
बलुआ पत्थर	क्वार्ट्जाइट
ग्रेनाइट	नीस
बेसाल्ट	सिस्ट
स्लेट	फाइलाइट
कांग्लोमरेट	क्वार्ट्जाइट

वायुमण्डल की संरचना

मण्डल	ऊँचाई (किमी)	विशेष तथ्य
क्षोभमण्डल	0-18	मौसमी घटनाएँ होती हैं।
समतापमण्डल	18-50	वायु परिवहन होता है तथा ओजोन परत पाई जाती है।
मध्यमण्डल	50-80	ऊँचाई के साथ तापमान में गिरावट होती है।
आयनमण्डल	80-640	विद्युत आवेशित कण पाए जाते हैं। रेडियो तरंगें इसी मण्डल से वापस पृथ्वी पर लौटती हैं।
बाह्यमण्डल	640 किमी से ऊपर	तापमान 5000°C होता है।

✧✧✧✧✧

विश्व बोध

विभिन्न देशों के राष्ट्रीय प्रतीक

देश	प्रतीक
ऑस्ट्रेलिया	कंगारू
फ्रांस	लिली
ईरान	गुलाब
जापान	गुलदाउदी
यूनाइटेट किंगडम	गुलाब
कनाडा	सफेद लिली
जर्मनी	कार्न फ्लावर
आयरलैंड	तीन पत्ती वाली घास
पाकिस्तान	अर्द्धचंद्र
यू.एस.ए.	सुनहरी छड़ी
डेनमार्क	वुलिन
भारत	सिंह स्तम्भ
इटली	सफेद लिली
स्पेन	बाज

शहरों, राज्यों एवं देशों के परिवर्तित नाम

पुराना नाम	परिवर्तित नाम
एबिसीनिया	इथियोपिया
अंगोरा	अंकारा
औरंगाबाद	संभाजी नगर
बनारस	वाराणसी
बड़ौदा	बड़ोदरा
बताविया	जकार्ता
बसुतोलैण्ड	लिसोथो
बेचुआनालैण्ड	बोत्सवाना
बॉम्बे	मुम्बई
ब्रिटिश गुयाना	गुयाना
बर्मा	म्यांमार
कालीकट	कोझीकोड
कलकत्ता	कोलकाता
केप केनवरल	केप केनेडी
काउनपुर	कानपुर
सेंट्रल प्रोविंसेज	मध्य प्रदेश
अपर बोल्टा	बुर्कीना फासो
जुबुलपोर	जबलपुर
लियोपोलदविले	किन्हास
मेडागास्कर	मालागासी
मद्रास	चेन्नई
मलाया	मलेशिया
जुलन्धर	जालंधर
मंयुक्यो	मंचूरिया
मैसोपोटामिया	इराक
सिलोन	श्रीलंका
क्रिस्टिना	ओस्लो
जायरे	कांगो (डेमोक्रेटिक रिपब्लिक)
कांस्टेटिनपोल	इस्तान्बूल
डाका	ढाका
डहोमे	बेनिन
डच ईस्ट इंडीज	इंडोनेशिया
डच गुयाना	सूरीनाम
लोर सेई	पूर्वी तिमोर
एलिस आइसलैंड	तुवालू
फार्मोसा	ताइवान
गौहाटी	गुवाहाटी
गोल्ड कोस्ट	घाना
हालैण्ड	नीदरलैण्ड
रोडेशिया	जिम्बाब्वे
सैगोन	हो चिन मिन्ह सिटी
सेलिसबरी	हरारे
सैंडविच आइसलैंड	हवाईअन द्वीप
तंजानिका व जंजीबार	तंजानिया
सियाम	थाईलैंड
सिमला	शिमला
साउथ वेस्ट अफ्रीका	नामीबिया
स्पेनिस गुयाना	विषुवतीय गुयाना
न्यू हेब्रिडस	वनुआतु
उत्तरी रोडेशिया	जाम्बिया
न्यासालैण्ड	मालावी

पुराना नाम	परिवर्तित नाम
पंजिम	पणजी
पीकिंग	बीजिंग
पर्शिया	ईरान
पूना	पुणे
तंजौर	तंजावुर
यूनाइटेड प्रोविंसेज	उत्तर प्रदेश
यू.एस.एस.आर.	सीआईएस
विशाखापट्नम	विशाखापत्तनम
यूगोस्लाविया	सर्बिया
बंगलौर	बेंगलुरु
इलाहाबाद	प्रयागराज
उत्तरांचल	उत्तराखंड
पांडिचेरी	पुडुचेरी
पूर्वी पाकिस्तान	बांग्लादेश
रंगून	यंगून
उड़ीसा	ओडिशा
तुर्की	तुर्किए
फैजाबाद	अयोध्या

महत्त्वपूर्ण सीमा रेखाएं

- **डूरंड लाइन :** यह भारत और अफगानिस्तान के बीच सीमा के विभाजन को परिलक्षित करती थी। इसका सीमांकन सर मोर्टीमर डूरंड ने 1896 में किया था। अब यह पाकिस्तान और अफगानिस्तान के बीच की सीमा रेखा है।
- **हिंडेनवर्ग लाइन :** यह वह रेखा है जहां से विश्व युद्ध के दौरान जर्मनी की सेना वापस लौट गई थी। यह रेखा पोलैण्ड और जर्मनी के बीच की सीमा रेखा है।
- **मैकमोहन रेखा :** यह भारत और चीन के बीच सीमा रेखा है जिसका सीमांकन सर हेनरी मैकमोहन ने किया था।
- **मैगिनोट रेखा :** यह फ्रांस और जर्मनी के बीच सीमा रेखा है।
- **रेडक्लिफ रेखा :** यह भारत और पाकिस्तान के बीच सीमा रेखा है जिसका सीमांकन सर सिरिल रेडक्लिफ ने किया था।
- **17वां पैरेलल :** यह उत्तरी एवं दक्षिणी वियतनाम के बीच की सीमा रेखा है।
- **38वां पैरलल :** यह उत्तर और दक्षिण कोरिया के बीच सीमा रेखा है।
- **49वां पैरलल :** यह यू.एस. और कनाडा के बीच सीमा रेखा है।
- **अदूर निसे रेखा :** यह रेखा पोलैण्ड और पूर्वी जर्मनी के बीच की सीमा रेखा है जो द्वितीय विश्व युद्ध में खींची गई थी।
- **सिंगफ्रेड रेखा :** प्रथम विश्व युद्ध में फ्रांस और जर्मनी के बीच की सीमा रेखा।

विश्व के प्रमुख जल प्रपात

जल प्रपात	स्थान	ऊँचाई (मी॰)
एंजिल	वेनेजुएला	979 (यह कैरो नदी पर स्थित संसार का सबसे ऊँचा जल प्रपात है।)
योसेमाइट	कैलिफोर्निया	739
दक्षिण-मर्डाल्फोसेन	नार्वे	655
तुगेला	द॰ अफ्रीका	614
कुकवेनन	वेनेजुएला	610
सूथरलैंड	न्यूजीलैंड	580
रिब्बोन	कैलिफोर्निया	491
ग्रेट-कामारना	गुयाना	488
कुंचिकल	भारत	455
डेल्ला	कनाडा	440
गवार्नी	फ्रांस	422
नियाग्रा	कनाडा एवं अमेरिका की सीमा	120

विश्व की प्रमुख नहरें

नाम	स्थिति	स्थान
ईरी	ईरी झील और मिशीगन झील को जोड़ती है।	अमेरिका
सू नहर	सुपीरियर झील और ह्यूइन झील को जोड़ती है।	अमेरिका
कील नहर	उत्तरी सागर को बाल्टिक सागर से जोड़ती है।	जर्मनी
पनामा नहर	कैरीबियन सागर और प्रशांत महासागर	पनामा
स्वेज नहर	लाल सागर और भूमध्य सागर	मिस्र
मैनचेस्टर नहर	मैनचेस्टर एवं लिवरपूल के बीच	ग्रेट ब्रिटेन

विश्व की प्रमुख नदियाँ

नाम	उद्गम स्थल	गिरने का स्थान	लम्बाई (किमी)	प्रमुख स्थान
नील (विश्व की सबसे लम्बी नदी)	विक्टोरिया झील	भूमध्य सागर	6670	आस्वान बाँध व नासिर झील स्थित है।
अमेजन (आयतन की दृष्टि से विश्व की सबसे बड़ी नदी)	एण्डीज पर्वत	अटलांटिक महासागर	6448	
मिसीसिपी मिसौरी	अलास्का झील	मैक्सिको की खाड़ी	6300	पक्षीपाद डेल्टा बनाती है।
यांग्टिसीक्यांग	तिब्बत का पठार	चीन सागर	5494	
ह्वांग हो	कुललुन पर्वत	चीन की खाड़ी	4840	
कांगो / जायरे	लुआलिया और लुआपुआ का संगम	अटलाण्टिक महासागर	4800	विषुवत् रेखा को दो बार काटती है।
अमूर	शिल्का रूस, आरगून का संगम	टार्टइ स्ट्रेट	4510	चीन और रूस की सीमा बनाती है।
वोल्गा	बल्डाई पठार	कैस्पियन सागर	3700	यूरोप की सबसे लम्बी नदी
डेन्यूब	ब्लैक फॉरेस्ट	काला सागर	2820	बेलग्रेड, बुखारेस्ट, बुडापेस्ट और वियना शहर स्थित है।
सेंट लारेंस	आण्टेरियो झील	सेंट-लॉरेंस की खाड़ी	3058	नियाग्रा जल प्रपात स्थित है।
कोलोरेडो	ग्रैण्ड कंट्री	कैलीफोर्निया की खाड़ी	2333	ह्यूबर बाँध स्थित
नाइजर	गिनी	गिनी की खाड़ी	4800	तेल नदी कहलाती है।
मेकांग	तिब्बत का पठार	दक्षिण चीन सागर	4023	द.पू. एशिया की सबसे लम्बी नदी।
सिन्धु	मानसरोवर झील के पास	अरब सागर	3180	
ब्रह्मपुत्र	मानसरोवर झील	बंगाल की खाड़ी	2900	
डार्लिंग-मर्रे	ऑस्ट्रेलिया आल्पस	हिन्द महासागर	3720	ऑस्ट्रेलिया की सबसे बड़ी नदी।

विश्व की प्रमुख झीलें

झील का नाम	भौगोलिक क्षेत्र	क्षेत्रफल (वर्ग.किमी.)	विशेष तथ्य
कैस्पियन सागर	पूर्व सोवियत संघ तथा ईरान	3,94,299	खारे पानी की सबसे बड़ी झील
सुपीरियर झील	संयुक्त राज्य अमेरिका एवं कनाडा	82,414	ताजे पानी की सबसे बड़ी झील
विक्टोरिया झील	केन्या, युगाण्डा तथा तंजानिया	69,485	
अरल सागर झील	कजाकिस्तान एवं उज्बेकिस्तान	64,457	
ह्यूरन झील	संयुक्त राज्य अमेरिका तथा कनाडा	59,600	
मिशीगन झील	संयुक्त राज्य अमेरिका	57,800	
बैकाल झील	रूस	31,500	यह सबसे गहरी (1940 मी॰) झील है।

ग्रेट बेरियर झील	कनाडा	31,080	
ग्रेट स्लेव झील	कनाडा	28,438	
विनीपेग झील	कनाडा	24,341	
ओण्टेरियो झील	सं.रा. अमेरिका तथा कनाडा	19,529	
टिटिकाका	पेरू-बोलीविया	9,065	यह विश्व की सबसे ऊँची (3811 मी.) झील है।
आयर झील	ऑस्ट्रेलिया	9,583	

विश्व की प्रमुख खाड़ियाँ

खाड़ी	क्षेत्रफल (वर्ग.किमी.)	खाड़ी	क्षेत्रफल (वर्ग.किमी.)
मैक्सिको की खाड़ी	15,44,000	हडसन की खाड़ी	12,33,000
अरब की खाड़ी	2,38,000	सेंट लॉरेन्स की खाड़ी	2,37,000
कैलिफोर्निया की खाड़ी	1,62,000		

महासागरों की प्रमुख जलधाराएं

जलधारा का नाम	प्रकृति	विशेष विवरण	महासागर का नाम
• उत्तरी विषुवतीय जलधारा	उष्ण अथवा गर्म		अटलांटिक महासागर
• गल्फस्ट्रीम धारा	उष्ण	हेटेरस अंतरीप तक इसे फ्लोरिडा धारा कहते हैं।	अटलांटिक महासागर
• कनारी धारा	ठंडी		अटलांटिक महासागर
• फ्लोरिडा की धारा	उष्ण		अटलांटिक महासागर
• लेब्राडोर की धारा	ठंडी		अटलांटिक महासागर
• बैंगुला की धारा	ठंडी		अटलांटिक महासागर
• फाकलैंड की धारा	ठंडी		अटलांटिक महासागर
• विपरीत भूमध्यरेखीय जलधारा	गर्म	इसे गिनी की धारा भी कहते हैं।	अटलांटिक महासागर
• उत्तरी भूमध्यरेखीय जलधारा	गर्म		प्रशांत महासागर
• क्यूरोसीवो जलधारा	गर्म	जापानी लोग इसे काली धारा भी कहते हैं।	प्रशांत महासागर
• कैलिफोर्निया जलधारा	ठंडी		प्रशांत महासागर
• पूर्वी ऑस्ट्रेलिया की जलधारा	गर्म	इसे न्यू साउथवेल्स की धारा के नाम से भी जाना जाता है।	प्रशांत महासागर
• अलास्का धारा	गर्म		प्रशांत महासागर
• दक्षिणी विषुवतीय जलधारा	गर्म		हिन्द महासागर
• मोजाम्बिक धारा	गर्म		हिन्द महासागर
• अगुलहास धारा	गर्म		हिन्द महासागर
• पश्चिमी ऑस्ट्रेलिया की धारा	ठंडी		हिन्द महासागर
• ग्रीष्मकाल मानसून प्रवाह	गर्म		हिन्द महासागर
• शीतकालीन मानसून प्रवाह	परिवर्तनशील		हिन्द महासागर

विश्व की प्रमुख जनजातियाँ

जनजाति	सम्बन्धित क्षेत्र/देश
माओरी	न्यूजीलैंड
बुशमैन	कालाहारी मरुस्थल (बोत्सवाना)
वेद्दा	श्रीलंका
बद्दू	अरब
आइनू	जापान
यूकाधिर	साइबेरिया
एस्कीमो	ग्रीनलैंड, कनाडा
मसाई	पूर्वी अफ्रीका
बोरो	ब्राजील
सेमांग	मलेशिया
जूलू	नेटाल (दक्षिण अफ्रीका)
खिरगीज	मध्य एशिया
रेड इंडियन	उ॰ अमेरिका
पिग्मीज	कांगो बेसिन
नीग्रो	मध्य एशिया
याइ	टुण्ड्रा प्रदेश

विश्व की प्रमुख भौगोलिक खोजें

1. **क्रिस्टोफर कोलम्बस**–प॰ द्वीप समूह (1492), द॰ अमेरिका (1498 ई॰)
2. **जॉन कैवेट**–न्यूफाउण्डलैण्ड (1497 ई॰)
3. **कोपरनिकस**–सौरमंडल (1540 ई॰)
4. **केपलर**–ग्रहों की गति नियम (1600 ई॰)
5. **मैगलन**–विश्व का भ्रमण, अटलांटिक के दक्षिण से प्रशांत महासागर की खोज (1519 ई॰)
6. **वास्को-डि-गामा**–केप ऑफ गुड होप होकर भारत आगमन (1498 ई॰)
7. **कैप्टन कुक**–हवाई द्वीप समूह (1770 ई॰)
8. **फ्रिड्टजौफ नानसेन**–ग्रीनलैंड एवं उत्तरी ध्रुव का पहाड़ी भाग (1888 ई॰)
9. **आर. एमण्डसन**–दक्षिणी ध्रुव पर पहुँचने वाला प्रथम व्यक्ति (1911 ई॰)
10. **रॉबर्ट पियरे**–उत्तरी ध्रुव की खोज (1909 ई॰)

विश्व के प्रसिद्ध स्थान

1. झुकी हुई मीनार : पीसा (इटली)
2. मर्डेका पैलेस : जकार्ता (इण्डोनेशिया)
3. रेड स्क्वायर, क्रेमलिन : मास्को
4. स्फिंक्स, पिरामिड : मिस्र
5. पोर्सलिन टावर : नानकिंग (चीन)
6. लोवर, एफिल टावर : पेरिस (फ्रांस)
7. पोटाला : ल्हासा (तिब्बत)
8. श्वेत डेगेन पैगोडा : यंगून
9. ओपेरा हाउस : सिडनी
10. ब्राडवे स्ट्रीट, स्टेच्यू ऑफ लिबर्टी, एंपायर स्टेट बिल्डिंग : न्यूयार्क (सं. रा. अमेरिका)
11. अल अक्सा, वेलिंग वाल, टेंपल माउंट : जेरूसलम (इजरायल)

विश्व के प्रमुख भौगोलिक उपनाम

उपनाम	देश/स्थान
एण्टीलीज का मोती	क्यूबा
गगनचुम्बी इमारतों का नगर	न्यूयॉर्क (सं.रा.अमेरिका)
एटरनल सिटी (होली सिटी)	रोम
क्वेकर सिटी	फिलाडेल्फिया
चीन का शोक	ह्वांगहो नदी (पीली नदी)
निरंतर-बाही झरनों का शहर	क्विटो (इक्वेडोर)
शुगर बाऊल ऑफ द वर्ल्ड	क्यूबा
सात पहाड़ियों का नगर	रोम (इटली)
पर्ल ऑफ दी ऑरियण्ट	सिंगापुर
गार्डन सिटी	शिकागो
पूर्व का मोती	श्रीलंका
लैंड ऑफ मॉर्निंग काम	कोरिया
लैंड ऑफ थाउजेण्ड लेक्स	फिनलैंड
भूमध्यसागर का द्वार	जिब्राल्टर
लैंड ऑफ दी थाउजेंड एलीफैन्ट्स	लाओस
स्वर्णिम पैगोडा का देश	म्यांमार
सिटी ऑफ गोल्डन गेट	सैन फ्रांसिस्को
क्वीन ऑफ एड्रियाटिक	वेनिस (इटली)
पिलर्स ऑफ हरक्यूलिस	स्ट्रेट ऑफ जिब्राल्टर
श्वेत शहर	बेलग्रेड
पूर्व का मैनचेस्टर	ओसाका (जापान)
लिली का देश	कनाडा
होली लैंड	जेरूसलम (इजरायल)
सूर्योदय का देश	जापान
कॉकपिट ऑफ यूरोप	बेल्जियम

उपनाम	देश/स्थान
आंसुओं का प्रवेश द्वार	बाब-अल-मंडब जलडमरूमध्य
लैंड ऑफ मिडनाइट सन	नार्वे
अरब सागर की रानी	कोच्चि (भारत)
लैंड ऑफ ह्वाइट एलीफैंट्स	थाइलैंड
दक्षिण का ब्रिटेन	न्यूजीलैंड
वेनिस ऑफ द वर्ल्ड	स्टॉकहोम (स्वीडन)
स्मारकों की नगरी	वियना (ऑस्ट्रिया)
पवनचक्कियों की भूमि	नीदरलैण्ड
आइलैंड ऑफ क्लोव्ज	जंजीवार (तंजानिया)
नील नदी का देश	मिस्र
एमराल्ड द्वीप	आयरलैंड
लैंड ऑफ थंडरवोल्ट	भूटान
मोतियों का द्वीप	बहरीन

नदियों के तट पर बसे विश्व के प्रमुख नगर

नगर	नदी
लन्दन (इंग्लैंड)	टेम्स
कैन्टन (चीन)	सीक्यांग
मास्को (रूस)	मस्कोवा
न्यूयार्क (सं.रा.अ.)	हडसन
बर्लिन (जर्मनी)	स्प्री
बेलग्रेड	डेन्यूब
पेरिस (फ्रांस)	सीन
बुडापेस्ट (हंगरी)	डेन्यूब
पर्थ (ऑस्ट्रेलिया)	स्वान
वाशिंगटन	पोटोमेक
बगदाद (इराक)	टाइग्रिस
वियाना (ऑस्ट्रिया)	डेन्यूब
आस्वान (मिस्र)	नील
टोकियो (जापान)	अराकावा
सेंट लुईस (अमेरिका)	मिसिसिपी
शंघाई (चीन)	यांग्टिसीक्यांग
रोम (इटली)	टाइबर
यंगून (म्यांमार)	इरावदी
प्राग	विंतावा
ओटावा (कनाडा)	सेंट लारेंस

नगर	नदी
सिडनी (ऑस्ट्रेलिया)	डार्लिंग
मैड्रिड (स्पेन)	मैजेनसेस
लिस्बन	टेगस
लिस्बन (पुर्तगाल)	टंगस
अंकारा (तुर्किए)	किजिल
लाहौर (पाकिस्तान)	रावी
मॉण्ट्रियल (कनाडा)	सेंट लारेंस
कराची (पाकिस्तान)	सिंधु
बोन (जर्मनी)	राइन
डबलिन (आयरलैंड)	लीफें
काहिरा (मिस्र)	नील
दिल्ली (भारत)	यमुना
ब्यूनस आयर्स (अर्जेंटीना)	लाप्लाटा
शिकागो (सं.रा.अ.)	शिकागो
लिवरपुल (इंग्लैंड)	मर्सी
ब्रिस्टल (इंग्लैंड)	एवन्
बसरा (इराक)	दजला एवं फरात
कीव (यूक्रेन)	नीपर

विश्व के प्रमुख घास के मैदान

घास के मैदान	सम्बन्धित देश/क्षेत्र
पम्पास	अर्जेन्टीना
प्रेयरी	अमेरिका
वेल्ड	दक्षिण अफ्रीका
डाउन्स	ऑस्ट्रेलिया
केन्टरबरी	न्यूजीलैण्ड
स्टेपी	सेंट्रल एशिया और ईस्टर्न यूरोप, रूस, यूक्रेन, चीन, उज्बेकिस्तान, तुर्कमेनिस्तान

प्रमुख देशों में स्थानान्तरित कृषि

कृषि	देश
चेन्ना	श्रीलंका
कैगिन	फिलीपीन्स
लैडान	इण्डोनेशिया एवं मलेशिया
रोका	ब्राजील
तमाराई	थाइलैण्ड
कोनुको	वेनेजुएला

✧✧✧✧✧

संयुक्त राष्ट्र संघ

स्थापना	:	24 अक्टूबर, 1945
संस्थापक सदस्य	:	50
मुख्यालय	:	न्यूयार्क
वर्तमान सदस्य संख्या	:	193 (इस संगठन का सदस्य बनने वाला अन्तिम देश दक्षिण सूडान है)।
ध्वज	:	ध्वज की पृष्ठभूमि हल्की नीली है और उस पर श्वेत रंग से राष्ट्र संघ का प्रतीक बना हुआ है।
कार्यकारी भाषाएँ	:	अंग्रेजी तथा फ्रेंच
अन्य मान्यता प्राप्त भाषाएँ	:	रशियन, अरबी, स्पेनिश तथा चीनी।

संयुक्त राष्ट्र संघ के लक्ष्य और उद्देश्य

संयुक्त राष्ट्र के कार्यों को तीन भागों में विभाजित किया जा सकता है, यथा–सुरक्षा, कल्याण और मानव अधिकार। संयुक्त राष्ट्र संघ के सदस्य-राष्ट्रों से चार कर्त्तव्यों के पालन की अपेक्षा की जाती है कि–(क) वे अपने विवादों को शातिपूर्वक ढंग से निपटायेंगे, (ख) वे सैन्यबल का प्रयोग नहीं करेंगे, (ग) घोषणा-पत्र के पालन में सहायता करेंगे और (घ) आक्रामक की सहायता नहीं करेंगे। संयुक्त राष्ट्र संघ–जाति, भाषा, लिंग और धर्म का विचार किए बिना सब मनुष्यों के मानवीय अधिकारों को मान्यता देता है।

संयुक्त राष्ट्र संघ के प्रमुख अंग

प्रमुख अंग 6 हैं–**1.** साधारण महासभा, **2.** सुरक्षा परिषद्, **3.** आर्थिक व सामाजिक परिषद्, **4.** अंतर्राष्ट्रीय न्यायालय, **5.** प्रन्यास परिषद्, **6.** सचिवालय

प्रमुख अंतर्राष्ट्रीय संगठनों के मुख्यालय और स्थापना वर्ष

अंतर्राष्ट्रीय संगठन	मुख्यालय	स्थापना वर्ष
संयुक्त राष्ट्र संघ (UNO)	न्यूयार्क	1945
अंतर्राष्ट्रीय मुद्रा कोष (IMF)	वाशिंगटन डी.सी.	1945
विश्व स्वास्थ्य संगठन (WHO)	जेनेवा	1948
खाद्य एवं कृषि संगठन (FAO)	रोम	1945
अंतर्राष्ट्रीय श्रम संगठन (ILO)	जेनेवा	1919
यूनेस्को (UNESCO)	पेरिस	1946
अंतर्राष्ट्रीय न्यायालय	हेग	1945
विश्व डाक संघ (UPU)	बर्न	1874
अंतर्राष्ट्रीय नागरिक उड्डयन संगठन (ICAO)	मांट्रियल	1947

अंतर्राष्ट्रीय संगठन	मुख्यालय	स्थापना वर्ष
सं. रा. औद्यो. विकास संगठन (UNIDO)	वियना	1966
अंतर्राष्ट्रीय परमाणु ऊर्जा अभिकरण (IAEA)	वियना	1957
अंतर्राष्ट्रीय वित्त निगम (IFC)	वाशिंगटन डी.सी.	1956
सं. रा. विकास कार्यक्रम (UNDP)	न्यूयॉर्क	1965
यूनिसेफ (UNICEF)	न्यूयॉर्क	1946
अंतर्राष्ट्रीय समुद्री संगठन (IMO)	लंदन	1948
विश्व मौसम विज्ञान संगठन (WMO)	जेनेवा	1950
अंतर्राष्ट्रीय दूर संचार संघ (ITU)	जेनेवा	1865
अरब लीग	काहिरा	1945
राष्ट्रमंडल (Commonwealth)	लंदन	1931
विश्व व्यापार संगठन (WTO)	जेनेवा	1995
अंतर्राष्ट्रीय विकास संघ (IDA)	वाशिंगटन डी.सी.	1960
अंतर्राष्ट्रीय पुनर्निर्माण एवं विकास बैंक (विश्व बैंक) (IBRD)	वाशिंगटन डी.सी.	1944
विश्व बौद्धिक संपदा संगठन (WIPO)	जेनेवा	1967
मुस्लिम राष्ट्रों का संघ (OIC)	जेद्दा	1969
यूरोपियन संघ	ब्रुसेल्स	(1958 में स्थापित EEC का परिवर्तित रूप)
रेडक्रास	जेनेवा	1863
इंटरपोल (INTERPOL)	लियोन	1923
एशियाई विकास बैंक (ADB)	मनीला	1966
उत्तरी अटलांटिक संधि संगठन (NATO)	ब्रुसेल्स	1949
आसियान (ASEAN)	जकार्ता	1967
BRICS बैंक	शंघाई	2014
संयुक्त राष्ट्र व्यापार एवं विकास सम्मेलन (UNCTAD)	जेनेवा	1964
जी-15	जेनेवा	1989
दक्षेस (SAARC)	काठमांडू	1985

✧✧✧✧✧

भारत का भूगोल

प्रसिद्ध पर्वत शिखर

पर्वत शिखर	समुद्र तल से ऊंचाई (मीटर में)
1. K-2	8,611 पाकिस्तान के कब्जे में
2. कंचनजंगा	8,598
3. नंगा पर्वत	8,126
4. गशेर ब्रुम	8,068 पाकिस्तान के कब्जे में
5. ब्रॉड पीक	8,047 पाकिस्तान के कब्जे में
6. डिस्तगिल सर	7,885 पाकिस्तान के कब्जे में
7. माशेर ब्रुम (पूर्वी)	7,821
8. नंदा देवी	7,817
9. माशेर ब्रुम (पश्चिम)	7,806 पाकिस्तान के कब्जे में
10. राकापोशी	7,788 पाकिस्तान के कब्जे में

भारत के प्रमुख दर्रे

दर्रे	राज्य/केन्द्रशासित प्रदेश
काराकोरम	लद्दाख
माना	उत्तराखण्ड
जोजिला	लद्दाख
नीति	उत्तराखण्ड
पीरपंजाल	जम्मू-कश्मीर
नाथूला	सिक्किम
बनिहाल	जम्मू-कश्मीर
जैलेप्ला	सिक्किम
बुर्जिल	जम्मू-कश्मीर
बोम्डिला	अरुणाचल प्रदेश
शिपकी	हिमाचल प्रदेश
यांग्याप	अरुणाचल प्रदेश
रोहतांग	हिमाचल प्रदेश
दिफू	अरुणाचल प्रदेश
बड़ालाचा	हिमाचल प्रदेश
तुजु	मणिपुर
लिपुलेख	उत्तराखण्ड

पश्चिमी घाट के दर्रे

दर्रा	ऊं. (मी.)	स्थिति
थालघाट	580	नासिक एवं मुम्बई के बीच का संपर्क मार्ग
भोरघाट	520	मुम्बई एवं पुणे के बीच का संपर्क मार्ग
पालघाट	530	कोयंबटूर एवं कोचीन के बीच का संपर्क मार्ग
सिनकोट	280	तिरुवनंतपुरम एवं मदुरै के बीच का संपर्क मार्ग

प्रमुख जल–अन्तराल

नाम	अवस्थिति
8° चैनल	मालदीव व मिनीकॉय के मध्य
9° चैनल	लक्षद्वीप व मिनीकॉय के मध्य
10° चैनल	छोटा अंडमान व कारनिकोबार के मध्य
ग्रैण्ड चैनल	सुमात्रा (इंडोनेशिया) व निकोबार के मध्य
पाक स्ट्रेट	तमिलनाडु व श्रीलंका के मध्य
डुंकन पास	दक्षिण अंडमान व लघु अंडमान के मध्य
पाक खाड़ी	तमिलनाडु व श्रीलंका के मध्य
कोको स्ट्रेट	काको द्वीप (म्यांमार) व उ. अंडमान के मध्य
मन्नार खाड़ी	द.पू. तमिलनाडु व श्रीलंका के मध्य
लक्षद्वीप सागर	लक्षद्वीप व मालाबार तट के मध्य

भारत की महत्वपूर्ण झीलें

झीलें	राज्य/केन्द्रशासित प्रदेश
चिल्का	ओडिशा
कोलेरू, पुलीकट	आन्ध्र प्रदेश
लोकटक	मणिपुर
सुकना	चण्डीगढ़
लोनार	महाराष्ट्र
निजाम सागर	तेलंगाना
उमियम झील	मेघालय
नैनीताल, भीमताल	उत्तराखंड
वुलर, डल	जम्मू-कश्मीर
पुल्ह झील	उत्तर प्रदेश
अष्टमुदी	केरल
परशुराम कुण्ड	अरुणाचल प्रदेश
पोगांग शो	लद्दाख

भारत की प्रमुख नदियाँ

नदी	उद्गम	मुहाना	लम्बाई (किमी.)	विशेष तथ्य
सिन्धु	मानसरोवर झील (तिब्बत)	अरब सागर	3100 (भारत में 1114)	सतलज, रावी, व्यास, झेलम इसकी सहायक नदियाँ हैं। लद्दाख में यह नदी गिलगित गॉर्ज का निर्माण करती है।
सतलज	राक्षसताल	चिनाब	1450 (भारत में 1050)	भाखड़ा, नांगल व नाथपा झांकरी बाँध।
गंगा	गंगोत्री के पास गोमुख से	बंगाल की खाड़ी	2525	देव प्रयाग में भागीरथी अलकनंदा से मिलती है और संयुक्त धारा का नाम गंगा हो जाता है। फरक्का बाँध एवं भागीरथी पर टिहरी बाँध।
यमुना	यमुनोत्री के पास बंदरपूंछ से	गंगा	1376	चम्बल, बेतवा, केन सहायक नदियाँ हैं।
चम्बल	महूँ (जानपाव पहाड़ी)	यमुना	1050	गाँधीनगर, राणासागर तथा जवाहर सागर बाँध स्थित है।
गण्डक	धौलाधार पर्वत	गंगा	300	त्रिवेणी के पास बाँध
सोन	अमरकंटक पहाड़ी	गंगा	784	बाणसागर व रिहन्द बाँध
ब्रह्मपुत्र	मानसरोवर झील (तिब्बत)	बंगाल की खाड़ी	2900 (भारत में 916)	ब्रह्मपुत्र नदी अरुणाचल प्रदेश में दिहांग, तिब्बत में शांग-पो और बांग्लादेश में 'जमुना' के नाम से प्रसिद्ध।
नर्मदा	अमरकंटक	अरब सागर	1290	इंदिरा सागर, महेश्वर, सरदार सरोवर बाँध। डेल्टा के बजाए एश्चुअरी बनाती है।
ताप्ती	मुलताई (बैतूल)	खम्भात की खाड़ी	720	काकरापार व ऊकाई बाँध / यह नदी डेल्टा के बजाए एश्चुअरी बनाती है।
महानदी	सिहावा के समीप	बंगाल की खाड़ी	890	हीराकुड, तिरकपाड़ा बाँध स्थित है, डेल्टा बनाती है।
कृष्णा	पश्चिमी घाट की पहाड़ी (महाबलेश्वर के पास)	बंगाल की खाड़ी	1290	शैलम तथा नागार्जुन सागर बाँध स्थित है। डेल्टा बनाती है।
गोदावरी	त्रयम्बक गाँव की पहाड़ी	बंगाल की खाड़ी	1450	दक्षिण की गंगा कहा जाता है। एनीकट बाँध स्थित है। डेल्टा बनाती है।
कावेरी	ब्रह्मगिरि की पहाड़ी	बंगाल की खाड़ी	760	शिवसमुद्रम जल प्रपात स्थित है। डेल्टा बनाती है।
तुंगभद्रा	कर्नाटक के पश्चिमी घाट	कृष्णा	331	कुमुदवती, वर्धा, मगारी आदि सहायक नदियाँ हैं।
माही	विन्ध्याचल पर्वत	खम्भात की खाड़ी	533	वनकवोरी बाँध।

भारत के महत्वपूर्ण जल प्रपात

जल प्रपात	ऊँचाई (मी.)	नदी	राज्य
कुंचिकल	455	वरही	कर्नाटक
दूधसागर	310	मांडवी	गोवा
गरसोप्पा	260	शरावती	कर्नाटक
येन्ना	183	नर्मदा	मध्य प्रदेश
रकीमकुण्ड	168	गायघाट	बिहार
केवटी	98	महाना	मध्य प्रदेश

नदियों के किनारे बसे प्रमुख नगर

नगर	नदी	नगर	नदी
दिल्ली	यमुना	गुवाहाटी	ब्रह्मपुत्र
आगरा	यमुना	जबलपुर	नर्मदा
बद्रीनाथ	अलकनंदा	कोटा	चम्बल
प्रयागराज	गंगा, यमुना	कटक	महानदी
हरिद्वार	गंगा	नासिक	गोदावरी
कानपुर	गंगा	श्रीरंगपट्टनम	कावेरी
पटना	गंगा	जौनपुर	गोमती
श्रीनगर	झेलम	हैदराबाद	मूसी
अयोध्या	सरयु	मथुरा	यमुना
सूरत	ताप्ती	जमशेदपुर	स्वर्णरेखा
कोलकाता	हुगली	भागलपुर	गंगा
लखनऊ	गोमती	वाराणसी	गंगा
उज्जैन	क्षिप्रा		

प्रमुख बहुउद्देशीय नदी घाटी परियोजनाएँ

परियोजना का नाम	नदी	लाभान्वित राज्य
दामोदर घाटी परियोजना	दामोदर	झारखंड, पश्चिम बंगाल
टिहरी बाँध परियोजना	भागीरथी	उत्तराखंड
नागार्जुन सागर परियोजना	कृष्णा	आन्ध्र प्रदेश, तेलंगाना
कोसी परियोजना	कोसी	बिहार तथा नेपाल
हीराकुड बाँध परियोजना	महानदी	ओडिशा
व्यास परियोजना	व्यास	राजस्थान, पंजाब, हरियाणा, हिमाचल प्रदेश
चम्बल परियोजना	चम्बल	राजस्थान, मध्य प्रदेश
मयूराक्षी परियोजना	मयूराक्षी	पश्चिम बंगाल
तुंगभद्रा परियोजना	तुंगभद्रा	आन्ध्र प्रदेश, कर्नाटक
गण्डक परियोजना	गण्डक	बिहार, नेपाल
फरक्का परियोजना	गंगा, भागीरथी	पश्चिम बंगाल
काकरापारा परियोजना	ताप्ती	गुजरात
नागपुर शक्तिगृह परियोजना	कोराडी	महाराष्ट्र
इन्दिरा गाँधी नहर परियोजना	सतलज	राजस्थान, पंजाब तथा हरियाणा
रिहन्द परियोजना	रिहन्द	उत्तर प्रदेश
महानदी डेल्टा परियोजना	महानदी	ओडिशा
कुण्डा परियोजना	कुण्डा	तमिलनाडु
इडुक्की परियोजना	पेरियार	केरल
कोयना परियोजना	कोयना	महाराष्ट्र
सतलज परियोजना	चिनाब	जम्मू-कश्मीर
रंजीत सागर बाँध परियोजना	रावी	पंजाब
नाथपा-झाकरी परियोजना	सतलज	हिमाचल प्रदेश
शरावती परियोजना	शरावती	कर्नाटक
नर्मदा सागर परियोजना	नर्मदा	मध्य प्रदेश, गुजरात
जवाहर सागर परियोजना	चम्बल	राजस्थान
तुलबुल परियोजना	झेलम	जम्मू कश्मीर
सरदार सरोवर परियोजना	नर्मदा	गुजरात, मध्य प्रदेश, महाराष्ट्र एवं राजस्थान
दुलहस्ती परियोजना	चिनाब	जम्मू-कश्मीर
तिलैया परियोजना	बराकर	झारखंड

कृषि क्रांतियाँ

क्रांति	क्षेत्र
हरित क्रांति	खाद्यान्न उत्पादन
लाल क्रांति	टमाटर उत्पादन
श्वेत क्रांति	दुग्ध उत्पादन
गोल क्रांति	आलू उत्पादन
भूरी क्रांति	उर्वरक उत्पादन
रजत क्रांति	अंडा उत्पादन
नीली क्रांति	मत्स्य उत्पादन
सुनहरी क्रांति	बागवानी उत्पादन
पीली क्रांति	तिलहन उत्पादन
गुलाबी क्रांति	झींगा उत्पादन

राष्ट्रीय उद्यान और अभयारण्य

मार्च 2025 तक हमारे देश में 106 राष्ट्रीय उद्यान और 573 वन्यजीव अभयारण्य हैं। कुछ महत्त्वपूर्ण अभयारण्यों और उद्यानों के नाम नीचे दिए गए हैं।

- कान्हा राष्ट्रीय उद्यान (म.प्र.)
- शिवपुरी राष्ट्रीय उद्यान (म.प्र.)
- जलदापाड़ा अभयारण्य (प. बंगाल)
- काजीरंगा अभयारण्य (असम)
- मानस अभयारण्य (असम)
- हजारीबाग राष्ट्रीय उद्यान (झारखंड)
- पलामू राष्ट्रीय उद्यान (झारखंड)
- डालमा वन्य जीव अभयारण्य (झारखंड)
- सेमलीपाल राष्ट्रीय पार्क (ओडिशा)
- वनकटना वन्य जीव अभयारण्य (उ.प्र.)
- भरतपुर वन्य जीव.अभयारण्य (राजस्थान)
- डर्राह वन्य जीव अभयारण्य (राजस्थान)
- कॉर्बेट राष्ट्रीय उद्यान (उत्तराखंड)
- चन्द्रप्रभा अभयारण्य (उ.प्र.)
- डाचीगाम अभयारण्य (जम्मू-कश्मीर)
- दुधवा राष्ट्रीय उद्यान (उ.प्र.)
- नन्दा देवी कस्तूरी मृग वन (उत्तराखंड)
- माउंट आबू वन्य जीव अभयारण्य (राजस्थान)
- रणथम्भौर वन्य जीव अभयारण्य (राजस्थान)
- सरिस्का क्रीड़ा अभयारण्य (राजस्थान)
- रंगथिट्टू पक्षी अभयारण्य (कर्नाटक)
- बांदीपुर अभयारण्य (कर्नाटक)
- डंडेली अभयारण्य (कर्नाटक)
- महावीर अभयारण्य (गोवा-कर्नाटक सीमा)
- पेरियार अभयारण्य (केरल)
- वेदान्त-गाल पक्षी अभयारण्य (तमिलनाडु)
- गिरि वन (गुजरात)
- बोरीवल्ली राष्ट्रीय उद्यान (महाराष्ट्र)
- मोलेम क्रीड़ा अभयारण्य (गोवा)
- कोट्टीगांव क्रीड़ा अभयारण्य (गोवा)
- नागजीरा वन्य जीव अभयारण्य (महाराष्ट्र)
- वान्धवगढ़ राष्ट्रीय उद्यान (मध्य प्रदेश)
- घाट प्रभा पक्षी अभयारण्य (कर्नाटक)
- खगचन्दजेन्दा राष्ट्रीय उद्यान (सिक्किम)
- पेंच राष्ट्रीय उद्यान (महाराष्ट्र)
- रोहिया राष्ट्रीय उद्यान (हिमाचल प्रदेश)
- सुल्तानपुर सरोवर पक्षी अभयारण्य (हरियाणा)
- तोदोवा राष्ट्रीय उद्यान (महाराष्ट्र)
- मुदमलाई अभयारण्य (तमिलनाडु)
- नगर होल अभयारण्य (कर्नाटक)
- नाल सरोवर पक्षी अभयारण्य (गुजरात)
- बोंडला क्रीड़ा अभयारण्य (गोवा)
- तनसा झील वन्य जीव अभयारण्य (महाराष्ट्र)
- बनारघट्टा राष्ट्रीय उद्यान (कर्नाटक)
- ईराविकुलम राजमल्ली राष्ट्रीय उद्यान (केरल)

भारत के प्रसिद्ध पर्वतीय स्थल

स्थान	राज्य/केन्द्रशासित प्रदेश
अल्मोड़ा	उत्तराखंड
माउण्ट आबू	राजस्थान
चेरापूंजी	मेघालय
मसूरी	उत्तराखंड
कोडईकनाल	तमिलनाडु
नैनीताल	उत्तराखंड
डलहौजी	हिमाचल प्रदेश
ऊटकमंड	तमिलनाडु
दार्जिलिंग	पश्चिम बंगाल
पंचमढ़ी	मध्य प्रदेश
गुलमर्ग	जम्मू और कश्मीर
रानीखेत	उत्तराखंड
कसौली	हिमाचल प्रदेश
शिलांग	मेघालय
महाबलेश्वर	महाराष्ट्र
शिमला	हिमाचल प्रदेश

◇◇◇◇◇

रक्षा

भारत की रक्षा सेनाओं का सर्वोच्च कमाण्डर भारत का राष्ट्रपति होता है। भारत की सशस्त्र सेनाओं में तीन मुख्य सेवाएं हैं–थल सेना, नौ सेना और वायु सेना। तीनों सेनाओं के प्रमुख क्रमशः थल सेनाध्यक्ष, नौ सेनाध्यक्ष और वायु सेनाध्यक्ष होते हैं।

सेना में कमीशंड पद (Commissioned Ranks)

थल सेना

1. जनरल
2. लेफ्टिनेंट जनरल
3. मेजर जनरल
4. ब्रिगेडियर
5. कर्नल
6. लेफ्टिनेंट कर्नल
7. मेजर
8. कैप्टन
9. लेफ्टिनेंट

वायु सेना

1. एयर चीफ मार्शल
2. एयर मार्शल
3. एयर वाइस मार्शल
4. एयर कॉमोडोर
5. ग्रुप कैप्टन
6. विंग कमाण्डर
7. स्क्वाड्रन लीडर
8. फ्लाइट लेफ्टिनेंट
9. फ्लाइंग ऑफिसर

नौ सेना

1. एडमिरल
2. वाइस एडमिरल
3. रियर एडमिरल
4. कॉमोडोर
5. कैप्टन
6. कमाण्डर
7. लेफ्टिनेंट कमाण्डर
8. लेफ्टिनेंट
9. सब लेफ्टिनेंट

थल सेना कमाण्ड :

कमाण्ड	मुख्यालय
पश्चिमी कमाण्ड	चांडी मंदिर (चंडीगढ़)
पूर्वी कमाण्ड	कोलकाता
उत्तरी कमाण्ड	ऊधमपुर
दक्षिणी कमाण्ड	पुणे
मध्य कमाण्ड	लखनऊ
द.प. कमाण्ड	जयपुर
ट्रेनिंग कमाण्ड	शिमला

जल सेना कमाण्ड :

कमाण्ड	मुख्यालय
पूर्वी कमाण्ड	विशाखापट्टनम
दक्षिणी कमाण्ड	कोच्चि
पश्चिमी कमाण्ड	मुम्बई

वायु सेना कमाण्ड :

कमाण्ड	मुख्यालय
पूर्वी कमाण्ड	शिलांग
पश्चिमी कमाण्ड	नई दिल्ली
केन्द्रीय कमाण्ड	प्रयागराज
दक्षिणी कमाण्ड	तिरुअनंतपुरम
द.-प. कमाण्ड	गांधीनगर
ट्रेनिंग कमाण्ड	बेंगलुरु
मेन्टेनेन्स कमाण्ड	नागपुर

थल सेना प्रशिक्षण संस्थान :

कमाण्ड	मुख्यालय
नेशनल डिफेन्स एकेडमी (NDA)	खड़कवासला
नेशनल डिफेन्स कॉलिज	नई दिल्ली
इंडियन मिलिट्री एकेडमी (IMA)	देहरादून
डिफेन्स सर्विस स्टाफ कॉलिज	विलिंग्टन
इन्फेनटरी स्कूल	महू
आर्म्ड सेण्टर	अहमदनगर
आर्टीलरी स्कूल	देवलाली

वायु सेना प्रशिक्षण संस्थान :

कमाण्ड	मुख्यालय
एयर फोर्स एडमिनिस्ट्रेटिव कॉलिज	कोयम्बटूर
एयर फोर्स एकेडमी	हैदराबाद
पैराटूपर ट्रेनिंग स्कूल	आगरा
एयर फोर्स टेक्निकल कॉलिज	जलाहली (बेंगलुरु)
एलीमेन्ट्री फ्लाइंग स्कूल	बिदर

नौ सेना प्रशिक्षण संस्थान :

कमाण्ड	मुख्यालय
आइ.एन.एस. चिल्का	भुवनेश्वर
आइ.एन., बेन्दुरथी	कोच्चि
आइ.एन.एस. तसिरकार्स	विशाखापट्टनम
इण्डियन नेवल एकेडमी	कोच्चि
आइ.एन.एस. शिवाजी	लोनावाला

आंतरिक सुरक्षा के संगठन

संगठन	स्थापना वर्ष	मुख्यालय
असम राइफल्स	1835	शिलांग
केन्द्रीय रिजर्व पुलिस बल	1939	नई दिल्ली
भारत-तिब्बत सीमा पुलिस	1962	नई दिल्ली
सीमा सुरक्षा बल (BSF)	1965	नई दिल्ली
केन्द्रीय औद्योगिक सुरक्षा बल	1969	नई दिल्ली
तट रक्षक बल	1978	नई दिल्ली
राष्ट्रीय सुरक्षा गार्ड	1984	नई दिल्ली

रक्षा स्टाफ प्रमुख (सीडीएस)

देश में उच्चतर रक्षा प्रबंधन में सुधार लाने के लिए सेवा प्रमुख समतुल्य वेतन और अतिरिक्त सुविधाओं वाले रक्षा स्टाफ प्रमुख (सीडीएस) का पद गठित किया गया है जो फोर स्टार वाले जनरल रैंक का है। रक्षा स्टाफ प्रमुख (चीफ ऑफ डिफेंस स्टाफ) रक्षा मंत्रालय में बनाये गए सैन्य मामलों के विभाग (डीएमए) के भी मुखिया हैं और इसके सचिव के रूप में कार्य करते हैं। जनरल विपिन रावत ने 1 जनवरी, 2020 से 08 दिसम्बर, 2021 तक देश के प्रथम सीडीएस के रूप में कार्य किया। जनरल अनिल चौहान ने 30 सितम्बर, 2022 से देश के दूसरे सीडीएस के रूप में पदभार संभाला।

◇◇◇◇◇

कला एवं साहित्य

भारत के प्रमुख चित्रकार एवं उनकी कृतियां

अवनीन्द्र नाथ टैगोर	शाहजहाँ का ताज को देखना, बुद्ध और सुजाता, कमल के पत्ते पर अश्रुकण, वन साम्राज्ञी, औरंगजेब का बुढ़ापा, भारतमाता आदि।
गगनेन्द्र नाथ टैगोर	माँ से विदा लेते चैतन्य, कल्कि अवतार आदि।
राजा रवि वर्मा	दुष्यन्त को प्रेम-पत्र लिखती शकुन्तला, नायर लेडी, शकुन्तला वियोग आदि।
नन्द लाल बोस	उमा की तपस्या, घायल बकरी को ले जाते भगवान बुद्ध, कृष्णार्जुन, उड़ीसा की एक दुकान, प्रणाम, बसन्त, गोपिनी आदि।
के॰ वेंकटप्पा	हनुमान द्वारा लंका दहन, स्वर्ण मृग, राम और मृग तृष्णा आदि।
जॉर्ज कीट	कृष्ण जन्म, कर्ण जन्म, यम मार्कण्डेय, निराभरण गोपियाँ आदि।
भवेश चन्द्र सन्याल	आश्रयहीन लड़की, गोल मार्केट के भिखारी आदि।
मनीषी डे	नारी-शृंगार, पनघट की ओर, बंगाली शरणार्थी।
अमृता शेरगिल	एलिफेन्ट्स बाथिंग इन ग्रीन पुल, हिल साईड, भारतीय लड़कियाँ आदि।
नारायण श्रीधर बेन्द्रे	स्टेशन पर यात्री, बुद्ध पूजा आदि।
देवी प्रसाद राय चौधरी	लेपचा कुमारी, भौटिया आदि।
शोभा सिंह	हीर-रांझा
सतीश गुजराल	काला चांद

संगीत

भारत में चार प्रकार के संगीत-साज मिलते हैं—तंतु या तार वाले, समीर या वायु वाले, अवनाद अथवा थाप से संचालित होने वाले और घन जिसमें घंटियाँ, मंजीरे, घड़ियाल आदि शामिल हैं। तंतु या तार वाले सामान्य साज हैं जैसे—वीणा, सितार, सारंगी, सरोद, दिलरुबा, इसराज, एकतारा, तानपुरा और मयूरी। वायु संचालित साज हैं शहनाई, बाँसुरी, नादस्वरम, निनकिर्नस और पोंगी। थाप अथवा संघात से संचालित होने वाले साज हैं: तबला, मृदंग, ढोलक, पखावज, घटाम तथा कंजीरा-मंजीरा। करतल, जल तरंग आदि अन्य भारतीय साज हैं। गायन के क्षेत्र में विष्णु नारायण भातखण्डे, बेगम अख्तर, बड़े गुलाम अली, हीराबाई बरोडकर, भीमसेन जोशी, केसरभाई केलकर, ओंकारनाथ ठाकुर, सिद्धेश्वरी देवी, त्यागराज, विष्णु दिगंबर पलुसकर, पंकज मलिक, एम.एस. सुब्बालक्ष्मी, पंडित जसराज, गंगूभाई हंगल, मल्लिकार्जुन मंसूर, डागर बंधु, डी.के. जयरामन, के.जे. यशुदास, गुलाम मुस्तफा खान, कुमार गंधर्व, के.एल. वसंधा कुमारी, किशोरी अमोनकर, गिरिजा देवी, वी.के. नारायण स्वामी दीक्षित, तानसेन, श्यामा शास्त्री, स्वाति तिरूनल आदि साजपरक संगीत के कुछ दिग्गज कलाकार रहे हैं।

साजपरक संगीत के कुछ दिग्गज कलाकार निम्न हैं:–

बाँसुरी—हरि प्रसाद चौरसिया, पन्नालाल घोष, टी.आर. महालिंगम, एन. रमानी, विजय राघव राव, रघुनाथ सेठ, राजेन्द्र कुलकर्णी

जंजीरा—वी. नागराजन

घटाम—टी.एच. विनयाकरम

गिटार—पंडित विष्णु मोहन भट्ट, मोहन भट्ट, बृजभूषण कालरा, श्रीकृष्ण नलिन

हारमोनियम—पुरुषोत्तम वालावाकर, एम. धौलपुरी

मृदंग—पालघात आर. रघु, यू.एस. वर्मन

पखावज—गोविन्द राव, अनोखे लाल, कंठी महाराज

रूद्रवीणा—जिया मोहिउद्दीन डागर, असद अली खान

संतूर—शिव कुमार शर्मा, तरुण भट्टाचार्य

सितार—पंडित रविशंकर, बिलायत खान, देबू चौधरी, अब्दुल हलीम, जफर खान

सरोद—अली अकबर खान, अमजद अली खान, अलाउद्दीन खान, सरेन रानी, बज नारायण, मुकेश शर्मा, चंदन राय

शहनाई—बिस्मिल्ला खान, सुरबहार इमरत खान, दयाशंकर जगन्नाथ

वायलिन—लालगुडी जयारमण, एल. सुब्रह्मण्यम, एम.एस. गोपालकृष्णन, एस. सुब्रह्मण्यम, वी.जी. जोग, एन. राजन

तबला—अल्लारखा खां, गुदई महाराज, जाकिर हुसैन, लतीफ खाँ, किशन महाराज आदि।

नृत्य

- **भरतनाट्यम :** इस नृत्य शैली का ताल्लुक तमिलनाडु से है। यह कर्नाटक संगीत के साथ किया जाने वाला एकांतिक नृत्य है। अपने शुद्ध रूप में यह नृत्य शरीर की विभिन्न हलचलों, कोणों व घुमाव के जरिए लय-ताल का एक बेहतरीन नमूना पेश करता है।
- **ओडिसी :** इसकी उत्पत्ति ओडिशा में हुई है। यह नृत्य भरतनाट्यम के समानांतर है। 'गीत-गोविन्द' नामक काव्य की संरचना इस नृत्य शैली के काव्य तथा संगीत घटकों पर हावी रही है।
- **मणिपुरी :** यह मणिपुर का लयबद्ध नृत्य है। यह राधा-कृष्ण और गोपियों की अवधारणा के इर्द-गिर्द संकेद्रित रही है। नगाड़ों और मंजीरों पर बजने वाले कई प्रकार के ताल इस नृत्य के साथ-साथ चलते हैं।
- **कत्थक :** यह उत्तरी भारत का एक विशिष्ट शहरी नृत्य है। पूर्व में इसे दरबारों से जुड़ी नृत्य परंपरा के रूप में लिया जाता था। इस नृत्य के दौरान गायन चलता रहता है, मृदंग बजते रहते हैं तथा एक और कलाकार साज बजाता रहता है। कलाकारों का यह समूह सुर-ताल का आकर्षक नजारा पेश करता है।
- **कथकली :** यह केरल की शास्त्रीय नृत्य नाटिका है। अपने स्वरूप में यह नृत्य वर्णात्मक होने के बजाय नाट्यरूप में होता है। यह नृत्य महाकाव्यों के मिथकीय घटनाओं पर आधारित होता है जिसे अतिनाटकीय अंदाज में प्रस्तुत किया जाता है। नाटकीय कथा आँखों और भौहों के संचालन से, हाथों की भाव-भंगिमाओं से तथा शरीर के विशिष्ट संचालन से आगे बढ़ती है।
- **कुचिपुड़ी :** इस नृत्य का अभ्युदय आंध्र प्रदेश में हुआ माना जाता है। पारंपरिक रूप से यह नृत्य-नाटिका मंदिरों से संबद्ध रही है।

विभिन्न राज्यों के कुछ महत्वपूर्ण लोक-नृत्य :

- **महाराष्ट्र :** तमाशा, दही हण्डी, गोफ, दीपक, डिंडी
- **गुजरात :** गरबा, रासलीला, तिप्पनी, डांडिया
- **ओडिशा :** छऊ, माया शवरी, दलचाई
- **राजस्थान :** घूमर, कठपुतली, तेरा ताली
- **मध्य प्रदेश/छत्तीसगढ़ :** लोटा नृत्य, जवारा
- **हिमाचल प्रदेश :** दशहरा नृत्य, हिकत, नेतियो
- **पंजाब :** गिद्धा, भांगड़ा, पणिहारी
- **उत्तर प्रदेश/उत्तराखंड :** रासलीला, नौटंकी, थाली, धुरंग, झुमेला, हुड़का बोल, कजरी
- **नगालैण्ड :** बांस नृत्य, केदोहोह
- **असम :** बिहू, केली गोपाल, सतरिया
- **पश्चिम बंगाल :** कीर्तन, कालत्री, असुरबध, वृता, काली नाच
- **बिहार/झारखंड :** छऊ, मगही, दुर्गा नृत्य
- **तमिलनाडु :** तेरुकलथु, कबलतम, कर्गम, पुली वेशम
- **केरल :** मोहिनी अट्टम, पदायुनी
- **कर्नाटक :** यक्षगान, कुजीता, कोडवास
- **जम्मू-कश्मीर/लद्दाख :** दुम्हल, हिकत, चाकरी
- **त्रिपुरा :** हजागिरि
- **आंध्र प्रदेश/तेलंगाना :** डंडारिया, बंजारा, घण्टा मरदाला
- **गोवा :** गोडे मोदनी, ढकनी
- **मेघालय :** नोंगकरेम, बांग्ला
- **मणिपुर :** ढोल चोलम, बसंत रस
- **हरियाणा :** धमचाल, लहूर, भांगड़ा, गिद्दा
- **झारखंड :** सरहुल, सोहराई

शास्त्रीय नृत्य के कुछ प्रख्यात कलाकार :

- **भरतनाट्यम :** यामिनी कृष्णमूर्ति, रुक्मिणी देवी अरुण्डेल, स्वप्न सुन्दरी, सोनल मानसिंह, वैजयंती माला, मृणालिनी साराभाई, चंद्रलेखा, इंद्राणी, राम गोपाल, बाल सरस्वती
- **कथकली :** गोपीनाथ, के.के. नायर, कुंजुकुरुप, टी.के. चंदू, शांताराव, उदयशंकर
- **कुचिपुड़ी :** स्वप्न सुंदरी, राजा रेड्डी, राधा रेड्डी, शोभा नायर, वेदांतम सत्यनारायण, विम्पत्ति चिन्ना सत्यम
- **कत्थक :** बिरजू महाराज, गोपीकृष्ण, शंभू महाराज, सितारा देवी, उमा शर्मा, दुर्गा लाल, शोभना नारायण
- **मणिपुरी :** उदय शंकर, दरोहरा झावेरी, चैतम्बि सिंह, बिपिन सिंह, सूर्यमुखी
- **ओडिसी :** केलुचरण महापात्र, इंद्राणी रहमान, माधवी मुद्गल, प्रोतिमा बेदी, संयुक्ता पाणिग्रही, सोनल मानसिंह, देवू दास, प्रियवंदा मोहन्ती, मिनाती दास

✧✧✧✧✧

महत्वपूर्ण दिवस

दिवस	महत्व
9 जनवरी	प्रवासी दिवस
15 जनवरी	थल सेना दिवस
25 जनवरी	भारतीय पर्यटन दिवस
26 जनवरी	भारतीय गणतंत्र दिवस
30 जनवरी	शहीद दिवस, विश्व कुष्ठ निवारण दिवस (महात्मा गाँधी की पुण्य तिथि)
1 फरवरी	तटरक्षक दिवस, डाक जीवन बीमा दिवस
4 फरवरी	विश्व कैंसर दिवस
20 फरवरी	विश्व सामाजिक न्याय दिवस
21 फरवरी	विश्व मातृभाषा दिवस
22 फरवरी	पल्स पोलियो दिवस
28 फरवरी	राष्ट्रीय विज्ञान दिवस (रमन प्रभाव की स्मृति में)
8 मार्च	अन्तर्राष्ट्रीय महिला दिवस
15 मार्च	विश्व उपभोक्ता अधिकार दिवस, विश्व विकलांगता दिवस
21 मार्च	विश्व वानिकी दिवस, विश्व रंगभेद उन्मूलन दिवस
22 मार्च	विश्व जल दिवस
23 मार्च	शहीद दिवस, विश्व मौसम विज्ञान दिवस
24 मार्च	विश्व तपेदिक दिवस
7 अप्रैल	विश्व स्वास्थ्य दिवस
18 अप्रैल	विश्व विरासत दिवस
22 अप्रैल	विश्व पृथ्वी दिवस
1 मई	मई दिवस (अन्तर्राष्ट्रीय श्रम दिवस)
8 मई	विश्व रेडक्रॉस दिवस
9 मई	अन्तर्राष्ट्रीय थैलीसीमिया दिवस
11 मई	राष्ट्रीय प्रौद्योगिकी दिवस
24 मई	कॉमनवेल्थ दिवस
31 मई	धूम्रपान विरोध दिवस
1 जून	अन्तर्राष्ट्रीय बाल दिवस
5 जून	विश्व पर्यावरण दिवस
14 जून	वर्ल्ड ब्लड डोनर डे
20 जून	शरणार्थी दिवस
21 जून	विश्व योग दिवस
11 जुलाई	विश्व जनसंख्या दिवस
6 अगस्त	विश्व शांति दिवस, हिरोशिमा दिवस
10 अगस्त	अंतर्राष्ट्रीय युवा दिवस
29 अगस्त	राष्ट्रीय खेल दिवस
5 सितम्बर	शिक्षक दिवस
8 सितम्बर	विश्व साक्षरता दिवस
14 सितम्बर	हिन्दी दिवस
16 सितम्बर	विश्व ओजोन दिवस
21 सितम्बर	अन्तर्राष्ट्रीय शांति दिवस
27 सितम्बर	विश्व पर्यटन दिवस
2 अक्टूबर	गाँधी जयन्ती / अन्तर्राष्ट्रीय अहिंसा दिवस
3 अक्टूबर	विश्व पर्यावास दिवस
5 अक्टूबर	विश्व आवास दिवस
9 अक्टूबर	विश्व डाक दिवस
16 अक्टूबर	विश्व खाद्य दिवस
17 अक्टूबर	विश्व गरीबी उन्मूलन दिवस
20 अक्टूबर	राष्ट्रीय एकता दिवस, विश्व सांख्यिकी दिवस
14 नवम्बर	विश्व मधुमेह दिवस
19 नवम्बर	अन्तर्राष्ट्रीय नागरिक दिवस
26 नवम्बर	विश्व पर्यावरण संरक्षण दिवस
1 दिसम्बर	विश्व एड्स दिवस
10 दिसम्बर	अन्तर्राष्ट्रीय मानवाधिकार दिवस
18 दिसम्बर	अन्तर्राष्ट्रीय प्रवास दिवस
29 दिसम्बर	विश्व जैव विविधता दिवस

✧✧✧✧✧

खेल जगत

खेलों से जुड़ी शब्दावली

- **एथलेटिक्स:** ऐली, स्प्रॉम, बैटन, बेंड, ब्लाइंड पास, बॉक्स, सर्किल, क्लियरेंस, क्रासबार, हीट्स, फाल्स स्टार्ट, फ्लॉप स्टाइल, फाउल, हर्डलेस, लेन, लैप, डेकाथलॉन, हैप्टेथलॉन, मैराथन, पेंटाथलोन, स्क्रैच, शॉट पुट, स्प्रिंट, स्टार्टिंग ब्लॉक स्टेपल चेज, स्ट्रॅडल, टाई, जोन।
- **बैडमिंटन:** एश, एली, बैक हैण्ड, ब्लाक, कैरी, चैकिंग द स्मैस, कोर्ट, क्रास कोर्ट, डबल हिट, ड्राप शाट, फाल्ट, फोरहैण्ड, फ्रेम, गेम प्वाइंट, किल, लोब, लव, नेट, रैकेट, रैली, सर्व, शार्ट सर्व, शटल (बर्ड भी कहते हैं) साइड आउट, अंडर हैंड।
- **बेसबॉल:** आर्म थ्रोअर, एराउंड द हार्न, बल्क, बाल, बाल हॉक, बेस ओपन बेस रनर, बैट, बैटर, कैचर, काक्ड आर्म, क्रास फायर, डाउनर, होम, हाट कार्नर, इनफील्ड फ्लाई, की स्टोन सैक, लेट अप, पेग, पिंच हिटर, पॉपी, पंच, रबर, इनअप, सिंकर, स्लाइडर, थ्री फुट लाइन।
- **बास्केट बॉल:** बैक डोर, बैंग बोर्ड, बैंक शाट, बाउंस पास, चार्ज, चेस्ट पास, कार्नर प्लेयर, कट, डेड बॉल, डबल फाउल, ड्रिबल, फेक, फील्ड गोल, फाउल, फ्री थ्रो, गोल, हेल्ड बॉल, जम्प बॉल, पायवोट, रिवाइंड, रिस्ट्रेनिंग सर्कल, टी, टैक्नीकल फाउल, थ्रो इन।
- **बिलियर्डस एंड स्नूकर:** एंगल, राउण्ड द टेबल, बल्क, बॉल, ब्रेक, ब्रिज, केनन, क्यू बॉल, कॉप, फॉलो, हजार्ड, पाकेट, पॉट, पिरामिड, रेडबॉल, रेस्ट्स, रन, सेट अप, शार्ट स्विंग, टेबल।
- **बॉक्सिंग:** स्प्रॉन, अटैक, ब्लैक पेडल, बैक हैंड पंच, ब्लाकिंग, बोली, बाउट, बट, चॉप, कम्बीनेशन, कट, डाइव, एलबोइंग, फर्स्ट ब्लड, फ्लोर, फुल काउंट, ग्लोब्स, हीलिंग, होल्डिंग, हुक, जब, माउथपीस, पंच, रिंग, स्कोरिंग, सेकेण्ड, स्पॉट, वार्निंग।
- **क्रिकेट:** ऑल राउण्डर, ऐशेज, बैकफुट, बेल्स, बॉल, बैट, बैटिंग, बैट्समैन, बीमर, बाउंसर, बाउण्ड्री, बॉलर, बॉलिंग क्रीज, बाई, कॉट एण्ड बोल्ड, कॉल, कैच, कॉट बिहाइंड, सेंचुरी, क्लीन बोल्ड, कवर प्वाइंट, क्रास बैट, कट, कटर, डेड बॉल, एक्स्ट्राज, फास्ट मीडियम, फॉलोआन, फ्रंट फुट, फुलटॉस, ग्लास, गुगली, गार्ड, गिल्ली, हाफ वॉली, हैट्रिक, हिट विकेट, हुक, इनस्वींगर, लेटकट, लेग ब्रेक, लेग साइड, मेडन, मिड ऑफ, मिड ऑन, मिड विकेट, नाइट वाचमैन, प्वाइंट, ओपनर, ओवर, ओवर थ्रो, ओवर द विकेट, पिच, पुल-राउण्ड द विकेट, स्क्वायर कट, स्क्वायर लेग, स्वीप, टॉस, अम्पायर, विकेट कीपर, यार्कर।
- **गोल्फ:** एश, एड्रेस, एयर शॉट, एप्रोन, अवे, बॉल मार्क, ब्रिडी, बोगी, बाई, चिप, क्लब, कप, ड्राइव, ईगल, फ्लफ्फ, हाल्वड्, हैण्डीकैप, हजार्ड, होल, ऑनर, हुक, जिग्गर, लाई, पार, पिन, पुट, रन, स्लाइस, स्टांस, स्विंग, टी, वेज।
- **हॉकी:** बैकपास, बुली, कैरिंग द बॉल, सेंटर फारवर्ड, चार्जिंग, कार्नर, डी, डिफेंडर, ड्रिवलिंग, फ्लिक, फारवर्ड, फाउल, फ्रीहिट, फुल बैक्स, गोल, हाब्स, हिट, हुकिंग, इंटरसेप्टिंग, लांग कार्नर, शार्ट पेनल्टी स्ट्रोक, पुश, रिवर्स स्टिक, स्कूप, सिक्सटीन यार्ड हिट, स्टिक, स्ट्राइकिंग सर्कल, टैकलिंग, थ्रू पास, ट्रैपिंग, ट्वेन्टी फाइव यार्ड लाइन, अंडरकटिंग।
- **सॉकर:** बाईसाईकिल किक, बाड़ी सर्व, बाक्स या पेनल्टी एरिया, कैरिंग, चेस्टिंग, क्लीयरिंग, कार्नर किक, कार्नर फ्लैग, क्रास, क्रास ओवर, डी, डायरेक्ट फ्री किक, डाइव, डबल फाउल, ड्रिवल, ड्राप वॉल, एक्स्ट्रा टाइम, फिनिशिंग, फ्लैंक, फाउल, गोल किक, गोल पोस्ट, गोल्स, हॉफ वॉली, हैट्रिक, हैडिंग, इनडायरेक्ट फ्री किक, इंटरसेप्सन, किक ऑफ, लाइंस मैन, लिंक मैन, लोब, मार्किंग, न्यूटमैग, ऑफ साइड, पास, पेनल्टी स्पॉट, रिवर्स पास, सीजर्स किक, शैडो मार्किंग, साइड लाइंस, स्ट्राइकर, स्वीपर, टेंकल, थ्रोइन, ड्रिपिंग, विंगर, येलो कार्ड।
- **स्क्वैश:** एंगल, बोर्ड कोर्ट, कट लाइन, ड्राइव, फुट फाउल्ट, हॉफ कोर्ट लाइन, हैमर, हैंड इन, किल, निक, पेनल्टी प्वाइंट, रैली, सर्विस बाक्स, सेट, शार्ट लाइन, वॉली, वेल्स।
- **स्वीमिंग:** बैकस्ट्रोक, बटरफ्लाई, ब्रेस्ट स्ट्रोक, कैसल, क्राउल, फाल्स स्टार्ट, फ्री स्टाइल, किकिंग, लेग, मेडले रिले, पुल, टच्च।

- **टेबल टेनिस:** एश, बैकहैण्ड, शॉट, ब्लेड, ब्लॉक शॉट, ड्यूस, ड्राप शॉट, गेम, ग्रिप, रैली, सर्विस, स्मैश, टॉप स्पिन, रिवर्स सेंटर लाइन।
- **टेनिस:** एश, एडवांटेज, बैक कोर्ट, बैक हैण्ड, बॉल ब्वाय या बॉल गर्ल, ब्रेक, बाई, सेंट्रल लाइन, चिप, चाप, कोर्ट, डेड, ड्यूस, डबल फाल्ट, डाउन द लाइन, ड्राप शॉट, ड्राप वॉली, इरर, फेस या रैकेट, फाउल्ट, फोर कोर्ट, फ्रेम, गेम, गेम प्वाइंट, ग्राउंड स्ट्रोक, लेट, लाइन बॉल, लोब, लव, मैच प्वाइंट, नेट, नेट बॉल, ओवर हैड, स्मैश, पासिंग शॉट, रैली रिटायर, रिट्र्न, सर्व, सर्विस, सेट, सेटप्वाइंट, शार्ट बाल, स्मैश, स्ट्रोक, टॉस, अंडरहैंड, वॉली।
- **वॉलीबॉल:** एश, एड ऑन, बैकलाइन, ब्लॉक, बॉडी फाउल, कैरिंग द बॉल, चेस्टपास, कवर, क्रास कोर्ट शाट, ड्यूस, डिग, डबल हिट, फुट फाउल्ट, गेम प्वाइंट, किल, हेल्ड, बॉल, मल्टीपल टचेज, नेट, ओवर नेट, प्वाइंट, पावर सर्व, सर्व, सेट, साइड आउट, स्मैश, स्पाइकर टाइम आउट।

खेल के मैदान की माप

- **बैडमिंटन कोर्ट** : 20 फीट × 44 फीट (युगल); 17 फीट × 44 फीट (एकल)
- **बेसबॉल** : डायगोनल बेस में से निकटतम आधार के बीच की दूरी 90 फीट और 127 फीट 3⅜ इंच होती है। पिचर के सर्किल और बॉलर के बीच 60½ फीट की दूरी होती है।
- **बास्केटबॉल कोर्ट** : 85 फीट × 46 फीट।
- **बिलियडर्स टेबल** : 12 फीट × 6 फीट 1½ इंच।
- **बॉक्सिग रिंग** : 20 फीट वर्ग।
- **क्रिकेट** : दोनों विकेट 22 गज की दूरी पर होते हैं। बॉल का व्यास लगभग 9 से.मी. और वजन 5½ से 5¾ औंस होता है।
- **हैंडबॉल कोर्ट** : 126 से 147 फीट लम्बा और 60 से 73 फीट चौड़ा।
- **हॉकी का मैदान** : 100 गज × 55 गज।
- **रग्बी मैदान** : यह मैदान अंडाकार होता है जिसकी अधिकतम लम्बाई 150 से 200 गज और अधिकतम चौड़ाई 120 से 170 गज होती है।
- **रोविंग** : एकल नौका चालन हेतु नौका की लम्बाई 27 फीट और युगल के लिए 34 फीट होती है। कॉक्स्ड जोड़ा 35 फीट, काक्सलेस फोर 44 फीट, कॉक्स्ड फोर 45 फीट और कॉक्स्ड एट 62 फीट होता है।
- **फुटबॉल मैदान** : 100 से 130 गज लम्बा और 50 से 100 गज चौड़ा।
- **स्क्वैश कोर्ट** : 32 फीट × 21 फीट, कट लाइन 6 फीट का और टिन 19 इंच का होता है।
- **स्वीमिंग पुल** : 50 मीटर लम्बा।
- **टेबल टेनिस** : टेबल 9 फीट × 5 फीट का होता है तथा नेट की ऊंचाई 6 इंच होती है।
- **टेनिस कोर्ट** : एकल के लिए 78 फीट × 27 फीट और युगल के लिए 78 फीट × 36 फीट।
- **वालीबॉल कोर्ट** : 18 मीटर × 9 मीटर।
- **मैराथन दौड़** : 26 मील 385 गज।

ओलंपिक

प्राचीन काल में अपने नागरिकों को स्वस्थ एवं फिट बनाए रखने के लिए यूनानवासी प्रतियोगी खेल स्पर्द्धाओं का आयोजन करते थे। जौस देवता के सम्मान में प्रथम ओलम्पिक खेलों का आयोजन ओलम्पस माउंट में ईसा पूर्व 776 में किया गया था। इसके बाद 394 ईस्वी जबकि यूनानी सभ्यता का पतन हो गया, प्रत्येक 4 वर्षों के अंतराल के बाद ओलम्पिक खेलों का आयोजन किया जाता रहा। आधुनिक समय में फ्रांस के धनकुबेर पियरे डी कुबर्टिन ने आधुनिक खेलों को पुनर्जीवित किया। प्रथम आधुनिक ओलम्पिक खेल का आयोजन 1896 में एथेंस (यूनान) में किया गया। इसके बाद से विश्व युद्धों को छोड़कर प्रत्येक 4 वर्ष के अंतराल पर ओलम्पिक खेलों का आयोजन होता रहा है। ओलम्पिक खेलों का ध्वज श्वेत रंग का है जिस पर 5 रंगीन छल्ले बने हैं। प्रत्येक रिंग एक महादेश का प्रतिनिधित्व करता है। एक ही वर्ष में ग्रीष्मकालीन और शीतकालीन ओलंपिक खेलों का आयोजन किया जाता है।

एशियाई खेल

द्वितीय विश्व युद्ध के पश्चात् अनेकों एशियाई देशों ने स्वतंत्रता प्राप्त की। ओलंपिक खेलों की तर्ज पर प्रत्येक चार वर्षों बाद एशियाई खेलों के आयोजन की योजना बनायी गई। भारत ने 1951 में नई दिल्ली में प्रथम एशियाई खेलों का आयोजन किया।

राष्ट्रमंडल खेल

राष्ट्रमंडल खेल भी प्रत्येक चार वर्ष बाद आयोजित किए जाते हैं उसी वर्ष में जिसमें एशियाई खेल आयोजित होते हैं। सभी राष्ट्रमंडल देश (ब्रिटेन के पूर्व उपनिवेश) इसमें भाग ले सकते हैं। प्रथम राष्ट्रमंडल खेल 1930 में हैमिल्टन (कनाडा) में आयोजित हुआ जिसे ''ब्रिटिश अम्पायर गेम'' के नाम से जाना गया। 1954 में इनका नाम बदलकर ''ब्रिटिश अम्पायर एण्ड कॉमनवेल्थ गेम्स'' कर दिया गया। 1970 में एक बार फिर इनका नाम परिवर्तन कर 'ब्रिटिश कॉमनवेल्थ गेम्स' किया गया। वर्ष 1978 से इन्हें कामनवेल्थ गेम्स अथवा राष्ट्रमंडल खेलों के नाम से जाना जा रहा है।

प्रमुख खेल एवं उससे संबंधित जानकारी

क्रिकेट : क्रिकेट खेल का जन्मदाता इंग्लैंड को माना जाता है। दुनिया का पहला क्रिकेट क्लब हैम्बल्डन में 1760 के दशक में बना और मेरिलबॉन क्रिकेट क्लब (MCC) 1787 में।

हॉकी : हॉकी का पहला संगठित क्लब 1861 में स्थापित 'ब्लैकहीथ एबी एण्ड क्लब' (इंग्लैंड) है। हॉकी की सर्वोच्च संस्था 'फेडरेशन इंटरनेशल दि हॉकी' (एफ. आई. एच.) है, जिसकी स्थापना 1884 ई. में की गयी थी। हॉकी का पहला अन्तर्राष्ट्रीय मैच 26 जून, 1895 को राइल में वेल्स एवं आयरलैंड के बीच खेला गया। ओलम्पिक में सर्वाधिक आठ बार हॉकी का खिताब भारत ने जीता है।

फुटबॉल : फुटबॉल का जन्म इंग्लैंड में हुआ। 1857 ई. में इंग्लैंड में विश्व का पहला फुटबॉल क्लब 'शेफील्ड फुटबॉल क्लब' का गठन हुआ। भारत में फुटबॉल अंग्रेजों के द्वारा लाया गया और भारत का पहला फुटबॉल क्लब 'डलहौजी क्लब' था।

टेबल टेनिस : इस खेल का जन्मदाता इंग्लैंड है। 'इंटरनेशनल टेबल टेनिस एसोसिएशन' की स्थापना 1926 ई. में की गयी थी। टेबल टेनिस विश्व चैम्पियनशिप का मैच पहली बार 1927 ई. में हुआ।

लॉन टेनिस : आधुनिक संदर्भ में इस खेल का विकास इंग्लैंड में हुआ। टेनिस की सर्वोच्च संस्था इंटरनेशनल टेनिस फेडरेशन (I.T.F.) की स्थापना 1913 ई. में पेरिस में की गई।

बास्केटबॉल : इस खेल का आविष्कार जेम्स स्मिथ ने सन् 1891 में अमेरिका में किया। इसके अन्तर्राष्ट्रीय संघ की स्थापना सन् 1932 में फेडरेशन इंटरनेशनल डे बास्केटबॉल एसोसिएशन (FIBA) के नाम से हुई। भारत में प्रथम बास्केटबॉल खेल सन् 1930 में खेला गया। इसका पहला विश्व चैम्पियन मैच 1950 ई. में आयोजित हुआ।

बैडमिंटन : आधुनिक बैडमिंटन का विकास संभवत: इंग्लैंड में हुआ था। इसकी सर्वोच्च संस्था इंटरनेशनल बैडमिंटन फेडरेशन की स्थापना 1934 में की गयी थी। विश्व बैडमिंटन चैम्पियनशिप की शुरुआत 1977 ई. में हुई थी।

पोलो : आमतौर से यह माना जाता है कि पोलो का जन्म फारस में हुआ था। फारस में 525 ई.पू. में 'पुलु' के नाम से यह खेल खेला जाता था। कुछ लोगों का मानना है कि पोलो का जन्म भारत के मणिपुर में हुआ।

एथलेटिक्स : पहला ओलंपिक जो ई.पू. 8वीं सदी में हुआ था उसमें यह एक मात्र खेल था। ई.पू. 8वीं शताब्दी में होमर द्वारा लिखित इलियड में पैदल दौड़ का वर्णन मिलता है। एथलेटिक्स इंग्लैंड में ईसा बाद 12वीं सदी में प्रारंभ हुई।

कुश्ती : ई.पू. 708 में यूनानियों ने अपने ओलंपिक में कुश्ती को शामिल कर लिया था। कुल मिलाकर कुश्ती के 50 प्रकार हैं। ओलंपिक में ग्रीको रोमन और फ्री स्टाइल कुश्ती आर्मेचर होती है।

शतरंज : सामान्यत: ऐसा माना जाता है कि भारत में यह खेल ईसा बाद 7वीं सदी में शुरू हुआ।

गोल्फ : आधुनिक गोल्फ का खेल सर्वप्रथम स्कॉटलैंड में शुरू हुआ। आधुनिक गोल्फ में पुरुषों के ग्रैंड स्लैम में चार टूर्नामेंट होते हैं। मास्टर ओपन, यूनाइटेड स्टेट्स ओपन, ब्रिटिश ओपन और प्रोफेशनल गोल्फर्स एसोसिएशन ऑफ अमेरिका (पी.जी.ए.) चैम्पियनशिप।

वाटर पोलो : यह खेल सन् 1860 ई. में इंग्लैंड में शुरू हुआ। इस खेल को शुरू करने का श्रेय मुख्यत: ग्लासगो के विलियम विल्सन को जाता है।

बेसबॉल : यह खेल 19वीं सदी के मध्य में अमेरिका में विकसित हुआ। ऐसा माना जाता है कि इसकी खोज अबनेर डबलडे ने सन् 1839 ई. में की। इस खेल के नियमों को एलेक्जेंडर कार्टराइट ने लिखा।

तैराकी : द फेडरेशन इंटरनेशनल डी नेशनल एमैच्योर (FINA) तैराकी एवं अन्य सभी गैर-पेशेवर जल-क्रीड़ाओं को संचालित करती है।

स्पोर्ट्स से जुड़े प्रमुख खिलाड़ी

- **एथलेटिक्स :** कार्ल लुईस, मौरिस ग्रीन, माइकल जानसन, लिंडफोर्ड क्रिस्टी, जैकी जायनर, मेरियन जोंस, बेन जानसन, कैल्विन स्मिथ, जेसी ओवंस, सर्गेई बुबका, सेबेस्टियन को, मिल्खा सिंह, पीटी उषा, उसैन बोल्ट, ज्योतिर्मय सिकदर।
- **बॉक्सिग :** कैसियस क्ले (मोहम्मद अली), जो फ्रेजर, माइक टायसन, लैरी टोलम्स, फैंक ब्रूनो, हेनरी कूपर, आर्ची मूर, इवांडर होलीफील्ड, विजेंद्र कुमार, एम.सी. मैरीकॉम।
- **बैडमिंटन :** प्रकाश पादुकोण, सैय्यद मोदी, दिनेश खन्ना, जेमी पोलसन, नंदू नाटेकर, लिम स्वीकिंग, सायना नेहवाल।
- **बिलियर्ड :** गीत सेठी, माइकल फरेरा, पंकज आडवाणी।
- **शतरंज :** बोरिस स्पॉस्की, गैरी कास्परोव, अंतोली कार्पोव, विक्टर कोरकोनी, विश्वनाथन आनंद, कोनेरू हम्फी, प्रवीण थिप्से, रोहिणी खादिलकर, सूर्य शेखर गांगुली, गुकेश डी.।
- **क्रिकेट :** सुनील गावस्कर, बिशन सिंह बेदी, कपिल देव, मुहम्मद अजहरुद्दीन, सचिन तेंदुलकर, जी.आर. विश्वनाथ, लाला अमरनाथ, अजित वाडेकर, वी एस चंद्रशेखर, ईएएस प्रसन्ना, एस. वेंकटराघवन, डान ब्रैडमेन, रिचर्ड हैडली, गैरी सोबर्स, इयान बाथम, विवियन रिचर्डस, क्लाइव लायड, इमरान खान, ज्योफ बायकाट, टोनी ग्रेग, वसीम अकरम, हनीफ मोहम्मद, रिची बेनो, माल्कम मार्शल, माइकल होल्डिंग, ग्रेग चैपल, जावेद मियांदाद, विजय मांजरेकर, फैंकवारेल, बिल लॉरी, क्लाइब राइस, विराट कोहली, मार्क टेलर, जीएल गारनर, अर्जुन राणातुंगा, अरविन्द डीसिल्वा, सौरव गांगुली, विनोद कांबली, नयन मोंगिया, अजित अगरकर, जैक कालिस, इयान हिली, जान ट्राइकास, क्रेग मैकडरमोट, ब्रायन मैकलिमन, डब्ल्यू आर हैमंड, सनत जयसूर्या, ब्रायन लारा, एंडी फ्लावर, बी.वी.एस. लक्ष्मण, राहुल द्रविड़, डेनियल विटोरी, वीरेन्द्र सहवाग, एम. एस. धोनी, युवराज सिंह, रिकी पोन्टिंग।
- **हॉकी :** ध्यान चंद, अशोक कुमार, अजित सिंह, परगट सिंह, प्रीतपाल सिंह, जफर इकबाल, शंकर लक्ष्मण, चारू चार्ल्सवर्थ, बलबीर सिंह, टेरी वाल्स, किशनलाल, धनराज पिल्लै।
- **फुटबॉल :** पेले, डियागो माराडोना, फ्रेंज बेकनबोर, सोक्रेट्स, रूड गुलिट, गैरी लिनेकर, कोरेका, पी सी बनर्जी, अरुणलाल घोष, युनी गोस्वामी, इंदर सिंह, डावर सूकर, रोनाल्डो, रिवाल्डो, डिसचैम्पस, ओलिवर कॉन, लुईस फिगो, वाइचुंग भूटिया।
- **टेनिस (लान) :** ब्योन बोर्ग, जिमी कानर्स, जान मैकनरो, इवान लेंडल, पीट सम्प्रास, मार्टिना नवरातिलोवा, स्टेफी ग्राफ, स्टीफन एडवर्ग, आंद्रे अगासी, माइकल चांग, रमेश कृष्णन, बोरिस बेकर, लिएण्डर पेस, महेश भूपति, विजय अमृतराज, आनंद अमृतराज, जयदीप मुखर्जी, राड लीवर, राय इमर्सन, नरेश कुमार, प्रेमजीत लाल, मार्टिना हिंगिस, मेरी पियर्स, सेरेना विलियम्स, वीनस विलियम्स, सानिया मिर्जा, सोमदेव वर्मन, रोजर फेडरर, राफेल नडाल, मारिया शारापोवा।
- **गोल्फ :** ग्रेग नारमेन, निक प्राइस, जीव मिलखा सिंह, एस. चौधरी, आर.के. पीतांबर, विक्रमजीत सिंह, अर्जुन अटवाल।
- **जिम्नास्टिक :** नादिया कोमानिय, एल लेतीनीना, वी. कस्लावस्का, ई.जेबो, डब्ल्यू. किंम, वाई मा, श्रूसोनोवा, डेनिएला सिलीवास, ए ब्रेगलिया, वी युकारिन, एन एंद्रियानोव, सर्गेई स्पिट्ज।
- **स्वीमिंग :** आरती गुप्ता, अरुण कुमार शा, वैद्यनाथ, डाउन फ्रेजर, मिहिर सेन, आरती शाहा, मार्क स्पिट्ज, माइकल फेल्प्स।
- **कुश्ती :** दारा सिंह, भीमसेन, मुख्तार सिंह, सुदेश कुमार, चांदगी राम, सुशील कुमार।
- **निशानेबाजी:** अंजली भागवत्, राज्यवर्धन सिंह राठौर, समरेश जंग, अभिनव बिंद्रा, गगन नारंग।

विश्व के प्रसिद्ध कप और ट्राफियाँ

✦ अमेरिकन कप	याच रेसिंग
✦ एशेज	क्रिकेट (इंग्लैंड बनाम आस्ट्रेलिया)
✦ कनाडा कप	गोल्फ (विश्व चैम्पियनशिप)
✦ कोलम्बो कप	सॉकर
✦ चैम्पियन ट्राफी	हाकी (पुरुष) विश्व की 6 श्रेष्ठ टीमों के मध्य
✦ डेविस कप	लान टेनिस (पुरुष)
✦ डर्बी	घोड़ा दौड़ (इंग्लैंड)
✦ इंदिरा गांधी गोल्फ कप	हॉकी (महिला) (भारत)
✦ जुलस रिमेट कप	सॉकर—विश्व कप (पुरुष)
✦ किंग्स कप	एयर रेसेज (इंग्लैंड)
✦ मर्डेका	सॉकर (पुरुष)(मलेशिया)
✦ प्रिंस ऑफ वेल्स कप	गोल्फ (इंग्लैंड)
✦ रोथमेंस कप	क्रिकेट
✦ रायडर कप	गोल्फ (इंग्लैंड)
✦ स्वेथलिंग कप	विश्व टेबल टेनिस (पुरुष)
✦ थामस कप	विश्व बैडमिंटन (पुरुष)
✦ उबेर कप	विश्व बैडमिंटन (महिला)
✦ वाकर कप	गोल्फ (इंग्लैंड)
✦ विटमैन कप	लान टेनिस (महिला)
✦ विम्बलडन कप	लान टेनिस (इंग्लैंड)

कप और ट्राफियाँ—भारत

- आगा खाँ कप — हॉकी (मुंबई)
- ऑल इंडिया महाराजा रणजीत सिंह गोल्ड कप — हॉकी
- बर्ना बेलक कप — टेबल टेनिस (पुरुष)
- बेटन कप — हॉकी (पुरुष)
- मुंबई गोल्ड कप — हॉकी
- बर्दवान ट्राफी — वेट लिफ्टिंग
- सीके नायडू ट्राफी — क्रिकेट
- डीसीएम ट्राफी — फुटबॉल
- ध्यान चंद ट्राफी — हॉकी
- डॉ. बीसी राय ट्राफी — राष्ट्रीय जूनियर फुटबॉल
- दिलीप ट्राफी — क्रिकेट
- डूरंड कप — फुटबॉल
- एजरा कप — पोलो
- आईएफए शील्ड — फुटबॉल
- ईरानी कप — क्रिकेट
- देवधर ट्राफी — क्रिकेट
- जयलक्ष्मी कप — राष्ट्रीय महिला टेबल टेनिस
- कुप्पुस्वामी नायडू ट्राफी — हॉकी
- लेडी रतन टाटा ट्राफी — हॉकी
- मौलाना आजाद ट्राफी — अंतर विश्वविद्यालय खेल
- मुरुगप्पा गोल्ड कप — हॉकी
- राष्ट्रीय लीग — फुटबॉल
- नेहरू कप — हॉकी
- ओबेदुल्ला गोल्ड कप — हॉकी
- राधामोहन कप — पोलो
- राजकुमारी चैलेंज कप — जूनियर गर्ल्स टेबल टेनिस
- रामानुजम ट्राफी — जूनियर ब्वाय टेबल टेनिस
- रंगास्वामी कप — राष्ट्रीय पुरुष हॉकी
- रणजी ट्राफी — राष्ट्रीय पुरुष क्रिकेट
- रोवर्स कप — फुटबॉल
- संतोष ट्राफी — राष्ट्रीय पुरुष फुटबॉल
- सुब्रतो कप — अंतर स्कूल फुटबॉल
- वेलिंगटन ट्राफी — नौकाचालन

प्रसिद्ध खेल मैदान एवं उनसे सम्बन्धित खेल

खेल-मैदान	खेल	स्थान
इन्द्रप्रस्थ स्टेडियम	इन्डोर गेम	दिल्ली
जवाहरलाल नेहरू स्टेडियम	एथलेटिक्स	दिल्ली
अरुण जेटली स्टेडियम	क्रिकेट	दिल्ली
अम्बेडकर स्टेडियम	फुटबॉल	दिल्ली
शिवाजी स्टेडियम	हॉकी	दिल्ली
नेशनल स्टेडियम	हॉकी	दिल्ली
वानखेडे स्टेडियम	क्रिकेट	मुम्बई
ब्रेबोर्न स्टेडियम	क्रिकेट	मुम्बई
ईडन गार्डन	क्रिकेट	कोलकाता
ग्रीन पार्क स्टेडियम	क्रिकेट	कानपुर
कीनन स्टेडियम	क्रिकेट	जमशेदपुर
नेहरू (चेपक) स्टेडियम	क्रिकेट	चेन्नई
वाराबती स्टेडियम	क्रिकेट	कटक
इप्सम	डर्बी घुड़दौड	ब्रिटेन
हेडिंग्ले मैनचेस्टर	क्रिकेट	ब्रिटेन
लार्ड्स, ओवल, लीड्स	क्रिकेट	ब्रिटेन
ब्लैक हीथ	रग्बी फुटबॉल	लन्दन
विम्बलडन	लॉन टेनिस	लन्दन
वेम्बले स्टेडियम	फुटबॉल	लन्दन
ब्रुकलैण्ड	फुटबॉल	इंग्लैंड
टिबकहम	रग्बी फुटबॉल	इंग्लैंड
पटनी मार्टलेक	नौका दौड़	इंग्लैंड
टेंट ब्रिज	क्रिकेट	इंग्लैंड
एण्ट्री	घुड़दौड़	इंग्लैंड
व्हाइट सिटी	कुत्तों की दौड	इंग्लैंड
हरलिघम	पोलो	इंग्लैंड
पर्थ, ब्रिस्बेन, मेलबोर्न	क्रिकेट	आस्ट्रेलिया
यांकी स्टेडियम	बॉक्सिंग	न्यूयार्क
ब्रूकलिन	बेसबॉल	न्यूयार्क
फोरस्ट हिल	टेनिस	न्यूयार्क
नरेन्द्र मोदी स्टेडियम	क्रिकेट	अहमदाबाद

✧✧✧✧✧

पुरस्कार एवं सम्मान

राष्ट्रीय पुरस्कार

- **भारत रत्न**–यह भारत का सर्वोच्च असैनिक सम्मान है। यह कला, साहित्य, विज्ञान एवं खेलकूद के क्षेत्र में अतिविशिष्ट सेवाओं तथा सार्वजनिक क्षेत्र में उत्कृष्टतम योगदान के लिए प्रदान किया जाता है। सरकारी सेवाओं में लगे व्यक्तियों को यह पुरस्कार नहीं दिया जाता है।
- **पद्‌म विभूषण**–यह अलंकरण सभी क्षेत्रों में उल्लेखनीय योगदान के लिए दिया जाता है। सरकारी सेवाओं में लगे व्यक्ति भी इसके पात्र माने जाते हैं।
- **पद्‌म भूषण**–सभी क्षेत्रों में उल्लेखनीय योगदान के लिए यह उपाधि प्रदान की जाती है। सरकारी सेवाओं में रत व्यक्ति भी इसे पाने के हकदार हैं।
- **पद्‌म श्री**–विविध क्षेत्रों में उत्तम कार्य करने के उपलक्ष्य में यह उपाधि प्रदान की जाती है। सरकारी सेवा में लगे लोगों को भी इस उपाधि से अलंकृत किया जा सकता है।

शौर्य पदक

- **परमवीर चक्र**–शत्रु के समक्ष दृढ़ता से वीरता-प्रदर्शन के फलस्वरूप दिया जाने वाला यह सबसे बड़ा पुरस्कार है। यह अत्यन्त वीरतापूर्ण कार्य जल, थल तथा नभ में से किसी भी सेना के कर्मचारी द्वारा किये जाने पर दिया जाता है।
- **महावीर चक्र**–यह दूसरा सर्वोच्च पदक है जो शत्रु के समक्ष अद्वितीय शौर्य प्रदर्शन के फलस्वरूप प्रदान किया जाता है। इस प्रकार का वीरतापूर्ण कार्य थल, जल एवं नभ सेनाओं में से किसी के भी द्वारा किया गया हो सकता है।
- **वीर चक्र**–यह तीसरी श्रेणी का सेना पदक है जो शत्रु के समक्ष वीरता-प्रदर्शन करने के उपलक्ष्य में प्रदान किया जाता है। यह पदक जल, थल और नभ सेना के किसी भी वर्ग के कर्मचारी को वीरतापूर्ण कार्य के लिए प्राप्त हो सकता है।
- **अशोक चक्र**–यह ऐसा पदक है जो जल, थल और नभ कहीं पर भी उत्कृष्ट वीरतापूर्ण कार्य करने अथवा आत्म-बलिदान होने के फलस्वरूप प्रदान किया जाता है। लेकिन इस प्रकार का काम शत्रु के समक्ष होना आवश्यक नहीं। गुणों के आधार पर इस पदक के तीन वर्ग हैं– प्रथम, द्वितीय तथा तृतीय। द्वितीय पदक का नाम कीर्ति चक्र तथा तृतीय पदक का नाम शौर्य चक्र है।

अन्य राष्ट्रीय पुरस्कार/सम्मान

- **ज्ञानपीठ पुरस्कार**–यह पुरस्कार सांस्कृतिक एवं साहित्यिक संस्था 'भारतीय ज्ञानपीठ' द्वारा वर्ष 1965 से प्रदान किया जाता है। प्रत्येक वर्ष यह पुरस्कार संविधान की आठवीं अनुसूची में सम्मिलित 22 भारतीय भाषाओं और अंग्रेजी में से चयनित भारतीय लेखकों को प्रदान किया जाता है। इस पुरस्कार से पुरस्कृत साहित्यकार को 21 लाख रुपए नकद, एक स्मृति चिह्न, एक प्रशस्ति-पत्र तथा वाग्देवी (सरस्वती) की प्रतिमा प्रदान की जाती है।
- **दादा साहब फाल्के पुरस्कार**–इस पुरस्कार की स्थापना भारतीय फिल्म उद्योग के संस्थापक दादा साहब फाल्के की याद में भारत सरकार के सूचना एवं प्रसारण मंत्रालय द्वारा की गई है। इस पुरस्कार की धनराशि 15 लाख रुपए है।
- **जमनालाल बजाज पुरस्कार**–यह पुरस्कार रचनात्मक सामाजिक कार्य क्षेत्र में महत्त्वपूर्ण योगदान, ग्रामीण विकास हेतु विज्ञान एवं प्रौद्योगिकी के उपयोग तथा महिलाओं एवं बच्चों के उत्थान व कल्याण कार्यों हेतु प्रदान किया जाता है। इन पुरस्कारों के तहत 10-10 लाख की पुरस्कार राशि अब प्रदान की जाती है।
- **सरस्वती सम्मान**–15 लाख रुपये का यह पुरस्कार उत्कृष्ट साहित्यिक कृति पर दिया जाता है।
- **व्यास सम्मान**–के॰ के॰ बिड़ला फाउंडेशन द्वारा स्थापित यह पुरस्कार किसी एक साहित्यिक कृति को प्रदान किया जाता है। इसके तहत एक प्रशस्ति पत्र तथा 4 लाख रुपये की धनराशि प्रदान की जाती है।
- **मेजर ध्यानचंद खेल रत्न पुरस्कार**–1992 में स्थापित यह पुरस्कार भारत सरकार द्वारा खेलों में सराहनीय प्रदर्शन करने वाले खिलाड़ियों को प्रदान किया जाता है। इसमें 25 लाख रुपये की धनराशि, एक पदक और एक प्रशस्ति पत्र प्रदान किया जाता है। पहले इस पुरस्कार का नाम राजीव गाँधी खेल रत्न पुरस्कार था।

✦ **अर्जुन पुरस्कार**–1961 में स्थापित यह पुरस्कार भारत सरकार द्वारा विभिन्न खेलों में विशेष उपलब्धि प्राप्त करने वाले खिलाड़ियों को प्रदान किया जाता है। इसमें अर्जुन की काँस्य प्रतिमा, प्रशस्ति पत्र तथा 15 लाख रुपये की धनराशि और समारोह परिधान प्रदान किया जाता है।

✦ **द्रोणाचार्य पुरस्कार**–1985 में स्थापित यह पुरस्कार भारत सरकार द्वारा खेल प्रशिक्षकों द्वारा की गयी उत्कृष्ट सेवाओं के लिए प्रदान किया जाता है। यह पुरस्कार दो वर्गों आजीवन और नियमित में प्रदान किया जाता है। आजीवन वर्ग में 15 लाख रुपये तथा नियमित वर्ग में 10 लाख रुपये, गुरु द्रोणाचार्य की प्रतिमा, प्रशस्ति पत्र, तथा समारोह परिधान प्रदान किया जाता है।

अंतर्राष्ट्रीय पुरस्कार

✦ **नोबेल पुरस्कार**–इस पुरस्कार का प्रवर्तन सन् 1901 में डाइनामाइट के आविष्कारक अल्फ्रेड बर्नहर्ड नोबेल (1833-1896 ई०) द्वारा व्यक्त की गई इच्छा के परिणामस्वरूप किया गया था। नोबेल पुरस्कार प्रति वर्ष रसायन शास्त्र, भौतिकी, साहित्य, चिकित्सा, शान्ति-प्रोत्साहन और अर्थशास्त्र (अर्थशास्त्र के लिए यह पुरस्कार 1969 से दिया जाना शुरू किया गया) के क्षेत्र में दिये जाते हैं। निम्न भारतीय अब तक इस पुरस्कार से सम्मानित किए जा चुके हैं: *(i)* डॉ० रवीन्द्रनाथ टैगोर (1913) उनकी कृति 'गीतांजलि' के लिए, *(ii)* डा० सी० वी० रमन (1930) भौतिकी के लिए, *(iii)* मदर टेरेसा (1979) शान्ति के लिए, *(iv)* प्रो० अमर्त्य सेन (1998) अर्थशास्त्र के लिए और *(v)* कैलाश सत्यार्थी (2014) शान्ति के लिए। इसके अलावा भारतीय मूल के चार लोगों सुब्रमण्यन चंद्रशेखर (भौतिक विज्ञान), हर गोविंद खुराना (चिकित्सा विज्ञान), वेंकटरामन रामकृष्णन (रसायन विज्ञान) और अभिजीत बनर्जी (अर्थशास्त्र) को भी यह पुरस्कार मिल चुका है।

✦ **रेमन मैग्सेसे पुरस्कार**–एशिया महाद्वीप का सबसे बड़ा पुरस्कार फिलीपीन्स के भूतपूर्व राष्ट्रपति की स्मृति में वर्ष 1957 से प्रदान किया जाता है। इसमें एक स्वर्ण पदक तथा पचास हजार डॉलर प्रदान किये जाते हैं। इसे एशिया का नोबेल पुरस्कार भी कहा जाता है।

✦ **शान्ति, निःशस्त्रीकरण व विकास के लिए इन्दिरा गांधी पुरस्कार**–1986 में स्थापित यह पुरस्कार भारत सरकार द्वारा अन्तर्राष्ट्रीय शान्ति, निरस्त्रीकरण एवं विकास के क्षेत्र में उल्लेखनीय योगदान हेतु प्रदान किया जाता है। पुरस्कार राशि 25 लाख रुपये नगद व साथ में एक स्मृति-चिन्ह दिया जाता है।

✦ **महात्मा गांधी अन्तर्राष्ट्रीय पुरस्कार**–एक करोड़ रु० की राशि का यह पुरस्कार भारत सरकार का सर्वोच्च असैनिक अन्तर्राष्ट्रीय पुरस्कार है जो 1995 में शुरू किया गया था। यह पुरस्कार अहिंसा के जरिए सामाजिक, आर्थिक और राजनीतिक परिवर्तन के लिए काम करने वाले व्यक्ति को दिया जाता है।

✦ **मैन बुकर पुरस्कार**–ब्रिटेन की संस्था बुकर मैकोनल कंपनी एंड पब्लिशर्स एसोसिएशन के द्वारा यह पुरस्कार 1969 में स्थापित हुआ। यह प्रतिवर्ष किसी लेखक को अंग्रेजी भाषा की उत्कृष्ट रचना हेतु प्रदान किया जाता हैं। इसकी पुरस्कार राशि 50,000 पाउण्ड है।

✦ **ऑस्कर पुरस्कार**–संयुक्त राज्य अमेरिका की 'नेशनल एकेडमी ऑफ मोशन पिक्चर आर्ट्स एण्ड साइंसेज' द्वारा फिल्म जगत का अत्यन्त प्रतिष्ठित यह पुरस्कार प्रतिवर्ष प्रदान किया जाता है।

प्रमुख देशों के सर्वोच्च सम्मान

देश	सर्वोच्च सम्मान
भारत	भारत रत्न
पाकिस्तान	निशान-ए-पाकिस्तान
कुवैत	मुबारक अल कबीर पदक
सऊदी अरब	शाह अब्दुल अजीज पदक
अर्जेन्टीना	द ऑर्डर ऑफ सॉन मार्टिन
निकारागुआ	आगस्टोसीजर सैण्डिनो ऑर्डर
हंगरी	द ऑर्डर ऑफ वैनर
वियतनाम	द ऑर्डर ऑफ द गोल्डेन स्टार
ब्रिटेन	मेम्बर ऑफ ब्रिटिश एम्पायर, विक्टोरिया क्रॉस
जापान	ऑर्डर आफ मौलोवनिश सन
डेनमार्क	आर्डर ऑफ द डैने ब्रोग
फ्रांस	लेजेण्ड ऑफ ऑनर
अमेरिका	प्रेसिडेंशियल मेडल ऑफ फ्रीडम
जर्मनी	पोर ली मैरिट आयरन क्रॉस
नीदरलैण्ड्स	नीदरलैण्ड्स लॉयन

✧✧✧✧✧

कम्प्यूटर ज्ञान

कम्प्यूटर : एक परिचय

- कंप्यूटर एक ऐसी इलेक्ट्रॉनिक युक्ति है जो दिए गए निर्देशन समूह के आधार पर सूचना को संसाधित करती है। इस निर्देशन समूह को प्रोग्राम कहते हैं। कंप्यूटर का हिन्दी रूपांतर 'संगणक' है।
- कंप्यूटर के विकास की दिशा में प्रथम प्रयास 19वीं शताब्दी में चार्ल्स बैवेज ने किया था, इसलिए उन्हें कम्प्यूटर का पितामह कहा जाता है। विश्व के प्रथम कम्प्यूटर मार्क-I का विकास वर्ष 1944 में हार्वर्ड विश्वविद्यालय में किया गया था।
- भारत में बना पहला कम्प्यूटर सिद्धार्थ है।
- कंप्यूटर में प्रयुक्त उच्चस्तरीय भाषाएं—फोरट्रॉन, कोबोल, बेसिक, अल्गोल, पास्कल, कोमाल, लोगो, प्रोलॉग तथा फोर्थ हैं। कंप्यूटर की भाषा में जानकारी को 'डाटा' और हिदायतों को 'प्रोग्राम' कहा जाता है।

कम्प्यूटर के प्रकार

- **माइक्रो कम्प्यूटर :** ये वस्तुतः एक ही व्यक्ति द्वारा उपयोग में लाए जाने के कारण व्यक्तिगत कम्प्यूटर (PC) कहलाते हैं।
- **मिनी कम्प्यूटर :** आकार तथा कार्यक्षमता की दृष्टि से ये छोटे होते हैं तथा एक बड़ी मेज पर आ सकते हैं। इन पर एक साथ बीस-तीस टर्मिनल पर कार्य किया जाता है।
- **मेन फ्रेम कम्प्यूटर :** ये बड़े आकार के कम्प्यूटर होते हैं जिनका डिजाइन स्टील के फ्रेम में लगाकर किया जाता है। इसकी मेमोरी उपर्युक्त दोनों से अधिक होती है।
- **सुपर कम्प्यूटर :** ये कम्प्यूटर बहुत अधिक शक्तिशाली होते हैं तथा जटिल संक्रियाओं को भी बहुत शीघ्र गति से करते हैं। इसकी संग्रहण क्षमता भी अधिक होती है।

कम्प्यूटर के मुख्य घटक

कंप्यूटर के मुख्य रूप से चार घटक होते हैं—

- **हार्डवेयर :** हार्डवेयर कम्प्यूटर के वे घटक होते हैं, जिन्हें हम देख और छू सकते हैं। हार्डवेयर के अंतर्गत सेन्ट्रल प्रोसेसिंग यूनिट (CPU), डीवीडी ड्राइव, मॉनीटर, की-बोर्ड, मॉउस, स्पीकर्स आदि आते हैं।
- **सॉफ्टवेयर :** सॉफ्टवेयर कंप्यूटर के उन घटकों को कहा जाता है जिन्हें हम देख और छू नहीं सकते हैं किन्तु उनकी सहायता से कंप्यूटर के द्वारा वांछित परिणाम प्राप्त कर सकते हैं। ये निर्देशों के समुच्चय होते हैं, जिनके द्वारा कंप्यूटर एक या एक से अधिक कार्यो को सम्पन्न करता है।
- **ऑपरेटिंग सिस्टम :** कंप्यूटर के हार्डवेयर रिसोर्सेज जैसे मेमोरी, प्रोसेसर तथा इनपुट-आउटपुट डिवाइसेस को व्यवस्थित करने के लिए बनाए गए सॉफ्टवेयर को ऑपरेटिंग सिस्टम कहते हैं।
- **एप्लीकेशन प्रोग्राम :** उन सॉफ्टवेयर्स को एप्लीकेशन प्रोग्राम कहा जाता है जिनकी सहायता से हम कंप्यूटर को दिए गए किसी निश्चित आदेश का पालन करवाते हैं। उदाहरण के तौर पर वर्ड प्रोसेसर्स जैसे कि एमएस ऑफिस, एकाउंटिंग सॉफ्टवेयर्स, टैली आदि।

कम्प्यूटर के मुख्य कार्य

कंप्यूटर मुख्य रूप से चार प्रकार के कार्य करता है :

(1) डाटा का संकलन तथा निवेशन
(2) डाटा का संचयन
(3) डाटा संसाधन
(4) डाटा/इन्फॉर्मेशन का निर्गमन या पुनर्निर्गमन

कम्प्यूटर के विभिन्न भाग

- **सीपीयू (CPU):** यह सेन्ट्रल प्रोसेसिंग यूनिट का संक्षिप्त रूप है। यह कम्प्यूटर का सबसे प्रमुख भाग है, जो कि निर्देशों का उपयोग कर संपूर्ण कंप्यूटर प्रणाली को संचालित करता है। इसे कम्प्यूटर का मस्तिष्क कहा जाता है।
- **रैम (RAM):** यह रैण्डम एक्सेस मेमोरी का संक्षिप्त रूप है। यह कम्प्यूटर की मेन मेमोरी का एक महत्वपूर्ण हिस्सा होता है। कम्प्यूटर में संप्रेषित सभी डाटा रैम में ही जमा होते हैं।
- **रोम (ROM):** यह रीड ऑनली मेमोरी का संक्षिप्त रूप है। रोम स्थायी स्मृति है, जो कम्प्यूटर के निर्माण के समय ही स्थापित कर दी जाती है। इसमें मौजूद डाटा को केवल पढ़ा जा सकता है।
- **मदर बोर्ड (Mother Board):** यह सर्किट बोर्ड होता है, जिसमें कम्प्यूटर के प्रत्येक भाग को जोड़ा जाता है।

✦ **सीडी रोम (CD-ROM):** सीडी रोम यानी कॉम्पैक्ट डिस्क छोटे-से आकार में होते हुए भी बहुत बड़ी मात्रा में आंकड़ों एवं चित्रों को ध्वनियों के साथ संग्रहित करने में सक्षम होता है।

✦ **कम्प्यूटर वायरस (Computer Virus):** यह एक प्रकार का इलेक्ट्रॉनिक कोड है, जिसका उपयोग कम्प्यूटर में समाहित सूचनाओं को समाप्त करने के लिए होता है। कुछ मुख्य कम्प्यूटर वायरस हैं—माइकेल एंजेलो, डार्क एवेंजर, फिलिप, सी ब्रेन, ब्लडी आदि।

इन्टरनेट

✦ दुनिया के विभिन्न स्थानों पर स्थापित टेलिफोन लाइनों अथवा उपग्रहों की सहायता से एक-दूसरे के साथ जुड़े कम्प्यूटर नेटवर्क 'इंटरनेट' कहलाते हैं।

✦ ई-मेल, ईलर्निंग, ई-कॉमर्स, वर्ल्ड वाइड वेब इंटरनेट की सेवाएं हैं।

नेटवर्किंग

✦ इसका अर्थ विभिन्न कम्प्यूटरों को आपस में जोड़ना है, जिसमें ये सर्वर से जुड़े होते हैं। प्रत्येक कम्प्यूटर का अपना प्रोसेसर होता है। नेटवर्किंग के अनेक लाभ हैं जैसे—डाटा का आदान-प्रदान, फाइलों का स्थानान्तरण फ्लॉपीज के बिना सम्भव होना, चिकित्सा, अभियन्त्रण आदि में स्पष्ट लाभ, डाटा, सुरक्षा, कम स्मृति संग्राहक का उपयोग आदि।

✦ नेटवर्किंग के मुख्यतः तीन प्रकार होते हैं—
लैन : स्थानीय क्षेत्र (लोकल एरिया) नेटवर्क
मैन : महानगर क्षेत्र (मेट्रोपोलिटन एरिया)
वैन : व्यापक क्षेत्र (वाइड एरिया) नेटवर्क

कंप्यूटर का आधुनिक विकास

✦ **स्मार्ट फोन** : यह एक ऐसा मोबाइल फोन है, जिसमें कंप्यूटर की क्षमता तथा फोन की सभी सुविधा एक साथ उपलब्ध है।

✦ **आई पैड (i-Pad):** यह टैबलेट है, जिसे Apple द्वारा डिजाइन तथा विकसित किया गया है।

✦ **टैबलेट** : यह एक प्रकार का लैपटॉप पीसी है जिसमें आकर्षक टूल्स तथा टच-स्क्रीन लगा होता है।

✦ **ब्लूटूथ** : यह एक वायरलैस तकनीक है, जिसका प्रयोग कम दूरी पर डाटा आदान-प्रदान के लिए किया जाता है।

जैविक कम्प्यूटर

✦ यह एक ऐसा कम्प्यूटर है, जिनमें इनपुट और आउटपुट दोनों ही जीवन्त हैं। डीएनए प्रयुक्त यह नैनो कंप्यूटर जीवित प्रणाली से संचालित है। इसमें डीएनए चिप का प्रयोग होता है। इजराइल स्थित वेजमान इंस्टीट्यूट ऑफ साइंस के वैज्ञानिक इहुड शोप्रियो के नेतृत्व में पहला जैविक कंप्यूटर तैयार किया गया है।

कम्प्यूटर शब्दावली

✦ **एप्लीकेशन प्रोग्राम** : एक ऐसा प्रोग्राम जो कोई निश्चित कार्य ही करता हो जैसे—वर्ड प्रोसेसिंस या डेटाबेस प्रबंधन अथवा एकाउंटिंग का कार्य करने वाला सॉफ्टवेयर। इनमें वर्ड प्रोसेसिंग के लिए M.S. Word, डेटाबेस प्रबंधन के लिए Visual FOX PRO, डिजायनिंग के लिए Adobe Photoshop अथवा एकाउंटिंग के लिए Tally एवं Busy प्रसिद्ध एप्लीकेशनल प्रोग्राम है।

✦ **बिट (Bit):** इलेक्ट्रॉनिक डेटा को मापने की एक यूनिट बिट कहलाती है। 8 बिट मिलकर एक बाइट का निर्माण करती है।

✦ **बूट (Boot):** कम्प्यूटर को कार्यावस्था में लाने के लिए आपरेटिंग सिस्टम द्वारा किया जाने वाला प्रारम्भिक कार्य बूट कहलाता है।

✦ **चिप (Chip):** प्रायः सिलिकन की बनी हुई यह एक पतली चिप्पी है, जिस पर विशेष प्रक्रिया से सर्किट बनाए जाते हैं।

✦ **कम्पाइलर (Compiler):** वह प्रोग्राम जो उच्चस्तरीय भाषा को मशीनी भाषा में परिवर्तित करता है, कम्पाइलर कहा जाता है।

✦ **कर्सर 'की' (Cursor 'Key'):** की-बोर्ड पर पाये जाने वाले वे बटन जिन पर तीर के निशान बने होते हैं, कर्सर 'की' कहलाता है।

✦ **एरर मैसेज (Error Message):** किसी सॉफ्टवेयर द्वारा किसी गड़बड़ी के बारे में दर्शाया जाने वाला संदेश एरर मैसेज कहलाता है।

✦ **फाइल (File):** डेटा का वह संग्रह जिसे किसी नाम से सेव किया जाता है, फाइल कहलाता है।

✦ **प्रोग्राम (Program):** कम्प्यूटर के कार्य निर्देशन के लिए निम्न या उच्चस्तरीय भाषा में लिखे गए आदेशों की शृंखला, कम्प्यूटर प्रोग्राम कहलाता है।

✧✧✧✧✧

सामान्य विज्ञान

विज्ञान की विविध शाखाएं

नाम	अध्ययन	नाम	अध्ययन
एरोनॉटिक्स	वैमानिकी का अध्ययन	फिलाटेली	टिकट संग्रह कला
एनाटोमी	मानव शरीर की रचना	हार्टीकल्चर	बागवानी
आर्कियोलॉजी	पुरातत्व अध्ययन	सीस्मोलॉजी	भूकंप का अध्ययन
एकॉस्टिक	ध्वनि से संबंधित अध्ययन	ऑस्टोलॉजी	हड्डियों का अध्ययन
एस्ट्रोनामी	खगोल अध्ययन	जेनेटिक्स	आनुवंशिकी का अध्ययन
एण्टोमोलॉजी	कीटाणुओं का अध्ययन	जूलॉजी	जन्तु विज्ञान
एस्ट्रोफिजिक्स	ग्रह-मंडल का अध्ययन	बायलॉजी	प्राणी विज्ञान
कैलिस्थेनिक्स	व्यायाम विद्या का अध्ययन	जिओलॉजी	भूगर्भ की बनावट का अध्ययन
क्रोनोलॉजी	ऐतिहासिक क्रम का अध्ययन	पैथॉलाजी	रोगों का अध्ययन
बॉटनी	वनस्पति का अध्ययन	फिजिक्स	भौतिक विज्ञान
केमिस्ट्री	रसायन का अध्ययन	बायोकेमिस्ट्री	प्राणी का रासायनिक अध्ययन
सेरामिक्स	चीनी के बर्तनों के निर्माण का अध्ययन	युजेनिक्स	नस्ल सुधार का अध्ययन
इकोलॉजी	जीव एवं पर्यावरण संबंधों का अध्ययन	एटिमोलॉजी	शब्द व्युत्पत्ति का अध्ययन
एन्टोमोलॉजी	कीट-पतंगों का अध्ययन		

आविष्कार और आविष्कारक

आविष्कार	आविष्कारक	देश	सन्
वायुयान	ओरविल और विलबर राइट	अमेरिका	1903
बॉल-पांइट	जॉन जे. लाउड	अमेरिका	1888
बैरोमीटर	इवेंजलिस्ता टौरीसेली	इटली	1644
बाईसिकिल	कर्कपैट्रिक मैकमिलन	इंग्लैंड	1839-40
बाईफोकल लेंस	बेन्जामिन फ्रैंकलिन	अमेरिका	1780
बनसेन बर्नर	आर. विल्हेम वोन बनसेन	जर्मनी	1855
कार (पेट्रोल)	कार्ल बेन्ज	जर्मनी	1888
सीमेंट (पोर्टलैंड)	जोसेफ एस्पडिन	इंग्लैंड	1824
सिनेमा	निकोलस और जीन लूमियर	फ्रांस	1895
क्लॉक (मैकेनिकल)	आई.सिंग और लियांग लिंग-तसान	चीन	1725
डीजल इंजन	रूडोल्फ डीजल	जर्मनी	1895
डायनेमो	हाइपोलाइट पिक्सी	फ्रांस	1832
इलैक्ट्रिक लैम्प	थॉमस अल्वा एडिसन	अमेरिका	1879
सेफ्टी पिन	वाल्टर हन्ट	अमेरिका	1849
सिलाई मशीन	बार्थलेमी थिम्मोनियर	फ्रांस	1829
जहाज (भाप)	जे.सी. पेरियर	फ्रांस	1775

जहाज (टरबाइन)	होन. सर सी. पारसंस	इंग्लैंड	1894
स्लाइड रूल	विलियम ऑग्ट्रेड	इंग्लैंड	1621
भाप का इंजन	जेम्स वॉट	इंग्लैंड	1765
स्टेनलेस स्टील	हेरि ब्रियरले	इंग्लैंड	1913
समुद्री जहाज	डेविड बुशनेल	अमेरिका	1776
टैंक	सर अर्नस्ट स्विनटन	इंग्लैंड	1914
टेलीग्राफ	एम. लम्मोंड	फ्रांस	1787
टेलीग्राफ कोड	सैमुअल एफ. बी. मोर्स	अमेरिका	1837
टेलीफोन (परफैक्टेड)	अलेक्जैण्डर ग्राहम बेल	अमेरिका	1876
टेलीस्कोप	हेन्स लिप्परशे	नीदरलैंड्स	1608
टेलीविजन (मैकेनिकल)	जे.एल. बेयर्ड	इंग्लैंड	1926
टेलीविजन (इलेक्ट्रॉनिक)	पी.टी. फार्न्सवर्थ	अमेरिका	1927
थर्मामीटर	गैलिलियो गैलिली	इटली	1593
ट्रांसफार्मर	माइकल फैराडे	इंग्लैंड	1831
ट्रांजिस्टर	बरडीन, शोकले तथा ब्राट्टेन	अमेरिका	1948
टाइपराइटर	पेलेग्रिन टेर्री	इटली	1808
कपड़ा धोने की मशीन (विद्युत)	हर्ले मशीन कम्पनी	अमेरिका	1907
घड़ी	बारथोलॉम्यू मैनफ्रेडी	इटली	1462

माप/तौल की इकाइयां

वॉट	बिजली की शक्ति की इकाई
ओम	विद्युत प्रतिरोध
हर्ट्ज	तरंगों की आवृत्ति
डाइन	बल की सापेक्ष इकाई
कैलोरी	ऊष्मा की इकाई
कूलम्ब	विद्युत की मात्रा
एम्पियर	विद्युत धारा
नॉट	समुद्र पोतों की गति
बार	वायुमंडलीय दाब की इकाई
डेसीबल	सापेक्ष ध्वनि की तीव्रता
एंगस्ट्रम	प्रकाश तरंगों की लम्बाई
कैरेट	बहुमूल्य पत्थर की तौल
फैदम	समुद्र की गहराई की इकाई
न्यूटन	बल
कैन्डला	ज्योति तीव्रता
प्रकाश वर्ष	आकाश के ग्रहों आदि की दूरी की इकाई

चिकित्सा विज्ञान संबंधी आविष्कार

रफ-बैटिन	इन्सुलिन (डायबिटीज के उपचार के लिए)
ब्रह्मचारी यू.एन.	काल-ज्वर बुखार की चिकित्सा
डॉ. क्रिश्चियन बर्नार्ड	हृदय प्रत्यारोपण
जी. डोमाग	सल्फा ड्रग्स
राबर्ट कोच	हैजे का टीका
डॉ. पाल मुलर	डी.डी.टी.
आइजकमेन	बेरी-बेरी की चिकित्सा
आर्थर बर्ग तथा जेम्स वाटसन	आर.एन.ए.
जेम्स वाटसन तथा क्रिक	डी.एन.ए.
ड्रेसर	एस्प्रिन
रेबी	क्लोरोक्वीन (कुनैन)
हरगोविन्द खुराना	कृत्रिम जीन
फिनले	टेरामाइसिन
ल्यूवेनहॉक	बैक्टीरिया
रोबर्थ	टायफायड के जीवाणु
रीड	पीले बुखार की चिकित्सा
फिन्सेन	अल्ट्रा वायलेट रेंज द्वारा चिकित्सा
पाल एरिक	सिफलिस की चिकित्सा
सर अलेक्जेंडर फ्लेमिंग और फ्लोरे	पेन्सिलिन
विलियम हार्वे	रक्त परिवहन (संचरण)
कार्ल लैंडस्टीनर	रक्त-आधान

हैनीमेन	होम्योपैथी की स्थापना
फंक	विटामिन
मैकुलन	विटामिन 'ए'
मैकुलन	विटामिन 'बी'
यूजोक्ट होल्कट	विटामिन 'सी'
एफ.जी. हॉपकिन्स	विटामिन 'डी'
एडवर्ड जेनर	चेचक का टीका
राबर्ट कोच	टी.बी. की चिकित्सा
लेनेक	स्टेथॉस्कोप
लार्डज़ोसेफ लिस्टर	एण्टीसेप्टिक द्वारा चिकित्सा
लुई पाश्चर	हाइड्रोफोबिया की चिकित्सा
डॉ. रोनेल्ड रॉस	मलेरिया की चिकित्सा
डॉ. जोन्स इ. साल्क	एण्टी पोलियो वैक्सीन
सर जेम्स हैरीसन	क्लोरोफार्म की खोज
वैक्समैन	स्ट्रेप्टोमाइसिन
हैनीमेन	होम्योपैथी

विटामिन की कमी से होने वाले रोग

विटामिन	रोग	स्रोत
विटामिन A	रतौंधी	गाजर, दूध, अंडा
विटामिन B_{12}	अरक्तता	कलेजी, अंडा
विटामिन B_1	बेरी-बेरी	दाल, अंडा, मूंगफली
विटामिन C	स्कर्वी	संतरा, टमाटर
विटामिन B_2	मुँह की त्वचा	कलेजी, दूध, मांस
विटामिन D	सूखा रोग	सूर्य का प्रकाश,
विटामिन B_6	एनीमिया और होंठ फटना	कलेजी, दूध, मांस मछली का तेल
विटामिन E	बांझपन	हरी सब्जियाँ, दूध, कलेजी
विटामिन B_3	पेलाग्रा	मछली, अंडा
विटामिन K	रक्त का थक्का जमने में कमी	हरी सब्जी

प्रमुख बीमारियों द्वारा प्रभावित अंग

बीमारी	प्रभावित अंग
निमोनिया	फेफड़े
टायफाइड	आँत
डिप्थीरिया	श्वसन नलिका
सिफलिस	जनन अंग
मेनिनजाइटिस	मस्तिष्क
आर्थ्राइटिस	जोड़ों की सूजन
एग्जीमा	चमड़ी
पीलिया	यकृत
अतिसार	आँत का अग्रभाग
सुजाक, श्वेत प्रदर	मूत्र मार्ग
प्लूरिसी	छाती
पायरिया	दाँत तथा मसूड़े
गठिया या ट्यूमैटिज्म	जोड़ों में
टिटनेस	तंत्रिका तंत्र, मांसपेशी
कुष्ठ	त्वचा, तंत्रिकाएं
हैजा	आँत, आहार नाल
रिकेट्स	हड्डियाँ
गोइटर (गण्डमाला)	थाइराइड ग्रंथि
काली खाँसी	श्वसन तंत्र
बॉट्यूलिज्म	तंत्रिका-तंत्र
एड्स	सम्पूर्ण शरीर
प्लेग	फेफड़े, लाल रक्त कणिकाएं
रेबीज या हाइड्रोफोबिया	तंत्रिका तंत्र
खसरा	सम्पूर्ण शरीर
कालाजार	रुधिर, प्लीहा व अस्थि मज्जा
हरपीस	त्वचा, श्लेष्मकला
क्षय रोग	शरीर का कोई भी अंग, विशेषकर फेफड़े
केटेरेक्ट, ग्लाइकोमा, ट्रेकोमा, मायोपिया	आँख
चेचक	सम्पूर्ण शरीर, विशेषकर चेहरा तथा हाथ-पैर

प्रमुख पाचक एन्जाइम एवं उनके कार्य

पाचक एन्जाइम	स्रोत	कार्य
टाइलिन	लार ग्रन्थि	स्टार्च का माल्टोस में परिवर्तन
एमाइलेज	लार ग्रन्थि, अग्न्याशय	पॉलीसैकेराइड का डाइसैकेराइड में परिवर्तन
पेप्सिन	आमाशय	प्रोटीन को पेप्टाइड खण्डों में तोड़ना
ट्रिप्सिन एवं काइमोट्रिप्सिन	अग्न्याशय	प्रोटीन एवं पॉलीपेप्टाइड को पेप्टाइड खण्डों में तोड़ना
लाइपेस	अग्न्याशय	ट्राइग्लिसराइड को वसीय अम्ल एवं मोनोग्लिसराइड में तोड़ना

मानव शरीर से सम्बन्धित महत्वपूर्ण तथ्य

तथ्य	स्थिति/मात्रा
अस्थियों की कुल संख्या	206
सबसे छोटी अस्थि	स्टेपीज (मध्य कर्ण में)
सबसे लम्बी अस्थि	फीमर (जंघा में)
कशेरुकाओं की कुल संख्या	33
पेशियों की कुल संख्या	+639
सबसे लम्बी पेशी	सारटोरियस
बड़ी आँत की लम्बाई	1.5 मी (4.9 फीट)
छोटी आँत की लम्बाई	6.25 मी (20 फीट)
यकृत का भार (पुरुष में)	1.4-1.8 किग्रा
यकृत का भार (महिला में)	1.2-1.4 किग्रा
सबसे बड़ी ग्रन्थि	यकृत
सर्वाधिक पुनरुद्भवन की क्षमता	यकृत में
सबसे कम पुनरुद्भवन की क्षमता	मस्तिष्क में
शरीर का सबसे कठोर भाग	दाँत का इनेमल
सबसे बड़ी लार ग्रन्थि	पैरोटिड ग्रन्थि
शरीर का सामान्य तापमान	98.4°F (37°C)
शरीर में रुधिर की मात्रा	5.5 ली
हीमोग्लोबिन की औसत मात्रा (पुरुष में)	13.16 g/dl
हीमोग्लोबिन की औसत मात्रा (महिला में)	11.5-14 g/dl
श्वेत रुधिर कोशिकाओं (WBCs) की संख्या	5000-10000/cu mm
सबसे छोटी श्वेत रुधिर कोशिका	लिम्फोसाइट
सबसे बड़ी श्वेत रुधिर कोशिका	मोनोसाइट कोशिका
श्वेत रुधिर कोशिकाओं का जीवनकाल	120 दिन
लाल रुधिर कोशिकाओं (RBCs) का जीवनकाल	2-5 दिन
रुधिर का थक्का बनने का समय	3-6 मिनट
सर्वग्राही रुधिर वर्ग	AB
सर्वदाता रुधिर वर्ग	O
सामान्य रुधिर दाब	120/80 Hg
वयस्क में हृदय गति	72 बार प्रति मिनट

श्वसन अंग और उसके उदाहरण

श्वसन अंग	उदाहरण
फेफड़े	मनुष्य, मेंढक, पक्षी, छिपकली, पशु इत्यादि
त्वचा	मेंढक, केंचुआ
गिल्स	टैडपोल, मछली प्रॉन
श्वसन नाल	कीट
शरीर सतह	अमीबा, युग्लीना

जन्तु विज्ञान से सम्बन्धित महत्वपूर्ण तथ्य

विशेषता — नाम

- सबसे बड़ी स्तनी–**नीली व्हेल**
- सबसे विशाल स्थलीय स्तनी–**हाथी**
- सबसे बड़ी अस्थि–**फीमर (जंघा में)**
- सबसे बड़ा अण्डा–**शतुरमुर्ग**
- सबसे बड़ा शिरा–**इन्फीरियर वेना केवा**
- सबसे बड़ा स्थलीय पक्षी–**शतुरमुर्ग**
- विशालतम जीवित सरीसृप–**टर्टिल**
- विश्व में सबसे विषैला सर्प–**ऑस्ट्रेलिया का पेनिन्सुलर टाइगर सर्प**
- सबसे लम्बा स्तनी–**जिराफ**
- सबसे छोटी चिड़िया–**हमिंग बर्ड**
- दाँत रहित स्तनी–**चींटीखोर**
- शरीर का सबसे व्यस्त अंग–**यकृत**
- शरीर का सबसे भारी अंग–**यकृत**
- सबसे भारी कशेरुका–**लुम्बर**
- सबसे मजबूत पेशी–**जबड़े की पेशी**
- सबसे पुराना प्राइमेट–**लीमर**
- सबसे पुरानी स्तनी–***एकिडना***
- सबसे पुराना कपि–**गिब्बन**
- सबसे विषैला भारतीय सर्प–**किंग कोबरा**
- विषैली छिपकली–***हीलोडर्मा***
- विषैली मछली–**स्टोन मछली**
- अण्डा देने वाली स्तनी–***एकिडना,* डक बिल्ड प्लेटीपस**
- सबसे छोटा स्तनी–**छछुँदर**
- सबसे तेज दौड़ने वाला जन्तु–**चीता**
- सबसे बड़ा सर्प–**पाइथन**
- घोंसला बनाने वाला साँप–**किंग कोबरा**

✧✧✧✧✧

वस्तुनिष्ठ प्रश्नोत्तर

1. मोहनजोदड़ो और हड़प्पा के प्राचीन नगर अब कहाँ स्थित हैं?
A. भारत में B. पाकिस्तान में
C. बांग्लादेश में D. तिब्बत में

2. सिन्धु सभ्यता से प्राप्त मुहरें निम्नलिखित में से किससे बनी थीं?
A. लाजवर्द B. कांस्य
C. रजत D. स्टेटाइट

3. निम्नलिखित में से कौन-सा वेद गद्य एवं पद्य में रचित है?
A. ऋग्वेद B. यजुर्वेद
C. सामवेद D. अथर्ववेद

4. ऋग्वैदिककालीन आर्यों के युद्ध के देवता कौन थे?
A. मंगल B. इन्द्र
C. रुद्र D. शिव

5. महावीर स्वामी को किस स्थान पर ज्ञान प्राप्त हुआ?
A. ऋजुपालिका नदी के तट पर
B. पुनपुन नदी के तट पर
C. गंगा नदी के तट पर
D. कोसी नदी के तट पर

6. अशोक के अभिलेखों को पढ़ने का प्रथम श्रेय प्राप्त है–
A. विल्किन्स को B. विलियम जोन्स को
C. जेम्स विलियम को D. जेम्स प्रिंसेप को

7. किसने भारत में सर्वप्रथम स्वर्ण सिक्के को चलाया था?
A. कुषाण B. मौर्य
C. हिन्द यवन D. गुप्त

8. गुप्तकाल में प्रमुख गणितज्ञ एवं खगोलशास्त्री था–
A. वराहमिहिर B. आर्यभट्ट
C. रामानुजाचार्य D. उपर्युक्त सभी

9. निम्नलिखित का काल क्रम है–
1. हल्दीघाटी युद्ध
2. बैरम खाँ का पतन
3. असीरगढ़ की विजय
4. अबुल फजल की हत्या
A. 1, 2, 3, 4 B. 3, 2, 4, 1
C. 1, 4, 2, 3 D. 2, 4, 3, 1

10. विदेशी आक्रमणकारियों को ऐतिहासिक क्रम में लिखिए–
1. मुहम्मद-बिन-कासिम 2. मुहम्मद गोरी
3. महमूद गजनवी 4. चंगेज खाँ
A. 1, 3, 4, 2 B. 4, 3, 2, 1
C. 1, 3, 2, 4 D. 4, 2, 3, 1

11. किस शासक के दरबार में सर्वाधिक हिन्दू पदाधिकारी थे?
A. अकबर B. शाहजहाँ
C. जहाँगीर D. औरंगजेब

12. किस शासक ने सिंचाई कर लगाया था?
A. मुहम्मद तुगलक B. फिरोज तुगलक
C. अलाउद्दीन खिलजी D. सिकन्दर लोदी

13. कबीर की मृत्यु किस स्थान पर हुई?
A. प्रयाग B. काशी
C. मगहर D. मथुरा

14. अंग्रेजों ने सर्वप्रथम अपना व्यापारिक कारखाना लगाया था–
A. मुम्बई में B. हुगली में
C. सूरत में D. बंगलौर में

15. भारतीय राष्ट्रीय कांग्रेस के प्रथम मुस्लिम अध्यक्ष थे–
A. बदरुद्दीन तैयबजी
B. मौलाना अबुल कलाम आजाद
C. सर सैयद अहमद खाँ
D. मो. जिन्ना

16. ऑल इण्डिया ट्रेड यूनियन के प्रथम अध्यक्ष थे–
A. लाला लाजपत राय B. एम.एन. जोशी
C. स्वामी सदानन्द D. बाल गंगाधर तिलक

17. भारत में सर्वप्रथम टेलीग्राफ व्यवस्था प्रारम्भ हुई थी–
A. 1850 में B. 1853 में
C. 1854 में D. 1856 में

18. असहयोग आन्दोलन वापस ले लिया गया था–
A. रौलट एक्ट के बाद
B. प्रथम विश्व युद्ध के बाद
C. जलियाँवाला बाग हत्याकाण्ड के बाद
D. चौरी-चौरा घटना के बाद

19. क्रिप्स मिशन को किसने 'उत्तर तिथिय चैक' की संज्ञा दी?
A. महात्मा गांधी B. पं. जवाहर लाल नेहरू
C. राजेन्द्र प्रसाद D. मोतीलाल नेहरू

20. थियोसोफिकल सोसाइटी का अन्तर्राष्ट्रीय मुख्यालय है–
A. अड्यार B. सैनफ्रांसिस्को
C. न्यूयार्क D. जेनेवा

21. सत्यशोधक समाज की स्थापना किसने की थी?
A. गोपाल कृष्ण गोखले B. महादेव गोविन्द रानाडे
C. ज्योतिबा फूले D. गोपाल हरि देशमुख

22. तैमूर ने किसके शासनकाल में भारत पर आक्रमण कियाथा?
A. बलबन
B. इल्तुतमिश
C. फिरोजशाह तुगलक
D. नासिरुद्दीन महमूदशाह तुगलक

23. समुद्रगुप्त ने अपने दक्षिण अभियान में किस वेंगी शासक को हराया था?
A. नंदी वर्मन B. हस्ती वर्मन
C. देव वर्मन D. नीरू वर्मन

24. मुहम्मद-बिन-तुगलक द्वारा अपनाया गया सांकेतिक मुद्रा किस धातु का बना हुआ था?
A. कांसा B. पीतल और तांबा
C. चाँदी D. लोहा

25. अकबर के शासन काल में मुगल सेना का सेनापति कौन था?
A. राजा मान सिंह B. टोडरमल
C. भगवंत दास D. फकीर अजीउद्दीन

26. इनमें से दिल्ली के सिंहासन पर बैठने वाला पहला अफगान शासक कौन था?
A. सिकन्दर लोदी B. शेरशाह
C. बहलोल लोदी D. इनमें से कोई नहीं

27. महमूद गवाँ का सम्बन्ध निम्नलिखित में किस दक्षिण राज्य से था?
A. बीजापुर B. वारंगल
C. काकतीय D. बहमनी

28. राष्ट्रीय कांग्रेस ने किस वर्ष "पूर्ण स्वराज्य" का प्रस्ताव पारित किया?
A. 1929 में B. 1916 में
C. 1924 में D. 1930 में

29. कांग्रेस तथा मुस्लिम लीग के बीच लखनऊ समझौता कब हुआ था?
A. 1906 में B. 1916 में
C. 1924 में D. 1929 में

30. सुभाष चन्द्र बोस के राजनीतिक गुरु कौन थे?
A. चित्तरंजन दास B. अरविन्द घोष
C. महात्मा गांधी D. बाल गंगाधर तिलक

31. पाकिस्तान के प्रथम प्रधानमंत्री कौन थे?
A. मुहम्मद अली जिन्ना
B. लियाकत अली खाँ
C. फीरोज खाँ नून
D. मौलाना मुहम्मद अली

32. भारतीय स्वतंत्रता के समय ब्रिटेन का प्रधानमंत्री कौन था?
A. लॉर्ड एटली B. विंस्टन चर्चिल
C. रैम्से मैक्डोनाल्ड D. रॉबर्ट वॉलपोल

33. 15 अगस्त, 1947 से 26 जनवरी, 1950 तक भारत का राजनीतिक दर्जा क्या था?
A. ब्रिटिश उपनिवेश
B. ब्रिटिश न्यास क्षेत्र
C. ब्रिटिश संरक्षण प्रदेश
D. ब्रिटिश राष्ट्रमंडल का एक अधिराज्य

34. किस वायसराय ने 1878 में भारतीय भाषाओं के समाचार-पत्रों पर अंकुश लगाया था?
A. लॉर्ड रिपन B. लॉर्ड नार्थबुक
C. लॉर्ड लिटन D. लॉर्ड एलगिन

35. निम्नलिखित में से किस अधिवेशन में राष्ट्रीय कांग्रेस के नरम एवं गरम दलों का पुनः विलय हो गया?
A. लाहौर (1929) B. पुणे (1917)
C. लखनऊ (1916) D. मद्रास (1915)

36. मुस्लिम लीग द्वारा "प्रत्यक्ष कार्यवाही दिवस" कब मनाया गया था?
A. 24 मार्च, 1946 B. 30 मार्च, 1946
C. 17 जून, 1946 D. 16 अगस्त, 1946

37. सिन्धु घाटी सभ्यता के लोग किस धातु से परिचित नहीं थे?
A. लोहा B. चाँदी
C. ताँबा D. सोना

38. सिन्धु घाटी सभ्यता का वह नगर कौन-सा है जहाँ बृहत् स्नानागार (Great Bath) के अवशेष मिले हैं?

A. लोथल B. मोहनजोदड़ो
C. कालीबंगा D. हड़प्पा

39. विक्रम संवत् कब-से प्रारम्भ हुआ?

A. 38 ई.पू. B. 58 ई.पू.
C. 78 ई.पू. D. 87 ई.पू.

40. पंचमार्क सिक्के सर्वाधिक रूप से किस धातु के बने थे?

A. सोना B. चाँदी
C. ताँबा D. काँच

41. निम्नलिखित में से कौन-सा ग्रह सबसे कम समय में सूर्य का चक्कर लगाता है?

A. शुक्र B. बुध
C. पृथ्वी D. शनि

42. पृथ्वी के अलावा किस आकाशीय पिंड पर जीवन की सम्भावना है, क्योंकि वहाँ का पर्यावरण जीवन के लिए अनुकूल है–

A. बृहस्पति
B. मंगल
C. यूरोपा-बृहस्पति का चन्द्रमा
D. चन्द्रमा-पृथ्वी का चन्द्रमा

43. दो ग्रह जिनके उपग्रह नहीं हैं, वे हैं–

A. पृथ्वी एवं बृहस्पति B. बुध एवं शुक्र
C. बुध एवं शनि D. शुक्र एवं मंगल

44. मानक समय क्या होता है?

A. किसी देशान्तर का सूर्य के अनुसार समय
B. ग्रीनविच औसत का समय
C. देश के लगभग बीच से गुजरने वाले देशान्तर का स्थानीय समय
D. उपर्युक्त में से कोई नहीं

45. रात और दिन होने की प्रक्रिया में कौन-सा तथ्य सही है?

A. पृथ्वी का अक्ष का 66½° अंश का झुका होना
B. पृथ्वी का सूर्य के चारों ओर परिक्रमण
C. पृथ्वी का अपनी (अक्ष) धुरी पर घूमना
D. उपर्युक्त में से कोई नहीं

46. ओजोन पर्त अवस्थित है–

A. क्षोभमंडल में B. क्षोभसीमा में
C. समतापमंडल में D. प्रकाशमंडल में

47. विली-विली है–

A. एक प्रकार का वृक्ष जो शीतोष्ण कटिबंध में उगता है
B. एक प्रकार की हवा जो मरुस्थल में चलती है
C. उत्तर-पश्चिम आस्ट्रेलिया का उष्णकटिबंधीय चक्रवात
D. लक्षद्वीप समूह के निकट सामान्यतः पाई जाने वाली मछली का एक प्रकार

48. चावल की खेती के लिए आदर्श जलवायु परिस्थितियाँ हैं–

A. 100 सेमी. से ऊपर वर्षा और 25°C से ऊपर ताप
B. फसल की पूरी अवधि के लिए ठण्डी और नम जलवायु
C. 100 सेमी. से कम वर्षा व 25°C से कम ताप
D. पूरी फसल अवधि में कुछ गरम और शुष्क जलवायु

49. सदाबहार वर्षा वन पाए जाते हैं–

A. आस्ट्रेलिया में B. ब्राजील में
C. कनाडा में D. फ्रांस में

50. सूची-I तथा सूची-II को सुमेलित कीजिए तथा सूचियों के नीचे दिए गए कूट का प्रयोग कर सही उत्तर चुनिए–

सूची-I (अग्रणी उत्पादक देश)	**सूची-II (पदार्थ)**
(*a*) चीन	1. प्राकृतिक रबड़
(*b*) भारत	2. दूध
(*c*) सउदी अरब	3. लौह-अयस्क
(*d*) थाइलैण्ड	4. पेट्रोलियम

कूट :

	(*a*)	(*b*)	(*c*)	(*d*)
A.	1	2	3	4
B.	4	3	2	1
C.	3	2	4	1
D.	2	3	1	4

51. किस घास के मैदान में वृक्ष नहीं पाए जाते हैं?

A. लैनॉस B. पम्पास
C. सवाना D. स्टेपी

52. माओरी जनजाति का निवास स्थान है–

A. इंग्लैण्ड B. न्यूजीलैण्ड
C. ग्रीनलैण्ड D. आयरलैण्ड

53. क्षेत्रफल की दृष्टि से भारत का सबसे बड़ा राज्य है–

A. बिहार B. पंजाब
C. राजस्थान D. उत्तर प्रदेश

54. पश्चिमी घाटों के मालाबार तट पर स्थित माहे निम्नलिखित में से किसका भाग है?

A. केरल B. महाराष्ट्र
C. पुदुचेरी D. तमिलनाडु

55. निम्नलिखित में से कहाँ प्राचीन चट्टानें पाई जाती हैं?

A. अरावली B. हिमालय
C. शिवालिक D. उपर्युक्त सभी

56. भारत में 'मरुस्थल की राजधानी' किसे कहते हैं?

A. उदयपुर B. जैसलमेर
C. जयपुर D. पालामऊ

57. 'मानसून प्रस्फोट' से क्या तात्पर्य है?

A. वर्षा की कृत्रिम वैज्ञानिक प्रक्रिया
B. आकाश में बादलों का गलत सघन रूप में आच्छादित होना
C. मेघाच्छन्न मौसम, जिसमें एक लम्बे समय तक वर्षा होती रहे
D. मानसून के समय विद्युत चमकने, बादल गरजने के साथ तीव्र मूसलाधार वर्षा

58. भारत में उगाई जाने वाली अधिकतर कॉफी की किस्म है–

A. ओल्ड चिक्स B. कुर्ग्स
C. अरेबिका D. केन्ट्स

59. सूची-I को सूची-II से सुमेलित कीजिए तथा सूचियों के नीचे दिए गए कूट का प्रयोग कर सही उत्तर चुनिए–

सूची-I	**सूची-II**
(*a*) कोयम्बटूर	1. तेलशोधन
(*b*) राउरकेला	2. रेल डिब्बा
(*c*) कपूरथला	3. लौह-इस्पात
(*d*) बरौनी	4. सूती वस्त्र

कूट :

	(*a*)	(*b*)	(*c*)	(*d*)
A.	4	3	2	1
B.	1	2	3	4
C.	2	3	4	1
D.	4	2	3	1

60. 'दचिगाम अभयारण्य' स्थित है :

A. जम्मू-कश्मीर में
B. महाराष्ट्र में
C. हिमाचल प्रदेश में
D. उत्तराखण्ड में

61. पक्की सड़कों की कुल लम्बाई का सर्वाधिक हिस्सा निम्नलिखित में से किस प्रांत में है?

A. पंजाब B. महाराष्ट्र
C. उत्तर प्रदेश D. बिहार

62. भारत का सुदूर दक्षिण-बिन्दु कौन है?

A. कन्याकुमारी
B. लक्षद्वीप
C. रामेश्वरम्
D. ग्रेट निकोबार स्थित इंदिरा प्वाइंट

63. 'हजार झीलों की भूमि' किसे कहा जाता है?

A. स्वीडन B. फिनलैण्ड
C. डेनमार्क D. फ्रांस

64. नागार्जुन सागर बाँध किस नदी पर बनाया गया है?

A. कृष्णा (आन्ध्र प्रदेश)
B. गोदावरी (महाराष्ट्र)
C. कृष्णा (कर्नाटक)
D. गोदावरी (गुजरात)

65. निम्नलिखित में से किस प्रदेश में काली मिट्टी वाले क्षेत्र में सबसे अधिक खेती होती है?

A. बिहार B. उत्तर प्रदेश
C. महाराष्ट्र D. गुजरात

66. भू-वैज्ञानिकों की दृष्टि में भारत में सबसे पुरानी पर्वतमालाएँ कौन-सी हैं?

A. विन्ध्य B. सतपुड़ा
C. हिमालय D. अरावली

67. निम्नलिखित में से कौन-सी नदी समुद्र में नहीं मिलती है?

A. गंगा B. यमुना
C. नर्मदा D. गोदावरी

68. मानसून निवर्तन से अधिकतम वर्षा कहाँ पर होती है?

A. मुम्बई B. चेन्नई
C. दिल्ली D. कोलकाता

69. प्राचीन भारतीयों को वर्मा (म्यांमार) किस नाम से ज्ञात था?

A. सुवर्णभूमि B. सुवर्णद्वीप
C. यवद्वीप D. मलयमण्डलम्

70. चीन का शोक है:

A. लिन पियाओ B. सिकियांग
C. ह्वांगहो D. सैंग हो

71. चाय की खेती निम्नलिखित में से किसका उदाहरण है?
A. बृहत् (Extensive) कृषि
B. सघन (Intensive) कृषि
C. जीविकोपार्जन (Subsistence) कृषि
D. रोपण (Plantation) कृषि

72. मानचित्र में समुद्र तल से समान ऊँचाई वाले स्थानों को दर्शाने वाली रेखाओं को कहते हैं–
A. आइसोनेफ B. कंटूर रेखा
C. आइसोबार D. आइसोहेल

73. ब्राजील स्थित अमेजन बेसिन के वन कहलाते हैं–
A. पम्पास B. सेल्वास
C. कैम्पोस D. लानोस

74. किस महासागर में द्वीपों की संख्या सर्वाधिक है?
A. प्रशान्त महासागर में
B. हिन्द महासागर में
C. उत्तरी अटलाण्टिक महासागर में
D. दक्षिण अटलाण्टिक महासागर में

75. लूनी नदी किस राज्य में प्रवाहित होती है?
A. महाराष्ट्र B. बिहार
C. पंजाब D. राजस्थान

76. सम दिवारात्रि (Equinox) कब होता है?
A. 21 जून
B. 22 दिसम्बर
C. 21 मार्च एवं 22 सितम्बर
D. 21 जून एवं 22 दिसम्बर

77. दक्षिणी अमरीका के वृक्ष रहित घास के मैदान को क्या कहते हैं?
A. पम्पास B. डाउन्स
C. प्रेयरीज D. लानोस

78. मिट्टी का वैज्ञानिक एवं क्रमबद्ध अध्ययन कहलाता है–
A. विश्व रचना विज्ञान B. भौतिक भूगोल
C. मृत्तिका विज्ञान D. इनमें से कोई नहीं

79. गोबी रेगिस्तान कहाँ है?
A. पश्चिमी अफ्रीका में B. दक्षिणी अमरीका में
C. दक्षिणी आस्ट्रेलिया में D. मंगोलिया में

80. भारत निम्नलिखित में से किस संगठन का सदस्य नहीं है?
A. जी-15 B. आसियान
C. यूएनओ D. राष्ट्रमंडल

81. भारत की संविधान सभा का प्रथम अधिवेशन कब शुरूहुआ?
A. 10 जून, 1946 B. 9 दिसम्बर, 1946
C. 19 दिसम्बर, 1947 D. 30 जून, 1949

82. भारतीय संविधान सभा के किस अनुच्छेद में देवनागरी लिपि में हिन्दी को भारत की राजकीय भाषा के रूप में मान्यता दी गई है?
A. अनुच्छेद 343 B. अनुच्छेद 345
C. अनुच्छेद 348 D. अनुच्छेद 347

83. भारत के संविधान में अंतर्राष्ट्रीय शान्ति और सुरक्षा की अभिवृद्धि का उल्लेख है–
A. संविधान की उद्देशिका में
B. राज्य की नीति के निर्देशक तत्वों में
C. मूल कर्त्तव्यों में
D. नवीं अनुसूची में

84. सूची-I को सूची-II से सुमेलित कीजिए तथा सूचियों के नीचे दिए गए कूट का प्रयोग कर सही उत्तर चुनिए–

सूची-I	सूची-II
(*a*) अन्तर्राज्यीय परिषद्	1. अनुच्छेद 315
(*b*) वित्त आयोग	2. अनुच्छेद 280
(*c*) प्रशासनिक अधिकरण	3. अनुच्छेद 263
(*d*) संघ लोक सेवा आयोग	4. अनुच्छेद 323(ए)

कूट :

	(*a*)	(*b*)	(*c*)	(*d*)
A.	2	4	3	1
B.	3	2	1	4
C.	1	2	4	3
D.	3	2	4	1

85. राष्ट्रपति के उम्मीदवार के लिए क्या आवश्यक नहीं है?
A. आयु 35 वर्ष हो
B. पढ़ा-लिखा हो
C. सांसद चुने जाने की योग्यता रखता हो
D. देश का नागरिक हो

86. सर्वसम्मति से निर्वाचित भारत के राष्ट्रपति थे–
A. एस. राधाकृष्णन B. वी.वी. गिरि
C. एन. संजीवारेड्डी D. ज्ञानी जैल सिंह

87. संसद/विधान सभा के किसी सदस्य की सदस्यता तब समाप्त समझी जाती है, यदि वह बिना सदन को सूचित किए अनुपस्थित रहता है–
A. 60 दिन B. 90 दिन
C. 120 दिन D. 150 दिन

88. किस सभा का सभापति उसका सदस्य नहीं होता है?
A. राज्य सभा B. लोक सभा
C. विधान सभा D. विधान परिषद्

89. शिक्षा का विषय–
A. संघीय सूची में B. राज्य सूची में
C. समवर्ती सूची में है D. अवशिष्ट विषयों में है

90. सूची-I को सूची-II से सुमेलित कीजिए तथा सूचियों के नीचे दिए गए कूट का प्रयोग कर सही उत्तर चुनिए–

सूची-I (स्थापना वर्ष)	**सूची-II (राज्य)**
(*a*) 1960	1. सिक्किम
(*b*) 1962	2. गोआ
(*c*) 1975	3. महाराष्ट्र
(*d*) 1987	4. नागालैण्ड

कूट :

	(*a*)	(*b*)	(*c*)	(*d*)
A.	2	4	3	1
B.	3	4	1	2
C.	4	3	1	2
D.	3	4	2	1

91. प्रथम पंचायती राजव्यवस्था का उद्घाटन पं. जवाहर लाल नेहरू द्वारा 2 अक्टूबर, 1959 को किया गया था–
A. साबरमती में B. वर्धा में
C. नागौर में D. सीकर में

92. निम्नलिखित विधेयकों में से किसी एक का भारतीय संसद के दोनों सदनों द्वारा अलग-अलग विशेष बहुमत से पारित होना आवश्यक है?
A. साधारण विधेयक
B. धन विधेयक
C. वित्त विधेयक
D. संविधान संशोधन विधेयक

93. भाषा के आधार पर राज्यों के गठन हेतु राज्य पुनर्गठन आयोग की स्थापना कब की गई थी?
A. 1856 B. 1956
C. 1957 D. 1960

94. पंचायतों के निर्वाचन में चुनाव लड़ने के लिए उम्मीदवार की न्यूनतम आयु कितनी होनी चाहिए?
A. 21 वर्ष B. 18 वर्ष
C. 25 वर्ष D. 30 वर्ष

95. भारतीय संविधान के किस अनुच्छेद के तहत् जीवन रक्षा तथा व्यक्तिगत स्वतंत्रता का प्रावधान है?
A. अनुच्छेद 20 B. अनुच्छेद 21
C. अनुच्छेद 22 D. अनुच्छेद 23

96. संविधान निर्माण का कार्य पूरा करके संविधान सभा ने संविधान को कब स्वीकार किया?
A. 15 अगस्त, 1947 को B. 26 जनवरी, 1950 को
C. 26 नवम्बर, 1949 को D. 24 जनवरी, 1950 को

97. निम्नलिखित में से किस संविधान संशोधन के अनुसार राष्ट्रपति निर्वाचन के निर्वाचक मण्डल में पुडुचेरी तथा दिल्ली विधान सभा के निर्वाचित सदस्यों को भी रखा गया है?
A. 71वाँ B. 42वाँ
C. 73वाँ D. इनमें से कोई नहीं

98. भारतीय संविधान के किस भाग को उसकी 'आत्मा' की संज्ञा दी जाती है?
A. मौलिक अधिकारों को
B. राज्य के नीति-निर्देशक सिद्धान्तों को
C. संविधान की प्रस्तावना को
D. अनुसूचियों को

99. भारत की संचित निधि से धन का व्यय निम्नलिखित में से किस माध्यम से किया जा सकता है?
A. संसद की अनुमति से
B. नीति आयोग की अनुमति से
C. भारत के नियंत्रक एवं महालेखा परीक्षक की अनुमति से
D. राष्ट्रपति की अनुमति से

100. नीति आयोग की स्थापना हुई–
A. 26 नवम्बर, 1950 B. 15 जून, 1950
C. 1 जनवरी, 2015 D. 15 जनवरी, 1950

101. भारत में संविधान के किस अनुच्छेद में अस्पृश्यता समाप्त की गई है?
A. अनुच्छेद 42 B. अनुच्छेद 15
C. अनुच्छेद 14 D. अनुच्छेद 17

102. वह रिट, जो भारत में उच्च न्यायालय अथवा सर्वोच्च न्यायालय द्वारा किसी व्यक्ति अथवा व्यक्ति समुदाय को आदेश देती है कि वह अपना कर्त्तव्य पालन करे, है–
A. बन्दी प्रत्यक्षीकरण रिट
B. उत्प्रेक्षण रिट
C. परमादेश रिट
D. इनमें से कोई नहीं

103. संविधान में जोड़ी गई दसवीं अनुसूची किससे सम्बन्धित है?
A. मिजोरम राज्य के लिए विशेष प्रावधानों से
B. दल-बदल के आधार पर अयोग्यता सम्बन्धी प्रावधानोंसे
C. सिक्किम के स्तर से सम्बन्धित शर्तों से
D. उपर्युक्त में से किसी से नहीं

104. राज्यसभा के सदस्यों की कुल संख्या .... हो सकती है।
A. 240 B. 260
C. 241 D. 250

105. सर्वोच्च न्यायालय के न्यायाधीशों की नियुक्ति के पूर्व मुख्य न्यायाधीश से विचार-विमर्श करना राष्ट्रपति के लिए–
A. बाध्यकारी है
B. बाध्यकारी नहीं है
C. विवेक का प्रश्न है
D. संविधान इस विषय पर मौन है

106. निम्नलिखित में से कौन-सा पदाधिकारी संसद के किसी भी सदन की कार्यवाही में भाग ले सकता है?
A. भारत का मुख्य न्यायाधीश
B. भारत का महान्यायवादी (एटॉर्नी जनरल)
C. भारत का रक्षा सचिव
D. भारत का गृह सचिव

107. भारत में वस्तु एवं सेवा कर (GST) किस वर्ष से लागू हुआ है?
A. 2016 B. 2017
C. 2018 D. 2019

108. भारतीय संविधान की कौन-सी विशेष व्यवस्था इंग्लैंड से ली गई है?
A. संसदीय प्रणाली B. संघीय प्रणाली
C. मूल अधिकार D. सर्वोच्च न्यायपालिका

109. संविधान के किस संशोधन द्वारा सम्पत्ति के अधिकार को मूल अधिकारों की श्रेणी से निकाल दिया गया है?
A. 42वें संशोधन B. 44वें संशोधन
C. 48वें संशोधन D. 24वें संशोधन

110. भारत के राष्ट्रपति की मर्जी तक निम्नलिखित में से कौन अपने पद पर रह सकता है?
A. सर्वोच्च न्यायालय के न्यायाधीश
B. चुनाव आयुक्त
C. राज्यपाल
D. लोकसभा अध्यक्ष

111. निम्न में से किसका उपयोग ऊँचाई नापने के लिए होता है?
A. बैरोमीटर B. प्लानोमीटर
C. अल्टीमीटर D. हाइड्रोमीटर

112. फ्लक्स घनता और चुम्बकीय क्षेत्र की क्षमता का अनुपात किसी माध्यम में होता है उसका–
A. चुम्बक की घनता B. ग्रहणशीलता
C. सम्बन्धित व्याकता D. पारगम्यता

113. ध्वनि तरंगें हैं–
A. अनुदैर्ध्य
B. अनुप्रस्थ
C. आंशिक लम्बवत्, आंशिक अनुदैर्ध्य
D. कभी-कभी अनुदैर्ध्य, कभी-कभी अनुप्रस्थ

114. कैमरे में किस प्रकार का लेन्स उपयोग में लाया जाता है?
A. उत्तल B. अवतल
C. वर्तुलाकार D. समान मोटाई का

115. एक स्वतंत्र रूप से लटका हुआ चुम्बक सदा ठहरता है (स्थिर होता है) वह दिशा है–
A. पूर्व-उत्तर B. उत्तर-पश्चिम
C. उत्तर-दक्षिण D. दक्षिण-पश्चिम

116. प्रकाश संश्लेषण में पौधे कौन-सी गैस का अवचूषण करते हैं?
A. CO_2 B. O_2
C. N_2 D. H_2

117. विद्युत मात्रा की इकाई है–
A. ऐम्पियर B. ओम
C. वोल्ट D. कूलॉम

118. 1 किग्रा. राशि का वजन है–
A. 1 न्यूटन B. 10 न्यूटन
C. 9.8 न्यूटन D. 9 न्यूटन

119. एक्स-रे के आविष्कारक थे–
A. आइन्स्टीन B. डब्ल्यू.एच. ब्रॅग
C. रॉन्जन D. हेनरी बेकरेल

120. नाड़ी गति द्वारा डॉक्टर ज्ञात करता है–
A. रक्तचाप B. साँस गति
C. हृदय की धड़कन D. उपर्युक्त में से कोई नहीं

121. निम्न में से कौन आवेश की इकाई नहीं है?
A. फैराडे B. फ्रैंकलीन
C. कुलम्ब D. एम्पीयर/सेकण्ड

122. मानव शरीर में क्रोमोसोम की संख्या होती है–
A. 46 B. 48
C. 49 D. 50

123. एक प्रकाशवर्ष इससे सर्वाधिक समीप है–
A. 10^8 मीटर B. 10^{12} मीटर
C. 10^{16} मीटर D. 10^{20} मीटर

124. हवाई जहाज के 'ब्लैक बॉक्स' का क्या रंग होता है?
A. काला B. लाल
C. बैंगनी D. नारंगी

125. निम्नांकित में से कौन एक कीट के शरीर से निकलास्राव है?
A. मोती B. मूँगा
C. लाख D. गोंद

126. निम्नांकित में से कौन-सी धातु किसी नगर की वायु को, जहाँ बहुत अधिक संख्या में मोटर कारें आदि हों, प्रदूषित करती है?
A. कैडमियम B. क्रोमियम
C. सीसा D. ताँबा

127. परमाणु के नाभिक में होते हैं–
A. इलेक्ट्रॉन तथा न्यूट्रॉन B. इलेक्ट्रॉन तथा प्रोट्रॉन
C. प्रोट्रॉन तथा न्यूट्रॉन D. प्रोट्रॉन तथा रेडान

128. निम्नांकित में कौन कठोरतम है?
A. सोना B. हीरा
C. लोहा D. टंगस्टन

129. शरीर के किस भाग में पित्त का निर्माण होता है?
A. यकृत B. तिल्ली
C. पित्ताशय की थैली D. पैन्क्रियाज

130. एन्जाइम मूलतः क्या है?
A. वसा B. शर्करा
C. प्रोटीन D. विटामिन

131. मानव शरीर में सबसे छोटी ग्रन्थि कौन है?
A. एड्रीनल B. थाइरॉइड
C. पैन्क्रियाज D. पिट्यूटरी

132. रेफ्रीजरेटर में थर्मोस्टेट का कार्य है–
A. तापमान को कम करना
B. हिमायन ताप को बढ़ाना
C. एक समान तापमान को बनाए रखना
D. गलनांक को घटाना

133. सूर्य की ऊर्जा उत्पन्न होती है–
A. आयनन द्वारा
B. नाभिकीय संलयन द्वारा
C. नाभिकीय विखण्डन द्वारा
D. ऑक्सीकरण द्वारा

134. द्रव क्रिस्टल प्रयुक्त होते हैं–
A. कलाई घड़ियों में B. प्रदर्शन युक्तियों में
C. पॉकेट कैलकुलेटरों में D. उपर्युक्त सभी में

135. निम्नांकित में से कौन-सा उर्वरक मृदा में सर्वाधिक अम्ल छोड़ता है?
A. यूरिया
B. अमोनियम सल्फेट
C. अमोनियम नाइट्रेट
D. कैल्सियम अमोनियम नाइट्रेट

136. खाद्य पदार्थों के संरक्षण हेतु निम्नांकित में से कौन-सा प्रयुक्त होता है?
A. सोडियम कार्बोनेट B. एसीटिलीन
C. बेंजोइक अम्ल D. सोडियम क्लोराइड

137. कृष्ण-छिद्र सिद्धान्त को प्रतिपादित किया था–
A. सी.वी. रमन ने B. एच.जे. भाभा ने
C. एस. चन्द्रशेखर ने D. हरगोविन्द खुराना ने

138. साइनोकोबालमिन है–
A. विटामिन सी B. विटामिन बी-2
C. विटामिन बी-6 D. विटामिन बी-12

139. निम्नांकित जोड़ों में किसका सुमेल है?
A. निमोनिया-फेफड़े
B. मोतिया बिन्द-थायराइड ग्रन्थि
C. पीलिया-आँख
D. मधुमेह-यकृत

140. दूध उदाहरण है–
A. एक शिलिषि का B. एक पायस का
C. एक निलम्बन का D. एक फेन का

141. भारत के राष्ट्रीय ध्वज में केसरिया, सफेद और हरे रंग की तीन–
A. आड़ी पट्टियाँ हैं
B. खड़ी पट्टियाँ हैं
C. एक दूसरे को काटती हुई पट्टियाँ हैं
D. तिरछी पट्टियाँ हैं

142. हमारे राष्ट्रीय ध्वज की लम्बाई और चौड़ाई का अनुपात–

A. 2 : 3 है B. 3 : 4 है
C. 4 : 3 है D. 3 : 2 है

143. भारत के राष्ट्रीय ध्वज के बीच में एक गोल चक्र है; यह चक्र–

A. तीनों रंग की पट्टियों पर है
B. केसरिया रंग की पट्टी पर है
C. सफेद रंग की पट्टी पर है
D. हरे रंग की पट्टी पर है

144. किसी भाषा को किसी राज्य की राजभाषा के रूप में अंगीकार करने का अधिकार किसे है?

A. राष्ट्रपति B. संसद
C. राज्य विधान सभा D. राजभाषा आयोग

145. हमारे राष्ट्रीय ध्वज में तीन पट्टियाँ हैं; उनमें सबसे नीचे वाली पट्टी किस रंग की है?

A. केसरिया B. सफेद
C. हरे D. इनमें से कोई नहीं

146. हमारे राष्ट्रगान 'जन-गण-मन' में कुल कितने पद हैं?

A. तीन B. पाँच
C. चार D. दो

147. राष्ट्र गीत 'वन्देमातरम्', 'आनन्दमठ' नामक ग्रंथ से लिया गया है, जिसके लेखक हैं–

A. बंकिम चन्द्र चटर्जी B. रवीन्द्र नाथ टैगोर
C. व्योमेश चन्द्र बनर्जी D. सुरेन्द्रनाथ बनर्जी

148. हमारे राजचिह्न में ऊपर चार सिंह बने हैं (तीन दिखाई पड़ते हैं) और उनके नीचे देवनागरी लिपि में 'सत्यमेव जयते' लिखा है। यह 'सत्यमेव जयते' कहाँ से उद्धृत किया गया है?

A. भगवद्गीता से B. मुण्डक उपनिषद से
C. ऋग्वेद से D. स्कन्द पुराण से

149. भारत का राष्ट्रीय पंचांग–

A. शक् संवत् पर आधारित है
B. हिजरी संवत् पर आधारित है
C. विक्रमी संवत् पर आधारित है
D. विक्रमांक-चालुक्य संवत् पर आधारित है

150. भारत का राष्ट्रीय पशु है–

A. गाय B. हाथी
C. अश्व D. बाघ

151. होमगार्ड का गठन कब हुआ था?

A. 1972 B. 1962
C. 1968 D. 1965

152. स्थल सेना के निम्नलिखित पदों में सबसे छोटा कौन-सा है?

A. लेफ्टीनेंट B. ब्रिगेडियर
C. कर्नल D. कैप्टन

153. प्रादेशिक सेना का गठन कब हुआ था?

A. 1949 B. 1957
C. 1962 D. 1972

154. प्रादेशिक सेना में भर्ती होने के लिए क्या आयु होनी चाहिए?

A. 21 से 30 वर्ष B. 21 से 35 वर्ष
C. 18 से 35 वर्ष D. 20 से 35 वर्ष

155. एन.सी.सी. में कितने डिवीजन हैं?

A. चार B. पांच
C. तीन D. दो

156. एयरफोर्स अकादमी कहां है?

A. बेलगाम B. कोयम्बटूर
C. हैदराबाद D. सिकन्दराबाद

157. असम राइफल्स का मुख्यालय कहाँ है?

A. इंफाल B. आइजोल
C. दिसपुर D. शिलांग

158. हर साल 7 दिसम्बर को भारत में मनाया जाता है–

A. वायु सेना दिवस
B. झंडा दिवस
C. नौसेना दिवस
D. कोस्ट गार्ड दिवस

159. भारत में नौसेना दिवस किस दिन मनाया जाता है?

A. 8 अक्टूबर B. 15 जनवरी
C. 21 दिसम्बर D. 7 दिसम्बर

160. भारत की सेना के प्रथम भारतीय सेनापति थे–

A. जनरल के.एम. करियप्पा
B. फील्ड मार्शल मानेकशा
C. जनरल राजेन्द्र सिंह
D. उपरोक्त में से कोई भी नहीं

161. वीटो का अधिकार–
A. संयुक्त राष्ट्र के सभी सदस्यों को प्राप्त है
B. सुरक्षा परिषद् के सभी सदस्यों को प्राप्त है
C. सुरक्षा परिषद् के सभी स्थायी सदस्यों को प्राप्त है
D. सुरक्षा परिषद् के सभी अस्थायी सदस्यों को प्राप्त है

162. संयुक्त राष्ट्र संघ का मुख्यालय कहाँ है–
A. वाशिंगटन B. न्यूयार्क
C. बोस्टन D. शिकागो

163. संयुक्त राष्ट्र संघ का ध्वज किस रंग का है?
A. हल्के नीले रंग का
B. हल्के गुलाबी रंग का
C. गहरे केसरिया रंग का
D. आधा हल्के रंग का और आधा केसरिया रंग का

164. संयुक्त राष्ट्र संघ की बैठकों में आमतौर से काम-काज किस भाषा में होता है?
A. अंग्रेजी B. रूसी
C. फ्रेंच D. अंग्रेजी और फ्रेंच

165. अंतर्राष्ट्रीय न्यायालय का मुख्यालय कहाँ है?
A. हंग B. जेनेवा
C. रोम D. बर्न

166. राष्ट्रमंडल के सदस्य वे देश हैं, जो–
A. ब्रिटेन के अधीन हैं
B. ब्रिटेन से आर्थिक सहायता पाते हैं
C. पहले ब्रिटेन के अधीन थे किन्तु अब स्वाधीन हैं
D. ब्रिटेन से अस्त्र-शस्त्र प्राप्त करते हैं

167. सार्क (दक्षिण एशियाई सहयोग संगठन) में कितने देश सदस्य हैं?
A. पांच B. छः
C. आठ D. सात

168. निम्नलिखित देशों में से कौन-सा देश सार्क (SAARC) का सदस्य नहीं है?
A. भारत B. पाकिस्तान
C. बांग्लादेश D. म्यांमार

169. गुट निरपेक्ष देशों का पहला शिखर सम्मेलन किस वर्ष हुआ था?
A. 1955 में B. 1961 में
C. 1983 में D. 1976 में

170. गुट निरपेक्ष आन्दोलन के सदस्य देश–
A. शक्तिशाली देशों के गुटों से दूर रहते हैं
B. परस्पर एक-दूसरे की रक्षा के लिए वचनबद्ध हैं
C. एक दूसरे को सैनिक सहायता देते हैं
D. एक सैनिक संधि के सदस्य हैं

171. जमनालाल बजाज पुरस्कार किस क्षेत्र में सराहनीय योगदान के लिए प्रदान किया जाता है?
A. शांति व निःशस्त्रीकरण B. कृषि
C. रचनात्मक कार्य D. साहित्य

172. भारत वर्ष में प्रथम रेमन मैग्सेसे पुरस्कार विजेता कौन था?
A. सी.डी. देशमुख B. जय प्रकाश नारायण
C. डॉ. वर्गीज कुरियन D. आचार्य विनोबा भावे

173. भारतीय ज्ञानपीठ पुरस्कार किसे प्रदान किया जाता है?
A. उत्कृष्ट हिन्दी कविता के लिए
B. भारतीय साहित्य में उत्कृष्ट योगदान के लिए
C. हिन्दी साहित्य में उत्कृष्ट योगदान के लिए
D. भारतीय दर्शन की उत्कृष्ट समीक्षा के लिए

174. अध्यापकों के लिए राष्ट्रीय पुरस्कारों की घोषणा कब की जाती है?
A. 14 नवम्बर B. 5 सितम्बर
C. 30 जनवरी D. 26 जनवरी

175. निम्नलिखित में से किस विषय पर नोबेल पुरस्कार नहीं दिया जाता है?
A. चिकित्सा B. गणित
C. अर्थशास्त्र D. रसायन शास्त्र

176. बुकर पुरस्कार किस क्षेत्र में प्रदान किया जाता है?
A. कल्पना साहित्य लेखन
B. औषधि
C. साहस के कार्य
D. विज्ञान

177. हर गोविन्द खुराना को नोबेल पुरस्कार किस क्षेत्र में योगदान के लिए मिला था?
A. चिकित्सा शास्त्र B. भौतिक शास्त्र
C. अर्थशास्त्र D. शांति

178. सर्वोच्च शौर्य पुरस्कार 'परमवीर चक्र' के प्रथम विजेता कौन थे?
A. मेजर ध्यान सिंह B. के. गुरुवचन सिंह
C. मेजर शैतान सिंह D. मेजर सोमनाथ शर्मा

179. धन्वन्तरि पुरस्कार किस क्षेत्र में विशिष्ट योगदान के लिए दिया जाता है?
A. संगीत
B. नृत्य
C. दर्शन
D. चिकित्सा

180. कलिंग पुरस्कार किस क्षेत्र में दिया जाता है?
A. साहित्य के क्षेत्र में
B. विज्ञान के क्षेत्र में
C. सामाजिक कल्याण के लिए किए गए कार्य के लिए
D. अन्तर्राष्ट्रीय शान्ति एवं सद्भावना के लिए

181. नोबेल पुरस्कार का आरम्भ कब से हुआ?
A. सन् 1901 से
B. सन् 1905 से
C. सन् 1896 से
D. सन् 1934 से

182. अर्थशास्त्र के लिए नोबेल पुरस्कार कब से आरम्भ हुआ?
A. सन् 1969 ई. से
B. सन् 1939 ई. से
C. सन् 1901 ई. से
D. सन् 1935 ई. से

183. निम्नलिखित किस अफ्रीकी नेता को भारत-रत्न से सम्मानित किया गया है?
A. होस्नी मुबारक
B. जोमो केन्योटा
C. अनवर सादात
D. नेल्सन मंडेला

184. विज्ञान को सर्वसुलभ व सर्वोपयोगी बनाने में सर्वाधिक योगदान देने वाले व्यक्ति को भारतीय नाम वाले किस अन्तर्राष्ट्रीय पुरस्कार से सम्मानित किया जाता है?
A. कालिंजर पुरस्कार
B. कलिंग पुरस्कार
C. मानवता पुरस्कार
D. ऐसा कोई पुरस्कार नहीं है

185. नेहरू पुरस्कार कौन-सी संस्था प्रदान करती है?
A. इंडियन कौंसिल ऑफ कल्चरल रिलेशन्स
B. इंडो-सोवियत कल्चरल सोसाइटी
C. भारतीय राष्ट्रीय कांग्रेस
D. भारतीय ज्ञानपीठ

186. वीरता का सर्वोच्च सम्मानसूचक पदक जो शत्रु के सामने असीम शौर्य और अदम्य साहस दिखाने या आत्म-बलिदान करने पर भेंट किया जाता है, उसका क्या नाम है?
A. चक्रव्यूह
B. अशोक चक्र
C. महावीर चक्र
D. परमवीर चक्र

187. प्रथम मरणोपरान्त 'भारत-रत्न' अलंकरण किसे प्रदान किया गया था?
A. के. कामराज नाडार
B. आचार्य विनोबा भावे
C. लाल बहादुर शास्त्री
D. एम.जी. रामचन्द्रन

188. निम्नलिखित में से कौन-सा पुरस्कार केवल एशियावासियों को दिया जाता है?
A. नेहरू सद्भावना पुरस्कार
B. पुलित्जर पुरस्कार
C. इन्दिरा गांधी शान्ति पुरस्कार
D. मैगसेसे पुरस्कार

189. अर्जुन पुरस्कार कब से प्रारम्भ हुए?
A. 1961 ई. से
B. 1962 ई. से
C. 1963 ई. से
D. 1964 ई. से

190. ऑस्कर अवॉर्ड जीतने वाले पहले भारतीय थे–
A. नरगिस दत्त
B. शशि कपूर
C. सत्यजीत रे
D. भानु अथैया

191. अपर कट शब्द किस खेल में प्रयोग किया जाता है?
A. टेनिस
B. वॉलीबॉल
C. क्रिकेट
D. बॉक्सिंग

192. निम्नलिखित में से कौन-सा कप/ट्रॉफी फुटबॉल से सम्बन्धित नहीं है?
A. मर्डेका कप
B. डूरण्ड कप
C. सन्तोष ट्रॉफी
D. दिलीप ट्रॉफी

193. फिनिस शब्द का प्रयोग किस खेल में होता है?
A. शतरंज
B. ब्रिज
C. बिलियड्‌र्स
D. रग्बी

194. एक दिवसीय क्रिकेट तथा टेस्ट मैचों में सर्वाधिक रन बनाने का रिकॉर्ड किसके नाम है?
A. सौरभ गांगुली
B. सचिन तेन्दुलकर
C. डॉन ब्रेडमैन
D. ब्रायन लारा

195. निम्नलिखित में से कौन-सी अन्तर्राष्ट्रीय टेनिस खेल प्रतियोगिता घास के मैदान पर खेली जाती है?
A. यू.एस. ओपन
B. फ्रेंच ओपन
C. विम्बलडन
D. ऑस्ट्रेलियाई ओपन

196. 'विम्बलडन ट्रॉफी' का सम्बन्ध किस खेल से है?
A. पोलो (इंग्लैंड) से
B. समुद्री दौड़ से
C. घुड़दौड़ से
D. टेनिस से

197. निम्नलिखित में से किस पदक का सम्बन्ध हॉकी से नहीं है?
A. आगा खां कप B. वर्दवान ट्रॉफी
C. ध्यानचन्द ट्रॉफी D. बम्बई गोल्ड कप

198. 'रिवर्स स्विंग' एवं 'बीमर' नामक शब्दावलियां किस खेल से संबंधित हैं?
A. नौकायन B. क्रिकेट
C. फुटबॉल D. हॉकी

199. निम्नलिखित में से किस ट्रॉफी का सम्बन्ध हॉकी से है?
A. सिन्धिया गोल्ड कप B. संतोष ट्रॉफी
C. रोहिंगटन बेरिया ट्रॉफी D. सुब्रतो मुखर्जी ट्रॉफी

200. 'ज्यूल्स रिमेट ट्रॉफी का सम्बन्ध किस खेल से है?
A. फुटबॉल (विश्व) से B. गोल्फ से
C. हॉकी (भारत) से D. लॉन टेनिस (विश्व) से

201. 'मर्डेका' का सम्बन्ध किस खेल से है?
A. फुटबाल (विश्व) से
B. फुटबाल (भारत) से
C. फुटबाल (एशिया) से
D. क्रिकेट (आस्ट्रेलिया-इंग्लैंड) से

202. प्रथम ओलम्पिक खेल ओलम्पिया (ग्रीस) में कब खेले गए थे?
A. 233 ई.पू. में B. 1500 ई.पू. में
C. 500 ई.पू. में D. 776 ई.पू. में

203. 394 ई. में रोम के बाद एक सम्राट ने ओलम्पिक खेलों को बंद कर दिया था। इसको पुनः किसने शुरू किया?
A. मि. स्पोर्ट्र्समैन ने
B. बैरन पीयरे डी कोबर्टिन ने
C. जनरल फ्रेंको ने
D. अब्राहम लिंकन ने

204. सर्वप्रथम आधुनिक ओलिम्पिक ध्वज कब फहराया गया?
A. 1896 में B. 1908 में
C. 1920 में D. 1924 में

205. ग्रैंड स्लेम निम्नलिखित में से किस खेल से सम्बन्धित है?
A. फुटबॉल B. टेनिस
C. हॉकी D. पोलो

206. प्रथम आधुनिक ओलम्पिक खेल कब और कहां खेले गए?
A. रोम, 1894 ई. में B. मैड्रिड, 1840 ई. में
C. लिस्बन, 1800 ई. में D. एथेन्स, 1896 ई. में

207. फीफा विश्व कप फुटबॉल-2022 का विजेता कौन है?
A. ब्राजील B. अर्जेन्टीना
C. फ्रांस D. इटली

208. भारत में खेल सम्बन्धी दो राष्ट्रीय इंस्टीट्यूट हैं। एक नेताजी सुभाष बोस के नाम से पटियाला में है, दूसरा किसके नाम से ग्वालियर में है?
A. राणा प्रताप B. पृथ्वीराज चौहान
C. शिवाजी D. रानी लक्ष्मीबाई

209. सबसे बड़े मैदान में खेला जाने वाला खेल कौन-सा है?
A. हॉकी B. क्रिकेट
C. पोलो D. कबड्डी

210. लॉन टेनिस जाल की ऊँचाई कितनी होती है?
A. 2 फुट 6 इंच B. 3 फुट 6 इंच
C. 4 फुट D. 2 फुट 2 इंच

211. 'ए सूटेबल ब्वाय' पुस्तक का लेखक कौन है?
A. खुशवंत सिंह B. अरुण शोरी
C. विक्रम सेठ D. उपरोक्त में से कोई नहीं

212. 'कैन्टरबरी टेल्स' पुस्तक का लेखक कौन है?
A. ज्योफरी चासर B. लियो टॉलस्टाय
C. गुन्नार मिर्डल D. विलियम शेक्सपियर

213. निम्नलिखित में से कौन-सी पुस्तक प्रेमचन्द द्वारा रचित नहीं है?
A. गोदान B. गबन
C. प्रेम पचीसी D. आनंदमठ

214. बांग्लादेश की लेखिका तस्लीमा नसरीन को किस पुस्तक से ख्याति मिली?
A. शर्म B. लज्जा
C. नारी स्वातंत्र्य D. अबला

215. 'पावर्टी एण्ड अन-ब्रिटिश रूल इन इण्डिया' का लेखक कौन है?
A. लाला लाजपत राय
B. लाला हरदयाल
C. विनायक दामोदर सावरकर
D. दादाभाई नौरोजी

216. 'मुद्राराक्षस' ग्रंथ का लेखक कौन है?
A. विशाखदत्त B. कालिदास
C. भारवि D. माघ

217. 'माई प्रेसिडेंशल ईयर्स' पुस्तक का लेखक कौन है?
A. ज्ञानी जैल सिंह B. वी.वी. गिरि
C. आर. बेंकटरमन D. डॉ. शंकर दयाल शर्मा

218. 'जय सोमनाथ' किसकी कृति है?
A. के.एम. मुंशी B. वृन्दावन लाल वर्मा
C. अमृत लाल नागर D. मदन मोहन मालवीय

219. वर्शिपिंग फाल्स गॉड्स पुस्तक के लेखक हैं–
A. विक्रम सेठ B. अरुण शौरी
C. सलमान रुश्दी D. खुशवन्त सिंह

220. निम्नलिखित पुस्तकों में से कौन-सी पुस्तक सलमान रुश्दी की है?
A. दि वर्ल्ड ऑफ फतवाज
B. दि मूर्स लास्ट साई
C. दि अदर हॉफ
D. फूल्स पैराडाइज

221. मार्ग्रेट थैचर द्वारा रचित पुस्तक है–
A. लांग वॉक टु फ्रीडम B. दि पाथ टु पावर
C. इमेज एंड इमेजिनेशन D. 10 डाउनिंग स्ट्रीट

222. 'फ्रीडम एट मिडनाइट' के लेखक कौन हैं?
A. जवाहरलाल नेहरू तथा डॉ. राजेन्द्र प्रसाद
B. एम.ओ. मथाई तथा फ्रैंक मोरेस
C. मैक्सिम गोर्की तथा दोस्तोवस्की
D. लैरी कॉलिन्स और डोमिनिक लापियर

223. 'अंकल टॉम्स केबिन' के लेखक का क्या नाम है?
A. एच.बी. स्टोव B. एडम स्मिथ
C. टॉल्स्टॉय D. थामस मूर

224. 'वार एण्ड पीस' और 'अन्ना कैरेनिना' दोनों एक ही अन्तर्राष्ट्रीय ख्याति प्राप्त लेखक की कृतियाँ हैं; उस लेखक का क्या नाम है?
A. ओलीवर गोल्डस्मिथ B. श्वेतलाना
C. लुई ब्रोमफील्ड D. लियो टाल्स्टॉय

225. नीरज चोपड़ा का संबंध किस खेल से है?
A. हॉकी B. क्रिकेट
C. फुटबॉल D. भाला फेंक

226. 'दास कैपिटल' के लेखक कौन हैं?
A. शेक्सपियर B. कौटिल्य
C. कर्नल जॉन हण्ट D. कार्ल मार्क्स

227. 'मदर' के लेखक का क्या नाम है?
A. मैक्सिम गोर्की B. पर्ल एस. बक
C. कैथराइन मेयो D. टी.एस. इलियट

228. 'कलम का सिपाही' में किसकी जीवनी प्रस्तुत की गई है?
A. शरतचन्द्र B. प्रेमचन्द
C. राहुल सांकृत्यायन D. जोश मलीहाबादी

229. 'झण्डा ऊँचा रहे हमारा' गीत किस कवि की रचना है?
A. श्यामलाल गुप्त 'पार्षद' B. मैथिलीशरण गुप्त
C. सोहनलाल द्विवेदी D. रामधारी सिंह 'दिनकर'

230. 'आइने अकबरी' का लेखक कौन था?
A. इब्न बतूता B. अकबर
C. अबुल फजल D. अकबर मुरादाबादी

231. कम्प्यूटर–
A. एक उपकरण है जो गणितीय और तार्किक संक्रियायें सम्पन्न करता है
B. एक उपकरण है, जो केवल गणितीय संक्रियायें सम्पन्न करता है
C. एक स्मृति उपकरण है
D. एक गणना उपकरण है

232. 'PC' का अर्थ है–
A. प्राइवेट कम्प्यूटर B. पर्सनल कल्कुलेटर
C. पर्सनल कम्प्यूटर D. प्रोफेसनल कम्प्यूटर

233. 'बाइनरी अंक प्रणाली' में अधिकतम अंक (digit) कितने होते हैं?
A. 1 B. 10
C. 2 D. 4

234. निम्नलिखित में से कौन-सा 'इनपुट' उपकरण है?
A. मॉनीटर B. प्रिंटर
C. प्लॉटर D. माउस

235. CPU का पूरा नाम है–
A. सेन्ट्रल प्रोग्रामिंग यूनिट
B. सेन्ट्रल प्रोसेसिंग यूनिट
C. सेन्ट्रल प्रोग्रामिंग अण्डरस्टैंडिंग
D. सेन्ट्रल प्रोसेसिंग अण्डरस्टैंडिंग

236. गणना हेतु प्रयोग में लाया गया पहला उपकरण था
A. ENIAC B. ABACUS
C. एनालिटिकल इंजन D. EDSAC

237. ABACUS का प्रयोग कब शुरू हुआ था?
A. 250 ई. B. 450 ई.पू.
C. 1200 ई.पू. D. 1200 ई.

238. किस अंग्रेज को 'कम्प्यूटर का जनक' कहा जाता है?
A. ब्लेज पास्कल B. लेबनित्ज
C. चार्ल्स बैबेज D. जे.पी. एकर्ट

239. निम्नलिखित में से कौन-सी कम्प्यूटर की सेकेण्डरी मेमोरी है?
A. RAM B. ROM
C. रजिस्टर्स D. फ्लॉपी

240. निम्नलिखित में से कौन पैकेज नहीं है?
A. BASIC B. dBASE
C. वर्ड परफेक्ट D. पेज मेकर

241. कौन-सा बेमेल है?
A. वर्ड स्टार B. वर्ड परफेक्ट
C. DOS Editor D. विण्डो

242. डाटा के समुच्चय (Set) को क्या कहते हैं?
A. फील्ड B. रेकार्ड
C. फाइल D. इनमें से कोई नहीं

243. Keyboard है?
A. इनपुट यूनिट है
B. आउटपुट यूनिट है
C. इनपुट यूनिट और आउटपुट यूनिट दोनों हैं
D. उपरोक्त में से कोई भी नहीं है

244. प्रिंटर–
A. आउटपुट यूनिट है
B. इनपुट यूनिट है
C. उपरोक्त दोनों हैं
D. उपरोक्त में से कोई भी नहीं है

245. फ्लॉपी–
A. इनपुट यूनिट है
B. आउटपुट यूनिट है
C. इनपुट यूनिट और आउटपुट यूनिट दोनों हैं
D. उपरोक्त में से कोई भी नहीं है

246. कम्प्यूटर की विशेषताएं हैं–
1. तेज रफ्तार 2. स्वचालन
3. कार्यशीलता 4. परिवर्तनशीलता

निम्नलिखित में से कौन-सी विशेषता सही है?
A. 1 और 2 सही हैं B. 1, 2 और 4 सही हैं
C. 1, 2 और 3 सही हैं D. उपरोक्त सभी सही हैं

247. 1 बाइट बराबर है–
A. 8 बिट B. 16 बिट
C. 36 बिट D. 64 बिट

248. असंसाधित तथ्य को क्या कहा जाता है?
A. डाटम B. डाटा
C. फाइल D. फील्ड

249. कम्प्यूटर–
A. सूचना ग्रहण करता है
B. सूचना को निर्दिष्ट प्रयोजन के लिए अनुकूल बनाता है
C. परिणाम प्रदर्शित करता है
D. उपरोक्त सभी बातें सही हैं

250. डाटा क्या है–
A. संसाधित तथ्य
B. असंसाधित तथ्य
C. अंक और अक्षर
D. उपरोक्त में से कोई भी नहीं

251. 'जीने की कला' (आर्ट ऑफ लिविंग) के प्रतिपादक और प्रचारक कौन हैं?
A. महर्षि महेश योगी B. श्री श्री रवि शंकर
C. स्वामी चिन्मयानंद D. भगवान रजनीश

252. डंकन पैसेज निम्नलिखित में से किसके बीच स्थित है?
A. दक्षिणी और लिटिल अंडमान
B. उत्तरी और दक्षिणी अंडमान
C. उत्तरी और मध्य अंडमान
D. अंडमान और निकोबार

253. निम्नलिखित में से किस शहर को 'इलेक्ट्रॉनिक सिटी' के रूप में जाना जाता है?
A. गुरुग्राम B. जयपुर
C. बेंगलुरु D. हैदराबाद

254. रासायनिक रूप से 'मिल्क ऑफ मैग्नेशिया' क्या होता है?
A. मैग्नीशियम कार्बोनेट
B. सोडियम बाइकार्बोनेट
C. कैल्सियम हाइड्रॉक्साइड
D. मैग्नीशियम हाइड्रॉक्साइड

255. वन अनुसंधान संस्थान कहाँ स्थित है?
A. देहरादून में
B. भोपाल में
C. लखनऊ में
D. दिल्ली में

256. निम्नलिखित कलाकारों और उनके कला-रूपों के मेल मिलाइए–

कलाकार	**कला-रूप**
(*a*) पन्नालाल घोष	1. चित्रकला
(*b*) पंडित भीमसेन जोशी	2. कर्नाटक संगीत (कंठ संगीत)
(*c*) अंजलि ईला मेनन	3. बाँसुरी
(*d*) मदुराई मणि अय्यर	4. हिन्दुस्तानी संगीत (कंठ संगीत)

कूट :

	(*a*)	(*b*)	(*c*)	(*d*)
A.	1	3	2	4
B.	2	1	4	3
C.	3	4	1	2
D.	4	2	3	1

257. त्वचा का रंग किसके कारण होता है?
A. एन्जाइम
B. एपीडरमिस
C. हारमोन्स
D. मेलानिन

258. किस क्षेत्र में अधिकांश मौसम सम्बन्धी गतिविधियाँ होती हैं?
A. आयनमंडल
B. क्षोभमंडल
C. समतापमंडल
D. क्षोभसीमा

259. निम्नलिखित में से वह पर्वत श्रेणी कौन-सी है जो भारत में सबसे पुरानी है?
A. हिमालय
B. विंध्याचल
C. अरावली
D. सहयाद्रि

260. निमज्जित वस्तु का पता लगाने के लिए किस उपकरण का प्रयोग किया जाता है?
A. राडार
B. सोनार
C. क्वासार
D. पल्सार

उत्तरमाला

1	2	3	4	5	6	7	8	9	10
B	D	B	B	A	D	C	B	A	C
11	**12**	**13**	**14**	**15**	**16**	**17**	**18**	**19**	**20**
D	B	C	C	A	A	B	D	A	A
21	**22**	**23**	**24**	**25**	**26**	**27**	**28**	**29**	**30**
C	D	B	B	C	C	D	A	B	A
31	**32**	**33**	**34**	**35**	**36**	**37**	**38**	**39**	**40**
B	A	D	C	C	D	A	B	B	B
41	**42**	**43**	**44**	**45**	**46**	**47**	**48**	**49**	**50**
B	B	B	C	C	C	C	A	B	C
51	**52**	**53**	**54**	**55**	**56**	**57**	**58**	**59**	**60**
D	B	C	C	A	B	D	C	A	A
61	**62**	**63**	**64**	**65**	**66**	**67**	**68**	**69**	**70**
B	D	B	A	C	D	B	B	A	C
71	**72**	**73**	**74**	**75**	**76**	**77**	**78**	**79**	**80**
D	B	B	A	D	C	A	C	D	B
81	**82**	**83**	**84**	**85**	**86**	**87**	**88**	**89**	**90**
B	A	B	D	B	C	A	A	C	B
91	**92**	**93**	**94**	**95**	**96**	**97**	**98**	**99**	**100**
C	D	B	A	B	C	D	C	A	C
101	**102**	**103**	**104**	**105**	**106**	**107**	**108**	**109**	**110**
D	C	B	D	A	B	B	A	B	C

111	112	113	114	115	116	117	118	119	120
C	B	A	A	C	A	D	C	C	C
121	122	123	124	125	126	127	128	129	130
D	A	C	D	C	C	C	B	A	C
131	132	133	134	135	136	137	138	139	140
D	C	B	D	B	C	C	D	A	B
141	142	143	144	145	146	147	148	149	150
A	D	C	C	C	B	A	B	A	D
151	152	153	154	155	156	157	158	159	160
B	A	A	C	C	C	D	B	C	A
161	162	163	164	165	166	167	168	169	170
C	B	A	D	A	C	C	D	B	A
171	172	173	174	175	176	177	178	179	180
C	D	B	B	B	A	A	D	D	B
181	182	183	184	185	186	187	188	189	190
A	A	D	B	A	D	C	D	A	D
191	192	193	194	195	196	197	198	199	200
D	D	B	B	C	D	B	B	A	A
201	202	203	204	205	206	207	208	209	210
C	D	B	B	B	D	B	D	C	B
211	212	213	214	215	216	217	218	219	220
C	A	D	B	D	A	C	A	B	B
221	222	223	224	225	226	227	228	229	230
B	D	A	D	D	D	A	B	A	C
231	232	233	234	235	236	237	238	239	240
A	C	C	D	B	B	A	C	D	A
241	242	243	244	245	246	247	248	249	250
D	A	A	A	C	D	A	B	D	B
251	252	253	254	255	256	257	258	259	260
B	A	C	D	A	C	D	B	C	B

◇◇◇◇◇